Vom Salon zur Barrikade

Heine-Studien
Herausgegeben von Joseph A. Kruse
Heinrich-Heine-Institut
der Landeshauptstadt Düsseldorf

Vom Salon zur Barrikade

Frauen der Heinezeit

Herausgegeben von Irina Hundt

Mit einem Geleitwort
von Joseph A. Kruse

Verlag J. B. Metzler
Stuttgart · Weimar

Gedruckt mit Unterstützung des Heinrich-Heine-Instituts, Düsseldorf

Die Deutsche Bibliothek – CIP-Einheitsaufnahme

Ein Titeldatensatz für diese Publikation ist bei
Der Deutschen Bibliothek erhältlich.

Gedruckt auf säure- und chlorfreiem, alterungsbeständigem Papier.

ISBN 3-476-01842-3

www.metzlerverlag.de
info@metzlerverlag.de
Einbandgestaltung: Willy Löffelhardt
Satz: Claudia Reichel
Druck und Bindung: Ebner&Spiegel GmbH, Ulm
Printed in Germany
August / 2002

Verlag J.B.Metzler Stuttgart · Weimar

Inhalt

Geleitwort

Leistung und Wirkung stimmten jahrhundertelang in einer sich noch so gesittet gebenden menschlichen Gesellschaft nicht zusammen: Die Geschlechterdifferenz bestimmte das öffentliche Leben, die politischen, sozialen wie religiösen Verhältnisse, die Kulturleistungen und das private Dasein. Die Männer besaßen ihre Domäne, und die bestand in der Regel aus fast der gesamten denkbaren Welt. Die meisten Frauen hatten sich unterzuordnen, verschwanden in einem namenlosen kulturellen Kontext, gebaren die jeweils nächsten Generationen, zogen sie groß und hatten weiter möglichst kein Aufsehen zu machen. Ohne Zweifel befahlen die „Herren der Schöpfung" ungeniert, wie es in der Welt auszusehen habe, setzten, teilweise durchaus sublim, ihre Namen unter die verschiedensten Werke, und damit war jene Kultur geschaffen, die dennoch ohne den Beitrag der oft namenlosen oder unbeachteten Frauen nicht kreiert worden wäre.

Ohne Umwälzungen geschieht nichts Neues unter der Sonne. Diese Veränderungen kann man immer noch getrost Revolutionen nennen. Die große Französische Revolution von 1789 hat trotz mancher unverzeihlichen Verstöße gegen die Menschenrechte, die eigentlich eingefordert werden sollten, einen Bruch mit der Vergangenheit gebracht, wie er auch angesichts später immer wieder auftretender restaurativer Tendenzen nicht größer zu denken ist. Auch die Julirevolution von 1830 und die revolutionären Bewegungen von 1848/49 haben das ihre dazu beigetragen. Die Welt erneuert sich stets nach dem Muster einer Springprozession. Fortschritte kennen Punkte der Stagnation und leider auch Rückfälle gar hinter den Beginn des Neuen und Besseren hinaus. Umso getroster kann ein Publikum der Kultur- und Geistesgeschichte jene Beispiele im Rahmen der Emanzipationshistorie betrachten, die den Weg geebnet und das öffentliche Leben grundsätzlich geändert haben. Es gibt auch kopernikanische Wenden in der Geschichte der Frauenbewegung. Die Frauen wußten sich endlich zu behaupten, konnten sich gegen und neben die Männerwelt stellen und eigenbestimmte Verantwortung übernehmen.

Besonders seit dem Beginn des 19. Jahrhunderts, nach einigen vorangegangenen Beispielen in der Romantik, aber vor allem seit dem Jungen Deutschland und dem Vormärz hat die Bedeutung der namentlich bekannten und durch öffentliches Auftreten wahr genommenen Frauen schlagartig zugenommen. Vielleicht ist daran einer der unkonventionellsten Schriftsteller, der die damaligen Debatten wesentlich bestimmte und dessen Namen durch die Auswahl der Themen sowie durch seinen unverwechselbaren Stil gewissermaßen die Zeit nach Goethe symbolisiert, nämlich Heinrich Heine, nicht ganz unschuldig, auch wenn er durchaus kein Verfechter der eigentlichen Frauenemanzipation gewesen ist.

Denn in der Tat kann Heine nicht ohne weiteres zur Galionsfigur einer solchen sich mühsam Platz schaffenden Bewegung stilisiert werden. Aber immerhin hat er, was durchaus nicht selbstverständlich war, unter mehreren großen Fragen, die der sozialen Gerechtigkeit und dem sinnvollen Leben in der Welt gewidmet waren, auch die „große Frauenfrage“ auf geworfen, die eine Lösung bedürfe. Wie so oft mußte es erst zu einem Skandal kommen, der die Gemüter der Öffentlichkeit bewegt und zu neuen Einsichten geführt hat. Bei dieser Gelegenheit stellt sich Heine nachhaltig auf die Seite der Frauen. Marie Lafarge geb. Cappelle wurde 1840 in einem Indizienprozeß als Giftmörderin ihres Mannes verurteilt, der, „um sich durch ein Heirathsgut vom Bankerotte zu retten, mit betrügerischen Vorspiegelungen das edle Weib gleichsam gestohlen und sie nach seiner öden Diebeshöhle geschleppt“ hatte. Er gab sie auch nicht frei, als sie ihm brieflich vormachte, „sie liebe einen Andern, sie könne ihn nicht lieben, er möge sie also loslassen, sie wolle nach Asien fliehen und er möge ihr Heirathsgut behalten. Die holde Närrinn! In ihrem Wahnsinn glaubte sie, ein Mann könne mit einem Weibe nicht leben, welches ihn nicht liebe, daran stürbe er, das sey der Tod ... Da sie aber sah, daß der Mann auch ohne Liebe leben konnte, daß ihn Lieblosigkeit nicht tödtete, da griff sie zu purem Arsenik ... Rattengift für eine Ratte!“ – In Wirklichkeit konnte der Vorgang nicht aufgeklärt werden. Der Dichter ergreift aber eindeutig für die Angeklagte Partei. In einer Variante heißt es gar: „die arme Madame Lafarge, die ich sogar für unschuldig halte – und wäre sie schuldig, auf Ehr und Gewissen, ich würde sie freygesprochen haben [...] Selbst in diesem schlimmsten Falle sah ich in dem Mord des Lafarge nur einen Akt der Verzweiflung, die entsetzliche Notwehr einer unglücklichen Frau.“ In dem XX. Artikel der „Lutezia“ vom 1. Oktober 1840, den Heine für die Buchfassung von 1854 erweiterte, heißt es abschließend: „Soviel ist aber gewiß, daß der Prozeß der Dame von Glandier ein wichtiges Aktenstück ist, wenn man sich mit der großen Frauenfrage beschäftigt, von deren Lösung das ganze gesellschaftliche Leben Frankreichs abhängt. Die außerordentliche Theilnahme, die jener Prozeß erregt, entspringt aus dem Bewußtseyn eignen Leids. Ihr armen Frauen, Ihr seyd wahrhaftig übel dran. Die Juden in ihren Gebeten danken täglich dem lieben Gott, daß er sie nicht als Frauenzimmer zur Welt kommen ließ. Naives Gebet von Menschen, die eben durch Geburt nicht glücklich sind, aber ein weibliches Geschöpf zu seyn für das schrecklichste Unglück halten! Sie haben Recht, selbst in Frankreich, wo das weibliche Elend mit so vielen Rosen bedeckt wird.“

Die Geschichte der Frauenemanzipation hat ihren Weg genommen, und die Frauen haben sich nach und nach selber helfen gewußt. Die vielen Namen, Herkünfte und Berufe jener weiblichen Persönlichkeiten aus der Heine-Zeit, die allein in diesem Bande vereinigt sind, zeigen es zur Genüge. Ein Zeitraum von über einem halben Jahrhundert ist als Rahmen für die Geburtsjahre angesetzt. Es gibt berühmte und weniger bekannte Frauen. Die Droste, Zeitgenossin Heines in mancherlei Hinsicht, bedarf der gemeinsamen Klammer schon nicht mehr. Sie gehört zu den großen selbstständigen Gestalten und hat sich ihrerseits beharrlich gegen das damals verordnete weibliche Rollenverständnis aufgelehnt. Es sind unter den hier berücksichtigten Frauen übrigens nicht nur Schriftstellerinnen vertreten. Das verleiht dem Sammelband eine Öffnung, die ihm gut tut. Die Beschäftigung mit Leben, Funktionen und Wirkungen der verschiedensten Frauen aus der Heine-Zeit wird den Horizont besonders der ersten Hälfte des 19. Jahrhunderts erhellen. Die Verfasserinnen und Verfasser haben sich, aus den unterschiedlichsten Herkünften stammend und den verschiedensten Erfahrungen verpflichtet, in der Tat durch eine variationsreiche Darstellung verdient gemacht. Besonders herzlich zu danken ist aber der Herausgeberin, die sich der Mühe der Komposition eines solchen Unternehmens unterzogen hat. Dem Unternehmen ist zugunsten der Einsicht in das weite Feld gesellschaftlicher Wandlungen an der Nahtstelle der ersten Hälfte des 19. Jahrhunderts mit Wirkungen bis heute bei einem möglichst breiten Publikum viel Erfolg zu wünschen!

Joseph A. Kruse
Heinrich-Heine-Institut, Düsseldorf

Vorwort

Eine Frau der Heine-Zeit, an die in diesem Buch meist nicht gedacht wird, ist das „rote Sefchen“, die wegen des Berufs ihres Vaters geächtete Düsseldorfer Scharfrichterstochter Josepha Edel, zu der sich der junge Heine nicht nur aus leicht begreiflicher Jugendneigung hingezogen fühlte, „sondern auch aus Hohn gegen die alte Gesellschaft und alle ihre dunklen Vorurtheile.“ Unter diesen nicht nur dunklen, sondern vor allem auch langlebigen Vorurteilen spielte die Nicht-Gleichberechtigung der Frau, in welcher Form auch immer, eine immense Rolle. Im selben Augenblick, als er das Sefchen küßte, schrieb Heine später in seinen „Memoiren“, „loderten in mir auf die ersten Flammen jener zwey Passionen, welchen mein späteres Leben gewidmet blieb, die Liebe für schöne Frauen und die Liebe für die französische Revoluzion.“ (DHA XV, 99) Beide Passionen – und das heißt ja sowohl Leidenschaften wie auch Leiden – waren in ihrer Entwicklung durch Heines ganzes Leben hindurch präsent, im allgemeinen sowohl wie auch sehr konkret. Im vorliegenden Sammelband ist zwar weniger von Liebesromanzen und von den politischen Revolutionen der Barrikaden und Regierungsumstürze die Rede, dagegen sehr viel von einer meist „stillen“ Revolution, der Emanzipation der Frauen in Deutschland; und in ihr wirkten die Folgen der Französischen Revolution, verknüpft mit der großen Kulturtradition Frankreichs, dieser zweiten Heimat Heines.

Daher beginnen wir mit einem Beitrag, der die Rezeption jener Frau im klassischen Lande der Revolution analysiert, die wie keine andere auf Heines geistiges und literarisches Heranwachsen Einfluß ausübte und die zugleich zu Recht als geistiger Impuls für den frauenemanzipatorischen Gedanke in Deutschland gilt – Rahel Varnhagen von Ense. Ihr Wirken, und das von 26 weiteren hier vorgestellten Frauen, fiel vorwiegend ins Ende des 18. und in die erste Hälfte des 19. Jahrhunderts, genau die Zeit also, die identisch mit Heines Lebenszeit war, einer Zeit, die in ihm „ihren vernehmlichsten, differenziertesten und weltläufigsten Anwalt“ (Joseph A. Kruse) fand.

Anhand einzelner Biographien, Problemuntersuchungen, der Analyse einiger biographischer Aspekte sowie beim Einflechten von Texten wird hinterfragt: Wie erlebten, verarbeiteten, beeinflußten und veränderten diese Frauen, von denen ein Drittel als Jüdinnen gesellschaftlich doppelt benachteiligt waren, aus weiblicher Sicht und mit weiblicher Tat ihre Zeit? Wie gestaltete sich das Wechselspiel zwischen den einzelnen Lebensgeschichten und Schicksalen und der „allmächtigen Zeit“?

Die Heine-Zeit barg unter der begrifflichen Decke von „Biedermeier“ und „guter alter Zeit“ tiefgreifende Übergänge in sich. Hatten zu seiner Kinderzeit noch – mit Ausnahme Englands – feudal mehr oder minder abhängige Bauern, kleine Krämer und wandernde Handwerksburschen das Bild in West- und Mitteleuropa geprägt, waren es zur Zeit der „Matratzengruft“ schon „abgelöste“, selbständige Bauern, Bourgeois und Industriearbeiter. Eisenbahnen lösten die Postkutschen ab, Dampfer die

Segelschiffe, Gaslicht die Kerzen, die Romantik die Klassik und dann wieder das Junge Deutschland die Romantik. Auf der politischen Bühne jagten sich im Nachspiel der Französischen Revolution die Kriege Napoleons, die reaktionäre Zeit der „Heiligen Allianz" – immer wieder erschüttert aber von nationalen Befreiungsbewegungen und der Julirevolution von 1830 –, schließlich das Anheben einer noch umfassenderen revolutionären Welle, für die die Historiografie im Nachhinein den Begriff Vormärz prägte.

Außerdem war es eine Übergangszeit in der Geschichte der Frauenemanzipation. Sie leitete vom Auftreten einzelner, außerordentlicher Frauen hinüber zum Aufbruch der Frauenbewegung, die schon in den revolutionären Erhebungen der Jahre 1848/49 Massencharakter annahm. Die mit dem Beginn des bürgerlichen Zeitalters und der Aufklärung verbundene früheste Etappe dieser Emanzipation, charakterisiert von Namen wie Olympe de Gouges, Louise Gottsched, Dorothea Christiane Leporin, Marianne Ehrmann, Germaine de Staël, war im Prinzip zuende, wenn auch die ältesten der in diesem Band Versammelten – Rahel Varnhagen von Ense, Caroline de la Motte Fouqué, Lea Mendelssohn Bartholdy – noch in ihr wurzelten. Andererseits war die Etappe der Formierung großer Frauenorganisationen, die in der zweiten Hälfte des 19. Jahrhunderts entstanden, noch nicht angebrochen, wenn auch eine ihrer Zentralfiguren, Louise Otto-Peters, ebenfalls hier vertreten, am Ende der Heine-Zeit bereits in diesem Sinne vorbereitend tätig war, zusammen mit anderen Achtundvierzigerinnen wie Johanna Kinkel, Louise Dittmar, Kathinka Zitz-Halein, Bertha Traun, Emilie Emma von Hallberg.

Zwar werden von uns weibliche Einzelpersönlichkeiten präsentiert, die auf verschiedenen Gebieten hervortraten, die bereits eine gewisse Selbständigkeit gesellschaftlichen Tätigwerdens ermöglichten, doch einzeln zu stehen bedeutete natürlich nicht völlige Isolierung: Die Salons, Freundeskreise, Versuche gemeinschaftlicher Publikationen und andere Formen, die alle in den vorliegenden Aufsätzen auftauchen, waren Versuche, die durch ständische Konventionen hervorgerufenen Behinderungen des freien gesellschaftlichen Umgangs zu durchbrechen. Die damals oft als „unerhört" empfundenen Bemühungen stießen auf beschämende Widerstände, aber auch auf die Unterstützung fortschrittlich denkender Männer.

Die hier präsentierten Frauen waren keine Heroinnen, keine „Emanzipierten" im damaligen Wortgebrauch; und wenn manche Darstellung vielleicht hier oder da ein wenig glorifiziert, dann nur, weil die Freude an der Entdeckung von Neuem oft einen pathetischen Anstrich annimmt. Ziel der Bemühungen war in erster Linie die wissenschaftliche Analyse bzw. ein objektives Porträt. Und so geschah es, daß manche Legende (Charlotte Stieglitz) zerbröckelte oder eine bedeutende Frau (Jeanette Strauß-Wohl) aus dem Schatten ihres großen Freundes ans Licht hervortrat.

Heines Verhältnis zu den Frauen wird in diesem Sammelband speziell nicht thematisiert, obwohl einige der Dargestellten, wie Rahel, Friederike Robert, Charlotte Stieglitz, Jeanette Strauß-Wohl, Lea Mendelssohn Bartholdy und Fanny Hensel, zu seinem persönlichen Umfeld gehörten und in dieser oder jener Weise Spuren in seinem Leben und Werk hinterließen. Sie werden jedoch weniger aus der Perspektive

Heines gezeigt, sondern vorwiegend als selbständige Persönlichkeiten, die ihre gesellschaftliche und individuelle Identität erfuhren und erlebten. Darüberhinaus werden Frauen präsentiert, die Heine eventuell persönlich unbekannt blieben, die aber ihrerseits von ihm als Zeitgenossinnen Kenntnis nahmen, sein Werk rezipierten (Kathinka Zitz-Halein, Emilie Emma von Hallberg) oder unabhängig davon eine sichtbare gesellschaftliche Leistung in dieser „seiner" Zeit vollbrachten.

Das Hauptkriterium bei der Auswahl der Protagonistinnen waren die von den Autorinnen und Autoren erzielten Forschungsergebnisse, die neue Erkenntnisse mit sich brachten. Ein weiteres Konzeptionsprinzip des Bandes war es, ein möglichst vielfältiges Bild der Frauen der Heine-Zeit auch dadurch zu ermöglichen, daß Vertreterinnen der verschiedensten Berufe oder Tätigkeitsfelder gesucht wurden. Im Ergebnis dieses Bemühens finden sich neben den vielen Schriftstellerinnen, Dichterinnen und Publizistinnen eine Komponistin, zwei Schauspielerinnen, eine Malerin, eine Philosophin, eine Wasserärztin, eine Übersetzerin und eine Pädagogin. Auch einer Mutter, die einer Familie von europäischer kulturgeschichtlicher Bedeutung vorstand (Lea Mendelssohn Bartholdy), wird ein gebührender Platz eingeräumt. Dadurch werden vielleicht auch Kultur- und Sozialhistoriker vieler Sparten, Interessierte an den Anfängen der Kindergarten-Bewegung und manchen anderen Gebieten etwas Neues oder sogar Überraschendes finden. Dabei werden jene Frauen, die selbst der speziellen historischen Frauenforschung noch kaum bekannt sind (Rosa Maria Varnhagen Assing, Louise Henry, Marie von Colomb, Marie Norden, Roswitha Kind, Bertha Traun-Ronge, Emilie Emma von Hallberg), mit Kurzbiographien vorgestellt, die bereits bekannteren mit Untersuchungen zu bestimmten Problemstellungen (Caroline de la Motte Fouqué, Adele Schopenhauer, Therese Albertine Luise von Jakob, Charlotte Birch-Pfeiffer, Fanny Hensel, Kathinka Zitz-Halein, Johanna Kinkel, Malwida von Meysenbug) oder mit der Erschließung neuer Quellen (Anna Milder-Hauptmann, Wilhelmine Schröder-Devrient, Amalia Schoppe, Friederike Robert, Louise Dittmar, Louise Otto).

Leider bleibt bisher in der historischen Frauenforschung, die sich inzwischen als ein gleichberechtigter Zweig der Geschichtsschreibung etablieren konnte, die Erschließung neuer Quellen zur Erforschung der Situation der Frauen aus den unteren Schichten ein großes Problem. Wenn die zeitgenössischen Dokumente zur Geschichte der Frauen aus dem bürgerlichen Milieu erst nach zeitaufwendiger und mühsamer Arbeit zutage gefördert werden können, dann sind jene noch viel schwerer zugänglich und stellen immer noch das größte Desiderat dar. Außerdem werden auch die schon erschlossenen wenig zur Kenntnis genommen und in die wissenschaftliche Zirkulation eingebracht. Obwohl es in der uns interessierenden Zeit eine große Zahl von Frauen aus dem Volke gab, die der Erwerbstätigkeit als Dienstmädchen, Heim-, Manufaktur- und Fabrikarbeiterinnen, Bäuerinnen, Tagelöhnerinnen usw. nachgingen (nach Ute Gerhard wurden um 1810 in Berlin fast 30 Prozent der Frauen als Lohnarbeiterinnen erfaßt), wurden sie bisher kaum zum Gegenstand wissenschaftlicher Abhandlungen.

Deswegen können wir nur eine Frau vorstellen, die einerseits den damals typischsten Frauenberuf, den eines Dienstmädchen ausübte, andererseits glücklicherweise zur kleinen Gruppe der langjährigen, oft lebenslangen Angestellten in Künstler- oder Gelehrtenhaushalten gehörte, die Teil der Familie wurden, alle Besucher der Familie kannten, die Schicksalschläge und Erfolge „ihrer" Familie als ihre eigenen betrachteten und infolge dieser Lebensstellung an Bildung partizipierten. Sie konnten dadurch Reste halbfeudalen Bewußtseins überwinden, waren nicht mehr „Knechte" in der Definition Hegels. Die meisten dieser Frauen sind unbekannt und werden es wohl auf immer bleiben, aber von einigen wissen wir doch manches, wie von Dorothea Neuendorf im Hause der Varnhagens, oder eben von Helene Demuth, die ihr Schicksal mit dem der Familie Marx verband. Sie, die vielleicht 1849 in Paris Heine noch persönlich kennenlernte, jedenfalls aber die Heine-Verehrung der Marxens restlos teilte, vertritt im vorliegenden Buche diese Gruppe von Frauen.

Die Reihenfolge der Beiträge wird vom chronologischen Prinzip in der Weise bestimmt, daß die Geburtsjahre entschieden (die jüngere Wilhelmine Schröder-Devrient wird ausnahmsweise in einem Beitrag zusammen mit Anna Milder-Hauptmann behandelt). Begonnen wird mit der Generation der Frauen des ausgehenden 18. Jahrhunderts und geendet mit den Vertreterinnen einer neuen, im Vormärz und in der Revolution von 1848/49 aktiv werdenden Generation, die neue Tendenzen und Charakteristika in der Entwicklung der Frauenemanzipation in Deutschland erkennbar werden ließ. Dadurch werden sowohl die Kontinuität als auch die Unterschiede innerhalb dieser Entwicklung evident.

Die Idee zu diesem Sammelband entstand unmittelbar nach dem internationalen Heine-Kongreß, der anläßlich des 200. Geburtstages des Dichters im Mai 1997 in Düsseldorf stattfand, bei einer Pilgerfahrt von Kongreß-Teilnehmern zu der berühmtesten aller Frauen Heines – zur Loreley. Bei schönem Wetter auf dem Rheindampfer, wohl unter ihrem wohlwollenden Zauber, entfalteten sich die ersten Gedanken und fanden sich die ersten Autorinnen und Autoren.

Mein aufrichtiger Dank gebührt dem Leiter des Heinrich-Heine-Instituts, Prof. Dr. Josef A. Kruse, der die Idee sogleich aufnahm und unterstützte.

Bedanken möchte ich mich bei Dr. Jürgen Herres (Berlin/Trier) und Dr. Claudia Reichel (Berlin), die technische Hilfe bei der Herstellung des Manuskripts leisteten.

Ich danke weiterhin meiner Familie, ohne deren allseitige Unterstützung und Nachsicht dieser Sammelband nicht zustande gekommen wäre.

Schließlich möchte ich mich bei allen Autorinnen und Autoren dafür bedanken, daß sie ihre wertvollen Forschungsergebnisse dem Projekt zur Verfügung stellten, die Manuskripte rechtzeitig lieferten und Geduld hatten; kurz für die kollegiale und freundschaftliche Zusammenarbeit und gemeinsame Freude an dieser Arbeit.

Irina Hundt
Potsdam, Januar 2001

Rahel Varnhagen von Ense (1771–1833)

Eine „Sévigné prussienne"? Französische Echos auf Rahel Varnhagens Briefwerke

Volker Schindler, z. Z. Moskau

Aus der Perspektive des Jahres 1875, auf dem Höhepunkt einer erneuten Zuspitzung im politisch vergifteten deutsch-französischen Verhältnis, erinnert der liberale Publizist Saint-René Taillandier an die Zeiten, als man in Frankreich die deutsche Literatur zu entdecken begann.

> O les belles années d'inspiration poétique et de curiosité studieuse! Un grand nombre d'écrivains venus des quatre points de l'horizon, les uns spirituels autant que sérieux, les autres éloquents et enthousiastes, nous signalaient, d'après madame de Staël, les richesses de la littérature allemande, ses ressources de savoir, d'érudition, de critique pénétrante et hardie, les efforts gigantesques et les étonnantes constructions de ses métaphysiciens.[1]

Hatte Madame de Staël mit ihrem Deutschlandbuch „De l'Allemagne", das nach einer langwierigen Publikationsgeschichte im Jahr 1813 endlich im Druck erscheinen konnte, für die Franzosen gewissermaßen das Tor zum geistigen Deutschland aufgestoßen, so folgte einer Phase intensiver Aneignung deutscher Literatur und Philosophie in Frankreich – als Stichworte seien die Übersetzung von Goethes „Faust" und der beginnende Einfluß der Hegelschen Philosophie genannt – eine Generation jüngerer Autoren und Kritiker, die sich geradezu auf die Vermittlung der deutschen Sprache und Kultur spezialisierten. Saint-René Taillandier, der als einer der jüngsten selbst zu dieser Gruppe zu rechnen ist, erinnert in diesem Zusammenhang an die Namen Saint-Marc Girardin, Jean Jacques Ampère, Eugène Lerminier, Edgar Quinet und Xavier Marmier.[2] Nicht zufällig sind es eben diese Autoren, die sich in der einen oder anderen Form über Rahel Varnhagen und ihre postum erschienenen Briefwerke geäußert haben. Für alle gilt, daß sie entweder selbst in Deutschland waren oder in Paris mit dort lebenden Deutschen in Verbindung standen. Wichtiger aber noch: sie alle lassen sich dem gemeineuropäischen liberalen Zeitgeist zuordnen, der seit der französischen Julirevolution von 1830 ein Band quer durch die europäischen Staaten spannte und für ein Jahrzehnt ein günstiges Klima für kulturelle Verständigung über die Grenzen hinweg bot.

Der politische Boden war durch die liberale Solidarität der Intellektuellen wohl bereitet, die geistige Aufnahmebereitschaft in Frankreich seit Madame de Staël geschärft und in der Folge durch eine Reihe von aktuellen Annäherungsversuchen erneuert worden, bis durch Heinrich Heine, der im Schnittpunkt der deutsch-französischen Wechselbeziehungen eine tonangebende Rolle spielte, die bisherigen Deutschlandbilder einer grundlegenden Revision unterzogen werden sollten. Die zentralen auf Deutschland bezogenen Texte des Heineschen Doppelprojektes, im Kern „De l'Allemagne“ (1835) bzw. „Die romantische Schule“ (1836), entstammen ebenfalls diesem Zeitraum.[3]

Das geöffnete Fenster wurde jäh wieder zugestoßen, als im Sommer 1840 diesseits und jenseits der Grenze wie aus heiterem Himmel Kriegsgesänge ertönten und sich die außenpolitisch motivierte Orientkrise, die zunächst nur die europäischen Kabinette und ihre Geheimdiplomatie anzugehen schien, zu einer nationalistischen Hysterie ausweitete, in der politische Sympathien aufgekündigt wurden und auch die geistigen Annäherungsbewegungen weitgehend ins Stocken gerieten oder sich gar in das Gegenteil verkehrten. Das Gift gegenseitiger Verdächtigungen und des nationalen Hasses erweckte schlagartig den anti-französischen Geist der Befreiungskriege wieder zum Leben, nunmehr in einer viel breiteren, von öffentlicher Meinung und Volkswillen mitgetragenen und initiierten Form. Den Studenten Saint-René Taillandier, der sich seit Mai 1840 zum Studium in Heidelberg aufhielt und bei dem verehrten Altertumskundler Friedrich Creuzer Vorlesungen hörte, traf die antifranzösische Kampagne wie ein Schock:

> Je n'avais aucune idée d'une telle violence. Les passions de 1813 m'étaient connues, il est vrai, par la tradition et l'histoire, mais je savais comme tout le monde que la France de 1813 avait excité des ressentiments terribles, et je devais croire que la France nouvelle, par sa générosité, sa cordialité, ses expiations douloureuses, avait effacé depuis un quart de siècle ces souvenirs des jours de haine. Il n'en était rien. Chaque jour, dans la salle du Muséum, des gazettes venues de toutes les villes de l'Allemagne nous apportaient des invectives sans nom. Les strophes du poëte Bekker, auxquelles notre Musset avait trop spirituellement répondu, n'étaient qu'un point de départ. Défis, insultes, calomnies, se succédaient comme des feux de pelotons. L'odieux crescendo allait s'exaltant d'heure en heure.[4]

In Creuzers 1848 erschienenen Memoiren las Taillandier, nun bereits renommierter Journalist und ausgewiesener Deutschlandkenner, zu seinem größten Erstaunen, daß er von seinem Professor für einen Spion des französischen Ministerpräsidenten Thiers gehalten worden sei, der ihn mit zwei französischen Kommilitonen in die Neckarstadt geschickt habe, um die französische Invasion vorzubereiten.[5] Die Anekdote erhellt schlaglichtartig, daß der idealistische Annäherungsprozeß an deutsches Geistesleben ungeachtet zeitweiliger liberaler Einigkeit keineswegs von einem gegenseitigen Verständnis der beiden nationalen Befindlichkeiten gedeckt war. Weder begriff man in Deutschland die in Frankreich weit fortgeschrittenere Rolle öffentlicher Meinungsbildung und -manipulation, noch ahnte man in Frankreich etwas von den schlummernden Reserven deutscher Einigkeitsbemühungen, die nach Jahren der Stagnation nur auf einen äußeren Anlaß zu warten brauchten. Es scheint, als kulminiere in dem für die Zeitgenossen selbst so überraschenden und in vieler Hinsicht unverständlichen politischen Vorgang das ganze Potential an Mißverständnissen, das den deutsch-französischen Annäherungsprozeß zwischen 1813 und 1840 begleitet hat.[6]

Diese Mißverständnisse sind keineswegs nur politischer Natur. Sie gründen, was die französische Seite betrifft, bereits im Vermittlungsprozeß, der von Madame de

Staël ganz entscheidend inauguriert und geprägt wurde. Ihn zu betrachten, lohnt sich im Zusammenhang mit dem Thema „Rahel Varnhagen in Frankreich", denn sowohl Rahel als auch Karl August Varnhagen haben diesen Prozeß von Anfang an mit scharfen Augen verfolgt.

In ihrem epochalen Werk „De l'Allemagne" stellt Madame de Staël die Frage: „Warum lassen die Franzosen der deutschen Literatur nicht Gerechtigkeit widerfahren?" Die Antwort lautet zunächst ganz schlicht: „weil nur wenige Personen in Frankreich Deutsch verstehen und die Schönheiten dieser Sprache, vorzüglich ihrer Dichtkunst, im Französischen nicht wiedergegeben werden können." Hinter dieser oberflächlichen Tatsache verberge sich die tiefere Ursache für die ungerechte Beurteilung der deutschen Literatur durch die Franzosen, deren Vorurteile „sich auf das dunkle Gefühl ausgesprochener Unterschiede" gründeten.[7]

Zwischen dem Erscheinen der französischen Erstausgabe von „De l'Allemagne" im Jahr 1813 und dem Todesjahr Rahel Varnhagens 1833 liegen zwei Jahrzehnte einer vergleichsweise intensiven Aneignung deutscher Literatur und Philosophie in Frankreich, die dem deutschen Geistesleben, von dem Werk der Madame de Staël entscheidend angeregt und gedanklich vorgeprägt, zu einer ungeahnten Hochachtung verhalfen, einer Hochachtung freilich, die zumindest aus deutscher Sicht auf der Ersetzung alter Vorurteile durch das neue Klischee vom gedankenversunken-treuherzigen, politischem und staatlichem Handeln abholden Volk der Dichter und Denker beruhte, mit dem sich östlich des Rheins kaum jemand identifizieren wollte. Wie auch sollten die Deutschen sich mit dem Etikett von der „kontemplativen Nation"[8] anfreunden, wo sie sich doch gerade im Erscheinungsjahr des Buches zum erstenmal als Nation im politischen Sinn zu empfinden und zu formieren zu begannen, und das im Kampfe gegen eben den Napoleon, der Madame de Staël für eine gefährliche Gegnerin hielt.

Rahel Varnhagen, die zeitlebens wie ein Seismograph geistige Entwicklungen aufnahm und in der ihr eigentümlichen Weise in mündlichem und schriftlichem Gedankenaustausch diskutierte, gehörte zu denjenigen, die mit Ungeduld auf das Erscheinen des durch die Zeitumstände schon vor seiner Publikation legendär gewordenen Buches „Über Deutschland" warteten.[9] Eine frühere Schrift, die unter dem Titel „Über den Einfluß der Leidenschaften auf das Glück ganzer Nationen und einzelner Menschen" 1797 auf deutsch erschienen war, hatte Rahel zu einer Anhängerin der Französin gemacht. Dem schwedischen Diplomaten und bedeutenden Literaturvermittler Karl Gustav von Brinckmann schrieb sie am 9. März 1799 nach Paris über Madame de Staël: „Sagen Sie ihr, sie hätte *au fond de l'Allemagne* eine innige Anbeterin, sie wäre mir in der unglücklichsten Epoche meines Lebens wie ein Gott zu Hülfe gekommen; [...]."[10]

Ungeachtet der hier bezeugten Sympathie, die Rahel Varnhagen auch in den folgenden Jahrzehnten der französischen Schriftstellerin gegenüber immer wieder zum Ausdruck brachte, fallen die Urteile über das Deutschlandbuch der Madame de Staëls außerordentlich kritisch aus:

> Wenn jemand, der Deutschland nicht kennt, ihr Buch – Buch! lose, sich selbst aus der Regierung gesprungene Gedanken; Gedanken! Bemerkungen, Apperçu's, Lektüre, die

> nicht wieder als Blut zu Blut aufgenommen ward – liest, so muß er's für ein finstres, kaltes Rauchloch halten, wo traurige Fantasmagorien umhergehen, die Gott zur Ehrlichkeit verdammt hat; und wo dann und wann Einer sitzt und verzaubert meditiert. Auch hat sie noch im Großen solche Zaubernester als unsere Universitäten beschrieben: so traurig sie selbst ist: die Frau ohne Sinne und ohne Musik. [...] Der lieben Staël ihr Buch ist für mich nichts anders, als ein lyrischer Seufzer, nicht die Konversation in Paris machen zu können; und die wichtigsten Gegenstände derselben [...] sind ihr erst durch dieses Medium etwas.[11]

Wohlgemerkt: der Pariser Konversations-, d.h. Geselligkeitskünstlerin und in diesem Rahmen agierenden Autorin rückt Rahel Varnhagen mit dieser Kritik nicht zuleibe. Diese ist ihr – als Französin! – lieb und wert und wird es auch bleiben. Sie spricht ihr aber das Recht ab, Urteile über Deutschland zu fällen, die auf die Kriterien der Pariser Salons gegründet sind und nur den ihnen angemessenen geistigen Horizont reflektieren, nicht aber unvoreingenommen dem Gegenstand, in diesem Fall Deutschland, gerecht werden. Rahel Varnhagens Urteil endet geradezu mitleidig: „Wie solche Menschen reisen: solche reiche Leute aus der Gesellschaft; solche Literatorinnen; die Französisch wissen, und denen man's allenthalben entgegenspricht! Die Arme! Nichts hat sie gesehn, und gehört, und vernommen."[12]

Wie im Schlaglicht zeigt sich in diesen beiläufigen, dem Verdruß an der Lektüre des Deutschlandbuches entsprungenen Bemerkungen das Dilemma interkultureller Verständigung. Jemand reist durch ein fremdes Land, lernt seine Bewohner, seine Landschaften, seine geistigen und politischen Führer kennen und möchte diese Eindrücke seinen Landsleuten vermitteln. Das Buch wird von den Landsleuten begierig gelesen. Die Leser entdecken aber darin durch die kontrastive Darstellung vor allem das, was die eigene Nation betrifft und behalten in den Köpfen am Ende nur die zum Klischee erstarrten Bilder vom Anderssein des beschriebenen Landes. Den Lesern wird mehr die Differenz der Nationen als die unverstandene andere Nation nähergebracht. Die Vertreter des Landes, von dem die Rede ist, aufgestört durch das unerwartete Interesse an ihnen, greifen nun auch zum Buch und legen es alsbald verärgert aus den Händen, weil sie nicht sich, sondern ein ihnen gänzlich fremdes Spiegelbild der anderen Nation, aus deren Blickwinkel sie betrachtet wurden, darin wiederfinden.[13]

Nach dem Ende der „Kunstperiode" um das Jahr 1830 bot der Entzauberer Heinrich Heine alles auf, die in Frankreich mittlerweile zum Topos verdichteten Vorstellungen vom romantischen Deutschland durch seine programmatisch auf das Werk der Staël bezogenen Aufsätze über Deutschland zu desillusionieren und zu demontieren.[14] Ob damit die Mißverständnisse aufgeklärt und durch zutreffende Deutschlandbilder ersetzt wurden, ob nicht vielmehr angesichts fortschreitender Politisierung diesseits und jenseits des Rheins nicht wieder ganz neue Klischees zu wirken begannen, sei dahingestellt. Tatsache bleibt, daß der seit Madame de Staëls Deutschlandbuch in Gang gekommene Prozeß der Annäherung an Deutschland auf französischer Seite von erheblichen Mißverständnissen – und auf deutscher Seite von unübersehbarer Mißstimmung geprägt blieb.[15]

Diese Verkettung von Mißverständnissen im Prozeß der deutsch-französischen kulturellen Annäherung mußte zum Bewußtsein gebracht werden, um einen merkwürdigen Vorgang ins rechte Licht zu setzen, mit dem die öffentliche Auseinandersetzung um die Editionen von Briefen Rahel Varnhagens in Frankreich beginnt.

Am 3. Januar 1834 erscheint in dem Pariser Blatt „Le Foyer" unter der Rubrik „Littérature" die folgende Anzeige:

> Un livre curieux, et qui prouve à quel point la langue française est devenue familière aux étrangers, vient de paraître à Berlin sous le titre de Rahel, souvenirs à ses amis. Ce livre est l'ouvrage d'une femme, Mme de Warnhagen, connue par son esprit, et qui est morte il y a quelques mois, dont Rahel est le prénom. Ce sont des pensées, des fragmens de toutes sortes et sur tous sujets, que le mari de Rahel, M. de Warnhagen, écrivain allemand en renom, a recueillis et récemment publiés. Ce livre a plus d'un genre d'interêt: Mme de Warnhagen, née en 1791, a suivi avec passion, dès sa première jeunesse, tout ce qu'il s'est fait de tentatives et d'œuvre de littérature et de philosophie, en Allemagne, durant les glorieuses quarante années qui viennent de s'écouler. Les idées, les opinions, les sentimens suscités en Mme. de Warnhagen par le spectacle de ce beau développement littéraire de la patrie allemande, sont déposés là à mesure par fragmens pleins d'esprit et d'un grand sens, bien qu'empreints ça et là de mysticisme, et qui rappellent un peu, sauf ce dernière caractère, la manière de l'excellent M. de Lichtemberg, en ses Observations sur lui-même, ouvrage peu connu et qui mériterait de l'être davantage.[16]

Das Frappierende dieser Anzeige besteht in dem Irrtum, das Buch „Rahel" sei in französischer Sprache verfaßt, Rahel Varnhagen habe ihre Aufzeichnungen – von Briefen ist gar nicht die Rede – französisch geschrieben! Wenn der unbekannte Rezensent Rahel für ihr meisterliches Französisch lobt und sie nach dem obskuren Vergleich mit Lichtenberg in eine Reihe mit französisch schreibenden ausländischen Persönlichkeiten wie Christine von Schweden, Friedrich II. und Katharina II. stellt, erhebt er den Anspruch auf ein Fortdauern des Französischen als kultureller Verständigungsbasis in Europa, das ungeachtet der konzedierten zeitgenössischen nationalen Geisteskultur Deutschlands Bestand habe:

> Et certes, ce n'est pas un médiocre honneur pour notre langue de s'être ainsi fait aimer au point que, malgré les difficultés sans nombre dont elle est hérissée, des étrangers aient pu parvenir à l'écrire comme Mme. de Warnhagen, avec tant de facilité et de finesse que s'ils étaient nés à Paris, à deux pas de la Sainte-Chapelle.[17]

Auch aus der zeitlichen Distanz schwankt der Betrachter zwischen Verwunderung über dieses Maß an journalistischer Unverfrorenheit und Rührung über unberechtigten Nationalstolz. Er weiß nicht, wie er dieses offenkundige interkulturelle Mißverständnis zu bewerten habe: Hat ein Zeitschriftenredakteur unter Zeitdruck Salongespräche ungeprüft in seinen Literaturbericht übernommen? Ist er einer gezielten Desinformation aufgesessen? Wie dem auch sei: dieses groteske Mißverständnis beleuchtet eine weitere Quelle der häufigen Fehlleistungen beim kulturellen Brückenschlag zwischen Frankreich und Deutschland. Es geht schlicht um die fehlende Bereitschaft zur Wahrnehmung der jeweils anderen, in diesem Fall der deutschen literarischen Erzeugnisse im unmittelbaren materialen Sinn. Die absurde Unterstellung, das „Buch des Andenkens" sei französisch geschrieben, offenbart den geheimen Traum, die fremden Bücher ließen sich bequem als Erzeugnis der eigenen Tradition rezipieren und bedürften keiner weiteren Adaptionsbemühungen mehr.

Das Rätsel der irreführenden Anzeige löst sich, wenn man die Ausgabe des „Journal des Débats“ vom 1. Januar 1834 aufschlägt. Dort weist Saint-Marc Girardin, der von einem Besuch in Berlin her das Haus Varnhagen persönlich kannte, auf die Briefe Rahel Varnhagens hin, indem er persönliche Erinnerungen an die Begegnung mitteilt und kleine Ausschnitte aus den Briefen übersetzt. Bei ihm heißt es: „Madame de Warnhagen [!], qui parlait le français avec une élégance remarquable, même à Berlin, où la société le parle si bien, s'occupait beaucoup de notre littérature.“ Schon die Übernahme des orthographischen Irrtums bei der Namensschreibung läßt darauf schließen, daß der Autor der Anzeige im „Foyer“ von Saint-Marc Girardins Bemerkung über Rahel Varnhagens gutes Französisch zu der Annahme verleitet wurde, Rahel Varnhagen habe nicht nur gut französisch gesprochen, sondern auch ihre Briefe in dieser Sprache abgefaßt. Der Herausgeber des „Magazins für die Literatur des Auslandes“, Joseph Lehmann, kommentiert den kuriosen Vorgang nicht ohne Schadenfreude:

> Einer von den schnellfertigen französischen Rezensenten, die nichts lesen, aber Alles beurtheilen – eine Gattung, die übrigens auch in Deutschland zu finden ist – giebt nämlich zwei Tage darauf, nachdem jene Kritik im Journal des Débats gestanden, ebenfalls eine Anzeige der Lettres de Madame de Warnhagen, und da er, ungeachtet er mit solcher Geläufigkeit von dem Buche spricht, als hätte er es von vorn bis hinten verschlungen, doch wahrscheinlich nichts weiter davon gelesen, als die Rezension im Journal des Débats und die Übersetzung einiger Brief-Fragmente, die dabei mitgetheilt wurden, so ist es wohl ein leicht erklärlicher Irrthum, wenn Alles, was er sagt, auf der Meinung begründet ist, daß Rahel's Briefe – Französisch geschrieben sind. Welche große Genugthuung für unseren Franzosen, daß die geistreichsten Frauen dans le nord in seiner Muttersprache schreiben! Er thut sich auch nicht wenig darauf zu gut.[18]

Die beiden kurzen Zeitschriftenartikel zu Beginn des Jahres 1834 dokumentieren, daß bereits Monate vor der öffentlichen dreibändigen Ausgabe des Andenkenbuches die private einbändige in Paris kursierte und diskutiert wurde. Wie kam es dazu?

Im Sommer 1833, wenige Monate nach dem Tode seiner Frau, begann Karl August Varnhagen von Ense mit dem Versand der ersten, einbändigen Briefsammlung, die unter dem Titel „Rahel. Ein Buch des Andenkens für ihre Freunde“ bald für Aufsehen in der deutschsprachigen Literaturwelt sorgen sollte. Die Empfänger des Privatdruckes, nicht nur Freunde im engeren Sinn, sondern Persönlichkeiten, denen Rahel und Karl August Varnhagen durch geselligen Verkehr oder berufliche Zusammenarbeit zu verschiedenen Lebensabschnitten nahestanden, konzentrieren sich geographisch auf die Orte, mit denen das Ehepaar lebensgeschichtlich besonders verbunden war. Vereinzelt finden sich auch Pariser Adressen in der Empfängerliste: Der Philosoph Victor Cousin, der mit Rahel befreundete Schriftsteller Astolphe de Custine, der Politiker und Journalist Saint-Marc Girardin sowie der Literaturhistoriker Jean Jacques Ampère stellen die Gruppe der französischen Empfänger. Sie alle hatten zum Haus Varnhagen anläßlich von Besuchen in Berlin persönlich Beziehungen. Nach Paris gingen ferner die Sendungen an zwei langjährige deutsche Bekannte der Varnhagens, die sich wie wenige von dem Untertitel „Buch des Andenkens für ihre Freunde“ angesprochen fühlen konnten: David Ferdinand Koreff und Heinrich Heine.[19]

Diese sechs Exemplare bilden den Ausgangspunkt der Rezeption von Rahel Varnhagen als Schriftstellerin in Paris. Von ihnen gehen die Salongespräche, die Gerüchte und journalistischen Fehlmeldungen aus. Bei ihnen setzen aber auch die seriösen Vermittlungsbemühungen an.

Die zeitlich gesehen erste ausführliche französischsprachige Auseinandersetzung mit Rahel Varnhagen basiert allerdings nicht auf diesen Exemplaren, sondern wurde noch vor Erscheinen der dreibändigen öffentlichen Ausgabe unmittelbar von Karl August Varnhagen von Ense angeregt. Es handelt sich um die biographische Studie „Mme Rahel-Frédérique Varnhagen von Ense" von Xavier Marmier, die im Mai 1834 in der „Nouvelle Revue germanique" erschien.[20] Marmier verschweigt den persönlichen Anlaß für seinen Aufsatz keineswegs. Bei einem Zusammentreffen mit Karl August Varnhagen, so beendet er seine biographische Studie, habe dieser ihm mit Tränen in den Augen folgendes gesagt: „Voyez, Monsieur, quand ma femme vivait, je me sentais rattaché à une existence supérieure, et cette existence était la mienne. Maintenant je me suis plus soutenu dans ce monde que par son souvenir, et par la mission de publier les œuvres qu'elle a laissées."[21]

Die Studie Marmiers gliedert sich in drei Abschnitte. Der erste (S. 3–7) gibt eine Einführung in die Persönlichkeit Rahels als Schriftstellerin. Der zweite Teil (S. 8–10) umfaßt eine Auswahl von ins Französische übersetzten Aphorismen, die dem „Buch des Andenkens" entnommen sind. Der abschließende Teil (S. 10–14) enthält einen knappen biographischen Abriß. Schon diese Anordnung macht deutlich, daß es Marmier vor allem darauf ankam, Rahel Varnhagen als Schriftstellerin einzuführen, als Autorin freilich, die paradoxerweise kein einziges Buch geschrieben hat und demzufolge auch ohne schriftstellerischen Ruhm geblieben ist. Damit steht sie im Gegensatz zu der illustren Reihe der französischen Autorinnen und Salondamen, die Marmier aufführt, nur um den scharfen Kontrast zu Rahel zu markieren:

> Jamais elle n'avait songé à écrire un livre. Jamais vous ne pourrez dire: c'est Mme Cottin ou Mme de Staël, c'est Mme de Genlis ou Mme de Sévigné; vous ne pourriez pas la comparer à Mme Du Deffand, ni à Mme Dufrenoy, ni à toutes les autres femmes qui se sont rendues célèbres par leurs écrits, ni même à Mme. Guyon, avec laquelle elle a pourtant plus d'un rapport pour les idées religieuses et le sentiment poétique.[22]

In scharfer Abgrenzung von dem in Frankreich etablierten Typus der femme de lettres entwirft Marmier ein Profil von Rahel Varnhagen als introvertierter bildungshungriger Frau, die alle Erscheinungen auf dem Gebiet der Künste und der Wissenschaften begierig aufgenommen habe und deren Ehrgeiz auf nichts anderes aus gewesen sei, als von den Menschen ihrer Umgebung geliebt zu werden und hin und wieder im persönlichen Umgang mit den Großen ihrer Zeit Befriedigung zu erfahren. Ihr schriftstellerisches Anliegen habe sich in den Briefen erschöpft. Weil diese aber ohne jeden schriftstellerischen Anspruch und Wirkungswillen entstanden seien, offenbare sich in ihnen ein außerordentlicher literarischer Charakter:

> Jamais peut-être on n'a écrit avec moins de prétention, et cependant avec plus d'esprit et d'originalité. Ces lettres sont allemandes pour la pensée, mais la forme en est tout

> autre. Il y a je ne sais quel mélange d'esprit et de sentiment qui en rend la lecture si attrayante; quelle admirable grâce de femme qui en colore jusqu'aux moindres détails.[23]

Als das Außergewöhnliche der Texte wird zunächst die Form bestimmt, die auf einer eigentümlichen Mischung von Geist und Gefühl basiere. Dieser „Mischstil" wird von Marmier, anders als der Inhalt, nicht als „deutsch" klassifiziert. Er stellt etwas ganz Unerhörtes, Eigenes dar, wofür es in den nationalen Literaturen kein Vorbild gibt. Sein Ursprung liegt in der spezifischen Art des Hervorbringens, die nicht auf literarische Wirkung, sondern auf den unverstellten Ausdruck von Gefühlen, Gedanken und Wahrnehmungen ausgerichtet ist. So entwickelt sich ein unmittelbarer Stil, der gewissermaßen als frühe Form des Bewußtseinstroms die inneren Vorgänge in Sprache umsetzt und zugleich dank außerordentlicher Formulierungskunst erhellende und überraschende Wirkung auf den Leser ausübt: „Le style est vif, rapide, brillant, entrecoupé de saillies, de mots pittoresques, d'effets inattendus. On dit qu'elle écrivait avec une rare facilité, et je n'ai pas de peine à le croire. Ce style-là n'est pas celui que l'on acquiert à force de recherche et de travail."[24] Der unmittelbare Stil ermöglicht es der Autorin, geradezu spielend Themen aus allen Erscheinungen des geistigen Lebens mit Beobachtungen des gesellschaftlichen Lebens und scheinbaren Banalitäten des privaten Alltags zu verknüpfen.

> Dans ses lettres elle passe tour à tour avec une admirable aisance de la description d'un paysage à de hautes questions d'art, de la peinture d'un bal aux plus profondes idées de métaphysique. C'est là que l'on peut voir à quelles graves études elle se livrait: théâtre, histoire, philosophie, jurisprudence, tout l'intéresse, tout l'occupe. Tout passe en revue sous ses yeux, pour qu'elle y jette en quelques mots ou le blâme, ou l'éloge, ou sa critique fine et acérée, ou le tribut de son admiration.[25]

Nicht die Beobachtungen des äußeren Lebens oder die Ergebnisse von „Studien" sind in Marmiers Augen aber der maßgebliche Aspekt der Briefinhalte, sondern die Beschreibung des Innenlebens, der geistig-seelischen Vorgänge, die in enger Verbindung mit dem unmittelbaren Stil den besonderen Reiz, das Verblüffende und unerhört Neue des Briefwerks ausmachen:

> C'est dans ces lettres aussi que se peint toute sa vie, non pas seulement sa vie de monde, mais sa vie intérieure, sa vie de l'ame, cette vie simple, touchante, profonde, qui se cache aux recherches du vulgaire, qui recule avec timidité devant le regard de l'observateur, qui se reploie comme la sensitive craintivement sur elle-même quand une main étrangère s'en approche, mais qui s'épanche pleinement, largement dans les mystérieux entretiens de l'amour, dans les confidences de l'amitié.[26]

Im Anschluß an diese Beschreibung der in seinen Augen neuartigen Literaturgattung erörtert Marmier die Frage, warum Rahel Varnhagen auf Publikationen bewußt verzichtet habe. Er unterscheidet unter Literaten und Gelehrten zwei Typen. Der eine studiere, um die Ergebnisse seines Denkens und Studierens seinerseits in Schriften niederzulegen, der andere – und diesem Typus rechnet er Rahel Varnhagen zu – studiere ausschließlich, um einen natürlichen Instinkt zu befriedigen, der ihn zu der Beschäftigung mit neuen Inhalten antreibe: „Pour ceux-là le savoir n'est qu'une provision faite pour apaiser une soif qui se renouvelle à toute heure."[27] Das Phänomen des „Schriftstellers wider Willen", das Marmier bei Rahel Varnhagen diagnostiziert, wird breit entwickelt, ohne allerdings auf andere Autoren dieses Typus zu verweisen. Offenbar erkennt Marmier in Rahel einen einmaligen Fall einer Autorin, der nur ausnahmsweise, dank der Herausgeberschaft des Ehemannes Karl August Varnhagen, ins Medium der Literatur übergeführt wurde. Dabei stellt er vor allem eine besondere seelische Disposition heraus, die eine nach außen gerichtete literarische Produktivität a priori verhindere. Diese Disposition wird zum einen durch die Ferne und Unbestimmtheit des Ziels, zum anderen durch das Grunderlebnis der Entmutigung konstituiert, das sich durch das permanente Mißverhältnis zwischen dem entfernten Ziel und den beschränkten eigenen Möglichkeiten einstellt: „L'idée de leur impuissance les frappe, et ils retombent tristes et découragés."[28] Aus dem aktiven Vorwärtsstreben werde die Seele durch dieses Grunderlebnis immer wieder auf sich selbst zurückgeworfen und dadurch zu einer verborgenen und furchtsamen Passivität verdammt („humble et timide passivité"). Die Analyse der eigenen Empfindungen, der eigenen Existenzbedingungen sei die Folge dieser erzwungenen Selbstbezogenheit:

> Ils concentrent leurs forces en eux-mêmes, ils se retirent hors du monde, à l'écart et cherchent leur monde au fond de leur cœur. Alors, au lieu d'exprimer leurs pensées ils s'occupent à les scruter méthodiquement, à analyser leurs passions, à se soumettre à chaque instant à un nouvel interrogatoire, à un nouvel examen.[29]

Der Zwang zur Subjektivität, so folgert Marmier, verhindert eine Umsetzung der Gedanken in objektive Formen und in einen kommunikativen Kontext. Ja, das Subjekt empfindet nicht das geringste Bedürfnis, aus seinem inneren Kreis auszubrechen und sich mitzuteilen, es genügt sich selbst vollkommen: „Sa fantaisie lui présente tous les songes qu'il désire voir, et il jouit seul."[30] Alle Demütigungen, die einem so beschaffenen Wesen durch den Kontakt mit der völlig anders gearteten Gesellschaft auferlegt werden, haben keine Bedeutung angesichts der unbeschränkten Herrschaft, die das Subjekt in seiner eigenen Traumwelt ausüben kann: „Toutes les images qui les peuplent lui appartiennent, tous les rêves légers et capricieux sont à ses ordres."[31]

Spätestens an diesem Punkt der Argumentation wird deutlich, daß Marmier die Brieftexte Rahels weitgehend aus ihrem ursprünglichen kommunikativen Kontext reißt. Die Einstufung von Rahels Texten als selbstbezogene Monologe ignoriert ihre Situierung im Umfeld des geselligen Zusammenhangs, in den Rahel integriert war und ohne den ihre Brieftexte nicht zu denken sind. Marmier verzichtet aber in diesem Teil seiner Studie vollkommen auf die Berücksichtigung biographischer Fakten, die das „Buch des Andenkens", wie in deutschen Publikationen häufig der Fall, als lebensgeschichtliches Dokument ausweisen können. Er setzt die Literarizität der Texte voraus und interpretiert sie folgerichtig als ungeformten, unmittelbaren Ausdruck einer spezifischen Persönlichkeitsstruktur. Deren eines Hauptelement macht, wie eben gezeigt, der fehlende Ausdruckswille aus, der im ständigen Wechsel zwischen fernliegenden Zielen und Mangel an adäquatem Ausdruck die uneingeschränkte Subjektivität der Äußerungen bedingt. Als zweiten Faktor dieses spezifischen „Zwangs zur Subjektivität" sieht Marmier Rahel Varnhagens Veranlagung zum seelischen Leiden: „Une autre cause contribuait encore à ce que Mme de Varnhagen ne sortit pas de son état de subjectivité pour se jeter dans la composition longue et difficile d'un livre; c'est quelle avait une ame habituellement triste et maladive."[32]

So fragwürdig wie der erste Faktor mag auch diese zweite, zumindest äußerst vereinfachte Beobachtung zu bewerten sein. Sie fügt sich aber in das von Marmier entworfene Schema einer durch psychische Disposition verhinderten Autorschaft. Dabei wertet es Marmier als großen Vorzug, ja als Glück, daß Rahel bei aller Abneigung gegen ausgearbeitete, diskursive Abhandlungen mit größter Beharrlichkeit und Genauigkeit ein getreues Spiegelbild ihrer Wahrnehmungen in Form von Briefen niedergelegt habe, das jetzt in Buchform zugänglich sei:

> Mme de Varnhagen a pourtant fait mieux que de jeter au hasard quelques notes furtives, ou plutôt ses lettres recueillies et publiées sous le titre de Rahel, sont le journal le plus complet, l'analyse la plus exacte de toutes ses sensations. C'est de là que nous viennent toutes ces échappées de lumière sur ces nouveaux espaces qu'elle découvre, comme elle le dit si poétiquement, au fond de son ame, toutes ces réflexions, jetées comme la sonde du navigateur au fond de l'abîme inconnu, et qui ne remontent pas à la surface sans rapporter avec elles quelque vague indication des lieux oú elles ont pénétré.[33]

Gerade durch die Absichtslosigkeit, den Mangel an Prätention gewinnen die Texte ihre überraschend scharfe, schlaglichtartige Wirkung, die in sich das reiche Wissen und die Erkenntnisse ihrer Autorin mit der Leichtigkeit einer im Unterhaltungston hingeworfenen Bemerkung vereinen. Rahel Varnhagens Texten wird, um es zusammenzufassen, der Status von ganz im Sinne romantischer Fragmenttheorie operierenden blitzartig erhellenden Gedankenbruchstücken zugewiesen, die sich zwar im Rahmen des Autorsubjektes bewegen und auf jeglichen diskursiven Zusammenhang etwa im philosophischen Sinn bewußt verzichten, deren Form gleichwohl den kommunikativen Regeln folgt und die Lektüre so leicht wie eine Unterhaltung unter Freunden macht. Somit wird auf Umwegen der kommunikative Charakter doch mit einbezogen: „Et l'on relit ces textes avec d'autant plus de joie qu'elles nous viennent sans prétentions, non point comme un ouvrage savammant surchargé de dogme ou de philosophie, mais comme une conversation, comme une remarque exprimée sans efforts, comme un épanchement d'ami à ami."[34]

Gerade diejenigen Gedanken, deren Beiläufigkeit den bewußten Verzicht auf philosophischen Tiefgang dokumentieren, erscheinen Marmier am geeignetsten, um dem französischen Leser ein Bild von Rahel Varnhagens Denk- und Schreibweise zu vermitteln. Im zweiten Teil seines Aufsatzes reiht er ohne weitere Kommentare 22 ins Französische übersetzte Textstellen aneinander, die fast ausschließlich keinen Hinweis mehr auf den ursprünglichen Textzusammenhang in Brief oder Aufzeichnung enthalten. Die Gedanken lesen sich wie eine kleine Aphorismensammlung. Auffallend ist, daß die inhaltlichen Bezüge der Sentenzen keineswegs so alltäglichen Charakters sind, wie Marmiers Auswahlkriterium vermuten läßt. Vielmehr erweisen sich die meisten Textstellen durchaus als Gedanken von allgemeiner Relevanz. Nach

Form und Inhalt könnten sie eher dem Aphorismenbuch eines französischen Moralisten entstammen als einer Briefbuchsammlung. Wenn überhaupt in der ersten Personalform gesprochen wird, so ist es meist die erste Person Plural, die ganz und gar nicht subjektivistisch, sondern sehr abgeklärt Erfahrungen überpersönlicher Art mitteilt. Ein einziges Textfragment bezieht ganz explizit den subjektiven Standpunkt der Autorin und auch die emotionale Verfassung mit ein.

So will es scheinen, daß Marmier im Widerspruch zu seiner Ankündigung nicht das exotisch Neuartige an den Texten Rahel Varnhagens für seine französischen Leser aufbereitet, sondern die Textbeispiele nach Kriterien auswählt bzw. bearbeitet, die einen dem französischen Leser bereits vertrauten Zusammenhang herstellen. Marmier bereitet Rahel Varnhagens Briefstellen so zu, daß sie den der Salon- und Geselligkeitskultur entsprungenen moralistischen Aphorismensammlungen entsprechen, die ähnlichen Entstehensbedingungen unterlagen wie diejenigen, die Marmier für Rahel Varnhagens Brieftexte konstatiert hat: Rückzug aus der Welt, aus der Gesellschaft in die Innerlichkeit bei Beibehaltung des Konversationsstils, gleichzeitig Verzicht auf diskursive Ausarbeitung eines gedanklichen Systems.

Erst nach dieser Vorstellung Rahel Varnhagens als Schriftstellerin wird die Autorenpersönlichkeit im Rahmen einer biographischen Skizze geschildert. Dabei stützt sich Marmier weitgehend auf die Materialien, die in Karl August Varnhagens Einleitung zum „Buch des Andenkens“ enthalten sind. Ganze Passagen werden ausführlich in französischer Übersetzung übernommen, insbesondere dort, wo es um das Verhältnis zwischen Rahel und Karl August Varnhagen geht. Rahels Verbundenheit mit der deutschen Geisteskultur, mit den durch Madame de Staëls „De l'Allemagne“ auch in Frankreich bekannt gewordenen Autoren Wieland, Herder, Goethe, Schiller, Fichte wird herausgestellt. Ihren lebenslangen Enthusiasmus für Goethe hebt Marmier besonders hervor.[35]

Auffallend ist, daß Marmier, auch hierin Karl August Varnhagen folgend, die Bedeutung der Geselligkeit in Rahel Varnhagens Leben verhältnismäßig gering ansetzt und die Unterschiede ihrer Form der Geselligkeitspflege zu den französischen und englischen Salons hervorhebt. Dagegen verweist er auf ihre schon zu Lebzeiten bestehende – und damit unmöglich auf literarischen Ruhm gegründete – Bekanntheit im literarischen Deutschland.[36] Damit bleibt ein Widerspruch in Porträt von Rahel Varnhagen bestehen: Die introvertierte, ihren unerreichbaren Zielen lebende und auf sich selbst zurückgeworfene Schriftstellerin, von der im ersten Teil die Rede war, fügt sich nicht bruchlos an die anerkannte, mit Zelebritäten verkehrende Dame der Gesellschaft und die glückliche Ehefrau, als die Rahel Varnhagen unter verkürzender und zum Teil irriger Wiedergabe der Materialien im biographischen Porträt Marmiers geschildert wird.[37]

*

Xavier Marmiers Porträt von Rahel Varnhagen als Schriftstellerin verdankt sich einer punktuellen Berührung des Deutschlandreisenden Marmier mit dem Nachlaßverwalter Karl August Varnhagen. Das biographische Porträt dagegen, das die deutsche Dichterin und Journalistin Helmina von Chézy ein Jahr später in der „Revue du Nord" veröffentlichte, muß in einem dichten Gefüge lebensgeschichtlicher Beziehungen zum Varnhagenkreis gesehen werden.[38]

Helmina von Chézy, die durch ihren langjährigen Parisaufenthalt Anfang des Jahrhunderts auf das engste mit der französischen Sprache und Kultur verbunden war, hielt sich Mitte der dreißiger Jahre wieder für längere Zeit in Paris auf. Sie erneuerte den Kontakt mit Heinrich Heine, den sie 1821 in Berlin, wohl im Kreis der Elise von Hohenhausen, kennengelernt hatte. Zwar fehlen für eine persönliche Begegnung mit Rahel Varnhagen, die im Umfeld von Chézys Berliner Kindheit und während ihrer späteren Aufenthalte in ihrer Heimatstadt denkbar gewesen wären, verläßliche Zeugnisse.[39] Eine flüchtige Kindheitsbekanntschaft, an die sich Chézy im Jahr 1839 erinnert, wird von Karl August Varnhagen als irrig hingestellt.[40] Auffallend ist ferner, daß Helmina von Chézy nicht zu dem Empfängerkreis der Privatausgabe des Andenkenbuchs zählte, obgleich man sie bei dem weit gezogenen Radius und den mannigfaltigen Berührungspunkten durchaus in den Kreis der „Freunde" rechnen könnte.[41] Und trotzdem: Helmina von Chézy bewegte sich insbesondere in ihren Berliner und Pariser Jahren in nahezu denselben Kreisen wie Rahel und Karl August Varnhagen. Beginnend mit ihrer Patronin Madame de Genlis, vor der Rahel Varnhagen die größte Hochachtung hatte, sind es vielfach die gleichen Namen, die in den Freundeszirkeln der drei Personen auftauchen. Nicht zufällig war es die Pariser Wohnung der Henriette Mendelssohn, in der Karl August Varnhagen im Jahre 1810 zum erstenmal mit Helmina von Chézy zusammentraf.[42]

Als Helmina von Chézy in Paris den Kontakt mit Heinrich Heine, ihrem Bekannten aus Berliner Tagen, wieder aufnahm, mag das „Buch des Andenkens", mit dem Heine sich in diesen Jahren auseinandersetzte, einen nicht unwichtigen Gesprächsgegenstand gebildet haben. Da die Chézy keine Ausgabe besaß, stellte Heine ihr sein Exemplar zur Verfügung.[43] Im Zusammenhang mit der Lektüre entstand das Porträt, das unter dem Titel „Rahel de Varnhagen" im September 1835 in der auf deutsch-französischen Kulturaustausch angelegten Zeitschrift „Revue du Nord" erschien.[44] Merkwürdigerweise vermerkt das Inhaltsverzeichnis den Titel „Rahel de Varnhagen, ou la Sévigné prussienne", während der Untertitel im Text fehlt.[45]

Im Gegensatz zu Xavier Marmier, der dazu kaum Veranlassung hatte, gibt die Chézy in ihrem Porträt keinen Hinweis auf ihren unmittelbaren Zugang zu den dargestellten Personen. Im Gegenteil, manche Ungenauigkeiten und Fehler lassen eher darauf schließen, daß sie über die Fakten nicht sehr gut Bescheid weiß. Das beginnt schon bei der Form des Namens, die den vielen Namensvarianten Rahel Varnhagens eine weitere hinzufügt: „D'Ense de Varnhagen (madame Rahel Friederica de) née Robert-Levin".[46] Mit diesem Ungetüm eines Namens soll Rahel Varnhagen in Frankreich eingeführt werden! Ihr Todesjahr wird fälschlich mit 1832 statt 1833 angegeben. Auch andere Mitteilungen enstsprechen nicht den Tatsachen: Karl August

Varnhagens Bekanntschaft mit dem Dichter Ludwig Robert, Rahels Bruder, datiert nicht, wie hier behauptet, aus dem Jahr 1806, sondern reicht in das Jahr 1803 zurück, in dem auch schon eine erste flüchtige Begegnung mit Rahel stattfand.[47] Diese Sachverhalte hätte Helmina von Chézy ohne weiteres dem biographischen Porträt im „Buch des Andenkens" entnehmen können, das ihr ja vorlag. Allerdings kam es Chézy am wenigsten auf eine exakte Lebensbeschreibung an. Ihr Anliegen war auch nicht, wie bei Marmier, die Analyse des literarischen Aspekts von Rahel Varnhagens Briefen. All diese Themen werden mit dem schlichten Verweis auf den großen Erfolg und die öffentliche Resonanz der Bücher – die dreibändige Ausgabe war mittlerweile erschienen und bereits vergriffen – abgehandelt. Ihr geht es um etwas anderes: den Entwurf eines Frauentypus, wie er in den Briefen in exemplarischer Form sichtbar wird. Auf dieser Grundlage will sie einen Vergleich mit der für Frankreich zum Paradigma der Schriftstellerin erhobenen Madame de Sévigné ziehen.

Chézy erklärt den Erfolg der Andenkenbücher keineswegs primär mit dem literarischen Wert der Briefe, sondern sie erhebt die Persönlichkeit Rahels zum maßgeblichen Faktor: Diese wird zum einen ganz allgemein mit hervorstechenden Charaktermerkmalen („toute aimable, toute bonne, toute spirituelle"[48]) umschrieben, zum anderen wird Rahels geselligkeitsstiftende Fähigkeit herausgestellt: „Partout oú elle se trouvait, elle réunissait autour d'elle l'élite des notabilités littéraires, scientifiques, artistiques, sociales et politiques."[49] Die Bedeutung der Briefe, die sie wie Marmier als ohne jegliche literarische Ambition entstanden erklärt („écrites sans y penser et presque sans vouloir"[50]), ergibt sich für Chézy aus der außerordentlichen menschlichen Stellung, nicht aus literarischer Intention und Gestaltung. Das Außerordentliche der Briefe sei, daß sich die bedeutende Frau und die Epoche in ihnen wiederfinden. Mit der Aufwertung zu Lebens- und Epochendokumenten wird den Briefen als Textzeugnissen aber sekundärer Stellenwert zugewiesen.

Auf dieser Ebene zieht sie dann die Parallele zu Madame de Sévigné. Wie diese sei Rahel Varnhagen keine Autorin („femme auteur"[51]) im eigentlichen Sinn gewesen. Der Ruhm als Schriftstellerin habe sie erst posthum erreicht. Ihr Schicksal gleiche sich auch in der Spannweite menschlicher Leidenschaften und großer Eigenschaften: „[...] voilà le digne partage de cette femme d'une si grande supériorité, d'un génie si brillant et d'une si charmante modestie."[52]

Damit sieht Chézy die Gemeinsamkeiten auch schon erschöpft. Die Unterschiede beziehen sich vor allem auf die vom Zeitalter und von der sozialen Stellung diktierten Faktoren:

> Rahel, jolie petite allemande du nord, juive d'origine, ouvrage aimable de la nature et du génie, armée contre le monde de sa seule grandeur, passionnée, vive, sémillante, profondément sensible, noble et touchante jusque dans ses erreurs, ne fut que plus aimable et meilleure pour avoir beaucoup aimé. Madame de Sévigné, douée de tact et capable de s'élever à l'intelligence des idées liberales, mais entravée par une société aristocrate qui les combattait par instinct, admirait les notabilités artistiques et littéraires, mais sans oser faire un pas au devant d'elles, s'appitoyait en toute oisivité sur les maux qui affligeaient sa province, et se moquait avec une grâce parfaite du luxe effrené de la

> cour, sans en participer moins à tout ce qu'elle désapprouvait; Madame d'Ense, au contraire, entourée de talens remarquables, en rapport avec tous ceux qui ont illustré notre époque, avide d'entretenir le feu de son ame, sensible aux calamités publiques, ingénieuse à créer des moyens de bienfaisance, active de toutes les forces de son ame dès qu'il s'agissait de venir au secours des malheureux.[53]

Diese kontrastive Charakterisierung ist in zweierlei Hinsicht aufschlußreich. Zum einen enthält sie eine dezidiert politische Stellungnahme, indem behauptet wird, daß Madame de Sévigné unter den Umständen des Ancien Régime trotz ihres über allen Zweifel erhabenen Charakters und ihrer Sympathie mit liberalen Ideen zur drohnenhaften Untätigkeit und Passivität ihres Standes verurteilt gewesen sei. Rahel dagegen wurde in eine Zeit des revolutionären Umbruchs hineingeboren, der ihr die Möglichkeit gab, ihre reichen persönlichen Fähigkeiten praktisch umzusetzen und zu gesellschaftlicher Wirkung zu bringen. Damit sind keineswegs schriftstellerische Aktivitäten gemeint, sondern praktische Aufgaben im humanitären und patriotischen Sinn. Als Beispiele dafür werden Rahel Varnhagens Einsatz für Verwundete während der Befreiungskriege und die Unterstützung für Kranke während der Choleraepidemie 1831 herausgestellt.

Zum anderen wird der Charakter Rahels als im Verhältnis zur Sévigné viel umfassender, facettenreicher dargestellt. Die veränderten Zeitumstände erlauben es ihr, aus dem engen Kreis ihrer Herkunft herauszutreten und ein viel breiteres Spektrum an Rollen zu entfalten. So ist beispielsweise aufschlußreich, daß Chézy im Hinblick auf die Betreuung Verwundeter die Verbindung weiblicher und männlicher Charaktermerkmale bei Rahel feststellt: „Pendant la guerre, des centaines de blessés furent sauvés par elle, de ses mains délicates elle leur prodiguait les soins d'une tendre mère, tandis que son ame virile savait leur créer des secours en appelant sur leur sort la sollicitude des gens riches et puissans."[54]

Nicht nur die Rolle der zärtlichen Mutter und des männlich beherzten Beschützers konnte sie in sich verbinden, auch als Tochter („pieuse et soumise"[55]), Schwester, Ehefrau und Freundin gelang es ihr stets, die größte Intensität in die jeweilige menschliche Beziehung zu legen, wobei ihr zusätzlich innerhalb der Beziehung die Verknüpfung scheinbarer widersprüchlicher Verhaltensweisen gelang. „[...] elle avait le talent rare d'être amusante et piquante au suprême degré, mais seulement à force de candeur et sans la plus légère nuance de malice."[56]

In Rahels Persönlichkeit erkennt Chézy ferner die paradoxe Verknüpfung von Selbstbezogenheit und Selbstverleugnung: „On a rarement vu une abnégation de soi-même comparable à la sienne, et jointe au besoin impérieux de s'occuper minutieusement de soi, et d'en occuper les autres."[57] Dies bleibt also nicht auf die eigene Persönlichkeit bezogen, sondern wendet sich nach außen, indem die Selbstbeobachtung im Austausch mit den Partnern zum Gesprächsgegenstand gemacht wird. „Elle savait en même temps faire valoir aux yeux de ceux qu'elle aimait tous ses sentimens et toutes ses pensées, toutes ses actions et même ses peines et souffrances. Il y avait là de la coquetterie, mais une coquetterie sublime!"[58]

Rahels Briefe werden nicht primär als sprachliche Kunstwerke, sondern als Ausdruck einer einzigartigen Persönlichkeit aufgefaßt, zu der der Leser durch die Lektüre in Beziehung treten kann. Stil und Gestaltung bleiben hier völlig irrelevant, es geht allein darum, aus den Texten die spezifischen Merkmale des Charakters herauszulesen und den Prozeß zu verfolgen, wie eine Einzelpersönlichkeit um Selbsterkenntnis und Wahrheit ringt. Nicht das Ergebnis in Form von Sentenzen, Schlüsselwörtern oder gar Gedankengängen steht zur Debatte, sondern das Prozessuale, dessen Zeugenschaft zum Hauptelement der Lektüre erhoben wird. Die, wie eingeräumt wird, möglicherweise peinliche Selbstbezogenheit nimmt dank sprachlich treffender Formulierungen den Charakter einer philosophisch-psychologischen Wahrheitsfindung und Ich-Erkenntnis an:

> Ce qui donne un attrait si touchant à sa constante préoccupation d'elle-même, c'est qu'elle provenait d'une ardeur dévorante de trouver la vérité. En la cherchant à la source, elle mettait à jour son ame. Elle était trop fière pour rien cacher, et ne pouvait que gagner à se montrer telle qu'elle était. Bien plus, on la voit souvent analyser son être intellectuel; on la voit mettre au creuset ses sensations, et s'étonner naïvement qu'il ne s'y trouve rien d'impur.[59]

Im Zusammenhang mit der Wahrheitsliebe erkennt Chézy noch einen weiteren Charakterzug in Rahels Persönlichkeit, der gewissermaßen alles andere überstrahlt und in ein besonderes Licht setzt: ihre ganz individuelle, unverwechselbare Form der Religiosität. Auch hier sind es gerade nicht die Inhalte, die Aufmerksamkeit erregen, denn es wird betont, wie selten explizit von Gott die Rede ist. Vielmehr wird auch hier der Einklang aller Aussagen mit einem spezifischen, der Persönlichkeit entspringenden Impetus betont.

> Une pitié vive et sincère pénètre tout ce qui émane de Rahel, une pitié qu'on pourrait appeler joyeuse et triomphante. Elle a une manière tout à elle d'aimer Dieu, et on ne peut que l'applaudir d'en avoir trouvé une aussi parfaite, de le glorifier sans efforts, sans étalage, et avant tout par ses actions; elle n'en parle pas très souvent; mais on voit bien qu'elle ne l'oublie jamais. On respire dans ses paroles comme le parfum de plantes suaves qui fleurissent sur un autel, on ne voit rien mais tout vous dit qu'il y a non loin de vous un culte et un sanctuaire.[60]

Erst jetzt kommt Chézy auf den gesellschaftlichen und geistesgeschichtlichen Hintergrund von Rahel Varnhagens Persönlichkeit zu sprechen. In einem kurzen Abriß, der bis auf Lessing, Schubart und Schiller zurückgreift und somit den durch „De l'Allemagne" in Frankreich bekannten Horizont des Deutschlandbildes in Erinnerung ruft, versucht sie den geistigen Boden zu kennzeichnen, aus dem Rahels geistige Statur hervorgegangen ist. Dann greift sie aus den Korrespondenten Rahels einige Namen heraus, die auch dem französichen Publikum vertraut sein könnten und deren Prominenz wiederum auf die Briefautorin ein bezeichnendes Licht zu werfen vermögen. Besondere Aufmerksamkeit wird Louis Ferdinand von Preußen gewidmet, der in der europäischen chronique scandaleuse ein Begriff war und somit auch dem französischen Publikum bekannt sein mochte. Über beliebige, mit kleinen Anekdoten angereicherte Aufzählen von Personalia kommt dieser Abschnitt freilich nicht hinaus. Während der erste Teil eine eindringliche, gedanklich eigenständige Auseinandersetzung mit dem Phänomen Rahel darstellt und durch seine kontrastive Anlage gerade auf das französische Publikum zugeschnitten zu sein scheint, wirkt der zweite Teil wie ein hastig entworfener Abriß des Zeit- und Lebenshintergrunds, der in seiner Verkürzung und Klischeehaftigkeit an keinem Punkt über das hinausgeht, was in Frankreich seit „De l'Allemagne“ als bekannt vorauszusetzen war.

Festzuhalten bleibt, daß Helmina von Chézys Porträt einen außerordentlichen Gedanken in sich trägt. Er formuliert in historischer und typologischer Abgrenzung zu Madame de Sévigné die Interpretation Rahels als einer Einheit von Leben und Denken, die gerade, weil sie einen individuellen, unnachahmlichen Charakter trägt, eine exemplarische Bedeutung jenseits geschichtlicher, geschlechtsspezifischer oder gar nationaler Zuweisungen erhält. Rahel Varnhagen wird von der Berufsschriftstellerin Chézy nicht als Vorbild einer schreibenden Frau reklamiert, wie es später immer wieder der Fall war. Sie wird auch von der gesellschaftspolitisch und karitativ engagierten Liberalen nicht als politisches Rollen- oder Identifikationsmuster hingestellt. Sie wird von der in Europas Salons verkehrenden – und von ihnen lebenden – Reisenden nicht als überhöhtes Objekt der Selbstbespiegelung in Anspruch genommen. Vielmehr beschreibt Chézy in bestechender Schärfe die sich allen Rollenantagonismen der Zeit entziehende Einzigartigkeit von Rahel Varnhagen, die ihren künstlerischen Anspruch und Wert nicht im Werk, sondern einzig in der Individualität und deren Lebensäußerung realisiert, welche im Vollzug der kommunikativen Handlungen sichtbar und nachvollziehbar wird. Dieses Phänomen der französischen Öffentlichkeit, für die mit Madame de Sévigné, Madame de Staël und ganz aktuell mit George Sand der Typus der Literatin längst kanonischen Rang gefunden hatte, ohne den Anstrich einer nationalen Voreingenommenheit zu verdeutlichen, kann summarisch als Hauptanliegen von Helmina von Chézys Charakteristik formuliert werden.

*

Als dritter französischsprachiger Gewährsmann der Auseinandersetzung mit Rahel Varnhagens Briefbüchern soll Astolphe de Custine zu Wort kommen, der 1837 in der „Revue de Paris“ einen längeren Aufsatz über Rahel Varnhagen erscheinen ließ.[61] Von den genannten Autoren ist er der einzige, der zu Lebzeiten in enger persönlicher und brieflicher Verbindung mit Rahel Varnhagen gestanden war. Bis dato als Prosaautor und Reiseschriftsteller bekannt, sollte Custine erst durch den Bericht über seine im Sommer 1839 unternommene Russlandreise Weltruhm erlangen. Er konnte aber als Abkömmling des hingerichteten Revolutionsgenerals und Sohn der vermögenden Adeligen Delphine de Custine auch schon 1837 zu den bekanntesten Autorenpersönlichkeiten Frankreichs gerechnet werden. Mit Rahel und Karl August Varnhagen war Custine im Jahr 1815 auf einer gemeinsam mit seiner Mutter unternommenen Europareise in Kontakt gekommen. Aus der ersten Begegnung entwickelte sich eine Freundschaft, die durch regen Briefwechsel dokumentiert ist. 1829 schrieb Rahel, gewissermaßen als Bilanz einer über zehnjährigen Verbindung, an Custine:

> Sie sind mein einziger Freund: von allen, die ich lieben könnte: der einzige, der mich wiederliebt: der mich erkennt; und der weiß, wer vor ihm steht [...] Wissen Sie was unter uns Beiden so schön ist? daß wir gar kein Verhältniß zu einander haben: keine Forderung einer an den andern; daß ich alt bin; und Sie jung; Sie ein Franzose; ich eine Deutsche. Unsere Trennung, in Einer Art – die gewesene – alles ist gut. Alles ein Bürge, daß wir selbst es sind, die sich aneinander konveniren: nicht unser Alter, unser Geschlecht, unser Land.[62]

Custine trug gewissermaßen eine Herzenspflicht ab, wenn er der verstorbenen Freundin, die erst postum auch Schriftstellerin geworden war, einen Nachruf widmete, der den Prozeß des „Konvenirens" aus seiner Sicht in weit ausgreifender, thematisch frei assoziierender Form nachzeichnet.[63]

Seinen Aufsatz leitet er mit Reflexionen über den Tod und seine gerechtigkeitsstiftende Qualität ein: „Si la terrible influence du hasard s'arrête quelque part sur la terre, c'est au bord de la tombe. Là est écrit le mot de toutes les énigmes; là, tout blasphème reçoit sa réponse."[64] Er beklagt, daß erst der Tod der Fülle an irdischen Ungerechtigkeiten zum Ausgleich verhelfe. Während das irdische Leben der Menschen von schreiender Ungleichheit gekennzeichnet sei, so ebne der Tod die durch ungleiche Verteilung der Talente sowie die verzerrende Beurteilung durch die Gesellschaft entstandenen Verwerfungen wieder ein:

> La mort hérite de toutes les vérités perdues dans la désordre de la vie de ce monde, elle recueille, elle classe, comme des semences précieuses, tous les moyens négligés, tous les dons étouffés, toutes les affections méconnues, tous les mérites obscurcis, tous les desseins de Dieu trompés par les démons de la terre; et c'est avec cette moisson de nobles débris, que la mort, c'est-à-dire l'esprit de vie par excellence, refait des palais aux gloires injuriées, jette des voiles sur les fronts injustement couronnés, entoure d'auréoles des têtes de héros insultés par le silence de la terre; en un mot, la mort, c'est la justice dégagée de toute entrave.[65]

Ohne weitere Überleitung kommt Custine sodann auf Rahel Varnhagen zu sprechen. Aus dem Zusammenhang erschließt sich, daß ihr Tod Anlaß zu den geäußerten Reflexionen über die Bedeutung des Todes war. Es zeigt sich, daß er sie zu den Menschen rechnet, die zu Lebzeiten falsch eingeschätzt und ungerecht von den Mitlebenden behandelt worden sind.

Freilich, was die Fakten betrifft, so läßt auch Custine ihr keine Gerechtigkeit widerfahren. Ihr Todesdatum gibt er mit dem 7. Mai 1833 statt dem 7. März an.[66] Doch ebenso wie Chézy geht es Custine um die Fakten am allerwenigsten. Ihm schwebt vor, aus der Erinnerung an die Persönlichkeit Rahels ihr Bild nachzuzeichnen und anhand der Lektüreerfahrung des Andenkenbuchs ein Porträt von ihr zu entwerfen. Um seinem französischen Publikum einen Anhaltspunkt zu geben, vergleicht er Rahel anfangs gleich mit Madame de Staël, aber nur um festzustellen, daß die beiden eigentlich nicht zu vergleichen sind, da Rahel sich dem Schreiben verweigert habe.

> C'était une femme aussi extraordinaire que Mme de Staël, par les facultés de l'esprit, par l'abondance des idées, la lumière de l'ame et la bonté du cœur: elle avait de plus que l'auteur de Corinne le dédain de l'éoquence; elle n'écrivait pas. Le silence des esprits

comme le sien est une force. Avec plus de vanité, une personne aussi supérieure aurait cherché à se faire un public; Rachel n'a voulu que des amis. Elle parlait pour communiquer la vie qui était en elle; jamais elle ne parlait pour être admirée.[67]

Rahel Varnhagen wird hier, auch hier mit Chézys Sicht übereinstimmend, von vornherein nicht nach literarischen Kriterien vorgestellt und beurteilt. Ihr Briefwerk ist nicht primär als schriftstellerisches Œuvre interessant, sondern als Dokument einer außergewöhnlichen Persönlichkeit, die nur auf diese Weise auch für eine breitere Öffentlichkeit zugänglich wird. Der Text, ja sogar die mündliche Äußerung wird seiner literarischen Funktion entkleidet und als Faktor des Lebens herangezogen, er stellt lediglich eine von vielen möglichen Kommunikationsformen dar, die Rahel Varnhagen benutzt hat, um sich Freunden mitzuteilen.

Mit der Einführung dieser Vergleichsebene greift Custine just ein Kriterium auf, das Madame de Staël als einen Hauptunterschied zwischen französischen und deutschen Schriftstellern eingeführt hat. In kaum einem Bereich fand sie zwischen Franzosen und Deutschen einen so großen Gegensatz wie in der Art und Weise zu sprechen. Der schwerfälligen, ernsthaften und nützlichkeitsorientierten deutschen Sprechweise stellt sie den, ausgehend von Frankreich, international verbindlich gewordenen Stellenwert der geselligen Kommunikation gegenüber: „Der Gang der Ideen ist seit einem Jahrhundert gänzlich durch die Unterhaltung bestimmt worden: man dachte, um zu sprechen, man sprach, um Beifall einzuernten, und alles, was nicht gesagt werden konnte, schien in der Seele überflüssig zu sein."[68] Für die Deutschen sei es unbegreiflich, „wie man die Rede als eine freie Kunst behandeln könne, die keinen anderen Zweck hat, als das Vergnügen, das man darin findet." Dagegen hätten die Franzosen

in diese Gattung eine Fröhlichkeit gebracht, die sie höchst liebenswürdig macht; aber es ist deswegen nicht minder erwiesen, daß alles, was diese Welt Ehrwürdiges hat, durch diese Anmut erschüttert worden ist; wenigstens durch die, welche nichts wichtig findet und alles ins Lächerliche wendet.[69]

Somit könnte man sagen, daß Custine die Argumentation der Staël zugunsten Rahel Varnhagens gegen die erstere wendet. Aber so sehr Rahel vom in Frankreich ausgeprägten Typus der wirkungsbezogenen Rede distanziert wird, so wenig paßt sie in Madame de Staëls Schema des inhaltsorientierten deutschen Redetypus. Rahel Varnhagen repräsentiert einen eigenen unverwechselbaren Gestus der Rede: Sie übermittelt das in ihr selbst liegende Leben, ohne auf die Wirkung einerseits bedacht zu sein und ohne andererseits sich mit der Vermittlung von Sachverhalten zu begnügen.

Dieser Grundgedanke wird in der Folge in immer wiederkehrenden Paraphrasen als Grundprinzip von Rahel Varnhagens Persönlichkeit herausgestellt und an Beispielen demonstriert. Wenn man im Deutschen eine Entsprechung für Custines Interpretationsansatz finden sollte, könnte man etwa die Formulierung „unablässige Lebensübermittlung" wählen. Bei Custine heißt es so:

La vie, pour elle, était un travail continuel; mais elle n'en a fait pas d'aitre. Ses lectures même devenaient des conversations; elle vivait, elle discutait avec les livres comme avec des personnes. L'intensité de sa vie était telle qu'elle animait tout sans le vouloir; elle faisait plus que percevoir, elle personnifiait les idées, son intelligence était un monde où tout avait son emploi, comme dans le monde de Dieu.[70]

In dieser spezifischen Geistesorganisation erkennt Custine die Einzigartigkeit Rahel Varnhagens, in der, im Zusammenhang mit ihrer Weigerung literarisch zu wirken, auch gleichzeitig der Grund für ihre Unbekanntheit liege. Denn unter den gegebenen gesellschaftlichen Bedingungen könne es für ein Wesen wie sie gar keine Wirkungsmöglichkeit geben. Ihre postum erschienenen Briefe – auf die Buchausgabe wird lediglich in einer Fußnote verwiesen – seien keine Werke („point des œuvres"), sondern unmittelbar ihrer Persönlichkeit entstammende „Blitze" („c'étaient des éclairs qui partaient de son cœur et de son brillant esprit pour toucher le cœur de ses amis"[71]). Das Briefschreiben selbst habe für Rahel Varnhagen als Ersatz für unmittelbare Kommunikation gedient. „Pour elle, écrire, ce n'était pas briguer la gloire, c'était chercher un remède à l'absence."[72]

Im Versuch, Rahel Varnhagens Persönlichkeit zu charakterisieren, greift Custine zu einer weit ausgreifenden Benennung.

Il me semble qu'on peut la définir d'un mot: elle avait l'esprit d'un philosophe et le cœur d'un apôtre, et malgré cela elle était enfant et femme autont qu'on peut l'être. Son esprit pénétrait dans les obscurités les plus profondes de la nature; elle pensait avec autant de force et plus de clarté que notre théosophe Saint-Martin, qu'elle comprenait et admirait, et elle sentait comme un artiste.[73]

Philosoph und Apostel, Kind und Frau, Denkerin und Künstlerin. Auf diesen Nenner bringt Custine das Persönlichkeitsspektrum Rahel Varnhagens, das durch die Vereinigung sich eigentlich ausschließender Aspekte so außergewöhnliches Format annimmt. Insbesondere die Verbindung von Herz und Verstand sieht er als besonderes Phänomen: „Ses perceptions étaient toujours doubles; elle atteignait aux vérités les plus sublimes par deux facultés qui s'exclurent chez les hommes ordinaires: par le sentiment et par la réflexion."[74]

Als Quelle ihrer Geistesblitze werden weder langjähriges Studium noch Eingebungen des Augenblicks vermutet, vielmehr handele es sich um eine eigentümliche Austauschwirkung im Gesamtzusammenhang ihrer wahrheitssuchenden Persönlichkeit: „C'était l'intuition accordée pur récompense, par le ciel, aux ames vraies, ces ames martyres luttent pour la vérité qu'elles pressentent, souffrent pour le Dieu qu'elles aiment, et leur vie entière est l'école de l'éternité."[75]

Während diese Passagen als Versuch, den Kern von Rahel Varnhagens Persönlichkeit zu analysieren, gewissermaßen die Substanz von Custines Portät ausmachen, reiht er im Anschluß in weitgehend frei assoziierter Folge Textbeispiele, biographische Details aus persönlicher Sicht sowie weitere Charakterisierungen aneinander, die den konzentrierten, abstrakten Ausführungen des Kernteiles lebensvolle, im Konversationsstil vorgetragene Anschaulichkeit verleihen.

So wird zunächst ein, so Custine, nach dem Zufallsprinzip gewählter Brief in Übersetzung wiedergegeben. Es handelt sich um den umfangreichen Brief Rahels an

Karl August Varnhagen vom 5. November 1808[76], aus dem zwei lange zusammenhängende Abschnitte wiedergegeben werden. Sie sind Custine Anlaß, die oben diagnostizierte Einheit von Intellekt und Gefühl, von Naturliebe und Menschenkenntnis nochmals hervorzuheben.

Von hier leitet Custine zu den Erfahrungen im persönlichen Umgang über und konstatiert ebenfalls verblüffende, ans Paradoxe grenzende Fähigkeiten. „Le comique était à sa portée comme le plus haut degré du sublime.“[77] Dazu kommt die Eigenschaft, im persönlichen Austausch der Empfindungen stets nicht nur aufzunehmen, sondern durch die Art des Aufnehmens die übermittelten Empfindungen und Gedanken wiederum zu modifizieren im Sinne einer Befruchtung. „[...] tout résonnait en elle, et sa manière de recevoir les impressions que cous vouliez lui faire partager modifiait les vôtres.“[78] Daß Rahel Varnhagen so anziehend gewirkt habe, sei nicht nur ihren besonderen Fähigkeiten zu verdanken, sondern der Tatsache, daß sie diese mit der Fähigkeit, „amusant“ zu sein verbunden habe, d.h. einem außerordentlichen Geselligkeitstalent. Schließlich weist Custine auf die Gabe Rahel Varnhagens hin, für mehrere Menschen zur gleichen Zeit bedeutend zu sein, ohne Eifersucht zu erwecken.

Custines Aufsatz führt im Rahmen seiner ungebundenen Bewegung vom Allgemeinen zum Konkreten in die Schilderung lebensgeschichtlicher Situationen. So berichtet er über die Umstände des Kennenlernens aus der Erinnerung und teilt Reminiszenzen an Unterhaltungen über Goethe, über die Ehe und über Religion mit. Selten wurde die spezifische Form des Gesprächs, die für Rahel Varnhagen charakteristisch war und gleichzeitig diesen sozialen Begriff als ganz ungeeignet erweist, so eingehend beschrieben wie von Custine, der hier aus der Sicht des Jüngeren seine prägenden persönlichen Erfahrungen wiedergibt:

> La conversation de Mme de Varnhagen n'était pas un discours plus ou moins brillant; c'était une action intime, mais toujours inattendue, parce qu'elle était motivée par le besoin et la disposition de la personne qui causait avec elle, causer n'est pas le mot, tout ce qu'on disait de Mme de Varnhagen était une confession, volontaire ou non. Sa manière d'entendre changeait le mensonge même en confidence, jamais clarté si bienfaisante ne pénétrait dans les cœurs souffrants.[79]

So stellt sich als Grundzug von Custines Analyse der eingangs markierte bewußte Verzicht auf öffentliches schriftstellerisches Wirken als Glück für diejenigen dar, die im Leben mit ihr Verbindung hatten. Für alle Freunde, gleichgültig ob im größeren geselligen Kreis oder im tête-à-tête, verstand sie es Gedankenprozesse anzuregen. Ihre Gedankenkraft wurde nicht für „Werke aufgespart“[80], sie wurde auch nicht für politische Intrigen eingesetzt. Der befruchtende, als Prozeß so eingehend beschriebene Vorgang des persönlichen Umgangs war alleiniger Bestimmungszweck.

Für die Lektüre des Briefwerks ergibt sich daraus, daß man es als Ahnung verstehen möge, was Rahel Varnhagen als Schriftstellerin hätte leisten können, hätte sie nicht ihrem Leben eine ganz andere Bestimmung gegeben.

La moisson d'idées fécondes, d'expressions soudaines, originales, sublimes, piquantes, d'aperçus neufs et surprenants, qu'on recueille en lisant ces trois volumes de lettres, montre ce qu'aurait pu produire en littérature celle qui les a écrites, non pour écrire, mais pour manifester et pour étendre sa bienfaisante existence.[81]

*

Es wäre vermessen zu behaupten, die drei vorgestellten Aufsätze über Rahel Varnhagen hätten ihr in Frankreich zu Bekanntheit verholfen. Ein Urteil darüber abzugeben, ist um so schwieriger, als die vorliegenden Aussagen widersprüchlich sind. Custine selbst ging jedenfalls von falschen Voraussetzungen aus, wenn er sagt, daß sein Artikel die erste größere Auseinandersetzung mit Rahel Varnhagen darstelle. Die zuvor erschienenen Aufsätze von Marmier und Chézy waren ebenso wie die kürzeren Anzeigen und die Monographie von Lerminier keineswegs an entlegenen Orten publiziert worden und mußten einer breiteren Öffentlichkeit bekannt geworden sein. Ebenso hatte sich durch persönliche Gespräche in den Salons der Hauptstadt der Name Rahel Varnhagen herumgesprochen. Ein aufschlußreiches Dokument über den Besuch des Fürsten Pückler bei Custine bezeugt diese Form der mündlichen Verbreitung. Pückler schrieb in seinem Reisebrief vom 30. September 1835:

> Denken Sie sich unter andern meine Genugthuung, als das erste Buch, das ich auf dem Tische im Salon vor mir liegend aufschlage, Rahels Briefe sind, und welch interessante, feurige Schilderung wußte er [Custine] von dem Geist, der hohen Originalität dieser Frau zu machen. „Stellen Sie sich", sagte er zu der französischen Dame, die von ihr zu hören wünschte, „mit deutscher Tiefe und Gemüth verbunden, an Geist eine Frau von Staël vor, die nie geschrieben hätte, und so die Quintessenz ihrer Schriften wie ihrer Unterhaltung allein in der letzten konzentriert. Dazu geben Sie ihr ein sanftes Äußere, die vollkommenste Abwesenheit aller Prätension, und ein weit größeres Bestreben, Andere geltend zu machen, als sich selber, und Sie werden eine Idee ihres seltenen Wesens haben." Man kann kein richtigeres und scharfsinnigeres Urtheil über Frau von Varnhagen fällen, besonders um Franzosen anschaulich zu machen, was sie war, denn um das erschöpfend darzustellen, bedarf es unendlicher Details.[82]

Es zeigt sich, daß Custine exakt die Thesen und Gedanken, die er in seinem Aufsatz von 1837 publizierte, mündlich schon unmittelbar nach der Lektüre des Briefwerkes geäußert hat. Und bei der Bekanntheit und Mobilität des Grafen kann man davon ausgehen, daß nicht wenige Personen auf diese Weise von Rahel Varnhagen gehört haben. Eine ganz andere Frage ist, wie viele Franzosen letztendlich die Briefe Rahels gelesen haben. Die genannnten Autoren der Zeitschriftenaufsätze gehören dem kleinen Kreis von Intellektuellen an, die aus Interesse oder lebensgeschichtlichen Umständen heraus mit der deutschen Sprache vertraut waren. Sehr wenige Franzosen hätten Rahel-Briefe im Original lesen und verstehen können. Dazu kommt, daß die von Chézy angekündigte, von Custine so dringend gewünschte Übersetzung der Briefe oder zumindest einer Auswahl nie zustande kam. Das muß keineswegs am mangelnden Interesse der Franzosen liegen, sondern ist vielmehr in einem grundsätzlichen Problem der Vermittlung fremdsprachiger Literatur in Frankreich zuzuschreiben. So waren z.B. 1837 auch die 1835 erschienenen Gespräche Eckermanns mit Goethe noch nicht in französischer Sprache zu lesen, was Custine zu der Bemerkung veranlaßte: „On s'étonne de voir que tant de livres curieux ne soient pas encore traduits en français."[83]

In Deutschland fand Custine zumindest einen begeisterten Leser für seinen Aufsatz: Karl August Varnhagen persönlich. Er drängte Custine noch Jahre später, das Porträt in eine geplante Ausgabe seiner gesammelten Schriften aufzunehmen[84] und veranlaßte schließlich, als das nicht zustandekam, den erneuten Druck des Textes im 8. Band der „Denkwürdigkeiten und vermischten Schriften".[85]

Wenn man Helmina von Chézys eigenen Aussagen folgt, so hatte ihr Aufsatz in der „Revue du Nord" durchaus breite Resonanz. In einem Brief an Karl August Varnhagen schreibt sie: „[...] diese Worte haben in Frankreich viel Mitgefühl erweckt, noch weit über das hinaus was andere Stimmen weckten, weil ich mehr Raum hatte."[86] Insbesondere der Vergleich mit Frau von Sévigné habe die besondere Aufmerksamkeit der Franzosen gefunden. Auch in Deutschland nahm man von ihrem Artikel Notiz. So war in der „Zeitschrift für die elegante Welt" zu lesen:

> Im Septemberheft der von Boulet und Spazier herausgegebenen „Revue du Nord" lesen wir einen in mancher Beziehung interessanten Aufsatz über Rahel. Für Deutsche möchte sich wenig Neues darin finden, wenn es nicht von Wichtigkeit erscheinen müßte, die seltene Frau auch für Franzosen zum Gegenstand der Aufmerksamkeit gemacht zu sehen; Frau von Chézy findet in Rahel's Natur und Schicksalen viel Verwandtschaftliches mit Mad. de Sévigné, von der Frankreich bekanntlich eine Briefsammlung in zehn Bänden besitzt. Jedenfalls verdient die zwischen beiden Frauen aufgestellte Parallele alle Beachtung.[87]

Marmiers Aufsatz schließlich wurde in einer Zeitschrift gedruckt, die speziell der Vermittlung deutscher Wissenschaft und Kultur im französischen Sprachraum gewidmet war. Die „Nouvelle Revue germanique" bestand erst seit 1829 und fügt sich damit zeitlich gesehen in das eingangs festgestellte günstige Rezeptionsklima deutscher Kultur in Frankreich zwischen 1830 und 1840 ein. In der programmatischen „Introduction", die dem ersten Band von 1829 vorangestellt war, heißt es:

> En effet, ce n'est pas un journal de critique; c'est un recueil de ce qui se place au-dessus de la critique, c'est un magasin de ce qu'il y a de plus distingué, de plus curieux, de plus utile en un mot, que nous ouvrons au public. [...] Ce n'est que le miroir de l'Allemagne que nous voulons présenter. C'est sur une grande notabilité littéraire, sur une peuple qui exploite les produits intellectuels et moraux de toutes les autres, que nous allons appeler l'attention de nos compatriotes; c'est à l'action que les plus beaux génies de l'Allemagne, par leurs brillantes spéculations et leurs généreux travaux, doivent exercer.[88]

Marmiers Porträt von Rahel Varnhagen erscheint in diesem Zusammenhang als ein Beispiel für die Präsentation der deutschen Literatur in einem institutionalisierten Rahmen, der bereits eine gewisse Normalität in den gegenseitigen Kulturbeziehungen verbürgt. Von der Priorität des französischen Einflusses zeigte man sich zwar auch hier überzeugt, aber man sieht die Deutschen auf dem Sprung, seinen westeuropäischen Nachbarn den führenden Rang streitig zu machen. Das reiche, unerschöpfliche Reservoir deutscher Literatur und Kultur möchte man, nicht ohne Eigennutz und Bewußtsein der Konkurrenzsituation, „ausbeuten wie eine reiche Mine". Xavier Marmier leistete zu dieser Zeitschrift, für die er zwei Jahre auch als Herausgeber verantwortlich war, mit seinen Autorenporträts einen maßgeblichen Beitrag.[89] Durch seine Sprach- und Landeskenntnisse prädestiniert, stellte er seine Publizistik in den Dienst der produktiven „Ausbeutung" der deutschsprachigen Kulturlandschaft für Frankreich. Das Publikum, das er dafür gefunden hat, darf man sich als zahlenmäßig kleinen, aber dezidiert aufgeschlossenen und an der wissenschaftlich-literarischen Entwicklung im deutschsprachigen Raum interessierten Personenkreis vorstellen.

Die Beiträge, die Xavier Marmier, Helmina von Chézy und Astolphe de Custine über Rahel Varnhagen veröffentlicht haben, tragen ein gemeinsames Signum. Sie kennzeichnen die Briefe dieser Autorin als Zeugnis einer einzigartigen Persönlichkeit, die sich letztendlich der Einordnung in literatur- und geistesgeschichtliche Kategorien sowohl Deutschlands als auch Frankreichs entzieht. Marmier betont, daß Rahel Varnhagens Texten in Frankreich nichts Vergleichbares an die Seite zu stellen ist. Chézy zieht den Vergleich mit Mme de Sévigné, um Rahel Varnhagen schließlich doch als unvergleichlich zu apostrophieren. Custine verfährt ähnlich, indem er Rahel Varnhagen zunächst als eine „nicht schreibende" Frau von Staël gegenüberstellt und im weiteren Verlauf die Vergleichbarkeit wieder in Frage stellt, indem er präzise die Persönlichkeitsmerkmale beschreibt. Zumindest für Custine und Chézy gilt ferner, daß Rahel Varnhagens Briefe bewußt nicht als literarische Texte, sondern als wie zufällig enstandene und überlieferte Dokumente eines einzigartigen Individuums gelesen werden.

So deutlich damit die Individualität in den Mittelpunkt des Interesses gerückt wird, so wenig werden bei diesem Verfahren die in Rahels Briefen reichlich vorhandenen Bezüge zur französischen Literatur herangezogen. Die Chance, die von Rahel zeitlebens gepflegte Auseinandersetzung mit der französischen Literatur aufzugreifen und einem dialogischen Prozeß nutzbar zu machen, wird nicht ergriffen. In den Vordergrund schiebt sich die Einmaligkeit des Persönlichkeitsbildes.

Um so interessanter mutet deshalb der gleichzeitige Versuch des französischen Publizisten Eugène Lerminier an, den von Rahel Varnhagen begonnenen, eingangs zitierten Dialog mit den Thesen des Staëlschen Deutschlandbuches aufzunehmen und Rahel Varnhagen explizit in den geistes- und sozialgeschichtlichen Typenkreis der französischen Schriftstellerin einzubeziehen. In seinem 1835 erschienenen zweibändigen Deutschlandbuch „Au-delà du Rhin" stellt er in einem lapidaren Verfahren, das originale Textausschnitte aus Rahel Varnhagens Briefen zunächst original und nachfolgend in französischer Übersetzung präsentiert, gerade diejenigen Passagen der Kritik Rahel Varnhagens an Frau von Staëls Thesen dar, die geeignet sind, „diesseits des Rheins" sowohl weiteres Nachdenken über das mittlerweile kanonisierte Deutschlandbild auszulösen als auch eine vertiefte Sicht der nationalen Unterschiede zu gewinnen. Die Stelle, die Lerminier aus einer insgesamt höchst aufschlußreichen Tagebuchaufzeichnung Rahel Varnhagens über Frau von Staël vom 9. Januar 1820 – drei Jahre nach deren Tod – herausgreift, wäre allein schon Anlaß zu einer ergiebigen Diskussion über die unterschiedlichen Bedingungen des Schreibens in Frankreich und Deutschland: „Sie [Frau von Staël] horchte nicht auf sich selbst: und dies, weil sie nach jedem Einfall und Gedanken gleich hinhörte, wie ihn das geehrte, geistvolle Paris, ihr Publikum, ihre Welt, beurtheilen würde: oder vielmehr mißverstehen könnte."[90] Lerminier erkennt mit sicherem Gespür, daß in Rahel Varnhagens Kritik an Frau von Staël, die auf langjähriger Vertrautheit mit dem Gegenstand und Überzeugung beruhe, jenseits von weiblicher Eifersucht die Typologie einer völlig anderen Erkenntnis- und Vermittlungsform angelegt ist, auf deren Grundlage eine Gegenüberstellung französischer und deutscher Geistesart erarbeitet werden könnte. Das „Buch des Andenkens", das sich über weite Strecken wie ein Dialog Rahel Varnhagens mit französischen Autoren lesen läßt, böte über den von Lerminier herausgegriffenen Dialog mit Frau von Staël hinaus reiches Anschauungsmaterial. Weder Lerminier noch Autoren nachfolgender Generationen haben diese Spur weiterverfolgt.

Immerhin weist Lerminier, anders als die anderen Autoren, Rahel Varnhagen einen festen Platz innerhalb der weiblichen Schriftstellerinnen des Zeitalters zu. Sie wird in die Mitte zwischen Frau von Staël und George Sand, den eben erst aufgehenden Stern der neuen Generation, die Apologetin der Frauenemanzipation genommen. Damit ist die Frage der Vergleichbarkeit oder gar der Superiorität aufgehoben zugunsten einer Gleichstellung der drei Frauen im Hinblick auf ihr Verhältnis zur zukünftigen Rolle der Schriftstellerin, im Hinblick gar auf ein zukünftiges Zeitalter im prophetischen Sinne der Romantik. Die drei Frauen repräsentieren für Lerminier in sich steigernder Generationenabfolge verschiedene Entwicklungsstufen des weiblichen Geistes. Frau von Staël verkörpert demzufolge das Element der Reflexion, der Kritik und des Vorbereitens revolutionärer Entwicklungen, freilich ohne je zum Ziel zu gelangen. Rahel Varnhagen stellt im Gegensatz dazu das Element des introvertierten, nicht auf gesellschaftliche Wirkung und gar politische Folgen rechnende Element der nach – deutscher – „Tiefe" strebenden Geistes.

> Rachel de Varnhagen, dans une abondante correspondance, verse son ame, épanche son esprit; elle est audacieuse à huis clos; elle méprise la superficie vulgaire de choses; elle innove en silence; elle se laisse déchirer avec une douleur calme par le désir et la faim de la vérité. [...] elle n'a pas résolu les problèmes, mais au moins elle les a posés; elle maudit intérieurement la loi sans cœur et sans intelligence; elle a dans son ame le feu révolutionnaire des novateurs; et elle meurt, sans avoir permis aux tempètes du monde de déchirer le voile qui la cachait à la foule.[91]

Die Trias der Schriftstellerinnen wird gekrönt von George Sand, der in religiöser Überhöhung die Rolle einer Priesterin zugewiesen wird, die nicht nur den Frauen, sondern auch den Männern in erhabener Stellung voranschreitet: „[...] bacchante inspirée, elle mène dans notre siècle le chœur des intelligences qui la suivent ardemment."[92]

Lerminier gelingt es als vorerst einzigem Franzosen, die Grenzen der Nationalliteraturen zu überschreiten und das kritisch-dialogische Verhältnis Rahel Varnhagens zu

Frau von Staël nicht als polemische Abgrenzung, sondern als dialektisch notwendige Antithetik zu begreifen, die aus nationalen Unterschieden produktiv fortschreitende Prozesse werden läßt. Er hat Rahels inneren Dialog mit Frankreich angenommen und in Richtung des neuen literarisch-gesellschaftlichen Phänomens George Sand weitergeführt.

Dieser Prozeß fand keine Fortsetzung. Äußerlich gesehen markiert die Rheinkrise von 1840, wie eingangs angedeutet, das Ende der gegenseitigen Annäherungsbewegungen in der bisherigen Form. Unter der verschärft einsetzenden Politisierung im Zeichen des Junghegelianismus veränderten sich die Koordinaten der deutsch-französischen Kulturbeziehungen von Grund auf. Aber auch ohne dies blieb die Resonanz auf das Phänomen Rahel Varnhagen gerade dort aus, wo etwa Lerminier ganz besonders an einer Vermittlung interessiert sein mußte. August Lewald zieht bei einem Parisbesuch 1836 die ernüchternde Bilanz: „Wir sprachen von deutschen Schriftstellerinnen. Ich erwähnte Rahel's und Bettina's; ihr Name war nie bis hierher gedrungen. Die liebenswürdige Dudevant [George Sand] wußte nichts von ihnen, – nur Marmier kannte sie vom Hörensagen."[93]

Dem Faktum, daß zwischen 1834 und 1837, in den Kernjahren des fruchtbaren und ungehinderten Informationsflusses über den Rhein hinweg, Veröffentlichungen über Rahel Varnhagen einen gewichtigen Bestand des französischsprachigen Diskurses über zeitgenössische deutsche Literatur ausmachen, tut dieser negative Befund keinen Abbruch. Rahel Varnhagen wurde für Frankreich entdeckt, wenn nicht als Schriftstellerin, so doch als ein kulturelles Phänomen von außerordentlichem Rang. Der Klassifizierung als Sévigné prussienne freilich entzieht sich Rahel Varnhagen ebenso wie der als „deutsche Frau von Staël". Ihr Werk und ihre Persönlichkeit sind frei vom Ehrgeiz, der deutschen Literatur eine Schriftstellerin vom Rang der französischen Literatinnen an die Seite zu stellen. Ganz gewiß aber verkörpert Rahel Varnhagen über die inhaltliche Komponente ihres Werks und gleichzeitig als Individuum eine deutsche Antwort auf diese französischen Schriftstellerinnen. Der imaginäre Dialog, durch den Rahel Varnhagens Briefe und Aufzeichnungen vielfach mit Frankreich, insbesondere mit französischen Autorinnen verknüpft sind, stellt die Ebenbürtigkeit im Fortgang der Aneignung und Verwandlung der fremden Individualitäten her. Diese Komponente ihres Briefwerks wurde weder von den deutschen noch den französischen Zeitgenossen gebührend gewürdigt. Die Entdeckung Rahel Varnhagens als bedeutender Rezipientin französischer Literatur steht noch aus – in Deutschland und Frankreich.

Anmerkungen

1 Saint-René Taillandier: Dix ans de l'histoire de l'Allemagne. Origines du nouvel empire d'après la correspondance de Frédéric-Guillaume IV et du baron de Bunsen 1847–1857. Paris 1875, S. If. Die französischen Zitate werden in der Orthographie der Quellentexte wiedergegeben.

2 Ebd. S. II. Biographische Daten zu den in diesem Zusammenhang wichtigen Autoren: Saint-Marc Girardin (1801–1873), Professor für französische Dichtung an der Faculté des

lettres, Redakteur des „Journal des Débats", Parlamentsabgeordneter, Mitglied der Académie française (1844), Autor literaturwissenschaftlicher und autobiographischer Werke (nach: Dictionnaire universel d'histoire et de géographie, nouvelle édition. Paris 1880, S. 1652.); Jean-Jacques Ampère (1800–1864), 1826–1827 Reise nach Deutschland und Schweden, seit 1833 Professor für Literatur des Auslands am Collège de France, Mitglied der Académie française (1847), Autor zahlreicher literarischer und literaturgeschichtlicher Werke (nach: Dictionnaire de biographie française. Paris 1936, Bd. II, Sp. 720ff.); Eugène Lerminier (1803–1857), als gebürtiger Straßburger mit der deutschen Sprache vertraut, 1830–1839 Professor für vergleichendes Recht am Collège de France, Verfasser juristischer Werke und zahlreicher Zeitschriftenartikel, vor allem in der „Revue des deux mondes" (nach: Dictionnaire universel d'histoire et de géographie. Nouvelle édition. Paris 1880, S. 1065); Xavier Marmier (1800–1892), 1832 Reise nach Deutschland, viele weitere Reisen vor allem in West-, Nord- und Osteuropa, Bibliothekar, Reiseschriftsteller, Übersetzer und Autor literaturwissenschaftlicher und poetischer Werke, Mitglied der Académie française (1870) (nach: Dictionnaire universel des contemporains. Paris 1892, Bd. II, S. 1059); Saint-René Taillandier (1817–1879), Professor für Rhetorik in Paris, Mitglied der Académie française, Autor zahlreicher Werke über deutsche Geschichte und Literatur; führender Autor der „Revue des deux mondes" (nach: Dictionnaire universel d'histoire et de géographie. Nouvelle édition. Paris 1880, S. 1816).

[3] Vgl. Gerhard Höhn: Heine - Handbuch. Zeit, Person, Werk. Stuttgart/Weimar 1997, S. 302–326, 340–362. Zu Heines publizistischem „Einzel- bzw. Doppelprojekt", das als „pacifike Mission" „nationale Vorurteile, Intoleranz und kleinliche Denkklischees zwischen den Völkern zu vernichten" bestrebt war, vgl. insbesondere S. 342. Zur polemischen Bezugnahme Heines auf Madame de Staël vgl. Karin Füllner: „Ja, die Weiber sind gefährlich". Heinrich Heines Polemik gegen Germaine de Staël. – In: Differenz und Identität, Heinrich Heine: Europäische Perspektiven im 19. Jahrhundert. Tagungsakten des Internationalen Kolloquiums zum Heine-Gedenkjahr. Lissabon, 4.–5. Dezember 1997, hrsg. v. Alfred Opitz. Trier 1998 (Schriftenreihe Literaturwissenschaft 41), S. 67–78.

[4] Taillandier [Anm. 1], S. IVf.

[5] Ebd., S. IIf.

[6] Zum Stellenwert der deutsch-französischen Krise 1849 für die Genese des deutschen Nationalbewußtseins vgl. zusammenfassend Hans-Ulrich Wehler: Deutsche Gesellschaftsgeschichte. 1815–1845/49. München 1987, Bd. II, S. 398.

[7] Anne Germaine de Staël: Über Deutschland. Vollständige und neu durchgesehene Fassung der deutschen Erstausgabe von 1814 in der Gemeinschaftsübersetzung von Friedrich Buchholz, Samuel Heinrich Catel und Julius Eduard Hitzig. Hrsg. und mit einem Nachwort versehen von Monika Bosse. Frankfurt a.M. 1985, S. 135.

[8] Ebd., S. 663.

[9] An ihren Bruder Markus Theodor Robert schrieb Rahel am 21. März 1814 aus Prag: „Habt ihr Mad. Staëls Buch? Ich nicht. Schickt es mir in Französisch mit Weber!" In: Rahel. Ein Buch des Andenkens für ihre Freunde. Berlin 1834, Bd. II, S. 184.

[10] Ebd., Bd.I, S. 182.

[11] Ebd., Bd. II, S. 218. Kursiv gedruckte Stellen sind im Original gesperrt gesetzt.

[12] Ebd., S. 219.

[13] In ihrem kritischen Urteil über Madame de Staëls „De l'Allemagne" wußte sich Rahel Varnhagen einig mit ihrem Ehemann, Karl August Varnhagen, der Auszüge des Buchs bereits 1810 in Paris kennengelernt hatte. Im Kreis um Henriette Mendelssohn wurde das Buch „im voraus erörtert, und ich erhielt darauf im tiefsten Vertrauen die Aushängebogen desselben

ausgeliefert, die ich wohl mit Spannung, aber auch mit Mißbehagen und zum Teil mit Unwillen las, indem ich einseitig und ungerecht nicht erwägen wollte, was und wie das Buch in Frankreich wirken müsse, sondern nur wiefern es uns für das Deutsche wiedergäbe." Karl August Varnhagen von Ense: Denkwürdigkeiten des eigenen Lebens. Hrsg. v. Konrad Feilchenfeldt. Frankfurt a. M. 1987 (Werke in fünf Bänden, Bd. II: 1810–1815), S. 149.

14 Vgl. Füllner [Anm. 3], S. 70ff.

15 Zur Problematik der Erforschung des deutsch-französischen Kulturtransfers vgl. allgemein: Michel Espagne/ Michael Werner: Deutsch-französischer Kulturtransfer als Forschungsgegenstand. Eine Problemskizze. – In: Transferts. Les relations interculturelles dans l'espace franco-allemand. Hrsg. v. Michel Espagne/Michael Werner. Paris 1988, S. 11–34. Zu den Quellen der deutsch-französischen Mißverständnisse im kulturellen Austausch vgl. insbesondere S. 22f. Speziell zu Madame de Staël im gleichen Sammelband: Pierre Macherey: Culture nationale et culture cosmopolite chez Mme de Staël. S. 409–426. Hier heißt es (S. 424): „Sans doute Mme de Staël a-t-elle été moins impressionnéé par les Allemands eux-mêmes que par l'idée qu'elle se faisait de l'Allemagne, sur la base de son système générale de la culture."

16 Le Foyer. Théâtre,critique, mœurs, industrie, librairie, causeriers du monde, 1834, Nr. 2 (3. Januar), S. 3f.

17 Ebd.

18 Joseph Lehmann: Deutsche Literatur im Auslande. – In: Magazin für die Literatur des Auslandes. Nr. 21, 17. Februar 1834, S. 82.

19 Die Namen sind Listen zu entnehmen, auf denen Karl August Varnhagen die „Personen, denen das Buch ‚Rahel' zugedacht ist" vermerkte. SlgV, 202. – Die vielschichtigen Spuren, die Rahel Varnhagen als Person und Schriftstellerin im Werk Heinrich Heines hinterlassen hat, können ebensowenig Gegenstand dieser Ausführungen sein wie die Beziehungen zu dem Arzt und Schriftsteller Daniel Ferdinand Koreff. Zu Heine und Rahel Varnhagen vgl. Elke Frederiksen: Heinrich Heine und Rahel Levin Varnhagen. Zur Beziehung und Differenz zweier Autoren im frühen 19. Jahrhundert. – In: HJb 29, 1990, S. 9–38.

20 Xavier Marmier: Mme. Rahel-Fréderique Varnhagen von Ense. – In: Nouvelle Revue germanique. Deuxième série, 2, 1834, S. 3–14.

21 Ebd., S. 14.

22 Ebd., S. 3.

23 Ebd., S. 4.

24 Ebd.

25 Ebd.

26 Ebd., S. 4f.

27 Ebd., S. 5.

28 Ebd.

29 Ebd. S. 5f.

30 Ebd., S. 6.

31 Ebd.

32 Ebd.

33 Ebd., S. 7.

34 Ebd., S. 8.

35 Vgl. S. 10f.

36 Vgl. S. 13.

37 Vgl S. 10ff. – Irrig ist z.B. die Angabe, daß Rahel und Karl August Varnhagen sich zum

erstenmal bei Wieland begegnet seien (S. 11). Marmier faßt hier Varnhagens Angabe falsch auf. Bei ihm heißt es: „[...] da ich den zum Thee Versammelten aus Wieland einiges vorlas [...]". Rahel [Anm. 9] Bd. I, Vorwort, S. 4.

38 Die Biographie Helmina von Chézys findet sich ausführlich dargestellt in dem Aufsatz von Irina Hundt: „Wäre ich besonnen, wäre ich nicht Helmina." Helmina von Chézy (1783–1856). Porträt einer Dichterin und Publizistin. – In: Autorinnen des Vormärz, hrsg. v. Helga Brandes und Detlev Kopp, Bielefeld 1997 (FVF Jb 1996), S. 43–79. Vgl. auch dies.: Geselligkeit im Kreise von Dorothea und Friedrich Schlegel in Paris in den Jahren 1802–1804. – In: Salons der Romantik. Beiträge eines Wiepersdorfer Kolloquiums zu Theorie und Geschichte des Salons, hrsg. v. Hartwig Schultz. Berlin/New York 1997, S. 104ff.

39 Vgl. Petra Wilhelmy: Der Berliner Salon im 19. Jahrhundert (1780–1914). Berlin/New York 1989 (Veröffentlichungen der Historischen Kommission zu Berlin Bd. 73), S. 869. Die Angabe Wilhelmys, Helmina von Chézy habe als Gast im Salon Rahel Varnhagens verkehrt, läßt sich in den angegebenen Quellen nicht verifizieren.

40 Helmina von Chézy schreibt in ihren 1839 in Cottas „Morgenblatt für gebildete Stände" gedruckten (Dezember, Nr. 306–308) „Erinnerungen": „Ich, persönlich, wußte nichts von ihr [Rahel Varnhagen] als die Küsse, die sie mir als eine kleine Trulle im Itzig'schen Gartensaal auf den Mund gedrückt, wetteifernd mit den Töchtern des Hauses in Liebkosungen, wo dann ich, an der Hand der Großmutter Karschin, wie taumelnd nach Hause kam, so daß meine Mutter eifersüchtig wurde, und mich nie wieder dorthin ließ." Karl August Varnhagen notiert an den Rand der eigenhändigen Abschrift dieser Passage: „Rahel war das nicht." SlgV, 206.

41 Jedenfalls taucht ihr Name in den Empfängerlisten nicht auf. SlgV, 202.

42 Vgl. Varnhagen von Ense [Anm. 13], Bd. II, S.149.

43 Vgl. HSA XXI, 93.

44 Der Aufsatz sollte ursprünglich in der „Revue des Deux Mondes" erscheinen, kam dann aber in der von J.-E. Boulet (Metz) und R. O. Spazier (Leipzig) herausgegebenen Zeitschrift „Revue des États du Nord, et principalement des Pays Germaniques" heraus. Vgl. Chézy an Karl August Varnhagen, 11. November 1835. SlgV, 47. Aus dem Brief geht auch hervor, daß der Aufsatz ohne Wissen oder Veranlassung Varnhagens entstand. Es war umgekehrt so, daß die Charakteristik einer der Anknüpfungspunkte für die Wiederbelebung der Beziehungen Chézys zu Karl August Varnhagen war. Im Brief heißt es: „[...] ich habe, indem ich sie [die Charakteristik] schrieb viel an Sie gedacht, so konnte sie denn nicht anders als gut werden."

45 Mad. Helmina de Chézy: Rahel de Varnhagen. – In: Revue du Nord. September 1835, S.116–122. Der Titel „Rahel de Varnhagen, ou la Sévigné prussienne" befindet sich im Inhaltsverzeichnis.

46 Ebd., S. 116.

47 Vgl. ebd., S. 122.

48 Ebd., S. 116.

49 Ebd., S. 116f.

50 Ebd., S. 117.

51 Ebd.

52 Ebd.

53 Ebd.

54 Ebd., S. 118.

55 Ebd.

56 Ebd.

57 Ebd.

[58] Ebd., S. 118f.
[59] Ebd., S. 119.
[60] Ebd.
[61] Astolphe, marquis de Custine (1790–1857). Hauptwerke: Aloys, ou le religieux du Mont S.-Bernard (1829); Mémoires et voyages, ou lettres écrites à diverses époques pendant des courses en Suisse, en Calabre, en Angleterres et l'Écosse (1830); L'Espagne sous Ferdinand VII (1838). Der Reisebericht: La Russie en 1839, erschien 1843. Angaben nach: Dictionnaire de Biographie Française. Paris 1961, Bd. IX, Sp. 1425ff. – Die Briefe an Rahel und Karl August Varnhagen wurden von Ludmilla Assing zusammen mit einem biographischen Porträt Karl August Varnhagens von Custine publiziert: Lettres du Marquis de Custine à Varnhagen d'Ense et Rahel Varnhagen d'Ense. Accompagnées de plusieurs lettres de la Comtesse Delphine de Custine et de Rahel Varnhagen d'Ense. Bruxelles 1870.
[62] Brief vom 30. Oktober 1829. – In: Rahel [Anm. 9], Bd. III, S. 412.
[63] Astolphe Marquis de Custine: Madame de Varnhagen. – In: Revue de Paris. Nouvelle série. Bd. XXVIII (1837), 26. November, S. 205–221. – Der Aufsatz wurde wieder abgedruckt in: Karl August Varnhagen von Ense: Denkwürdigkeiten und Vermischte Schriften, Bd. VIII (1858) bzw. in: Ausgewählte Werke. Bd. XIX, 3. Abth.: vermischte Schriften. Leipzig ^{3}1878, 3. Th., S. 253–274. Die folgenden Nachweise beziehen sich auf den letztgenannten Abdruck.
[64] Ebd., S. 253.
[65] Ebd., S. 254.
[66] Ebd.
[67] Ebd.
[68] de Staël [Anm. 7], S. 75.
[69] Ebd., S. 69.
[70] Custine [Anm. 63], S. 255.
[71] Ebd.
[72] Ebd.
[73] Ebd., S. 255f.
[74] Ebd., S. 256.
[75] Ebd.
[76] Rahel [Anm. 9], Bd. I, S. 358ff.
[77] Custine [Anm. 63], S. 260.
[78] Ebd.
[79] Ebd., S. 266f.
[80] Ebd., S. 267.
[81] Ebd., S. 273.
[82] [Hermann Fürst von Pückler-Muskau]: Vorletzter Weltgang von Semilasso. Stuttgart 1835, Heft II (7. Brief), S. 86f.
[83] Custine [Anm. 63], S. 272 (Fußnote). Vgl. zum Übersetzungsproblem Jean-Pierre Lefebvre: L'introduction de la philosophie allemande en France au XIXe siècle. La question des traductions. – In: Transferts [Anm.15], S. 464–475.
[84] Varnhagen an Custine, 1. August 1843: „Sollten Sie nicht jetzt Ihre vermischten Schriften ‚Mélanges' herausgeben und sammeln? Ich sprach Ihnen schon vor längerer Zeit davon. Sie haben die gedruckten Aufsätze schon vorräthig, und wahrscheinlich auch noch ungedruckte. Freilich bin ich dabei wesentlich mitinteressiert durch die unschätzbare Denkschrift über Rahel, sie dürfte in der Reihe nicht fehlen!". Der Brief befindet sich im Russischen Staatlichen Archiv für Sozial- und Politikgeschichte, Moskau, Fond 221, Nr. 15.

85 Vgl. [Anm. 63].

86 Chézy an Varnhagen, 11. November 1835 [Anm. 44].

87 Zeitschrift für die elegante Welt. Nr. 207 (Oktober) 1835, S. 828.

88 Introduction. – In: Nouvelle Revue germanique 1. 1829, S. 10f.

89 Marmier war zwei Jahre lang auch Herausgeber der Zeitschrift „Nouvelle Revue germanique". Er veröffentlichte hier u.a. zahlreiche seiner Goethestudien, die später in Buchform erschienen.

90 Eugène Lerminier: Au-delà du Rhin. Bruxelles 1835, Bd. II, S. 203. Die Passage ist der Aufzeichnung vom 9. Januar 1820 entnommen. Vgl. Rahel [Anm. 9], Bd. III, S. 8f.

91 Lerminier [Anm. 90], S. 207f.

92 Ebd., S. 208.

93 August Lewald: Pariser Tabletten. – In: Didaskalia, Nr.129, 9. Mai 1836. Mai. Zitiert nach der Abschrift Karl August Varnhagens, SlgV, 206.

Caroline de la Motte Fouqué (1775–1831)

Fächer eines „Schreibtisches"
Zu den Beziehungen verschiedener Textarten in ihrem Werk

Petra Kabus, Berlin

Als Heinrich Heine in den zweiten Band seiner „Reisebilder" auch die „Briefe aus Berlin" aufnimmt, erweitert er den Text, der 1822 bereits im „Rheinisch-Westfälischen Anzeiger" erschienen war, um einige Passagen, in denen er auch auf einen anderen Berlin-Text anspielt:

> Ueber die Bälle und die Hoffestlichkeiten spricht sehr schön die geist- und gemüthreiche Baronin Caroline Fouqué in ihren Briefen über Berlin, die ich, wegen der Tiefe der Anschauung, die darin herrscht, ihnen nicht genug empfehlen kann. (DHA VI, 376)

Das über 100 Veröffentlichungen umfassende Werk der Caroline de la Motte Fouqué rechtfertigte, daß nach ihrem Tode im „Neuen Nekrolog der Deutschen" über sie geschrieben wurde: „Als Schriftstellerin ist die Verewigte allgemein bekannt."[1] Freilich ist das heute nicht mehr der Fall. Über das Bild aber, das Arno Schmidt so verfälscht von ihr zeichnet, sollte man endlich hinwegsehen.[2] Heine hatte sie bereits in der ersten Fassung seiner „Briefe" wegen ihres gerade erschienenen Romans „Vergangenheit und Gegenwart"[3] erwähnt. Mit Blick auf ihre „Briefe über Berlin" (1821 zuerst im „Freimüthigen", dann in Berlin als eigenständige Publikation erschienen) fährt er fort:

> Dieses Jahr fielen die Subskripzionsbälle nicht so glänzend aus, wie voriges Jahr, da sie damals noch den Reiz der Neuheit hatten. Die Bälle der großen Staatsbeamten hingegen waren diesen Winter besonders brillant. Meine Wohnung liegt zwischen lauter Fürsten- und Ministerhotels, und ich habe deshalb oft des Abends nicht arbeiten können vor all dem Wagengerassel, und Pferdegetrampel und Lermen. (DHA VI, 376)

Auch 1822 wußte Heine schon sehr genau, was er *nicht* tun wollte:

> Vielerley zu schreiben, [aber] so wenig als möglich vom Theater und solchen Gegenständen, die in der Abendzeitung, im Morgenblatte, im Wiener Conversazionsblatte etc. die gewöhnlichen Hebel der Korrespondenz sind. (DHA VI, 9)

Es scheint klar, daß das Lob für Caroline Fouqué, die sich in ihrem Text gerade den Dingen zuwendet, die Heine nicht interessieren, nur ironisch gemeint sein kann. Angesichts von Heines geradezu devotem Brief an Friedrich de la Motte Fouqué vom 10. Juni 1823[4] gerät man jedoch wieder ins Wanken: Möglicherweise war in den frühen Jahren Heines Anerkennung Friedrich gegenüber genauso ernsthaft, wie er die Anregung, die er aus Carolines (und einer Vielzahl anderer) Berlin-Notizen erhielt, geschätzt hat.

Die „Briefe über Berlin" gehören zu einer Gruppe von Texten, die Caroline Fouqué über die Jahre hinweg nie aus dem Interesse verlor: Immer wieder lieferte sie neben ihrer umfangreichen literarischen Produktion nonfiktionale Erörterungen, beispielsweise zu weiblicher Bildung und Erziehung, sowie journalistische Arbeiten, in denen sie besondere gesellschaftliche Ereignisse schilderte. In dem 1833 posthum erschienenen, aber offenbar noch von Fouqué selbst 1830 oder 1831 für die Veröffentlichung vorbereiteten Werk „Der Schreibtisch" (Köln 1833), das im Mittelpunkt der vorliegenden Untersuchung stehen soll, mischen sich die Textarten auf geradezu befremdliche Weise. „Copiien einzelner Originalbriefe aus den Jahren 1785–1786–1790", eine „Geschichte der Moden, vom Jahre 1785–1829", „Fragmente aus dem Jahre 1819", „Unterhaltungen am Kaminfeuer im Jahr 1829" und der Bericht von einem „Turnier in Potsdam. Den 13. Juli 1829" passen scheinbar recht wenig zusammen. Da drei dieser Texte bereits als eigenständige Produktionen erschienen waren, muß man nicht annehmen, daß die bereits kranke Autorin billig zu einer weiteren Publikation kommen wollte – zumal die Liste ihrer Schriften umfänglich genug war. Warum aber dann die gemeinsame Darbietung von authentischen Briefmaterialien, journalistischen sowie literarischen Arbeiten?

Betrachten wir zunächst die einzelnen Texte etwas genauer. Am Anfang stehen sechs Briefe von Caroline Fouqués Eltern, Caroline Wilhelmine und Philipp Friedrich August Wilhelm von Briest, und einer Tante. Als erstes kommt es zu einem Disput zwischen Fouqués Mutter und ihrer Schwester, die offenbar von strengerer Gesinnung als Frau von Briest ist. Die Mutter erzählt von einer gemeinsamen Bekannten, die „die Moden übertreibt, und sich durch das starke Auflegen von Roth und Weiß entstellt", und wie sie selbst bei einer Gesellschaft mit dieser verwechselt wurde: „Man wirft mir ohnehin vor, mich zu sehr nach den Pariser Modeles zu richten. Ich bin an viele Dinge in der Toilette gewöhnt, wovon ich nicht lassen kann." (Originalbriefe 6[5]) Dies ist übrigens ganz in Übereinstimmung mit der in der „Geschichte der Moden" erhobenen Klage Carolines, die Mutter habe viele im Grunde häßliche Moden mitgemacht:

> Hierzu rechne ich ganz besonders den gelben Puder, der das dunkle Haar nur verunstaltete, statt es in ein künstliches Blond zu verwandeln [...] Das schmutzige Gelb des gebrannten Puders war wenig geeignet eine Illusion der Art zu erzeugen, denn außerdem, daß dieser den Grundton der Naturfarbe niemals verändern konnte, [...] fiel er häufig ab, färbte Kleid und Garnirung, und theilte sich der Haut auf der Stirn, mehr oder weniger, mit. (Moden 29f.)

So wie Carolines Abscheu noch 40 Jahre später spürbar ist, so harsch reagiert die Schwester:

> Es gibt einen Grad von Frivolität, zu dem die große Welt hinreißt, die sich mit meinen Grundsätzen von Pflicht nicht verträgt. Ueberdem ist uns sehr Vieles in der Schrift verboten, was die Mode gut heißt, zum Beispiel: das Schminken. „Ein geschminktes Angesicht, heißt es ausdrücklich, soll nicht vor Gott kommen". (Originalbriefe 9)

Neben solchen, zwar mit moralisch-sittlichem Anspruch geführten, aber doch alltäglichen Diskussionen, Berichten über kranke Kinder etc. kommt man auch auf den bald zu erwartenden Tod Friedrichs II. zu sprechen. Frau von Briest schildert die Ergriffenheit, die überall herrscht, wenn der König erscheint, und fährt fort:

> Was wird das werden, wenn er stirbt! Und doch sagt man sei es Zeit, daß es dahin käme! Viele behaupten, er sei ganz kindisch! So vergeht doch Alles! (Originalbriefe 4)

Dieselben Befürchtungen werden im Antwortschreiben der Schwester laut:

> Das große Licht glimmt fort, und niemand untersteht sich, ihm eine andere Flamme entgegenzustellen. Wenn es aber einmal plötzlich aus sein wird – – – (Originalbriefe 12)

Zwar meint Herr von Briest: „Was wäre es um die Glorie eines solches Heldengeistes, wenn alle seine tausend Strahlen mit dem zusammengefallenen Leibe begraben würden!“ Doch als der König stirbt, sind alle, so lange dieses Ereignis erwartet worden war, wie vom Schlag getroffen: „Der Tod, der längst gefürchtete Tod dieses großen, bewunderten Königs scheint mit einem Male die ganze Welt gelähmt zu haben!“ (Originalbriefe 17)

Andere politische Ereignisse fallen in das Alltagsleben ein, und die Menschen reagieren höchst unterschiedlich. Herr von Briest schreibt enthusiasmiert von der Mobilmachung der preußischen Armee, die durch das Bündnis mit der Türkei beinahe bereits 1790 in einen Krieg mit Österreich verwickelt worden wäre: „Wir marschieren und ich bin nicht bei den Ausziehenden!“ (Originalbriefe 21) Während es ihn vor lauter Ungeduld nicht mehr zu Hause hält – „Ich mache mich auf die Reise. Ich muß ein Bischen die Welt durchstreifen, Zu Hause halte ich es nicht aus!“ (Originalbriefe 21) – fühlt sich seine Frau beunruhigt und gestört. Die Zeiten sind wirr und unübersichtlich geworden. Nur fünf Jahre zuvor war es das größte Ärgernis, daß wegen der Krankheit des Königs das gesellige Leben in Berlin nicht allzu prunkvoll ausfiel. Die Korrespondenz berührte Politisches nur in der Erwartung kommender Veränderungen. Jetzt aber ist alles in Aufruhr, und man wünscht sich Ruhe und Ordnung zurück. Die Zusammenstellung der Briefe endet mit den Worten:

> Seit der unseligen Revolution in Frankreich habe ich keinen frohen Tag mehr erlebt. Alles reißt sich voneinander los! Dein Mann marschirt, der meinige reist, Gott weiß wohin? Die Gesinnungen, die Hoffnungen, Wünsche, Pläne, alles steht einander gegenüber. Ich bin betrübt wie bei dem Tode eines geliebten Menschen! Gott gebe uns bald Friede und Einigkeit. (Originalbriefe 21f.)

Caroline Fouqué hatte 1830 noch eine andere Sammlung von Briefen herausgegeben, nämlich die Korrespondenz ihres Vaters mit Offizierskollegen. Mit ihrem Interesse für solche authentischen Zeugnisse lag sie sozusagen „im Trend“. Dabei ging es ihr ganz ausgesprochen um einen „Blick auf Gesinnung und Streben“[6] in einer bestimmten Zeit, um die Ortung des Zeitgeistes, nicht zuletzt, um bestimmte Entwicklungsströmungen bis in die Gegenwart zu verfolgen.

Diesen Gedanken spricht sie noch bestimmter aus in der „Geschichte der Moden“, dem „Text aus der zweiten Schreibtischschublade“, den sie 1830 im „Morgenblatt“ separat veröffentlicht hatte. Hierin geht es bei weitem nicht nur darum, wechselnden Kleidermoden nachzuspüren. Vielmehr soll, wie der Untertitel betont, ein „Beitrag zur Geschichte der Zeit“ geliefert werden:

> Man sollte denken, sie [die Mode] stehe in gar keiner Beziehung zu der historischen Entwickelung unserer Gegenwart. Vielleicht, daß wir hierin irren. Wer weiß immer mit-

ten im Strudel, wo die Strömung hingeht? wo sie herkommt? Leichter ist es, wenn man am Ufer steht und zurücksieht (Moden 50),

oder, wie es an anderer Stelle heißt:

Der herrschende Ton des Tages verklingt niemals absolut, so wenig wie der Wurf und die Falten einer abgeworfenen Mode sich beim Beginn der neuen spurlos fügen wollen. Deßhalb ist es so übel nicht, einmal einen ganzen Zeitabschnitt zu überschauen, damit man sieht, wie alles Untereinander, und mit der Gegenwart zusammenhängt. (Moden 46)

Tatsächlich fügen sich Schilderungen zur Kleiderordnung höchst schlüssig an Betrachtungen über politische Strömungen oder literarische Erscheinungen, und die Entwicklungen in den verschiedenen Bereichen des Lebens spiegeln einander. Fouqué beschreibt, wie sich in den Jahren vor der französischen Revolution eine allgemeine Unsicherheit der Zeit in Deutschland auch darin ausdrückte, daß nicht Lessing, Schiller oder Goethe gelesen wurden, sondern Kotzebue und Iffland den literarischen Geschmack prägten. Auch in der bildenden Kunst und Architektur habe sich ein „entadelndes Prinzip" (Moden 66) gezeigt, und eben auch in der Mode sei alles Neue wahllos aufgegriffen worden. Als dann aber im Zuge der Revolution nach der äußeren Anlehnung an die Römer ein tieferes Studium dieser Kultur einsetzte und man schließlich bei ihren griechischen Quellen landete, habe es in der Mode einen plötzlichen Wandel zum „griechischen Kostüm" gegeben – und es klingt logisch, daß mit diesem neuen Kleid, in dem keine Toilettenregeln mehr die Bewegungen des Körpers bestimmten, eine innere Wandlung einhergehen konnte: „Das ganze Wesen der Frauen ward *unwillkührlicher*, [...] wärmer, lebendiger." (Moden 73)

In der Tat ist die Zeit um die Jahrhundertwende eine Epoche weiblicher Emanzipation. In der französischen Revolution wird nicht nur die Freiheit und Gleichheit der Menschen*brüder*, sondern auch die Gleichberechtigung der Frau eingeklagt.[7] Die Frage nach dem Menschsein der Frau hat man (fast) ad acta gelegt[8], und eine Vielzahl von Frauen und Männern, auch die Fouqué, befaßt sich mit dem Problem der Frauenbildung.[9] Die Zahl der Ehescheidungen steigt rapide; die „romantischen" Frauen leben z.T. in mehreren freien Beziehungen – und die Mode ist deutlicher Ausdruck dieser Entwicklung.[10] Überhaupt erkennt Fouqué in der größeren Aufgeschlossenheit der Frauen modischen Änderungen gegenüber gleichzeitig auch einen größeren Mut in bezug auf gesellschaftliche Neuerungen überhaupt, die sich in der äußeren Form manifestieren: Erst nachdem „mancher kecke weibliche Freigeist [...] den weißen Staub" der Perücken abgeschüttelt hatte, „wagte sich [...] die Hand des Gelehrten, des Künstlers und Solcher, die man unter den Namen die *Genies* begriff, an den verrufenen Zopf", bemerkt sie beispielsweise. (Moden 51)

Höchst amüsant, wie hingegen die Männermode dieser Epoche mit spitzer Zunge geschildert wird: Um sich der Natürlichkeit der weiblichen Mode zu nähern, trugen die Herren „Pantalons von weißem oder leichtgeröthetem Seiden-Tricot, welche mit den Strümpfen zusammengewoben, den Schein völligen Unbekleidetseins gewährten" (Moden 80). Darüber hängte man den Uniformrock oder den Frack:

> Man wird versucht, hiebei an Wilde zu denken, denen die europäische Soldatenjacke über das allzunatürliche Volkscostume gezogen ward. [...] Das Knappe konnte nicht knapp, das Natürliche nicht natürlich genug ausfallen. Deßhalb wurden jene Tricotpantalons *feucht* angezogen, damit sie sich gewissermaßen mit der Haut des Körpers amalgamirten. (Moden 80f.)

„Vielleicht war es die Langeweile, welche [...] zuerst neugierig, dann aufmerksam und plötzlich lern- und wißbegierig machte." (Moden 86) Plötzlich jedenfalls, konstatiert Fouqué, trafen Goethe und Schiller mit ihren „Horen", dem „Musenalmanach" und den „Xenien" auf ein interessiertes Publikum, das begeistert Aufführungen des „Wallenstein" und besonders der „Jungfrau von Orleans", das für Fouqué das erste ideale, sprich: romantische Werk ist (Moden 95), besucht. Der „Wilhelm Meister" hingegen machte zu ihrem Erstaunen nie „größern Effect" (Moden 90). Das einzige, was daran interessierte, war, daß man meinte, „hinter so einfacher Darstellung etwas Verborgenes und darunter Verstandenes [...] suchen" zu müssen (Moden 91). Man ging nun Spuren von Geheimgesellschaften und mystifizierter Ideologie nach. Daß man aber in diesem Stück Literatur überhaupt nach etwas suchte, „worüber sie an sich niemals Auskunft geben konnte", wurde ihr zum Verhängnis: „Je mehr man wissen wollte, je mehr griff man in die Luft, die Confusion ermüdete, man ließ fallen, was man nicht im Stande war festzuhalten." (Moden 92)

Treffend und intelligent, was sie über Jean Paul und seine weiblichen Leserinnen bemerkt. Letztere, meint sie,

> empfanden [...] in ihrer Bewunderung weder sich noch den Dichter, denn schwerlich möchten sie es diesem sonst verziehen haben, wie schlimm er im Allgemeinen einem Geschlechte mitspielt, das er entweder, als ein ephemeres Product der Materie, abhängig von ihren zufälligen Launen, selbst launenhaft und haltungslos darstellt, oder die Gefeierten zu feuchten Nebelmeteoren macht, in keiner Gestalt, in keinem Verhältnisse denkbar, zerfließend und verschwebend ohne andre Heimath als die des Gedankens. Wie fern überhaupt der unergründliche, phantastische Rhapsode Frauen sieht, kann vielleicht nur eine Frau beurtheilen. (Moden 90)

Mit der Zeit, führt sie, wieder auf die Mode kommend, weiter aus, wurde die Reinheit und Schlichtheit der griechischen Tracht immer mehr verfälscht. Man brachte orientalische Accesoirs an, Mitbringsel vom Feldzug nach Ägypten mischten sich mit römischen Kostümen:

> Wir sehen hiernach nicht sowohl Eins in das Andere *übergehen* als vielmehr Unzähliges ineinanderfließen und den Zeitgeschmack in ein Chaos wechselnder Begriffe verwickeln, von denen kein einziger zu wirklicher Entfaltung kommt. (Moden 102f.)

Besonders interessant ist, wie sie die spezifisch deutsche Entwicklung dieser Epoche sieht. Romantik ist ihr eine Fluchtbewegung aus der realen Unterdrückung:

> Man muß die kalte Dunkelheit in den geplünderten, unterjochten Städten, das Gefühl der Knechtschaft, den Verlust aller äußern Selbstständigkeit, den Abscheu und die Trauer empfunden haben, um den gepreßten Geist auf der Flucht in freie, weite Räume begleiten zu können. *Hierher*, das ward sich der Bekümmerte mit Stolz bewußt, hierher

> reichten die Machthaber der Erde nicht. In dieser Region blieb der Mensch, trotz Umwälzungen der Verhältnisse, trotz Waffenglück und Unglück *freier* Herrscher [...] Alles productive Vermögen im Menschen nahm von da eine ideale Richtung; nicht allein in der Literatur und Kunst; in dem erhöheten irdischen Dasein selbst. (Moden 112)

Schließlich aber keimt aus der Unterwerfung neue Energie. Die Befreiungskriege mobilisieren ungeheure Kräfte; die Bewegung ergreift die gesamte Bevölkerung, und auch Caroline Fouqué verfaßt einen „Ruf an die deutschen Frauen" (Berlin 1814), in welchem sie die Frauen zu patriotischer Pflichterfüllung anhält. „Wähnet nicht, den schwachen Händen solle das Schwert anvertraut, oder die heilige Ordnung des Lebens in irgend einer Art umgekehrt werden", heißt es da (Ruf 4). Vielmehr sollen die Frauen ihre in den Krieg ziehenden Männer und Söhne unterstützen und mithelfen, den vergessenen Nationalcharakter wiederzuentdecken und „das Eigenthümliche deutscher Natur aufzusuchen" (Ruf 12). Das Papier gipfelt in dem Aufruf: „laßt uns in *Sprache, Tracht, geselligem Verkehr und einfach edler Haltung* uns selbst bewahren, und die Ehre unserer Nachkommen retten." (Ruf 16) Tatsächlich trägt eine eigenständige Mode, am altdeutschen Kostüm orientiert, der Stimmung im Lande Rechnung. Doch kaum ist Paris eingenommen, greifen die französischen Frauen den „gothischen Geschmack" (Moden 120) auf, machen nicht viele Unterschiede zwischen Altdeutschem und Altenglischem und kreieren neue Stile, die auch in Deutschland wieder eifrig kopiert werden:

> Doch vor allem muß das Innere der Häuser, die Einrichtung der Zimmer, die deutsche Küche, das deutsche Theater große Veränderungen erfahren. Hier war Alles französisch und hatte demzufolge, nach dem damaligen Anstriche dortiger Bildung, einen *universellen* Character. (Moden 121)

Nach Jahrzehnten der Unruhe, der Resignation und geistigen Flucht vor der Wirklichkeit und schließlich der mit großem Kraftaufwand gelungenen Befreiung setzt nun eine Phase der Konsolidierung, der wirtschaftlichen Neuorientierung ein, und in der praktischen Lebensbewältigung bleibt wenig Raum – und Notwendigkeit – für Phantasie:

> So finden wir denn die beiden entgegengesetzten Richtungen in unsern Tagen aufs neue ausgesprochen. Frei vom Einflusse der Mode, bilden Plastik, Architectur, Malerei und Musik tiefsinnig und ernst fort. Die Poesie verstummt, oder singt dem Höchsten im Geheimen ihre Lieder. Wir lesen indeß Memoiren und Zeitschriften, haben Modejournale und Modebilder, bedürfen keiner Phantasie, die Wirklichkeit ist ganz wiedergewonnen. So stehen wir denn auch fest und steif in ihr da, schnüren uns ein, wie ehemals [...] (Moden 123)

Der Zirkel, der Jahrzehnte umfaßt, in denen gesellschaftliche Unruhen zu gären beginnen, ausbrechen und wieder befriedet werden, hat sich geschlossen. Und immer haben die gesellschaftlichen Veränderungen sich in Kunst und Kultur, auch in der Mode, gespiegelt. Indem sie den verschiedenen Ausprägungen von Zeitgeist nachgespürt hat, erweist sich Fouqués „Geschichte der Moden" als eine tiefsinnige, amüsante Epochenanalyse.[11]

Fouqué betont mehrfach, daß es sich oft mit klarerem Blick auf eine Epoche zurückschaut, als es sich urteilen läßt, während man noch in ihr lebt. Dennoch hat sie sich dieser Aufgabe immer wieder gestellt. Auch in den fiktiven Texten finden sich scharfe Zeitbeobachtungen und -analysen, so in den „Fragmenten aus dem Jahre 1819", die vollständig bereits 1820 in Berlin unter dem programmatisch deutlicheren Titel „Fragmente aus dem Leben der heutigen Welt" erschienen waren und nun verkürzt in der „dritten Schublade" liegen.

In dem dramatischen Text unterhält sich Julian in verschiedenen Situationen mit Freunden und Bekannten über Architektur und Kunst – bemerkenswert Fouqués bestimmte Stellungnahme zu der damals aktuellen Frage, ob antike Statuen farbig waren oder nicht: „Sie hätten sie Ihnen vielleicht gar vergoldet, um sie recht auffallend zu machen." (Fragmente 134) Der Besuch einer Restauration, in welcher sich auch Frauen aufhalten, provoziert eine Diskussion darüber, ob dies Ausdruck einer erhöhten Achtung vor Frauen sei oder man hier eine Schranke der Schicklichkeit niedergerissen habe – typisch für Fouqué die Gestaltungsart, im Dialog die gegensätzlichen Haltungen mit ihren Argumenten vorzuführen, ohne eine endgültige Entscheidung zu fällen. Übrigens begegnet man in dieser Restauration einem gewissen Anselmus, dessen Ähnlichkeit mit E.T.A. Hoffmann auffällt; Hoffmanns „Goldener Topf" mit seinem Helden Anselmus war 1819 gerade in überarbeiteter Form erschienen, und auch Fouqués Erzählung „Der Delphin"[12] wird als Reminiszenz an den Dichter und Freund des Hauses, die Figur des Kapellmeisters Gottmund als sein Porträt gelesen.[13]

Schließlich trauert Julian beim Spaziergang mit einer alten Freundin (früheren Geliebten?) um einen billigen hölzernen Verkaufsstand für Backwaren, der einem festen Haus gewichen ist, in das die wirklich Vornehmen jetzt freilich nicht gehen könnten. Aus dieser nebensächlichen Begebenheit ergibt sich wiederum eine Diskussion um das Beibehalten oder Aufbrechen bewährter Formen, die zutiefst politischer Natur ist. Heute hat sich „das Volk [...] Palläste gebauet, die Vornehmen sind auf ihren Heerd verwiesen". Während es früher „hier von Menschen aller Art wimmelte" (Fragmente 164), sonderten sie sich doch aber auch sehr bestimmt voneinander ab: „Ehemals blieben sie beisammen. Was sie dennoch auseinander hielt, war das Unwillkürliche der Nothwendigkeit, die jeder kampflos anerkannte." (Fragmente 165) Doch das Gespräch bleibt nicht bei der nostalgischen Rückschau stehen; es geht nicht um ein Zurückdrehen der Zeit, zumal das Neue auch sein Gutes hat. Wiederum wird es anhand der größeren gesellschaftlichen Freiheit der Frau beschrieben, und während man sich nicht so recht einigen konnte, ob weiblicher Besuch in Gaststätten ein wünschenswerter Fortschritt sei, sind sich die Gesprächspartner diesmal einig: Es ist sehr angenehm, daß sie sich heute ohne Begleitung treffen können, ohne um ihren Ruf fürchten zu müssen. So steht man dem Altem wie dem Neuen mit einer gewissen Ambivalenz gegenüber:

> Auf Flug und Schwung ist einmal alles bei uns abgesehen. Es *soll* jene schwindelnde Höhe erstürmt werden, die in den Punkt allgemeiner Einheit zusammenläuft. Wie hier die ganze breite Masse des Menschengeschlechts ohne Träger und Stützen Platz finden wird, weiß Gott? Und deshalb, den Sturz verhüten, scheint mir, bei dem jähen Entfal-

> ten und Verflattern, ein Anhaltungs-Prinzip nicht so übel, und [...] Alle, die das Bestehende mit *ruhiger* Kraft bewahren, ehrenwert. (Fragmente 163)

Es geht also weniger um Restriktionen als um kluges Anwenden der Freiheit oder freiwillige Beschränkung – ein überraschend moderner Gedanke, der sich bündelt im letzten Satz des Textes: „Jetzt gilt es, ein Freier sein!" (Fragmente 168)

Das „vierte Fach" des Schreibtisches: wiederum ein dramatischer Text, diesmal im Mittelpunkt eine Frau, um die sich am Abend eine sich von den übrigen absondernde Gesellschaft schart. Während der zwanglosen „Gespräche am Kaminfeuer" werden die verschiedensten Themen gestreift. Man diskutiert mit einem Franzosen, ob es inzwischen *einen* gemeinsamen europäischen Geist gebe; der Kenner weiß, daß die Erwähnung der Frau von Staël auch eine Anspielung auf Caroline Fouqués „Ueber deutsche Geselligkeit in Antwort auf das Urtheil der Frau von Staël" (Berlin 1814) ist. Man spricht über das deutsche Theater; der Franzose äußert sich enthusiastisch:

> In Wahrheit, dieser Ort, dieses Land, das ich in Trauer und Zurückgezogenheit so beengt, so von allem Schmuck entkleidet, so dumpf glaubte, hat einen Aufschwung genommen, der die Nachbarn hinter sich zurückzulassen droht. In jedem Zweige der Kunst findet man hier Meisterwerke. (Gespräche 178)

Doch auf das Lob des Ausländers: „Ihre Universalität macht Ihnen Fernes und Nahes zum Eigentum", gestehen die Deutschen, daß „wir weder *originell* noch *dramatisch* sind". Goethe und Schiller, Lessing und Iffland machten den „ganzen Reichthum" der Deutschen aus, und stolz seien diese vor allem „auf das, was wir Fremden entwenden." (Fragmente 179)

Wieder wird Kritik an der Gesellschaft an Bemerkungen über die Entstellungen der Mode geknüpft. Dann kommt man auf den Briefwechsel von Goethe und Schiller zu sprechen (später zitiert man aus den „Xenien"). Dieser war zur Zeit der „Gespräche" gerade erschienen. Wieder arbeitet Fouqué also höchst Aktuelles aus dem Geistesleben der Zeit in ihren Text ein und legt die Argumente der verschiedenen Parteien dar, die sich uneins sind, ob hier „Brocken [...], die von der Herren Tische fielen" (Fragmente 201) geboten werden oder es im Gegenteil ignorant sei, sich nicht für ihr Privates zu interessieren. War es denn überhaupt Freundschaft, die die beiden verband? War es nicht vielmehr nur der idealische Schiller, der freundschaftliche Gefühle gegen den anderen hegte? Oder gerade der menschlich wärmere Goethe? „Demonstrativ war Göthe nie, und Schiller ist ein rhetorischer Poet" (Fragmente 203), meint einer der Gesprächspartner, und dies dürfte sich in etwa mit Caroline Fouqués eigenem Verhältnis zu Goethe decken.[14]

Inzwischen hat sich das Extraordinäre der Gesprächsrunde am Kamin herumgesprochen, und die, die eigentlich die große Gesellschaft flohen, stehen jetzt im Mittelpunkt ihres Interesses. Eine vergnügungsüchtige Präsidentin stößt mit ihren Töchtern Iphigenia und Malwina – auch letztere hört auf den Namen der Heldin eines gerade diskutierten Theaterstücks – zur Gruppe; eine Frau aus der Reihe der wenig schmeichelhaft gezeichneten Fouquéschen Frauenfiguren, denen Bildung und Kultur nur Schminke ist. Das Gespräch wendet sich von der Literatur zu Geschichten, deren Authentizität eher fragwürdig ist. Man diskutiert in Abwandlung des Gesprächs über den Goethe-Schiller-Briefwechsel die Notwendigkeit bzw. Geschmacklosigkeit der Veröffentlichung von Verbrecher-Memoiren. Und schließlich liefert eine der Gesprächsteilnehmerinnen eine gerade sich ereignende, höchst dramatische und zum Theaterstück taugende Geschichte, von der sie eben erfahren hat, und zwar – im Theater! Zwei junge Menschen haben einander gegen den Willen des Vaters der Braut geheiratet. Der Vater stirbt, und die junge Frau gibt ihm in seiner letzten Stunde das Versprechen, ihren Liebsten nicht zu ehelichen, obwohl sie es ja bereits getan hat. Sie steht nun zwischen zwei Gelübden, eine Begebenheit, „nicht ohne tragischen Ernst und strenges Opfer". (Fragmente 253) Doch das Urteil der Gesprächsrunde ist hart: Es sind nur

> die Schattenrisse einer Tragödie. Das Leben ist nicht mehr auf fortgehenden Ernst eingerichtet. Es wirft die hineinfallenden Stückchen aus, und es ist dann nichts gewesen. Glauben Sie mir, der Duft ideeller Welt ist einmal zerrissen, was aus der Region kommt, das erdrückt der Hohn der Gesinnung. (Fragmente 253)

So ist man von der individuellen Begebenheit wieder beim Zeitgeist angelangt – und der scheint Fouqué am Ende ihres Lebens ein weit niedrigerer und prosaischerer zu sein als früher.

Eine Ausnahme macht sie: Dem Leben bei Hofe steht sie, wie ihr Mann, mit Ehrfurcht gegenüber. Man mag ins Kalkül ziehen, daß ein gut Teil der Devotionsbezeigungen in den Briefen, die sie mit jeweils neuesten Romanen und Erzählsammlungen an Mitglieder der königlichen Familie verschickt, schlicht der Etikette geschuldet sein dürfte. Auch waren gute Beziehungen zum Hof ganz pragmatisch von hohem Wert: Sohn Gustav stieg immerhin bis zum preußischen Innenminister auf, Sohn Theodor wurde Gesandter in St. Petersburg, und bei den wirtschaftlichen Problemen, die sie mit ihrem Gut hatte, konnte Caroline sich immer wieder an den König direkt wenden.[15] Oder sah sie bei Hofe noch immer am ehesten verwirklicht, was sie im übrigen modernen Leben vermißte: Ritterlichkeit und edlen Geist?

Auch im „Schreibtisch" findet sich die Beschreibung eines höfischen Festes, wie sie Heine so verächtlich macht: Das „Turnier in Potsdam, Den 13. Juli 1829" beschreibt das zu Ehren eines Besuchs des russischen Kaiserpaars in Potsdam großartig aufgeführte Fest der Weißen Rose, an dem auch die Fouqués teilnahmen. Der Bericht ist wiederum in Briefform verfaßt, und dem fiktiven Briefpartner werden zunächst die Örtlichkeiten um das Neue Palais geschildert. Dort also fanden im großen Hof zunächst die Ritterspiele statt. Anschließend wurden die Besucher im Schloßtheater in eine magische Welt entführt, in welcher Bilder der Vergangenheit wieder auferstanden. Schließlich wurden nach dem Diner die besten Ritter mit einem Schwert, einer goldenen Kette oder einem silbernen Pokal ausgezeichnet, die anderen aber, die zum Gelingen des Festes beigetragen hatten, mit einer silbergetriebenen „weißen" Rose. Auch Friedrich Fouqué erhielt aus den Händen von Alexandra, der geborenen Charlotte Prinzessin von Preußen, eine solche Rose. Eigentlich war er nur Gast des Festes. In einem tieferen Sinne aber ging das Fest tatsächlich auf ihn zurück. Schon als Kinder nämlich hatten die königlichen Geschwister die großen, unbewohnten Räume des Neues Palais „mit Bildern aus einer phantastischen Welt belebt" (Turniere 260).

> In jenen Tagen erschien der Zauberring, und fiel mit dem Bedürfnisse einer Zeit zusammen, welche im Glanze der Vergangenheit die abgeblaßte Gegenwart neu zu beleben dachte. Der Funke zündete zumeist da wo die erwachte Poesie nach leiblichem Dasein rang. (Turnier 260f.)

So bewegte sich auch die fürstliche Jugend in den alten Ritterbildern, und Charlotte, die spätere Alexandra, „ward [...] die Blancheflour des neuen Ritterthums" (Turnier 261). Weiter heißt es nun:

> Späterhin mußten die Spiele dem Ernste weichen. Die Gesinnungen, welche jene geweckt, sollten sich an dem Leben prüfen. Diese Proben sind längst gemacht. Es dürfen Alle, welche das Geschick der Zeiten zu Rittern schlug, im Ernst und Turnierspiel, die frühere Vergangenheit zurückrufen, die sie zur Gegenwart machten. (Turnier 261)

Das Fest der Weißen Rose ist also keine sentimentale Reminiszenz an die Kinderspiele; es greift den ehemals herrschenden und in den Befreiungskriegen sich bewährenden Zeitgeist auf. Wenn Alexandra als Blancheflour auftritt, trägt sie noch immer den Namen aus Friedrich Fouqués „Zauberring". Caroline kann voraussetzen, daß der zeitgenössische Leser den Autor des Romans kennt. So ist ihr Text, ohne daß sie seinen Namen nennt, wie die silberne Rose eine Ehrung für ihren Mann, und vielleicht liegt in seinem der Ritterwelt Verhaftetbleiben der tiefere Grund für ihre Zuneigung, nach dem Arno Schmidt vergeblich sucht.

Überschaut man nun alle fünf Texte, die sich in Caroline Fouqués Schreibtisch angefunden haben, so wird ihr innerer Zusammenhang jenseits der jeweiligen Form schnell klar: Sie alle, auch die fiktiven, arbeiten mit authentischem Material, diskutieren gesellschaftliche Ereignisse, Kunstströmungen und literarische Produkte und versuchen derart, die jeweilige Zeit zu charakterisieren, den Geist, der sie durchweht, einzufangen. Im Grunde vollzieht sich in ihnen allen ein Prozeß der Selbstverständigung. In den Briefen von 1785 bis 1790 schreiben andere von ihren Erlebnissen und Gedanken; Fouqués Beitrag ist die Auswahl, mit der sie mehrere historische Ereignisse konzentriert – den Tod Friedrichs II., die französische Revolution, die Mobilmachung in Preußen – und solcherart den gesamten Zeitabschnitt als eine Epoche des Aufbruchs charakterisiert. Die „Geschichte der Moden" weitet sich zu einer umfänglichen Epochengeschichte aus, in welcher die äußere Form nur ein Mosaiksteinchen ist, ein unerwartet reizvoller Indikator für gesellschaftliche Prozesse. Die beiden sich anschließenden fiktiven Texte folgen genaugenommen keiner literarischen Fabel. Vielmehr treten die Personen, ohne Charakter oder individuelle Geschichte, nur als Träger bestimmter Meinungen auf. Die Unterhaltungen, ob am Kaminfeuer, in Kunstsammlung, Restauration oder Lustgarten, bieten Gelegenheit, unterschiedliche Standpunkte zu den verschiedensten Problemkreisen darzustellen, Argumente auszutauschen – und dem Leser, dem zumeist keine abschließende Wertung mitgeliefert wird, zum eigenen Nachdenken anzuregen. Der abschließende journalistische Text über das Fest der Weißen Rose wiederum berichtet von einem tatsächlichen Ereignis und interpretiert es gleichzeitig, verweist quasi auf seine Metaebene: Das Turnier mit seinen Bezügen auf Historisches und Literarisches ist alles andere als ein zufälliges Ereignis, sondern in sich und ganz absichtsvoll eine Symbolhandlung und in diesem Sinne Brennpunkt vom Zeitgeist schlechthin.

Die fünf Texte in ihren verschiedenen Ausformungen sind stellvertretend für Fouqués schriftstellerisches Schaffen, in dem die nichtfiktiven Texte nur etwa ein Fünftel ausmachen, aber auch die entscheidenden literarischen Werke immer wieder in reale Vorgänge eingebettet sind, auf aktuelle politische und kulturelle Ereignisse eingehen oder aber Menschen in zeittypischen Situationen zeigen.[16] Die Spanne reicht von historischen Romanen wie „Das Heldenmädchen aus der Vendee“ oder „Magie der Natur“, die während der französischen Revolution spielen, bis hin zu „Resignation“, einem klugen Roman über eine Frau zwischen zwei Männern, die an ihrem Fehltritt aus Liebe fast zugrunde geht, während die Männer sich mit einem Duell auf einfache Weise Absolution verschaffen. So nähert Fouqué sich immer wieder von unterschiedlichen Seiten dem Anliegen, ihre Zeit zu verstehen. Es erstaunt, wie unmittelbar sie dabei immer wieder auf gerade erst vorliegende Materialien zurückgreift. Ganz nebenbei bezeugen ihre Texte die große Interessiertheit und Informiertheit ihrer Autorin. Dabei ist das kaleidoskopartige Darbieten verschiedener Ansichten, wie sie es in den fiktiven Texten des „Schreibtisches“ praktiziert, ein literarisches Element, das Fouqué grundsätzlich nicht besonders gut beherrscht: Gerade die Gespräche, in die sie die Figuren ihrer Romane verwickelt, sind oft am wenigsten gelungen und wirken der Handlung aufgesetzt. Doch wichtiger als dieser Umstand ist es, daß dahinter dasselbe inhaltliche Konzept steht: Leben von möglichst vielen Seiten aus beschreiben, tiefere Zusammenhänge hinter scheinbar disparaten Erscheinungen erspüren. Dies ist der tiefere Zusammenhang der „Schreibtisch“-Texte, und allein ihre geradezu postmodern anmutende Zusammenstellung in *einer* Publikation illustriert es erneut. Denn: „Bei dem Unzusammenhängenden kommt es nur immer darauf an, ob es an dem Zusammenhang, oder an dem Auge, diesen aufzufinden, fehlt.“ (Fragmente 135)[17]

In diesem Sinne ist Fouqué eine historische Schriftstellerin, obwohl das ihrem Selbstbild wohl kaum entsprochen hätte. In ihrem Roman „Magie der Natur“ (Berlin 1812) gibt es beispielsweise die Figur einer Schriftstellerin mit einem „scharfen, genauen Blick für das Einzelne“ und der Fähigkeit, „dies leicht aufzufassen, und nicht ohne Witz zusammenzustellen“ (Magie 145). Diese liest eines Tages aus ihrem neuesten Werk, das im Orient spielt und politische Streitfragen behandelt. Beides, das Schweifen in die unbekannte Ferne wie das politische Engagement, wird von den Zuhörern als den Frauen nicht angemessen aufs Schärfste kritisiert. „Frauen haben gar keine Stimme über öffentliche Angelegenheiten, weil ihnen der innere, wie der äußere Maaßstab, zu deren Beurteilung, fehle“ (Magie 173), wird ihr entgegengehalten: Ihr Vaterland sei der Haushalt, „abgeschlossenes Recht, Gewalt, erfassender Wille, stehen ihnen so fern, wie der hohe Gedanke königlicher Weltherrschaft. Sie träumen davon, wie von allem, aber empfunden hat es keine.“ (Magie 174) „Ihr Wesen ist Liebe, wenn sie lieben, verstehn sie alles, sind sie alles, aber sie sollen sich auch nur liebend zeigen.“ (Magie 175), Eifer für eine Sache mache eine Frau in der Diskussion nur häßlich, im Ernstfalle hätten sie keine Satisfaktion zu bieten usw.

Die Einwände, die gegen ihr Werk vorgetragen werden, decken sich mit den Beschränkungen, die Fouqué in ihren theoretischen Schriften dem künstlerischen Werk von Frauen setzt. Die Berufskollegin so negativ zu schildern, entspricht Fouqués merkwürdig ambivalentem Verhältnis gegenüber weiblicher Kreativität, die sie selber lebt, der sie aber in ihren theoretischen Schriften enge Grenzen zieht. – Doch das ist schon wieder ein anderes Thema.

Anmerkungen

1 Neuer Nekrolog der Deutschen 1831. Ilmenau 1833, Theil 2, S. 652.

2 Petra Kabus: Karoline Fouqué – geschlechtsspezifisch motivierte Ausgrenzungsmechanismen der literarischen Kritik am Beispiel von Arno Schmidts Fouqué-Biographie. – In: Friedrich und Caroline de la Motte Fouqué. Wiss. Colloquium zum 220. Geburtstag des Dichters. Brandenburg 1997, S. 72ff.

3 Mit Herzog Karl von Mecklenburg verfaßt, in Berlin 1822 erschienen.

4 HSA XX, 88ff.

5 Angesichts der Fülle von Zitaten aus Primärtexten erfolgt deren Nachweis durch die Angabe von Kurztitel und Seitenangabe in Klammern nach dem jeweiligen Zitat.

6 „Blick auf Gesinnung und Streben in den Jahren 1774–1778" war der Titel der 1830 im „Morgenblatt für gebildete Stände" erschienenen Publikation.

7 Freilich wird Olympe de Gouges, die Verfasserin der „Erklärung der Rechte der Frau und Bürgerin. Von der Nationalversammlung am Ende dieser oder bei der nächsten Legislaturperiode zu verabschieden" (Paris 1791), für ihre Bestrebungen hingerichtet.

8 Die Schrift von Johann Michael Ambros: Beweis, daß die Weibsbilder keine Menschen sind. Wien 1782, darf zu diesem Zeitpunkt wohl schon als Ausnahme betrachtet werden. Einen Überblick über die zeitgenossischen Debatten gibt die von Sigrid Lange herausgegebene Publikation: Ob die Weiber Menschen sind. Geschlechterdebatten um 1800. Leipzig 1992.

9 Am weitesten geht von den Männern wohl Hippel in seinen Ansichten. Er sieht keinen Grund für irgendeine Beschränkung weiblicher Betätigung. Vgl. Theodor Gottlieb Hippel: Über die bürgerliche Verbesserung der Weiber. Berlin 1792. In den Schriften von Frauen selbst ist im Laufe der Zeit ein Wandel derart auszumachen, daß im 18. Jahrhundert tendenziell radikaler das Recht der Frauen auf Bildung und wissenschaftliche Betätigung eingeklagt wird, während in den ersten Jahrzehnten des 19. Jahrhunderts die Argumentation eher dahin geht zu beweisen, daß Frauen Bildung und „weibliche", also häusliche Pflichten vereinen können. Vgl. dazu die Schriften von Dorothea Leporin, Hedwig Zäunemann, Amalie Holst, Karoline Pichler, Betty Gleim, Rosette Niederer. Fouqué hat folgende Texte zum Thema verfaßt: Briefe über Zweck und Richtung weiblicher Bildung. Berlin 1810; Briefe über die griechische Mythologie für Frauen. Berlin 1813; Die früheste Geschichte der Welt. Leipzig 1818; Die Frauen in der großen Welt. Berlin 1826.

10 Vgl. dazu auch Julia Bertschik: Geschichte(n) der Moden. – In: Friedrich und Caroline de la Motte Fouqué [Anm. 2], S. 85ff.

11 An dieser Stelle sei auf eine ähnlich kulturkritisch angelegte Erzählung über Mode und Putz von Karl August Böttiger hingewiesen: Sabina oder Morgenscenen im Putzzimmer einer reichen Römerin. Leipzig 1803, die auf auch heute noch amüsante und interessante Weise mit den Toilettenvorkehrungen einer römischen Dame deren gesamtes häusliches und geselliges Umfeld schildert.

[12] In: Frauentaschenbuch. Nürnberg 1817.
[13] Vgl. Vera Prill: Caroline de la Motte Fouqué. Berlin 1933, S. 35; Gene T. Wilde: The Romantic Realist. New York 1956, S. 369f.
[14] Während sich Friedrich mit dem ihm eigenen Enthusiasmus auch in die Goethe-Verehrung stürzte, gelang es Caroline scheinbar mühelos, freundschaftlichen Kontakt zu Goethe zu knüpfen – um ihn ihrerseits nie zu pflegen. Vgl. Kabus [Anm. 2], S. 78ff.
[15] Bittgesuche und Briefe an den König und den Kronprinzen in: GStA PK Rep. 50 J, Nr. 391 sowie Rep. 89, Nr. 26017; Briefe Georgs im Nachlaß: BLHA, Rep. 37 Nennhausen.
[16] Das deckt sich mit Vollmers Ergebnis, der bei der Untersuchung ihrer historischen Romane zu dem Schluß kommt, daß „die Behandlung historischer und zeitgeschichtlicher Stoffe in Formen des fiktionalen Erzählens, die Verknüpfung von Historie und Fiktion, von Dichtung und Authentizität ein grundlegendes Charakteristikum des Fouquéschen Oeuvres ist. Vgl. Hartmut Vollmer: Die Wahrheit bleibt das Höchste. Die historischen Romane der Caroline de la Motte Fouqué. – In: Norbert Ott Eke/Hartmut Steinecke (Hrsg.): Geschichten aus (der) Geschichte. München 1994, S. 110.
[17] In ihrer Untersuchung über verschiedene Textsammlungen, die von der Idee des Schreibtisches ausgehen, in welchem sich unterschiedlichste Materialien finden, bespricht Annegret Pelz auch Caroline Fouqués „Schreibtisch". Indem sie jedoch die einzelnen Texte nicht sorgfältig genug ortet, z. B. meint, daß Fouqué ausschließlich eigene Produkte darbiete, und ihr Hauptaugenmerk auf die „Geschichte der Moden" richtet, erkennt sie bei Fouqué nur das chronologische Prinzip, das die Texte zusammenhalte, und dies wäre freilich etwas wenig. Pelz vergegenwärtigt sich nicht, daß es bei dieser Zusammenstellung von meist bereits veröffentlichten Arbeiten einen Grund jenseits der einzelnen Texte für diese neuerliche Herausgabe geben mußte. So kommt sie zu der Ansicht: „Doch diese Sichtung des Schreibtisches soll die Papiere nicht in einer neuen Konstellation zu neuem Leben erwecken, sondern abschließend ordnen und nachlassen." Annegret Pelz: Der Schreibtisch. Ausgrabungsort und Depot der Erinnerungen. – In: Magdalene Heuser (Hrsg.): Autobiographien von Frauen. Tübingen 1996, S. 239. Dieses Urteil ist hoffentlich mit der vorliegenden Untersuchung widerlegt.

Lea Mendelssohn Bartholdy (1777–1842)

„In voller geistiger Lebendigkeit"

Cornelia Bartsch, Berlin

Lea Salomon wurde am 26. März 1777 als zweites von vier Kindern des Bankiers Levin Jacob Salomon und seiner Frau Bella, geb. Itzig, in Berlin geboren.[1] Als Enkelin des berühmten „Münzunternehmers" und Hofjuden Friedrich des Großen, Daniel Itzig, entstammte sie einer der privilegiertesten und wohlhabendsten jüdischen Familien der Stadt. Dies galt vor allem, als Daniel Itzig 1791 das Naturalisationspatent verliehen wurde, durch das er die Rechte eines christlichen Kaufmanns und völlige Bewegungsfreiheit erwarb – und zwar nicht allein für sich, sondern auch für seine Kinder und Enkel sowie deren Ehepartner.[2]

Welche außerordentliche Lebenserleichterung diese Rechte bedeuteten, veranschaulicht allein der Weg, den Moses Mendelssohn, der jüdische Berliner Aufklärer und Leas zukünftiger Schwiegervater, nehmen mußte, als er 1743 im Alter von vierzehn Jahren nach Berlin kam. Aus Dessau kommend, war er gezwungen vom nächstgelegenen Halleschen Tor den ganzen Weg um die Stadt herum, am Brandenburger und Leipziger Tor vorbei, bis zum Rosenthaler Tor zu gehen, durch das allein fremden Juden Einlaß in die Stadt gewährt wurde.[3] Moses Mendelssohn war seinem Lehrer, dem aufgeklärten Rabbi Fränkel, nach Berlin gefolgt, er hatte mit elf Jahren Deutsch gelernt, in Berlin lernte er in größter Armut und unter schwierigen Bedingungen alte Sprachen und Philosophie. Bildung wurde für ihn zum Schlüssel der Emanzipation und zur Eintrittskarte in die deutsche Gesellschaft.

In der Familie Itzig spielte darüber hinaus die Musik eine entscheidende Rolle im Akkulturationsprozeß.[4] Zwar ist über die näheren Umstände der Musikpflege im Haus der Großeltern Lea Mendelssohns wenig bekannt, Weissmann berichtet jedoch von einem gegen jährliches Gehalt angestellten „vortrefflichen Klavierlehrer" und von einem regelrechten „Sebastian und Carl Philipp Emanuel Bach-Kultus".[5] In der Tat war Leas Mutter Bella Schülerin des Bach-Schülers Johann Philipp Kirnberger, des Kapellmeisters der Prinzessin Anna Amalia von Preußen. Die jüngere Schwester der Mutter, Leas Tante Sara, verheiratete Levy, war als Schülerin des Bach-Sohnes Wilhelm Friedemann ebenfalls Enkelschülerin des Thomaskantors und wurde zur Freundin und aktiven Förderin Carl Philipp Emanuel Bachs. Sara Levy leitete darüber hinaus einen der ersten Berliner musikalischen Salons, durch den sie nicht nur den am Hof Friedrichs des Großen angestellten Musikern sowie gut ausgebildeten Laien einen größeren Wirkungskreis bereitstellte, sondern als Auftraggeberin im modernen Sinne auch versuchte, geschmacksbildend auf das Publikum zu wirken. Ihre umfangreiche Musikaliensammlung läßt Rückschlüsse auf das Repertoire der musikalischen

Zusammenkünfte in ihrem Hause ebenso wie auf ihre eigene musikalische Praxis zu.[6] Sara Levy sammelte vor allem Musik Johann Sebastian Bachs sowie seiner Söhne Wilhelm Friedemann und Carl Philipp Emanuel, weiterhin Werke „klassischer" Berliner Komponisten wie Graun, Quantz und Janitsch. Kurzlebigen musikalischen Moden war sie ganz offenbar abgeneigt. Ihre Vorliebe für anspruchsvolle Klaviermusik weist sie als hervorragende Cembalistin aus, wobei mehrere Werke für zwei Cembali, die sich sowohl in ihrer eigenen Sammlung als auch in denen ihrer Schwestern Fanny (Franziska), verh. von Arnstein, und Cäcilie (Zippora), verh. Wulff, finden, darauf hinweisen, daß sie mit diesen – ebenfalls sehr fähigen Instrumentalistinnen – gemeinsam auftrat. Durch ihren eigenen Salon, aber auch indem sie große Teile ihrer Musikaliensammlung der seit 1800 von Carl Friedrich Zelter geleiteten Singakademie zur Verfügung stellte, an deren Konzerten sie als Cembalistin mitwirkte, wurde Sara Levy zu einer der zentralen Figuren der Berliner Bach-Pflege. Von ihr „führt eine direkte Linie zur Bach-Renaissance im frühen 19. Jahrhundert durch Zelter und Mendelssohn"[7]

Lea Mendelssohns Bemerkung bei der Geburt ihrer ersten Tochter, das Kind habe „Bachsche Fugenfinger", ist also in eine musikalische Tradition eingebettet, die sich mütterlicherseits bis in die Großelterngeneration zurückverfolgen läßt. Auch die Namensgebung erscheint in diesem Zusammenhang bedeutungsvoll. Nach der von ihr besonders verehrten Tante Fanny von Arnstein, die die von Sara Levy verkörperte Familientradition nach Ihrer Heirat durch ihren Wiener Salon fortsetzte, nennt Lea Mendelssohn ihre Erstgeborene Fanny.[8]

Wie ihre Tanten und ihre Mutter war auch Lea Salomon eine hervorragende Pianistin, ihre Bildung ging jedoch weit über die Musik hinaus. Der Publizist Garlieb Helwig Merkel, ein Freund der Salomons, mit dem Lea in regem Briefwechsel stand, vermittelt von ihr das Bild einer umfassend hochgebildeten Frau:

> Lea war nicht schön, aber reizend durch ihr sprechendes, schwarzes Auge, durch ihren Sylphidenwuchs, durch ihr zartes, bescheidenes Benehmen und ihre geistvolle Unterhaltung voll heller Verstandsblitze und treffendem, aber immer schonend geäussertem Witz. Sie hatte sich jede Gattung modischer Bildung angeeignet; sie spielte und sang mit Ausdruck und Anmuth, aber selten und nur für Freunde; sie zeichnete trefflich; sie sprach und las Französisch, Englisch, Italienisch und – heimlich – Homer im Original. Heimlich! wie hätten Andere mit diesem Können geprunkt.[9]

Die Familie Itzig besaß nahe dem Schlesischen Tor ein kleines, an der Spree gelegenes Gut, das nach dem Tod Daniel Itzigs in den Besitz Bella Salomons überging und das namenstiftend wurde, als Leas Bruder Jacob Levin nach seiner Taufe den an dem Gut haftengebliebenen Namen des Vorbesitzers „Bartholdy" annahm. Den Garten dieses Anwesens, auf dem Lea – wie sie Merkel berichtet – nach dem Tod des Großvaters im Sommer des Jahres 1799 „das wichtige Amt einer Haushälterin"[10] versieht, beschreibt die 22jährige als Ort ihrer Kindheit :

> Unter diesen Bäumen, die mein Großvater pflanzte und an denen er mit wahrer Liebe hing, habe ich die rosenfarbenen Träume der Kindheit durchschwärmt; jeder Gang, jedes Plätzchen ist mir durch süsse Andenken der Vergangenheit heilig und merkwürdig;

> hier entwickelte sich mein Gefühl, hier entfaltete sich zuerst der jugendliche Sinn, und klar ward mir in dieser lieblichen Einsamkeit, was leise unbewusst in der Seele schlummerte: mit erhöhter Empfindung las ich hier meine Dichter; Schriftsteller der Freiheit, des Rechts, der edlen Wahrheit wurden mir begreiflicher, werther und näher; selbst die schwachen Töne, die meine ungeübten Finger hervorlocken, wähne ich hier melodischer und reiner.[11]

In ihrer Beschreibung scheinen Haus und Garten zum Sinnbild einer Lebenshaltung und einer bevorzugten Form der Geselligkeit zu werden:

> Denken Sie sich die dichtesten, kühlsten Schatten ehrwürdiger Kastanienbäume, Linden und Platanen; hohe, gewölbte Laubengänge; freundliche runde Plätze und niedliche Lusthäuser; eine Fülle von Florens und Pomonens Schätzen, wie von Küchengewächsen und Treibhäusern, deren Anblick als Bild des Fleisses und der Betriebsamkeit gewiß wohl interessant ist, und Sie haben eine richtige Idee unseres Sommeraufenthalts. Rechnen Sie dazu ein kleines, bequemes, ländliches Wohnhaus, an dem sich Weinstöcke, Maulbeeren und Pfirsichbäume hinaufranken, und in dem ich ein nettes, aber höchst einfaches Zimmerchen besitze: mein Klavier, Bücherschrank und Schreibpult die einzigen Meubles, das Bild meiner Jette und frische Blumen als einziger Schmuck darin, Raum und Einrichtung nicht für einen glänzenden Zirkel, sondern bloß für den engen Kreis weniger Freunde – das Ganze still, freundlich und einsam.[12]

Mit dem „Bild meiner Jette“ ist vermutlich das Bildnis Henriette Mendelssohns (1775–1831), der jüngsten Tochter Moses Mendelssohns, gemeint, die zu Leas engen Freundinnen gehörte. Henriette Mendelssohn arbeitete in den ersten Jahren des 19. Jahrhunderts als Erzieherin in Wien und ging anschließend – wahrscheinlich veranlaßt durch ihren jüngeren Bruder Abraham, dem sie sehr nahestand und der seit 1797 als Kassierer in dem angesehenen Pariser Bankhaus Fould arbeitete – nach Paris, wo sie zunächst eine Mädchenpension leitete. Hensel berichtet, daß sie es war, die die Aufmerksamkeit ihres Bruders auf die von ihr so geschätzte Freundin lenkte.

Abraham Mendelssohn lernte Lea während einer Reise nach Berlin kennen und machte auf sie und ihre Familie ungeachtet seiner untergeordneten Stellung offenbar einen günstigen Eindruck. Die Vorstellung, das liberale Paris als Wohnort gegen die hinsichtlich ihrer Politik gegenüber der jüdischen Bevölkerung äußerst restriktive und oft von Willkür beherrschte preußische Hauptstadt einzutauschen, war ihm allerdings so sehr zuwider, daß er zunächst die Bedingung stellte, Lea solle ihm nach Paris folgen – eine recht anspruchsvolle Forderung für einen Schwiegersohn in spe, der als „Commis“ um die Hand einer jungen Frau anhält, deren Mitgift ausgereicht hätte, um in den preußischen Adel einzuheiraten. Leas Mutter Bella ihrerseits forderte von ihrem zukünftigen Schwiegersohn einen verantwortungsbewußten Umgang mit dem Vermögen ihrer Tochter und sorgte damit für die ökonomische Basis, die das kulturelle Leben in Leas Haus, in dessen Zentrum die musikalische und allgemeine Bildung ihrer Kinder stand, ermöglichte. Jahre später nimmt Lea Mendelssohn in einem Brief an ihren zukünftigen Schwiegersohn Wilhelm Hensel auf diese Umstände ihrer Eheschließung Bezug:

> Schelten Sie mich vorzüglich nicht als eigennützig und geizig, lieber gelinder Wüthikus! Sonst muß ich Sie erinnern, daß ich meinen Mann geheirathet habe, ehe er einen Pfennig besaß. Aber er hatte ein sicheres, obwohl sehr mäßiges Einkommen bei Fould in Paris, und ich wußte, daß er mein ihm zugebrachtes Vermögen würde geltend machen können. Der Ehrgeiz meiner Mutter war aber nicht zufrieden, daß ich die Frau eines Commis werden sollte, und Mendelssohn mußte deßhalb Associé seines Bruders werden, von welcher Epoche sich Gottlob! beider Prosperität herschreibt.[13]

Eine Heirat, die sie aus dem Judentum herausgeführt hätte – sei es mit einem Angehörigen des Adels oder einem konvertierten Juden – wie sie viele wohlhabende jüdische Frauen ihrer Generation anstrebten, lag Lea Salomon nicht im Sinn. Zu drückend wäre ihr der Verdacht der Heuchelei gewesen, wenn sie auch Moses Mendelssohns Hoffnung auf eine aufgeklärte Gesellschaft, die die verschiedenen Glaubensbekenntnisse in ihrer jeweiligen Eigenart nebeneinander bestehen lassen könnte, nicht mehr teilte. Im Zusammenhang mit der ersten Konversion eines Mitglieds ihrer Familie, ihres Cousins Isaak Daniel Itzig, schreibt sie:

> [...] die meisten Abtrünnigen haben bisher durch schlechtes oder inconsequentes Betragen eine Art von Verächtlichkeit auf diesen Schritt geworfen, der auch die Besseren brandmarkt. Träte Jemand auf, der durch untadelhaften Charakter, durch Ausdauer in seinen Vorsätzen und Weltklugheit im Benehmen [...] ein achtungswerthes Muster darstellte, so würde ein großer Teil dieser nur zu gegründeten Behauptung verschwinden. Erfreulich wär's, wenn man dieser Heuchelei entbehren könnte; aber der Drang nach höherem Wirken, als dem eines Kaufmanns oder tausend zarte Verhältnisse, in denen der nahe Umgang mit andern Religionsverwandten junge Gemüther verwickeln kann, lassen doch in der That keinen andern Ausweg.[14]

Aus diesen Worten ist abzulesen, welche moralische Verantwortung – ja Beweislast – für Lea Salomon mit dem Schritt der Konversion verbunden war. In Moses Mendelssohns Sohn Abraham traf sie einen Mann jüdischen Bekenntnisses, der ihr in Allgemeinbildung und Umgangsformen ebenbürtig war, „dessen Denken, Fühlen, Lernen und Erkennen ihn", wie Eduard Devrient formuliert, „das Göttliche in der höheren Vernunft hatte finden lassen"[15] und der mit Lea auch ihren hohen moralischen Anspruch teilte. Eine praktische Ethik erscheint gleichsam als Kern seines religiösen Bekenntnisses, wenn Abraham im Brief an seine Tochter Fanny auf die vorangestellten Fragen, „Was Gott sei? Ob ein Theil unserer Selbst ewig sei [...]", antwortet:

> Alles das weiß ich nicht und habe Dich deswegen nie etwas darüber gelehrt. Allein ich weiß, daß es in mir und in Dir und in allen Menschen einen ewigen Hang zu allem Guten, Wahren und Rechten und ein Gewissen giebt, welches uns mahnt und leitet, wenn wir uns davon entfernen."[16]

Für Abraham wie für Lea kann man die Verbindung wohl einen Glücksfall nennen. Angesichts des Schicksals zahlreicher hochgebildeter jüdischer Frauen ihrer Generation, die oft früh an ungeliebte, ihnen kein geistiges Gegenüber bietende Männer verheiratet wurden, gilt dies für Lea in besonderem Maße.[17]

Lea und Abraham Mendelssohn heiraten am 26. Dezember 1804. Zu Beginn des Jahres 1805 eröffnet Abraham gemeinsam mit seinem Bruder Joseph das Bankhaus

Gebrüder Mendelssohn in Hamburg, der hanseatischen Handelsmetropole, wo das Ehepaar in der Großen Michaelisstraße Nr. 14 zusammen mit der vierköpfigen Familie Josephs eine Stadtwohnung bezieht. Über die beengten Verhältnisse in dieser Wohnung berichtet Lea ihrer Freundin und Schwägerin Henriette Mendelssohn:

> Du willst wissen, beste Schwester, wie es in meiner Wohnung und mit meinen häuslichen Einrichtungen aussieht? Rasend liederlich *à dire le vrai*, wie bei dem tollsten Studenten; denn an kein Kämmerlein, an keine Wirthschaft und Berliner Bequemlichkeit ist hier zu denken, und wenn ich mein *remue ménage* betrachte, habe ich Mühe zu glauben, daß ich wirklich verheirathet bin, welche Standesänderung einen gewöhnlich in Besitz einer Welt von Töpfen, Schüsseln, Lustres, Spiegeln und Mahagonis zaubert, deren reizenden Anblick ich in meinem *chez moi* bis jetzt entbehren muß. Doch laß ich mir, wenn Mama's und Deine Ordnungsliebe es verzeihen kann, kein graues Haar darum wachsen, und beruhige mich mit der Aussicht, daß der geschäftigen Martha das melodische Schüsselklappern mit der Zeit nicht entgehen soll. Morgen wird der erste große Versuch angestellt in unseren vier Mäuerchen zu diniren und zwar vom französischen Restaurateur. Weder Meubles noch Wirtschaftssachen kann ich bis jetzt anschaffen, weil mir nicht der geringste Raum bleibt; auch wird das Chaos erst geordnet, wenn wir das Land beziehen, wozu uns schon ein hübsches, an der Elbe dicht bei Neumühlen gelegenes und mit einem Balcon verziertes Landhaus vorgeschlagen worden, das wir nächstens sehn wollen.[18]

Bei dem Landhaus handelt es sich um das Wohnhaus der Martenschen Mühle, in dem die Mendelssohns ihre Hamburger Sommer verbrachten. Neumühlen gehörte zum unter dänischer Verwaltung stehenden Altona, das Juden tolerierte und sogar förderte. Unter den zahlreichen Menschen jüdischen Glaubens, die sich hier niederließen, waren auch die Witwe Moses Mendelssohns, Fromet, geb. Gugenheim, sowie Heinrich Heines Onkel und langjähriger Geldgeber Salomon Heine. Sein Haus lag in nachbarschaftlicher Nähe zur Sommerwohnung der Mendelssohns, und es ist anzunehmen, daß in den Jahren dieser Nachbarschaft die freundschaftlichen Beziehungen zwischen den Familien entstanden, von denen die Sängerin Therese Devrient noch 1830 profitierte:

> An der Elbe neben dem berühmten Rainville lag die Besitzung Heines, mit derselben berühmt schönen Aussicht, wie jenes. Der kleine, dicke, alte Mann mit weißen Haaren begrüßte uns sehr freundlich, schüttelte uns herzlich die Hände und sagte: „Wenn ich ihnen etwas nützen kann, soll es mit Freuden geschehen, denn Sie sind mir von meinem besten Freunde Abraham Mendelssohn empfohlen worden, als ob sie seine eigenen Kinder wären."[19]

In Hamburg brachte Lea Mendelssohn am 14. November 1805 ihre erste Tochter Fanny zur Welt. Es folgten im Februar 1809 der Sohn Felix und im April 1811 die Tochter Rebecca. Im Januar 1812 mußte die Familie unter abenteuerlichen Umständen aus Hamburg fliehen, da Abraham und Joseph die Aufdeckung von aufgrund der 1806 durch Napoleon verhängten Kontinentalsperre unerlaubten Geschäften durch einen neuen französischen Gouverneur fürchteten. Der jüngste Sohn Paul wurde in Berlin geboren, vermutlich in der Markgrafenstr. 48, wo die Familie bis ca. 1820 im Haus des Geistlichen Jacob Staegemann ein neues Domizil gefunden hatte.

Lea und Abraham Mendelssohn waren offenbar von Anfang an entschlossen, ihre Kinder christlich zu erziehen, denn sie ließen ihren ältesten Sohn Felix nicht ins „Geburtsregister für Knaben 1781–1811“ der jüdischen Gemeinde Altona eingetragen.[20] Lea dürfte diese Entscheidung jedoch nicht leicht gefallen sein. Ihre Mutter Bella war strenggläubige Jüdin und hatte ihren Sohn Jacob verstoßen, als dieser sich bereits 1806 christlich taufen ließ, und die durch Fanny erwirkte Versöhnung zwischen Mutter und Sohn war noch nicht in Sicht.[21] Aus Rücksicht gegenüber der Großmutter Bella ließen Lea und Abraham ihre Kinder am März 1816 in der Jerusalemkirche in Berlin heimlich evangelisch reformiert taufen. Sie selbst nutzten die Rückkehr von der Schweizer Reise, um sechs Jahre später, am 4. Oktober 1822, in Frankfurt am Main ebenfalls ohne öffentliches Aufsehen zum christlichen Glauben überzutreten. Auf Anraten von Leas Bruder setzten sie den Namen „Bartholdy“ dem jüdischen Familiennamen hinzu, in der Absicht, diesen später ganz fallenzulassen. Zwar kam es in Berlin nicht wie im August/September 1819 vor allem in Süddeutschland, aber auch in Frankfurt und Hamburg zu Judenverfolgungen, ein Vorfall wie der von Karl August Varnhagen überlieferte blieb jedoch vermutlich keine Ausnahme: „Ein königlicher Prinz rief dem Knaben Felix Mendelssohn auf der Straße lachend Hep, Hep! entgegen“[22]. Die preußische Politik gegenüber den Juden war keineswegs von dem Gedanken der Toleranz geprägt, sondern von ökonomischen Notwendigkeiten und von Willkür. Das Toleranzedikt von 1812 wurde durch verschiedene Vorschriften immer wieder eingeschränkt bzw. aufgehoben. 1822 – während die Familie Mendelssohn sich auf ihrer mehrmonatigen Schweizer Reise befand – untersagte Friedrich Wilhelm III. den Juden den Zugang zum akademischen Lehramt. Anscheinend zog Abraham es in den Jahren vor seiner und Leas Konversion ernsthaft in Erwägung, mit der Familie nach Paris überzusiedeln. Auch der Umzug ins Haus von Leas Mutter in der Neuen Promenade 7, gegenüber der Garnisonskirche, war von dem Wunsch nach einer toleranten Umgebung und nach Schutz vor möglichen Übergriffen motiviert.[23]

In der Beletage dieses Hauses, wo die Familie bis 1825 wohnen sollte, wird Lea Mendelssohn zum Zentrum eines außerordentlichen familiären Kulturlebens, bei dem die Erziehung und Ausbildung der Kinder wie selbstverständlich in den geistvollen Umgang mit Berliner und auswärtigen Intellektuellen und Künstlern eingeflochten ist. Zu den Berliner Intellektuellen, die in ihrem Haus ein- und ausgingen, gehörten Rahel Varnhagen und ihr Mann Karl August Varnhagen, Rahels Bruder, der Schriftsteller Ludwig Robert und seine Frau, die für geistvolle und witzige Unterhaltung bekannte Friederike Robert, der junge hannoversche Legationsrat Carl Klingemann, der Publizist Hermann Franck, die Brüder Wilhelm und Alexander von Humboldt, der Schauspieler und Sänger Eduard Devrient und seine Frau die Sängerin Therese Devrient, Bettina von Arnim, Henriette Herz, weiterhin die Lehrer der Kinder: Carl Friedrich Zelter als Kompositionslehrer, der Pianist Ludwig Berger und der junge Philologe Karl Heyse. Der Kreis wurde erweitert durch Schriftsteller, Publizisten, Wissenschaftler und Musiker, die sich vorübergehend in der Stadt aufhielten und die es sich zur Ehre anrechneten, wenn sie ins Haus gebeten wurden. Eduard Devrient beschreibt Leas Rolle dabei folgendermaßen:

> Den Mittelpunkt dieses vielfach bewegten Kreises bildete Felix' Mutter mit seltener Geschicklichkeit. Scheinbar ohne Einmischung verstand sie Jeden in verbindlicher Weise anzuregen und gewähren zu lassen, bis eine Lenkung des Gesprächs oder seine Dämpfung notwendig wurde und es galt, dasselbe mit Gewandtheit aufs neue in Fluß zu bringen. Diese seltene Kunst den belebenden Mittelpunkt der Gesellschaft abzugeben, hatte Felix' Mutter wohl in Paris gelernt.[24]

Den ersten Klavierunterricht erteilte Lea ihren begabten Kindern, von denen die ältesten beiden musikalisch hochbegabt waren, selbst, und man kann davon ausgehen, daß sie für die Wahl der Musiklehrer verantwortlich war. Mit Karl Friedrich Zelter, dem Leiter der Berliner Singakademie als Kompositionslehrer für Fanny und Felix setzte sie die in ihrer Familie gepflegte Bach-Tradition fort. Mit Ludwig Berger entschied sie sich nicht nur für einen hochangesehenen Virtuosen von internationalem Ruf, sondern zugleich für einen Pianisten, dessen Spiel unter dem Einfluß John Fields bereits auf den romantischen Klavierstil der Chopin-Ära vorauswies und der Fanny und Felix Mendelssohn vermutlich auch als Komponist beeinflußte.[25] Aber auch über die Organisation des regelmäßigen Unterrichts hinaus war Lea stets um musikalische Anregung für ihre Kinder bemüht. Sie lud namhafte Virtuosen, wie den Pianisten Friedrich Kalkbrenner, die Geiger Pierre Rode und Alexandre-Jean Boucher und den Flötisten Louis Drouet in ihr Haus.[26] 1824 bat sie den Pianisten Ignatz Moscheles während seines Aufenthaltes in Berlin um Lehrstunden für ihre ältesten Kinder und legte damit den Grundstein für eine der wichtigsten musikalischen Freundschaften Felix Mendelssohns, die ihm während seiner ersten großen Reise nach England die Tür zu den musikalischen Institutionen öffnen sollte.[27] Leas und Abrahams beständiges Bemühen um Anregung und Förderung der Kinder ging mit einer ebenso nachdrücklichen Forderung an deren Fleiß und Leistungswillen einher. Der Stundenplan der Kinder umfaßte neben Musikunterricht Unterricht in den allgemeinbildenden Fächern, in alten und neuen Sprachen ebenso wie in Naturwissenschaften und Geographie, außerdem erhielten sie Zeichen- und Tanzstunden. Dieses Pensum erlaubte wenig Mußestunden an einem Tag, der in der Regel um fünf Uhr morgens begann. Eduard Devrient erlebte insbesondere Lea als gestrenge Wächterin über den Fleiß der Kinder:

> Die Mutter, eine ebenso verstandesscharfe und feinsinnige als haushälterisch fleißige Frau, die man stets beschäftigt fand, sei es mit Lektüre oder wirtschaftlicher Handarbeit, hielt die Kinder mit unerbittlichem Nachdruck zum Fleiße an. Daß die Thätigkeit Felix zum Gewohnheitsbedürfnis wurde, kam wohl daher. Wenig anmutende Arbeiten mußte er wohl in der Mutter Zimmer zu ihren Füßen an Rebekkas Kindertischchen machen. Wenn ich zum Vormittagsbesuch bei der Mutter war und er mit seinem Butterbrote – das ihm das Recht gab, von der Arbeit zu gehen – ins Vorderzimmer kam und länger mit mir plauderte, als das Butterbrot reichte, so scheuchte ihn gewiß sehr bald der Mutter kurzab hingeworfene Äußerung: „Felix tust du nichts?" wieder ins Hinterzimmer.[28]

Das Bemühen um die Ausbildung der Kinder umfaßte auch die Organisation von häuslichen Konzerten vor geladenen Gästen. 1821 richteten Abraham und Lea Mendelssohn angelehnt an die Freitagskonzerte Johann Friedrich Reichardts sogenannte „Sonntagsmusiken" ein, für die sie Musiker des Königstädtischen Theaters engagierten, um Felix und Fanny die Möglichkeit zu geben, mit professionellen Musikern aufzutreten und eigene Kompositionen vor sachverständigem Publikum aufzuführen. Der junge Felix Mendelssohn dirigierte in der Wohnung seiner Eltern seine Streichersymphonien ebenso wie seine frühen Singspiele „Die reisenden Virtuosen", „Die beiden Pädagogen" und „Der Onkel aus Boston". Für ihn waren die Sonntagsmusiken auch als erster Schritt einer möglichen Professionalisierung gedacht, während Fanny vom Vater frühzeitig darauf hingewiesen wurde, daß sie die Musik nicht als Beruf auffassen dürfe. In ihren Anforderungen an die Ernsthaftigkeit der Ausbildung der Kinder machten die Eltern jedoch keinen Unterschied hinsichtlich des Geschlechts.[29] Lea Mendelssohn regte die dreizehnjährige Fanny dazu an, dem Vater als Geburtstagsüberraschung die 24 Präludien aus dem Wohltemperierten Klavier Johann Sebastian Bachs vorzuspielen, was bei ihrer Freundin und Schwägerin Henriette, die in Paris inzwischen als Privaterzieherin der Tochter eines Napoleonischen Generals tätig war, nicht nur Bewunderung auslöste:

> Fanny's Meisterstück, 24 Präludien auswendig zu lernen, und Ihre Beharrlichkeit, liebste Lea, sie einstudiren zu lassen, haben mich stumm vor Erstaunen gemacht, und ich habe nur die Sprache wiedergefunden, um allen Menschen dies große Gelingen mitzuteilen. Nachdem ich aber Ihnen und Fanny meine ungetheilte Bewunderung zuerkannt, muß ich doch gestehen, daß ich das Unternehmen strafbar finde; die Anstrengung ist zu groß, sie hätte leicht schädlich werden können, man sollte das ausserordentliche Talent Ihrer Kinder bloß leiten, nicht treiben.[30]

Übermäßige Anstrengung war in der zeitgenössischen Pädagogik ein häufig angeführtes Argument, mit dem eine ernsthafte musikalische Ausbildung – selbst weitaus geringeren Grades – von Mädchen verhindert wurde. Fanny Mendelssohn wurde durch das ernsthafte und ambitionierte Interesse an ihrer musikalischen Entwicklung der Eindruck vermittelt, es sei wichtig, daß sie der eigenen Begabung gerecht werde und sich darin das Äußerste abverlange. Die entscheidenden Worte, die Fanny Mendelssohn in die Schranken verwiesen, die einer Frau aus wohlhabendem bürgerlichen Hause gesetzt wurden, sind nicht von Lea, sondern in Briefen Abraham Mendelssohns nachgewiesen.[31] Zwar ist nicht anzunehmen, daß Lea in diesem Punkt anderer Meinung war, es gibt jedoch Anzeichen dafür, daß sie die Zurückweisung, die es für ihre Tochter bedeuten mußte, mit ihrem außerordentlichen musikalischen Können auf den Innenraum des bürgerlichen Hauses verwiesen zu werden, wahrnahm. So geht man vielleicht nicht ganz fehl in der Annahme, daß Leas abweisendes Verhalten ihren zukünftigen Schwiegersöhnen gegenüber durchaus etwas mit ihrem Wissen darum zu tun hatte, daß die Ehe unter die eigenständige künstlerische oder intellektuelle Selbstentfaltung der Töchter einen Schlußstrich setzen würde. Das Verbot jeglichen Briefwechsels mit ihrer Tochter, das sie Fannys künftigem Ehemann, dem späteren preußischen Hofmaler Wilhelm Hensel gegenüber ausspricht, ist nicht allein dadurch begründet, daß sie einem jungen, noch in seiner künstlerischen Entwicklung begriffenen Maler ohne feste Anstellung und einem Mann, der beabsichtigt, zum Katholizismus überzutreten, keine voreilige Hoffnung auf die Hand ihrer Tochter machen will, sondern auch durch den Versuch, ihre Tochter vor einer Situation zu schützen, die ihrer persönlichen Entwicklung abträglich sein könnte:

> Fanny ist sehr jung und dem Himmel sei Dank! bis jetzt völlig harmlos und ohne Leidenschaft. Sie sollen sie durchaus nicht in jene verzehrende Empfindung reißen wollen und sie durch verliebte Briefe in eine Stimmung schrauben, die ihr ganz fremd ist und die sie auf mehrere Jahre sehnsüchtig, schmachtend, verzehrend machen würde, indeß sie jetzt blühend, gesund, heiter und frei vor mir steht.[32]

Lea Mendelssohns Bewußtsein für den Zwiespalt, in dem eine hochgebildete Frau ihrer eigenen Generation ebenso wie der ihrer Töchter steckte, deren Bildung und persönliche Entwicklung mit dem Eintritt in die Ehe für beendet erklärt wurde, wird besonders deutlich in dem Versuch, ihr Gewicht als Mutter in die Waagschale zu werfen, um ihren Sohn Felix in der Frage der Veröffentlichung von Werken ihrer Tochter Fanny umzustimmen – wie man weiß ohne Erfolg. Felix blieb bei seiner ablehnenden Haltung, die Fanny in Fortsetzung des durch den Vater ausgesprochenen Gebots, sich nicht zu professionalisieren, als Verbot empfand.[33]

1825 bezog die Familie ein Haus, das für gesellige Zusammenkünfte ungleich größere Möglichkeiten bot als die Wohnung in der Neuen Promenade und das Sebastian Hensel wie ein Mitglied der Familie beschreibt:

> Im Jahre 1825 trat ein Ereignis ein, das auf die Entwickelung der Kinder, auf die ganze Gestaltung des Lebens der Familie auf Generationen hinaus vom bestimmendsten Einfluß werden sollte [...]: Abraham kaufte das schöne Grundstück Leipziger Strasse No. 3. In diesem wundervollen Haus und Garten verlebten Abraham und Lea den Rest ihres Lebens, hier heirathete Fanny und lebte auch bis zuletzt hier. Allen Mitgliedern der Familie war aber dies Haus nicht ein gewöhnlicher Besitz, ein todter Steinhaufen, sondern eine lebendige Individualität, ein Mitglied, theilnehmend am Glück der Familie, es war ihnen und den Nächststehenden gewissermassen Repräsentant derselben.[34]

Vorderhaus und Seitenflügel bildeten einen Hof, der zum Garten hin von einer einstöckigen Gartenwohnung geschlossen wurde. Diese Wohnung, in die Fanny nach ihrer Eheschließung einzog, „hatte im Winter große Übelstände, sie war kalt, feucht, jedes Zimmer war Durchgang und keines hatte Gegenhitze, da das Gartenhaus nur ein Zimmer tief war.“ Aber sie hatte einen unschätzbaren Vorteil:

> Das Schönste an der Gartenwohnung war der große, in der Mitte gelegene Saal. Derselbe faßte mehrere hundert Menschen und bestand nach dem Garten hin aus lauter zurückschiebbaren Glaswänden mit Säulen dazwischen, so daß er in eine ganz offene Säulenhalle zu verwandeln war. Wände und Decke, letztere eine flache Kuppel bildend, waren in etwas barocker, aber phantastischer Weise mit Frescobildern geziert. Hier war das eigentliche Lokal, wo die Sonntagsmusiken ihre volle Ausdehnung gewinnen sollten. Man genoß aus ihm den Ueberblick über den 7 Morgen großen, parkähnlichen Garten, der bis an die Gärten des Prinzen Albrecht reichte und, ein Ueberrest des Thiergartens, der sich noch zu Friedrichs des Grossen Zeiten bis hierher erstreckt hatte, einen großen Reichtum der schönsten alten Bäume besaß.[35]

Bereits bevor die Sonntagsmusiken unter Fanny Hensels Leitung zu einer Institution im eher provinziellen Berliner Musikleben wurden, waren Saal und Garten Orte der Geselligkeit, die durch die Freunde und Freundinnen der Kinder, darunter Kommilitonen Felix Mendelssohns, der Vorlesungen an der Berliner Universität besuchte, nun noch erweitert wurden:

> Des Sonntags pflegte sich jetzt der größere Kreis im Mendelssohnschen Hause zu versammeln, der sich im Sommer halb im offenen Gartensaale, halb in dem parkähnlichen Garten einrichtete [...] Hier wie im Wintersalon waren aber Klavierspiel und Gesang das Bindemittel der Geselligkeit.[36]

Veranstaltungen, die sich zwar nicht hinsichtlich der Mitwirkenden, wohl aber durch ihren privateren Charakter von denen im Gartensaal unterschieden, wie die Aufführungen von Fannys und Felix' Singspielen zur Silberhochzeit der Eltern, fanden dagegen in Leas Räumen im Vorderhaus statt:

> Namentlich war ein Zimmer nach dem Hof hinaus mit einem daranstoßenden, durch drei große Bogen damit verbundenen Kabinet wunderschön und zu Theatervorstellungen wie geschaffen. Hier wurden denn auch viele, viele Jahre hindurch zu Weihnachten, Geburts- und anderen Festen die reizendsten, von Witz und Laune sprudelnden Aufführungen veranstaltet. Für gewöhnlich war dies Lea's Wohnzimmer.[37]

Aber Lea Mendelssohn war nicht nur Zentrum dieses „inneren Kreises" der Familie, sondern auch in praktischer Hinsicht Mittelpunkt des Hauswesens. Im Sommer 1825 hatte sie während eines mehrwöchigen Kuraufenthaltes Abrahams in Bad Doberan eigenständig die umfangreichen Baumaßnahmen beaufsichtigt, durch die das in schlechtem Zustand befindliche Haus instandgesetzt und den eigenen Bedürfnissen angepaßt werden mußte. Wie Therese Devrient anläßlich ihres Umzugs in die Leipziger Str. 3 berichtet, oblagen Lea auch alle das Haus betreffende Geschäftsangelegenheiten.[38] Erstaunt war ihre zeitweilige Mieterin über das Ausmaß des Interesses, das Lea Mendelssohn auch an jener Form von Öffentlichkeit zeigte und lebhaft artikulierte, die in Haus und Garten nicht eingeladen sondern allenfalls dort diskutiert werden konnte:

> In damaliger Zeit hatte man, besonders Frauen, noch kein so reges Interesse für Politik. Erst die neue große Zeit regte bei allen die Teilnahme dafür an; im Mendelssohnschen Hause war es anders, die Familie hatte viele Jahre in Paris gelebt. Da war es natürlich, daß sie von den Unruhen dort (der Julirevolution) aufs lebhafteste ergriffen wurde. Alle Morgen, wenn Madame Mendelssohn ganz früh ihre Gartenpromenade machte, klopfte sie mit dem großen grünen Fächer an Eduards Fenster, setzte sich auf die Bank, die dicht darunter stand und las ihm, sobald er geöffnet hatte, das Wichtigste aus den französischen Zeitungen, die sie täglich erhielten, vor; die ausgebrochene Revolution, die Ernennung Louis Philipps zum König, alles, alles aufs detaillierteste. Zuweilen kam auch der alte Herr Mendelssohn dazu; ich sah dann alle drei eifrigst politisierend, debattierend und gestikulierend in den schönen Baumalleen auf und ab gehen, so daß ich oftmals die Kinder schicken mußte, den Vater zu erinnern, daß es Zeit sei auf die Probe zu gehen.[39]

Abraham Mendelssohn starb im Dezember 1835. Lea Mendelssohn blieb nicht nur durch die Familien ihrer Kinder, von denen Fanny und Rebekka in der Leipziger Straße wohnten, sowie durch die von Fanny geleiteten Sonntagsmusiken, in die Art der Geselligkeit eingebunden, die sie selbst mitgeschaffen hatte und an der sie bis zu ihrem Tod erheblichen Anteil hatte. Auch in ihren eigenen Räumen empfing sie weiterhin „Gesellschaften". Sie starb sehr unerwartet am Vormittag des 12. Dezember 1842 nach einem Abend, den sie in einem ungewöhnlich großen Kreise verbracht hatte. Fanny Hensel schreibt dazu in ihrem Tagebuch:

> Man hätte sich für sie kein glücklicheres Ende ausdenken können. Es war wörtlich, wie sie im vorigen Sommer einmal zu Albertine sagte, daß sie es wünsche: ohne Bewusstsein und ohne Arznei aus der Mitte des Lebens hinweg, das sie liebte, in voller geistiger Lebendigkeit, die immer ihr Erbtheil war.[40]

Anmerkungen

1 Lea war die zweite Tochter. Ihre Schwester Rebekka, verh. Seeligmann (1776–1815) war ein Jahr älter. Es folgten noch zwei jüngere Brüder: Jacob Levin Salomon (1779–1825) und Isaac Salomon (1782–1814).

2 Hans-Günter Klein: Das verborgene Band. Felix Mendelssohn Bartholdy und seine Schwester Fanny. SBB PK, Ausstellungskataloge, Neue Folge 22, Wiesbaden 1997, S. 44.

3 Sebastian Hensel: Die Familie Mendelssohn 1729–1847. Nach Briefen und Tagebüchern. Berlin 1880, 2 Bde., Bd. I, S. 4.

4 Zur Rolle der Musik im Akkulturationsprozeß vgl. Barbara Hahn: Häuser für die Musik. Akkulturation in Ton und Text um 1800. – In: Fanny Hensel geb. Mendelssohn Bartholdy. Komponieren zwischen Geselligkeitsideal und romantischer Musikästhetik, hrsg. v. Beatrix Borchard/Monika Schwarz-Danuser. Stuttgart 1999, S. 3–26.

5 Adolf Weissmann: Berlin als Musikstadt. Berlin/Leipzig 1911, S. 36f.

6 Vgl. hierzu die detaillierte Studie von Peter Wollny: Sara Levy and the Making of Musical Taste in Berlin. – In: Musical Quaterly 77 (1993), S. 651–688.

7 Vgl. ders.: Abschriften und Autographe, Sammler und Kopisten. – In: Bach und die Nachwelt, hrsg. v. Michael Heinemann/Hans-Joachim Hinrichsen. Laaber 1997, Bd. I: 1750–1850, S. 27–62, insbes. S. 54f. Ob es Sara Levy oder Leas Mutter Bella Salomon war, die Felix Mendelssohn 1823 eine Abschrift von Johann Sebastian Bachs Matthäus-Passion zu Weihnachten schenkte, was im März 1829 deren Wiederaufführung zur Folge hatte, ist nicht gewiß.

8 Sowohl Fanny von Arnstein als auch Cäcilie von Eskeles führten nach ihrer Eheschließung in Wien bedeutende musikalische Salons, deren Schwerpunkt sich gegenüber der Tradition Sara Levys dem neuen Wirkungskreis entsprechend von Bach auf Beethoven verschob. Der Salon Fanny von Arnsteins wurde auch für das öffentliche Musikleben folgenreich. Zusammen mit den von ihr organisierten Wohltätigkeitskonzerten führte er zur Gründung der Gesellschaft für Musikfreunde. Vgl. hierzu Nancy B. Reich: The Power of Class: Fanny Hensel. – In: Mendelssohn and his World, hrsg. v. Larry Todd. Princeton 1991, S. 68f. sowie Wollny [Anm. 6], S. 682f.

9 Hensel [Anm. 3], I, S.73.

10 Lea Salomon an Garlieb Helwig Merkel, 2. Juli 1799, zit nach Hensel [Anm. 3], Bd. I, S. 74.

[11] Ebd., S. 75.
[12] Ebd., S.74f.
[13] Zit. nach Hensel [Anm. 3], Bd. I, S. 119f.
[14] Lea Salomon an Garlieb Helwig Merkel, 26. August 1799, zit. nach Hensel [Anm. 3], Bd. I, S. 80.
[15] Eduard Devrient: Meine Erinnerungen an Felix Mendelssohn Bartholdy und seine Briefe an mich. Leipzig 1891, S. 9.
[16] Einsegnungsbrief Abraham Mendelssohns an seine Tochter Fanny aus Paris, zit. nach Hensel [Anm. 3], Bd. I, S. 94.
17 Ein berühmtes Beispiel für eine gebildete jüdische Frau, die früh unglücklich verheiratet wurde, ist Abrahams eigene Schwester Dorothea, die sich später scheiden ließ und Friedrich Schlegel heiratete. Zur Entfremdung zwischen jüdischen Frauen und Männern im Zuge der Aufklärung vgl. Eva Maria Thimme: Fanny Hensel, die jüdische und die christliche Tradition. – In: Borchard/Schwarz-Danuser (Hrsg.) [Anm. 4], S. 305–311.
[18] Hensel [Anm. 3], Bd. I, S. 85f.
[19] Therese Devrient: Jugenderinnerungen. Stuttgart 1908, S. 329. Vgl. hierzu auch Natalie Nowack: „Martens Mühle soll leben!" – In: Mendelssohn-Studien, hrsg. für die Mendelssohn-Gesellschaft v. Rudolf Elvers/Hans-Günter Klein, Bd. X, S. 247ff.
[20] Rudolf Elvers: Frühe Quellen zur Biographie Felix Mendelssohn Bartholdys. – In: Felix Mendelssohn Bartholdy. Kongreß-Bericht Berlin 1994, hrsg. v. Christian Martin Schmidt. Wiesbaden 1997, S. 17–22.
[21] Als Bella Salomon ihr wegen ihres besonders schönen Spiels einen Wunsch gewährte, bat Fanny, die ein besonderer Liebling der Großmutter war und dieser oft vorspielte, darum, daß sie dem „Onkel Bartholdy" vergeben möge. Vgl. Hensel [Anm. 3], Bd. I, S.85, hinsichtlich des Zeitpunkts vgl. Klein [Anm. 2], S.19.
[22] Karl August Varnhagen von Ense: Denkwürdigkeiten des eigenen Lebens, Frankfurt a. M. 1987, 3 Bde. (Varnhagen von Ense: Werke in 5 Bänden, hrsg. v. Konrad Feilchenfeldt, Bd. I–III), Bd. III, S. 542.
[23] Manfred Kliem: Die Berliner Mendelssohn-Adresse Neue Promenade 7 – Zeitliche Zuordnung und soziales Umfeld als Forschungsanliegen. – In: Mendelssohn-Studien, Beiträge zur neueren deutschen Kultur- und Wirtschaftsgeschichte, hrsg. für die Mendelssohn-Gesellschaft v. Cécile Lowenthal-Hensel/Rudolf Elvers, Bd. VII, S. 123–140.
[24] Eduard Devrient [Anm. 15], S. 35.
[25] Françoise Tillard: Die verkannte Schwester. Die späte Entdeckung der Komponistin Fanny Mendelssohn Bartholdy. München 1994, S. 49.
[26] Vgl. Hans-Günther Klein: „...dieses allerliebste Buch". Fanny Hensels Notenalbum. – In: Mendelssohn-Studien, hrsg. für die Mendelssohn-Gesellschaft v. Rudolf Elvers/Hans-Günther Klein, Bd. VIII, S. 141–160. Nach seinem ersten Konzert in Berlin am 3. März 1829 war auch Nicolo Paganini bei den Mendelssohns zu Gast.
[27] Felix Moscheles (Hrsg.): Briefe von Felix Mendelssohn-Bartholdy an Ignatz und Charlotte Moscheles, Leipzig 1888 (Repr. 1976). Leas Einladung und ihre Bitte um Lehrstunden ebd., S. 1f.
[28] Eduard Devrient [Anm 15], S. 9.
[29] Es gab allerdings Unterschiede im Lehrplan. So erhielten Paul und Felix Turnstunden und erlernten Streichinstrumente.
[30] Zit. nach Hensel [Anm. 3], Bd. I, S. 104f.
[31] Am 16. Juli 1820 schreibt Abraham Mendelssohn an Fanny: „Was Du mir über Dein

musikalisches Treiben im Verhältnis zu Felix in einem Deiner früheren Briefe geschrieben, war eben so wohl gedacht als ausgedrückt. Die Musik wird für ihn vielleicht Beruf; während sie für Dich stets nur Zierde, niemals Grundbaß Deines Seins und Thuns werden kann und soll"; ihm ist daher Ehrgeiz, Begierde, sich geltend zu machen in einer Angelegenheit, die ihm sehr wichtig vorkommt, weil er sich dazu berufen fühlt, eher nachzusehn, während es Dich nicht weniger ehrt, daß Du von jeher Dich in diesen Fällen gutmüthig und vernünftig bezeugt und durch Deine Freude an dem Beifall, den er sich erworben, bewiesen hast, daß Du ihn Dir an seiner Stelle auch würdest verdienen können. Beharre in dieser Gesinnung und diesem Betragen, sie sind weiblich, und nur das Weibliche ziert die Frauen.", zit. nach Hensel [Anm. 3], Bd. I, S. 97.

32 Lea Mendelssohn an Wilhelm Hensel, zit. nach Hensel [Anm. 3], Bd. I, S. 120.

33 Daß Fanny Felix' Zustimmung oder Ablehnung in musikalischen Dingen stark beeinflußte, geht aus vielen Briefen insbesondere der dreißiger Jahre hervor. So empfindet sie sein Urteil, sie habe kein Talent zum Komponieren geistlicher Musik, als „Interdict", das sie daran hindert, die entsprechenden Kompositionen umzuarbeiten. Vgl. Fanny Hensel an Felix Mendelssohn, 5. Februar 1836, zit. bei Eva Weissweiler (Hrsg.): Felix und Fanny Mendelssohn. Briefwechsel 1821 bis 1846. Berlin 1997, S. 216. Obwohl ein „Publikationsverbot" nie ausgesprochen wurde, kann man davon ausgehen, daß Fanny Felix' ablehnende Haltung hinsichtlich ihres Publizierens als solches empfand.

34 Hensel [Anm. 3], Bd. I, S. 139f.

35 Ebd., S.141.

36 Eduard Devrient [Anm. 15], S. 33.

37 Hensel [Anm. 3], Bd. I, S. 140.

38 Vgl. Therese Devrient [Anm. 19], S. 310.

39 Ebd., S. 349f. Zwar war die Familie mit der französischen Hauptstadt durch verwandtschaftliche, freundschaftliche und geschäftliche Kontakte verbunden. Gelebt hatte sie dort jedoch nur 1816 während einer mehrmonatigen Geschäftsreise Abrahams, auf die er die Familie mitnahm.

40 Zit. nach Hensel [Anm. 3], Bd. II, S. 203f.

Jeanette Strauß-Wohl (1783–1861)

„Die bekannte Freyheitsgöttinn"
Versuch eines Porträts der Freundin Ludwig Börnes

Inge Rippmann, Basel

In einem Exemplar der „Reisebilder" (1826), von Heinrich Heine Ende November 1827 aus München nach Frankfurt a. M. adressiert, findet sich folgende Widmung: „Anbey ein dummes Buch. Es ist nicht viel Gemüth drin; denn mein Herz ist immer bey Euch. Euer Heine. (H I, 334)

Zwölf Jahre später war Heines Erinnerung an seinen Frankfurter Besuch bei dem Kollegen Ludwig Börne und dessen Freundin in ein anderes Licht getaucht – ein Licht, in dem die „liebe Frau", als die er Jeanette Wohl noch 1832 von Paris aus grüßen ließ, nur noch erscheint als „eine magre Person, deren gelblich weißes, pockennarbiges Gesicht einem alten Matzekuchen glich." Mehr noch, in einem späteren Zusammenhang der gleichen Schrift, in seinem berühmt-berüchtigten „Ludwig Börne", nennt er sie eine „zweydeutige Dame, wovon man nicht genau wußte, zu welchem Titel ihr Verhältnis zu Börne sie berechtigte, ob sie seine Geliebte oder bloß seine Gattinn." (DHA XI, 19f, 89ff)

Derart widerspruchsvolle Äußerungen rufen nach der Frage, wer und wie diese Frau nun wirklich war, an der Heine – mit Verspätung – seinen nicht ganz unberechtigten Unmut über den einst in nahezu ehrerbietig freundschaftlicher Erwartung besuchten Älteren rächte. Dem Versuch, ein Bild Jeanette Wohls aus dem Mosaik von Zeitzeugen und Selbstzeugnissen zu gewinnen, sind die nüchternen Daten ihres Lebens vorauszuschicken.

Als dritte von vier Töchtern eines der reichsten jüdischen Bankiers in Frankfurt geboren, ist von ihr bis zum Jahr 1816 nicht mehr bekannt als ihre 1805 mit einem ebenfalls begüterten jüdischen Kaufmann, Leopold Heinrich Oppenheimer, gen. Otten, geschlossene, kinderlos gebliebene Konvenienzehe, die 1814 auf ihren Wunsch hin geschieden wurde. Obwohl ohne emotionale Bindung an den Gatten, soll sie ihn während einer ernsten Krankheit pflichtbewußt gepflegt haben, ehe sie sich zum Entschluß der Trennung durchringen konnte, jede über die Rückerstattung ihrer Mitgift hinausreichende finanzielle Abfindung durch den ungeliebten, offenbar großzügigen Exgatten ablehnend. So auf ihre eigenen Mittel angewiesen und in der im 19. Jahrhundert prekären gesellschaftlichen Lage als wieder alleinstehende Frau, wechselte Jeanette des öfteren ihren Wohnsitz zwischen dem ihrer Mutter und den Haushaltungen ihrer verheirateten Schwestern, mit denen und deren Ehemännern sie offenbar in gutem Einvernehmen stand.

Zentrum von Jeanettes Frankfurter Freundeskreis bildeten die Familien Ochs und Rindskopf, zu denen neben den Schwiegersöhnen, den Ärzten Reis und Stiebel, auch die Juristen, der Advokat C. L. Goldschmidt, und der spätere Frankfurter Lokalpolitiker Maximilian Reinganum sowie der Komponist und Klavierpädagoge Aloys Schmitt gehörten. In diesem geselligen Kreis begegnete Jeanette Wohl, die wieder ihren Mädchennamen angenommen hatte, etwa zwei Jahre nach der Scheidung dem zwangspensionierten Polizeiaktuar und Gelegenheitsschriftsteller Dr. Baruch (erst ab 1818 nach Taufe und Namenswechsel Dr. Börne). Aus der Bekanntschaft mit dem als geistreichen Unterhalter und beliebten Vorleser in diesem vorwiegend jüdischen Zirkel geschätzten leidenschaftlichen Theater- und Konzertbesucher wurde für die literarisch und musikalisch aufgeschlossene Jeanette bald ein dauerndes Freundschaftsverhältnis. Für die Jahre zwischen 1819 und 1832 darf man mit den zahlreichen Ortswechseln beider Partner, ihren gemeinsamen Reisen und, zwischenzeitlich, ununterbrochener brieflicher Kommunikation beinahe ebenso viele und bewegte Wandlungen ihrer Beziehungen annehmen. Allein von Jeanettes Hand sind etwa 300 Briefe im Frankfurter Börne-Archiv aufbewahrt. Während nahezu zehn Jahren wandelte sich der Ton vor allem von Börnes Briefen von glühender, oft in ungeschickte Verse gekleideter Verehrung, zärtlichem Scherz und nicht selten grob klingender Intimität zu liebevollem Ernst; während dieser Zeit wurden offensichtlich immer wieder Heiratspläne erwogen und verworfen, bis sich Jeanette, im Jahr nach Börnes Übersiedlung nach Paris, zu einer neuen, ernsthaften Bindung bekannte. Im gleichen Freundeskreis wie dreizehn Jahre zuvor Börne hatte Jeanette im Winter 1830/31 den weltgewandten, als liberal und Börne-Verehrer bekannten Salomon Strauß kennen gelernt, der sie schon bald in der mühevollen Arbeit des Abschreibens von Börnes Pariser Briefberichten unterstützte. Für den seiner orthodoxen Familie und deren Zustimmung verpflichteten jüdischen Kaufmann gab es offenbar nicht geringe Schwierigkeiten zu überwinden, ehe er sich zu einer Heirat mit der zwölf Jahre älteren Frau entschließen konnte. Strauß, der sich im Frühjahr 1832 in Paris Börne vorstellte, gewann zu diesem, der mit beherrschter Selbstverständlichkeit vor dem Jüngeren zurücktrat, ein zunehmend freundschaftliches Verhältnis. Im Mai 1832 verlobte sich Strauß in Baden-Baden im Beisein Börnes mit Jeanette Wohl, die er im Oktober desselben Jahres unter Umgehung der heimatlichen jüdische Gemeinde in Darmstadt heiratete. Nach einem ersten gemeinsam in Frankfurt verbrachten Winter, über den wir, da Jeanette ihre Briefe aus dieser Zeit vernichtete, nichts wissen, verlebte das Paar die Sommermonate 1833, nun wieder in Börnes Gesellschaft, in der Schweiz. Zweifellos auf Jeanettes Drängen hin gelang es dem Ehepaar Strauß, ihre Frankfurter Bindungen zu lösen, um im November 1833 endgültig nach Paris überzusiedelen; dort und sommers im ländlichen Auteuil boten sie dem zunehmend kränkelnden Freund ein familiäres Foyer.

Als Erben von Börnes Nachlaß pflegten Jeanette und Salomon Strauß nach dem im Februar 1837 erfolgten Tod des Freundes nicht nur dessen Andenken, Jeanette setzte sich auch über Jahre kämpferisch gegen jeden Versuch illegaler Editionen oder verdeckten Raubdrucks ein, inbesondere gegenüber Börnes langjährigem Verleger Julius Campe. Ihrer und Strauß' Initiative ist das Zustandekommen der Ausgabe Brodhag (Stuttgart 1840) zu verdanken, die, noch weitgehend von Börne selbst vorbereitet, als Ausgabe letzter Hand gilt.[1]

In diese Zeit fällt Heines schon am Anfang zitierte fatale Insultierung Jeanettes und ihres Mannes in der Börne-Denkschrift, die Jeanette zur Publikation der unglücklichen Broschüre „Ludwig Börnes Urtheil über Heinrich Heine“, Strauß zu einer umstrittenen manuellen Abstrafung des Beleidigers herausforderte. Die Umstände, die schließlich im September 1841 zu einem für keine der Parteien rühmlichen Duell führten, sind hinlänglich dokumentiert.[2] In der deutschen Öffentlichkeit blieb Heines Ruf durch diese Affäre für Jahre geschädigt.

Jeanettes schon gelegentlich von Börne beklagter Hang zu depressiven Stimmungen verstärkte sich offenbar im Alter, vor allem unter dem Eindruck der nach 1849 in Frankreich wie in Deutschland wachsenden politischen Reaktion. So sollen ihre letzten Jahre von politisch motiviertem Verfolgungswahn verdüstert gewesen sein.[3] Salomon Strauß zog es nach dem Tod seiner Frau wieder nach Frankfurt. Ein im Börne-Archiv aufbewahrter Nachruf in den „Frankfurter Nachrichten“ vom 28. Januar 1866 spricht von dem Ableben des hochverehrten und beliebten Mitbürgers und Kunstkenners.

*

Die Quellen zu Leben und Persönlichkeit Jeanette Strauß-Wohls sind, soweit sie von Drittpersonen herrühren, an einer Hand zu zählen: Diejenigen, die ihr persönlich verbunden waren wie der langjährige Freund und spätere Mitherausgeber von Börnes Schriften, Maximilian Reinganum[4], oder der ihr kaum mehr persönlich bekannte Neffe und Nachlaßerbe Gottlieb Schnapper-Arndt sprechen mit Ehrfurcht von der „edlen Frau“, deren Bild bei Reinganum recht farblos bleibt. Kaum anders der erste Börne-Biograph Karl Gutzkow (1840)[5], der dem Ehepaar Strauß für die Mitteilung biographischer Details und noch unveröffentlichter Börneana verpflichtet war. Auch er spricht von dem „sittlich reinen“ Verhältnis des Freundespaares Jeanette/Börne, ohne das Geringste zum Porträt dieser Frau beizutragen. Lebhaftere Züge gewinnt Jeanette bei Schnapper-Arndt[6], der, wie noch zu zeigen sein wird, wichtige Dokumente aus dem ihm zur Verfügung stehenden Nachlaß bietet. Von der Jeanette der späten 1840er Jahre berichtet Ludwig Kalisch[7], den sie während seines längeren Paris-Aufenthaltes regelmäßig an ihren Tisch geladen hatte; doch auch er, vor dem sie gerne ihre reichen Erinnerungen an den Verstorbenen auszubreiten pflegte, hielt die Wärme ihres Herzens und ihr „unbegrenztes Wohlwollen“ für hervorstechender als die Vorzüge ihres Geistes. Erst nach ihrem Tod, so Kalisch, sei die Großzügigkeit bekannt geworden, mit der sie seit 1849 bei Wahrung vollkommener Anonymität die deutschen politischen Flüchtlinge unterstützt habe.

Am eindrucksvollsten bleibt der Bericht Alfred Meißners, der in seinen „Erinnerungen“ an Heinrich Heine seinen mißlungenen Besuch in Auteuil schildert.[8] An einem regenreichen Abend öffnet ihm dort Salomon Strauß die Tür mit bedauernd abwehrender Geste:

> Sie haben einen schlechten Tag getroffen: Meine Frau ist eingesperrt und läßt Niemand vor. […] Ich selbst darf nicht zu ihr. Sie sitzt auf der Erde in ihrem Zimmer, sie hält Jahrzeit […] es thut mir leid, aber es ist heute der Sterbetag des Börne.

Der Heine-Freund Meißner fährt fort:

> Meine Vorstellungen über Heine's Todtfeindin, die ich nach Auteuil mitgebracht, kämpften gegen ein neugewonnenes Bild einen heißen Kampf [...] mein Haß, soweit er Parteisache war, [zog sich] ehrfurchtsvoll zurück. Die leidenschaftliche Trauer dieses Weibes, das Jahre nach dem Tode des Geliebten noch keinen Trost gefunden, flößte mir Hochachtung ein. Ich erkannte und bewunderte die energische Seele der Börne-Freundin, die sogar den Gatten von sich verweist, wenn sie das heilige Todtenamt hält.

1890 hatte Karl Emil Franzos in der von ihm herausgegebenen „Deutschen Dichtung" einen Aufsatz „Börne und die Frauen" publiziert.[9] Dort vertrat er, noch ohne Kenntnis von Börnes privater Korrespondenz mit Jeanette Wohl, die Überzeugung, es habe sich bei der Freundschaft zwischen den beiden um „ein Verlöbnis der Seelen" ohne jede erotische Neigung gehandelt. Franzos glaubte seine Sicht durch die Entdeckung eines Huldigungsgedichts für eine unbekannte Schöne gestützt, für die Börne in den 1820er Jahren „geglüht" habe, während er der Beziehung Jeanette/Börne von Anbeginn eine „ausgeglichene Temperatur der Freundschaft" unterstellte. In Tat und Wahrheit finden sich diese – poetisch absolut mißlungenen, vom Verfasser keineswegs ernst gemeinten Verse – „Ich fühle das Wehen der seidenen Nacht" etc. – seiner Berliner Bekannten Marianne Saaling gewidmet, im Brief an Jeanette vom 17. März 1828, für die Freundin in Frankfurt abgeschrieben mit der Bemerkung: „Du weißt, wir Dichter lügen ganz entsetzlich, ganz ungeheuer." (Ri IV, 930f) Erst die Kenntnis des vollständigen Briefwechsels konnte die Überzeugung von Franzos und anderen von der wohltemperierten Freundschaft zwischen Jeanette und Börne korrigieren.

Denn mehr noch als Schnapper-Arndt, der schon begonnen hatte, Börnes Nachlaß zu ordnen, konnte Ludwig Geiger, der erste wissenschaftliche Editor des Frankfurter Schriftstellers, Einblick in die persönlichen Papiere und den Briefwechsel Börne/Jeanette gewinnen. Zwischen 1905 und 1910 rundete sich in verschiedenen Veröffentlichungen das Bild der Frau ab, der für Börnes Leben und Schreiben zentrale Bedeutung zukam.[10] Die ehrfurchtsvoll verschleiernde Pietät weicht nun der Erkenntnispflicht des Literaturwissenschaftlers, für den es keine Tabus und keine Furcht vor Odiosa gibt. Zwar stößt man auch hier, nicht zuletzt der zahlreichen unkenntlich gemachten Passagen wegen, an Grenzen; auf jeden Fall aber sind Geigers Quellen nicht mehr beschränkt auf Berichte Außenstehender, sondern ergänzt durch authentische Selbstzeugnissen der Betroffenen. Ein Beispiel für das dadurch wesentlich veränderte Bild der Beziehungen des Paares stellt Börnes zehn Jahre nach dem Beginn ihrer Bekanntschaft, am 1. März 1828, aus Berlin an die Freundin gerichtete Brief dar:

> Deinen lieben lieben Brief und die süßen Nadelstiche darin [verabredetes Kußsymbol – I.R.] habe ich hundertmal geküßt. Seit Du mich Du nennst, ist erst recht der Frühling über mir aufgegangen, und es ist mir, als fing ich erst jetzt an, Dein schönes Herz im Sonnenschein zu sehen. Wir wollen uns von den Gefahren zu großer Liebe nicht schrekken lassen, wir wollen uns immer mehr und mehr lieben. (Ri IV, 888)

Ab 1907 arrondierte sich auch für die interessierten Leser, noch vor der Edition des gesamten Briefmaterials des Börne-Archivs, Jeanettes Bild durch die von E. Mentzel veranstaltete Auswahl ihrer Briefe.[11] Diese Auswahl wurde sechzig Jahre später ergänzt durch eine weitere, unter anderen Gesichtspunkten selektive Briefveröffentlichung nach den Originalen im Börne-Archiv, integriert in die bislang letzte Ausgabe der Schriften und Briefe Ludwig Börnes. (Ri V, 807–891) Abgesehen von den von der Briefschreiberin aus einsichtigen Gründen der Diskretion sich selber gegenüber vernichteten Briefe des Frühjahrs 1828 sowie, wie schon erwähnt, denjenigen des Winters 1832/33 läßt sich die Korrespondenz vor allem der Jahre 1830–1832, der Zeit der „Briefe aus Paris", weitgehend rekonstruieren; sie vermittelt mehr als alles andere einen zuverlässigen Eindruck von Börnes Freundin und Briefpartnerin.

Die Tatsache, daß in mehr als drei Dezennien keine Neuauflage der lange schon vergriffenen Börne-Ausgabe von 1964/68 möglich wurde, eine in den 1980er Jahren geplante große kritische Edition offenbar im Projektstadium blieb, erklärt auch das fehlende Interesse der Forschung an Person und Funktion von Jeanette Wohl. In einem der seltenen einschlägigen Artikel ist in den letzten Jahrzehnten näher auf Jeanette Wohl eingegangen worden: 1986 publizierte Norbert Altenhofer u. d. T. „Henriette Herz und Louis Baruch – Jeanette Wohl und Ludwig Börne" im Jubiläumskatalog zum 200. Geburtstag des in dem ungeliebten Frankfurt geborenen Schriftstellers eine Studie, die den Beziehungen Börnes zu den beiden für die Richtung seines Lebens in verschiedener Weise wichtigen Frauen nachgeht. Altenhofer belegt dort vor allem Börnes noch dem Geist der Goethe-Zeit verpflichtete Ästhetisierung des Weiblichen, sowohl in seinen Schriften wie in seiner Biographie. Die Dominanz männlicher Kreativität und Geistigkeit, die schon der Jüngling gegenüber der mütterlichen Freundin Henriette ins Spiel brachte, beherrschte auch den epistolaren Diskurs mit der lebenslangen Vertrauten Jeanette. Da Altenhofers Problemstellung in erster Linie auf Börne fokussiert ist, steht bei aller einfühlsamen Würdigung ihrer Rolle als „darbende Muse" des Schriftstellers ihr Kampf um Bewahrung ihrer Eigenständigkeit nicht im Interessenzentrum der Studie.

Da seither keine wesentlich neuen Erkenntnisse das Bild Jeanettes korrigiert haben, scheint es erlaubt, im Folgenden gelegentlich die Einleitung zu Börnes Briefen in Band IV der letzten Ausgabe sprechen zu lassen.

> Es ist nicht ganz leicht, *das Bild Jeanette Wohls* vom Rahmen zu lösen, den achtungsvolle Pietät einerseits und gehässige Verächtlichkeit anderseits ihm seit bald 130 Jahren gegeben haben. Daß Jeanette, die Börne beinahe um fünfundzwanzig Jahre überlebte, als hingebungsvolle Hüterin seines Andenkens und sorgfältige Betreuerin seines Nachlasses größte Verehrung in den Kreisen von Börnes Freunden und Anhängern genoß, ist nur zu verständlich. [...]
>
> Auf der anderen Seite wirkte, lauter und nachhaltiger verbreitet, Heinrich Heines karikierende Verleumdung nach. Wenn auch für Jahre nach dem Erscheinen seines *Börne* die Entrüstung über die frivolen Invektiven Heines in Deutschland allgemein war, auf die Länge beherrschte er gerade hier das Feld. Wie wäre es sonst erklärbar, daß noch in unseren Tagen [gemeint ist: Mitte des 20. Jh. – I. R.] hervorragende Heine-Interpreten wie Friedrich Hirth mit affektgeladenem Unmut gegen Jeanette Wohl eifern konnten. Der Autor der *Bausteine zu einer (Heine)Biographie* hielt es zwar für „in der Natur der Sache" liegend, „daß Ludwig Geiger als Biograph Jeanettes auf ihrer Seite

ist“, nimmt aber für seine eigenen Aussagen „vollste Objektivität“ in Anspruch. Diese Objektivität sieht nun in unserem Zusammenhange so aus: Offenbar im Namen und im Interesse der Literaturgeschichte erklärt Hirth, gewissermaßen mit erhobenem Zeigefinger, „Jeanette Wohls vornehmste Aufgabe wäre es gewesen, zwischen den beiden Extremen zu vermitteln; aber sie scheint niemals versucht zu haben, die bestehenden Gegensätze zu überbrücken, sondern muß sie geschürt und verschärft haben.“ Hirths biographische Essays erschienen 1950. Ihm wären also, um nur zwei verschiedenartige Zeugen zu nennen, sowohl die Pariser Erinnerungen Ludwig Kalischs (*Pariser Leben,* 1882) sowie die 1907 von E. Mentzel herausgegegeben Brieffragmente der Jeanette Wohl zur Verfügung gestanden. Überdies hatte Hirth Einblick in den Börne-Nachlaß genommen, in dem er die Briefe Börnes wie Jeanettes nahezu vollständig vorfand. Dennoch erweckt er den Anschein, als sei auch nach eingehenden Forschungen nichts Gegenteiliges über Jeanettes Haltung festzustellen. [...]

Aus Börnes Berliner Briefen, einige Monate nach seiner ersten persönlichen Begegnung mit Heine geschrieben, geht eindeutig hervor, daß Jeanette noch mit uneingeschränkter Begeisterung für den Dichter erfüllt war. Im Dezember 1831 von dem Freunde über den ungünstigen Eindruck, den er in Paris von Heine empfing unterrichtet, schreibt sie: „[...] um den ist mir's leid, das wissen Sie.“ Im Juli 1832 scheint es geradezu, als wünsche sie, der von ihr noch immer protegierte Heine möge auch in Börnes Augen wieder eine Rehabilitierung erfahren: „Die (französischen) Zustände von Heine kann man nur mit großem Interesse und großem Vergnügen lesen, außerordentlich schön, geistreich und auch wieder liberal.“

So sah Jeanettes Agitation gegen Heine bis zum Jahre 1832 aus. Hirth nun hat – auf Grund wovon? – offenbar das Gegenteil angenommen; denn, so meint er, „Anders wäre die maßlose Erbitterung, die sich in Heines Börne-Buch gegen sie entlud, nur schwer zu erklären.“ Für die Zeit nach dem Erscheinen von Heines Börne-Buch würde ihr wohl auch jeder einseitige Heine-Freund mildernde Umstände zugebilligt haben. Doch hören wir, was ein unparteiischer Zeuge über Jeanettes Haltung um 1850 berichtet: „Nun – erzählt Ludwig Kalisch –, man hat oft von Heine bei Frau Strauß gesprochen, niemals aber habe ich ein hartes Wort gegen ihn äußern hören. Sie sprach im Gegenteil immer voll Bewunderung von seinem Talente und erzählte von seinem ersten Besuche bei ihr in Frankfurt, als er, mit Börne innig befreundet, ihr ein Exemplar seines Buchs der Lieder überreichte.“ – Was bleibt, ist ihre 1840 unmittelbar nach dem Erscheinen von Heines *Börne* erfolgte Publikation von *Ludwig Börnes Urteil über Heinrich Heine.* Die Auswahl dieser Stellen hatte Börne im Grunde noch selbst getroffen. Es waren diejenigen Äußerungen in seinen Briefen aus Paris, die auf Wunsch der Freundin gestrichen worden waren. Jeanette, die nicht für sich selber reden wollte oder konnte, ließ also den toten Freund noch einmal, gewissermaßen zu ihrer Verteidigung, zu Worte kommen; keine glückliche Idee in der Tat, aber eine durchaus begreifliche. Für Friedrich Hirth allerdings Grund genug, „über die Objektivität Jeanettes als Herausgeberin der Briefe Börnes [...] damit den Stab (zu brechen) [...]“ (Ri IV, LVIII–LXI)

Diese 1968 geschriebenen Ausführungen bedürfen zwar sachlich keiner rezenten Korrektur, lassen aber, heute gelesen, eines noch deutlicher werden: Jeanettes Bild erscheint, positiv wie negativ, ausschließlich im Spiegel oder Zerrspiegel ihrer männlichen Bezugspersonen. Es versteht sich von selbst, daß dabei dem Briefschreiber Ludwig Börne als der zentralen Achse von Jeanettes Biographie von 1816 bis zu ihrem Tod die größte Aufmerksamkeit zukommt, ihm, der sich in einem eigens dazu gewählten Gesindebüchlein der Stadt Frankfurt in der Eigenschaft als Freund „auf ewig“ zu ihrem Dienst verpflichtete. In der Rubrik „Trat in Dienst wann?“ setzte er das Datum vom 15. Januar 1818 ein, in derjenigen „Trat aus wann?“ findet sich: „an seinem Sterbetag“. Diesen Dienstvertrag hat er tatsächlich erfüllt.[12]

Als Börnes Freundin und Anregerin vor allem der als Manifest des radikalen Liberalismus geltenden „Briefe aus Paris“ (1831–1834), also als die von Heinrich Heine mit einem gewissen Recht so genannte „Freyheitsgöttinn“ (DHA XI, 19) allein gehört Jeanette der Literaturgeschichte an. Dennoch ist es an der Zeit, den nahezu unmöglich scheinenden Versuch zu wagen, ihr eigenes Profil aus der eng mit Börnes Leben verwobenen Textur herauszulösen.

Zweifellos hatte Jeanette die Bildung genossen, die im 19. Jahrhundert zum Grundstatus eines bürgerlichen Mädchens aus gutem Hause gehörte: Französisch, Klavierspielen, Zeichnen. Ihre musikalischen Kenntnisse und das kritische Musikverständnis der leidenschaftlichen Konzert- und Opernliebhaberin überschritten deutlich das gesellschaftliche Mittelmaß. Auf ihr Tasteninstrument war Börne regelrecht eifersüchtig, auf das musikalische Urteil der langjährigen Freundin des Komponisten Aloys Schmitt legte er großen Wert. So wagte er 1821 kaum seine Meinung über den erst kurz zuvor uraufgeführten „Freischütz“ zu veröffentlichen, ehe er Jeanettes Eindruck kannte. (Ri IV, 594, 603) Bezeichnend für ihren differenzierenden Geschmack erscheint es, daß sie die sonst von ihr hochgeschätzten Franzosen dafür schmähte, den um 1830 beliebten Opernkomponisten Auber seinem Lehrer Cherubini vorzuziehen und den auf der Höhe seines Ruhmes stehenden Rossini auf eine Stufe mit dem über alles verehrten Mozart zu stellen. (Ri V, 847)

Nicht weniger vielseitig und engagiert erscheint Jeanette als Leserin. Börnes Buchgeschenke der ersten Jahre ihrer Bekanntschaft, Goethes „Faust“ und Schillers Werke, erweisen sie zunächst als typische Vertreterin der akkulturationswilligen jüdischen Gesellschaft ihrer Generation. Lieblingsschriftsteller ihres Kreises jedoch muß Jean Paul gewesen sein. Jeanette, die sich, ohne familiäre Verpflichtungen, ihren Neigungen wohl intensiver als ihre weibliche Umgebung widmen konnte, nutzte ihre Zeit mit großer Disziplin. Ihr waren neben den deutschen Klassikern und Shakespeare, den sie später englisch zu lesen versuchte, die französischen Autoren von Rousseau bis Frau von Staël bekannt; sie empfahl und verschaffte Börne nicht selten Neuerscheinungen wie Pücklers Briefe und die Romane Walter Scotts; sie las mit größtem Interesse Victor Hugo, dessen berühmte Vorrede zum „Cromwell“ sie in ihrer revolutionären Bedeutung erkannte (Ri V, 868f), war stolz auf den Besitz der Werke des republikanischen Liederdichters Béranger und verlegte ihren Interessenschwerpunkt nach der Julirevolution zunehmend auf die politische Literatur; so verglich sie Börne als zeitgeschichtlichen Autor mit dem Franzosen Paul Louis Courier (Ri V, 844f), spornte ihn zur Übersetzung von Cormenins Briefen über die Zivilliste an (Ri V, 871) und gehörte seit November 1830 zu den deutschen Abonnenten des Pariser „Constitutionnel“. (Ri V, 847) Zweifellos ist ihr zunehmend politisches Interesse von Börne gefördert, von ihr selbst aber als gemeinsame Diskursebene gesucht worden.

Im Gespräch mit Kalisch will Jeanette bereits die Anregerin von Börnes erster eigener Zeitschrift, der „Wage", gewesen sein. Das ist durchaus möglich, da Börne bis dahin nur wenig in öffentlichen Blättern publiziert hatte, seinem kritischen Hang dagegen im Freundeskreis ausgiebig nachzuleben pflegte. Jedenfalls begleitete Jeanette nicht nur die Entstehung der unregelmäßig erscheinenden Hefte, sie wurde, als Börnes publizistischer Impetus nachließ, zur unbequemen, ja gnadenlosen Mahnerin; so am 14. Januar 1822:

> Bei der Postexpedition sind von Ihren Wag-Abonnenten die schreiendsten Klagen eingelaufen, „man solle entweder die folgenden Hefte oder das schon dafür bezahlte Geld zuschicken." – Sind Sie bei Kasse, bei Geld- oder Kopfkasse? so bezahlen Sie doch die Leute, das will sich gar nicht für einen berühmten Mann schicken, *in diesem Sinne* die europäische Welt so laut über sich reden zu lassen ... (Ri V, 820)

Drei Wochen später versucht sie es erneut, diesmal in satirischen Wendungen:

> Was macht die Wage? Werden Sie bald die Wage herausgeben? Was lassen Sie diesmal in ihr Wagheft drucken? Kommen große prachtvolle oder kleine niedliche Aufsätze in Ihrer nächsten Wage? Das Publikum sieht mit angenehmen Erwartungen Ihrem nächsten Wagheft entgegen. Wie freue ich mich auf die Wage. [...] Sie können es gewiß gar nicht erwarten, bis Sie mir das erste Exemplar zugeschickt, Sie guter Mensch [...] Ich grüße freundlich den Herausgeber der Wage, aber nur an den Verfasser dieser Zeitschrift ist dieser Gruß und meine Zuschrift gewendet. Sollte er sich diesem Berufe entzogen haben [...], so sehe ich mich gezwungen, ihm auf lange ein Lebewohl zu sagen – oder – die Wage! die Wage, Wage, Wage, Wage ... die Wage!!!

Der nächste Brief enthielt nur noch ein einziges Wort: „Die Wage!!!" (Ri V, 821f)

Die „Brotherrin [s]einer Seele" ist also keineswegs erst als die bekannte „Freyheitsgöttinn" Börnes Muse geworden. Schon in den 1820er Jahren hatte Jeanette den Freund unermüdlich zum Sammeln seiner Reisebriefe angespornt, hatte ihm Vorschläge für Almanache und Sammelwerke unterbreitet und dem trägen Publizisten durch fleißiges Abschreiben die Veröffentlichung zu erleichtern gesucht; sie berechnete Bogenzahlen und diskutierte Honorarforderungen, nicht zuletzt, weil sie als Börnes Finanzberaterin immer wieder der prekären Lage der materiellen Abhängigkeit des geborenen Verschwenders zu steuern suchte. Nun aber, im Winter 1830/31 wurde sie tatsächlich die „Mutter [s]eines Buches" (Ri V, 83): Börne, zum Leidwesen der überaus korrekten Freundin ohne Skrupel im (Nicht)Einlösen eingegangener Verpflichtungen, war Julius Campe, dem Verleger seiner „Gesammelten Schriften", den vertraglich vereinbarten achten Band schuldig geblieben. In den Ereignissen der Julirevolution vermutete Campe eine gesteigerte Motivation seines Autors für die Fertigstellung des noch ausstehenden Textes. Börne jedoch fühlte sich in der ihn erregenden Atmosphäre der französischen Hauptstadt, vor allem aber in der Entfernung von Jeanette außerstande, in literarischer Form produktiv zu werden. „Wären Sie nie hier gewesen und wäre Paris Ihnen fremd, hätte ich Ihnen natürlich viel zu erzählen", klagt Börne im November 1830, und er schließt seine lange Epistel: „ich kann doch an keine andre Arbeit denken, als bis ich den verdammten 8ten Teil fertig habe. [...] Helfen Sie mir." (Ri IV, 1184) Auf diesen Hilferuf scheint Jeanette nur gewartet zu haben. Am 12. November schreibt sie ihm:

> Ich habe heute die halbe Nacht nicht geschlafen, so lebhaft habe ich mich mit dem Gedanken beschäftigt, wie Sie damit Glück machen könnten, wenn Sie jetzt in Briefform schrieben oder besser, nur Briefe schrieben [...] Ist nicht in Briefen eine weit frischere, lebendigere, anziehendere und ansprechendere Darstellung möglich als in Aufsätzen! [...] Und wieviel mehr steht Ihnen nun zu Gebote. In Stoff, Gedankenfülle und schöner Sprache.

Jeanette entwirft nun geradezu ein Programm für Börnes Winterbriefe, ein Programm, dessen Durchführung sich unschwer in seinen epistolaren Paris-Berichten verfolgen läßt:

> Denken Sie sich täglich den so reichen Stoff! Der Prozeß der Minister, die Bewegung in den Straßen, die Kammern, das englische Parlament, Theater, Literatur, Kunst, Industrie, Bildergalerie, deutsche Angelegenheiten wie Politik, Literatur, Zeitungen, deren Lächerlichkeit oder Schlechtigkeit. Briefe von Ihnen würden eine solche Popularität erlangen, daß sie weit bekannter und verbreiteter würden als Ihre früheren Schriften. (Ri V, 846)

Börne, der zunächst auf die Vorschläge der Freundin nicht eingehen will, muß Mitte Dezember resigniert bekennen:

> Aus dem 8ten Bande sehe ich nichts werden. Hätte ich nur Ihrem Rat gefolgt. Wenn Sie wirklich glauben, daß in meinen Briefen an Sie genug Stoff sei, noch die fehlenden Bogen auszufüllen, schreiben Sie nur das Brauchbare ab. Wird Sie das aber nicht anstrengen? [...] Ich werde also an nichts mehr denken und nichts tun als Ihnen Briefe schreiben und mehr als bisher. (Ri IV, 1238)

Die Freundin, nach wie vor überzeugt, daß Börnes Briefe „gedruckt zu werden verdienen", nimmt die Arbeit sofort auf. In dem nun intensivierten Schreibprozeß ist sie keineswegs nur die passive Adressatin: Sie arbeitet im wahrsten Sinne des Wortes als Hebamme von Börnes Schreiben: Um ihn durch gezielte Fragen zu provozieren, verfolgt sie von Frankfurt aus die Pariser Szene und liefert ihm gleichzeitig als passionierte Zeitungsleserin Beobachtungen und Berichte aus der deutschen Öffentlichkeit wie aus der Frankfurter Umgebung. Beim vereinbarten Kopieren der Briefe des Freundes reagiert und redigiert sie kritisch und vertritt nicht selten ihre divergierende Meinung gegenüber dem allzu spontanen oder voreingenommenen Pariser Briefschreiber – so im Fall Heine oder in ihrer im Gegensatz zu Börne positiven Beurteilung der anonym erschienenen „Briefe eines Verstorbenen" von Pückler-Muskau, nicht weniger dezidiert auch in der Zurückweisung von Börnes allzu herber Judenkritik und seines vom politischen Standpunkt aus gefällten einseitigen Urteils über Goethe.

Jeanette setzt ihre Prioritäten mit Feingefühl und Engagement: „Eigentlich mag ich gar nicht vom Gelde hören, wenn man von Wahrheit, Freiheit spricht. Als wenn man die Seele bezahlen, kaufen, verhandeln könnte." (Ri V, 841) So schreibt sie zu Börnes harten buchhändlerischen Auseinandersetzungen mit dem Hamburger Verleger. Während des russisch-polnischen Winterkrieges weist die leidenschaftliche Parteigängerin der (für ihren eingefleischten Antisemitismus bekannten) Polen den feuilletonistisch plaudernden Briefpartner zurück:

> Aber, begreife ich Sie doch kaum! Wo haben Sie denn jetzt so viel Raum für Italiener und ihre Melodien! Die polnischen Sensenträger – die polnische Freiheit – daneben klingt jetzt gar nichts! Könnte ich nur für diese herrliche große Sache etwas tun. [...] Das versichere ich Sie aber, wenn ich in Paris wäre, würde ich eine deutsch-polnische Gesellschaft zusammenbringen, die sich dann der Pariser anschließen könnte. (Ri V, 853)

Für Jeanettes liberale Gesinnung, die keineswegs Ausdruck einer bloßen Anempfindlerin ist, mögen zwei weitere, besonders bezeichnende Briefäußerungen zeugen. Mit größter Aufmerksamkeit verfolgt sie im Oktober 1830 die Pariser Kammerdebatten:

> Über die Abschaffung der Todesstrafe habe ich in den deutschen Zeitungen wahrscheinlich nur einen kleinen Auszug von dem, was Lafayette gesagt, gelesen. Ich kann Ihnen keinen Begriff davon machen, welchen Eindruck das auf mich gemacht. Man glaubt, in einem andern Jahrhundert, in einer andern Welt zu leben, so ideal erscheint dies alles, man sieht jetzt, wie schön die Welt sein könnte. (Ri V, 844)

Die politische und soziale Aufbruchstimmung nach der Julirevolution, die aus dieser Verfassungsreform spricht, hört Jeanette auch aus einem anderen, in Deutschland erst zögernd wahrgenommenen französischen Phänomen heraus: Im Dezember 1831 versucht sie Börne zu einer Äußerung über den Saint-Simonismus herauszufordern und legt dabei (obwohl sie deren Strukturen mißversteht) ein Bekenntnis ab, wie es in ähnlichem Sinn auch von Rahel bekannt ist:

> Ich habe die Rede bei der neulichen Versammlung der Saint-Simonisten gelesen, äußerst interessant. Was halten Sie davon und überhaupt von der ganzen Sache? Wird vielleicht ein reineres oder das eigentliche Urchristentum daraus hervorgehen? Ich bin gar lange schon eine Simonistin, denn von Kindheit auf [war es] meine Schwärmerei – wenn nur alle Menschen gleich sein könnten, alle Güter und alle Arbeit gleich verteilt sein könnten. (Ri V, 867)

*

Die gleiche Frau, deren unkonventionelle, humane und großherzige Gesinnung sich in allen Zusammenhängen von öffentlichem Interesse manifestiert, bewegt sich im privaten Bereich oft mit ängstlicher Vorsicht und Bedenklichkeit, besonders wenn es um einen Anschein von Intimität mit Börne geht. Auf gemeinsamen Reisen ließ sie sich jeweils von einer Freundin oder eigens dazu engagierten Gesellschafterin begleiten, um die Geheimhaltung ihrer Briefe war sie derart besorgt, daß sie schließlich sogar das Verbrennen empfahl. Dennoch wußte man in Frankfurt um ihr enges Freundschaftsverhältnis zu dem inzwischen bekannten Schriftsteller. Mit den Freunden diskutierte sie den immer neu erwogenen Heiratsplan, und selbst in Börnes Familie galt sie als seine Vertrauensperson, die in den hartnäckigen Erbschaftshandel mit dem Vater eingeschaltet wurde. Ich lasse hier noch einmal die Einleitung zur Ausgabe der Börne-Briefe von 1968 sprechen:

Aus den Stuttgarter Briefen vom Januar bis März 1825 erfährt man, daß Börne, jeden anderen Vorschlag des Vaters ablehnend, auf einer einmaligen Kapitalabfindung beharrte. Jakob Baruch, von der bleibenden Kinderlosigkeit und wirtschaftlichen Untüchtigkeit des „Doktors" überzeugt, versuchte diesen zur Annahme einer Leibrente zu bewegen, um das Kapital auf einen Hauptstamm der Familie konzentrieren zu können, eine in reichen jüdischen Kreisen übliche Finanzpolitik. Börne, von den „aristokratischen Grundsätzen" seines Vaters abgestoßen, weigerte sich, selber zu erneuten Besprechungen nach Frankfurt zu kommen, mißtraut aber auch der Vermittlung des vom Vater dazu bestimmten Dr. Goldschmidt. So wird der alte Baruch gezwungen, mit Jeanette Wohl als der Beauftragten des Sohnes zu verhandeln. Jeanettes Brief vom 20. Februar berichtet ausführlich vom Besuch des Vaters Baruch. Die souveräne Art, mit der sich Jeanette ihres mehr als delikaten Auftrages entledigt, trägt ihr nicht nur das Lob des Freundes ein, sondern wird auch dem heutigen Leser einige Bewunderung abnötigen: Ihre Einsicht in die charakterlichen Schwächen Börnes („Sie hassen die Tyrannei und lassen sich doch von einem so kleinen großen Despoten – Ihrer Trägheit – beherrschen", schrieb sie ihm schon im Dezember 1821 nach Stuttgart), Schwächen, auf die auch der Vater hier anzuspielen weiß, ist gepaart mit der festen Überzeugung von der Überlegenheit der Weltsicht des Sohnes. Das gibt ihr die Sicherheit, dem zweifellos diplomatisch gewandten alten Baruch entgegenzutreten und auf dem Rechte ihres „Mandanten" zu bestehen. Der kaum verborgenen Drohung des Vaters: „Wenn ich aber ohne seine Zustimmung in mein Testament so gegen ihn verfahre, so steht er da beschimpft", begegnet Jeanette als kluge Schülerin des dialektischen Freundes: „[...] alsdann hätte der Doktor erlitten, was er nicht verdient, aber *mit* seiner Bestimmung hätte er verdient, was er erlitten." (Ri IV, LXIVf)

Auch in diesem mit engagierter Gewandtheit geführten Gespräch mit Jakob Baruch zeigt sich das Charakteristische von Jeanette Wohls Freundschaftsverhältnis: ihre kritische Solidarität. Im Freundeskreis war ihre Hilfsbereitschaft wie ihre Begabung zum und ihre Belastung durch Mitleiden bekannt; für ihre großzügige Gastfreundschaft neckte Börne sie gern aus der Ferne, nicht ohne Eifersucht. Dabei war er es, dem ihre bedingslose Zuwendung in besonderem Maß zuteil wurde. Im Dezember 1821 erfährt die immer um seine Gesundheit besorgte Freundin von einer gerade überwundenen schweren gesundheitlichen Krise, die ihn in München getroffen hatte. Ihre Antwort auf diese Mitteilung spiegelt sowohl ihren gesellschaftsorientierten Zielkonflikt als auch ihre Bereitschaft zur Überwindung konventioneller Bedenken:

> Sie waren krank! [...] Ich bin beruhigt durch Ihren scherzhaften Brief, der die Farbe der Gesundheit trägt und – durch die Vorstellung, welche qualvolle Lage es für mich gewesen, wenn ich bei Ihrer Krankheit anwesend, Sie nicht hätte pflegen können, so liebevoll und treu wie ein Kind, wie eine Schwester – wie eine Freundin, die zwar in gesunden Tagen oft mit Ihnen grollt, aber in Not und Gefahr alles bis auf den letzten Blutstropfen für Sie hingeben könnte. [...] Doch hätte ich in diesem Falle selbst auf die Gefahr, die Welt Böses sagen zu lassen, meiner guten Überzeugung und meiner bessern Neigung gefolgt, und mich als Krankenwärterin bei Ihnen etabliert. Sie wissen, wieviel das bei meiner ängstlichen verzagten Natur heißen will [...] Sie schelten mich sonst immer ängstlich, Sie kennen mich noch nicht genug, um zu wissen, daß, wenn es auf wichtige Dinge ankömmt, ich mehr Mut habe, als Sie mir zutrauen dürften. (Ri V, 816f)

Auch hier wieder zeigt sich Jeanettes differenzierter Sinn für Prioritäten.

Ernst und Scherz, Nähe und Distanz wechseln im Laufe der Jahre zwischen den zwei sensiblen Charakteren. 1825 versichert Jeanette dem Freund: „wenn es nur einmal so weit ist zum Heiraten, sollst Du keine acht Tage warten müssen." Und, im Blick auf die Heiratsbeschränkungen für die Frankfurter Juden: „lieber Peter, uns soll kein Mensch das Heiraten verbieten – wenn wir es nicht selbst tun!" (Ri V, 833)

Doch auch andere äußere Hindernisse, die gegen eine Eheschließung der beiden sprachen, ihrer beider verschiedene Konfessionen, Börnes ungesicherte berufliche und materielle Existenz sowie seine zunehmend labile Gesundheit werden kaum allein entscheidend gewesen sein. Schon in der galanten Periode der ersten Jahre hatte Börne immer wieder die männliche Überlegenheit ins Spiel gebracht, so wenn er in scherzhafter Verfremdung, noch ganz im organologischen Denken Humboldts und der Frühromantiker befangen, weiblichen Geist und weibliche Lebensäußerungen ins Pflanzenhafte verwies – „Der Geist des Weibes soll Blüten tragen und nicht Früchte" (Ri IV, 176f.) – und, besorgt ob des sachlichen Wissensdurstes der Freundin, statt Rationalität Ästhetisierung ihres Strebens wünscht. Im Verlauf der Zeit artikulierte sich seine einschränkende Sicht der Rolle der Frau nicht selten in grober Direktheit (Dummkopf, Ungeheuer), die Jeanette dezidiert, oft in souveräner Ironie, zurückwies.

Wie wenig es den beiden Freunden anfangs der 1820er Jahre mit den verschiedenen Heiratsplänen für Jeanette ernst war, das läßt sich erst ablesen an der tiefen Betroffenheit Börnes, an der intensivierten Fürsorglichkeit Jeanettes für den Freund, nachdem sie ihm selbst im Sommer 1831 ihren Wunsch nach Wiederverheiratung gestanden hatte.

Aus der Zeit der engen Verbindung während Börnes Berlin-Reise im Frühjahr 1828 fehlen Jeanettes Briefe. Als spätere Frau eines anderen Mannes wird sie ihre zweifellos intimeren, gelegentlich wieder das Du verwendenden Billette an Börne vernichtet haben. Daß dieser Akt keine Absage an den Freund bedeutete, bewies Jeanette in der überaus kritischen Phase vor der Eheschließung mit Salomon Strauß, der, bei aller Verehrung für Börne, offensichtlich Mühe hatte, auf Jeanettes Zukunftspläne einzugehen. Ihr von Schnapper-Arndt überlieferter Brief an den zögernden Bräutigam muß hier vollständig wiedergegeben werden, da er den ungewöhnlichen Seelenkampf der damals etwa 45jährigen Frau wie kein anderes Zeugnis spiegelt:

> Der Doktor hat niemanden auf der Welt als mich, ich bin ihm Freundin, Schwester, alles was sich mit diesem Namen Freundliches, Theilnehmendes, Wohlwollendes im Leben geben, bezeichnen läßt. Wollten Sie ihm das mißgönnen – der nichts weiter hat im Leben und sich mit dem Schicksale abgefunden hat [...], ja sich sogar dabei glücklich fühlt? Ich freute mich so damit, der Gedanke machte mich so glücklich, daß er an Ihnen eine feste Stütze, einen redlichen, offenen, guten Menschen zum Freunde gewinnen solle – ich kann mir's nicht anders denken, der Doktor muß bei uns sein können, wann, wo und so oft und für immer, wenn er es will – ich kann jetzt nicht *Sie* sagen, das Herz ist mir zu voll – kannst Du Dir es anders denken – dann ist alles anders, wie ich es mir dachte. Ich! Wir! sollten einen Mann wie den Doktor verlassen können – er wäre ein aufgegebener verlorener Mann! Lieber alles verlieren, lieber nicht leben, als das auf

> mein Gewissen laden, auch könnte ich es nicht, wenn ich auch wollte ... Schon diese wenigen Worte, die ich darüber geschrieben, haben mich zittern und leichenblaß gemacht. Denn nichts kann mich tiefer erschüttern als auch nur der leiseste Gedanke an einen Verrat, nur der leiseste Gedanke der Untreue an der Treue. Solange ich lebe, bis zum letzten Athemzuge werde ich für Börne die Treue, die Liebe und Anhänglichkeit einer Tochter zu ihrem Vater, einer Schwester zu ihrem Bruder, einer Freundin zu ihrem Freunde haben. Wenn Du das Verhältnis nicht auffassest, nicht begreifst, mich nicht genug kennst [...] so ist alles aus und Nacht.[13]

Selbst in diesem zugleich zentralen und delikatesten Bereich gibt die emotional zutiefst erschütterte Jeanette der langjährigen Freundschaft kompromißlos den Vorrang vor dem Zug ihres Herzens. Doch nach Wochen innerer Kämpfe aller drei Beteiligten gelang es ihr endlich, ihre Vision von Lebensglück der Verwirklichung nahe zu sehen:

> Wir drei zusammen diesen Winter in Paris! Ich bin außer mir vor Freude [...] Nicht mehr die Trennung – nicht mehr die Angst vor krank werden unter Fremden – einer kann den andern pflegen in solchem Falle. Ich und der Str. schreiben Ihre Arbeiten ab, Sie dürfen mit mir zanken, wie Sie wollen [...] Das ist aber auch zuviel, und ich werde mich in so viel Glück gar nicht hineinfinden können. [...] es wird alles gut und schön werden [...] ich verlange ja nicht, habe es nie verlangt, glänzende Güter, ich will ja nur, was jeder Mäßige sich wünschen darf – Ruhe – – und Tugend, – ich weiss, wie wunderlich dies Wort klingt – aber es ist so [...], und mit Ihnen darf ich ja mein Herz reden lassen. (Ri V, 885f)

Eine Frau, die „nur [verlangt], was jeder Mäßige sich wünschen darf" – Ruhe und Tugend in der Vereinigung mit den beiden Männern ihrer Wahl: Wenn eine bürgerliche Gesellschaft im 19. Jahrhundert mit einigem Befremden auf diesen ménage à trois geblickt haben würde, so hätte man es ihr nicht verübeln können. Nur daß es ausgerechnet Heinrich Heine war, der diese Lebensgemeinschaft moralisch verurteilte, mußte überraschen.

Wie Jeanette sich selbst und ihre Situation in der aufgewühlten Gemütslage nach der überwundenen Krise verstand, läßt sich einer ihrer Briefbemerkungen kurz nach der Verlobung „zu dritt" entnehmen: „Ich komme mir wie ein wunderbares Melodrama vor", gesteht sie selbst.[14] In die ungewöhnliche und komplizierte psychische Konstellation zwischen den beteiligten drei Menschen hatte seinerzeit sicher kein Vierter Einblick. Es mag einige Nahestehende gegeben haben, die in Börnes Wohnung das 1832 eigens für ihn angefertigte Porträt einer gediegen wirkenden Dame bewundern konnten, die ihnen noch im gleichen Jahr als Frau Strauß entgegentrat. Eine Art Trostpflaster für den langjährigen Freund also von der Frau eines Anderen? Es war ein höchst privates Glück, das die reife Frau im Zusammenleben mit Strauß und Börne suchte und schließlich fand. Unmittelbar nach der Eheschließung mit Strauß schreibt sie dem in Zürich weilenden Freund: „Ich habe die Schweiz im Kopfe und – Sie wiedersehen – im Herzen"[15] Solche Irrungen und Wirrungen des Herzens mit ihrem wenn auch nur kurze Zeit währenden Happyend böten eher den Plot für eine Seifenoper, als daß sie der Protagonistin einen Platz in der Literaturgeschichte sicherten.

Der Versuch, Jeanettes Bild von der Folie Ludwig Börnes abzulösen, ist offensichtlich zum Scheitern verurteilt. Doch nicht als demütige, schattenhafte Begleiterin seines Lebens erscheint diese im Grunde bis heute unbekannte Frau: Alle ihre Geistes- und Seelenkräfte waren auf den Mann gerichtet, dessen Grundhaltung sie bejahte, dessen kritisches Genie sie bewunderte, den sie zu schützen und zu fördern gewählt hatte, obwohl sie mit luzider Klarheit seine Schwächen und Fehler durchschaute. Was sie nicht daran hinderte, einem anderen, jüngeren Mann ihre Liebe als Frau zu gestehen – „Dich liebe ich, und bin glücklich, das war ich noch nie"[16] – und damit sich und Börne in seinen Schutz zu stellen.

Die unauffällige Frau aus der Frankfurter Judengasse ist in keine der bekannten Kategorien prominenter Weiblichkeit einzuordnen. Sie besaß keine gesellschaftliche und kulturelle Repräsentanz wie ihre mit Börne bekannten jüdischen Zeitgenossinnen in Berlin, Henriette Herz, Rahel Varnhagen und Marianne Saaling, die schon am Wiener Kongreß als „Adjutantin des Arnsteinschen Hauses" geglänzt hatte. In Frankfurt, in dem die Juden wenn auch nicht mehr geographisch, so doch gesellschaftlich noch immer mehr oder weniger ghettoisiert lebten, konnte die von Frankreich überkommene mondäne Institution des Salons nicht Fuß fassen. Zudem fehlte Jeanette der Rückhalt des eigenen Hauses, das sie zum Forum und Mittelpunkt eines geselligen und geistreichen Zirkels hätte anbieten können. Ihr, der kinderlosen Nomadin, blieb auch die seit dem 18. Jahrhundert festgeschriebene bürgerliche Frauenrolle als Mutter und Zentrum einer Familie versagt.

Daß Jeanette nicht nur menschliche Wärme, sondern bis in ihre reiferen Jahre auch erotische Ausstrahlung besessen haben muß, ist von einer Frau, die zwei jüngere Männer auf Dauer an sich zu fesseln verstand, wohl anzunehmen, auch wenn sie weder die junonische Schönheit von Börnes Jugendliebe Henriette besaß, noch die nervös genialische Anziehungskraft einer Rahel, und, ihrem Porträt nach zu urteilen, mit dem noch immer koketten Reiz der Saaling kaum konkurrieren konnte.

Rückblickend ist man versucht, der eigenartigen, für eine Frau seltenen Doppelbindung genauer nachzufragen. Bereits Braut eines Anderen, sucht Jeanette mehr denn je den langjährigen „Anbeter" an sich zu fesseln: Sie schickt ihm eine Haarlocke, läßt sich für ihn porträtieren, nimmt im Gegensatz zu früher, als sie nicht selten seine Huldigungen mit kühler Ironie beantwortete, seine Liebesbezeugungen huldvoll an und zeigt bei jeder seiner Neckereien ernsthafte Eifersucht; vor allem aber macht sie ihr künftiges Eheglück von seiner Zustimmung, ja von seinem Glück abhängig. Eine Woche etwa nach der Hochzeit unterläuft ihr – ob im Scherz oder Ernst, ist schwer zu sagen – eine nahezu groteske Formulierung, als sie dem jahrzehntelangen Verehrer versichert: „Mein teurer, lieber, guter Freund, wie freue ich mich Ihres Glükkes, so glücklich zu sein, mich verheiratet zu haben!!"[17]

Einen Schlüssel zur Erklärung der Anziehung, die über mehr als ein Jahrzehnt von dem oft als persönlich wenig liebenswürdig empfundenen Börne für Jeanette ausging, bieten zwei ihrer sieben Jahre auseinanderliegenden Briefäußerungen. Im März 1824, zu einer Zeit, als ernstlich Heiratspläne erwogen wurden, seufzt Jeanette: „Ihre Briefe machen mir unendlich viel Freude [...]. Wären Sie nur ein Brief – ich wollte sagen, wären Sie nur so lieb und liebenswürdig wie Ihre Briefe, ich wäre ganz vernarrt in Sie [...]" (Ri V, 826) Im Dezember 1831 nach ihrem Eindruck von den nun als Buch erschienenen Briefen gefragt, schreibt sie: „Wie mir Ihre Briefe gefallen? Ich war wirklich so [...] erfüllt [...] davon [...], daß ich mich von neuem – außerfreundschaftlich – in Sie verliebte, was doch bisher selten der Fall war."[18]

„außerfreundschaftlich": damit deutet sich eine geradezu erotische Qualität an, die Börnes Briefe für sie besaßen, jene Briefe, an deren Zustandekommen sie selbst beteiligt war. Vielleicht ist es zu kühn gesagt, wenn man in ihrer Reaktion auf die an sie gerichteten Pariser Briefe einen unbewußten Narzismus erkennen will: Der Briefwechsel mit Ludwig Börne war zu einem integrativen Moment ihres Lebens geworden, das sie ohne Existenzverlust nicht mehr missen konnte noch wollte. Letztlich also ist ihre Persönlichkeit ausschließlich im Spiegel des epistolaren Wechselgesprächs mit dem Freund Ludwig Börne zu erfassen.

Seit Frau von Sévignés Korrespondenz mit ihrer Tochter galt die epistolare Form als wesentliches Medium weiblicher Selbstdarstellung und Selbstvermittlung. Ihr haftet nicht der lange Zeit von den Männern für sich reservierte Werkcharakter an. Doch wenn die Briefe der Sévigné oder einer Rahel durchaus halböffentlichen Charakter besaßen, d. h. in gewisser Weise das Salongespräch fortsetzten und damit zur gesellschaftlichen Mitteilung geschrieben wurden, so haben wir es bei Jeanette wie schon betont mit einer intimen, ja beinahe hermetischen Korrespondenz zu tun, deren Geheimhaltung allerdings nur ihren Part betraf. Vergleicht Börne ihrer beider langjährigen Briefwechsel mit demjenigen zwischen Diderot und Sophie Volland, so bildet nicht die Frivolität und Galanterie des Franzosen das Vergleichsmoment, sondern die andauernde Intimität und Vertrautheit in der Korrespondenz eines nicht mehr jungen Liebenpaares – von der wir im Fall Diderot (und über lange Zeit nicht anders im Falle Börne) bezeichnenderweise nur den veröffentlichten männlichen Part kennen.

In diesem Versuch, ein Bild von Börnes Freundin, der nur als Adressatin seiner Briefe bekannten „Freyheitsgöttinn", zu gewinnen, sollte die unbekannte und überraschend gewandte Briefschreiberin vor allem selber zu Worte kommen. Sie erscheint in der selbstgewählten Funktion als Freundin, Anregerin, Kritikerin, Mahnerin, aber auch als ermutigende Muse: eine durchaus eigenständige Frau in einer Zeit und in einer gesellschaftlichen Umwelt, in der diese Unabhängigkeit des Denkens, Handelns, aber auch der eigenwilligen Lebensführung nicht selbstverständlich war.

Anmerkungen

Nachweise der Dokumente und Originale im Börne-Archiv Frankfurt a. M.: Inge Rippmann: Börne-Index. Historisch-biographische Materialien zu Ludwig Börnes Schriften und Briefen. Berlin 1985. 2. Halbbd., Art. Strauß, Salomon, S. 780f. und Art. Wohl, Jeanette, S. 867f. – Für ihre unbürokratische Ausleihpraxis danke ich der Museumsgesellschaft Zürich, dem Heinrich-Heine-Institut Düsseldorf sowie der Universitätsbibliothek Basel.

Die Zitate aus Briefen von Börne und Jeanette Wohl werden, sofern nicht aus anderen Quellen zitiert, im laufenden Text nachgewiesen nach: Ludwig Börne: Sämtliche Schriften und Briefe, hrsg. v. Inge und Peter Rippmann, Düsseldorf/Darmstadt 1964-1968, Bd. IV und V (zit.: Ri mit Bd. und Seitenzahlen).

1 Ludwig Börne: Gesammelte Schriften. Stuttgart [3]1840. 5 Bde.

2 Friedrich Hirth: Heinrich Heine. Bausteine zu einer Biographie. Mainz 1950. Kap.: Heine und Börne, passim.

3 Auf ein Defizit der kaum nennenswerten Jeanette-Forschung macht Renate Miehe in ihrem Artikel „Wie eine Fliege im Spinnengewebe" (FAZ, Nr. 248, 25. Oktober 1986) aufmerksam, in dem sie eine wenig beachtete Stelle in Jeanette Wohls Brief vom 14. Juni 1826 aufzuschlüsseln sucht. Dort schrieb Jeanette kurz nach einer mit Unstimmigkeit verbundenen Abreise Börnes aus Rüdesheim und der Ankunft eines belastende Jugenderinnerungen wachrufenden Frankfurter Bekannten: „[...] daß ich elend und unglücklich leben mußte von Kindheit auf bis jetzt und daß es so bleiben wird für die ganze Zukunft, mit – oder – ohne Sie [...]" [Anm. 11, S. 122]. In sorgfältiger Archivarbeit identifizierte Miehe einen 1793 verstorbenen, „schimpflich" begrabenen Wolf David Wohl mit Jeanettes als Mendelssohn-Anhänger und „Freygeist" von Gemeinderat und Rabbinat verfemten Vater (Frankfurter Stadtarchiv, Akte UGb D 33 Nr. 71). Die Autorin führt nun nicht nur das oben zitierte Bekenntnis von Börnes Freundin, sondern auch die im Briefwechsel des Freundespaares vielfach belegte und artikulierte „Nervenschwäche" der erwachsenen Frau auf dieses Jugendtrauma zurück. Miehe erliegt dabei der Versuchung, alle die Verbindung von Jeanette und Börne störenden Hindernisse letztlich dem Fehlverhalten des als opportunistischen Macho-Typ apostrophierten männlichen Partners zu unterstellen, offenbar ohne Kenntnis von dessen eigenem Leiden am Trauma seiner Kindheit im Ghetto (z. B. Ri V, S. 576). Vor allem aber wäre zu fragen, ob nicht der väterliche „Freygeist" sowie der um ihn geführte Prozeß auch positiv auf Jeanettes spätere politisch fortschrittlich orientierte Einstellung gewirkt haben könnte.

4 Maximilian Reinganum: Aus Börnes Leben. – In: Ludwig Börne: Gesammelte Schriften. Hamburg/Frankfurt 1862, Bd. XII, S. 262ff.

5 Karl Gutzkow: Börnes Leben. Hamburg 1840, S. 152ff.

6 Gottlieb Schnapper-Arndt: Jeanette Strauß-Wohl und ihre Beziehungen zu Börne. – In: Westermanns Illustrirte Monatshefte. Braunschweig 1887, Bd. 62.

7 Ludwig Kalisch: Frau Strauß. – In: Pariser Leben. Bilder und Skizzen. Mainz 1882. – Ed. u. d. T.: Die Freundin eines edeln Menschen. – In: Gartenlaube. Leipzig 1868, z. B. S. 322.

8 Alfred Meißner: Heinrich Heine. Erinnerungen III. Hamburg 1856, S. 92ff.

9 Karl Emil Franzos: Börne und die Frauen. – In: Deutsche Dichtung. Berlin 1890–1891, Bd. 9.

10 Ludwig Geiger: Ludwig Börnes Berliner Briefe 1828. Berlin 1905, Einleitung; ders.: Die Briefe der Jeanette Wohl an Ludwig Börne. – In: Das Junge Deutschland. Studien und Mitteilungen. Berlin 1907; Ludwig Börnes Werke. Hrsg. v. Ludwig Geiger u. a. Berlin/Leipzig o. J., Bd. IX: Briefe an Jeanette Wohl. Einleitung.

11 E. Mentzel: Briefe der Frau Jeanette Strauß-Wohl an Börne. Berlin 1907.

12 Schnapper-Arndt [Anm. 6], S. 47.

13 Ebd., S. 56.

14 Mentzel [Anm. 11], S. 342.

15 Ebd., S. 358.

16 Schnapper-Arndt [Anm. 6], S. 56.

17 Mentzel [Anm. 11], S. 375.

18 Ebd., S. 262.

Rosa Maria Assing (1783–1840)

„Was doch der Assing und der August für vortreffliche Frauen haben!" Heines Freundin Rosa Maria

Nikolaus Gatter, Köln

„Die eigentliche Achtung für weiblichen Genius gewannen die Deutschen erst durch Rahel und Bettine", notierte 1839 Ottilie von Goethe. „Diese beiden Frauen haben eigentlich die geistige Emancipation der Frauen zu Stande gebracht. [...] Kein Mann bestreitet uns mehr das Recht uns zu der Classe der denkenden Wesen zu rechnen, selbst die nicht, die Rahel wie eine Sphinx unverstanden anstarren [...]."[1]

Diesen Wandel eingeleitet, umgesetzt und – allen Widerständen zum Trotz – als Auftrag an ihre Nachkommen weitergereicht zu haben, ist das Verdienst zahlreicher Frauen aus Rahel Varnhagens Umgebung. Zu ihnen zählt auch ihre Schwägerin, deren jüngste Tochter den Nachlaß des Ehepaars Varnhagen von Ense pflegte, teilweise edierte und der Öffentlichkeit übermachte. Die Rede ist von der heute weitgehend vergessenen Rosa Maria Assing, geb. Varnhagen, die sich als Dichterin „Rosa Maria" nannte.

Durch spielerischen Namenswechsel, Zurücktreten in die Anonymität oder Etikettierung mit irreführenden Urheberangaben erhielten viele schreibende Frauen um 1800 die Chance, ihre literarische Sozialisation zu vollziehen. Ihr noch wenig erforschtes[2], in Almanach- und Journalbeiträgen, teilöffentlich zirkulierenden Korrespondenzen, Tagebüchern und Poesiealben manifestiertes Aufschreibesystem zielte mitnichten auf Etablierung literarischer Prominenz und Konstituierung geschlossener Lebenswerke. Es wurde vielmehr durch das Ablegen des Klarnamens erst recht inspiriert, nicht anders als heutzutage die Teilnahme an einem Chatroom im Internet. Entsprach der vermeintlich „diskriminierende Vorname" nicht selten der Wahl seiner Trägerin, so weist auch, wer Rahel Varnhagen beim Nachnamen nennt, ihrer Biographie keine „absurde Finalität"[3] zu. Daß sie den Namen ihres Vaters Levin willentlich ablegte, übrigens gemeinsam mit ihren Geschwistern und lange vor ihrer fast zwanzigjährigen Ehe, sollte ihr nachträglich niemand verübeln.

Freilich wurde alles, was „Aus dem Nachlaß Varnhagen's von Ense" herrührte, in der zweiten Jahrhunderthälfte von einer böswilligen Polemik verleumdet.[4] Diese traf die Angehörigen mit und erstreckte sich – in bewährter antisemitischer Tradition[5] – auch auf ihre Namen. So sparte die „Kreuzzeitung" nicht mit Andeutungen, daß sich die Mutter Ludmilla Assings, der Herausgeberin, „*orientalisch* verehelicht" habe; darauf führte man „die Denk- und *Handlungs*weise der Tochter und deren Neigung, ihre literarischen Gerichte mit Knoblauch zu würzen", zurück:

> Ein großer Geist nämlich war auch die Mutter der Dlle. Assing, und sie stand früher in der That hier und da in dem Ruf eines edlen weiblichen Wesens, und in jenem einer

> zarten blüthenduftenden Dichterin. Wie ihr Bruder die nichtigen Briefe der Rahel [...], – so gab sie in Hamburg einst einen Band Gedichte heraus unter dem duftverheißenden Namen der „Rose Maria". Dies that es aber nicht allein; zu derselben Zeit ließ Clemens Brentano, ebenfalls in Hamburg, Gedichte erscheinen unter dem Namen „Maria", und nun geschah es, daß seine herrlichen wirklich rosigen Lieder von Vielen der Rose Maria zugeschrieben wurden, und diese so aus doppeltem Grunde in einer ihr gar nicht zukommenden Rosenverklärung erschienen.[6]

Rosa Maria Antonetta Paulina Varnhagen wurde am 28. Mai 1783 in Düsseldorf geboren, als Tochter der Anna Maria, geb. Kuntz, und des Stadtphysikus und kurpfälzischen Medizinalrats Dr. Johann Andreas Jacob Varnhagen.[7] Dieser hatte seine Frau, die Tochter eines Straßburger Ratsherrn, während seines Medizinstudiums kennengelernt. Bei Varnhagens Mutter, einer Kammerfrau am kurfürstlichen Hof zu Mannheim, stieß seine Verbindung mit einer Protestantin auf große Vorbehalte. Sie machten sich noch bei einer Reise geltend, die Anna Maria Varnhagen vier Jahre, nachdem sie ihr zweites Kind Karl August zur Welt gebracht hatte, 1789 in ihre Heimat unternahm. Bei einem Abstecher nach Oggersheim drängte die Schwiegermutter vergebens, der evangelisch-lutherisch getauften Tochter eine katholische Erziehung angedeihen zu lassen.[8]

Schlimmer noch war, daß die Varnhagens ihre revolutionären Sympathien nicht verhehlten. Röschen, wie die Tochter genannt wurde, kehrte mit einer Trikolorenschärpe zurück[9]; der Vater trat später in der Uniform der französischen Nationalgarde auf.[10] Da seine Frau in Straßburg das Bürgerrecht genoß, beschloß der Mediziner, der wegen seiner sozial- und hygienepolitischen Schriften in Konflikte geraten war, mit seiner Familie dorthin auszuwandern, und bemühte sich um eine Professur an der Universität. Aus der vertrauten Umgebung gerissen, mit ungewohntem Dialekt und einer fremden, sich radikal wandelnden Alltagswelt konfrontiert, klammerten sich die Kinder Karl August und Rosa Maria um so fester aneinander. „Die Geschwisterliebe von solcher Innigkeit und Kraft zwischen einem neunjährigen Mädchen und einem siebenjährigen Knaben", schrieb Ludmilla Assing über dieses Verhältnis, „ist ohne Zweifel ein Beweis früher Herzensentfaltung."[11]

Doch nach der gescheiterten Bewerbung wurde die Familie unversehens getrennt. Mutter und Tochter blieben in Straßburg zurück, während der Vater seine erneute Niederlassung in Düsseldorf vorbereitete. Sie wurde ihm trotz einer öffentlichen Distanzierung von den Exzessen der Jakobinerherrschaft verweigert, „weil er an der französischen Revolution Teil genommen und den französischen Bürgereid geschworen".[12] Vergebens protestierten 67 Düsseldorfer mit ihrer Unterschrift gegen den Ausweisungsbeschluß.[13] Über die traumatisierende Erfahrung des sozialen Abstiegs notierte Karl August Varnhagen von Ense, der sie in seinen Memoiren nur flüchtig streift: „In der Jugend hab' ich viel entbehrt, schmerzlich vermißt; ich bin durch harte Lehrjahre gegangen; die spätere Zeit gewährte desto mehr."[14]

Ihren frühen Straßburger Jahren setzte Rosa Maria ein Denkmal mit der Erzählung „Der Schornsteinfeger", in der auch ihr Großvater Philipp Friedrich Kuntz auftritt; es war ihre zu Lebzeiten einzige selbständige und mit vollem Namen gezeichnete

Publikation.[15] Nach Erinnerungen ihres Bruders wurde das Mädchen von frühreifer „Lesewut" ergriffen, wobei – während er Trivialromane aus den Leihbibliotheken konsumierte –, in ihrem Fall „bessere Wahl und keine Heimlichkeit"[16] vorwalteten. Bei revolutionären Festen lernte sie Freiheitslieder kennen wie die in Straßburg entstandene Marseillaise und die „Hymne à la Patrie", die sie noch als Erwachsene zu eigener Gitarrenbegleitung sang, „aber die [...] berüchtigten beiden ‚La Carmagnole' und: ‚Ça ira, ça ira', deren Melodien sehr hübsch und heiter waren, und bekanntlich deshalb in Frankreich auch zur Tanzmusik benutzt wurden, mochte sie nicht vortragen, obgleich sie dieselben genau kannte".[17]

Seit 1794 wuchs Rosa Marias Bruder bei seinem Vater in Hamburg heran, der ihn nach dem Abbruch seines kurzen Schulbesuchs auch unterrichtete. Erst zwei Jahre später, im unruhigen Frühjahr 1796, traten Mutter und Schwester unbegleitet die Reise von Straßburg nach Hamburg an. Dort wurde das Bündnis der Geschwister erneuert und, wie es in Varnhagens „Denkwürdigkeiten" heißt, durch gemeinsamen Unterricht noch vertieft:

> Nur als es mir doch nicht gelang, sie einzuholen, und ich darüber ein paarmal sehr beschämt wurde, konnt' ich mich einiges Verdrusses nicht erwehren, und so war ich auch betreten, daß ein dargebotener Unterricht im Blumenzeichnen nur ihr allein zu Teil wurde, und nicht auch mir, aber mein Mißbehagen fiel keineswegs auf sie, sondern nur auf den Lehrer, der in diesem keineswegs gleichgültigen Punkt unsre Gemeinschaft aufhob.[18]

Wie ihr Bruder und, wie es heißt, kunstvoller noch als er übte sich Rosa Maria im Ausschneiden von Silhouetten, die auch auf Ausstellungen gezeigt wurden.[19] Neben ihrem künstlerischen Talent weckte die gemeinsame Lektüre bald auch literarische Neigungen. Im Alter von fünfzehn Jahren schrieb sie einen Roman in Briefen[20]; auch „anmuthige lyrische Gedichte und sinnige Novellen"[21] soll sie schon in dieser Zeit verfaßt haben.

Nach längerer Krankheit und einem Unfall starb Johann Andreas Varnhagen am 5. Juni 1798. Seinem Sohn Karl August ermöglichte ein Freund, der sich der mittellosen Familie annahm, in Berlin Medizin zu studieren, neben der Theologie die einzige aussichtsreiche Alternative zum Hauslehrerberuf. Notgedrungen beschloß Rosa Maria, „um der Mutter willen, und zugleich zum Vortheil eigener Ausbildung, sich dem Erziehungsfache zu widmen", und fand Anstellung in einer Kaufmannsfamilie, wo „sie zwei Töchter unterrichten sollte, die wenige Jahre jünger waren, als sie selbst".[22] In diesem Beruf machte sie sich später auch selbständig. Daß sie durch diesen Beruf oft in jüdischen Häusern verkehrte, erregte sie von Anfang an „Lerm und Aufsehen" unter ihren Bekannten, die ihr davon abrieten; mehrfach hat sie „diesem qu'en dit-on Trotz geboten".[23] In Altona gründete sie 1811 mit einem Kredit ihres letzten Arbeitgebers, Georg Oppenheimer, ein Mädchenpensionat, das 1814 nach Hamburg verlegt wurde.[24]

Aus dieser Zeit ist ein reicher geschwisterlicher Briefwechsel erhalten, der auch den rasch wachsenden Bekanntenkreis Karl Augusts einbezog. Dieser hatte 1803 sein Studium abbrechen müssen, das er nur sporadisch in Halle und Tübingen fortsetzen konnte; er hatte gleichfalls Hauslehrerstellen inne, bevor er in Militärdienste trat, sich während der Freiheitskriege zugleich als Journalist profilierte und schließlich preußischer Ministerresident in Baden wurde. Beide Geschwister nahmen den Namenszusatz ihrer adligen westfälischen Vorfahren an. Er vermittelte Rosa Maria die Bekanntschaft von Dichtern wie Adelbert von Chamisso[25], Justinus Kerner[26], später auch Heinrich Heine[27]. Eigene Lyrik publizierte sie zuerst im Chamisso-Varnhagenschen Musenalmanach[28], als Erzählerin war sie an der Anthologie beteiligt, die ihr Bruder gemeinsam mit Wilhelm Neumann veranstaltete.[29]

Daß sie in einem Sonett die geistige Überlegenheit des Bruders pries[30], ist freilich darin zu relativieren, daß er nicht weniger schwärmerische Gedichte an Rosa Maria richtete[31] und ihr wiederholt Publikationsmöglichkeiten verschaffte. Karl August – in in diesem Punkt den Idealen der Romantik verpflichtet[32] – betrachtete das „schwesterliche Verhältniß" als Modell einer Erneuerung des Geschlechterverhältnisses „in diesem dürren vermaledeiten Zeitalter", wo „die Frauen, die Hälfte des Menschengeschlechts, [...] dem höhern Fortschreiten verloren" seien:

> Die Tyrannei der Männer, die Herrschaft des Herkommens, der Gewöhnlichkeit liegt schwer auf ihnen, und obgleich ihnen dadurch die Wohlthat geschieht, daß sie ihr Inneres klar erkennen lernen, so bleibt es doch in ihnen verschlossen, und sie stehen einzeln, nicht in Gemeinschaft da. [...]
>
> Wir, meine theure, geliebte Schwester, wollen darum nur desto fester an einander halten und uns in unseren Lehrjahren beistehen. [...] Wenn wir auch oft irren und große Stürme aus den Irrungen entstehen, das schadet nicht; wir können uns damit trösten, daß wir ja wenn wir handeln, nie das Wahre einsehen, erst nach langer Zeit, wenn alles ganz ausgebildet ist, welche Zeit, wenn ich recht ahnde, sich durch eine unendliche, auf alles verbreitete Klarheit ankündigt, ist das vergangene Leben ein geordnetes Kunstwerk; vorher muß es nur als wilde Verwirrung erscheinen, und erscheint auch mir so.[33]

In einer Zeit, in der das gesellschaftliche Miteinander von Verunsicherung, Argwohn und Abgrenzung gekennzeichnet war, blieben die Geschwister mit ihrem Ideal einer existentiellen Neuorientierung nicht allein. Um sie herum bildete sich ein Freundeskreis, der im Medium der Literatur kommunizierte und in Berlin eine Zeitlang unter dem Signum des Polarstern firmierte. Reminiszenzen daran finden sich im Nachruf, den Rosa Maria 1839 auf Adelbert von Chamisso schrieb. Gegenüber Julius Eduard Hitzig, der „in enger Verbrüderung diesem Bunde" angehört hatte und später – freilich nicht zur Zufriedenheit Karl August Varnhagens von Ense[34] – den Nachlaß Chamissos herausgab, schilderte sie ihr Verhältnis zum Dichter des „Peter Schlemihl" wie folgt:

> Als einen so innigen Freund meines Bruders nannte ich ihn auch Bruder, er mich Schwester, zu großer Verwunderung mancher Menschen, die ein solches Verhältniß zwischen einem jungen Mädchen und jungen Manne, die anderweitig noch gar nicht gefesselt waren, nicht für möglich hielten, und meinten, ein anderes Verhältniß müsse sich dahinter verbergen, oder später daraus entwickeln.[35]

In diesem literarisch produktiven Netzwerk von Korrespondenten galt Rosa Maria als Persönlichkeit von intensiver Ausstrahlung, deren „heitre Ruhe, Klarheit und

Festigkeit" gerühmt wurde.[36] Mit Chamisso teilte sie die Vorliebe für altfranzösische Chansons; er berichtete von literarischen Projekten mit Helmina von Chézy, die Gedichte des Ehemanns von Rosa Maria in die „Aurikeln" aufnahm.[37] Dem Arzt und „Dichterwald"-Herausgeber Justinus Kerner, der sie um lyrische Beiträge gebeten hatte[38], vermittelte sie die Gedichte Chamissos[39], in dessen Musenalmanachen sie selbst regelmäßig vertreten war.[40]

Rosa Marias Texte, von denen es in Nachschlagewerken heißt, sie variierten lediglich „die Themen u. Muster damals verbreiteter Unterhaltungsliteratur"[41], lohnen durchaus einen zweiten Blick. Weder Lyrik noch Prosa imitieren die seinerzeit weitverbreitete Empfindelei in der Nachfolge Jean Pauls oder gar die Hoffmannsche Schauerromantik. Auch wenn sie ihre Gelegenheitspoesien zu Lebzeiten nur sporadisch veröffentlichte, zählte sie im Bewußtsein der Zeitgenossen durchaus zu „Deutschlands Dichterinnen".[42]

Ein zeitgenössischer Rezensent des posthum herausgegebenen Sammelbands ihrer Dichtungen lobte ausdrücklich den Verzicht auf Manier, „das Singen ohne Reflexion, ohne Tendenz – fast hätten wir gesagt, ohne Intelligenz", und die „Natürlichkeit des Gefühls, der Anschauungsweise und des Ausdrucks":

> Die Phantasie hat gar nichts dazu gethan, weder in Bildern noch Worten, und warum ergreift uns doch diese ungeschmückte Wahrheit, dieses schlichte, fast nachlässige Aussprechen von Dingen und Vorstellungen, die aus dem trivialen Leben gegriffen sich in nichts über dieses erheben?[43]

Am ehesten erinnern diese lakonischen Texte noch an das „Buch der Lieder", dem sie vorausgingen, ohne Heines lyrische Meisterschaft zu erreichen. Als Pendant aus weiblicher Perspektive könnte etwa der Zyklus „Gedichte aus Juliens Nachlaß" gelesen werden, der um die Thematik unglücklicher oder verschmähter Liebe, gescheiterten Begehrens und freudloser Vernunftehe kreist.[44] Ironisch gewendet erscheint das Motiv in Rosa Marias „Genrebildern".[45] Sie beginnen mit dem Monolog der Braut, die „Am Hochzeitsmorgen" bei aller Entsagung –

> Doch nichts ist ja vollkommen,
> Am wenigsten ein Mann;
> Wohl Manche hat den besten,
> Und ist doch schlimm daran

– die „trübe Sklaverei" ihrer Mädchenzeit, als Spaziergänge, Bälle und Lektüre verboten waren, für überwunden hält: „Und wenn es mir behaget / Les' ich den ganzen Tag". „Nach zehn Jahren" endet ihre Ehe in Armut und philiströser Resignation:

> Ich Arme, was hab' ich dazu denn gethan?
> Das Unglück brach plötzlich herein;
> Mit Vorwurf und Tadel noch kränkt mich mein Mann.
> Als trüge die Schuld ich allein. [...]
> Doch wenn mich auch Alles verläßt und versäumt,
> Verläßt doch die Hoffnung mich nie,
> Und wenn diese Nacht eine Nummer mir träumt
> Setz' ich in die Zahlenlotterie.

Die wenigen Novellen Rosa Marias sind ebenfalls Beziehungsgeschichten, in denen der Frau jedoch nicht ein bloß passives Gefühlsleben verstattet wird. Die Minna in „Herr Thomas Brown und seine Nachbarn" „fühlte sich auf eine ihr ganz neue Weise erregt"[46], als sie durch Überschreiten des Gartenzauns die Katastrophe und zugleich die glückliche Wendung einleitet. In „Fabio und Clara" überwindet die in strengem, fast sklavischem Sittenkodex erzogene Freundin Claras die zwischengeschlechtlichen Schranken durch eine heimliche Ehe. Eine längere Passage im schon erwähnten „Schornsteinfeger" schildert die Skulpturen am Hauptportal des Straßburger Münsters. Sie werden der Tochter des legendären Erbauers Erwin von Steinbach zugeschrieben, über die es heißt, „wenn wir die Lage und die Verhältnisse der Frauen in der Finsterniß jenes Zeitalters bedenken, muß Sabina von Steinbach ihren Zeitgenossen wie ein leuchtender Stern erschienen sein".[47]

Es wäre verfehlt, in diesen Texten ein explizites politisch-emanzipatorisches Programm zu suchen, erst recht in den patriotischen Liedern, die völlig frei von Vaterlandsdünkel oder Franzosenhaß sind.[48] Ein Gutteil ihrer lyrischen Arbeit widmete Rosa Maria Übertragungen französischer Poesie[49]; diese Vermittlerrolle griffen später ihre Töchter für die politische Literatur Italiens und Amerikas auf. In den Romanen der George Sand, die Rosa Maria bewunderte, fand sie, wie Gutzkow meinte, die romantischen „Ahnungen von einer Reform der Gesellschaft"[50] wieder, die sie selbst beseelten.

Allerdings rangierten Gespräch und persönliche Begegnung in ihrem Kreis noch vor dem spielerisch-literarischen Austausch. Justinus Kerner hatte die Erzieherin und ihre Freundin Amalia Weise (später verheiratete Schoppe) während seines Hamburg-Aufenthalts im Frühjahr 1809 im Haus der Oppenheimers Auf dem Kamp Nr. 276 kennengelernt. Dort saß man „um den [...] wohlbekannten runden Tisch zum erwärmenden Thee"[51], wenn Kerner aus seinem chinesischen Schattenspiel „König Eginhard" vorlas, „das Rosa Maria lächelnd als ‚buntes, krauses Zeug' bezeichnete", oder wenn er – „am Liebsten im Dunkeln, wo die beweglichen Töne noch geisterhafter klangen" – auf der Maultrommel spielte.[52] Sie beriet ihn auch in Herzensangelegenheiten, und Kerners erstes Kind mit seiner „Rickele" genannten Gemahlin Friederike Ehmann erhielt den Namen Rosa Maria.[53]

Die Unvereinbarkeit dieses engen Beziehungsgeflechts mit herkömmlichen bürgerlichen Familienschranken läßt die irritierte Reaktion des Verlobten von Amalie Weise erkennen:

> Einer von Schuppe's Karakterzügen war die Eifersucht; nicht einmal Amaliens Liebe zu Rosa Maria konnte er ertragen, und macht ihr wilde Szenen und leidenschaftliche Vorwürfe. Amalia wollte sich nicht von der geliebten Freundin losreißen; die Verlobten lebten in beständigem Unfrieden, und drei bis viermal wurde das Verlöbnis abgebrochen, und dann doch wieder erneut mit zärtlichen Erklärungen und Versicherungen. Schuppe nöthigte Amalia mehrmals als Beweis ihrer Liebe ihm einen Schwur abzulegen, allen Verkehr mit Rosa Maria zu meiden. Amalia, um den unruhigen Bräutigam zu besänftigen, leistete den Schwur, zitternd und bebend unter strömenden Thränen, und schrieb an Rosa Maria ein wehmüthiges Lebewohl. Bald aber konnte sie diese „Knechtschaft des Geistes und des Herzens", wie sie sich ausdrückte, nicht länger aushalten, erklärte

> dies Schuppe aufrichtig, und lief in fliegender Eile zu Rosa Maria, an deren Brust sie sich unter innigen Umarmungen stürzte. Dann war sie dafür mit dem Bräutigam gespannt.[54]

Außer mit Amalie verkehrte Rosa Maria in Hamburg auch mit Fanny Hertz, einer Jugendliebe ihres Bruders, mit Johanna Neander[55] und dem Rahel-Freund und Mediziner David Veit.[56] Durch Kerners Empfehlung[57] lernte sie dessen Studienfreund und Hausarzt kennen, der Friederike Ehmann erfolgreich behandelte, gleichfalls dichtete und kurz zuvor auf einem Auge erblindet war. In Hamburg fand David Assur (1787–1842), gebürtiger Königsberger jüdischen Glaubens, „Kraft und Trost, weil ich an der Rosaquell sitze, aus der beim trübsten nebelichsten Wetter klares Wasser quillt“; sie entdeckte „viel Hohes und Göttliches in ihm, und dabei eine solche Kindlichkeit und Demut“, wünschte ihm aber „etwas mehr Kraft und Schicklichkeit für das äußere Leben“, denn man müsse „gerade heut zu Tage [...] auf der Erde fest stehen und kühn mit dem Haupt in den Himmel ragen“.[58]

Gelegentlich wurden alternative Lebensformen erwogen, um den Freundeskreis räumlich zusammenzuführen. Der finanziell noch am besten abgesicherte Assur lud das Kernersche Paar wiederholt zur Übersiedlung nach Hamburg ein.[59] Vor seiner Heirat mit Rosa Maria hatte er sich sogar – ungeachtet seines Bekenntnisses – in ein Kloster einkaufen wollen; Kerner schlug statt dessen eine ménage à trois mit Rickele in einer Waldhütte vor.[60] Amalie wollte noch nach ihrer Scheidung den „Dichterwald“ wiederbeleben und ins Württembergische übersiedeln[61], wo Justinus Kerner sein später berühmtes „Kernerhaus“ einrichtete.

Welchen Stellenwert der Briefverkehr in diesem Zirkel einnahm, bezeugen die schwäbischen Freunde. Was meist als Rahel-Kult und befremdliche Marotte Varnhagens mißverstanden wird, gehörte schon vor seiner Begegnung mit Rahel Levin zur kommunikativen Praxis. „Assurs Briefe haben mich einmal bis zu Thränen gerührt“, schrieb Karl Mayer an Kerner[62], der empfangene Post abschriftlich weiterleitete und die gebundene Originalkorrespondenz Besuchern zur Einsicht auslegte. Die kollektive Lektüre von Lebenszeugnissen abwesender oder entfernt wohnender Diskursteilnehmer trug zu wechselseitiger Sensibilisierung, zur Entfaltung und Konstituierung geselliger Gefühlskultur bei. „Man muß die Briefe von Rosa und Amalia nach denen von Assur lesen“, riet Uhland der Verlobten Kerners, „wenn diese tief und schmerzlich ergriffen haben, so besänftigen jene durch ihren himmlischen Frieden.“[63] Rosa Maria vertraute er an, daß ihn „Freundesbriefe immer beglücken können, besonders Nachts bin ich oft lang darein vertieft und ich denke mir aus den Buchstaben allerlei Sinn heraus, woran der Schreibende wohl nicht gedacht – – –“.[64]

Ihr Töchterinstitut hatte bereits im Juni 1811, ein halbes Jahr nach der Gründung, acht Zöglinge betreut. Als primär künstlerische, die erstrebte Lebensreform vorwegnehmende Leistung faßte Rosa Maria auch ihre Erziehungsarbeit auf:

> Es machte mir unlängst jemand den Einwurf: Sie geben sich so viele Mühe, hegen und pflegen für Fremde, und wenn die Kinder etwas geworden sind, so nimmt man sie zurück, und es bleibt Ihnen das schmerzliche Gefühl der Trennung. Ich erwiderte: es ginge mir damit wie dem Künstler mit seinen Werken; wenn sie vollendet sind, so ver-

> lassen sie ihn, aber ihm bleibt das Künstlergefühl, er beginnt immer wieder neue, schafft und bildet immer fort, weil es ihm Bedürfniß ist zu schaffen und zu bilden [...]. Ich will ja Kinder um mich haben, und haben sie aufgehört Kinder zu sein, so gehören sie ja doch nicht mehr mir, sondern der Welt an.[65]

David Assur, der am 26. August 1807 sein Doktorexamen abgelegt hatte[66], lebte bei Ausbruch der Freiheitskriege schon ein Jahr in Hamburg. Im Frühjahr 1813 ging er nach Berlin, übernahm das russische Hospital mit zweihundert Erkrankten und diente in Königsberger Militärlazaretten, bevor er als Regimentsarzt mit dem zweiten kurmärkischen Landwehr-Regiment ins Feld zog. Seinen Abschied nahm er Ende September 1814 und ließ sich, ausgezeichnet mit dem eisernen Kreuz zweiter Klasse, wieder in Hamburg nieder.

Seit Jahresbeginn 1816 war David mit Rosa Maria verlobt. Da religiöse Mischehen in Hamburg nicht gestattet waren, ließ er sich am 19. Februar taufen und schwor am 29. März als David Assur Assing den Bürgereid. Anders als Rahel Varnhagen trennte er sich nicht vom Namen seines Vaters, den er tatsächlich als „middle name" beibehielt.[67] Der Übertritt zum Christentum scheint ihm nicht leichtgefallen zu sein. „Scheu vor gemüthlosen Pfaffen und so manches andre hatte mich bisher von der Taufe abgehalten", offenbarte er dem künftigen Schwager: „Im Mai, mit göttlicher Hülfe, wenn Rosa mit ihrem letzten Birkenreis die Kinder aus der Schule herausgeschrupt haben wird, soll sie mein Weib werden."[68]

In der ärmlichen „Judenumgebung" der „ersten Marienstraße"[69], wo Assing seit November 1816 in kommunalen Diensten wirkte, fanden sie eine billige Unterkunft: „Ich werde bei den hiesigen Juden Stadtarmenarzt, das bringt keinen Heller ein."[70] Der Medizinerberuf stimmte Assing offenbar stark pessimistisch; sein hippokratisches Motto lautete: „der Arzt aber sieht das Grauenhafte".[71] Doch Friedrich Hebbel hatte er das Leben gerettet[72], behandelte auch Rosa Marias Mutter (sie verstarb 1826[73]), und noch 1842 wollte sich Justinus Kerner von ihm den grauen Star stechen lassen.[74]

Das erste Kind dieser Ehe, Carl Eginhard, wurde am 9. Juni 1817 geboren, den Eltern aber schon im zehnten Monat entrissen. Kurz darauf wurde Rosa Maria wieder schwanger und brachte Ottilie Davida (11. Februar 1819), zwei Jahre später Rosa Ludmilla (22. Februar 1821) zur Welt. Töchter zu haben, steigerte David Assings Vaterfreuden noch: „Das Geschlecht ist nach meinem Dafürhalten glücklicher und durch seine frühere Entwicklung lieblicher."[75] Später zogen die Assings ins Stadtzentrum, wo sich der romantische Freundschaftskult zur Salongeselligkeit wandelte. Ihr Haus war „eins der geachtetsten in Hamburg, wozu vorzüglich sie selbst durch eine seltene Vereinigung von hoher sittlicher Würde, heiterer Lebensfreude und reicher geistiger Begabung beitrug"[76].

Zu den Besuchern gehörten unter anderen Gustav Schwab, Friedrich de la Motte-Fouqué, Hebbel, Heine, Ludolf Wienbarg, Rahel de Castro[77] und Gabriel Riesser. Bei den Zusammenkünften im „kleinen dunklen, von Bäumen beschatteten Hause der bescheidenen Poolstraße, in einem Gärtchen, wo sich bequem nicht zwanzig Schritte tun ließen"[78], fanden Karl Gutzkow für den „Telegraph" und Theodor Mundt für die Zeitschrift „Der Freihafen. Galerie von Unterhaltungsbildern aus den Kreisen der Literatur, Gesellschaft und Wissenschaft" aktuelle Informationen, Beiträgerinnen und Beiträger.

Rosa Maria, die mit Bettine von Arnim und Rahel Varnhagen korrespondierte, spielte eine wohl nicht unbeträchtliche literaturpolitische Rolle, wenn sie z. B. Fanny Tarnow und Elise Campe, die Ehefrau des gleichnamigen Buchhändlers und Schwägerin von Julius Campe, zum Tee einlud.[79] Autographen sammelte sie, „als sollte sie jedem ihrer Freunde Biograph sein"[80] – und zwar früher als ihr Bruder, der seine reichen Bestände erst seit Beginn der vierziger Jahre zu systematisieren und durch Freundesgaben zu ergänzen begann. Auch ihre Blumenzucht war berühmt; Gutzkow bescheinigt ihr die gründlichsten botanischen Kenntnisse, mit denen sie auf Spaziergängen Pflanzen zu bestimmen pflegte.[81]

Eng befreundet war man mit dem Ehepaar Steinheim und traf sich abwechselnd bei diesem, in der Wohnung Gutzkows, bei Assings oder Rahel de Castro zu Lesekränzchen. Montags empfingen „Onkel" und „Tante" Steinheim Besuch von Ottilie und Ludmilla Assing[82], die „gleichsam im Banne der Musen erzeugt und herangewachsen"[83] waren:

> Diese waren bei aller Liebenswürdigkeit [...] Philosophinnen, scharf kritische Wesen, die sich die Welt nach einem strengen Gesetz zurechtgelegt hatten und von sich wiesen, was diesem sich nicht fügen wollte. [...] Die Mädchen waren sonst in ihrem Denken und Fühlen sehr modern, sie hatten dies von der Mutter [...]. Sie schwärmten für das dunkle Capitel der Frauen-Emancipation, verehrten die Georges Sand als eine Hohepriesterin und hegelten so rücksichtslos ins Aschgraue hinein, daß der gute Wiehl[!], wie er behauptete, sich manchmal wie ein Mädchen vorkam und sehr roth wurde. Daneben waren sie fanatisch jungdeutsch und interessirten sich aufs höchste für Alles, was diesem neuen Begriff im entferntesten anhing.[84]

Mit ihren Töchtern unternahm Rosa Maria „vielfache Reisen"[85] nach Berlin, an den Rhein, zu Uhland und Kerner nach Süddeutschland[86] und 1835 auch nach Frankreich, wovon die mit Heine verfeindeten Schwaben sie abbringen wollten.[87] Heine, der seinerseits mit Chamisso und Chézy in Verbindung stand[88], kehrte ihretwegen, „höchst begierig Sie zu sehen und zu sprechen"[89], von einem beginnenden Urlaub noch einmal nach Paris zurück:

> Unser Wiedersehen war äußerst herzlich, er schien sehr bewegt, ich glaube, ihm standen die Tränen in den Augen, und mir [war] seine ganze Erscheinung in der tiefsten Seele erfreuend.[90]

Heinrich Heine zählte zum Assing-Freundeskreis, seit er auf Empfehlung Varnhagens im Mai 1823 in die Poolstraße gekommen war.[91] „Seine Besuche sind meist kurz und flüchtig, wenn er nicht etwa auf einen Abend gebeten ist", heißt es in Rosa Marias Tagebuch, das ausführliche Dialoge protokolliert, „aber stets anregend, nie leer, und fassen in ihrer Kürze doch sehr viel in sich. In allem, was er sagt, ist Geist und Leben und eigentümliche Ansicht."[92] Blieb Varnhagens Beziehung zu Heine zeitlebens von wechselseitigem Respekt und Vertrauen geprägt, widmete Rosa Maria dem Dichter und Landsmann liebevolle Anerkennung und nahm ihn gegen Kritik in Schutz. „Assing fühlt sich nicht von Heine angezogen. Er hält ihn für eitel und egoistisch", notierte sie: „Er ist noch sehr jung [...]; das wird sich geben. Mit einigem Talent ist man bei solcher Jugend leicht anmaßend."[93] Dennoch lud auch ihr Mann den Dichter immer wieder ein.[94] Freilich gelang es ihr weder, Gutzkow für Heine einzunehmen[95], noch vermochte sie Heine für die Poesie des Mittelalters und der schwäbischen Dichterschule zu begeistern. Darüber wurde durchaus kontrovers diskutiert:

> Ich sagte ihm, er solle ja den chevaleresken Sinn unangefochten lassen, ohne welchen die Männer höchst unliebenswürdig sein würden. Er erwiderte, er bemühe sich, ihn überall totzuschlagen. Ich versicherte ihm, das würde ihm nie gelingen.[96]

Während sie die ihm von Varnhagen zugedachten Bücher übermittelte[97], erhielt sie selbst Frühwerke wie die „Reisebilder" vom Autor geschenkt.[98] Rosa Maria lobte sein „schönes Dichtertalent" und den „poetischen Sinn" in der „Harzreise":

> Wie dürftig der Stoff [...] auch an sich ist, seine geniale Darstellung und Behandlung verleiht den allergewöhnlichsten Begebenheiten, von denen mancher andere nur wenig zu erzählen haben würde, ein eigentümliches Leben und poetischen Reiz.[99]

Mit ihr erörterte Heine seine Überarbeitung[100] und empfahl ihr die Lektüre von Immermann, Eichendorff und Walter Scott.[101] „Diese Reisebilder machen außerordentliches Aufsehen", stellte sie fest; „in unserm Kreise ist fast alles gegen ihn, und ich stehe allein in meiner Freude und in meinem Wohlgefallen daran."[102]

Darin ließ sie sich auch durch das Porträt Napoleons in „Ideen. Das Buch Le Grand" nicht beirren; „ich begreife es jedoch sehr wohl, als Gestalt, wie sie in der Seele eines Bonapartisten stehen könnte, warum sollte sich die Phantasie des Dichters nicht in diese versetzen können?"[103] Anläßlich der revolutionären Unruhen von 1830 führte Heine mit Rosa Maria auch politische Diskussionen.[104] Anerkennend sprach er von ihrem Bruder als „meinem lieben, lieben Freunde"[105], und beteuerte stets, „wie er fast blindlings einem Rate von Varnhagen folge, überzeugt, daß nur Gutes von ihm kommen könne, indem er das größte Vertrauen in seine Klugheit, Vorsicht und Umsicht setze"[106].

Weniger bekannt als Rosa Marias Freundschaft mit Heine ist das innige Verhältnis zu ihrer Schwägerin. Rahels Korrespondenz mit ihr und David Assing, der sie auch bei ihren Krankheiten beriet[107], ist zwar nicht voluminös, auch im Hinblick auf von jeweils beiden Ehepartnern gezeichnete Briefe, enthält jedoch aufschlußreiche und humorvolle Bekenntnisse:

> Ich habe jetzt viele, und gute Gesellschaft. [...] Sie, geehrte Rosa, möchte ich haben: Sie, die ich in Ottilien und Ludmilla ehre, und liebe. Solche Frucht wächst auf solchem Baum. Ich kenne die glücklichen Kinder ganz durch Ihre, und ihre Briefe. Gott segne euch ferner. Was doch der Assing und der August für vortreffliche Frauen haben! Ich bin nur zu alt. Aber um Gottes willen, daß das August nicht hört. Unsre Ehe ist sonst verdorben. Auch bin ich's in moralischem Sinne nicht, gegen ihn grade, sondern ehr noch jünger.[108]

Ein halbes Jahr vor ihrem Tod bekundete Rahel erneut, in Erinnerung an gemeinsame Treffen in Hamburg und Berlin, wie gern sie ihre Schwägerin in der Nähe wüßte:

> Ich sehne mich oft nach Ihnen; und hielte es für ein großes Glück, wenn Sie in Berlin lebten. Ich bedarf der edlen frischen Freunde; die Ärnte, die Entblätterung, war *zu* stark. Eine ganze Ärnte der besten Freunde, der besten Menschen, habe ich in anderthalb Jahren verloren. Pardon! daß ich dies schreibe: Verstellung ist jetzt am Ende, ich bin zu schwach. [...] *Ihr* edles, stilles, konsequentes Wesen und Leben bewundre ich immer; und auch darum möchte ich Sie in der Nähe haben. Es erquickt und steckt an.[109]

So wiederholte sich für Rosa Maria noch einmal die Erfahrung einer Seelenverwandtschaft, wie sie ihre romantische Frühzeit geprägt hatte. Rahels Vertrauen in die Schwägerin gipfelte darin, sie in der Erbfolgeklausel ihres Testaments zu begünstigen. Dabei ging es um die Sicherung ihres literarischen, zur Veröffentlichung bestimmten Nachlasses, für dessen Drucklegung eine verzinsliche Summe von 2000 Talern ausgesetzt war. Die „hinterlassenen Schriften, Briefe, Bücher u. s. w. meines Mannes, so wie auch meine eignen, ohne Ausnahme" sollten – falls der Universalerbe vor- oder gleichzeitig starb – seiner Schwester in Hamburg, „und in deren Ermangelung an ihren Mann Doctor Assing und seine Kinder verabfolgt" werden[110]. Diesen müsse auch „die Fürsorge wegen der einstigen Herausgabe obliegen" – allerdings nur „in dem Fall [...], daß ich meinen Mann überlebe; überlebt er mich, so [...] bleibt es ihm überlaßen, meine Wünsche, die ja auch die seinigen sind, nach Maßgabe der Umstände und Ereigniße zu erfüllen".[111]

Als Rahel 1833 starb, setzte der Witwer seine Schwester zur Erbin der gemeinsamen literarischen Hinterlassenschaft ein, an die auch ausführliche editorische Anweisungen vom 28. September 1837 adressiert sind.[112] Eine Auswahl von Briefen ließ er selbst unter dem Titel „Rahel. Ein Buch des Andenkens für ihre Freunde" zunächst als Manuskript, später in einer drei Bände starken Buchhandelsausgabe drucken. „Ein einziges, ein großartiges buch", befand Rosa Maria, „ein wahres erquickungsbuch für alle zeit und alle stimmung. Nehme ich es in die hand, so kann ich nicht wider davon lassen."[113]

„Erhalte dem Hause das Glück", betet die Mutter in Rosa Marias Gedicht „An Assing".[114] Doch das Schicksal ihres Bruders blieb David Assing nicht erspart, als sie im 57. Lebensjahr, am 22. Januar 1840 – einen Tag nach dem neunzehnten Geburtstag ihrer Tochter Ludmilla – einer auszehrenden Krankheit erlag.[115] „Gott! dieses Singen in den Lüften und aus ihrem Grabe herauf, das ich dabei unaufhörlich vernahm! – ich meinte zu vergehen", schrieb der Witwer an Varnhagen, als er auf dessen Rat eine Auswahl aus Rosa Marias Dichtungen, die wie das Buch „Rahel" ursprünglich auch Briefstellen enthalten sollte, für den Druck vorbereitete.[116]

Auch poetisch vermochte David Assing den Schmerz nicht zu verarbeiten.[117] Er zog sich immer mehr zurück und wollte sogar den Arztberuf aufgeben, bevor er selbst zwei Jahre später verstarb; wie es hieß, aus mangelndem Lebenswillen.[118] Zu Gutzkow, den seine Töchter schwärmerisch verehrten, hatte er ein gespanntes Verhältnis: „Leid thut es mir, daß Gutzkow's Worte hier so allgemein gefielen wenn du wüßtest, wie sie über ihn dachte und mit mir sprach!"[119], hatte er angesichts des Nachrufs auf Rosa Maria[120] zu Varnhagen geäußert, und wollte auch „ihre – ich mag wahrlich bei dieser Gelegenheit den geliebten Namen kaum hinschreiben – Gedichte nicht mit einer Vorrede von Gutzkow in die Welt schicken"[121]. Dieser ließ 1845 einen stellenweise grotesken Nekrolog auf Assing erscheinen, mit einleitenden Sticheleien ohne Namensnennung gegen den „Egoismus" Varnhagens, dessen „Schuld [...] abzutragen"[122] der Autor nunmehr übernehmen müsse.

Die verwaisten Schwestern erlebten noch die Brandkatastrophe von Hamburg, bevor sie zu ihrem Onkel übersiedelten. Ursprünglich war es Ottilies Einfall gewesen, doch der Lebenswandel des rastlos schreibenden Workaholics Varnhagen enttäuschte sie. Nach familiären Auseinandersetzungen und einem Suizidversuch verließ sie Berlin, um später nach Amerika auszuwandern; dort wurde sie eine wichtige journalistische Stütze der Abolitionistenbewegung und langjährige Geliebte des ersten schwarzen Bürgerrechtlers Frederick Douglass. Nach dem Scheitern dieser Beziehung kehrte sie nach Europa zurück, erkrankte an Brustkrebs und schied am 21. August 1884 freiwillig aus dem Leben.[123]

Ludmilla Assing, deren Wirken für Heinrich Heine abschließend erwähnt werden muß, blieb bei ihrem Onkel bis zu dessen Ableben im Jahr 1858 und half ihm beim Einrichten der nach dem Ehepaar Varnhagen benannten Autographensammlung, in die sie auch den Nachlaß ihrer Eltern integrierte. „Meine Schwester war eine sorgfältige Bewahrerin"[124], stellte Varnhagen fest, nachdem er die Nichte testamentarisch und durch Schenkung als Nachlaßverwalterin eingesetzt hatte. Die vierzehnjährige Ludmilla war Heine in Paris begegnet; in späteren Feuilletons begrüßte sie u.a. das Erscheinen des „Romanzero".[125]

Sie war es auch, die der Mutter zu einem bescheidenen literarischen Nachruhm verhalf. Einen Gedichtzyklus Rosa Marias brachte Ludmilla Assing im (nicht mehr von Gutzkow redigierten) „Telegraph für Deutschland" unter[126], dem sie seit Mitte der vierziger Jahre Beiträge lieferte[127], kaufte die Restauflage des „Schornsteinfegers" auf[128] und schrieb eine Doppelbiographie ihrer Eltern. Für diese fand sie allerdings keinen Verleger mehr[129] und konnte das Projekt nicht vollenden, bevor sie am 26. März 1880 starb. Vermutlich ungedruckt blieben Rosa Marias Manuskripte „Frauenleben, eine Skizze" sowie „Die drei Bäckerstöchter zu Straßburg, nach einer Sage aus dem Elsaß".[130] Mit dem süddeutschen Freundeskreis stand ihre Tochter zeitlebens in enger Verbindung[131] und erhielt Elternbriefe von Theobald Kerner zurück.[132] Die verwitwet in Rom lebende Freundin Rosa Marias, Johanna Steinheim, wurde von Ludmilla Assing noch jahrelang finanziell unterstützt.[133]

Die Publikationen aus Varnhagens Nachlaß sollten den geselligen Diskurs abbilden und fortschreiben, der sich erst einer parallelen Lektüre von Dichtungen, Briefen, Tagebüchern, Biographien und Journalartikeln erschließt. Dieser Grundsatz bestimmte auch die Verhandlungen, die Ludmilla Assing 1863 mit Julius Campe über einen Druck der Heine-Korrespondenz mit Rosa Maria, Rahel und Karl August Varnhagen sowie Friederike und Ludwig Robert führte. „*Genauer Abdruck* der Briefe, ohne Auslassungen oder Veränderungen irgend einer Art" war ihr die Hauptsache[134]; ferner sollten die Briefe möglichst „als Ganzes ungetrennt zusammen bleiben, und wie Sie es bereits vorschlugen, als Nachtrag am Schlusse geliefert werden, am hübschesten als ein besonderes Bändchen für sich"[135].

Einige Streichungen – „nur ein paar Stellen um noch lebende Personen zu schonen"[136] – nahm Ludmilla Assing selbst vor.[137] Sie betrafen den Dramatiker Friedrich von Uechtritz, die heimliche Eheschließung Fedor Iwanowitsch Tutscheffs, Details zur Platen-Polemik und zur Zeitungspolemik Adalbert von Bornstedts. Die Originalbriefe wurden zur späteren Wiederherstellung mit der Sammlung überliefert. Auch Campe selbst wurde geschont; die – wie man heute weiß – unzutreffenden Verdächtigungen Heines gegen ihn fehlen im Druck.

Doch weder einigte man sich über die Anordnung der Edition noch in der Honorarfrage. Als diese Korrespondenz 1865 bei Brockhaus erschien, vermehrt um Briefe Heines an Helmina von Chézy und Graf Eugen von Breza, bestätigte sich Ludmilla Assings Einschätzung, daß die „die Literaturfreunde [...] sie [...] ganz ebensogut und ebensoleicht im Varnhagen'schen Nachlaß finden, als dieß im Heine'schen Nachlaß der Fall gewesen wäre."[138] Immerhin war die Korrespondenz „jetzt ziemlich vollständig zur Kunde der Nachwelt gelangt"[139], und Adolf Strodtmann konnte sie für seine Biographie nutzen.[140] Interessierten Heine-Forschern, die den Weg nach Florenz nicht scheuten (dort hatte sich die Nachlaßverwalterin niedergelassen, noch bevor sie in Preußen wegen ihrer Publikationen steckbrieflich verfolgt und verurteilt wurde), gewährte sie bereitwillig Einsicht. So verdankte ihr Charles Berthoud „plusieurs indications précises"[141], Karl Hillebrand ließ sich zu einem historischen Essay über Berlin inspirieren[142], Adolph Kohut las die Bleistiftzeilen, die der sterbende Heine an Alexander von Humboldt richtete.[143]

Spätere Editoren haben Ludmilla Assings Verdienste um die Heine-Überlieferung ignoriert[144], ebenso wie den in der Sammlung Varnhagen nachvollziehbaren, nicht allein um Rahels Nachlaß zentrierten, ebenso komplexen wie vielstimmigen Diskurs. Die Schwierigkeiten, ihn zu dokumentieren, aus der Lebenswirklichkeit der Teilnehmer und Teilnehmerinnen ins Literarische und damit in die Nachwelt hinüberzuretten, hat Heine in seinem brieflichen Nachruf auf Rosa Maria – dem schönsten, der ihr zuteil geworden ist –, metaphorisch umschrieben:

> Ich habe die Hingeschiedene sehr gut gekannt, sie zeigte mir immer die liebreichste Theilnahme, war Ihnen so ähnlich in der Besonnenheit und Milde, und obgleich ich sie nicht allzu oft sah, so zählte ich sie doch zu den Vertrauten, zu dem heimlichen Kreise, wo man sich versteht ohne zu sprechen – Heiliger Gott, wie ist dieser Kreis, diese stille Gemeinde, allmählig geschmolzen, seit den letzten zehn Jahren! Einer nach dem anderen geht heim – Unfruchtbare Thränen weinen wir ihnen nach – bis auch wir abgehn – Die Thränen die alsdann für uns fließen, werden nicht so heiß seyn, denn die neue Generazion weiß weder was wir gewollt, noch was wir gelitten!
>
> Und wie sollten sie uns gekannt haben? Unser eigentliches Geheimniß haben wir nie ausgesprochen, und werden es auch nie aussprechen, und wir steigen ins Grab mit verschlossenen Lippen! Wir, wir verstanden einander durch bloße Blicke, wir sahen uns an und wußten, was in uns vorging – diese Augensprache wird bald verloren sein, und unsere hinterlassenen Schriftmähler, z. B. Rahels Briefe, werden für die Spätergeborenen doch nur unenträthselbare Hieroglifen seyn – das weiß ich, und daran denk ich bey jedem neuen Abgang und Heimgang. – – (HSA XXI, 113)

Anmerkungen

1 Ottilie von Goethe: Für Anna – Über Rahel, Bettine und Charlotte. – In: G[eorge] H[enry] Needler (Hrsg.): Letters of Anna Jameson to Ottilie von Goethe. London u.a. 1939, S. 235.

2 Vgl. die zuletzt erschienene, aufschlußreiche Studie von Lorely French: German Women as Letter Writers: 1750–1850. Cranbury, NJ u.a. 1996.

3 Barbara Hahn: Unter falschem Namen. Von der schwierigen Autorschaft der Frauen. Frankfurt a.M. 1991 (= edition suhrkamp 1723), S. 18.

4 Vgl. Nikolaus Gatter: „Gift, geradezu Gift für das unwissende Publicum". Der diaristische Nachlaß von Karl August Varnhagen von Ense und die Polemik gegen Ludmilla Assings Editionen (1860–1880). Bielefeld 1996.

5 Vgl. Dietz Bering: Der Name als Stigma. Antisemitismus im deutschen Alltag 1812–1933. Stuttgart 1987.

6 Berliner Zuschauer. Neue Preußische (Kreuz-) Zeitung Nr. 70, 22. März 1860 [gez. ††]; Hervorhebungen im Druck gesperrt. Daß Name, Erscheinungsdatum und Umstände der Herausgabe der Gedichte unrichtig angegeben sind, sei wenigstens angemerkt. – Ebd. Nr. 78, 31. März 1860 findet sich ein Angriff auf Fanny Lewald als Ludmilla Assings Cousine.

7 Vgl. Extract aus dem Taufbuch der Evang. Luth. Gemeinde zu Düsseldorf, SlgV, 12. – Die Bestände erschließt Ludwig Stern: Die Varnhagen von Ensesche Sammlung in der Königlichen Bibliothek. Berlin 1911.

8 Vgl. Ludmilla Assings unvollendetes Manuskript einer Biographie ihrer Eltern [in weißem Umschlag mit Vermerk von fremder Hand: „Assing, Leben"]. SlgV, 40.

9 Konrad Feilchenfeldt (Hrsg.): Karl August Varnhagen von Ense. Denkwürdigkeiten des eignen Lebens. 3 Bde., Frankfurt a.M. 1987 (= Bibliothek deutscher Klassiker 22f; 25), Bd. I, S. 18, 41 [künftig: Dw].

10 Vgl. Anmerkungen des Publikums der Stadt Düsseldorf auf die von dem Arzte J.A. Varnhagen am 1. Mai laufenden Jahres hier in Druck erlassene sogenannte Verläumdungs-Rüge. Düsseldorf 1792, S. 1f.

11 Assing [Anm. 8], S. 48.

12 Dw I, 121f.

13 Klaus Müller: Unter pfalz-neuburgischer und pfalz-baierischer Herrschaft (1614–1806). – In: Düsseldorf. Geschichte von den Ursprüngen bis ins 20. Jahrhundert (1614–1900), hrsg. v. Hugo Weidenhaupt. Düsseldorf 1988, S. 37f.; Dw I, 122f.

14 Aufzeichnung vom 11. Juni 1852. – In: Ludmilla Assing (Hrsg.): Tagebücher von K.A. Varnhagen von Ense. Hamburg 1868 (= Aus dem Nachlaß Varnhagen's von Ense), Bd. 9, S. 249.

15 Vgl. Rosa Maria Assing, geborne Varnhagen von Ense: Der Schornsteinfeger. Erzählung nach einer wahren Begebenheit, aus der Mitte des vorigen Jahrhunderts. Straßburg 1834.

16 Dw I, 161.

17 Assing [Anm. 8], S. 59; vgl. Dw I, 58.

18 Dw I, 176.

19 Dw I, 22; III, 742; Karl Gutzkow: Rosa Maria und J.[!] D. Assing. – In: Heinrich Hubert Houben (Hrsg.): Karl Gutzkow: Ausgewählte Werke. Leipzig [1908], Bd. VIII, S. 212f.; Vgl. Joachim Kirchner (Hrsg.:) Silhouetten aus dem Nachlaß von Varnhagen von Ense. Nach den in der preußischen Staatsbibliothek befindlichen Originalen. Berlin [1925]; Renate Schipke: Eine Künstlerin des Berliner Biedermeier. Scherenschnitte von Rosa Maria Assing, geb. Varnhagen (1795–1840). – In: Berlinische Monatsschrift 10, 1996, S. 8–13.

[20] Vgl. Dw I, 185, 189, 197.
[21] Assing [Anm. 8], S. 59.
[22] Ebd., S. 58.
[23] Rosa Maria an Karl August Varnhagen, 6. Oktober 1805. SlgV, 16.
[24] Vgl. Ludwig Geiger: Rosa Maria Assing. – In: ders.: Dichter und Frauen. Abhandlungen und Mitteilungen. Neue Sammlung. Berlin 1899, S. 205.
[25] Dw I, 318.
[26] Geiger [Anm. 24], S. 206.
[27] Karl August an Rosa Maria Varnhagen, 18. Mai 1823. – In: Werner I, 82.
[28] Vgl. Dw I, 330; Musenalmanach auf das Jahr 1806. Hrsg. v. L.A. v. Chamisso und K.A. Varnhagen. Berlin 1806, S. 20f., 135f., 143ff., 153ff., 176ff.
[29] Vgl. Fabio und Clara. Eine Novelle von Rosa Maria. – In: Erzählungen und Spiele, hrsg. v. Wilhelm Neumann und Karl August Varnhagen. Hamburg 1807, S. 233–278.
[30] Vgl. Rosa Maria: An meinen Bruder. – In: Musenalmanach [Anm. 28], S. 155; dazu die Kritik Geigers [Anm. 24], S. 205f.
[31] Vgl. Karl August Varnhagen: An meine Schwester. – In: Musenalmanach auf das Jahr 1804, hrsg. v. L. A. v. Chamisso u. dems. Leipzig 1804, S. 77; ders.: An Rosa. – In: Musenalmanach auf das Jahr 1805, hrsg. v. dens. Berlin 1805, S. 117.
[32] Vgl. Konrad Feilchenfeldt: „Fiktionen, die sie als Fakta behandeln." Zur Kunstauffassung Karl August Varnhagens von Ense. – In: HJb 25, 1986, S. 95–111.
[33] Karl August an Rosa Maria Varnhagen, Mitte Februar 1804. Zit. nach Assing [Anm. 8], S. 67f.
[34] Vgl. Karl August Varnhagen an David Assing, 22. März 1840. SlgV, 12.
[35] Adelbert von Chamisso und Rosa Maria. (Mitgetheilt von Rosa Maria). – In: Der Freihafen. Galerie von Unterhaltungsbildern aus den Kreisen der Literatur, Gesellschaft und Wissenschaft. 2 (1839), H. 1, S. 7.
[36] Ders. an Rosa Maria, 24. Juni 1810. – In: Ebd., S. 13.
[37] Vgl. ebd., S. 10 und 12ff.; vgl. Aurikeln. Eine Blumengabe von deutschen Händen hrsg. v. Helmina von Chezy geb. Freyin von Klencke. Berlin 1818, Bd. I, S. 197–201. – Über ihre Herausgeberinnentätigkeit vgl. Irina Hundt: „Wäre ich besonnen, wäre ich nicht Helmina." Helmina von Chézy (1783–1856): Porträt einer Dichterin und Publizistin. – In: FVF Jb, 1996, S. 43–79.
[38] Poetischer Almanach für das Jahr 1812. Besorgt von Justinus Kerner. Heidelberg 1811, S. 23, 135; Deutscher Dichterwald. Von Justinus Kerner, Friedrich Baron de La Motte Fouqué, Ludwig Uhland und Andern. Tübingen 1813, S. 12. – Rosa Maria forderte ihn auf, ihre Einsendungen von Dritten prüfen zu lassen, weil er durch ihr freundschaftliches Verhältnis voreingenommen sei. Vgl. Ludwig Geiger: [Rezension] Justinus Kerners briefwechsel mit seinen freunden ... – In: ZfdPh 31, 1899, Nr. 3, S. 269; zwei Sonette wurden weggelassen; vgl. Julius Hartmann (Hrsg.): Uhlands Briefwechsel. Stuttgart u.a. 1911, Bd. I, S. 313, Anm. 11.
[39] Vgl. Adelbert von Chamisso an Rosa Maria Varnhagen, Anfang Dezember 1810. – In: Chamisso [Anm. 35], S. 17f.
[40] Vgl. Deutscher Musenalmanach. Hrsg. v. A[delbert] von Chamisso und G[ustav] Schwab. Jgge. 4 (1833), S. 179–183; 5 (1834), S. 368f.; 7 (1836), S. 304–309; 8 (1837), S. 223f.
[41] Wolfgang Bunzel: Assing, Rosa Maria. – In: Literatur-Lexikon. Autoren und Werke deutscher Sprache. Hrsg. v. Walther Killy. Gütersloh 1988, Bd. I, S. 232.
[42] Vgl. Deutschlands Dichterinnen. (Von 1500 bis 1846.) In chronologischer Folge hrsg. v. Abraham Voß. Düsseldorf [1847], S. 301f.; Lexikon der hamburgischen Schriftsteller bis zur

Gegenwart. Im Auftrag des Vereins für hamburgische Geschichte ausgearbeitet von Hans Schröder. Hamburg 1851, Bd. I, S. 107ff.; Deutsches Dichter-Lexikon. Biographische und bibliographische Mittheilungen über deutsche Dichter der Gegenwart für Freunde der Literatur zusammengestellt von Franz Brümmer. Eichstätt u. a. 1876, Bd. I, S. 23.

43 [Rez.] 1. Rosa Maria's poetischer Nachlaß. Herausgegeben von D. A. Assing ...; 2. Gedichte von Emanuel Geibel ... [gez. 41.]. – In: Blätter für literarische Unterhaltung Nr. 209, 28. Juli 1841, S. 845f.

44 D[avid] A[ssur] Assing (Hrsg.): Rosa Maria's poetischer Nachlaß. Altona 1841, S. 25–38.

45 Die folgenden Zitate ebd., S. 88–91.

46 Ebd., S. 188.

47 Ebd., S. 230f.

48 Vgl. etwa die „Sonette" S. 21f., 24f.; „Abschied und Bündniß" sowie „Angst und Beruhigung". Ebd., S. 42–45.

49 Vgl. ebd., S. 119–131.

50 Gutzkow [Anm. 19], S. 214f.

51 Rosa Maria Varnhagen an Justinus Kerner, Anfang Oktober 1809. – In Theobald Kerner (Hrsg.): Justinus Kerners Briefwechsel mit seinen Freunden. Durch Einleitungen und Anmerkungen erläutert von Ernst Müller. Stuttgart u. a. 1897, Bd. I, S. 77f.

52 Assing [Anm. 8], S. 116.

53 Geiger [Anm. 24], S. 206f., begründet damit sogar „die Annahme einer großen Intimität", wogegen freilich Uhlands Brief an Karl Mayer vom 6. Februar 1810 spricht, der Rosa Maria als „genaue Freundin Kerners (mehr nicht, wie ich bestimmt weiß)" bezeichnet. Uhland [Anm. 38], Bd. I, S. 155.

54 Assing [Anm. 8], S. 124f.

55 Ludmilla Assing: Johanna Neander. – In: Deutsches Magazin 1, 1861, S. 221f.

56 Vgl. ebd., S. 75.

57 Nicht durch Karl August Varnhagen von Ense, wie Jutta Dick meint: Ottilie Assings Aufbruch in die neue Welt. – In: Von einer Welt in die andere. Jüdinnen im 18. und 19. Jahrhundert. Hrsg. v. ders. und Barbara Hahn. Wien 1993, S. 127; vgl. Justinus Kerner an David Assur, 5. Juli (?) 1811. – In: Geiger [Anm. 38], Nr. 2, S. 276.

58 David Assur, 28. April, und Rosa Maria Varnhagen, 22. August 1812 an Justinus Kerner. – In: Geiger [Anm. 24], S. 213f. Selbstkritisch bestätigte Assur diese Einschätzung im Brief an Karl August Varnhagen von Ense, 20. Februar 1816. SlgV, 12. Vgl. auch Gutzkow [Anm. 19], S. 228.

59 Vgl. David Assur an Justinus Kerner, 4. Mai 1812. – In: Geiger [Anm. 38], Nr. 15, S. 270f.

60 Vgl. Justinus Kerner an David Assur, 5. Dezember 1812. – In: Geiger [Anm. 24], S. 214ff.

61 Vgl. Rosa Maria Assing an Justinus Kerner, Juli 1819 und 6. April 1820. – In: Kerner [Anm. 51], Bd. I, S. 487, 501ff.; dies. an Karl Mayer, 21. April 1838. – In ders.: Ludwig Uhland, seine Freunde und Zeitgenossen. Erinnerungen. Stuttgart 1867, Bd. II, S. 159.

62 Karl Mayer an Justinus Kerner, 6. April 1812. – In: Kerner [Anm. 51], Bd. I, S. 287.

63 Ludwig Uhland an Friederike Ehmann, 3. März 1812. – In: Uhland [Anm. 38], Bd. I, S. 288.

64 Ders. an Rosa Maria Varnhagen, 23. August 1810. Ebd., S. 190.

65 Assing [Anm. 8], S. 179f.

66 Assing, David Assur A. [gez. G]. – In: August Hirsch (Hrsg.): Biographisches Lexikon der hervorragenden Ärzte aller Zeiten und Völker. Berlin u. a. ²1929, Bd. I, S. 228f. und Erg.-Bd. 1935, S. 46.

67 Vgl. die Dokumente über Taufe und Bürgereid. SlgV, 12. Justinus Kerner, dem er sein langes Zögern vor dem Konfessionswechsel anvertraut hatte, wollte die Namensänderung

nicht anerkennen; vgl. seinen Brief an Karl August Varnhagen von Ense, 15. März 1816. – In: Geiger [Anm. 38], Nr. 24, S. 272.

68 David Assur an Karl August Varnhagen von Ense, 20. Februar 1816. SlgV, 12.

69 Ders. an Karl August Varnhagen von Ense, 5. November 1816. Ebd.

70 Ders. an Friederike Kerner, undat. Exzerpt Ludmilla Assings; vgl. ders. an Karl August Varnhagen von Ense, 5. November 1816. Ebd.

71 Zit. bei Gutzkow [Anm. 19], S. 225 und Heinrich Zeise: Aus dem Leben und den Erinnerungen eines norddeutschen Poeten. Altona 1888, S. 45.

72 Vgl. Eduard Kulke: Erinnerungen an Friedrich Hebbel. Wien 1878, S. 65.

73 Vgl. Rahel Varnhagen an Rosa Maria Assing, 17. August 1826. – In Karl August Varnhagen von Ense (Hrsg.): Rahel. Ein Buch des Andenkens für ihre Freunde. Berlin 1834, Bd. III, S. 246ff.

74 Vgl. Justinus Kerner an David Assing, 14. Februar 1842. – In: Geiger [Anm. 38], Nr. 13, S. 279.

75 David Assing an Karl August Varnhagen von Ense, 23. Februar 1821. SlgV, 12.

76 Assing (Rosa Maria). – In: Allgemeine deutsche Real-Encyklopädie für die gebildeten Stände. Conversations-Lexikon. Leipzig [10]1851, Bd. I, S. 744.

77 Vgl. Jutta Dick: Aus den Briefen von Rahel de Castro an Ludmilla Assing. – In: QuerELLES. Jb. für Frauenforschung 3, 1998, S. 281–290; dies.: Freundinnen. Rahel de Castro, Ludmilla Assing, Ottilie Assing. – In: Menora. Jb. für deutsch-jüdische Geschichte 1997, S. 181–198. Ludmilla Assing schrieb wohl auch den Nachruf auf Rahel de Castro: Kleine Mitteilungen. – In: Frankfurter Zeitung und Handelsblatt Nr. 340, 12. Juni 1871 (2. Blatt).

78 Karl Gutzkow: Rückblicke auf mein Leben. Berlin 1875, S. 177.

79 Vgl. Rosa Maria Assing an Elise Campe, 11. Mai 1816. Handschriftenabteilung der British Library, London, Add. 28, 961, fol. 37.

80 Gutzkow [Anm. 19], S. 216.

81 Vgl. ebd., S. 213. – Das naturkundliche Interesse teilte sie mit ihrem Ehemann; vgl. Hans-Joachim Schoeps: Salomon Ludwig Steinheim. Lebenslauf – Werk – Einordnung. – In: Salomon Ludwig Steinheim zum Gedenken. Ein Sammelband, hrsg. v. dems. in Verbindung mit Heinz Mosche Graupe und Gerd-Hesse Goeman. Leiden 1966, S. 18.

82 Vgl. die Briefe des Ehepaars an Ludmilla und Ottilie Assing. – In: Jutta Dick und Julius H. Schoeps (Hrsg.): Salomon Ludwig Steinheim und Johanna Steinheim. Briefe. Zürich u.a. 1996 (= Haskala Bd. 9), S. 176–266.

83 Feodor Wehl: Zeit und Menschen. Tagebuch-Aufzeichnungen aus den Jahren von 1863–1884. Altona 1889, Bd. II, S. 3.

84 [Wilhelm] H[amm]: Hamburger Abende. – In: Neue Freie Presse Nr. 3500, 24. Mai 1874, S. 5; dort auch ein von Ottilie Assing verfaßter „Theaterzettel" mit der Besetzung dreier Leseaufführungen. Verfassernachweis nach dem Ausschnitt (SlgV, 20) mit korrigierenden Anmerkungen Ludmilla Assings. Danach habe sie mit Ludwig Wihl nie gesprochen, den sie nur von seinen öffentlichen Vorträgen her kannte.

85 [Johann Friedrich Ludwig Theodor] Merzdorf: Assing, Rosa. – In: ADB, Bd. 1, S. 624.

86 Vgl. Karl August Varnhagen, 27. Mai 1833. – In: Kerner [Anm 51], Bd. II, S. 49; Theobald Kerner: Das Kernerhaus und seine Gäste. Stuttgart u.a. 1894, S. 177. Wehl [Anm. 83], Bd. II, S. 79.

87 So ist wohl Sophie Schwabs Äußerung vom 6. Februar 1835 zu verstehen; vgl. Kerner [Anm. 51], Bd. II, S. 84.

88 Rosa Maria Assing: Aufzeichnung, 15. Oktober 1825. – In: Werner I, 135; dies. an Justinus Kerner, 1. Mai 1836. – In Ludwig Geiger: Aus Chamisso's Frühzeit. Ungedruckte Briefe nebst Studien. Berlin 1905, S. 238f.

[89] Heinrich Heine an Rosa Maria Assing, 30. Juni 1835. – In: HSA 22, 113.
[90] Rosa Maria an David Assing, 10. Juli 1835. – In: Werner I, 310.
[91] Vgl. Karl August Varnhagen von Ense an Rosa Maria Assing, 18. Mai 1823. – In: Werner I, 82.
[92] Rosa Maria Assing: Aufzeichnung, 4. Oktober 1827. – In: Werner I, 156.
[93] Dass., 12. September 1823. – In: Werner I, 85; vgl. S. 138.
[94] Vgl. Werner I, 158, 187.
[95] Vgl. Gutzkow [Anm. 19], S. 217; Theodor Hagen an Ludmilla Assing, 18. April 1856. – In: Werner I, 510.
[96] Rosa Maria Assing: Aufzeichnung, 23. Dezember 1830. – In: Werner I, 216.
[97] Vgl. Werner I, 147f., 216.
[98] Vgl. Werner I, 137f., 148.
[99] Rosa Maria Assing: Aufzeichnung, 3. März 1826. – In: Werner I, 137.
[100] Vgl. dass., 5. Mai und 3. Juni 1826. – In: Werner I, 137f.
[101] Vgl. Werner I, 137, 140, 150.
[102] Rosa Maria Assing an Karl August Varnhagen von Ense, 24. Februar 1827. – Werner I, 148.
[103] Dies.: Aufzeichnung, 4. Oktober 1827. – In: Werner I, 156.
[104] Vgl. dass., 10. September 1830. – In: Werner I, 206.
[105] Heinrich Heine an Rosa Maria Assing, 30. Juni 1853. – In: HSA 21, 113.
[106] Rosa Maria Assing: Aufzeichnung, 10. Februar 1829. – In: Werner I, 173.
[107] Vgl. Rahel [Anm. 73] Bd. III, S. 293, 530f.
[108] Rahel Varnhagen an Rosa Maria Assing, 15. Februar 1821. – Ebd., Bd. III, S. 362.
[109] Dies. an Rosa Maria Assing, 20. September 1832. Ebd. Bd. III, S. 586f. Hervorhebungen im Druck gesperrt.
[110] Nikolaus Gatter: „… sie ist vor allen die *meine* …“ Die Sammlung Varnhagen bis zu ihrer Katalogisierung. Anhang: Die Sammlung Varnhagen in Testamenten und Verfügungen. – In: AVG 1, 2000, S. 261. Vgl. die Aufzeichnung Rahels vom April 1831, daß sie „in Familiën-angelegenheiten, über manche Glieder der meinigen zu erwägen hatte“. Rahel [Anm. 73], Bd. III, S. 497.
[111] Ebd. Das Grundkapital der Renten für Ludwig Robert und Dorothea Neuendorf sollte nach dem Ableben an Auguste Cohen und Rosa Maria Assing oder ihre Kinder fallen.
[112] Vgl. Gatter [Anm. 110], S. 262f.
[113] Rosa Maria an Justinus Kerner, 9. Oktober 1833. – In: Geiger [Anm. 38], Nr. 31, S. 274 (Orthographie nach ZfdPh).
[114] Assing [Anm. 44], S. 50.
[115] Vgl. David Assing an Karl August Varnhagen von Ense, 12. und 23. Januar 1840. SlgV, 12.
[116] Vgl. Karl August Varnhagen von Ense an David Assing, 10. Februar 1840; David Assing an Karl August Varnhagen von Ense, 9.–10. März und 4. April 1840. Ebd.
[117] Vgl. D[avid] A[ssur] Assing: Nenien nach dem Tode Rosa Maria's. Als Handschrift für Freunde. Hamburg 1840; dass. Hamburg ²1841.
[118] Vgl. übereinstimmend Gutzkow (Anm. 19], S. 228f.; Hamm [Anm. 84], S. 5. – Beim Tod ihrer Mutter äußerte Ottilie erstmals Selbstmordabsichten; vgl. ihre Nachschrift zum Brief David Assings an Karl August Varnhagen von Ense, 23. Januar 1840. SlgV, 12.
[119] David Assing an Karl August Varnhagen von Ense, 18. März 1840. Ebd.
[120] K[arl] G[utzkow]: Rosa Maria Assing, geb. Varnhagen von Ense. – In: Telegraph für Deutschland. Jg. 1840, Nr. 27f., S. 105ff.; 109ff.; vgl. Gutzkow [Anm. 19].
[121] David Assing an Karl August Varnhagen von Ense, 4. April 1840. SlgV, 12.

[122] Gutzkow [Anm. 19], S. 219. – Zuerst in: Das Neue Europa. Chronik der gebildeten Welt. Jg. 1 (1845), 2. Lieferung, S. 17–22.
[123] Vgl. Berliner Nachrichten. – In: National-Zeitung. Abend-Ausgabe. Jg. 37, Nr. 500, 3. September 1884.
[124] Karl August Varnhagen von Ense: Tagesblätter, 1. Februar 1857. SlgV, 256.
[125] [Ludmilla Assing:] Feuilleton. Hamburg, 1. Oct. Der letzte Correcturbogen … [gez. W]. – In: Deutsche Allgemeine Zeitung, Nr. 506, 2. Oktober 1851 (2. Ausg.), S. 2073.
[126] Rosa Maria Assing: Die schlafende Prinzessin. Ein altes Feenmärchen für verständige Kinder. – In: Telegraph für Deutschland Jg. 1846, Nrn. 93–107, S. 369ff., 374ff., 379f., 382f., 386ff., 391f., 395f., 398ff., 402f., 407f., 411f., 415f., 419f., 423f., 426ff.
[127] Nikolaus Gatter: „Letztes Stück des Telegraphen. Wir alle haben ihn begraben helfen …" Ludmilla Assings journalistische Anfänge im Revolutionsjahr. – In: Wolfgang Bunzel/Uwe Lemm/Walter Schmitz (Hrsg.): Umbruch der Kulturen. – Die europäischen Revolutionen von 1848/49. Jb. der Bettina-von-Arnim-Gesellschaft 11/12, 1999/2000, S. 101–120.
[128] Vgl. Ludmilla Assing an Gottfried Keller, 15. August 1856. – In: Jakob Baechthold: Gottfried Kellers Leben. Seine Briefe und Tagebücher. Berlin ^{3}1894, Bd. 2, S. 370. Nach dem Kellerschen Exemplar wurde die Novelle neu gedruckt als Nr. 11 der Schriftenreihe des „Vereins für Verbreitung guter Schriften", Zürich 1894.
[129] Vgl. Briefkonzept [wohl an Cotta, 12. September 1879]. SlgV, 19. Carl von Cotta an Ludmilla Assing, 16. September 1879. DLA, Cotta-Archiv; über die voraussichtliche Ablehnung durch Hallberger in Stuttgart berichtet dies. Theodor Kerner am 8. Oktober 1879. DLA, A: Th. Kerner 18756.
[130] Stern [Anm. 7], S. 32.
[131] Vgl. Aufzeichnung Ludmilla Assings, 8. und 11. August 1860; dies. an Carl Mayer d.J., 11. Oktober 1870. DLA, A: Mayer, C. d.J. 53.651; dies. an Theobald Kerner, 26. September 1879. Ebd., A: Th. Kerner KN 9698.
[132] Vgl. dies. an Theobald Kerner, 22. September 1879. DLA, A: Th. Kerner 21210 sowie die Bemerkung über aus Briefbänden gerissene Briefe an Kerner in SlgV bei Geiger [Anm. 24], S. 325.
[133] Vgl. Steinheim [Anm. 81], S. 17.
[134] Ludmilla Assing an Julius Campe, 21. November 1863 (Konzept). SlgV, 240.
[135] Dies. an Adolf Strodtmann, 21. November 1863 (Konzept). Ebd.
[136] Ebd.
[137] Vgl. Heines Briefe, 14. Mai 1826, 28. November 1827, 1. April 1828, 3. Januar, 19. und 30. November 1830, 5. April 1830, 31. März 1838. – In: Ludmilla Assing (Hrsg.): Briefe von Stägemann, Metternich, Heine und Bettina von Arnim, nebst Briefen, Anmerkungen und Notizen von Varnhagen von Ense. Leipzig 1865 (= Aus dem Nachlaß Varnhagen's von Ense), S. 158, 179, 183, 196, 201–204, 210f., 220 und 250 mit den kritischen Fassungen der Säkularausgabe.
[138] Ludmilla Assing an Georg Herwegh, 8. März 1863. Herwegh-Archiv Liestal (Schweiz), Sign. BR H 1065a.
[139] Adolf Strodtmann: H. Heine's Leben und Werke. Berlin 1868, Bd. I, S. 138.
[140] Anders als die Heine-Korrespondenz mit Joseph Lehmann, der sie ebenfalls selbst zu veröffentlichen vorzog; vgl. ders.: Briefe H. Heines an den Herausgeber des „Magazin für die Literatur des Auslandes". – In: Magazin für die Literatur des Auslandes, Jg. 37, Nrn. 2f., 11. und 18. Januar 1868, S. 17ff., 33ff.

[141] Ch[arles] Berthoud: Lettres de Henri Heine. Première partie 1820–1825. – In: Revue germanique, Bd. 293, H. vom 1. Mai 1864, S. 252f., Anm. 2; vgl. Ludmilla Assings Aufzeichnung, 19. Dezember 1863. SlgV, 19.

[142] Vgl. Karl Hillebrand: La société de Berlin de 1789 à 1815. D'apres des correspondances et des mémoires du temps publiés de 1789 à 1815. – In: Revue des deux mondes 2. F. Jg. 40, Bd. 86, H. vom 15. März, S. 447–486; Bd. 70, H. vom 1. Mai, S. 67–113; Bd. 90, H. vom 1. November 1870, S. 5–26. Wolfram Mauser: Karl Hillebrand. Leben, Werk, Wirkung. Dornbirn 1960 (= Gesetz und Wandel. Innsbrucker literarhistorische Arbeiten 1), S. 96f., 226f., 254f.

[143] A[dolph] K[ohut]: Alexander von Humboldt und Heinrich Heine. – In: Breslauer Zeitung (Morgen-Ausgabe) Jg. 66, Nr. 328, 13. Mai 1885.

[144] Nikolaus Gatter: Der Fabelkönig, sein Waffenbruder und die Gladiatoren. Heines Empfehlung für Ferdinand Lassalle: zur Publikationsgeschichte. Mit einem textkritischen Anhang. – In: Michael Vogt (Hrsg.): Georg Weerth und das Feuilleton der „Neuen Rheinischen Zeitung“. Kolloquium zum 175. Geburtstag am 14./15. Februar 1997. – In: FVF Jb, 1997, S. 144ff.

Anna Milder-Hauptmann (1785–1838)
Wilhelmine Schröder-Devrient (1804–1860)

„[...] wenn das Orchester [...] tobt, und die Sängerin sich dazu wie eine *Furie geberdet".* *„Cordelia" (1823), Conradin Kreutzers Oper über „eine wahre Begebenheit im Jahre 1814" für zwei Primadonnen*

Till Gerrit Waidelich, Berlin

Historiographen der deutschen Operngeschichte aber auch dem mit der Geschichte des Musiktheaters vertrauten Laien sind die Namen Anna Pauline Milder-Hauptmann sowie insbesondere Wilhelmine Schröder-Devrient gut bekannt. Der kontinuierlich gepflegte Nachruhm der beiden dramatischen Sopranistinnen, die ihre eigentliche Bühnenreife am Kärntnertortheater zu Wien erlangten, ist nicht zuletzt als der der ersten namhaften Darstellerinnen der Titelrolle des Beethovenschen „Fidelio" stets gewährleistet gewesen: Für die Milder war die sängerisch und darstellerisch anspruchsvolle Partie von Beethoven in allen drei Fassungen (1805, 1806 und 1814) kreiert worden. Die Schröder hingegen, die am 3. November 1822 ihr Rollendebut mit der Leonore gab, gilt gemeinhin als erste Protagonistin, die auch die darstellerischen Anforderungen des Werkes kongenial auf der Bühne umzusetzen verstand, sie wird im Nachhinein als *die* Interpretin jener Rolle überhaupt gefeiert. Dies ist nicht zuletzt deshalb gewährleistet, weil später ein Richard Wagner bekundete, durch ihre Darstellung seinen Begriff und die Idee vom Musikdrama gewonnen zu haben, – ein wahrlich folgenreicher Impetus für die Geschichte des musikalischen Theaters überhaupt.

„Adele von Budoy" (1819)[1] oder in neu adaptierter Version „Cordelia" (1823)[2], eine „lyrisch-tragische Oper in einem Aufzug" von Conradin Kreutzer (1780–1849) auf das Libretto des Goethe-Adepten Pius Alexander Wolff (1782–1828), die zeitlich und konzeptionell zwischen „Fidelio" und Wagners ersten wichtigen Musikdramen steht, war nun ein von der Nachwelt zwar fast vergessenes, von den Zeitgenossen aber stark beachtetes Werk, das beiden Sängerinnen viel zu verdanken hat. Indes bot dieses durchkomponierte monodramatische Stück ihnen gleichzeitig auch die Chance, neben dem Chor als einzige Protagonistin in einer darstellerisch wie vokal außerordentlich anspruchsvollen und gleichwohl dankbaren Rolle zu brillieren. Zwar resignierte die Milder rasch, nachdem sie das Werk 1821 ein Königsberger Provinzpublikum vorkosten hatte lassen[3], der eine Generation jüngeren Schröder-Devrient jedoch dürfte die für sie eigens umgearbeitete „Adele" unter dem Titel „Cordelia" mit dazu verholfen haben, sich als eine der ersten auf die Ansprüche dramatischer Gesangspartien von Wagnerschem Format vorzubereiten. Zwischen 1823 und 1830 stand sie in dieser Partie acht Jahre lang immer wieder auf der Bühne, namentlich auch einmal bei ihrer Gastspielreise in Paris 1830.

Die Tatsache, daß die Milder und Wolff den vormaligen Stuttgarter und designierten Donaueschinger Hofkapellmeister Kreutzer mit der Vertonung dieses Sujets betrauten, ist einerseits überraschend, erklärt sich dann aber doch, wenn man die näheren Umstände in Rechnung stellt: Als der Auftrag vergeben wurde, waren die Berliner Königlichen Schauspiele in einer Übergangsphase, versuchte doch der Generalintendant Karl Graf von Brühl noch Carl Maria von Weber als musikalischen Leiter zu gewinnen, und doch war die Berufung des in Frankreich berühmt gewordenen Gaspare Spontini auf den Posten des Musikchefs aufgrund der Entscheidung des Königs kein Geheimnis mehr.

Nachdem die Milder, ihre Wiener vertraglichen Verpflichtungen mißachtend und nachträglich lösend, nach Berlin gewechselt war, experimentierte man dort mit allerlei Versuchen zu einer deutschsprachigen „großen" Oper, die sich Glucks Vorbild verschrieben hatte und im Grunde auch gerade dem – recht eigentlich erst seit Bekanntwerden seines Berliner Engagements umstrittenen – Spontini und seiner „Vestale" (Paris 1807) verpflichtet war. Und die Milder spielte bei diesen Bestrebungen, eine heroische deutsche Oper zu kreieren, eine nicht zu unterschätzende Rolle, hatte sie sich doch schon in Wien seitens der opernreformatorischen Kreise um Ignaz von Mosel instrumentalisieren lassen, entsprechend ihrem phlegmatischen Naturell und dem zu lyrisch-dramatischem Wohlklang prädestinierten Stimmorgan, einem klassizistischen Opernideal zu huldigen, das zwar die Kenner nachhaltig aufmerken ließ, ihr den Erfolg beim breiten Publikum, welches sich durch die Kulinarik der Rossinischen Opern enthusiasmieren ließ, aber versagte.[4]

Kreutzer, der es erst 1834 – kurz nach der letzten nachweisbaren Inszenierung der „Cordelia" – sowohl mit dem „Nachtlager in Granada" sowie der Bühnenmusik zu Ferdinand Raimunds „Verschwender" im Wiener Josephstädtischen Theater vermochte, einen – fast bis heute währenden – Erfolg in ganz Europa zu erzielen, mag der Milder, die er schon seit zehn Jahren aus Wien kannte, bei seinen Berliner Konzerten vom Herbst 1817 als Virtuose des ungewöhnlichen Tasteninstruments „Panmelodicon" aufgefallen sein, doch war er bis dato als Komponist noch nicht sonderlich ausgewiesen. Allerdings war seine ambitionierte dreiaktige „heroische Oper" „Orest", in welcher für die Milder die Rolle der Clytemnestra bestimmt war, gerade beim Generalintendanten Brühl eingereicht und Kreutzer konnte sich zumindest eine zeitlang wohl gewisse Hoffnungen machen, daß „Orest" zur Aufführung angenommen würde. Zweifellos war jedoch ein Monodram, das sie nahezu solistisch darzubieten vermochte, für die Milder erheblich attraktiver, hatte sie doch hier ihren Erfolg nicht mit Ensemblekollegen zu teilen. Es liegt also nahe, daß man seitens des Librettisten und der Primadonna darauf setzte, man habe es bei Kreutzer mit einem Komponisten zu tun, dessen Renommé der Popularität des Werkes zwar gewiß nicht schaden werde, der jedoch andererseits der Sängerin ohne viel Federlesens und allzu eigenwillige Ambitionen, eine effektvolle Partie für ihre Kehle liefern werde. Und die Idee eines auf ihre ganz individuellen Qualitäten zugeschnittenen Paradestücks, das indes auch den operntheoretischen Maximen konservativer wie gleichzeitig reformerisch orientierter Fachleute Rechnung trug, nahm dann in „Adele von Budoy" Gestalt an.

Ein weiteres bemerkenswertes Phänomen aber ist es, daß diese Oper keineswegs das Klischee bedient, nur Stoffe des klassischen Altertums oder der Mythologie seien für die („große") durchkomponierte Oper tragischen Zuschnitts geeignet. Zweifellos greift die Konzeption auf ein seit den 1770er Jahren bewährtes Modell zurück, nämlich das oft für bedeutende Schauspielerinnen geschaffene Monodram, das oftmals in melodramatischer Form, will meinen mit durchgehender Orchesterbegleitung zur Deklamation der Protagonistin, den finalen Lebenskampf einer Medea oder Ariadne veranschaulichte, in dramaturgisch sinnfälliger Konfiguration von beschaulichen und erschütternden Rückblenden sowie Verzweiflungsausbrüchen in der Handlungs-Gegenwart. Der Sänger- bzw. Schauspielerin offerierte dieser Dramentyp breiten Raum zur Entfaltung ihrer darstellerischen Qualitäten. Selten nur aber waren andere als mythologische Sujets verwendet, noch seltener aber waren diese Werke dann auch noch als Oper vollständig in Musik gesetzt worden und dienten mithin profilierten Sängerinnen als Ausgangspunkt ihrer Selbstdarstellung. Beides ist jedoch mit dem Werk von Kreutzer und Wolff gegeben.[5]

Es dürfte die Milder selbst gewesen sein, die durch ihre Zeitschriftenlektüre auf den Stoff aufmerksam wurde, nämlich in einem der renommiertesten zeitgenössischen Feuilletons, in dem sich gerade um die Zeit des Abdrucks dieses Sujets auch ausführliche kritische Würdigungen des Schauspieler-Ehepaares Amalie und Pius Alexander Wolff sowie eine Zürcher Korrespondenz über Kreutzer finden lassen: Die Schauergeschichte um den angeblich authentischen Fall einer an ihrem tragischen Schicksal zerbrechenden Frau, die sich wenige Jahre zuvor in den Pyrenäen zugetragen haben soll, wurde zwischen dem 14. und 16. Oktober 1818 im Cottaschen „Morgenblatt für gebildete Stände" in drei Fortsetzungen (Nr. 246ff.) mitgeteilt, und zwar unter dem Titel „Geschichte einer Unglücklichen".

Bei dem Text, den das „Morgenblatt" abdruckte, handelte es sich nach einer Angabe ebendort um einen „Auszug aus ‚dem jammervollen Leben und Tod der Frau von Boudoy.'" Bascle de Lagrèze (Sous-prefet des Arrondissements de Foix), habe die Geschichte ins „Journal de l'Arriège" gegeben, in dem sie am 7. Januar 1814 erschien. Die Authentizität dieses Falles wird durch eine Erklärung unterstrichen, die der Verfasser des Berichts – Bascle de Lagrèze – gibt:

> Ich verhehle nicht, daß die Details dieser Geschichte so unwahrscheinlich scheinen, daß man anderswo als zu Foix und den umliegenden Orten des Kantons Vicdessos Mühe haben wird, sie zu glauben. Allein ich habe die gerichtlichen Protokolle über den ganzen Verlauf der Sache in Händen, und werde mir ein Vergnügen daraus machen, sie den Personen mitzutheilen, welche sich davon in Kenntniß setzen wollen.

Wolff datierte die Handlung (irrig) mit 1814, vermutlich um möglichst authentisch zu erscheinen. Indes datiert ja erst der Bericht im „Journal" von Anfang Januar 1814, womit die tatsächlichen Vorfälle – vorausgesetzt, sie haben sich tatsächlich ereignet – also mit Sicherheit allenfalls 1813 oder zuvor stattgefunden haben können.

Bemerkenswert an dem Fall sind aber auch die Umstände, daß die vorübergehend in polizeilichen Gewahrsam genommene, an ihrem Schicksal zerbrechende Frau „stets französisch" sprach,

> den reinsten Dialekt, selbst in dem Anfall von Wuth beurkundete ihre Art sich auszudrücken einen gebildeten Geist; ihr Gesicht, jetzt abgefallen, musste schön gewesen seyn, und trug das Gepräge des Adels und der Würde.

Nach ihrer Flucht aus der vorübergehenden Schutzhaft überlebt sie unter zahmen Bären sogar den Winter im Gebirge, um nach neuerlicher Gefangennahme dann jedoch im Kerker zu verenden.

Während die „historische" Adele de Boudoy (die eingedeutschte Namensform Wolffs lautet „Budoy") keine mündliche Erklärung für ihren Zustand und über ihr Verhalten gegeben hat, ist das Schicksal der Unglücklichen durch den Umstand überliefert, daß ein Hirt, der ihre schriftlichen Aufzeichnungen darüber findet, diese einem jungen Sergeanten überläßt, der sich auf dem Rückzug der französischen Truppen aus Spanien befindet (ein Hinweis auf das Jahr 1813). Diese autobiographischen Aufzeichnungen der eigenen Auskunft gemäß um 1777 geborenen Frau, die darin eingestandenermaßen nur unter pseudonymen Namen firmiert, wurden also Anlaß des in der Zeitschrift zitierten Buches und damit schließlich auch von Libretto und Monodram. Schon der Redaktion des „Morgenblattes" kommt indes die Diskrepanz der außerhalb der Zivilisation lebenden, verzweifelnden Frau und die Tatsache der schriftlichen Aufzeichnung ihres Schicksals inkongruent vor. Eine Verifizierung der Geschichte ist in unserem Zusammenhang zu vernachlässigen, es genügt hier die Tatsache, daß die vermeintliche oder wirkliche Authentizität stets als ein weiteres Moment diente, das Stück interessant zu machen.

Das Sujet birgt nun alle Momente in sich, die es für die Gattung des Monodrams prädestinieren: Das überaus tragische Schicksal einer Einzelperson wird in ihrer letzten Lebensphase, in der sie im Nachhinein alles noch einmal durchlebt, von Außenstehenden beobachtet: Schon diese Konstellation konnte aus der Realität gleichsam ohne Änderung ins Libretto übernommen werden. Schwieriger war es da mit den konkreten Angaben über den Zustand der historischen Adele, die bei dem drastischen Naturalismus gewiß nicht in aller Konsequenz auf einer Bühne der Biedermeierzeit umgesetzt werden konnten. Es nimmt Wunder, daß die Milder erwog, eine solche Gestalt zu verkörpern, war sie doch weniger in differenzierter szenischer Entwicklung einer Rolle als in klassischen Posen erprobt, die sie nach dem Vorbild der Mimin Hendel-Schütz einstudiert hatte.

Allenfalls die jugendliche, bei ihrem Rollendebut erst 18jährige Schröder konnte sich auf dergleichen einlassen. Ein wichtiges Moment des authentischen Falls war schließlich die mehrfach erwähnte, im Zusammenhang mit den Lebensumständen besonders schockierende Nacktheit und die fast an die Geschicklichkeit eines Gebirgstiers gemahnende Beweglichkeit der verwahrlosten Frau:

> Sie war von schlanker Gestalt, unbekleidet, ihre Haut mehr schwarz als weiß, lang herunter hängende Haare umflossen ihren Nacken und Busen. Sie stand auf einer hoch

emporragenden Spitze der Felsen und schien so über den Abgründen zu schweben, in deren unermeßlichen Tiefen sich ihr Blick zu verlieren schien.

Das Libretto der „Adele" in der ursprünglichen Fassung folgt der Erzählung im „Morgenblatt" nun recht genau und soweit es sich bei der Umformung in die dramatische Gattung durchführen läßt.

Innerhalb der Schilderung des Unglücksfalls, der Adeles Vater widerfuhr und der ihn veranlaßte, die Tochter zu verfluchen, wird nun deutlich darauf verwiesen, daß das vom Gatten und Vater unabhängige, selbstbestimmte Handeln der Frauen in der Geschichte der Familie mehrfach zu entscheidenden Wendungen führte. Da die Zeit noch nicht reif war, dieses selbstbestimmte Handeln rückhaltlos zu akzeptieren, führen die Aktivitäten der Frauen allerdings noch dazu, daß die bürgerliche Geborgenheit von Ehe und Familie preisgegeben wird und darin recht eigentlich die Tragik der Protagonistin begründet liegt, die an den Gegebenheiten zerbrechen muß. In dem Bekenntnis der Adele, das sie nach der Aufforderung des Landgeistlichen (Chorführers) „Laß' uns in dein Inn'res schauen" ablegt, heißt es nach dem gedruckten Libretto Wolffs[6]:

Adele von Budoy,
So nannte man mich einst. –
O Mutter! meiner Zärtlichkeit
Für Dich, entstammt mein bitt'res Leid.
Sie kannte nicht der Gattinn Pflicht,
Ich liebte meinen Vater nicht,
Und als er einst nur für mein Wohl
Im Zorn sich gegen sie erhob,
Da spring' ich blind
Hinzu mit Wuth;
Sein leiblich Kind,
Sein eigen Blut,
Es schleudert wild zu Boden ihn,
Er gleitet auf den Marmor hin,
Zerschmettert liegt sein greises Haupt;
„Fluch ewig Dir!" – sein letzter Laut.

Der Unfall läßt sie wähnen, zur Vatermörderin geworden zu sein, doch vertraute sie sich in der Angelegenheit niemandem an:

Mit meinem Frevel unbekannt,
Warb Budoy um die Mörderhand,
Wir tauschten liebend Herz um Herz –

Nun muß das Paar vor Krieg fliehen und beide geraten in die Hände von Banditen, die dem Gatten einen Dolch in die Brust stoßen. Doch nicht genug der Tragik, die Unglückliche wird vergewaltigt („Dem Mörder ward ich Gegenstand der Lust"), lebt einige Jahre mit den Banditen in Höhlen und gebiert eine Tochter, die jedoch nicht am Leben bleibt:

Da ergriff mich Raserei,
Und in sinnlos wilder Wuth,
Ward ich meiner Bande frei,
Ich vergoß – des Räubers Blut.

Diese knappe Wiedergabe der Vorgeschichte bei Wolff weicht inhaltlich vom „authentischen“ Sujet in erster Linie durch verschiedene Motivationen und in der Chronologie ab: Die „historische“ Adele lebte nach dem Tod ihres Gatten, in gleichsam somnambulen Zustand mit dem trotz seines „Räuberhandwerks“ nicht „fühllosen“ Anführer der Banditen, namens Lantier, friedlich zusammen. Erst kurz vor der Taufe des Kindes löst sich versehentlich, als sie die Pistolen putzt, ein Schuß, der den neuen Lebensgefährten tötet und dann stirbt auch das Kind.

Den Korrespondenzpartnern des Komponisten Kreutzer ist zu danken, daß wir über die Entstehung des Werks und erste Versuche, es auf die Bühne zu bringen, recht gut unterrichtet sind. Aus Donaueschingen meldete sich Kreutzer am 5. Dezember 1819 bei einem ungenannten Freund[7]:

> Haben Sie nun wohl die Adele bey der Madame Milder schon gesehen – ich bin doch gar sehr begierig Ihr Urtheil, das unpartheysche, darüber zu hören! Der Hr. Wolf und Madame Milder sagen mir wunderschöne Sachen darüber – einzig äußerte sich letztere, sie finde die Parthie zu fatigant – Ihr meistens zu hoch gesezt ec. – was ich aber unmöglich zugeben kann, da die ganze Rolle für einen *Mezzo-Sopran* gesezt ist, und Madame Milder doch nicht so viel von ihrer Höhe und Kraft wird verlohren haben! – Die gute Frau hat hie und da besondere Ansichten – oder vielmehr manchmal gar keine! – da Sie unter andern meint, Sie singe besser (:für Ihre Stimme:) aus B als aus Kreutz # – ?? –
>
> Wenn Sie mir etwas näheres über Adele, die baldige Aufführung schreiben können – so bitte ich Sie recht sehr darum! –[8]

Sofern nicht, wie es gerade bei diesem Einakter der Fall war, ein fremder Kompositionsauftrag vorlag, brachten Kapellmeister ihre Opern im frühen 19. Jahrhundert recht oft an ihrer eigenen Wirkungsstätte zu Gehör. Kreutzers erstes festes Engagement nach seiner Vertragsauflösung mit dem württembergischen Hoftheater war nun in Donaueschingen zustande gekommen. In einer 1833 zu Berlin gedruckten biographischen Würdigung des Komponisten, die sicherlich auf Kreutzers Angaben beruht, wird nun auch naheliegenderweise angegeben, „Cordelia“ sei 1819 in Donaueschingen erstmals aufgeführt worden.[9] Aber weder Datum noch Besetzung einer dortigen Darbietung sind überliefert, und mit Sicherheit wäre allenfalls „Adele“ und nicht „Cordelia“ für eine Einstudierung dort infrage gekommen.[10] Man darf also wohl doch davon ausgehen, daß es zunächst der Milder überlassen war, das für sie eigens komponierte Werk aus der Taufe zu heben.[11]

Dem neuen Einakter wurde dann aber 1821 und dann erst recht ab 1823 in der zeitgenössischen Publizistik eine Aufmerksamkeit zuteil, die alles andere als selbstverständlich war und die sich letztlich wesentlich aus dem Interesse erklärt, das man den Interpretinnen der Hauptrolle sowie dem vermeintlich oder wirklich “aktuellen” und “authentischen” Stoff entgegenbrachte. Weder der Dichter Wolff noch der Komponist Kreutzer hätten eine solche Aufmerksamkeit erzielen können, selbst wenn sie in jenen Jahren durchaus geachtet und in ihren Leistungen kontinuierlich wahrgenommen wurden. Ab 1823 lassen sich sowohl Besprechungen des Librettos in Buchform nachweisen sowie jene der Bühnenaufführungen mit Kreutzers Musik in Wien, Dresden, Amsterdam, München, Magdeburg, Berlin, Paris und Ende 1833 wiederum Wien, wobei der Theatererfolg anfangs manchen Musikverleger auf den Plan rief, Einzelausgaben musikalischer Nummern herauszubringen[12], und Kreutzer selbst plante – zu dieser Zeit noch ein finanzielles Risiko und höchst selten praktiziert – auf eigene Kosten eine vollständige Orchesterpartitur der Oper drucken zu lassen, versprach er sich doch nach dem Wiener Erfolg, daß sich auch zahlreiche andere namhafte Sängerinnen für das Stück interessieren würden.[13]

Obwohl die Uraufführung der ersten Fassung durch die Milder dem Librettodruck zwei Jahre voranging, sei zunächst kurz darauf eingegangen, wie die Rezensionen des Textbuchs ausfielen, die sich ja auch auf jene Werkgestalt beziehen, die Grundlage der Oper für die Milder war. Im Leipziger „Literarischen Conversations-Blatt" vom Mai 1823, als die Oper in Wien bereits Furore in ihrer Neubearbeitung machte, wird das soeben publizierte Taschenbuch „Dramatische Spiele von Pius Alexander Wolff" als literarisches Produkt gewürdigt:

> Ob das, den Beschluß des Bandes bildende Singspiel, *Adele von Budoy*, das auf einer wahren Begebenheit beruhen soll und einer berühmten Sängerin zu Gefallen von Hrn. Wolff gedichtet und von einem nicht unberühmten Componisten componirt wurde (da sieht man, was einer berühmten Dame zu gefallen alles geschehen kann!), für einen Componisten wirklich eine willkommene Gabe ist, geeignet, an den Faden der Worte die Perlen der Töne erfreulich anzureihen, wollen wir nicht entscheiden, glauben aber, daß das mehr Entsetzen als Mitleid und Rührung erweckende Sujet, zusammt den vielen Donnern und Blitzen, keinen sonderlich angenehmen Eindruck machen kann, selbst wenn das Orchester in neuer Rossinischer und Spontinischer Manier mit Blechinstrumenten, Trommeln u. dergl. dazwischen tobt, und die Sängerin *sich dazu wie eine Furie geberdet.*[14]

Auch in einer Beilage zur Dresdener „Abend-Zeitung" erschien Anfang 1823 eine Besprechung des Wolffschen Librettos:

> Neu war uns blos *Adele von Budoy*, die letzte Mittheilung dieses Bandes. Von diesem Singspiele in Einem Aufzuge sagt der Verfasser selbst, daß ihm, eine wahre Begebenheit im Jahre 1814, von welcher das Morgenblatt Anzeige gegeben hat, zum Grunde liege, diese Dichtung von einer berühmten deutschen Sängerin veranlaßt, und für dieselbe von Herrn Kapellmeister Kreuzer in Musik gesetzt worden sey. Eine solche? Veranlassung hätten wir ohnedies voraussetzen müssen, überzeugt, daß ein geistvoller Bühnenkenner wie Wolff, sonst schwerlich diesen widerstrebenden Stoff für ein Bühnenwerk gewählt haben würde, da er noch dazu uns, nicht ganz zu seinem Vortheil, an Nina[15] erinnert, und vollends dieser höchst tragische Ausgang mit Donner und Blitz zu dem kleinen, eigentlich mehr pastorellen Ganzen sich am allerwenigsten eignet.[16]

Man kann sich nun des Eindrucks nicht erwehren, daß der hier angeschlagene Tenor, das Sujet eigne sich nicht für die Bühne, nun gerade deshalb eine ganze Weile bestimmend blieb, weil man die Mode des Monodrams aus dem 18. Jahrhundert mit ihrer Handlungsstatik in jenen Jahren überwunden glaubte oder tatsächlich überwunden hatte, und aus verschiedenen Gründen heraus noch nicht reif war für eine psychologisierende Zustandsbeschreibung einer seelisch Paralysierten, wie sie dann im Monodram seit dem Fin de siècle des 19. Jahrhunderts (Arnold Schönbergs „Erwartung", 1909, bis hin zu Jean Cocteaus und Francis Poulencs „La voix humaine", 1959) wieder möglich schien. Doch zollte der Biograph des Librettisten und Schauspielers Wolff, Max Martersteig, dem Textdichter doch einige Achtung wenn er konstatiert, Wolff berühre „tragische Seiten" lediglich in diesem Libretto, „und zwar hier so kräftig und warmempfunden, daß es zu bedauern ist, ihm nicht schon früher und nicht öfter auf diesem Felde zu begegnen. Jedenfalls besaß er für die tragische Dichtung genug Empfindung und Schwung".[17]

Als die Milder sich 1821 nach gut zweijähriger Bedenk- und Vorbereitungszeit dazu entschlossen hatte, es einmal mit diesem heiklen Werk zu versuchen, hatte sie den Höhepunkt ihrer Laufbahn bereits überschritten, doch waren noch viele Gastspielzusagen nicht eingelöst. Namentlich kannte man sie als erste Darstellerin der sentimentalen Emmeline in der populärsten deutschen Oper der Zeit, der „Schweizerfamilie" von Ignaz Franz Castelli und Joseph Weigl (Wien 1809), in einer Rolle, die schildert, wie ein Mädchen der Melancholie aus Liebeskummer anheim fällt. Seitens des internationalen Opernpublikums erwartete man sich auch einerseits eine Einlösung und andererseits eine Weiterentwicklung dieses an seinem Schicksal (fast) zerbrechenden Frauentyps im Rollenrepertoire der Milder. Schließlich aber zeugten seinerzeit lediglich schriftliche Schilderungen oder Aufführungsbesucher von der Qualität einer Stimme oder Sängerdarstellerin und so vermochten die Erwartungen derer, die eine Sängerin noch nicht zu hören Gelegenheit hatten, teilweise ins Unermeßliche zu steigen.

Schon über eine ganze Reihe von Jahren war von Königsberg aus brieflich mit der Primadonna ausgehandelt worden, daß sie dort auftreten werde, doch wußte sie das Gastspiel immer wieder aus mehr oder weniger plausiblen oder selbstherrlichen Motivationen heraus zu verschieben.[18] Es lag nahe, daß sie dort überwiegend auf Bewährtes, Bekanntes und daher auch vom dortigen Publikum Erwartetes setzte. Allerdings bot es sich eben doch auch an, das anstrengende und in seiner Wirkung noch nicht kalkulierbare Monodram „Adele" zunächst weit entfernt von Berlin auf seine Brauchbarkeit hin zu erproben. Daß ein Experiment zur Bewährung in der Ferne weniger heikel sei, hatte die Milder sich jedoch etwas naiv erhofft: Im Grunde hätte sie wissen können – schon aufgrund der sicherlich auch selbst organisierten Korrespondenzkampagnen, die über ihre Erfolge im ganzen deutschen Sprachraum berichteten –, daß jeder Laut ihrer Kehle, den sie öffentlich von sich gab, Gegenstand der Erörterung in den Feuilletons werde.

Nicht von ungefähr kamen die Berichterstatter denn auch in einer ganzen Reihe von Korrespondenzen auf ihre Leistungen aber auch Unarten zu sprechen. Namentlich die Dresdner „Abend-Zeitung" vom Oktober 1821 weiß in ihren „Correspondenz-Nachrichten" aus „Königsberg in Preußen, am 29. Sept. 1821" ein Lied von dem

Gehabe der berühmten Dame zu singen, das nicht nur schmeichelhaft ausfällt und schließlich, wenn auch oberflächlich und ungenau, auf das Werk zu sprechen kommt, auf das es uns ankommt:

> Mad. Milder-Hauptmann aus Berlin hat auch die hiesige Stadt mit ihrem Besuche beehrt gehabt und *à la Catalani* hier im eigentlichsten Sinne des Worts eine goldene Ernte gehalten. Sie hat 17mal im Theater gesungen und 2mal in Concerten, und würde wahrscheinlich noch jetzt singen, wenn nicht der Schauspieldirector Huray es für gut befunden hätte, um die schwindsüchtigen Geldbeutel der Kunstliebhaber sich für den Herbst und Winter erholen zu lassen, mit seiner Gesellschaft diese Stadt zu verlassen. Wir haben Mad. Milder als *Emmeline* [in Weigls *Schweizerfamilie*], *Iphigenia*, *Lodoiska* [von Cherubini], *Fidelio*, *Donna Elvira* (in Don Juan), *Susanne* (in Figaro's Hochzeit), *Pamina* [vielmehr: Tamino in Mozarts *Zauberflöte*], *Astasia* [in Salieris *Axur*] und *Adele von Budoy* gehört. Adele von Budoy ist eine lyrisch-tragische Oper von Pius Alexander Wolff mit Musik von Kreutzer, aber wohl nur eigentlich eine Scene zu nennen. Mad. Milder stellte eine Verzweifelte recht *con amore* dar, sang ein Viertelstündchen und strich – es war ihr Benefiz – 700 Thaler ein!

Der lokalpatriotische Bericht schildert in kritischer Offenheit die Primadonnen-Allüren – schon die Erwähnung des europaweit berühmten Belcanto-Stars Angelica Catalani gibt hier einen Hinweis – und hält der Milder auch mangelnde Probenbereitschaft vor:

> Wie trefflich unser Opern-Personale und Orchester ist, hat sich bei Gelegenheit der Anwesenheit jener Sängerin in der hiesigen Stadt erst recht bewiesen, denn es beliebte ihr höchst selten, auch wohl gar nicht, einer Singprobe beizuwohnen, und es hat ihr dessen ungeachtet doch in keinem Punkte an meisterhafter Unterstützung gefehlt.[19]

Die Berliner „Zeitung für Theater und Musik", eine Beilage des „Freimüthigen", nahm einen gleichfalls informativen Bericht aus Königsberg auf, der jedoch mit dem Tage jener „Adele"-Aufführung datiert ist und sie nicht mehr berücksichtigt. Aus diesem Schreiben geht hervor, daß der Direktor Huray für das Milder-Gastspiel eigens ein Abonnement aufgelegt hatte und das Theater seine Schließtage zu diesem Zweck beendete. Eine gewisse Enttäuschung über Milders stimmliche Verfassung und ihre beschränkte Tessitura schlug sich in dieser Korrespondenz nieder.[20] Primär seine Skepsis gegenüber dem Genre des Monodrams bringt hingegen der Königsberger Korrespondent der Leipziger „Zeitung für die elegante Welt" vom Dezember 1821 zum Ausdruck:

> Ein anderes neues, für die Künstlerin von Wolf gedichtetes und von Creuzer componirtes Monodrama mit Chören ist „Adela von Boudoy." Neuheit in der Anlage und Originalität der effektreich instrumentirten Musik ließen auch in dieser Gattung den Komponisten hochachten, der tragisches Spiel im Gesange durch sehr leidenschaftliche Situationen durchzuführen der Künstlerin Gelegenheit gab. Doch bei allem Aufwande gediegener Kunst konnte die Darstellung nur kalte Bewunderung erregen. Denn die Idee des Stücks ist verfehlt. Wir sehen nicht die Entwicklung und das Fortschreiten menschlicher Leidenschaft, sondern den ausgebrannten Vulkan, dessen glühende Schlacken nur auf die frühern Bewegungen hindeuten, und unser Herz erstarrt krampfig im Anschauen des durch Verzweiflung zerrütteten Gemüths.[21]

Die retrospektiv angelegte Dramaturgie des Stückes, die ja auch zeitgleich und bis in die 1770er Jahre zurück entstandenen Monodramen über die Sujets Dido, Medea und Ariadne eigen ist, scheint primärer Anlaß des Korrespondenten, das neue Werk abzulehnen.

Andere Kritiker gedenken dieses Werkes bei der Würdigung des Gastspiels nur en passant.[22] Selbst die renommierte Leipziger „Allgemeine musikalische Zeitung" erübrigt nur wenige Worte in ihrem Bericht aus „Königsberg, am ersten October 1821":

> *Adele von Budoy* hat eine interessante, stellenweise vorzügliche Musik von Conradin Kreutzer; das Stück besteht aber mehr aus Erzählung als aus Handlung, wesshalb Texte hätten gedruckt werden müssen. Irre ich nicht, so liegt der Fabel des Stücks ein historisches Faktum der neuesten Zeit zum Grunde. Im Ganzen machte diese Darstellung keinen grossen Eindruck.[23]

Immerhin widerfährt hier dem Komponisten für sein Experiment erstmals eine gewisse Aufmerksamkeit, die sich erst nach der Wiener Aufführung dann auch kontinuierlicher abzeichnet. Eine Kehrtwende in der Rezeption der Oper machte sich nämlich bemerkbar, als die junge Wilhelmine Schröder sich der Titelpartie annahm und Kreutzer – offenbar mit einem uns unbekannten Wiener Textrevisor der empfindlichen Wiener Zensur zuliebe – an allzu drastischen Stellen Retuschen unternahm, letztere indes nicht immer glücklich. Soeben hatte die Schröder die couragierte Leonore in Beethovens „Fidelio" neu interpretiert, als man sie auch schon in der „Cordelia" zu erleben Gelegenheit hatte. Nicht von ungefähr war das Echo auf die zweite Uraufführung dieser Oper dann auch deutlich geprägt vom Enthusiasmus über das jugendliche Talent. Wenige Tage nach der ersten Vorstellung berichtete die Wiener „Allgemeine Theaterzeitung" im Februar 1823:

> Es war eine gewagte Unternehmung, diese Operette zu setzen, da in selber mit dem Chore nur Cordelia allein wirksam ist, und die Sängerinn in dem leidenschaftlichsten Zustande, beynahe eine Stunde lang isolirt auf der Bühne steht. Hr. *Wolff* hat seinem Tonsetzer und der Sängerinn nicht gewöhnliche Kräfte zugetraut, da er es ihnen überließ, bey gar so wenig Abwechslung und Mannigfaltigkeit der Situationen Effekt hervorzubringen, und die Ermüdung der Zuhörer hinanzuhalten aufgab. [...] Die Composition ist äußerst charakteristisch und durchaus melodiös. Die Chöre sind trefflich gehalten und der Sängerinn genügende Gelegenheit gegeben, alle dramatische Kraft des Gesanges zu entwickeln, welche Dem. *Schröder* auch auf das emsigste benützte und durch Wahrheit im Vortrag und Spiel abermahl ihren Beruf zum deklamatorischen Gesange auf das deutlichste aussprach. Bewunderungswürdig ist die Kraft, mit welcher das junge Geschöpf ihren schweren, anstrengenden Part bis zur letzten Note gibt. Die Oper Deutschlands hegt große Erwartungen von dieser jungen Sängerinn; sie zu realisiren hängt von dem Fleiße derselben ab, mit welchem sie sich es wird angelegen seyn lassen, das Mechanische der Gesangskunst sich eigen zu machen. Die Operette fand vielen Beyfall; Tonsetzer und Sängerinn wurden gerufen. Mpr.[24]

Auch die Breslauer „Deutschen Blätter" berichten am 24. März 1823 in ihrem „Tagebuch aus Wien" von der Aufführung, allerdings wird hier besonders deutlich, daß es in erster Linie der jungen Sängerin zu danken war, wenn das Publikum sich mit solch besonderem Interesse diesem Werk zuwandte. Der von den Autoren kalkulierte Effekt wird etwas mißtrauisch betrachtet und findet letztlich nur in einem zweiten Bericht desselben Blattes – dank der von der Schröder mit aller Leidenschaft gespielten Hauptrolle – Gnade:

> Der Dichter hat den Charakter der Mutter mehr psychologisch als poetisch, mehr sich in einem Spiegel beschauend (nach Art der französischen Tragödien) als sich aussprechend dargestellt; hat den Chor zu sehr als Nebensache behandelt, und durch Ausdehnung des Ausserwesentlichen das Wesentliche um sein Interesse gebracht. Die Musik selbst zeugt von Fleiß. Lieber würden wir jedoch hier den Fleiß als Originalität vermissen. Die persönliche Leitung des Tonsetzers, eines gebornen Deutschen, oder vielmehr sein liebenswürdiges biederes Aeußere, konnten nicht anders als zu seinen Gunsten wirken und verschafften der Oper eine Aufnahme, wie sie ihrem Werthe nach kaum verdient hätte.[25]

Der zweite Wiener Korrespondent der „Deutschen Blätter" kommt denn auch zu anderen Schlußfolgerungen und spielt Kreutzer gegen den dank seines „Freischütz" populäreren Weber aus. Die Oper „Cordelia" habe

> durch die meisterliche Composition, durch äusserst gelungenen Vortrag des Hauptparts durch Dem. *Wilh. Schröder* und der wunderlieblichen Chöre, eine Sensation erregt, wie seit Menschengedenken keine andre kleine Oper es vermocht hatte. Für alle jene, welche Freude daran haben, für die Oper zu dichten, ist es nun ein sehr erhebendes Gefühl, zu wissen – daß man wieder poetische Tonsetzer für seine Texte finden kann, Männer, welchen am Nachruhm etwas gelegen ist. Conr. Kreutzer hat als Opernsetzer den nicht ganz unbedeutenden Vorzug vor Weber, daß er selbst singt, und die Singstimmen weit günstiger behandelt, und im allgemeinen weniger nach frappantem hascht. […] Sl. Sr.[26]

Die „Wiener Allgemeine musikalische Zeitung" aber trägt ihrer Eigenschaft als Fachblatt Rechnung, und so wägt der Betrachter hier dann genau das Verhältnis zwischen Libretto, Komposition und Aufführung. Er folgert aus der Tatsache, daß das Sujet neu sei, mithin ausführlicher Exposition bedürfe, daß dies für die in Rede stehende Gattung der Oper eine ungünstige Prämisse sei:

> Da nun Herr *Wolf* das Drama durch einen ganzen Stammbaum von handelnden Personen und Begebenheiten zur Motivirung seiner Oper braucht, so begreifen wir auf der andern Seite nicht, wie er das am Schlusse mit einem ganz unerwarteten Sturme hereinbrechende Donnerwetter nicht auch durch einiges Donnern in der Ferne am Anfange der Oper, oder durch etwas schwüle Luft und Wetterleuchten hat motiviren können? Er fühlt, daß man die Scenen des Wahnsinnes nicht länger mehr fortspielen, noch weniger aber die etwaige Genesung auf schickliche Weise herbeyführen kann, und bläst daher seiner Heldinn das Lebenslicht aus, indem sie von einem Blitzstrahle geblendet in den Abgrund stürzt.
>
> Offenbar ist der Dichter zur dramatischen Bearbeitung dieses Stoffs durch Zufälle verführt worden, denn er eignet sich nicht dazu – wohl aber der Wahnsinn. Warum nahm er nun nicht lieber gleich eine wahnsinnige Person, die eine geschichtliche, oder vielleicht eine dramatische Celebrität schon besitzt, und hierdurch beym ersten Auftritte schon dem Publicum von Seiten ihres Stammbaumes und Charakters bekannt ist?

> Warum nennt er nicht gleich seinen Stoff Ophelia? Mit diesem einzigen Nahmen erspart er eine ganze Flasche Dinte, um die ersten Gesichtszüge seines Charakters zu zeichnen, und wäre Ophelia etwa kein interessanter Stoff zu einer solchen lyrisch-tragischen Opernbearbeitung?
>
> Jedoch Herr *Wolf* hat dem Talente des Herrn Kreutzer Gelegenheit verschafft, sich zu zeigen, und darum sey uns denn auch seine Cordelia – nachdem wir unsere frommen Wünsche über diesen Gegenstand geäussert haben – herzlich willkommen.
>
> Der fast immer auf gleiche Art wieder ausbrechende Wahnsinn Cordeliens gibt – obgleich das vor Augen liegende Kind die zarten Gefühle der Mutterliebe in Cordeliens Brust erregt – doch dem Ganzen eine gewisse Monotonie, bey welcher aber der lobenswerthe Fleiß des Tonsetzers in sorgfältiger Ausarbeitung der Einzelheiten nicht allein sehr zu seinen Gunsten spricht, sondern auch an mehreren Stellen sein Bestreben sichtbar wird, durch immer neue Steigerung der Kraft seinen in so langer Spannung zu haltenden Charakter gehörig zu beleben, und mit so viel anziehenden Farben auszustatten, daß auch die Erscheinung des Wahnsinns wieder ein Gegenstand der Kunst wird.[27]

Als die Schröder durch ihre Hochzeit mit dem Dresdner Schauspieler Carl Devrient veranlaßt war, wenige Wochen nach Darbietung dieser in den wichtigen deutschsprachigen Feuilletons heiß diskutierten Oper Wien zu verlassen, schien es zunächst so, als sei dort keine adäquate Interpretin mehr für diese heikle Rolle zu finden. Doch vermochte man bereits im Juli dieser Situation Abhilfe zu verschaffen.[28]

Die Schröder aber wußte bei dieser Oper woran sie war, vermochte sie doch ihr Talent hier in besonders effektiver Weise anzubringen. Unter der Obhut der in Dresden als Orchesterleiter wirkenden Komponisten Carl Maria von Weber und Heinrich Marschner konnte sie ihr Repertoire beträchtlich erweitern, doch waren die Debuts mit „Fidelio" und „Cordelia" durchaus bezeichnend für ihre fernere Entwicklung, die sie schließlich dazu befähigte, Wagners „Rienzi" (1842) und „Fliegenden Holländer" (1845) mit aus der Taufe zu heben.

Während die Leipziger „Allgemeine musikalische Zeitung" die Wiener Premiere nur sehr knapp erwähnt hatte, fand dort erst die Darbietung im benachbarten Dresden bedeutenderen Nachhall. Nach einem Dank an die Schröder, daß sie den „Fidelio" erstmals nach Dresden brachte, heißt es:

> Die Musik zu dieser kleinen tragischen Oper ist voll Feuer und Ausdruck und hat manche interessante Melodie, z.B. das Wiegenlied, die Romanze der Cordelia u.a. Dem Beurtheiler dieser Oper in einem Zeitblatte, welcher wünscht, die Musik möchte noch einfacher seyn, kann ich nicht beystimmen. Eine leichte französische Musik oder eine Musik im neuern italienischen Style möchte sich für jenen tragischen Stoff schwerlich eignen. Dagegen möchte zu tadeln seyn, daß der Musik darin zu viel ist, da der Gesang durch keinen Dialog unterbrochen wird und nur zuweilen mit einem Chor von Männerstimmen abwechselt. Dem. Schröder gab die Rolle der Wahnsinnigen im Spiele mit großer Wahrheit und im Gesange mit viel Ausdruck.[29]

Aber erst in der örtlichen Dresdner, jedoch in ganz Deutschland vielgelesenen Winklerschen „Abend-Zeitung" wird deutlich gemacht, daß „die Darstellung [...] eine der ergreifendsten und erschütterndsten, welche wir seit langer Zeit gesehen haben" gewesen sei:

> Dieses aber verdankt sie hauptsächlich dem ausgezeichnet trefflichen Spiele und Gesange der Dem. *Schröder*, welcher die Haupt- und einzige Rolle darin übertragen war. Welche Aufgabe! Eine Sängerin in den heftigsten Gemüthbewegungen, die Stufenleiter jeder Art der Erschütterung von Geist und Herz im beginnenden, intermittirenden, wiederkehrenden und zur Raserei übergehenden Wahnsinn, eine ganze Stunde lang, ohne Unterbrechung, oder wenigstens nur mit ganz kurzer, auf der Bühne singen und darstellen zu lassen, und sie noch zuletzt von Felsen zu Felsen zu treiben! Wir sind überzeugt, daß höchst wenige Sängerinnen existiren werden, welche ihr Genüge leisten können. Es gehört dazu, auf der einen Seite die größte Kraft und Ausdauer der Stimme bei aller Modulation und Schmiegsamkeit derselben, und auf der andern eine Kunstfertigkeit der Darstellung, welche die Gesangkünstlerin wieder in die Reihe vorzüglicher tragischer Virtuosen stellt.[30]

Nach Schröders also durchaus wiederholbarem Erfolg schien das Werk auch mancher anderen Bühne repertoiretauglich zu sein. 1824 bot Kreutzer „Cordelia“ für 14 Dukaten dem Karlsruher Hoftheater an, sie wurde dort jedoch nicht gegeben.[31] Und so wurde der Oper ein durchaus bescheidener Erfolg lediglich noch in Magdeburg zuteil, wo eine hohe Aufführungszahl erzielt wurde. Hier gab man die Oper in einer Eigenproduktion vom 13. März 1826 an und sechs weitere Male bis in den Herbst hinein.[32]

Die Aufführungen in München 1824 und Berlin 1827, wobei die erstere gar keine Wiederholung erfuhr und die Berliner lediglich zweimal – und gleichsam nur als ein Beitrag im Rahmen eines Gastspiels – zu Gehör kam, erfuhren jedoch vehemente und einhellige Ablehnung. Diese Mißerfolge wiegen um so schwerer, als sich in beiden Neuproduktionen namhafte und beim Publikum gleichfalls sehr beliebte Interpretinnen an die Darbietung des Monodrams wagten. Und in München mit Katharina Sigl-Vespermann begnügte man sich bei der Vorbereitung keineswegs mit der Ausfeilung des Vokalparts. Vielmehr handelt es sich bei dem dortigen Regiebuch um eine der detailfreudigsten Konzeptionen dieser Zeit, in der kaum etwas dem Zufall überlassen worden sein dürfte, minutiös werden alle Aktionen festgelegt.

Die Rezeption der ersten Darbietung in München kennzeichnet immerhin Hochachtung vor der übermäßigen Inanspruchnahme der Interpretin. Die Leipziger „Allgemeine musikalische Zeitung“ wendet diesmal jedoch ein:

> *Cordelia* ist kein Gegenstand für die Kunst. Des Menschen Elend auf seiner höchsten Stufe, ohne Lösung des schauderhaften Lebensräthsels soll auf keiner Bühne dargestellt werden, am wenigsten in Begleitung der Tonkunst. Man würdigte den Kraftaufwand der Dem. Siegel und applaudirte der gänzlichen Erschöpfung, die am Ende an ihr nur zu sichtbar geworden war, hatte dabey aber alle Ursache, es zu bedauern, dass bey der Auswahl der Stücke nicht immer die gehörige Vorsicht angewendet wird, die um so nöthiger wäre, da keines der Individuen, ohne gegen die Theaterconstitution zu verstossen, eine Rolle von sich weisen darf, auch dann nicht, wenn es offenbar seinen Fall sich damit vorbereitet.[33]

Und auch an die „Wiener Zeitschrift“ ging dann 1824 aus *„München, im April.“* eine ähnlichlautende Korrespondenz:

Die lyrisch-tragische Oper *Cordelia* in einem Act von Wolf, Musik von Kreutzer, verstimmte das Publicum durch den pauselosen Jammer der Wahnsinnigen, obgleich Dlle. *Sigl* mit allem Aufwande von Kunst sang und spielte, so viel nur immer ihr zartes Körperchen in dieser furchtbaren Rolle zu leisten vermochte.[34]

Den endgültigen Mißerfolg dieser Produktion berichtete in Berlin „Der Gesellschafter" vom Juni 1824, der jedoch die Bedeutung des Werks für Kenner und die Intentionen der Autoren zu würdigen weiß:

München. [...] Kreuzer's berühmte „Cordelia" war, obgleich wenig begriffen, von ungemeiner Wirkung. Dem Chore einen so bedeutenden Standpunkt an zu weisen, ihn gleichsam, wie in Schiller's „Braut von Messina", zu einer mitspielenden Person zu erheben: diese Idee erregte Aufsehen, und die Originalität der Ausführung überraschte durch die Kühnheit des Charakters. Der düstre Ernst der Oper, eine Consequenz, die nur der Kenner gelten läßt, machte die Darstellung dem größeren Theile des Publikums [...] Langeweile, und die muntere Journaliere „Flora" legte sogleich eine Protestation ein, den schwarzgrauen Pendant der leichten französischen „Nina" nicht mehr wiederkehrend sehen zu wollen. Demois. Sigl, „Cordelia", erkrankte nach der Vorstellung, genaß erst nach geraumer Zeit, und die Oper erschien nicht wieder.[35]

Hatte es die Schröder in Wien und Dresden vermocht, das Publikum mit dieser Rolle vollkommen in Bann zu schlagen, so erntete 1827 im Berliner Königlichen Opernhaus die durchaus beliebte und hochtalentierte dramatische Sopranistin Anna Schechner, die wie die Sigl dem Münchner Ensemble entstammte, trotz ihres vehementen Einsatzes für das Werk nur Unverständnis oder gar Spott, der sich indes in erster Linie auf das Werk und mithin dessen Autoren ergoß. Nach den Erfahrungen mit den pompösen Spontinischen Opern, die sich aller akustischer und szenographischer Finessen bedienten, war die „Cordelia" denn doch zu unspektakulär, ja die Journalisten empfanden sie gar als etwas kindisch, zumindest jene des „Berliner Conversations-Blattes", die unter dem Stichwort „*Berliner Conversation.* (Am 29sten vor dem Opernhause nach der Oper *Cordelia.*)" über Kreutzers Schöpfung herzogen:

„War das nicht göttlich? nicht über alle Begriffe schön?" Ja wohl, *über alle Begriffe* und eben darum nicht schön; und wenn es nur wenigstens für die *sinnliche* Anschauung *schön* gewesen wär, was wir sahen, mit dem Begriff wollt' ich's gern nicht so genau nehmen. – „Und wodurch meinen Sie denn, daß das Schöne verletzt wurde?" – Durch nichts weniger, als durch alles, was zur Oper gehört, zuerst durch den Unsinn des Textes: denn wenn man den einzelnen Scenen, welche Mad. Catalani gab, den Vorwurf gemacht hat, daß sie keinen Zusammenhang hatten, so haben wir heut eine ganze Oper gesehn, in der nicht der *Wahnsinn*, sondern der *Unsinn* die Hauptrolle spielt. „Nun ja, den Text gab' ich ihnen Preis, allein die Musik, den Gesang, das Spiel der Dem. Schechner?" – Was die Musik betrifft, so will ich nur kurz sagen, daß es mir auf's äußerste zuwider ist, eine ganze Oper hindurch hören zu müssen, wie der Componist auf nichts, als auf Effectmacherei ausgeht und gleich zu Anfang so stark aufträgt, daß er, da er sich nicht mehr überbieten kann, nichts als einen monotonen Lärm macht, der um so weniger Abwechslung hat, da fast die ganze Oper aus Recitativen besteht.[36]

Abgesehen von einem neuerlichen späten Versuch zu Wien war das Schicksal des Werkes spätestens dann besiegelt, als die Schröder es – offenbar selbst zum letzten Mal – in Paris damit versuchte. Die Vorstellung war am 8. Juni 1830, vorsichtshalber kombiniert mit Webers „Oberon". Das «Journal de Paris» vom 10. Juni hielt fest:

> Tout le talent de Madame Schroeder n'a pu hier empêcher l'auditoire de trouver fort long l'opéra de Cordelia. Elle a cependent chanté de manière à mériter des applaudissements qui auraient été vifs sans la fatigue qu'on éprouvait.[37]

Nach dieser Rezension kam „Cordelia" dort nicht wieder auf die Bühne. Die Berichte über diese Aufführung fanden übersetzt dann auch in die deutschen Feuilletons, darunter die Rellstabsche „Iris im Gebiete der Tonkunst" 1830:

> – *Paris.* Die deutsche Oper zieht fortwährend die Menge ins Theater. [...] Zum Benefiz der verdienstvollen Sängerin, Mad. *Fischer*, gab man die Cordelia von Kreuzer [!], als Drama eine unsinnige und widerwärtige Schöpfung, die jedoch einer Schauspielerin Anlaß giebt, sich in alle Farben des Entsetzlichen zu kleiden. Mad. *Devrient* gab die Cordelia mit hinreißender Meisterschaft.[38]

Als Interpretin hatte die Milder entscheidende Voraussetzungen vermissen lassen, die ein solches Sujet verlangt. Immerhin aber ist ihrer Initiative zu verdanken, daß in jenen Jahren, als deutsche Opernkomponisten und Librettisten noch tastend nach neuen Wegen suchten, ein Werk entstand, das gleichermaßen Ideen des Sturm und Drang wie neue kompositorisch-dramaturgische Ideen über eine dramatisch durchgängig plausible Anlage und Gliederung von Opern aufgreift, die in jenen Jahren gemeinhin noch dem Schema von Nummer und Rezitativ (oder gesprochenem Dialog) folgte.

So sehr es Singschauspielerinnen vom Schlage der Schröder aber auch reizen mochte das tragische Los der Cordelia alias Adele de Boudoy in aller Ausführlichkeit und mit allen Schattierungen zwischen Melancholie, Verzweiflung und Wahnsinn darzustellen, – dieser fast antikischen, monodramatischen Form war in jenen Jahren, als ein individuelles Schicksal die Öffentlichkeit nur in einem großgesteckten gesellschaftlichen Rahmen zu fesseln vermochte, kein dauerhafter Erfolg mehr beschieden. Die erschütternden Erlebnisse des Einzelnen vermochten nun in erster Linie in dessen Verhältnis zur großen Masse gespiegelt werden. Dafür prädestiniert war jedoch eher ein Gesamtkonzept wie jenes der „grand opéra", die den gesellschaftlichen Gegebenheiten der Zeit zwischen 1830 und 1848 weit mehr entsprach und auch die gesamte europäische Entwicklung der Oper mehr prägte als das Monodram.

Der Milder war die Adele wohl nicht mehr genehm, da sie nicht mehr dem Typ Monodram entsprach, der noch im 18. Jahrhundert wurzelte; die Schröder wußte die in dem Stück verborgenen Impulse als Darstellerin für sich zu nutzen, blieb jedoch nicht dort stehen, sondern vermochte all das, was sie dort schon kongenial erfaßt hatte auch in die von ihr interpretierten Frauengestalten innerhalb großer romantischer Opern und Musikdramen einzubringen.

Anmerkungen

1 In: Karl-Peter Brecht: Conradin Kreutzer. Biographie und Werkverzeichnis. Meßkirch 1980, ist „Adele von Budoy" unter KWV 1114 verzeichnet.

2 In: ebd. ist „Cordelia" unter KWV 1117 verzeichnet.

3 Einen Beleg für die einzige Aufführung der Oper liefert: Theater-Almanach der Königl. Haupt- und Residenz-Stadt Königsberg vom Jahr 1821. Hrsg. v. C. Hiller. Königsberg 1822, S. 30: „*August* [...] Den 13. *Fluch und Seegen.* Drama in 2 Aufz. Und: *Adele von Budoy.* Lyrisch, tragische Oper in einem Aufz. (zum Erstenmale.) (Zum Benefize für Mad. Milder.) Mad. *Milder*, Adele. 14te Gastrolle."

4 Eine zu Milder und ihrem Umfeld sehr informative Darstellung gibt der Beitrag von Andreas Mayer: „Gluck'sches Gestöhn" und „welsches Larifari". Anna Milder, Franz Schubert und der deutsch-italienische Opernkrieg. – In: Archiv für Musikwissenschaft 52(1995), S. 171–204.

5 In: Max Martersteig: Pius Alexander Wolff. Ein biographischer Beitrag zur Theater- und Literaturgeschichte. Leipzig 1879, S. 197 wird erwähnt, Wolff habe eine Biographie der Sängerin geplant – in seinem Nachlaß hätten sich zahlreiche Notizen über sie angefunden. Allerdings überlebte die Sängerin Wolff.

6 Pius Alexander Wolff: Dramatische Spiele. Berlin 1823, Erster Band. Erhaltend: Pflicht um Pflicht. Preciosa. Cäsario. Adele von Budoy, S. 314.

7 Vermutlich handelt es sich um den Berliner Sänger Otto Grell, seinen Bruder August Wilhelm oder den Musikdirektor Georg Abraham Schneider (der die Nachfolge Bernhard Rombergs angetreten hatte).

8 La Mara (Marie Lipsius): Musikerbriefe aus 5 Jahrhunderten. Leipzig 1886, Bd. II. Von Beethoven bis zur Gegenwart, S. 55–59.

9 Während „Adele von Budoy" gar nicht erwähnt wird, nennt das Opernverzeichnis dort unter Nr. „12) ‚Cordelia,' tragische Oper in 1 Akt von P. A. Wolff, für Mad. Milder geschrieben und 1819 in Donau-Eschingen zuerst, dann 1823 in Wien aufgeführt." (Berliner Musikalische Zeitung, Nr. 26, 30. März 1833, S. 104). Immerhin wurde zu Donaueschingen aber Kreutzers „große Oper" „Aesop in Lydien" gegeben. Zunächst sang die Fürstin – wie Kreutzer persönlich bezeugt – in achtbarer Weise die Frauenrollen des Donaueschinger Repertoires, wobei es aber nicht anzunehmen ist, daß sie, oder eine andere Kollegin ohne weiteres eine Partie übernehmen konnte, die selbst einer Milder „zu fatigant" war.

10 In der akribischen Darstellung der Donaueschinger Theatergeschichte, die einen detaillierten Repertoirebericht des Theaters anhand der Zettel und Archivalien enthält, wird über eine dortige Aufführung der „Adele" nichts mitgeteilt und auch eine Anfrage in der Donaueschinger Bibliothek erbrachte nichts, vgl. Georg Tumbült (Hrsg.): Das Fürstlich Fürstenbergische Hoftheater zu Donaueschingen 1775–1850. Ein Beitrag zur Theatergeschichte. Mit Plänen, Abbildungen und Porträts. Bearbeitet von der Fürstlichen Archivverwaltung. Donaueschingen 1914.

11 Da es gewiß heikel gewesen sein dürfte, ein ausdrücklich für die Milder geschriebenes Stück umzuwidmen, bevor diese es tatsächlich erprobt hatte, wäre es immerhin verständlich, wenn Kreutzer über eine eventuell stattgefundene – möglicherweise auch nur konzertante – Aufführung gegenüber seinen Briefpartnern nichts verlauten hätte lassen, um die Berliner Primadonna nicht zu düpieren.

12 Originalgetreu für Klavier und Gesang gesetzte Abschnitte der Originalpartitur wurden in Wien 1824 von A. Pennauer angeboten, wobei nicht alle in der Wiener Zeitung angekündigten Stücke heute noch nachweisbar und vielleicht auch gar nicht erschienen sind. Der Berliner

Musikalienverleger Cosmar et Krause (vormals Christiani) hingegen bietet folgendes Arrangement an: „Potpourri für das Piano-Forte nach beliebten Thema's aus der Oper: *Cordelia* von C. Kreutzer. Pr. 1/2 Thlr." Vgl. Königlich privilegirte Berlinische Zeitung, Nr. 245, 19. Oktober 1826.

[13] Kreutzer spricht diese Idee in Briefen vom März 1823 gegenüber den Verlegern Bachmann in Hannover und Peters in Leipzig aus. Diese Information verdanke ich Karl-Peter Brecht (†).

[14] Literarisches Conversations-Blatt, Leipzig, Nr. 118, 23. Mai 1823, S. 470.

[15] Operntitel, der sich auf zwei entfernt sujetverwandte äußerst populäre Werke dieser Zeit bezieht: „Nina, ou La Folle par amour" von Benoît Joseph Marsollier und Nicolas Dalayrac (Paris 1786), oder aber „Nina ossia La Pazza per amore" von Giuseppe Carpani und Giovanni Paisiello (Caserta bei Neapel 1789). Paisiellos „Nina" wurde 1999 in der Mailänder Scala dem Publikum erneut vorgestellt.

[16] Wegweiser im Gebiete der Künste und Wissenschaften. – In: Abend-Zeitung, Dresden, 1. März 1823.

[17] Martersteig [Anm. 5], S. 199f.

[18] Das Königsberger Gastspiel war der Stadt von der Milder bereits seit 1815 versprochen – vgl. die Angaben über einen Milder-Brief, der laut „Königsberger Theaterblatt" Gastrollen verhieß (Königsberger Theaterblatt, 21. April 1815, S. 130). Ebendort (S. 165) erfolgt ein Kommentar zum Kontraktbruch Milders mit Königsberg. Vgl. dazu auch sehr deutliche Berichte im „Tagebuch der deutschen Bühnen" sowie der „Zeitung für die elegante Welt". Letztere verhieß 1818 in einer Korrespondenz vom 19. Mai erneut 13 Gastrollen der Milder in Königsberg (Nr. 105, 1. Juni 1818, Sp. 840).

[19] Abend-Zeitung. Dresden, Nr. 255, 24. Oktober 1821.

[20] Nach ihrer Rückkehr nach Berlin erfolgte dort – vermutlich durch Johann Philipp Samuel Schmidt – eine deutliche Stellungnahme, daß ihre Stimme keineswegs im Abnehmen begriffen sei, man habe in den Opern „Olympia", „Lodoiska", „Fidelio" und „Athalia" ihre hohen Bs, Hs und Cs ohne Einbuße in vollem Umfang und vokaler Kraft vernommen. Zeitung für Theater und Musik, eine Beilage des Freimüthigen, Berlin, Nr. 39, September 1821, S. 156.

[21] Zeitung für die elegante Welt, Nr. 249, 20. Dezember 1821, Sp. 1990.

[22] Der Gesellschafter, Nr. 150, 19. September 1821, S. 699f.

[23] Allgemeine musikalische Zeitung, Leipzig, Nr. 45, 7. November 1821, Sp. 764.

[24] Allgemeine Theaterzeitung, Wien, Nr. 24, 25. Februar 1823, S. 95.

[25] Deutsche Blätter, Breslau. Nr. 47, 24. März 1823, S. 188.

[26] Ebd., Nr. 64, 24. April 1823, S. 255f.

[27] Allgemeine musikalische Zeitung, Wien, Nr. 17, 26. Februar 1823, Sp. 132.

[28] Vgl. folgenden Bericht über Wien im Juli: „Am 29sten: im Kärnthnerthor-Theater: *Cordelia.* Wurde seit dem Abgang der Dem. Schröder mit Bedauern auf dem Repertoire vermisst; nun erschien Mad. Schütz in der Titel- oder, bestimmter ausgedrückt, Solo-Rolle, und war ein würdiger Ersatz für ihre beliebte Vorfahrin. Es versteht sich, daß der Componist einiges umschreiben und ihrer Stimmlage anpassen mußte." (Allgemeine musikalische Zeitung, Leipzig, Nr. 38, 17. September 1823, Sp. 624.) Minder erfolgreich war gemäß Auskunft der Leipziger „Allgemeinen musikalischen Zeitung" im Herbst 1823 dann Amalie Schütz' Auftritt als Cordelia in Amsterdam, als neben Johann Nestroy auch andere Wiener in die Niederlande verpflichtet worden waren. (Allgemeine musikalische Zeitung, Leipzig, Nr. 51, 17. Dezember 1823, Sp. 837f.) Schütz spielte die Oper auch noch vor der Schröder-Devrient als erste in Paris. Diesen Auftritt in der Rolle erwähnt Kreutzer selbst in einem Brief an Meyerbeer.

[29] Vgl. den Bericht „Dresden, vom April bis Ende Juni". – In: Allgemeine musikalische Zeitung, Leipzig, Nr. 33, 13. August 1823, Sp. 526.

[30] Abend-Zeitung, Dresden, Nr. 168, 15. Juli 1823.

[31] Vgl. Otto Danzer: Johann Brandls Leben und Werke. Ein Beitrag zur Musikgeschichte von Karlsruhe. Brünn 1936, S. 39. Die Aufführungsmaterialien von München und Berlin hingegen verraten, daß Kreutzer persönlich an den dortigen Darbietungen verdiente, die Partituren weisen Lizenzaufschriften von seiner Hand auf.

[32] Dort gastierte in diesem Jahr am 1. und 2. September die Milder als Emmeline und Elvira, die spätestens zu diesem Zeitpunkt (am 3. September) mit der überarbeiteten Fassung des Werkes Bekanntschaft gemacht haben dürfte, vgl. Journal des Stadttheaters zu Magdeburg; oder Sammlung aller seit dessen Entstehung aufgeführten Schau-, Lust- und Trauerspiele; Opern ec. Als Gastspiel der Schröder-Devrient – die sich rühmte, das Stück sei für sie komponiert worden – gab es „Cordelia" hier nochmals am 29. Juni 1827, wiederum dürfte die Milder diese Vorstellung allenfalls knapp versäumt haben, ließ sie doch selbst für den 2. Juli in Magdeburg ein Konzert ankündigen. Laut „Tagebuch der deutschen Bühnen" sang die Magdeburger Cordelia Demoiselle Weitner „mit sehr großem Beifall" (1826, Heft IV, S. 124). Weitner kam vom Berliner Königsstädtischen Theater, wirkte zunächst als zweite, dann als erste Sängerin in Magdeburg und heiratete 1826 den Bassisten Joseph Reichel. Ihr Mann war kurz am Wiener Kärntnertortheater engagiert gewesen, so daß er und der Magdeburger Theaterchef Ferdinand Freiherr von Biedenfeld (gleichfalls zuvor in Wien) die „Cordelia" von der Donau an die Elbe transferiert haben mögen.

[33] Allgemeine musikalische Zeitung, Leipzig, Nr. 20, 13. Mai 1824, Sp. 329. Bericht aus München über den Zeitraum Januar bis 7. April.

[34] Wiener Zeitschrift, Nr. 87, 20. Juli 1824, S. 752.

[35] Der Gesellschafter, Nr. 111, 13. Juni 1824, S. 552. – In der Tat erntete der Versuch in dem Münchner Unterhaltungs-Blatt „Flora", das über die Erstaufführung am 4. April berichtet, einen völligen Verriß: „Hr. Kreutzer hätte wohl nicht leicht auf einen unglücklichern Gedanken kommen können, als dies Buch des Hrn. *Wolf* in Musik zu setzen, in welchem eine Wahnsinnige auf der Bühne erscheint, mit fliegenden Haaren, mit zerrissenem Gewande, mit irrem wilden Blicke, mit der Verzweiflung im Herzen, die sich in Allem zeigt, was sie thut und sagt. [...] Die Rolle der Wahnsinnigen wurde von Dlle. *Sigl* mit einem Aufwande von Kunst gegeben, der ihr eben so sehr zur Ehre gereicht, als wir bedauern, diese Sängerin, von zarter körperlicher Konstitution, am Ende nach einer fast stundenlangen Anstrengung, wo die Handlung allein auf ihr ruht, bis zur Erschöpfung ermüdet gesehen zu haben. Das Publikum erkannte dies, indem es Ihr vielen Beifall bezeugte." Flora. Ein Unterhaltungs-Blatt, Nr. 58, 9. April 1824, S. 236.

[36] Berliner Conversations-Blatt, Nr. 150, 31. Juli 1827, S. 600. Der Begriff „kindisch" fällt erst in der zweiten Rezension im Berliner Conversations-Blatt, Nr. 151, 2. August 1827, S. 604.

[37] Jean Mongrédien: Les débuts Parisiens de Wilhelmine Schröder-Devrient (1830–1831). – In: Festschrift Christoph-Hellmut Mahling zum 65. Geburtstag. Hrsg. v. Axel Beer/Kristina Pfarr/Wolfgang Ruf. Tutzing 1997, Bd. 2, S. 941.

[38] Iris im Gebiete der Tonkunst, Nr. 12, 18. Juni 1830.

Abb. 1: Rahel Varnhagen von Ense.
Stahlstich von C. E. Weber nach M. M. Daffinger. 1817

Abb. 2 : Caroline de la Motte Fouqué. Ölgemälde um 1800

Abb. 3:
Lea Mendelssohn Bartholdy.
Zeichnung von
Wilhelm Hensel.
Bleistift. 1823

Abb. 4:
Jeanette Strauß-Wohl.
Stahlstich nach einer
Originalzeichnung
von L'Allemand. 1832

Abb. 5:
Rosa Maria Assing:
Scherenschnitt

Abb. 6: Anna
Milder-Hauptmann
als ‚Malvina'.
Ölgemälde von
Wilhelm Schadow.
1818

Abb. 7: Wilhelmine Schröder-Devrient.
Lithographie von H. Grevedon. Paris 1830

Abb. 8: Amalie Schoppe. Nach einem Titelkupfer aus dem Jahre 1833

Abb. 9:
Friederike Robert.
Bleistiftzeichnung von
Wilhelm Hensel

Abb. 10:
Adele Schopenhauer.
Porträt

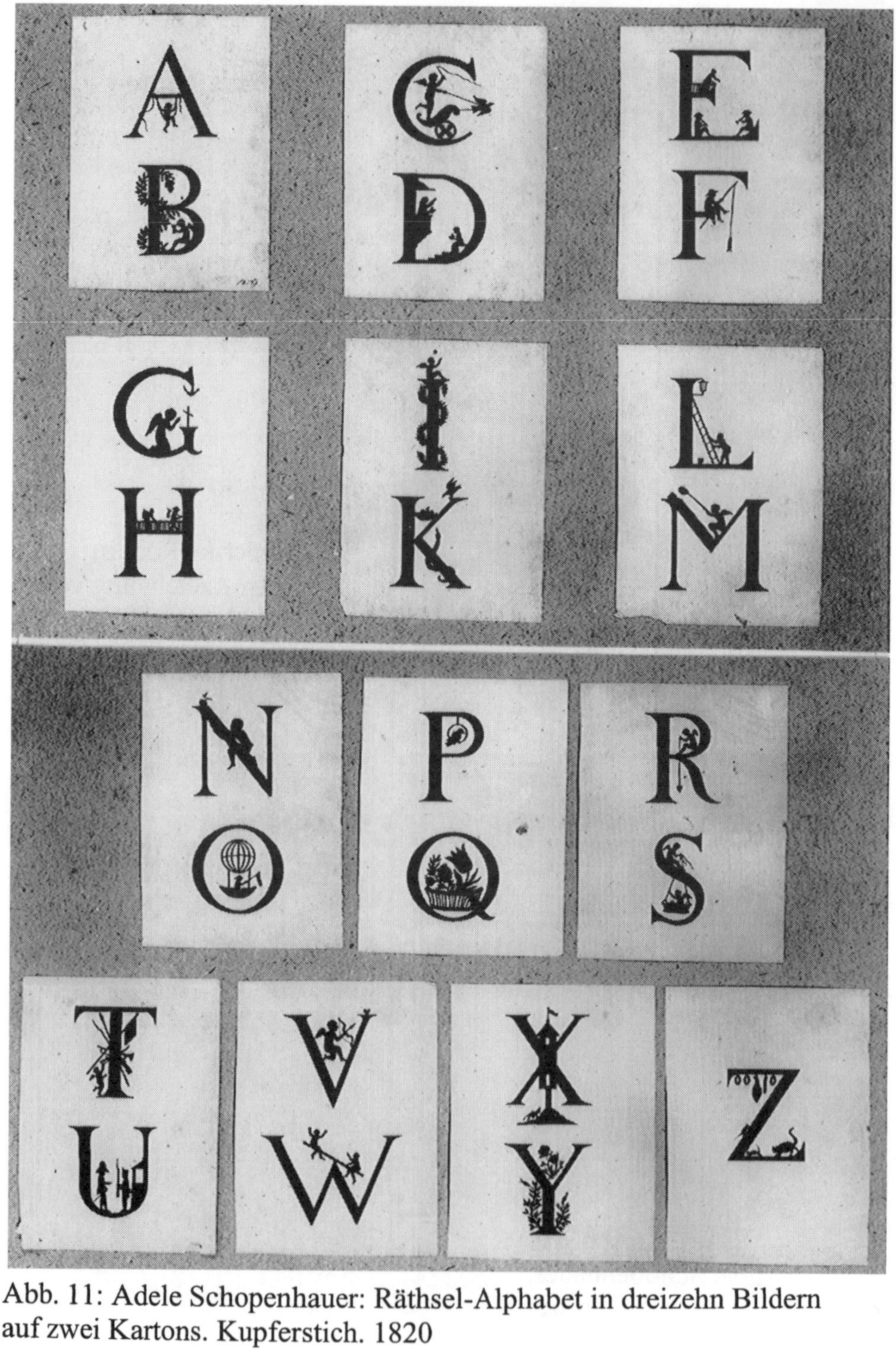

Abb. 11: Adele Schopenhauer: Räthsel-Alphabet in dreizehn Bildern auf zwei Kartons. Kupferstich. 1820

Abb. 12:
Louise Henry:
Selbstbildnis.
Stahlstich auf Karton.
1839/40

Abb. 13:
Charlotte Birch-Pfeiffer.
Lithographie von
A. Hüssener 1831

Abb. 14:
Kathinka Zitz-Halein
um 1833

Abb. 15:
Fanny Hensel.
Bleistiftzeichnung von
Wilhelm Hensel

NB 1

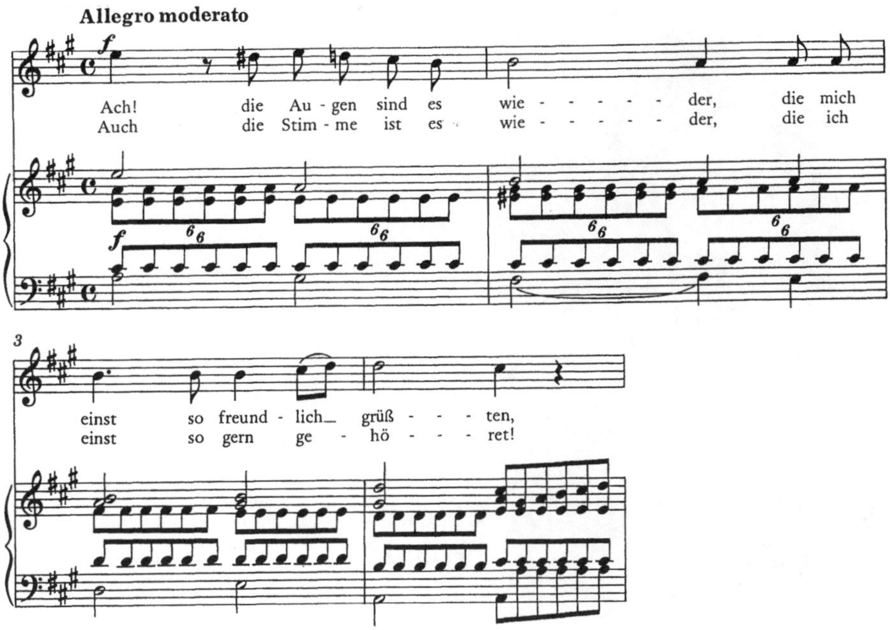

NB 2

Abb. 16: Fanny Hensel: Vertonung von Heinrich Heines Gedicht „Ach! Die Augen sind es wieder“ © Breitkopf & Härtel, Wiesbaden

Abb. 17:
Charlotte Stieglitz.
Berlin 1835

Abb. 18:
Johanna Kinkel.
Zeitgenössischer
anonymer Stich

Abb. 19:
Marie Norden

Abb. 21:
Malvida von Meysenbug.
Kinderbildnis von einem
unbekannten Künstler

Abb. 20: Roswitha Kind. Jugendbildnis von Johann Carl Rösler.
Öl auf Leinwand. Um 1825

Abb. 22: Bertha Traun-Ronge. Gemälde um 1840

Abb. 23:
Louise Otto.
Lithographie.
1840er Jahre

Abb. 24:
Helena Demuth.
Photographie
um 1860

Amalia Schoppe (1791–1858)

„Die Arbeit ist aber Freude und Gewohnheit für mich“[1]

Lorely French, Forest Grove/Oregon

Gäbe es eine umfassende Bibliographie der veröffentlichten Werke von Amalia Schoppe, enthielte sie mehr als 120 Titel, insgesamt mehr als zweihundert Bände.[2] Darunter fänden eifrige LeserInnen historische Romane, Erzählungen, Sagen, Volksmärchen, Legenden, Kindergeschichten, Kochbücher, Jugendbücher, Novellen und Briefsteller. Dazu gehörten auch etliche Beiträge in Periodika und in Anthologien sowie das jahrelange Herausgeben zweier Zeitschriften. Einige Werke wurden sogar ins Französische, Englische, Holländische und Tschechische übersetzt. Trotz dieser ungeheuren Quantität ist die Mehrzahl der Werke kaum zu erhalten: Entweder stehen sie versteckt in abseitigen Bibliotheksmagazinen, wo sie nur vor Ort gelesen werden können, oder sie sind verschollen.

Eine Liste der bekannten kulturellen Persönlichkeiten, mit denen Amalia Schoppe in näheren Kontakt kam, wäre ebenso erstaunlich: Unter anderen Adelbert von Chamisso, Helmina von Chézy, Friedrich Hebbel, Justinus Kerner, Fanny Tarnow, Ludwig Uhland, Rosa Maria Assing, Ludmilla Assing, Ottilie Assing, Karl August Varnhagen von Ense, Caroline von Wolzogen. Der Mangel an Exemplaren ihrer Werke spiegelt Schoppes Status in der Literaturwissenschaft wider: in der Sekundärliteratur finden wißbegierige WissenschaftlerInnen kaum Erwähnungen von Amalia Schoppes Leben oder Werken.[3] Wenn ja, dann meist in Verbindung mit Friedrich Hebbel, für den sie Gönner zur Bezahlung seines Studiums fand und dem sie bei der Veröffentlichung seiner Werke half.

Es gibt nur einen indirekten Hinweis darauf, daß Heine 1817 Amalia Schoppe persönlich kennengelernt habe, aber weder in seinen noch in ihren Werken oder Briefen werden weitere Kontakte erwähnt.[4] Als Heine dann im August 1823 wieder nach Hamburg kam, befreundete er sich mit David und vor allem mit Rosa Maria Assing, Amalia Schoppes enger Freundin aus der Jugend. Bei allen seinen Hamburger Aufenthalten besuchte er Rosa Maria Assing und konnte dabei eventuell auch Amalia treffen bzw. über sie von Rosa Maria hören.[5] Amalia Schoppe gehörte wahrscheinlich aber zu den Frauen, von denen Heine so sarkastisch in dem Reisebericht „Die Nordsee. Dritte Abtheilung“ spricht, die er aber trotzdem schreiben läßt, solange sie ihn nicht irritieren.[6]

Die Kritik Heines basiert auf ihrem Geschlecht: Amalia Schoppe entgeht auch nicht den stereotypischen Beurteilungen ihrer Zeit und späterer Perioden, in denen vielgelesene Frauen beschimpft, schablonenhaft untersucht und vergessen werden. Ihre Werke werden oft in Schubladen gesteckt und mit den gewöhnlichen Attributen für diese Schriftstellerinnen gekennzeichnet. Entweder werden ihre Leistungen als männlich betrachtet, oder ihre Werke werden mit der Schriftstellerei anderer Autorinnen des frühen neunzehnten Jahrhunderts als zu weiblich diffamiert.[7]

Eine Wiederbewertung der Leistungen Amalia Schoppes fordert eine Untersuchung verschiedener Aspekte ihres Lebens aus neuer Sicht, was im ersten Teil dieses Aufsatzes unternommen wird. Im Kontext ihres Lebens sollen ihre Unabhängigkeit und ihre mannigfaltigen Erfahrungen als Direktorin eines Erziehungsinternats, Schriftstellerin, alleinstehende Mutter und Reisende diskutiert werden. Die Umstände, unter denen sie ihre Werke schrieb, umfassen ein Netzwerk vieler anderer tätiger Frauen ihrer Zeit. Ein Blick auf dieses Netzwerk enthüllt eine Reihe wichtiger Mechanismen, die Frauen benutzten, um in das männlich dominierte Gebiet der Literatur einzutreten. Statt ihr unstabiles Leben als alleinstehende Mutter ohne regelmäßiges Einkommen und ohne festen Wohnsitz als Last zu betrachten, profitierte Amalia Schoppe davon mit fruchtbarer Produktivität, die sich in Büchern über Reisen, Frauenerlebnisse, moralische Belehrung und praktische Unterrichtung niederschlug. Im besonderen soll die letzte Reise ihres Lebens, die Auswanderung in die USA als sie sechzig Jahre alt war, worüber sie in etlichen veröffentlichten Berichten und privaten Briefen ausführlich berichtet, genauer betrachtet und bewertet werden, was im letzten Teil dieses Aufsatzes geschieht.

Amalia Schoppe wurde am 9. Oktober 1791 in Burg auf der Insel Fehmarn als Tochter des aus Burg stammenden Arztes und Künstlers Friedrich Wilhelm Weise und seiner Frau Catharina geb. Hammer geboren und auf die Namen Amalia Emerentia Sophia Catharina getauft. Amalia verbrachte die ersten sechs Jahre ihres Lebens glücklich auf der Insel, bis ihr Vater starb und sie einem Onkel in Hamburg zur weiteren Erziehung übergeben wurde. Im Vergleich zu dem milden, künstlerischen Temperament ihres Vaters war ihr Onkel streng und angsteinflößend autoritär. Wäre die Mutter nicht dazwischengetreten, nachdem sie den reichen Kaufmann Johann Georg Burmester geheiratet hatte, hätte Amalia vermutlich die Narben einer grausamen, sadistischen Erziehung ihr ganzes Leben getragen. Die bessere ökonomische Lage, die die Familie mit Burmester erfuhr, dauerte aber nicht lange, denn Burmester verlor durch ein Schiffsunglück sein Vermögen, und die Familie verarmte, als Amalia sechzehn Jahre alt war.

Mit drei Jahren hatte Amalia das Lesen gelernt; mit fünf das Schreiben; in ihrem zehnten Jahr schrieb sie ihr erstes Gedicht. Von ihrem Vater wurde ihr das Zeichnen und Malen sowie das Schwimmen beigebracht. Als eine begabte sechzehnjährige Frau beschloß sie, als Antwort auf den ökonomischen Niedergang der Familie Burmester eine Stelle in einem Hamburger Patrizierhaus als Erzieherin anzunehmen. Durch diese Arbeit lernte sie Freunde kennen, mit denen sie lebenslang in Kontakt blieb: Die Nachbarin Rosa Maria, Schwester des Historikers und Schriftstellers Karl August Varnhagen von Ense, und den Schriftsteller Justinus Kerner. In diesem Kreis begann ihre literarische Karriere.

Amalia Schoppes erste Gedichte erschienen in dem von Justinus Kerner herausgegebenen Buch „Poetischer Almanach für das Jahr 1812.“ Unter die Namen der Männer:

Kerner, Uhland, Schwab und Mayer, mischten sich drei Frauen: Helmina von Chézy, Rosa Maria Varnhagen und Amalia Weise. Aber während die Beiträge der Dichter durch Vor- und Nachnamen signiert wurden, stehen unter den Gedichten der Dichterinnen nur ihre Vornamen. Bei Amalia fand Varnhagen, daß sie in den Gedichten „ihr Herz entkleidet", und daher riet er Kerner ab, ihren vollen Namen hinter die Gedichte zu setzen.[8] Varnhagens Angst, daß sie durch ihre Gedichte erkannt werden könnte, obwohl gut gemeint, stigmatisiert ihr Bekanntsein. Wie viele Schriftstellerinnen wird sie auch später unter Pseudonymen und verkürzten Namen veröffentlichen: Adalbert von Schonen, Amalia und Marie.

Ein zweiter Almanach erschien 1813, herausgegeben von Ludwig Uhland und Friedrich de la Motte Fouqué, erneut mit Gedichten von denselben drei Frauen, wieder ohne Nachnamen. Amalia hatte ihren Eingang in die Literatur gefunden, und sie war nun kaum aufzuhalten. In der autobiographischen Geschichte „Clementine", die 1838 in dem zweibändigen Werk „Erinnerungen aus meinem Leben in kleinen Bildern" erschien, schreibt sie stolz über ihre eigene literarische Produktivität. Als Maske benutzt sie die dritte Person, anscheinend um sich gegen Angriffe wegen der Eitelkeit oder Selbstüberhebung zu schützen, wie es beim Auslassen ihres Nachnamens bei der Veröffentlichung der ersten Gedichte auch funktionierte:

> Dieser Produktivität, dieser Regsamkeit des Geistes verdankte sie späterhin, daß sie in dem unglaublich kurzen Zeitraume von dreizehn Jahren 118 Bände schreiben und zum Drucke befördern konnte und doch noch Zeit behielt, zu lesen und sich weiter auszubilden. Auch darf man wohl von ihr behaupten, daß sie immer arbeitete, selbst dann, wenn sie müßig zu gehen schien.[9]

Diese Stellen in der autobiographischen Erzählung zeigen eine scharfsinnige Wahrnehmung ihrer Situation und markante Selbsterkenntniße der eigenen Talente und Entwicklung. Aus jeder Situation zog die Erzählerin einen Vorteil. So erfahren wir, wie die Strenge und der Geiz des Onkels, bei dem sie ihre früheren Jahre verbracht hatte, ihre flüssige Schreibweise positiv beeinflußt hatten, statt sie zu verhindern. Bei ihm hatte es immer an Papier gemangelt, beschreibt die Erzählerin, so daß

> sie sich von vornherein übte, ihre Gedanken gleich so in ihrem Kopf auszuarbeiten, daß sie sie völlig geordnet und ohne weiter der Korrektur zu bedürfen, niederschreiben konnte [...] Als sie in der Folge zahllose Bücher schrieb, konnte sie nie an die Arbeit gehen, ohne zuvor das ganze Gebäude des vorhabenden Werkes in allen seinen Teilen im Umrisse vollendet und jedes an seine gehörige Stelle gewiesen zu haben.[10]

Ganze Bücher habe sie sich auf Spaziergängen, beim Nähen oder Stricken oder bei Gartenarbeiten ausgedacht:

> War ein Buch nun auf solche Weise in ihr entstanden, so brachte sie es mit unglaublicher Schnelligkeit zu Papier und hatte nie nötig, eine Abschrift zu machen; und nur hie und da brachte sie beim nochmaligen Überlesen kleine Korrekturen an, die aber nur in einzelnen, besseren und gewählteren Wörtern bestanden.[11]

Diese Äußerungen bestätigen Amalia Schoppes außerordentliche Fähigkeit, das Beste aus ihrer niederdrückenden Situation zu machen.

Im Jahre 1813 ging Amalia Schoppe in ihren Heimatort auf der Insel Fehmarn zurück und richtete eine Privatschule ein, wo sie täglich dreißig junge Mädchen unterrichtete. Am 19. August 1814 heiratete sie Friedrich Heinrich Schuppe, der später seinen Namen, der ihm peinlich nach Fisch roch, in Schoppe ändern wird. Sie hatte ihn seit ihren Kinderjahren in Hamburg gekannt, einen wilden, in der Liebe drohenden, befehlenden, vom Trinken besessenen Mann, der 1814 von der Hanseatischen Legion nach Burg zurückkehrte und Amalia aufforderte, ihn zu heiraten. Nach der Geburt des ersten Sohnes, Karl Adelbert, im Jahre 1814 zog Schuppe nach Kiel, um den juristischen Doktorgrad zu erwerben. 1817 folgte sie ihrem Mann nach Hamburg, wo sie zuerst sporadisch und dann regelmäßig Beiträge für Zeitschriften, besonders für Cottas „Morgenblatt für gebildete Stände", meist anonym, schrieb. Es folgten noch zwei Söhne – Julius im Jahre 1818 und Alphons im Jahre 1821. Da der Alkoholismus ihres Mannes weiter zunahm, verließ sie ihn 1821 und zog mit den drei Kindern nach Wandsbek.

Die Bedeutung der Frauen in ihrem Leben wurde in dieser Zeit der persönlichen Not sehr offensichtlich. Mit ihrer Stiefschwester Lucie Burmester und der Schriftstellerin Fanny Tarnow eröffnete sie in Wandsbek ein Internat für Töchter gebildeter Stände. Rosa Maria Varnhagen-Assing blieb als Vermittlerin, da sie selber ein Erziehungsinstitut in Altona eingerichtet hatte. Leider scheiterte das Institut an Gegensätzen zwischen Schoppe und Tarnow, eine Geschichte von Enttäuschungen und Meinungsverschiedenheiten, worüber Amalia ausführlich in Briefen an Helmina von Chézy 1820–1821 schrieb.[12] Trotz des Scheiterns des Instituts bekam Amalia Schoppe durch Fanny Tarnow eine neue Motivation, ihre schriftstellerische Tätigkeit zu erweitern, da erstere schon mehrere erfolgreiche Romane geschrieben hatte. Amalia fühlte sich angesteckt, und bald schrieb sie auch ihren ersten Romanentwurf. Ihr erstes Buch erschien 1822 in Berlin: „Die Helden und Götter des Nordens oder das Buch der Sagen, der gebildeten und reiferen Jugend zur Belehrung und Unterhaltung geweiht." Ein zweiter Anlaß zum Schreiben kam kurz danach, als Friedrich Schoppe am 13. Juli 1829 in der Elbe ertrank. Da er Schulden hinterließ, entschied sich Amalia, durch rege schriftstellerische Tätigkeit für den Unterhalt der Familie zu sorgen.

Was als Broterwerb begann, wurde zur Schreibmanie, wobei Amalia nicht nur Bücher produzierte, sondern auch Zeitschriften herausgab und Artikel beisteuerte. Fast zwanzig Jahre lang blieb sie Herausgeberin der „Neuen Pariser Modeblätter"; sieben Jahre lang gab sie die Zeitschrift „Iduna" heraus, fünf Jahre lang das Taschenbuch „Cornelia". Keine Gattung ließ sie unangetastet – Libretti für Opern, Schauspieltexte, Theaterrezensionen, Korrespondenzberichte über das Hamburger Leben, Prosa, Gedichte – sie versuchte ihre Talente bei allem. Und wenige Zeitschriften blieben von ihrer Mitarbeit unberührt: „Hamburger Beobachter", „Eisenbahnzeitung", „Bergedorfer Wochenblatt", Kinds „Muse", „Aurora", Gubitz' „Gesellschafter", Philippis „Mercur", „Tübinger Morgenblatt", Cottas „Morgenblatt für gebildete Leser", die Liste geht immer weiter. Amalia Schoppe war sehr stolz auf ihre Unabhängigkeit in der Rolle als Haushaltsleiterin. In einem Brief aus dem Jahre 1832 schrieb sie an ihren Vetter über die Bewohner ihres Hauses – sieben Personen im ganzen: Sie selbst, ihre drei Söhne, ihre Mutter, eine Dienerin und deren Tochter. Und sie war die Ernährerin für alle.[13] In Bezug auf Schoppes Einstellung zu ihrer eigenen Produktivität zitiert Helmina von Chézy aus einem Brief von Schoppe:

> Meine Finanzen haben sich durch strenge Oekonomie u durch Arbeiten so gebessert, daß ich jetzt gegen 500 Thaler ausstehen habe, u für die nächste Zeit ohne Sorgen bin, das will in meiner Lage viel sagen! Und ich danke Gott dafür! Wenn Sie bedenken daß ich mit den 3 Kindern allein, ganz allein auf meinem Fleiß beschränkt bin, daß mein Carl schon Schul- u Privatunterricht haben muß![14]

Es stimmt, daß das Schreiben nicht immer so ideal lief, wie sie es hier schildert, und doch manchmal sehr anstrengend war, wie sie später, im September 1832, in einem Brief an den Vetter entschuldigend gesteht, da sie nicht früher geschrieben habe, aber der Vetter würde bestimmt verstehen: „wie mich die Arbeit oft quält".[15] Außer diesem Satz finden LeserInnen kaum Indizien für die „Qual" der Arbeit. Stattdessen spricht sie stolz von der Art und Weise, wie „ich jetzt mein Brod mit Ehren verdienen und meiner Familie von sieben Personen mit meiner Feder eine sorgenlose Existenz sichern kann!"[16] Die Familie zu ernähren, stand als legitimer Grund für ihre Schreibmanie. Es war eine Rechtfertigung für eine schreibende Frau, die im neunzehnten Jahrhundert als höchst verdächtig vorkam, wenn sie das Schreiben nur für sich selbst unternahm.

Um diese „Schreibewut" zu verstehen, muß nicht nur Amalia Schoppes persönliches Leben, dessen Umstände sie in Not gebracht hatten, betrachtet werden, sondern auch der Stil der Zeit, der eine Lesewut und Wißbegier auf alles Mögliche im Leben verlangte. Um 1830, in den Jahren, in denen Amalia Schoppe anfing, ihre höchste Produktivität zu entfalten, konnten in Deutschland erst 40 Prozent der Bevölkerung lesen. 1870 waren es schon 75 Prozent.[17] Bis zu ihrem Tod im Jahre 1858 trug Schoppe bei, diese Lesefähigkeiten anzuregen und zu erhöhen. Das Publikum griff nach allem, und besonders nach Unterhaltungsliteratur, Periodika, Nachrichten aus aller Welt über das alltägliche Leben. Die LeserInnen persönlich anzusprechen, ihnen neues Wissen beizubringen, sie zu lehren und belehren, waren bestimmt Zwecke Schoppes mannigfaltiger Artikel, Zeitschriften, Romane und Bücher. In den Fußtapfen des aufgeklärten achtzehnten Jahrhunderts verlockte sie die LeserInnen mit Biographien, Romanen und Erzählungen, deren Hintergrund historische, geographische, wissenschaftliche und kulturelle Stoffe anboten. Statt bloß enzyklopädische Fakten und Listen wiederzugeben, spricht Schoppes Schreiben die LeserInnen direkt an, indem sie den Alltag, die kleineren Freuden und Schmerzen im Leben betont. Und ihre Versuche mißlangen offensichtlich nicht. Varnhagen von Ense, beim Lesen des Briefwechsels zwischen Helmina von Chézy und Amalia Schoppe und zwischen Chézy und Fanny Tarnow, schrieb am 29. März 1856 in sein Tagebuch über die drei Autorinnen: „Die ersten Jahre nach den Befreiungskriegen waren die goldne Zeit dieser Schriftstellerinnen."[18] Gegen „Schwächlinge wie Friedrich Kalckreuth, Blankensee, Wilhelm Hensel", so Varnhagen, „waren Weiber, wie Amalia Schoppe und Helmina von Chézy noch kräftig und hervorragend, man huldigte ihren Reigen, ihren Schriften, man dichtete an sie und bezahlte ihnen ihre Sachen. Wahrlich eine goldne Zeit!"[19]

Diese „goldne Zeit“ bringt auch Erfolg für Schoppe: Finanziell lebte sie als alleinstehende Mutter von ihrer Produktivität, meist durch den Verkauf der Zeitschriften, die regelmäßig und lange erschienen.

In diesen Zeitschriften findet der heutige Leser Hinweise darauf, daß Amalia Schoppes Worte gar nicht so harmlos oder alltäglich waren, wie man oft gedacht hatte. Schoppe als politisch zu bezeichnen, wäre sicher ein Mißverständnis, aber der Leser kann ihre Freiheitsliebe nicht übersehen, eine Liebe, die sich in der Zeit der Zensur in den 30er und 40er Jahren äußerte und daher nicht zu unterschätzen ist. Amalia Schoppe war bestimmt mit den Schriften von Heinrich Heine, Karl Gutzkow und Theodor Mundt vertraut, Schriftsteller, deren Werke damals verboten wurden. Als Herausgeberin der „Neuen Pariser Modeblätter“ nutzte sie die Gelegenheit, das Publikum über die Folgen der Unterdrückung der Presse- und Versammlungsfreiheit zu informieren und ihre Meinung über die Zensur auszudrücken. In ihrer Jugendzeitschrift „Iduna“ berichtete sie über das Hambacher Fest, wo die Liberalen im Mai 1832 eine Massenkundgebung veranstalten, die eventuell die sogenannte „Demagogenverfolgung“ auslöste. In darauf folgenden Berichten in den „Neuen Pariser Modeblättern“ sprach sie über die Unterdrückung der Freiheit (Nr. 38, 1832), über den Mangel an Menschenverstand, Redlichkeit und Humanität beim französischen Ministerium. Bald danach gab sie Notiz von einem neuen Journal „Der Verbannte“, das in Paris herausgegeben wurde. Solche Berichte scheinen heutzutage ziemlich harmlos, aber wenn man sieht, wie viele Autoren zu der Zeit wirklich Angst hatten, „die Wahrheit“ zu sagen, und wie viele Autoren so wie Heine ins Exil geflohen sind, versteht man, daß Amalia Schoppe ihre Artikel doch auf eigenes Risiko schrieb. Die „unerschöpfliche skriptomane Energie“[20], für die Amalia Schoppe kritisiert wurde, funktionierte als weiterer Mechanismus, wobei ihre Werke wegen ihrer Länge und Zahl oft für harmlos gehalten wurden.

Ihr weiteres Leben zeigt immerhin, daß sie eine Frau war, die Risiken einging. Eine ihrer herausragendsten Leistungen waren die Sozialhilfe und Bildungshilfe, die sie vielen jungen Männern und Frauen, die sie für begabt hielt, gab. Die bekannteste Person war Friedrich Hebbel, dem sie einige Gönner verschaffte und daher ein Studium und einen Einstieg in seine literarische Laufbahn ermöglichte. Durch Hebbel ging Amalia Schoppe „in die Annalen der Literaturwissenschaft“ als bekannt und berüchtigt ein. Viel ist schon über die Auseinandersetzung der beiden geschrieben worden, meist aus der Perspektive der Hebbel-Forscher, die Schoppes Hilfe als teilweise belästigend und moralisierend für Hebbel empfanden. Bei ihnen trat Schoppe oft als eine schlechte Schriftstellerin hervor, eine unbedeutende Figur.[21] Doch betont werden muß das Risiko, das Schoppe gelaufen ist, um Hebbel, einem Dichter aus armer Familie, zu helfen. Sie war die erste, die seine Gedichte in ihrer Zeitschrift veröffentlichte, nachdem er Ablehnungen von anderen Herausgebern bekommen hatte. Und Hebbel war nur einer von vielen, denen sie zu helfen suchte. Die anderen Empfänger ihrer Hilfe sind heute meist vergessene Namen, zum Beispiel Julius Gregers, Leonhard Soltau und Amanda Schwenke, alle, denen sie Starthilfe gab oder für die sie Unterkunft fand.[22] Vieles riskierte sie, um ihre Pläne und Intuitionen durchzusetzen.

Schon fast am Ende ihres Lebens ging sie ihr bisher größte Risiko ein: mit knapp sechzig Jahren verkaufte sie alles, was sie an Eigentum in Deutschland hatte, schiffte sich am 1. Juli 1851 ein und reiste als älteste Passagierin auf dem Schiff „Franklin" nach New York, wo ihr jüngster Sohn auf sie wartete. Bald danach zogen sie und ihr Sohn nach Schenectady/New York um, wo er bei einer Maschinenfabrik Arbeit fand. Für viele deutsche Frauen in der Mitte des neunzehnten Jahrhunderts boten die Vereinigten Staaten ein verlockendes Bild der Freiheit und neuen Gelegenheiten. Besonders für Frauen, die nach der 48er Revolution ins Exil auswandern mußten, repräsentierten die Vereinigten Staaten ein Land, wo sie den traditionellen Geschlechterrollen, die ihre politischen und sozialen Tätigkeiten beschränkten, entfliehen konnten. Die Schriftstellerin Malwida von Meysenbug zum Beispiel schrieb an Gottfried und Johanna Kinkel im Jahr 1850 über ihren Wunsch, ihnen zu folgen, falls sie sich entschieden, ins Exil in die USA zu gehen. Sie stellte sich die Möglichkeit vor, alte Ideen durch neue zu ersetzen, „auf jenem jungen Boden" voller Hoffnungen und mit der „Befriedigung des sich nach der Blüte des Gedankens sehnenden Herzens".[23]

Amalia Schoppes Absichten waren weder politisch noch beruflich: Sie wollte ihrem Sohn folgen, der als Angestellter bei der Post in Bergedorf Unterschlagungen begangen zu haben schien und sich dann durch Auswanderung nach den USA einer Strafverfolgung hatte entziehen können.[24] Ihre zwei anderen Söhne waren längst tot: Der älteste starb 1833, als er 18 Jahre alt war; der mittlere, Julius, bekannt durch seine Übersetzungen von fünf französischen Romanen, wurde später wie sein Vater ein Säufer und Spieler, landete im Gefängnis und starb im Jahr 1844. Amalia Schoppe hatte daher keine engen Verwandten mehr in Deutschland. Ihre Erwartungen nach persönlichen Kontakten und einem neuen Leben waren wie bei den anderen Emigrantinnen hoch.

Obwohl die Reise sehr persönliche Gründe hatte, ließ sich Amalia nicht davon abhalten, die Situation professionell auszunutzen und den eifrigen LeserInnen in Deutschland über das Leben in den Vereinigten Staaten zu berichten. Nachrichten über diese Reise stehen in Artikeln, die Amalia Schoppe in Cottas „Morgenblatt für gebildete Stände", wieder einmal anonym, veröffentlichte. Eine Serie aus vier Artikeln wurde „Transatlantische Skizzen" genannt und fing am 21. Mai 1852 an.[25] Eine andere, siebenteiligen Serie: „Korrespondenz-Nachrichten", erschien zwischen dem 25. Juli 1852 und dem 25. Juni 1854.[26] Weitere Beschreibungen ihrer Erfahrungen und Erlebnisse finden sich in zwei unveröffentlichten Briefen an Ludmilla Assing, Rosa Marias Tochter, die Amalia während ihres amerikanischen Aufenthalts schrieb, und die jetzt in der Varnhagen Sammlung in Kraków liegen.[27] In den Artikeln und den Briefen sehen wir Elemente der bekannten früheren Amalia Schoppe, einer Schriftstellerin, die die Wißbegier ihrer LeserInnen nach dem alltäglichen Leben kennt, die auch sehr geschickt diese LeserInnen anzulocken und anzusprechen weiß. Nochmals wird das Leben personalisiert, aber nicht ohne subtile Kommentare und Beurteilungen über Kultur und Sitten in dem neuen Land. Dadurch versucht sie auch, ein vielseitiges Bild des Landes und seines Volkes zu beschreiben.

Wissenschaftler betonen die „pleasantness", die Annehmlichkeit von Schoppes Berichten aus den Vereinigten Staaten.[28] Ein Wissenschaftler äußerte, daß der Leser dieser Berichte keine ernste oder wichtige soziologische oder politische Kritik erwarten könne und kritisiert Schoppe dafür, daß sie mehr über Frauen als über Männer spreche.[29] Schoppe, die am Anfang vom ihrem Sohn Alphons finanziell unterstützt wurde, sah bestimmt eine bessere Seite des Landes als andere Immigranten, die kein festes Einkommen oder permanente Unterstützung hatten. Aber Schoppes Berichte sind keineswegs nur freundlich und annehmlich dem Leben in den USA gegenüber. In ihrem ersten Reisebericht beschreibt sie die Schwierigkeiten wie auch die Höhepunkte der siebenwöchigen Schiffsreise: Seekrankheit, Langeweile und Streit unter Passagieren auf der einen Seite, Geburten, Naturbilder und neue Freundschaften auf der anderen Seite. Bei der Ankunft in New York werden einige der hohen Erwartungen für das neue Land etwas enttäuscht, nicht wegen des Lebens in den Staaten, sondern wegen der Händler, die die Immigranten betrügen wollen, sobald sie von den Schiffen gekommen sind.

Sie betrachtet die Ausbeutung der europäischen Immigranten durch die Amerikaner und schließt daraus, daß sich die deutschen Immigranten in den USA nie zu Hause fühlen und eine gewisse „Gemütlichkeit" in ihren Handlungen mit den Amerikanern vermissen werden.[30] In mehr als einem Bericht beschwert sie sich über das Benehmen der irischen Auswanderer, die „ihre Laster, Trunksucht, Schmutz und Trägheit" mitbringen.[31] Bei einem Besuch der schwarzen Methodisten lernt sie den Stand der amerikanischen Sklaverei kennen. Ihre Reaktion auf den Wunsch der Schwarzen nach Freiheit werden heutige LeserInnen sehr voreingenommen finden, aber typisch Schoppe, indem sie versucht, das Gute und das Schlechte zu beurteilen:

> [...] immer werden sie ein zurückgesetztes, gedrücktes Volk, die Parias der Gesellschaft seyn, denn die höhere Intelligenz, die geistige Kraft der weißen Race fehlt ihnen mit wenigen Ausnahmen, und selbst die guten Eigenschaften, die Treue und Anhänglichkeit, welche einen Grundzug ihres Charakters bilden, sind nicht diejenigen, durch welche ein Volk Selbstständigkeit und Bedeutung erlangt.[32]

Daraus sehen heutige Leser die Ursprünge vieler Spannungen unter amerikanischen Minoritäten, wogegen die gegenwärtige Gesellschaft immer noch kämpft.

Obwohl sie in ihren Berichten die Freiheiten, die Amerikaner genießen, zu schätzen weiß, sieht sie auch den Preis dieser Freiheiten. Ihrer Meinung nach hätten die Amerikaner so stark für ihre eigene politische Demokratie kämpfen müssen, daß ihre Kunst und Kultur an Vernachlässigung litten. Der freie ökonomische Markt habe auch niedrigere Lebensstandards und weniger Respekt für andere verursacht. Das amerikanische Leben scheint ihr langweilig und zu hektisch mit dem Geldverdienen und der Besiedelung beschäftigt, so daß Kunst und Kultur immer noch unreif seien. Als Moralistin aber lobt sie die Einschränkungen, die Prostitution und Alkohol erfahren.

Schoppes Betrachtungen über Frauen in den USA spiegeln ihren eigenen sozialen Status und ihre persönlichen Kontakte mit elitären, intellektuellen Frauen wider. Nachdem sie die Höflichkeit und den Respekt, die den Frauen in den oberen Schichten zuteilt wurden, und die Erleichterungen in der Haushaltsarbeit der Amerikanerinnen gesehen hatte, ruft sie aus: „Kurz, Nordamerika ist das Paradies der Weiber."[33] Schoppe sieht auch die Unabhängigkeit, die amerikanische Frauen erleben. Aber ihr scheint, die Frauen fänden in der Ausprägung ihrer Individualität Ersatz für ihre Abstinenz den Problemen der Gesellschaft gegenüber. In ihrem eigenen Kreis der Freundinnen lobt Schoppe die Art und Weise, wie diese Frauen sich selbst ausgebildet haben, in Antracht eines aus ihrer Sicht mittelmäßigen Ausbildungssystems, dem es an Organisation und Standards mangelt. Schoppe bemerkt die getrennten Sphären, in denen Männer und Frauen reisen, arbeiten und sozialisieren. Einen Grund für diese Trennung sieht sie in der allgemeinen Schweigsamkeit der Amerikaner. Einen gemeinsamen Versammlungssaal für Frauen und Männer auf einem Passagierschiff des Hudson zum Beispiel fände sie „überflüssig, da weder Geschwätzigkeit der Fehler der Amerikaner, noch auf Reisen heitere Conversation Mode ist."[34] „[...] die Schweigsamkeit gehört zum Nationalcharakter der Amerikaner", sagt sie später im selben Bericht.[35]

Die Trennung zwischen Männern und Frauen hat aber auch andere Gründe, nämlich die respektvolle Behandlung der Männer den Frauen gegenüber:

> Die Höflichkeit, ja die Ehrfurcht der Männer gegen das weibliche Geschlecht geht überhaupt sehr weit. Nie wird sich ein Mann, er möge aus dem höchsten oder aus dem niedrigsten Stand seyn, irgend eine Unart gegen eine Frau, gleichviel welches Standes, erlauben.[36]

Und gerade diese Einstellung hat eine positive Wirkung, indem sie eine Solidarität unter Frauen geschaffen hatte, und oft sieht Schoppe Frauen zusammen beim Weben, Spinnen und Nähen.[37] Es erstaunt sie, wie auch junge Frauen in der Familie arbeiten, selbst wenn der Vater ein genügendes Einkommen hat. Ihr fällt auch auf, wie viele unverheiratete ältere Frauen es gibt: „es gibt [...] wohl nirgends so viele ‚alte Mädchen', als im reichen Amerika."[38] Diese Situation führt sie auf den Mangel einer Mitgift zurück, was Frauen benachteiligt, da der Mann die Frau nur als eine ökonomische Belästigung betrachtet. Ein Besuch in einem Gefängnis zeigt die schreckliche Lage, in der weibliche Gefangene leben, aber Schoppe sieht auch die Versuche der Frauen, ihren Humor und Freundlichkeit trotz des verwahrlosten Zustandes zu behalten. Die Frauen lachen und scherzen miteinander und daher zeigen sie die Fähigkeit, sich nach den Verhältnissen zu richten. Im ganzen gewinnen amerikanische Frauen, besonders die aus den höheren Schichten, eine positive Einschätzung in Schoppes Berichten: Sie sind hilfsbereit, durch Zeitungen und Journalen belesen, humorvoll und politisch engagiert. Über ihr politisches Engagement schreibt sie:

> Jede Frau aus den höheren Ständen hat auch ihre politische Farbe und zählt sich entweder zu den Whigs oder den Demokraten; [...] Was man übrigens über die Steifheit und Langweiligkeit der amerikanischen Gesellschaften sagt, beruht entweder auf Unwahrheit und Vorurtheil, oder auf Unkenntniss der Landessprache.[39]

Sie bedauert aber auch, daß viele Frauen aus den oberen Schichten das Nähen, Flicken, Kochen, sogar das Stricken, die Frauen aus den unteren Klassen machen lassen. Schoppe rechtfertigt diese Arbeitsteilung mit einer folgenden Erklärung der sozialen Schichten: „somit würde die begüterte Amerikanerin es für ein Unrecht halten, der fleißigen Näherin, Strickerin u.s.w. den Verdienst zu rauben, der ihr den Unterhalt gewähren soll."[40]

Amalia Schoppes Berichte aus den USA bleiben fast 150 Jahre nach ihrer Veröffentlichung immer noch interessant. Als historische Artikel dokumentieren sie das Leben der Immigranten mit den Schwierigkeiten und Unterschieden, die sie erlebten. In diesen Dokumenten lesen wir über Betrachtungen, die heute immer noch relevant sind – über Unterschiede zwischen Sitten und Gebräuchen beim Essen, Besuchen, Arbeiten, Lesen, Umgang miteinander und bei der Mode. Sie geben einen scharfen Blick in das alltägliche amerikanische Leben in der Mitte des neunzehnten Jahrhunderts.

In Schenectady fand die sechzigjährige, immer noch aktive Frau einen engen Bekanntenkreis im Union College. Sie befreundete sich mit dem Präsidenten des Union College, Dr. Eliphalet Nott, und seiner dritten Frau, Urania Sheldon Nott, sowie mit anderen Professoren, wie z. B. Elias Peissner. Sie gab private Unterrichtsstunden und Nachhilfe in Französisch und Deutsch für StudentInnen am Union College und an der Urania Sheldon Nott Schule in der Stadt. Die Information über solche Erfahrungen finden wir nicht in ihren Artikeln für die „Morgenblätter", sondern in den Briefen an Ludmilla Assing. Am 6. Oktober 1853 berichtet sie von einem Besuch von Ottilie, Ludmillas Schwester, die eine Reise in den USA machte.[41] Amalia Schoppe erklärt, daß sie Ottilie vorgeschlagen habe, Wohnsitz in Schenectady zunehmen, „wo sie mit 1–2 Studenten täglich sich eine ganz gesicherte Existenz hätte verschaffen können, allein die kleine Stadt mit 10 000 Einwohnern sagte ihrem Geschmacke nicht zu und sie gestand mir, daß das Unterrichtgeben ihr eben so wenig zusage."[42] Amalia spricht von ihrer eigenen Freude und vom Stolz beim Unterrichten, obwohl ihr Sohn es ihr untersagen möchte:

> Alphons, der jetzt Divisionschef ist und als ersten Ingenieur über 4000 Gehalt hat, will nicht mehr, daß ich unterrichten soll, sondern findet seine Freude darin, für mich zu sorgen. Denke dir nun meinen Kummer, daß ich Nichts für die Töchter meiner liebsten Freunde thun kann, sondern mich nach Anderen für die schöne, ehrenvolle Stellung umsehen muß![43]

Die persönlichen Briefe erhalten weitere Kommentare über den Stand der amerikanischen Kultur. In einem der ersten Briefe aus den USA an Ludmilla Assing schreibt sie über die amerikanische Literatur. Obwohl ihr eine gewisse künstlerische Reife fehle, gäbe es viele gute historische Werke, die sie sich mit der eigenen Geschichte befassen, und die zahlreichen Zeitschriften geben einen umfangreichen Stoff zum Lesen:

> In der Belletristik ist Amerika noch weit zurück, namentlich auch in der Poesie; allein es hat treffliche geschichtliche Werke und man bearbeitet die eigene junge Geschichte mit großem Fleiße und Geschick. Es fehlt mir nie an der besten Lectüre, nie an einer erregenden Unterhaltung. Die „Magazines" – meist Collectionen – sind zahlreich und gewähren eine Uebersicht über Alles, was in der Welt vorgeht. „Harpers New Monthly Magazine" hat eine Auflage über 100 000. Glaube nur nicht, daß ich aus Versehen eine Null zu viel gesetzt. Was hier Erfolg hat, hat gleich einen colossalen.[44]

Die im ganzen positiven Eindrücke, die Amalia Schoppe in den persönlichen Briefen an die Freundin in Deutschland schickte, zeigen ein zufriedenes Privatleben, das nicht immer in den veröffentlichten Berichten behandelt wird. Daher ergänzen die Briefe die Aufsätze, indem sie mehr von dem Universitätsleben und der Ausbildung der amerikanischen Jugend, von der Landschaft und dem Alltag, von Arbeitsgelegenheiten und Leidenschaften der Schriftstellerin mitteilen. „Den größesten Reiz gewährt mir aber das Studium des amerikanischen Characters, der im Guten, wie im Schlechten großartig ist".[45] Dadurch sehen LeserInnen heute wie auch damals eine Schriftstellerin, die nie aufhörte, alles von allen Seiten zu beobachten und zu beschreiben.

Noch vier Romane schrieb sie zwischen 1851 und 1858. Das letzte Buch: „Die Holsteiner in Amerika, eine Erzählung für Kinder" erschien in Stuttgart im letzten Jahr ihres Lebens und ist eine Verarbeitung ihrer amerikanischen Erlebnisse.

Am 1. Oktober 1858 starb Amalia Schoppe in Schenectady an einem Schlaganfall. Ihr Grab liegt in dieser Stadt. Auf einer Seite des Gedächtnissteins sind auf Englisch der Geburts- und Sterbeort mit den Lebensdaten eingemeißelt, auf der anderen Seite zwei Zeilen von Friedrich Hebbel: „Wie von den einzelnen Mühen und Lasten des Lebens im Schlummer/Ruht sie vom Leben selbst endlich im Tode sich aus", und darunter: „Erected by her affectionate pupils".

Hebbels Inschrift bezeichnet ihr Leben treffend als eines mit „Mühen und Lasten." Es gibt aber kaum ein Buch, einen Text, einen Brief, eine Notiz, wo Amalia Schoppe sich über ein mühsames, lastenvolles Leben beschwerte. Im Gegenteil war sie öfter stolz auf ihre Produktivität und sprach sehr positiv über ihre Fähigkeiten, sich selbst und ihre Familie durch ihre Schriftstellerei ernähren zu können. Schreiben und das intellektuelle Leben, das dazu gehörte, zog sie bestimmt einem materialistischen, oberflächlichen Leben vor. In einem Brief an ihren Vetter spricht sie von den 1500 Bänden, die sie für ihre Bibliothek gesammelt hatte:

> Wörterbücher, Sprachlehren, Geographien, Werke über Naturgeschichte, Physik, Botanik, Geschichte, Geometrie, etc. etc., so wie die vollständigen Ausgaben von Herder, Goethe, Bürger, Schiller u.s.w. Jedes dieser Bücher habe ich mir abgedarbt, und um sie sammeln zu können, mußte ich allem Putze entsagen, was ich gern that, da er mir nur lästig ist.[46]

Diese Passage bringt einen Beweis für Amalia Schoppes Prioritäten, nämlich ihr Interesse an Wissen und Intellektualität. Dazu gehörte eine unermüdliche Lust am Schreiben und eine Hartnäckigkeit, diese Lust auch gegen große Widerstände durchzusetzen. Die Mechanismen, die sie gebrauchte, um weiter schreiben zu können – Pseudonyme oder Anonymität zu benutzen; ihre Arbeit als „Broterwerb" und daher als harmlos zu bezeichnen; sich hinter dem Namen des bekannten Dichters Hebbel als Helferin zu verstecken – gerieten leider in Vergessenheit oder verkamen zu Stereotypen, die sie mit anderen Schriftstellerinnen ihres Zeitalters teilte. Trotz alledem sollte ihr Schaffen nicht unterschätzt werden. In ihrem überwältigenden Werk sind viele Prachtstücke, wie zum Beispiel die veröffentlichten Berichte und die unveröffentlichten Briefe aus den USA.

Im Laufe dieses kurzen Aufsatzes war es leider nur möglich, auf einige dieser Stücke einzugehen, aber hoffentlich ermutigt diese Skizze mehr WissenschaftlerInnen, es, in Heines Worten, „räthlich" zu finden, den Werken dieser interessanten Frau nachzuforschen, was wenigstens „nicht schädlich" wäre.

Anmerkungen

1 Ich möchte dem Deutschen Akademischen Austauschdienst, dem American Council of Learned Societies und der Pacific University für die Stipendien danken, die es ermöglichten, die Forschung für diesen Aufsatz durchzuführen. Weiterer Dank gilt auch Janice Murray, die Amalia Schoppes Artikel im „Morgenblatt für gebildete Leser" für mich fand und kopierte. Ich möchte auch Claudia Kolwey für ihre hilfreichen Kommentare beim Schreiben des Aufsatzes danken.

2 Die ausführlichste Bibliographie: Kurt Schleucher: Das Leben der Amalia Schoppe und Johanna Schopenhauer. Darmstadt 1978, S. 489–496. Vgl. auch: Brinker-Gabler, S. 277ff.

3 Außer Schleuchers Buch [Anm. 2] existieren sehr wenige andere Studien. Vgl. D.L. Ashliman: Amalie Schoppe in Amerika. – In: Hebbel-Jahrbuch 1973, S. 127–136; George H. Danton: Amalie Weise Schoppe: Schenectady's Most Prolific Author. – In: New York History 20. 1939, S. 425–435; Emil Kuh: Friedrich Hebbel. Wien 1877; Albrecht Janssen: Die Frauen rings um Friedrich Hebbel. Berlin/Leipzig 1919; Heinz Stolte: Amalie Schoppe: Ein Beitrag zur Beurteilung ihrer Persönlichkeit. – In: Hebbel-Jahrbuch 1973, S. 149–178; Robert Lee Warthen: Mormon Stereotypes in Nineteenth Century German Literature: The Fiction of Amalie Schoppe and Balduin Möllhausen. MA Thesis, Brigham Young University 1983.

4 Mende, 1981, S. 14.

5 Vgl. den Beitrag von Nikolaus Gatter über Rosa Maria Varnhagen-Assing in diesem Band.

6 Hier der genaue Text von Heines Versen:

> Wenn die Damen schreiben, kramen stets sie aus von ihren Schmerzen,
> *Fausses couches*, touchirter Tugend, – ach, die gar zu offnen Herzen!
> Laßt die Damen mir zufrieden; daß sie schreiben, find' ich räthlich,
> Führt die Frau die Autor-Feder, wird sie wenigstens nicht schädlich.
> Glaubt, das Schriftenthum wird gleichen bald den ärgsten Rockenstuben,
> Die Gevatterinnen schnacken, und es hören zu die Buben. (DHA VI, 167)

7 Janssen sieht in ihrem Charakter „einen festen, fast männlichen Zug", der von ihren Mädchenjahren stark ausgeprägt wurde. Janssen [Anm. 3], S. 22. Die Anmerkungen zu den obenzitierten Zeilen von Heine lauten: „die meisten Schriftstellerinnen der frühen Biedermeierzeit – wie Helmina von Chézy, Fanny Tarnow, Elisa von Hohenhausen, Charlotte von Ahlefeldt, Caroline Pichler und Amalie Schoppe – bewegten sich auf der Ebene des Seicht-Sentimentalen, was schon Heines Unmut in der ‚Harzreise' herausforderte". (DHA VI, 770)

8 Am 11. Februar 1811 schreibt Karl August Varnhagen von Ense an Justinus Kerner: „Wie sehr dringen mir Amalies Worte ins Herz! Das herrliche, leidenschwere, sehnende Gemüt! Laß mich Dir eines sagen, geliebter Freund! Setze nicht ihren vollen Namen unter ihre Beiträge in Dein Taschenbuch, obgleich sie es zu wollen scheint; schone sie, denn kein Mädchen, das abhängig leben muß, wird darüber ohne Reue bleiben; die Welt ist dumm, und das Dumme regiert in Gestalt des Reichtums und des Ansehens. Das liebe Kind möge doch keine bittere Regung empfinden wegen dieser Schmerzens- und Sehnsuchtsblüten!" – In: Justinus Kerners Briefwechsel mit seinen Freunden. Hrsg. v. Theobald Kerner. Stuttgart/Leipzig, 1897, Bd. I, S. 179.

[9] Zit. nach Stolte [Anm. 3], S. 158. Exemplare von Amalia Schoppes Werken sind heutzutage kaum, und im Ausland fast unmöglich zu finden. Daher zitiere ich aus vorhandener Sekundärliteratur, wenn nötig, wie hier.
[10] Ebd., S. 156.
[11] Ebd.
[12] In der Sammlung Varnhagen in Kraków liegen 45 Briefe von Amalia Schoppe an Helmina von Chézy, geschrieben zwischen 1820 und 1844. Dabei liegt auch ein unveröffentlichtes fünfzehnseitiges Manuskript von Chézy mit dem Titel „Über Amalia Schope geboren Weise u Stellen aus ihren Briefen seit 1819 von Helmina von Chézy geb. v. Klencke, 18. Junius 1844." SlgV, 230. Ich möchte den Mitarbeitern der Handschriftenabteilung der Biblioteka Jagiellonská in Kraków und besonders Frau Elzbieta Burda-König für die hilfreiche Bereitstellung dieser und anderer benutzter Materialien danken. Im vorliegenden Druck wird die Orthographie der Originale beibehalten.
[13] Janssen [Anm. 3], S. 28.
[14] Chézy [Anm. 12].
[15] Janssen [Anm. 3], S. 31.
[16] Ebd., S. 37.
[17] Schleucher [Anm. 2], S. 268.
[18] Karl Varnhagen von Ense: Tagesblätter. SlgV, 256.
[19] Ebd.
[20] Schleucher [Anm. 2], S. 158.
[21] Vgl. besonders Emil Kuh [Anm. 3].
[22] Schleucher [Anm. 2], S. 149f.
[23] Das genaue Zitat lautet: „Drüben aber auf jenem jungen Boden scheinen sich alle Hoffnungen gesunder Naturen zu concentrieren und ich leugne nicht, daß mich eine mächtige Sehnsucht dahin zieht, denn wenn die Möglichkeit der freien Tat und die Befriedigung des sich nach der Blüte des Gedankens sehnenden Herzens nur drüben erliegt, sollten wir dann noch zaudern den Schmerz der Trennung von der Heimat auf uns zu nehmen?" Malwida von Meysenbug: Briefe an Johanna und Gottfried Kinkel 1849–1885. Hrsg. v. Stefania Rossi unter Mitarbeit v. Yoko Kikuchi. Bonn 1982, S. 33.
[24] Es wird in der Sekundärliteratur oft vermieden, die genauen Gründe für Alphons Schoppes Auswanderung und seine Lage in Deutschland zu äußern. Meine Erklärung beruht auf Stoltes Artikel, der die ausführlichste Begründung der Auswanderung gab. Stolte [Anm. 3], S. 172. Weder Danton noch Janssen geben Gründe für Alphons' Auswanderung; nur Danton betont, daß er nicht wegen der 1848er Revolution ausgewandert war. Danton [Anm. 3], S. 426.
[25] Amalia Schoppe: Transatlantische Skizzen. – In: Morgenblatt für gebildete Leser. I. Die Reise über das Weltmeer, Nr. 12, 21. März 1852, S. 269–276; II. Ankunft in Newyork, Nr. 13, 28. März 1852, S. 304–307; III. Clima von Newyork. – Lebensart, Nr. 15, 11. April 1852, S. 343ff; IV. Die Einwanderer/Religiöses Leben, Nr. 20, 16. Mai 1852, S. 464–466.
[26] Dies.: Korrespondenz-Nachrichten. – In: Ebd. Die Polizei und die öffentliche Sicherheit, Nr. 30, 25. Juli 1852, S. 717f; Das Dienstbotenwesen. – Miethwesen. – Kunst und Literatur, Nr. 31, 1. August 1852, S. 740ff; Die schwarzen Methodisten, Nr. 26, 26. Juni 1853, S. 623f; Die Tombs. – Die Washington Exhibition. – Die Minstrels, Nr. 27, 3. Juli 1853, S. 643–646; Schenectady im Staate Newyork: 1) Dampfschiff- und Eisenbahnfahrt. – Häusliches, Nr. 37, 11. September 1853, S. 883ff; 2) Die höhere Gesellschaft, Nr. 38, 18. September 1853, S. 909ff; 3) Nahrungsmittel. – Temperatur. – Das Wetter, Nr. 40, 2. Oktober 1853, S. 955ff; Dead Letters, Nr. 23, 4. Juni 1854, S. 552 und Nr. 26, 25. Juni 1854, S. 624.

[27] Amalia Schoppe an Ludmilla Assing, 8. Januar und 6. Oktober 1853. SlgV, 230.
[28] Danton [Anm. 3], S. 425–435.
[29] Ebd., S. 429f.
[30] Schoppe: Clima von Newyork. – Lebensart [Anm. 25], S. 344.
[31] Dies.: Die Reise über das Weltmeer [Anm. 25], S. 275 und Die Einwanderer [Anm. 25], S. 465.
[32] Dies.: Die schwarzen Methodisten [Anm. 26], S. 624.
[33] Dies.: Ankunft in Newyork [Anm 25], S. 306.
[34] Dies.: Schenectady im Staate Newyork: Dampfschiff- und Eisenbahnfahrt. – Häusliches [Anm. 26], S. 885.
[35] Ebd., S. 883.
[36] Schoppe: Ankunft in Newyork [Anm. 25], S. 305.
[37] Dies.: Schenectady im Staate Newyork: Dampfschiff- und Eisenbahnfahrt. – Häusliches [Anm. 26], S. 884.
[38] Ebd., S. 885.
[39] Schoppe: Schenectady im Staate Newyork: Die höhere Gesellschaft [Anm. 26], S. 910.
[40] Ebd.
[41] Über Ottilie Assings Erfahrungen in den USA vgl.: Tamara Felden: Ottilie Assing's View of America in the Context of Travel Literature by 19th-Century German Women. – In: German Quarterly 65, 1992, Nr. 3–4, S. 340–48.
[42] Amalia Schoppe an Ludmilla Assing, 6. October 1853. SlgV, 230.
[43] Ebd.
[44] Amalia Schoppe an Ludmilla Assing, 8. Januar 1853, SlgV, 230.
[45] Ebd.
[46] Janssen [Anm. 3], S. 39.

Friederike Robert (1795–1832)

„Madame! Sie sind die schönste aller Frauen!"[1] *Neue biographische Züge aus Friederikes Tagebuch von 1824*

Jutta Rebmann, Böblingen

Es war ein höchst ungewöhnliches Leben, das aus tiefstem menschlichen Elend bis auf den Gipfel literarischen Schaffens und künstlerisch-gesellschaftlicher Anerkennung führte, auf diesem Gipfel aber, im Sommer 1824 in Berlin, von Heimweh nach der südwestdeutschen Heimat überschattet, auf seltsame Weise sehr schnell abbrach. Und es war kein anderer als Heinrich Heine, der dies schon im Frühjahr desselben Jahres spürte und Friederike in einem „Sonettenkranz" die Flucht nach Süden – in dichterischer Übertreibung ist es Indien – anriet:

> Verlaß Berlin, mit seinem dicken Sande,
> Und dünnem Thee, und seinen witz'gen Leuten,
> Die Gott und Welt und was sie selbst bedeuten,
> Ergriffen längst, mit Hegelschem Verstande. (HSA I, 256)

Aus dieser Zeit der großen Peripetie in ihrem Leben ist ein bisher unveröffentlichtes, mit der Rückreise im September 1824 abbrechendes Tagebuch überliefert[2], das zumindest vieles von den äußeren Umständen und Erlebnissen berichtet:

> Nach Berlin gekommen 21. Dezember 1823. In Dresden gewesen 3 Monate vom 19. Sep bis 19 Dez 23. Vor Dresden in unserem geliebten Baden, wo wir die vier Wochen nach unserer Hochzeit zubrachten, die man die Flitterwochen nennt, eigentlich fliegende Wochen.

Mit diesen Sätzen begann Friederike Robert, geschiedene Primavesi, geborene Braun, nach einer Postkutschenfahrt bei 25 Grad Kälte am ersten Tag des Jahres 1824 ihr Tagebuch. Die Atemlosigkeit, mit der sie ihre vielfältigen Eindrücke notierte, macht deutlich, wie sehr sie das neue Leben an der Seite ihres Ehemanns Ludwig Robert genoß, und vor allem, wie sehr sie gewillt war, in diesem für sie neuen Leben Fuß zu fassen. Daß es ihr dabei an Selbstbewußtsein durchaus nicht mangelte, verrät bereits ihre nächste Eintragung:

> Berlin machte anfangs keinen Eindruck auf mich, da ich mir unter Pallästen keine Häuser dachte. Die Straßen sind lang und gerade, bei Tage schmutzig und des Nachts nicht beleuchtet. Das Opernhauß, die Universität, das Schloß die herrliche neuerbaute Brücke das schöne Potsdamer Thor die Linden der Thiergarten Treptow Stralau prächtig u. schön. In der alt Stadt findet man eine Menge kleiner Städte, viel Gewerbe, große Gebäude, schöner Brückenbau, wenig Kunst aber gute Künstler, keine Poesie, viel Sand, keinen Wein zum Trinken, sondern zum Nippen, versuchen, gutes Weißbier, alle guten Gartenanstalten, viel Fleiß, Wohlhabenheit, Stolz, Grobheit, viel Wissenschaft, kein

> Wissen, viel Gedanken, wenig Denken und Verstand, viel Patriotismus, keine Gesinnung u. ich habe die Bemerkung gemacht, daß das Land welches mir durch Kunst und Fleiß zum Vergnügen genöthigt werden kann, gerade so auf die Menschen wirkt, wie auf die Pflanzen. Vielleicht wäre ein allgemeines Umackern nützlich.

Die am 29. April 1795 als viertes Kind des Präzeptors Gottfried Braun und seiner zweiten Frau Johanna Christiana Luise, geb. Lepplicher, in der württembergischen Oberamtsstadt Böblingen[3] geborene Friederike war das neunte Kind einer Geschwisterreihe, die einmal auf achtzehn anwachsen sollte. Von klein auf entwickelte Friederike eine innige Beziehung zu ihrem 1783 geborenen Bruder Gottlieb aus der ersten Ehe des Vaters, dem späteren Gründer des bis heute bestehenden Verlages Braun in Karlsruhe.

Ein Jahr nach Friederikes Geburt wurde der Bitte des Vaters um Versetzung an die Lateinschule seiner Heimatstadt Knittlingen stattgegeben. Zu den Knaben, die ihm dort in Pension gegeben wurden, gehörte der junge Justinus Kerner, der seinen Lehrer im 1849 erstmals erschienen „Bilderbuch aus meiner Knabenzeit" porträtiere:

> Aus Rücksicht für meinen Vater und aus Furcht, ich möchte ihm nicht lange gut tun, war er zwar gegen mich nicht heftig, aber gegen seine Kinder, und namentlich gegen seine drei Knaben, die so ziemlich in meinem Alter waren, so strenge und tyrannisch, daß er sie bei den kleinsten Vergehen barbarisch schlug, ja sie oft noch dabei auf den Boden warf und mit den Füßen auf ihnen herumtrappte. Dieses Schicksal traf besonders oft seinen zweiten Sohn, namens Gottlieb, der in späteren Jahren in Karlsruhe der Verleger meiner ersten Schriften [...] wurde.[4]

Bis zu ihrem vierzehnten Lebensjahr ließ Friederike nichts von ihrer späteren Schönheit ahnen, sie galt eher als das häßliche Entlein unter ihren Schwestern. Von einer schweren Krankheit genesen, „wuchs sie aber sichtlich in die Schöne", wie die stolze Mutter der Familienüberlieferung zufolge in einem Brief an den Stiefsohn Gottlieb in Heidelberg bemerkte.[5] Weil sie freundlich und intelligent war, hatte der Vater sie oft am Unterricht teilnehmen lassen. Vermutlich um eine seiner zahlreichen Töchter schnell und ohne Geldausgaben unter die Haube zu bringen, nahm er die Brautwerbung des italienischen Schmuckhändlers Giambattista Primavesi um die siebzehnjährige Friederike an. Die Hochzeit fand am 24. August 1812 in Schwäbisch Hall, dem Wohnort des katholischen Bräutigams, statt.

Fortan spielte sich das Leben der Lehrerstochter für etwa fünf Jahre auf den Jahrmärkten und in den Gasthäusern Württembergs und Badens ab, im Winter in Schwäbisch Hall im Mietshaus der „Oberzollerin", zu der Friederike auch später noch in Briefkontakt stand. Bei ihr wurde vermutlich auch Friedrikes einziger Sohn geboren. Ein Hinweis auf dieses Kind findet sich lediglich in ihrem Tagebuch: „d. 18. August anno 1813 war der Geburtstag meines lieben Franz. Meines einzigen Kindes." Es hat wohl nicht lange gelebt. Die Jahre 1816 und 1817 waren Hungerjahre für den deutschen Südwesten; verregnete Sommerwochen, in denen die Ernte auf dem Halm verfaulte, Orkane und Hagelstürme wechselten einander ab. Die Marktgeschäfte gingen immer schleppender. Primavesi begann, seine Frau an wohlhabende Freier zu verkaufen.

Der erzwungenen Prostitution suchte Friederike mehrmals durch Flucht zu ihrem Bruder Gottlieb, der seinen Verlag nach Karlsruhe verlegt hatte, zu entkommen. Aber ihrem Mann gelang es immer wieder, sie von dort zurückzuholen. Damit schien der soziale Abstieg endgültig und ein Leben in den Hinterzimmern zwielichtiger Gasthäuser vorgezeichnet.

In Mannheim verliebte sie sich in einen ihrer Freier. Ein weiteres Mal gelang ihr die Flucht, sie war nun entschlossen, sich nicht wieder zur Rückkehr umstimmen zu lassen. In Karlsruhe, der badischen Residenz, traf sie den Unbekannten unverhofft und in illustrer Gesellschaft wieder: Es war Ludwig Robert, der Schwager des preußischen Ministerresidenten (Gesandten) am badischen Hofe Karl August Varnhagen von Ense, der Lieblingsbruder von dessen berühmter Frau Rahel.

> Ludwig Robert – schrieb seine erste Biographin – gehört zu jener Generation junger Juden zu Beginn des 19. Jahrhunderts, die nur noch eine lockere Bindung an ihr Judentum verspürten, die sich taufen liessen und ihren Wirkungskreis im allgemeinen Kulturleben ihrer Zeit und ihrer Umgebung suchten und zum Teil auch fanden. Robert sah von Jugend an sein Ziel in schriftstellerischer Betätigung. Er wurde mit den meisten seiner berühmten Zeitgenossen bekannt, war mit Heine und Börne zu Zeiten befreundet, zu Zeiten verfeindet, schrieb für die damals beliebten Musenalmanache, blieb aber bei alledem immer an der Peripherie. [...] Er wurde ein Literat, zugleich aber einer der Vorläufer des neuzeitlichen, sich seiner Verantwortung für die öffentliche Meinung bewußten Journalismus.[6]

Ludwig Robert war zur Zeit seiner Bekanntschaft mit Friederike auf dem besten Wege, ein bekannter Schriftsteller und Journalist zu werden. Sein Gedichtzyklus „Kämpfe der Zeit“ hatte ihm eine Einladung an den württembergischen Hof eingetragen. König Wilhelm I. und seine aus Rußland stammende Frau Katharina hatten mit ihm über seine Dichtungen diskutiert und sich daraus vorlesen lassen. Seit Juli 1816 lebten Karl August Varnhagen von Ense und Rahel in Karlsruhe. Varnhagen, seiner liberalen Einstellung wegen auf Drängen Metternichs immer mehr von den politischen und gesellschaftlichen Ereignissen abgeschnitten und ferngehalten, fühlte sich wie seine Frau in Karlsruhe nicht mehr wohl.[7]

In dem anregenden Kreis um Rahel, ihren Mann und die Autoren des Braunschen Verlags begann die schöne Schwester des Verlegers selber zu dichten. Gottlieb Braun übertrug ihr die Mitherausgabe des Almanachs „Rheinblüthen“. In der Ausgabe für 1819 erschienen neben Beiträgen von Johann Peter Hebel, Peter Castelli und Adolf Schreiber auch zwei Gedichte Ludwigs Roberts. Das erste, überschrieben „Ja und nein“, ist ein Bekenntnis zur Geliebten, während das zweite, „Machen Sie mir ein Gedicht!“, Friederikes Freude an Kleidern, Hüten und Geschmeide, ihre später von Rahel oft beklagte „Putzsucht“ zum Thema hat und ihr die weitaus preiswertere Freude an einem Gedicht, das nur wenige ihr schenken können, gegenüberstellt:

Machen Sie mir ein Gedicht!
Deine Kleider
Kann der Schneider,
Hauben, Hüte, Bänder,

Kann der Modehändler,
Und der Juwelier
Dein Geschmeide Dir,
Und ein Andrer andre Sachen,
Die Du wünschest, machen.
Aber ein Gedicht,
Nein, das macht man nicht;
Das entstehet, das gestaltet
Im Gemüth sich, am Gemüthe,
Wie am Frühlingslicht die Blüthe
Sich erschließet und entfaltet.[8]

Mit Rahel, die von ihrer Natürlichkeit und Anmut begeistert war, und ihrem Kreis verbrachte Friederike den Sommer des Jahres 1818 im damals bereits berühmten Baden-Baden: „Dort wohnten sie, mit dem General Tettenborn zusammen bei Xaver Maier, Rotgerbermeister und Wirt zum goldenen Kreuz und im sogenannten Töpferhäuschen."[9] Diese unbeschwerten Sommerwochen bestärkten Ludwig Robert darin, Friederike aus ihrer unglücklichen Ehe zu befreien und sie zu heiraten. Eine Entscheidung, die Rahel beunruhigte. Wie würde sich die mehr als pikante Vergangenheit der jungen Frau auf die Karriere ihres Bruders auswirken und war es überhaupt möglich, eine Scheidung zu erreichen? Ludwig Robert versuchte Rahels Besorgnis auszuräumen:

> Wenn Du meinst, ich hätte das nicht tun sollen; ich hätte eine flüchtige Gunst des Glücks flüchtig genießen sollen und die Nachtwandlerin, die sie mir gab, nicht wecken sollen: so gestehe ich, daß dies vielleicht jeder andre getan hätte, und ich will darüber nicht rechten – *mir* aber – so wie ich einmal denke und fühle – war, ist das unmöglich. Ich schlug, als ich nach ihrer Gunst strebte, diese nicht höher an als die einer schönen *fille*, aber ich habe sie kennenlernen; zuerst ihre totale Lügenunfähigkeit, ihre edle, stolze Seele, dann ihr reines Herz, ihren Verständnisfähigen Geist, ihren sich selbst erzeugten Kunstsinn, ihr Bedürfnis zur Liebe und ihre gänzlich genügsame Hingebung, ihr Leben in dem Geliebten – Ich wäre der niedrigste Mensch, wenn ich sie nicht ganz würdig, ganz edel behandelte – Dabei liebe ich sie aber so sehr, daß ich den ganzen langen Tag in einer kleinen schlechten Kammer arbeiten möchte, in einem Kleide das ganze Jahr gehen, kurz jedes Vergnügen und jede Eitelkeit entbehren wollte, nur um ihr Ruhe und Freude zu verschaffen und mir ihre Liebe zu erhalten – [10]

Mit seiner Taufe am 30. März 1819 räumte Ludwig Robert ein weiteres Ehehindernis aus dem Weg. Seiner Schwester schreibt er: „Wie Du mich kennst, so wirst Du wissen, dass ich, eben so ernst ich mich früher weigerte, ich diesen Schritt jetzt thue."[11]

Friederikes Erfolge mit eigenen Gedichten in niederschwäbischer Mundart im Baden-Badener Salon Rahels ermutigten sie, in den „Rheinblüthen" des Jahres 1822 zwei davon zu veröffentlichen:

1.

Mer welle naus ins Haie gschwenn!
Geh Ammereile, komm!
Wammier es haint net tummle denn,
So kommener no'drum.

2.
Verwiche gehei s' Gäßle nah,
I glaab im Tawedicht;
Do laaft glei s' Nochbers Großer ah,
Un gukt mer in mei' Gsicht.
Do werr i wie an Zundel roth,
Un bleib doch vorrem steh';
No werr i widder wie der Tod,
Un kah' net weiter geh'.[12]

Jahrelang währte der Scheidungskrieg. Schließlich zahlten sowohl Gottlieb Braun als auch Ludwig Robert enorme Summen an Giambattista Primavesi, um ihn zur Scheidung zu bewegen. Als Friederike und Ludwig Robert am 18. Juli 1822 in Karlsruhe endlich heiraten konnten, hatten sie fünf Jahre lang um ihr Lebensglück bangen müssen. Längst war Varnhagen als Ministerresident aus Karlsruhe abberufen und gemeinsam mit seiner Frau nach Berlin zurückgekehrt. Dorthin zog es auch die Frischvermählten.

Aber vorher wurde in Dresden die „Gesellschaftsfähigkeit" Friederikes getestet. Es wurde ein großer Erfolg. Innerhalb weniger Wochen stieg sie zum Star der Dresdner Gesellschaft auf. Hofmaler Carl Christian Vogel von Vogelstein malte sie als Allegorie der Bildhauerei für die Deckenfresken im Neuen Palais in Pillnitz. Der Stich nach diesem Fresko erschien in den „Rheinblüthen" auf das Jahr 1824.[13]

Willibald Alexis schildert in seinen Erinnerungen den ersten Auftritt des Ehepaars im Hause Ludwig Tiecks am Dresdner Altmarkt:

> Eines Tages erschien in Tiecks kleinem Kreis ein schwarzer feiner Mann mit scharf markierten Zügen und tiefliegenden suchenden Augen. Nie habe ich einen ähnlichen Redefluß, solchen Reichtum von Anschauungen, solche Fülle von Gedanken gleich anmutig entwickelt in der deutschen Konversation gehört. [...] Der interessante Fremde war Ludwig Robert, Rahels Bruder, er kehrte mit seiner geistvollen, mit wunderbarer Schönheit ausgestatteten Gattin nach seiner Vaterstadt zurück.[14]

Über den Dresdner Aufenthalt notierte Friederike nachträglich in ihrem Tagebuch:

> In Dresden Tieck kennengelernt, jeden Tag bei ihm gewesen, viel vorlesen hören. [...] Keinen Abend zuhauße, nämlich oft im Theater, Theater frei, Frl. von Könneritz u. Robert dichteten ein Festspiel auf die Vermählung des Prinzen Johann von Sachsen mit Amalie, Zwillingsschwester der Kronprinzessin von Preußen und Tochter des Königs von Baiern, bekam einen schönen Ring u. der König sagte, nun habe ich doch einmal ein würdiges Festspiel gesehen. Ich sah den Festball, die offene Tafel, die Cantante und das Theater.

Um keine Zeit zu versäumen, reisten Roberts noch im Dezember weiter nach Berlin. Friederike fand sich in bemerkenswert kurzer Zeit in der preußischen Hauptstadt zurecht. Sie hat ihr Leben lang, die Kindheit in Knittlingen ausgenommen, nie länger als drei Jahre an einem Ort verweilt. Sie hat nie eine selbst eingerichtete Wohnung mit eigenen Möbeln besessen und brachte schon aus diesem Grund Hausarbeit und Kochen keine besondere Liebe entgegen. Glaubt man ihrem Tagebuch, so gab es bei

Roberts meist Makkaroni oder Spaghetti. Lieber aber nahmen sie die zahlreichen Einladungen an oder aßen bei Varnhagens.

Das intellektuelle Spannungsfeld in Berlin und ihre Erfolge schärften Friederikes Witz und vervollkommneten den Zauber, den sie auf ihre Zeitgenossen ausgeübt haben muß. Er beruhte zum einen auf ihrer Schönheit, Anmut und Grazie, zum anderen auf der Natürlichkeit, mit der sie aus ihrem Herzen keine Mördergrube machte. Als Schmuckverkäuferin auf den Märkten des Südwestens hatte sie sich durchsetzen müssen. Und das tat sie nun – anmutig und grazil – auch in Berlin. Ihre Urteile sind scharf und verraten geschulte Ironie. Im Tagebuch vermerkt sie schon nach einwöchigem Aufenthalt:

> Das Ballet ist sozusagen schlecht. Die Solotänzer und Tänzerinnen ohne Grazie, wenig Kunst, wundern sich selbst, wenn ihnen etwas gelingt und denken, andere sollten es ebenso wunderbar finden. [...] Schnell stehen sie dann mit verschränkten Beinen still. Wie die Meilenzeiger ragen beide Arme hervor, und hat der Meilenzeiger eine angehängte Inschrift, die vom Wind in die Höhe getrieben wird, so kann man ihn wieder mit dem vergleichen, da gewöhnlich der Rock soweit in die Höhe geschleudert wird, daß man ohne Brille lesen kann, was dahinter geschrieben steht.

Die Aussprüche und Urteile im Tagebuch hatten es in sich, so, wenn sie über die Pianistin Chimanowska lästert, sie spiele eigentlich nur, „um eine Gesellschaft lustiger junger oder alter Thoren ums Geld zu bringen". Von ihrer Schwester, einer Sängerin, heißt es, sie habe „die vox humana aus irgendeiner Orgel gestohlen sie sich in den Hals gesteckt u. behauptet nun sie singe polnisch."

Friederikes Erfolge in der Berliner Gesellschaft waren umfassend. Bei einem Theaterbesuch „schickte mir Hegel aus der Nebenloge Bonbons". Am 20. Juni besuchten sie und ihr Mann den Philosophen zu Hause, und am 4. August heißt es im Tagebuch: „Gans war hier." Selbst Ludwig Börne reihte sich in die Reihe der Huldiger ein:

> Das ist eine Frau! Bei der kann man die Anatomie der Verhältnisse studiren. Als sie her kam, – ihr Ruf war ihr Courier, – haben sich die Damen gedreht und gewendet, ihr nicht zu nahe zu kommen. Aber sie hat es durchgesezt bei den Männern, und kömmt in die ersten besten Gesellschaften. Ich bin überzeugt, und ganz Berlin ist es, daß ihre Aufführung besser ist als ihr Ruf. Sie ist ihrem Manne treu aus Indolenz. Sie suchte nichts, als ihre Schönheit allgemein anerkannt zu sehen und hat dies erreicht. [...] Und so wie sie ist macht sie doch Gedichte, besonders in Schwäbischer Mundart, von ganz unbeschreiblicher Anmuth und Feinheit.[15]

Einer der lebendigsten Berichte über Friederikes impulsives Auftreten stammt von Therese Devrient, der Frau des Sängers und Schauspielers Eduard Devrient:

> Als ich einmal gegen Abend bei Mendelssohns war, trat die schöne Friederike (Frau des Dichters Ludwig Robert) sehr heiter ein und rief: „Felix, ich komme heute mit einem Auftrag für Sie", er verbeugte sich. „Ich habe ein Frühlingsliedchen gedichtet, das müssen Sie kompnieren, gelt?" sie sah ihn mit ihren reizendsten Blicken an. „Aber ich habe auch gleich die Instrumente dazu bestimmt." – „Oho", – sagte Felix, „darf ich es sehen?" Sie reichte ihm ein Blatt, er sah hinein, lachte laut auf und rief: „Ne, das geht nicht!" Fanny, die Sachverständige, guckte über Felix' Schulter mit hinein, lachte auch und

sagte: „Das ist wirklich sehr komisch!“ Sie las laut: „Eine Flöte, eine Klarinette, zwei Hörner und ein Cello.“ Alle lachten, riefen aber: „Felix, au ja, das mußt du komponieren, Du mußt, du mußt!“ „Ja“, – sagte Fanny, „zur nächsten Sonntagsmusik muß es fertig sein und Therese singt es dann!“ [...] Er bat die betreffenden Herrn vom Orchester am nächsten Sonntag eine halbe Stunde vor Beginn des Konzertes zu kommen, um das Lied probieren zu können. Die Eltern, Fanny und Roberts waren zugegen. Das Vogelgezwitscher der Flöte, der Kuckuck, alles klang nach Frühling und machte sich allerliebst. Da rief mitten in meinen Gesang die schöne Dichterin: „I! – I bring mein Schätzerl! heißt's, – nit: Ich bring mei Schätzerl!“ Das Orchester hielt verwundert inne. – „Verzeihen Sie, ich habe jetzt nur auf die Noten geachtet!“ sagte ich ein wenig verstimmt. Felix preßte sein zierliches Taktstöckchen auf die Lippen, das Lachen zu verbergen.[16]

Bei der Uraufführung im Konzert konnte es sich die Sängerin dann nicht verkneifen, das „I“ ein wenig stärker als sonst zu betonen. Das Lied wurde ein großer Erfolg, Therese Devrient konnte sich nicht erinnern, für größere Werke jemals mit so viel Beifall überschüttet worden zu sein, wie für dies Frühlingsliedchen. Fanny Mendelssohn hat das Lied mit dem Text Friederike Roberts als op. 8 in die Sammlung „Zwölf Gesänge“ ihres Bruders aufgenommen, zusammen mit ihrem eigenen, ebenfalls nach einem Text Friederikes entstandenen Lied „Das Heimweh“, von dem es im Tagebuch heißt: „Mein ‚Heimweh‘ wurde so gut von Fanny komponiert, daß ich weinen mußte.“ Zu einer anderen Vertonung notierte die stolze Dichterin: „Fanny Mendelssohn hat ‚Die Linde blüht‘ frei aus dem Kopf komponiert und gesungen in fünf Minuten.“

Ein erster Hinweis auf die Bekanntschaft mit Heinrich Heine findet sich im Tagebuch unter dem 18. Mai: „Brief an Heine geschrieben. In Versen.“ Ohne jeden Zweifel war Heine vom ersten Augenblick der während seines kurzen Berlinaufenthalts vom 6. April bis zum 5. Mai 1824 erfolgten Bekanntschaft an von Friederike bezaubert. Aber auch zu Ludwig Robert fühlte er sich hingezogen. Zwischen ihnen entstand eine enge Freundschaft, die auf der Freude beider an Wortwitzen, geistreichem Spott und ähnlich gelagerten Interessen beruhte. Friederike bat Heine um Gedichte für die „Rheinblüthen“, und er konnte ihr diese Bitte nicht abschlagen. Aber erst nachdem er Anfang Mai nach Göttingen zurückgekehrt war, entstand der „Sonettenkranz an Friederike Robert“, den Heine dem Brief an seinen Freund Moses Moser vom 17. Mai 1824 mit dem Auftrag beilegte, das Werk „der schönen Frau“ zu überbringen. Am 27. Mai trug Friederike in ihr Tagebuch ein:

den Donnerstag einen Sonettenkranz von Heine durch H. Moser geschickt bekommen. Moser war den Morgen da. [...] Ich habe meine Sonette Varnh. abgeschrieben.[17]

Zwischen Friederike Robert und Heinrich Heine entwickelte sich in den folgenden Jahren ein lockerer Briefwechsel voll zärtlich spottender Liebeserklärungen und Neckereien, in den immer aber auch Ludwig Robert mit einbezogen blieb.

An ihrem zweiten Hochzeitstag, dem 18. Juli 1824, schrieb Friederike in ihr Tagebuch:

Zwei Jahre u. viel Verdruß, daß ich keinen meiner Pläne ausführen konnte zur Feier des Tages. Kranz u. Gedicht nicht abgegeben an Robert. Es ist das erstemal, daß mir eine Freude, die ich einem anderen machen will, mißglückt. Gott gebe, daß es mir mit allen

> meinen Wünschen dieser Art nicht das ganze Jahr so geht. Von jetzt an keine Feier mehr dieses Tages.

Ludwig Robert arbeitete in dieser Zeit intensiv und hart, konnte aber in seiner Vaterstadt nicht wieder recht heimisch werden. Berlin ist „mir äußerst zuwider geworden. Diese täglich sich mehr verflachende und auf ihre Afterbildung stolze Stadt, die [...] ein Geschmeiß ausheckt, das ich mit keinem andern Namen als Literaturpöbel bezeichnen kann."[18] Außerdem muß es Spannungen zwischen Rahel und Friederike gegeben haben; Rahel nahm ihrer Schwägerin ihre „Putzsucht" und ihre geringe Neigung zu Häuslichkeit übel, Friederike fühlte sich gegängelt und eingeengt. Offen zutage trat dieser Konflikt aber weder im Tagebuch noch in den vielen zwischen beiden gewechselten Billettchen, da sie sich in ihrer Liebe zu Ludwig Robert trafen. Viel trug wohl Friederikes Sehnsucht nach ihrer badischen Heimat, die sich in merkwürdigen Allergien und Schwellungen im Gesicht auch körperlich niederschlug, dazu bei, das die Roberts ungeachtet aller Erfolge Berlin im August 1824 wieder verließen.

In Dresden legten sie einen kurzen Zwischenaufenthalt ein, bei dem sie Carl Maria von Weber trafen, jedoch meist mit Ludwig Tieck zusammen waren. Davon berichtet das Tagebuch besonders ausführlich:

> Abends las ich Tieck ganz allein in seinem Arbeitszimmer meine Gedichte vor. Der Schäfer gefiel. Überhaupt war er überrascht und hieß mich eine Dichterin. Der Schmerz in dem lustig anfangenden Gedicht gefiel ihm. Sowohl „Die Linde blüht" gefiel ihm, weil der Gedanke nicht so deutlich ausgesprochen sey. Der „Sonntagmorgen" sagte er sey sehr schön wegen seiner einfachen Form. *So* müßte ein solches Gedicht seyn, beinahe wie Prosa, auch sah er sehr genau das Gedicht durch, da ich es zeigte in Brouillon wie es aus der Feder kam und ich verwahre das Papier auch deshalb, weil er es in der Hand hatte, als er sah, daß es auf einem Briefumschlag aufgeschrieben war, da las er die Aufschrift und sagte: „Also nur so auf einen Briefumschlag geschrieben" und lächelte. Während ich ihm dieses Gedicht vorlas unterbrach er mich mehrmals wie freudig überrascht mit „Schön", „hmmhmm". Auch das „Heimweh" gefiel ihm aber in „Trennungsschmerz" vermißte er die Liebe. Da sagte ich ihm, daß er es errathen habe, denn ich habe es für eine Freundin gemacht, die es ihrer Freundin componiren und schenken wollte. Meine Hexameter las er sehr sorgfältig durch und sagte, sie seien sehr gut und der Gedanke sey sehr gut gewählt. Dazu auch lachte er über das Versmaaß das ich in Strichelchen und Flügelchen darüber gezeichnet habe und fragte, ob ich es gethan um es im Kopf zu behalten. Auch mein Abschiedsgedicht aus Berlin gefiel ihm: „Mögten Sie nur einmal auch so unserer gedenken." Mein „Schwälblein" hieß er artig und das Ende davon begleitet er mit Augen fest um mich gerichtet. Und ich meine eine Frage und Mitleid in seinem Gesicht vorüberschweben zu sehen.

In Bayreuth verbrachten die Roberts anregende Stunden in Gesellschaft von Jean Paul. Auch hier präsentierte sich Friederike als Dichterin:

> Ich deklamirte Jean Paul einige schwäbische Gedichte, er fand den Gedanken von „Verwiche gehei s' Gässle nah" so ächt und rein. Auch der „Obedstern", den ich aber nur zur Hälfte wußte, gefiel ihm.

Mit dem Münchner Aufenthalt, der Robert nicht die erhofften Aufträge brachte, enden die Tagebuchaufzeichnungen:

Um halb vier Uhr kamen wir in München an. Wo abends ein Stück von Fouqué für die Bühne bearbeitet von Madame Margarete Karl gegeben wurde. Ein Kind kann den Dialog und die Handlung besser ineinanderflechten. [...] Von München schweigt nun meine Feder, denn es ist das größte Nest.

Im November 1824 trafen sie wieder in Karlsruhe ein. Während Robert seine Tätigkeit in Cottas „Morgenblatt" fortsetzte und auch sonst viel schrieb, begann Friederike, die nächste Folge der „Rheinblüthen" vorzubereiten. Sie erinnerte auch Heine an seine Zusage; der aber zögerte. Am 1. April 1825 schrieb er an Moser:

Ungern gebe ich sie [„Die Harzreise" – J.R.] in die Rheinblüthen; das Almanachswesen ist mir im höchsten Grade zuwieder. Doch ich habe nicht das Talent schönen Weibern etwas abzuschlagen. (HSA XX, 92)

Erst im Mai 1825 erhielt Friederike das versprochene Manuskript aus Göttingen. Heine schrieb dazu:

Die Verse in meiner Harzreise sind eine ganz neue Sorte und wunderschön. Indessen, man kann sich irren. Es sollte mir sehr leid thun wenn mein Manuskript Ihren Erwartungen nicht entspräche, nicht meinetwegen, sondern weil ich so gern Ihre Wünsche erfüllt sähe. [...] Und nun, schöne, gute Frau, machten Sie nicht eben die nahliegende Bemerkung: daß Menschen, die sonst im Leben ganz leicht und anspruchslos erscheinen, recht eitel und diffizil werden, sobald man sie als Poeten in Anspruch nimmt? Doch ich scharfsinniger Narr, ich erzähle das einer Poetinn und Frau eines Poeten. (HSA XX, 197f)

Wie recht er mit seinem Zögern gehabt hatte, erfuhr Heine erst im Herbst; auf seine Nachfrage mußte ihm Friederike schreiben, daß die „Rheinblüthen" aus finanziellen Gründen eingestellt worden waren. Der Dichter, der sein Manuskript erst im Spätherbst zurückerhielt, sah sich mit Recht „um den Ruhm des Jahres 1825" gebracht und reagierte verärgert.

Da sich der Zinsertrag seines ererbten Vermögens immer mehr verringerte und seine Honorare dafür keinen Ausgleich bieten konnten, nahm Ludwig Robert 1826 Cottas Auftrag an, als Korrespondent für das „Morgenblatt" nach Paris zu gehen. Außerdem sollte er dort die Möglichkeiten für einen deutsch-französischen Literaturausgleich ergründen. Dank der Schönheit seiner Frau standen ihm auch in der französischen Hauptstadt die Türen der Salons offen. Aber trotz Unterstützung durch Alexander von Humboldt kamen die Verhandlungen nicht voran, und die Roberts kehrten nach wenigen Monaten enttäuscht nach Baden-Baden zurück. Im September 1827 konnte sich Friedrike dort über ein Wiedersehen mit dem nun achtzehnjährigen Felix Mendelssohn freuen.

Sehr schwierig ist es, die Motive zu ergründen, die die Roberts bewogen, Ende 1827 einen zweiten Versuch mit Berlin zu wagen. Ob Friederike noch einmal ihre Kräfte erproben wollte, ob sie hoffte, ihr Mann werde mit seinen Problemen in seiner Vaterstadt besser fertig, ob Rahels Wunsch den Ausschlag gab, wir wissen es nicht. Schon kurz nach ihrer Ankunft meldete sich wieder das Heimweh:

Dies alles aber läßt uns nicht unsere himmlischen Badener Berge und Thäler vergessen. Hier empfangen mich erleuchtete Säle, dort zwitschern die Vögel im grünen Laub der

Bäume im Glanz der Morgensonne, im Mondenschein ihr lieber Willkommen zu, die Sonne selbst, indem sie scheint, wirft einen brennenden Kuß auf mein Fenster in der ländlichen Wohnung im badener Thal und das Bächlein vor meinem Fenster singt mein Schlaflied. [...] Jeder Augenblick bringt neuen Zauber und neuen Reiz, indeß die Häuser hier mir gegenüber mit ihren geschlossenen Fenstern und Aushängschildern auch keinen Moment des Tages sich verändern. Doch das ist eine alte Geschichte und tausendmal aufgewärmt und erzählt, und eine Residenz ist eine Residenz, und wenn Du's nicht glaubst, so – Du weißt was der Bauer sagte – so schlage ich Dir eine Na...[19]

Im Gartenhaus der Familie Mendelssohn in der Leipziger Straße fanden sie eine schöne Wohnung, allerdings war es dort im Winter kalt und feucht. Roberts Gesundheitszustand verschlechterte sich dramatisch, und so zogen sie schon wenig später in das Zentrum Berlins. Friederike, die sich in der preußischen Hauptstadt immer als Mittlerin zwischen nord- und süddeutscher Literatur empfunden hatte, war, nachdem die „Rheinblüthen" nicht fortgeführt wurden, der Boden für eigene Veröffentlichungen und auch für literarische Aufträge entzogen. Immer noch eine Schönheit, wurde sie vom Hofmaler Eduard Magnus porträtiert und von Wilhelm Hensel, dem Bräutigam Fanny Mendelssohns, gezeichnet. Hensel hielt auch Ludwig Robert im Bild fest. Beide Zeichnungen wurden in Kupfer gestochen. Während das Bild Friederikes sich zu einem Verkaufsschlager entwickelte, gewöhnte sich ihr Ehemann an, unter sein Bild zu schreiben: „Meine Frau ist schöner." Weder seine Trauer-, noch seine Lustspiele fanden in einer sich wandelnden Zeit Anerkennung. Unter dem ständigen Druck, schreiben zu müssen, um Geld zu verdienen, wandelte er sich vom liberalen Spötter und Freigeist zu einem erzkonservativen Biedermeier-Bürger. Für den Weggenossen früherer Jahre, Ludwig Börne, Grund genug zu schreiben: „Von Robert sagte mir neulich Einer, was ich früher gesagt, nur besser. Er sei: ein ausgebrannter Krater, der nie gebrannt habe."[20] Die Julirevolution von 1830 verurteilte er, die „Volkssouveränität" war für ihn die Wurzel vieler Übel.

Im Frühjahr 1831 lösten die Roberts wieder einmal ihre Berliner Häuslichkeit auf. Sie flohen vor der grassierenden Cholera nach Karlsruhe. Auch hier erfüllten sich Ludwig Roberts berufliche Hoffnungen nicht. Er zog sich immer mehr in sich selbst zurück, seine politischen Ansichten stießen sogar alte Freunde vor den Kopf. Für Friederike keine einfache Situation, mit der sie am besten im geliebten Baden-Baden fertig zu werden glaubte. Dorthin zogen die Roberts im Frühjahr 1832; im „Alten Konversationshaus" fanden sie eine schöne Unterkunft. Lebhaft schildert Fanny Lewald in ihren Erinnerungen eine Begegnung:

Ludwig Robert, Rahel Varnhagens Bruder war in der Mitte der Fünfziger, sah aber älter aus, weil sein krauses Haar ganz grau geworden war. Er bildete einen starken Gegensatz zu seiner großen Beweglichkeit. Ich habe ihn, solange wir in Baden waren, fast täglich gesehen, und es ist mir stets vorgekommen, als ob ihm jenes sicher Selbstvertrauen fehlte, das die eigentliche ruhige Würde bedingt. Er pflegte, wenn er sprach, zunächst seine Frau anzublicken, und dann nach den Mienen aller übrigen Anwesenden zu sehen, als müsse er sich des Eindrucks versichern, den seine Rede auf seine Zuhörer machten. [...] die liberale Aufregung, die sich überall im Lande kundgab, verstimmte ihn und ließ ihn gegen die Freunde der damaligen Bewegung oft so bitter werden, daß seine Frau dann freundlich und vermittelnd auftrat [...] Sie war groß und vollkommen schön gewachsen. Eine Fülle von dunklem Haar umgab ihr Gesicht, das trotz der sehr hellen Farbe einen bräunlichen Ton hatte, wie man öfter bei den Frauen des südlichen Deutschland findet. Die ganze Bildung ihres Gesichtes war edel und regelmäßig, und die breite, offene Stirn, die sie nach der damaligen Mode ziemlich frei trug, hatte etwas so klares, die Augen waren so leuchtend und die ganzen Mienen des Gesichtes so überaus anmutig, ihr Ton und ihr Wesen so gütig, daß ich mich nicht erinnere, [...] jemals eine Frau gekannt zu haben, die gleich bei der Begegnung so völlig für sich einnahm, und so geeignet war zu halten, was ihr erste Anblick verkündete und verhieß.[21]

Goethes Tod erschütterte Ludwig Robert schwer. Für das Karlsruher Hoftheater schrieb er eine Goethe-Ehrung, an der er mit seiner Frau auch teilnahm. Es war der letzte große Auftritt des Ehepaars in der Öffentlichkeit. Wenig später erkrankte Ludwig an „Nervenfieber", höchstwahrscheinlich an Cholera. Friederike pflegte ihn aufopferungsvoll; an ihre Schwester Mina schrieb sie:

Seit vierzehn Tagen ist mein guter Mann auf den Tod krank. Dr. Guggert kommt fast nicht von seinem Bett. Ich habe den Hofrat Teufel per Estafette kommen lassen, was meinen lieben Kranken sehr beruhigt. [...] Bete auch Du und Dein lieber Mann für die Erhaltung des mir theuersten Lebens – ich habe nur den einen Gedanken, den einen Seufzer.[22]

Am 5. Juli 1832 starb Ludwig Robert, am 13. August folgte ihm seine Frau nach. Beide wurden gemeinsam mit Friederikes Schwester Louise Braun, die ihnen den Haushalt geführt hatte und die derselben Krankheit erlegen war, auf dem alten Friedhof der von ihnen mitbegründeten evangelischen Gemeinde Baden-Badens beerdigt. Der junge Dichter Josef Eduard Braun berichtet von einem seiner Bekannten:

[...] er habe der Sehnsucht nicht widerstehen können, die schöne Frau noch einmal im Tode zu sehen. Sie habe dagelegen, ein Bild des Schlummers, ein Lächeln um den Mund, und selbst Krankheit und Tod habe die Geister der Schönheit nicht verscheuchen können, die noch immer über ihren Zügen schwebten.[23]

Universalerbe Friederikes wurde ihr Bruder Gottlob Braun, der als Apotheker in Herrenalb wirkte, wo er 1875 starb. Friederike Roberts Werke sind heute bis auf einige von Fanny und Felix Mendelssohn vertonte Lieder völlig vergessen. Im Gedächtnis blieb die Erinnerung an eine der schönsten Frauen ihrer Zeit, so wie es bei ihrer Beerdigung eine Nachbarin ausdrückte: „Es ist halt ä Engel, die Witwe vo dem Herrn Dichter Robert."[24]

In seinem Kondolenzbrief anläßlich Rahels Tod schrieb Heine an Varnhagen: „Warum ich bey Roberts Erlöschen und bey dem Nachsterben seiner Frau Ihnen nicht schrieb, werden Sie wohl begriffen haben." (HSA XXI, 51)

Anmerkungen

[1] Heine, Heinrich: Sonettenkranz an Friederike Robert, geb. Braun. HSA I, 256.

[2] Tagebuch vom 1t Jan. 1824 bis ... von Friederike Robert, geb. Braun, Tochter des Magisters Braun in Knittlingen. 43 S., unpaginiert. Privatbesitz. Die Orthographie der Vorlage wurde beibehalten.

[3] Die immer wieder auftauchenden Angaben „Knittlingen“ oder „Schwäbisch Gmünd“ als Geburtsort werden durch den Eintrag im Taufregister der Böblinger Stadtkirche St. Dionysius mit dem Geburtsdatum 29. April 1795 widerlegt. Dies bestätigen auch das Tagebuch und Karl von Holteis Gedicht auf den 29. April 1824.

[4] Justinus Kerner: Bilderbuch aus meiner Knabenzeit. Mit vielen zeitgenössischen Illustrationen. Hrsg. und erläutert v. G. Häntzschel (= insel taschenbuch 338). Frankfurt a.M. 1978, S. 154.

[5] Nach mündlicher Aussage des 1992 verstorbenen Prof. Dr. Hansmartin Decker-Hauff, einem Urenkel Gottlob Brauns, der noch Familienpapiere besaß.

[6] Miriam Sambursky: Ludwig Roberts Lebensgang. – In: Bulletin des Leo Baeck Instituts. Neue Folge, 15. Jg., Nr. 52, Tel Aviv 1976, S. 2f.

[7] Vgl. Werner Greiling: Varnhagen von Ense – Lebensweg eines Liberalen. Politisches Wirken zwischen Diplomatie und Revolution. Köln/Weimar/Wien 1993, S. 48–61.

[8] Ludwig Robert: Machen Sie mir ein Gedicht! – In: Rheinblüthen. Taschenbuch auf das Jahr 1819 mit acht Kupfern. Mit Beyträgen von Hebel, Schreiber und andern. Karlsruhe 1819, S. 199.

[9] Friedrich Berl: Baden-Baden im Zeitalter der Romantik. Baden-Baden o. J., S. 40.

[10] Zit. nach Sambursky [Anm. 6], S. 28f.

[11] Ebd., S. 33.

[12] R. [Friedrike Robert]: Zwei Lieder in niederschwäbischer Mundart. – In: Rheinblüthen. Taschenbuch auf das Jahr 1822. Mit 7 Kupfern und 1 Musikbeilage. 2. Jg., Karlsruhe 1822, S. 193. Friederikes Mundart war kein reines Schwäbisch; hier mischte sich der Dialekt ihrer aus Calw stammenden Mutter mit der Knittlinger Mundart, die schon ins Badische hinüberspielt. Um Verständigungsschwierigkeiten aus dem Wege zu gehen, gab sie ihren beiden Liedern „Übersetzungen“ ins Hochdeutsche bei: „ins Haie“ – zum Heumachen, „gschwennn“ – geschwind, „Ammereile“ – Anna Mariechen, „Wammier es“ – Wann wir uns, „denn“ – thun, „gehni“ – gehe ich, „nah“ – hinunter, „im Tawedicht“ – in Gedanken, zerstreut (von taub und Dichtung), „vorrem“ – vor ihm, „no“ – nachher. Ebd. S. 194.

[13] In ihrem Tagebuch notierte Friederike unter dem 17. Juli 1824: „Die Kupfer für die Rheinblüthen angekommen. R. macht die Beschreibung dazu. Das Bild ‚Die Skulptur‘ v. Vogel gezeichnet u. v. Krüger in Dresden gestochen, soll ich seyn. Ich bin dazu gesessen. Doch hat es der antiken Idealisierung wegen wenig Ähnlichkeit. Das Bild ist ein Gemälde an der Decke des Speisesaals in Pillnitz bei Dresden.“

[14] Willibald Alexis: Erinnerungen. Hrsg. v. Dr. Max Ewert. Neue Ausgabe, Berlin 1905, S. 73f.

[15] Ludwig Börne: Berliner Briefe 1828. Hrsg. v. Ludwig Geiger. Berlin 1905, S. 73f.

[16] Therese Devrient: Jugenderinnerungen. Stuttgart 1905, S. 232f. Felix Mendelssohn Bartholdy war damals 15 Jahre alt.

[17] Dies korrigiert die Annahme (HSA I K II, S. 148), Varnhagen sei erst nach dem Tode der Roberts in den Besitz der Handschrift gekommen. Er publizierte die Sonette erstmals in seinen „Denkwürdigkeiten und vermischten Schriften“. Berlin 1838. Heine ließ sich von diesem Druck eine Abschrift anfertigen und nahm sie, mit der von Varnhagen verursachten

falschen Jahrzahl „1823", in seinen „Neuen Gedichte". Hamburg 1844, auf. So erschienen die Sonette erst zwölf Jahre nach Friederikes Tod in Heines Werken.

18 Zit. nach Sambursky [Anm. 6], S. 17.

19 Friederike Robert an ihren Bruder Gottlob in Karlsruhe, 28. Oktober 1827. Zit. nach: Ludwig und Friederike Robert. Eine Baden-Badener Erinnerung. Nach einem Vortrag gehalten im Konversationshaus zu Baden-Baden von Wilhelm Haape. Karlsruhe 1896, S. 29.

20 Börne [Anm. 15], S. 114.

21 Fanny Lewald: Meine Lebensgeschichte. Berlin 1862, Bd. II, S. 43ff.

22 Friederike Robert an ihre Schwester Mina, 27. Juni 1832. – In: Friederike und Ludwig Robert [Anm. 19], S. 37.

23 NN: Zur erneuten Umsetzung eines Denkmals. – In: Badeblatt der Stadt Baden-Baden, 10. und 11. März 1921, S. 223.
Das „Todtenbuch der evangelisch protestantischen Gemeinde Baden, angefangen bei der Errichtung der Pfarrei, von dem ersten evangelischen Pfarrer, Christoph Schmezer. Baden, den 8. Juli 1832" befindet sich heute im Besitz der Evangelischen Lukas-Gemeinde, Baden-Baden. Es verzeichnet als die ersten drei Toten: 1. Ludwig Robert-tornow, 2. Louise Braun, die Schwester Friederikes, die bei den Roberts lebte, und 3. Friederike Robert-tornow. – Die Geschichte des ursprünglich mit Lyra und Lorbeerkranz versehenen Denkmals ist heute nicht mehr nachvollziehbar. Nach mehreren Umsetzungen gilt es nunmehr als unauffindbar. Wilhelm Haape beschrieb es so: „Auf der einen Seite des Grabmals stehen die Verse aus den „Kämpfen der Zeit":

Nur da ersteht im Schooß der Sitte
Ein ganzes Volk so frei gesinnt,
Wo bis zum Thron, bis zu der Hütte
Der Lichtquell seines Denkens rinnt.

Die andere Seite zeigt Roberts Verse:

Mit uns'rer eig'nen Klarheit
Sind ewig wir allein;
Es muß die wahre Wahrheit
Des Himmels Wahrheit sein …

Und unter Friederikes Namen lesen wir die Worte:

Bald ist sie ihm gefolgt, sein geistig Band
Zog rasch sie nach in's geist'ge Vaterland.

Ludwig und Friederike Robert. [Anm. 19], S. 39.

24 Theodor Kobbe: Humoristische Erinnerungen aus meinem akademischen Leben. Bremen 1840, S. 19.

Adele Schopenhauer (1797–1849)

„[...] denn meine Wünsche streifen an das Unmögliche"

Waltraud Maierhofer, Iowa City/Iowa

In ihrer Autobiographie beschrieb Johanna Schopenhauer, welch umwälzenden Eindruck es auf sie als Zehnjährige gemacht hatte, als sie von der in Rom lebenden, bewunderten und anerkannten Malerin Angelika Kauffmann hörte:

> Eine Malerin, also kann es auch Malerinnen geben? ich hatte noch nie von einer gehört. Und von neuem überfiel mich die innere ängstliche Unruhe bei dem bloßen Gedanken; immer flüsterte eine leise Stimme mir zu: was andere können, warum solltest Du es nicht auch? [...] Lernen will ich; was andere können, kann mir nicht unmöglich bleiben, und eine Malerin, eine zweite Angelika will ich werden; dieser Entschluß stand mit jedem Tage fester in meinem Gemüt [...].[1]

Im Weimarer Goethemuseum hängt das Gemälde von Caroline Bardua, das Johanna Schopenhauer an der Staffelei zeigt, hinter ihr ihre kleine Tochter Adele im rosa Rüschenkleid und mit einer Rose in der Hand. Sie ist mit einem versonnenen Lächeln in das dem Betrachter abgewandte Bild vertieft. Das im Halbprofil hübsche Gesicht wird adrett von kurzen braunen Haaren umrahmt. Adele Schopenhauer hätte eine ähnliche Karriere zuteil werden können wie der Kauffmann, deren empfindsamer Klassizismus allerdings bald nach 1800 in Vergessenheit zu geraten drohte. Johanna Schopenhauer wurde die ersehnte Ausbildung zur Malerin verweigert, und für ihre Tochter überlegte sie eine solche anscheinend nie. Dabei zeigte Luise Adelaide Lavinia Schopenhauer schon in zartem Alter großes Talent im Zeichnen. 1813 erhielt sie für ihren Beitrag zur Ausstellung der Weimarer Zeichenschule eine Preismedaille.[2] Aber die Zeit des Glaubens an Wunderkinder und der Förderung ungewöhnlich begabter Mädchen war vorüber. Ihre Herkunft aus einer vermögenden Kaufmanns- und Hofratsfamilie war ihr eher hinderlich. Ihre Mutter war erst nach dem Tod ihres Ehemanns mit Romanen hervorgetreten, lebte jedoch schon zur Zeit des Entstehens von Barduas Bild zum Teil vom Heiratsgut der Tochter, auch ihr Sohn Arthur. Die vielseitig begabte Adele brillierte im Weimarer Salon der Mutter, aber ihre „selbstbewußte Überlegenheit an Talent und Wissen" wurde außerhalb dessen belacht und abgelehnt.[3]

Thieme/Beckers Lexikon nennt sie immerhin als Malerin und Scherenschneiderin[4], aber in den großen Sammlungen und Museen sind keine Gemälde von ihr zu bewundern. Ihre zarten Scherenschnitte, ihre „kunstreiche[n] Papier-Ausschneidereien", fanden zwar den Beifall Goethes und vor allem seiner weiblichen Besucher[5], wurden aber zumeist anonym oder erst postum veröffentlicht. Goethe verfaßte zwei Gedichte auf die „Künstlerin" und ihre „holden Finsternisse [...]".[6]

Bildlich weisen das Rüschenkleid und die Rose auf die bürgerlichen Standards des frühen 19. Jahrhunderts, die Frauen auf Ehe, Mutterschaft, Häuslichkeit und das Schöne verwiesen, die Welt des Geldverdienens und des Markts dagegen und die aktive, wirtschaftlich unabhängige Rolle den Männern vorbehielt. Frauen sollten Kunst als schöne und disziplinierende Beschäftigung ausüben, aber nur Männer als Beruf und Berufung. Mit dem Verlust ihres Vermögens 1819 aber schwanden Adele Schopenhauers adäquate Heiratschancen. Hier sollen jedoch nicht ihre Schicksalsschläge und unglücklichen Liebesversuche aufgezählt werden, sondern ihr Lebenszusammenhang und Werk knapp vorgestellt sowie die Editions- und Forschungslage zusammengefaßt werden.

Hartnäckig hält sich in der (spärlichen) Sekundärliteratur das Urteil von ihrer großen Häßlichkeit, wie es Levin Schücking und andere überlieferten.[7] Aber wie viele unverheiratete oder verwitwete Frauen, die Verstand und Können zeigten und es wagten, kreativ zu werden, wurden nicht damit abgekanzelt! Im August 1824, also mit 27 Jahren, bekannte sie Goethe, den sie in diesem Geburtstagsbrief als „lieber Vater" anredete, sie habe sich „in den letzten Jahren" oft „unnütz oder besser sag' ich unbenutzt gefühlt".[8] Sie nannte sich einen „Halbschatten" in der „bunte[n] Welt" und fühlte, als lebte sie „nur halb".[9] Ein nicht untypisches weibliches Schicksal der Biedermeierzeit.[10] Ihre gute Erziehung verhinderte, daß sie früh und aufsehenerregend aus der vorgegebenen Geschlechterrolle ausbrach und ihre künstlerischen Tätigkeiten als mehr denn als Zeitvertreib oder Nebenerwerb verstand. Wen wundert es, daß sie als unzufrieden empfunden wurde? Als junge Frau hatte sie nicht den Mut, gegen gesellschaftliche und sittliche Traditionen zu rebellieren. Aber sie litt darunter und wurde körperlich und seelisch krank. Ihre Selbstbeobachtung ist oft ergreifend. Zum Beispiel schilderte sie sich 1831 dem älteren Bruder so:

> Keine einzige leidenschaftliche Empfindung bewegt mich, keine Hoffnung, kein Plan – kaum ein Wunsch; denn meine Wünsche streifen an das Unmögliche: so habe ich ihrem Flug und Zug nachsehen lernen, wie dem der Vögel in der blauen Luft.[11]

Erst spät begann sie sich von diesen gesellschaftlichen Zwängen zu befreien und machte aus ihrem kreativen Potential einen Beruf, der ihr eine unabhängige Existenz ermöglichte.

Adele Schopenhauer galt als außerordentlich gründlich und umfassend gebildet und geistreich, aber im Vergleich zur Erziehung ihres Bruders war die ihre bescheiden und bereitete sie nur auf die Rolle als Ehefrau und Mutter vor, als gebildete und dekorative Haushälterin, Hausdame und Gesellschafterin, nicht die der unabhängigen Künstlerin. Sie selbst bezeichnete ihren Unterricht als „sehr mittelmäßig".[12] Schon vor der finanziellen Katastrophe bekannte sie dem studierten Bruder: „[S]eit vier Jahren sehne ich mich nach einer Gelegenheit etwas Rechtes zu lernen."[13] Es kam nicht zu einer solchen zielgerichteten Ausbildung. Jenny von Pappenheim bemerkte richtig, daß Adele Schopenhauers Erziehung ihr „etwas von Allem und doch nichts ganz beigebracht hatte".[14] Wie sollte sie da nicht über den „Schlendrian" in ihrem Leben klagen und sich „lebensmüde" fühlen, wo ihr doch kein „Handeln" erlaubt war?[15] Beim unbestimmten Warten auf Ehe und Mutterschaft tröstete sie sich mit dem trügerischen Gefühl, es müsse ihr „etwas Besonderes widerfahren".[16] Sie weigerte sich jedoch gegen eine Konvenienzehe und war sich spätestens 1831 klar, daß sie zu individualistisch war und deshalb besser nicht heirate. In dem oben zitierten, aufschlußreichen Brief an Arthur formuliert sie ihr Ideal von Partnerschaft und Gleichheit.[17] Adele Schopenhauer richtete es so ein und war stolz darauf, wenigstens finanziell niemandem zur Last zu fallen. Zahlreiche Briefe an den Bruder, der ihren Versorgungsanspruch fürchtete, zeigen ihre allmähliche ökonomische Emanzipation.[18] Schon am 1. Februar 1820 meinte sie fest:

> [E]s ist mein größter Wunsch uns zu nützen und auf eine anständige Weise etwas zu meiner Erhaltung zu thun. [...] Gott erhalte mir die innere Freiheit! Die äußere ist hin.[19]

Eine dieser Nützlichkeiten und zugleich eine ihrer frühesten Publikationen ist wohl das „Räthsel-Alphabet", ein Figuren-Alphabeth in Kupferstichen, das 1820 in „Beckers Taschenbuch zum geselligen Vergnügen" anonym erschien.[20] Es wurde benannt nach dem vorangehenden anonymen Gedicht dieses Titels.[21] „Beckers Taschenbuch" enthielt traditionell eine Rubrik Rätsel (einschließlich Auflösungen zu jenen der vorangegangenen Nummer) und einen Anhang mit Liedern und Tänzen. Das Gedicht beschreibt zuerst die spielerische Vieldeutigkeit der Schattenrisse: „... Gern in deutungsvollem Bilde / Schattet heitrer Sinn sich nach." Es verweist die schicksalshafte Schwere der Scherenschnitte von Lotte und Werther in die Vergangenheit, und betont die neue heitere und leichte Atmosphäre, in denen häufig schalkhafte Amoretten oder zierliche Feenwesen auftauchen:

> Und das Doppelschwert der Scheere,
> Furchtbar in der Parzen Hand,
> Hat, wenn auch von mindrer Schwere,
> Amor tändelnd längst entwandt.

In der Schlußstrophe fordert das Gedicht, auf den Titel des Taschenbuchs anspielend, dazu auf, aus den Stichen ein geselliges Spiel zu machen und den Figuren, die die Buchstaben dekorativ umranken, möglichst viele und verschiedene Bedeutungen unterzulegen:

> Forscht denn in den dunklen Zügen,
> Lest' dieß schwarze A. B. C.
> Zum geselligen Vergnügen,
> Sei's beim Nach-Tisch, sei's beim Thee!

In der folgenden Nummer des Taschenbuchs erschien eine mögliche Auflösung des Rätsels in Gedichtform[22], eine andere, die die Silhouetten als Anfangsbuchstaben verwendete, erst 1920.[23]

Adele Schopenhauer bildete sich autodidaktisch und oft im Geheimen, denn sie wußte, „Frauen kleidet vieles Wissen schlecht".[24] Gerade in ihrem Schicksalsjahr 1819 publizierte ihr Bruder sein erstes Werk „Die Welt als Wille und Vorstellung". Sie dagegen hatte erfahren müssen, daß schon das Lesen eines philosophischen Buchs ihrem Ansehen schadete.[25] Sie war übrigens einer seiner verständigsten Leser[26], was nicht verwundert, formulierte sie doch in Tagebüchern und Briefen ebenso tiefe Resignation und Pessimismus. Goethe sah sie gern als Deklamatorin in seinem Haus und ließ sie bei einem Maskenzug für den Weimarer Hof auftreten, aber natürlich war der verrufene Beruf einer Schauspielerin indiskutabel.

Aus ihren Briefen geht hervor, daß sie erst 1819 drei Monate bei einem Blumenmaler und nochmals 1827 förmlichen Zeichenunterricht nahm.[27] Zu dieser Zeit war sie von den Zurücksetzungen des Lebens schon kränklich und müde und attestierte sich ein „von Kummer versteinte[s] Herz", wie sie am 30. April 1828 Ottilie von Goethe mitteilte.[28] Im entsprechenden Alter führte Kauffmann bereits ein gefragtes Atelier, gehörte zu den Gründungsmitgliedern der Royal Academy of Arts in London und stellte aufsehenerregende Historiengemälde aus. Und selbst dann entschuldigte Adele Schopenhauer sich noch geradezu für dieses einseitige Interesse: „Musik, Briefschreiben, all dergleichen leidet darunter, aber es muß; sonst fördere ich mich nicht."[29] Überhaupt wird der positive Einfluß Goethes auf ihr Leben überschätzt.[30] Er gab ihr zum Beispiel nicht mythologische oder biblische Motive aus seiner erlesenen Sammlung von Meisterzeichnungen, sondern ein Blumenstück zum Kopieren.[31] In der Wahl dieses als weiblich eingeschätzten und niedrig geachteten Genres liegt eine beträchtliche Abwertung ihres Könnens. Und es war nicht Goethe, dessen Mentorfunktion für zeitgenössische Künstlerinnen allzugern überbetont wird, sondern die reiche Bankiers- und Unternehmersfrau und Salonière Sibylle Mertens-Schaaffhausen, die auf eine Konzentration der sich zersplitternden künstlerischen Betätigungen Adele Schopenhauers auf nur ein Fach drängte. Sie hatten sich bei Adeles Rheinreise 1828 kennengelernt und befreundet. Mertens-Schaaffhausen bemerkte deutlich, daß Schopenhauer gerade ihre Vielseitigkeit zum Verhängnis wurde und daß sie in ihrem Alter Zeichnen und Malen nicht mehr im erstrebenswerten Maß vervollkommnen konnte.[32] Sie verwies die Freundin auf ihre außerordentliche Phantasie, ihr Einfühlungsvermögen, die Klarheit ihrer Gedanken und ihre Reflexionsgeübtheit sowie Sprachbeherrschung und drängte sie zum Schreiben. Schopenhauer folgte diesem Rat aber erst, nachdem die Mutter 1838 starb und ihr schlechter Gesundheitszustand ihr die Anstrengung des Malens verbot.

Zu dieser Zeit hatte sie schon ihre inneren und ihre finanziellen Kräfte in der Pflege für die Mutter aufgebraucht und suchte dringend einen Lebensmittelpunkt und zusätzliche Einkünfte. Das Gebot der „weiblichen" Bescheidenheit und Wirtschaftlichkeit war ihr zur Falle geworden. Sie hatte sich immer wieder ihren schwindenden Vermögensverhältnissen angepaßt, statt auf ihre Fähigkeiten zu vertrauen und Ehrgeiz zu entwickeln. Das kann ihr aber nicht zum Vorwurf gemacht werden, sondern ist im Rahmen des Zusammenhangs von Frauen und Beruf im 19. Jahrhundert zu sehen. Nicht zufällig berichtete Ernst von der Malsburg nach einem Besuch bei Schopenhauers in einem Brief an Tieck 1824 erstaunt und amüsiert, wie die „berühmte […] Adele" sich betrug: „[A]ber mit entsetzlichem Geistesgepolter rasselte und stolzirte die Tochter, alle Schellen und Orgelzüge ihres Genius aufgezogen durch und umher."[33] Er fühlte sich in einen schwankenden Zustand „zwischen Schrecken und Verwunderung, manchmal auch tragischem Mitleid und Angezogenheit" versetzt.[34] Die Vorstellung des Genies, der autonomen Kreativität war an den Mann als Urheber gebunden. Die zeitgenössische Lehre von der „Bestimmung des Weibes" zur liebenden Ehefrau und Mutter untersagte Frauen den Gedanken sowohl an Genie als auch an Berufsarbeit.[35] Schopenhauer nahm allerdings Genie für sich und andere Frauen in Anspruch, zum Beispiel als sie Annette von Droste-Hülshoff beglückwünschte: „Ihr Genius entfaltet seinen Flug in einem Augenblick, wo sonst jedes Weib eine schmerzliche Leere empfindet."[36] Noch 1842 litt sie allerdings anscheinend unter ihrer Ausnahmestellung, wie sie Mertens-Schaaffhausen auseinanderlegte: „[W]enn diese Neigung, allein, immer allein zu sein, wächst, so wird mich ein Übel, ein Unglück fassen, denn ich bin so frei, daß ich außer der Reihe stehe – und das ist gegen die Ordnung des Lebens."[37] Damit ist sie repräsentativ für das Selbstbewußtsein der Frau im 19. Jahrhundert. Andererseits meinte sie bedauernd, ein Einzelner könne die Mitwelt nicht mehr beeinflussen, und fuhr fort: „[D]as drückt mich, weil ich so individuell bin, und weil ich etwas sein möchte, etwas tun – und anderseits trete ich nun ruhig als Schriftstellerin auf, weil ja gar nicht die Rede von Effektmachen ist, und man eben gar nichts Besonderes mehr tun kann."[38] Aus einem Brief an den Bruder aus dem Jahr 1838, wo sie ihm durchaus selbstbewußt und geschäftsmäßig ihre eigenen Einkünfte vorrechnet, geht hervor, daß sie schon lange anonym publizierte, nämlich Übersetzungen und „kleine belletristische Arbeiten", wohl auch künstlerische Produktionen.[39] Obwohl also Mertens-Schaaffhausens Überzeugungsarbeit nicht so groß war, wie bisher angenommen, bekannte Adele Schopenhauer sich erst zu ihren Geistesprodukten mit ihrem eigenen Namen, als nach ihrer Einschätzung damit nicht mehr der Anspruch verbunden war, sich „einen Namen zu machen", etwas Besonderes und durchgreifend Veränderndes zu schaffen.[40]

Um 1900 fiel ein Teil des neuerwachten Interesses an Frauen der Weimarer Klassik und der Romantik auf Adele Schopenhauer. Heinrich Hubert Houben verfaßte Lebensbilder in einer vielgelesenen Zeitschrift[41], gab eine Sammlung „Gedichte und Scherenschnitte" heraus[42], und ihre Tagebücher und der Briefwechsel mit Goethe, seiner Schwiegertochter Ottilie von Goethe und weiteren Weimarer Persönlichkeiten erschienen ebenfalls im Druck.[43] Ihre Briefe an Sibylle Mertens-Schaaffhausen sind in Houbens Biographie von ihr aufgearbeitet. Das Stammbuch für Ottilie von Goethe erschien in einer Liebhaber-Ausgabe[44], aber zur Veröffentlichung des Silhouettenbuchs für Mertens-Schaaffhausen (Goethe-Nationalmuseum Weimar) kam es nicht mehr. Allerdings beurteilten sowohl Houben wie Kurt Wolff weniger ihr Werk als das Leben der geistreichen, aber unglücklichen Frau, zeichneten sie als das „ältliche verbitterte Mädchen"[45], deren Werk sie mitleidig als einen schwachen Ersatz für ein erfülltes Leben in Ehe und Mutterschaft einordneten. 1930 war sie Gegenstand einer Dissertation.[46]

Danach wurde Adele Schopenhauer selten erwähnt und wenn, dann mit dem Interesse auf ihr Umfeld gerichtet, auf sie als die Schwester des berühmten Philosophen, die Freundin Ottilie von Goethes, die Tochter einer namhaften Salonière und Schriftstellerin.[47] Ihre Briefe machen den größten Teil des nun veröffentlichten Familienbriefwechsels der Schopenhauers aus.[48] Ludger Lütkehaus beschreibt in seiner

Einleitung anerkennend Adele Schopenhauers psychische Größe und Leistung in ihrer doppelten Loyalität zu Mutter und Bruder und fordert zu recht: „Grund genug für angemessene Anerkennung; Zeit aber auch für die Revision eines Frauenbildes, wie es noch immer durch die Literatur- und Philosophiegeschichten geistert: das eines talentierten, indes nun einmal potthäßlichen, vor der Zeit alt und altklug gewordenen Blaustrumpfes, den sich kein Mann anziehen mochte."[49] Der „nur äußerst lückenhaft" erhaltene Briefwechsel mit Annette von Droste-Hülshoff liegt nun in der historisch-kritischen Ausgabe vor[50], und hier ist sicher noch manches zu entdekken. Manche Briefe Adele Schopenhauers an die Schriftstellerin bzw. Teile davon sind nur überliefert, weil sie in der frühen Droste-Werkausgabe (1887, Bd. 1.1) gedruckt wurden. Ihre „Haus-, Wald- und Feldmärchen" (1844) und der Teil ihrer Tagebücher, den Houben als ergreifenden psychologischen Roman gewürdigt hatte, wurden wieder-aufgelegt.[51] Ihre schriftstellerischen Arbeiten, die Märchen, das Libretto für Walther von Goethes Oper „Enzio", die Romane „Anna" (Leipzig 1845) und „Eine dänische Geschichte" (Braunschweig 1848), ihre Gedichte und verschiedene Zeitschriftenbeiträge haben noch keine literaturwissenschaftliche Würdigung erfahren.[52] Ihre „kunstvollen, äußerst filigranen und detailreichen Scherenschnitte"[53] gab sie selbst ihren Märchen bei wie die späteren Herausgeber ihren Gedichten und Tagebüchern. Schon Kurt Wolff stellte die Verbindung von Text und Scherenschnitt als wesentlich für ihre Kunstanschauung heraus, sie wurde aber seitdem nicht weiter erforscht. Deren Verbindung zur klassizistischen Umrißzeichnung und zur romantischen Ästhetik sowie ihr Stellenwert innerhalb der Biedermeierkultur ist erst noch angemessen zu würdigen.[54] Erst seit einigen Jahren wächst von kunstwissenschaftlicher Seite das Interesse an Schopenhauers zeichnerischem Werk, ihren Blumenbildern, Porträtzeichnungen, Initialen, Arabesken und Randzeichnungen, von denen nun einige in Katalogen abgebildet sind.[55] Das Vorhaben der befreundeten Mertens-Schaaffhausen, ihr mit einer Gesamtausgabe ihrer Schriften, Schattenrisse und einer Lebensbeschreibung ein Denkmal zu setzen oder wenigstens die unveröffentlichten Manuskripte zu drucken, wurde nicht verwirklicht. Aus dem Nachlaß ist das Manuskript eines Buchs über Florenz und seine Kunst, eine Art Reisebuch für Frauen, erhalten, an dem Adele Schopenhauer dort ab März 1847 arbeitete. Die Verfasserin plant nun seine Herausgabe.

Ausgerechnet im Frühjahr 1848, zur Zeit der Aufstände in ganz Europa, wurden dort die Auswirkungen und Symptome ihres langjährigen Leidens, eines Unterleibskrebses, so stark, daß sie wochenlang liegen mußte, aber nicht einmal die beste Freundin zu ihr kommen oder ihr Geld schicken konnte. In Paris war Heinrich Heine, mit dem Adele Schopenhauer schon das Geburtsjahr gemeinsam hat, seit 1848 an seine „Matrazengruft" gefesselt. So benannte Houben denn auch Adele Schopenhauers Leidenszeit in Florenz und stellte sie folgendermaßen dar:

> Wochenlang lag sie hilflos in ihrer dortigen Matrazengruft, ohne den Zuspruch irgendeiner Freundin oder Bekannten, ganz der Willkür roher, geldschneiderischer Wirtsleute ausgeliefert, die ihren pöbelhaften Deutschenhaß an der Wehrlosen ausließen. Die Briefe, die sie in der verzweifelten Todesangst dieser Zeit an Sibylle richtete und in denen sie

die Phasen ihrer grauenhaften Krankheit mit der Deutlichkeit eines Arztes beschrieb, sind wahre Höllenbriefe, die noch jetzt die Haare zu Berge treiben.[56]

Sie überlebte sie nur, um nach ihrer Rückkehr nach Bonn im August 1849 zu sterben.

Anmerkungen

1 Johanna Schopenhauer: Jugendleben und Wanderbilder. Hrsg. mit einem Nachwort v. Willi Drost. Darmstedt [sic] 1958, S. 97f.

2 Sylke Kaufmann: Adele Schopenhauer. – In: Zwischen Ideal und Wirklichkeit. Künstlerinnen der Goethezeit 1750–1850, hrsg. v. Bärbel Kovalevski [Ausstellungskatalog]. Ostfildern 1999, S. 300. – Eine ausführlichere Biographie gibt Gabriele Büch: Adele Schopenhauer. Ein Leben zwischen Anspruch und Resignation. Zum 200. Geburtstag der Schriftstellerin. – In: Palmbaum. Literarisches Journal aus Thüringen 5, 1997, 2. H., S. 92–101.

3 H[einrich] H[ubert] Houben: Adele Schopenhauer. Drei Bilder aus ihrem Leben. – In: Westermanns Monatshefte 61, 1917, S. 270.

4 Allgemeines Lexikon der Bildenden Künste von der Antike bis zur Gegenwart, hrsg. v. Ulrich Thieme/Felix Becker. Leipzig 1936, Bd. XXX, S. 258.

5 Laura Elisa Förster über ihr Gespräch mit Johann Wolfgang von Goethe, 14. November 1825. – In: Goethe Gespräche. Eine Sammlung zeitgenössischer Berichte aus seinem Umgang auf Grund der Ausgabe [1890] und des Nachlasses von Flodoard Freiherrn von Biedermann ergänzt und hrsg. v. Wolfgang Herwig. Zürich/Stuttgart 1971, Bd. III.1, Nr. 5747, S. 869. – Auch August Hagen berichtete an Molly Oestreich am 21. November 1821, Goethe habe ihm stolz solche Scherenschnitte Adeles aus seinem Besitz gezeigt. – Ebd., Nr. 4960, S. 358.

6 Goethe: In eine Sammlung künstlich ausgeschnittener Landschaften [An Adele]. – In: Goethes Werke. Weimarer Ausgabe. Weimar 1891, Bd. I.4, S. 52; ders.: Den 25. Januar 1829 [An Rösel]. – In: ebd., S. 144.

7 Zum Beispiel bei Houben [Anm. 3], S. 268.

8 Adele Schopenhauer an Goethe, 28. August [1824]. – In: Ludwig Geiger: Dreizehn Briefe Goethes an Adele Schopenhauer. Nebst Antworten der Adele und einem Billet Börnes an Goethe. – In: Goethe-Jahrbuch 19, 1898, S. 59.

9 Ebd.

10 Vgl. Als die Frauen noch sanft und engelsgleich waren. Die Sicht der Frau in der Zeit der Aufklärung und des Biedermeier, hrsg. v. Hildegard Westhoff-Krummacher. Ausstellungskatalog. Münster 1995.

11 Adele Schopenhauer an Arthur, 27. Oktober 1831. – In: Die Schopenhauers. Der Familien-Briefwechsel von Adele, Arthur, Heinrich Floris und Johanna Schopenhauer, hrsg. v. Ludger Lütkehaus. Zürich 1991, S. 319.

12 Adele Schopenhauer an Arthur Schopenhauer, 23. Januar 1836. – In: ebd., S. 380. – Im Brief an Arthur vom 23. April 1838 besteht sie darauf, sie habe „keine großen Kosten durch Erziehung" verursacht. – Ebd., S. 395. Außerdem habe sie ihre einzige Bildungsreise, nämlich an den Rhein, vom Selbstverdienten finanziert. – Ebd., S. 429.

13 Adele Schopenhauer an Arthur, [5. Februar 1819]. – In: ebd., S. 276.

14 Jenny Gustedt (von Pappenheim): Aus Goethes Freundeskreise. Erinnerungen, hrsg. v. Lily von Kretschmann. Braunschweig 1892, S. 112f.

15 Adele Schopenhauer im Brief an Luise Kirsten, 27. Juli 1818. – In: Gustav Adolf Müller: Ein Brief von Adele Schopenhauer. – In: Antiquitäten-Rundschau 2, 1904, H. 35, S. 411f.

[16] Ebd.

[17] Adele Schopenhauer an Arthur, 27. Oktober 1831. – In: Die Schopenhauers [Anm. 11], S. 319f.

[18] Vgl. Ludger Lütkehaus: Einleitung. – In: ebd., S. 34.

[19] Adele Schopenhauer an Arthur, 1. Februar 1820. – In: ebd., S. 313f.

[20] Anonym [= Adele Schopenhauer]: [ohne Titel]. – In: W. C. Becker's Taschenbuch zum geselligen Vergnügen 1820. [unpag., nach S. 412].

[21] Anonym [K.]: Räthsel-Alphabeth. – In: ebd., S. 411f. – Laut Christian Bracht von Wilhelmine Kall. Vgl. Wiederholte Spiegelungen. Weimarer Klassik 1759–1832, hrsg. v. Gerhard Schuster und Caroline Gille. [Ausstellungskatalog Goethe-Nationalmuseum.] München 1999, S. 153.

[22] Anonym [G.]: Das Rätsel-Alphabet im vorigen Jahrgange. – In: W. C. Becker's Taschenbuch zum geselligen Vergnügen 1821. S. 411–414.

[23] Rudolf Alexander Schröder: Das Silhouetten-Alphabet von Adele Schopenhauer. – In: Das Inselschiff 1, 6. H., 1920; Wiederabdruck in: Adele Schopenhauer: Tagebuch einer Einsamen, hrsg. u. eingeleitet v. H[einrich] H[ubert] Houben. Mit Scherenschnitten der Autorin und einem Anhang von Rahel E. Feilchenfeldt-Steiner. München 1985 (= Liebhaber-Bibliothek 8). S. 287–291.

[24] Adele Schopenhauer an Arthur, [5. Februar 1819]. – In: Die Schopenhauers [Anm. 11], S. 273.

[25] Ebd.

[26] Auch Lütkehaus nennt sie „eine der verständnisvollsten und präzisesten ‚Schopenhauer'-Leserinnen". – Ebd., S. 38.

[27] Vgl. Adele Schopenhauer an Arthur, 25. Mai 1819. – In: ebd., S. 281; Adele Schopenhauer an Goethe, 10. November 1827. – In: Geiger [Anm. 8], S. 62.

[28] Zit. nach H[einrich] H[ubert] Houben: Die Rheingräfin. Das Leben der Kölnerin Sibylle Mertens-Schaaffhausen, dargestellt nach ihren Tagebüchern und Briefen. Mit einem Nachwort von Hanns Martin Elster. Essen 1935, S. 40.

[29] Adele Schopenhauer an Goethe, 10. November 1827. – In: Geiger [Anm. 8], S. 62.

[30] Houben bezeichnet sie in seiner Biographie Mertens-Schaaffhausens als „rechte Schülerin Goethes", weil sie diesem Kunstgegenstände und Antiquitäten schickte. Houben [Anm. 28], S. 53.

[31] Vgl. Adele Schopenhauer an Arthur, 25. Mai 1819. – In: Die Schopenhauers [Anm. 11], S. 286.

[32] Sibylle Mertens-Schaaffhausen an Adele Schopenhauer, 29. November 1835. Zit. nach Houben [Anm. 3], S. 343.

[33] Ernst von Malsburg an Ludwig Tieck, 8. August 1824. – In: Briefe an Ludwig Tieck, ausgewählt und hrsg. v. Karl von Holtei. Breslau 1864, Bd. II, S. 321.

[34] Ebd.

[35] Vgl. Beruf: Schriftstellerin. Schreibende Frauen im 18. und 19. Jahrhundert, hrsg. v. Karin Tebben. Göttingen 1998, S. 7f.; Ruth-Ellen Boetcher-Joeres: Der „Circulus vitiosus" der Rollenerwartungen und Selbstbilder. Deutsches Frauenschrifttum im 19. Jahrhundert. – In: Begegnung mit dem „Fremden": Grenzen – Traditionen – Vergleiche; Akten des VIII. Internationalen Germanisten Kongresses, Tokyo, hrsg. v. Eijiro Iwasaki. München 1990, S. 237–246.

[36] Adele Schopenhauer an Annette von Droste-Hülshoff, Dezember 1834. – In: Annette von Droste-Hülshoff: Historisch-kritische Ausgabe. Briefe an die Droste. Bearb. v. Bodo Plachta. Tübingen 1995, Bd. 11.1, S. 69 (der ganze Satz gesperrt). Mit Droste-Hülshoff tauschte Schopenhauer anscheinend Zeichnungen und Gemälde aus. Ebd. S. 132.

[37] Adele Schopenhauer an Sibylle Mertens-Schaaffhausen, 22. und 25. Juli 1842. Zit. nach Houben [Anm. 3], S. 345.

[38] Ebd.

[39] Adele Schopenhauer an Arthur, 23. April 1838. – In: Die Schopenhauers [Anm. 11], S. 395.
[40] Vgl. zu dieser Problematik Susanne Kord: Sich einen Namen machen. Anonymität und weibliche Autorschaft 1700–1900. Stuttgart 1996.
[41] Houben [Anm. 3].
[42] Adele Schopenhauer: Gedichte und Scherenschnitte, hrsg. v. Heinrich Hubert Houben/ Hans Wahl. Leipzig 1920, 2 Bde.
[43] Adele Schopenhauer: Tagebücher, hrsg. v. Kurt Wolff. Leipzig 1909, 2 Bde. [1816–1822]; Dies.: Tagebuch einer Einsamen [1823–1826], hrsg. und eingeleitet v. H[einrich] H[ubert] Houben. Leipzig 1921; Geiger [Anm. 8]; Aus Ottilie von Goethes Nachlaß. Briefe von ihr und an sie 1806-1822. Nach den Handschriften des Goethe- und Schiller-Archivs hrsg. v. Wolfgang von Oettingen. Weimar 1912; Werner Deetjen: Johanna und Adele Schopenhauer in ihren Beziehungen zum Weimarer Hof. Ungedruckte Briefe [an Karl Friedrich Großherzog von Sachsen-Weimar]. – In: Ostdeutsche Monatshefte 10, 1929, H. 1, S. 30–40; Müller [Anm. 15].
[44] Silhouettenbuch der Adele Schopenhauer. Als Faksimile hrsg. v. Hans Timotheus Kroeber. Weimar 1913. – Ein weiteres Stammbuchblatt vgl. Wolfgang Gresky: Johanna und Adele Schopenhauer. Zwei Stammbuchblätter aus dem Jahre 1829. – In: Schopenhauer-Jahrbuch 68, 1987, S. 7–11.
[45] Houben [Anm. 3], S. 270; Schopenhauer [Anm. 23], S. XVIII.
[46] Anna Brandes: Adele Schopenhauer in den geistigen Beziehungen zu ihrer Zeit. Diss.-Teildruck. Frankfurt a.M. 1930.
[47] Vgl. Henriette von Pogwisch: Weimar im Jahr 1832. Briefe an Adele Schopenhauer, Tagebücher und Briefe von und an Ottilie von Goethe. Sonderband, hrsg. v. Heinz Bluhm. Wien 1964; Ottilie von Goethe: Erlebnisse und Geständnisse 1832-1857, hrsg. v. Heinrich Hubert Houben. Leipzig 1923.
[48] Die Schopenhauers [Anm. 11], Taschenbuchausgabe. München 1998; ital. Übersetzung: La famiglia Schopenhauer. Carteggio tra Adele, Arthur, Heinrich Floris e Johanna Schopenhauer, a cura di Ludger Lütkehaus; traduzione di Ingrid Harbeck. Palermo 1995. – Einzelne Briefe Adele Schopenhauers an Arthur vorher im Schopenhauer-Jahrbuch 58, 1977, S. 133–186 und 59, 1978, S. 110–165. Außerdem gedruckt: Angelika Hübscher/Monika Radecki: Drei Briefe Adele Schopenhauers aus den Jahren 1819/20 an Louise von Werthern. – In: Schopenhauer-Jahrbuch 72, 1991, S. 7–16.
[49] Ebd., S. 25.
[50] Ihre Briefe in: Droste-Hülshoff [Anm. 36], Bd. 11 und 12.
[51] Adele Schopenhauer: Haus-, Wald- und Feldmärchen, hrsg. v. Karl Wolfgang Becker. Hanau 1987; Dies.: Tagebuch einer Einsamen [Anm. 23]; davon erschien eine französische Übersetzung: Journal d'une solitaire, édition établie par H. H. Houben; choix de lettres par Rahel E. Feilchenfeldt-Steiner; préface de Roland Jaccard. Paris 1989.
[52] Brinker-Gabler, S. 274f.
[53] Kaufmann [Anm. 2], S. 300.
[54] Einen Anfang macht Christian Bracht: Kat. Nr. Lavater 17. – In: Wiederholte Spiegelungen [Anm. 21], S. 153.
[55] Vgl. Heike Spies: Schopenhauers in Weimar. Düsseldorf 1997; Zwischen Ideal und Wirklichkeit [Anm. 2], S. 155 (Zeichnungen zu Titelblättern), S. 181 (gezeichnete Initialen), S. 300. – Im Goethe-Nationalmuseum Weimar befindet sich ein Riechfläschchen mit einer Miniaturmalerei von Adele Schopenhauer, einer Ansicht von Goethes Gartenhäuschen (um 1830), ferner einzelne Blätter u. a. im Städtischen Museum Erfurt.
[56] Houben [Anm. 3], S. 484; Wiederabdruck in: Schopenhauer [Anm. 23], S. XLVI.

Therese Albertine Luise von Jakob (1797–1870)

Talvj und die serbischen Volkslieder

MARTHA KAARSBERG WALLACH, NEW BRITAIN/CONNECTICUT

Therese Albertine Luise von Jakob, verheiratete Robinson, die ihre Werke unter dem Künstlernamen Talvj veröffentlichte, wurde, wie Heine, im Jahre 1797 geboren. Ebenso wie er erlebte sie die napoleonischen Kriege als Kind, und ihre Weltsicht wurde von langen Auslandsaufenthalten geprägt. Rußland und die Vereinigten Staaten von Amerika waren die Länder, in denen Talvj lange Jahre lebte und die ihre Werke nachhaltig beeinflußten. Sie fing schon als Kind an, Gedichte zu verfassen, Erzählungen und Literaturkritiken zu veröffentlichen. Ihre wichtigste Leistung als Literaturkritikerin ist der gut dokumentierte Beweis für die Fälschung der Ossian-Lieder. Mit ihrer Erfahrung in der Volksliedforschung konnte sie zeigen, daß die Lieder nicht von dem alt-schottischen Sänger Ossian stammten, sondern von ihrem angeblichen Entdecker, dem schottischen Schriftsteller James McPherson.[1] Unter ihren Prosawerken sind ihre späten Romane, die während ihres USA-Aufenthaltes in deutschen und englischen Fassungen bei bekannten Verlagen erschienen, am bemerkenswertesten.[2] Talvjs wichtigster Beitrag zum intellektuellen Leben ihrer Zeit war ihr Verständnis kultureller Unterschiede, dem sie in ihren Romanen, Volksliedsammlungen und Aufsätzen über Volkslieder Ausdruck gab.[3] Sie untersuchte die Lieder von Völkern, die wenig oder gar keinen Kontakt mit westlichen industrialisierten Ländern hatten, wie die alter teutonischer, skandinavischer und schottischer Stämme, aber auch die Lieder solcher Völker, die zwangsweise einen solchen Kontakt mit dem modernen Europa erleiden mußten: die Tscherkessen im Kaukasus, die Zigeuner und die schwarzen Sklaven und Indianer in Nordamerika.

Ihr früher Ruhm beruht auf einer dem deutschen Versmaß angepaßten Übersetzung serbischer Volkslieder (1825–1826), ein Projekt, das ihr Goethe vorschlug.[4] Da sie Latein, Russisch und Englisch konnte, nahm er an, daß sie leicht Serbisch lernen könne, um diese erst kurz zuvor gesammelten Lieder, die damals die Dichter Europas begeisterten, zu übersetzen. Es ist das einzige ihrer Werke, das im 20. Jahrhundert neu aufgelegt wurde und ihre Übersetzungsleistung war eines der Hauptthemen des Jenenser Symposions anläßlich ihres 200. Geburtstages.[5]

Als Tochter des bekannten Professors der Staatswirtschaft an der Universität Halle Ludwig Heinrich Jakob (1759–1827) und seiner Frau Auguste geb. Dreißig erhielt Talvj als Kind vielerlei Anregung und wurde von den Kollegen und Studenten ihres Vaters wegen ihrer hohen Intelligenz „das kleine Orakel“ genannt. Sie verbrachte eine glückliche frühe Kindheit, umgeben von einer liebevollen Familie, zu der zwei Schwestern und ein Bruder gehörten. 1806 folgte Professor Jakob einem Ruf nach

Charkow im südwestlichen Rußland, um den Auswirkungen der napoleonischen Zeit in Deutschland zu entgehen. Eine sechswöchige Wagenfahrt brachte die Familie an die neue Universität, wo sie ein recht einsames Leben erwartete. Weder die Kollegen an der Universität noch die auf den benachbarten Gütern ansässigen Adelsfamilien wurden von den Eltern als passender Umgang für die Töchter empfunden. Der Unterricht war sporadisch und das Russischlernen ging zuerst nur langsam voran. Als Talvj jedoch auf den Pferdemärkten von Charkow russische Volkslieder hörte, entwickelte sie Interesse für die russische Sprache. Sie beschäftigte sich auch mit so ernsten Dingen wie dem Lesen und Abschreiben von Büchern aus der Universitätsbibliothek.

1809 zog die Familie nach St. Petersburg, wo Professor Jakob ein Regierungsberater für staatliche Reformen wurde. Hier hörte der Unterricht der Töchter, „von den Umständen veranlasst", wie sie später erklärt, ganz auf.[6] Die finanzielle Lage der Familie mag etwas damit zu tun gehabt haben, denn Jakobs mußten ihre Ersparnisse in Anspruch nehmen, um ihre Auslagen zu decken. Professor Jakobs Verdienste wurden von Zar Alexander I. nicht mit einem großen Gehalt, sondern mit einem aristokratischen Titel belohnt (die Familie nannte sich von nun an „von Jakob"). In St. Petersburg, wo viele Deutsche und Westeuropäer lebten, nahm Talvj an einem regen gesellschaftlichen Leben teil, führte aber auch hier ihre privaten Studien und literarischen Versuche fort. Sie schrieb Gedichte, die sie niemandem zeigte, und viele Briefe an eine imaginäre Freundin. Sie las Romane, Reiseberichte, Memoiren und Geschichtsbücher. Napoleons Rußlandfeldzug brachte den Krieg in ihre Nähe und bewegte sie sehr. Freudig brachte sie Opfer, um deutschen Gefangenen zu helfen. Ihre Gedichte aus dieser Zeit geben ihrer Sehnsucht nach Frieden und Rückkehr der Familie nach Deutschland Ausdruck.

Als Talvj aber 1816 in das von ihr idealisierte Deutschland zurückkehrte, wurde sie von der Wirklichkeit enttäuscht und lernte erst jetzt die Vorzüge Rußlands zu schätzen. In Halle fehlte ihr die inzwischen in Rußland vertraut gewordene Geselligkeit. Auch klagte sie in Briefen nach St. Petersburg über das niedrige Bildungsniveau und die mangelnden geistigen Interessen der deutschen Frauen, „die viel zu viel mit der Wirthschaft zu tun [haben], als daß sie viel für ihre geistige Ausbildung tun könnten".[7]

Talvj hatte dagegen keinerlei häuslichen Verpflichtungen, wurde von ihrem Vater zu intellektuellen Gesellschaften mitgenommen und angeregt, ihre Erzählungen zu veröffentlichen. Franz Grillparzer berichtet von einer sehr interessanten Unterhaltung mit ihr im Hause Goethes.[8] Talvj verfasste um diese Zeit auch einige erst später veröffentlichte Erzählungen, übersetzte Romane von Walter Scott und schrieb Rezensionen für literarische Blätter.[9]

1823 starb eine Schwester, die ihr sehr nahe stand. Um ihre Trauer zu überwinden, suchte die Autorin ein Projekt, das „Anstrengung erforderte". Sie beschloß, Serbisch zu lernen, weil sie die gerade von Jakob Grimm rezensierte serbische Volksliedsammlung ins Deutsche übersetzen wollte. Über ihre Motivation sagte sie rückblikkend: „An Druck dachte ich übrigens noch nicht. Ich wollte mich nur beschäftigen und Goethe erfreuen, von dem ich alle mögliche Aufmunterung erfuhr."[10] Das Manuskript wurde von serbischen Freunden „gereinigt und verbessert", und der erste

Teil erschien 1825 mit einer Widmung an Goethe, dem sie für seine Anteilnahme sehr dankbar war. Ein Jahr später erschien der zweite Teil der Lieder, der ebenfalls positiv aufgenommen wurde.

Während sie noch mit ihrer großen Übersetzungsarbeit beschäftigt war, brachte sie 1825 drei 1820 verfaßte Erzählungen in Taschenbuchformat heraus, denen 1829 ein zweites Taschenbuch folgte.[11] Sie beschäftigt sich in diesen Erzählungen mit der Rolle der Frau in der Gesellschaft und mit der schwerwiegenden Entscheidung junger Frauen zu heiraten. Dies war eine Entscheidung, die sie selber erst mit 31 Jahren traf, als sie den in Halle orientalische Sprachen studierenden Theologen Edward Robinson aus den USA heiratete. Obwohl sie damals schon eine bekannte Autorin war, glaubte sie, die Ehe würde ihrer literarischen Karriere ein Ende bereiten, auch wenn ihr Mann „zu den wenigen Männern [gehört], die das lebhafte Interesse für Kunst und Wissenschaft auch von Frauen sehr zu schätzen wissen und [...] mich zu literarischen Arbeiten eher aufmuntern, als von ihnen abhalten [würde].“[12]

In Andover, Massachusetts, wo ihr Mann am Theological Seminary lehrte, lernte Talvj indianische Sprachen und übersetzte sogar eine einschlägige Studie ins Deutsche. Sie veröffentlichte auch einen Artikel über slawische Sprachen im „Biblical Repository“, einer theologischen Zeitschrift, die ihr Mann herausgab. 1833 zogen die Robinsons nach Boston, wo Talvj zum ersten Mal eine deutsche Frau in Amerika kennenlernte, die Frau von Karl Follen, einem Professor der Germanistik an der Harvard Universität. Durch ihn wurde Talvj in ihrem Versuch bestärkt, ein amerikanisches Publikum für die deutsche Volkspoesie zu gewinnen. Artikel über Volksliteratur für die „North American Review“ folgten.

Robinsons Ruf an das Union Theological Seminary im Jahre 1837 bedeutete einen Umzug nach New York und einen zweijährigen Aufenthalt für Talvj in Europa. Denn während ihr Mann Forschungen in Palästina und Ägypten zu betreiben hatte, konnte sie sich in Hamburg, Leipzig und Dresden mit literarischen Projekten befassen. Hier wurde der „Versuch einer Charakteristik der Volklieder germanischer Nationen“ vervollständigt und veröffentlicht; ebenso „Die Unechtheit der Lieder Ossians“.[13]

In New York wurde ihr Salon, von ihrem ungeselligen Mann bloß geduldet, von prominenten amerikanischen und europäischen Intellektuellen besucht. Der Dichter Washington Irving, der Historiker Friedrich von Raumer und die Feministin Margaret Fuller, damals Literaturkritikerin an der „New-York Tribune“, gehörten zu ihren Gästen. Washington Irving soll Talvj zu einer Wiederaufnahme ihrer Dichtung inspiriert haben; und Raumer hat Talvj beeinflusst, sich der amerikanischen Geschichtsschreibung zu widmen. Ihre Arbeit über die ersten Ansiedlungen in den Vereinigten Staaten wurde 1845 veröffentlicht.[14] Die Geschichte der Kolonisation von Neu England erschien zwei Jahre später.[15]

Robinsons nächste Palästinen-Reise 1851–1852 bot Talvj wieder einen Anlaß, Deutschland zu besuchen. Ihr Aufenthalt in Berlin wurde dem königlichen Polizei-Fremdenbureau Berlin als gefährlich gemeldet, da sie in New York angeblich „sehr intim mit den meisten Flüchtlingen war [...] Sie hat Empfehlungen von ihnen an ihre Freunde in Deutschland und ist in Dresden mit einigen Demokraten umgegangen“, lautete der Polizeibericht.[16] Talvj wurde während ihres ganzen Berlin-Aufenthalts von der Polizei beobachtet, die ihr aber nichts nachweisen konnte. Der Winter in Berlin war für sie sehr anregend; sie verkehrte mit Alexander von Humboldt, den Gebrüdern Grimm, Friedrich von Raumer und Karl August Varnhagen von Ense. Nach ihrer Rückkehr beschäftigte sie sich mit deutschen Übersetzungen von Robinsons Arbeiten, bereitete eine neue Ausgabe der serbischen Volkslieder vor und schrieb für amerikanische Zeitschriften, wie z. B. „Putnam's Magazine, North American Review and Atlantic Monthly“. Sie veröffentlichte Artikel über französische Poesie, den Haushalt Karls des Großen, russische Leibeigenschaft und Dr. Faustus.[17] In „Westermanns Monatsheften“ von 1857 erschien der Aufsatz über „Anna Luise Karschin,“ und das „Historische Taschenbuch“ brachte 1861 den Aufsatz „Über Deutschlands Schriftstellerinnen bis vor hundert Jahren.“[18]

1863 starb Edward Robinson und hinterließ ein Werk über „Die Physische Gestalt des heiligen Landes“, das Talvj trotz eines Augenleidens nicht nur in englischer Sprache herausgab, sondern auch ins Deutsche übersetzte.[19] Im folgenden Jahr nahm ihr Sohn seinen Abschied vom Militär und wurde amerikanischer Konsul in Straßburg, um auf diese Weise seine Mutter nach Europa begleiten zu können. Nach Besuchen in Berlin und Italien kehrte Talvj während eines Winters in Karlsruhe zu ihren schriftstellerischen Arbeiten zurück und verfaßte ihren letzten Roman, „Fünfzehn Jahre“, und im folgenden Sommer ihre letzte Erzählung, „Ein Bild aus seiner Zeit.“[20] Kurz vor ihrem Tode etablierte sie noch einen neuen Haushalt in Hamburg, wohin ihr Sohn versetzt worden war. Sie starb dort am 13. April 1870 und wurde in New York neben Edward Robinson beigesetzt. In einem Nachruf der Zeitung des Allgemeinen deutschen Frauenvereins, „Neue Bahnen“, wird von Talvj gesagt: „Wir aber konnten mit Stolz und Freude unsern Leserinnen von einer so trefflichen Frau erzählen, die bis in ihr 74. Jahr dastand in voller geistiger Kraft, die allen speciell weiblichen Pflichten gerecht ward und daneben auf poetischem und gelehrtem Gebiet eine rastlos thätige Feder führte, die vielfach für eine männliche gehalten, es mindestens mit mancher männlichen aufnahm, in dem, was sie der Oeffentlichkeit bot.“[21]

*

Als Talvj eine neue Auflage der Volkslieder der Serben im Jahre 1853 vorbereitete, fügte sie eine Geschichte „des untergegangenen serbischen Reiches als Einleitung“ bei, in der sie die Frage stellt, wie ein Volk, das einst so mächtig war und solche Lieder mit „Zügen von Thatkraft und Heldentum“ sein eigen nennt, „aus der Geschichte verschwinden konnte, daß es nur noch in Colonisten und in den Bewohnern einiger dunkeln türkischen Provinzen fortlebt.“[22] Sie erklärt diesen Untergang mit der Lage Serbiens zwischen mächtigeren Ländern, mit einem Aufstieg „zu unnatürlicher Höhe“ und mit einem „Verderben [das] aus seinem Innern herausbricht.“[23] Immer wieder beklagt sie den Umstand, daß die Christen der Balkanländer sich nicht gegen die Türken verbündeten und in Konflikten mit ihren Landsleuten oder christlichen Nachbarländern sogar den Beistand der Türken suchten. Mitglieder des serbischen Adels wurden türkische Vasallen und trugen so zu ihrem eigenen Untergang bei. Talvj zeigt Mitgefühl mit dem Schicksal der Serben und bedauert den Untergang des serbischen Reiches.

Viele der von Talvj übersetzten Lieder besingen die Schlacht von Kosovo (Amselfeld) zwischen einem türkischen und einem christlichen Heer unter der Führung Serbiens im Jahre 1389. Trotz der Wichtigkeit dieser Schlacht für die Geschichte Serbiens sind wenige Einzelheiten darüber bekannt.[24] Mit Gewißheit wissen wir nur, wann die Schlacht stattfand, und daß der türkische Sultan Murad I. (1359–1389) und der serbische Zar Lasar (1329–1389) dabei umkamen. Aber von vielen Volksliedern gespeist, entstand ein Kosovo-Mythos, der den Serben half, die Niederlage in der Schlacht und den Untergang ihres Reiches zu überwinden. Ein wichtiger Bestandteil des Mythos ist die Wahl, die Zar Lasar getroffen haben soll, als ein Bote des Propheten Elias ihn vor der Schlacht fragt, ob er das himmlische oder das irdische Königreich vorziehe. Wähle er das irdische Königreich, werde er die Schlacht gegen die Türken gewinnen; wähle er aber das himmlische, werde er sie verlieren und sein ganzes Heer werde in der Schlacht fallen. Er wählt das himmlische Reich. Branimir Anzulović sieht in dieser Legende nicht nur das Bemühen, aus einer verlorenen Schlacht einen moralischen Sieg zu machen, sondern auch durch eine Erweiterung der Legende auf das ganze serbische Volk eine Nation darzustellen, die anderen moralisch überlegen sei.[25]

In ihrer Einführung beschreibt Talvj die zur Kosovo-Schlacht führenden Umstände und Vorbereitungen. Sie betont den Erfolg, den die Gesandten des serbischen Zaren hatten, die christlichen Nachbarländer zu ihren Verbündeten gegen die Türken zu machen. Sie stellt die Vermutung auf, daß die „Freiheit Serbiens vielleicht noch zu retten gewesen“ wäre, wenn nicht ein Streit zwischen den Töchtern des Zaren zu einem Konflikt der Schwiegersöhne und zum Verrat der serbischen Sache während der Schlacht geführt hätte.[26] Dieser Verrat gilt seit dem späten 19. Jahrhundert als erfunden und wird auch als eine Möglichkeit gesehen, den serbischen Zaren mit Christus zu vergleichen und so eine zusätzliche Erklärung für den türkischen Sieg zu finden.[27]

Das folgende Volkslied ist eines von vielen, die die Schlacht besingen; es soll hier als Beispiel dienen, weil es die wesentlichen Elemente des Kosovo-Mythos enthält: die Vorausahnung der Niederlage und des Todes aller serbischen Krieger, den Aufopferungswillen der Helden, die Ermordung des Sultans durch Milosch, der angebliche Verrat des Wuk und die verlassene Frau, der kein Bruder mehr „zum Schwure“ bleibt.[28] Ludmila J. Gorup nennt dieses Lied das schönste der Kosovo-Lieder.[29]

Auszug und Schlacht

Saß der Zar Lasar beim Abendmahle,
Neben ihm Frau Miliza, die Zarin.
Und es sprach Frau Miliza, die Zarin:
„Zar Lasar, du Serbiens goldne Krone!

Morgen ziehst du nach dem Amselfelde,
Führest mit dir Diener und Woiwoden,
Lässest keinen mir an meinem Hofe,
Und mir bleibt kein männlich Haupt zurücke,
Daß ich einen Brief dir schicken könnte
Nach dem Schlachtfeld und zurück erwarten.
Führest ja mit dir neun liebe Brüder,
Meine Brüder, die neun Jugowitschen.
Laß mir einen einzigen der Brüder,
Einen Bruder nur zum Schwur der Schwester!"

Ihr antwortete der Fürst der Serben:
„Sage, liebe Miliza, Frau Zarin,
Welchen wünschest du von deinen Brüdern,
Daß er dir im weißen Hofe bleibe?"
„Laß mir hier den Jugowitschen Boschko!"
Und es sprach Lasar, der Fürst der Serben:
„Also sei es, Miliza, Frau Zarin!
Morgen bei des weißen Tages Anbruch,
Tages Anbruch und der Sonne Aufgang,
Wenn die Pforten sich der Feste öffnen,
Geh hinaus du vor das Tor der Feste.
Dort nun zieht das Heer in Reih und Glied hin,
All zu Rosse und mit Kampfeslanzen.
Vor ihm her der Jugowitsche Boschko,
Der die Kreuzesfahne ihm vorausträgt.
Ihm vermelde meinen Gruß und Segen,
Mag er, wem er will, die Fahne geben
Und bei dir an deinem Hofe bleiben."

Als am Morgen nun der Morgen anbrach
Und sich öffnete der Feste Pforten,
Ging Frau Miliza hinaus, die Zarin,
Und blieb stehen an dem Tor der Feste.
Sieh, da zog das Heer in Reih und Glied hin,
All zu Rosse und mit Kampfeslanzen;
Vor ihm her der Jugowitsche Boschko.
Ganz von echtem Golde glänzt sein Rotroß,
Aber bis zum goldgelbroten Rosse
Hängt und decktet ihn die Kreuzesfahne.
Auf der Fahne ragt ein goldner Apfel,
Goldne Kreuze aber aus dem Apfel,
Von den goldnen Kreuzen hängen Quasten,
Hängen tief und schlagen Boschkos Schultern.
Näher trat Frau Miliza, die Zarin,
Faßte das goldgelbe Roß am Zügel,
Schlang die Arme um den Hals des Bruders,

Und ins Ohr ihm sprach sie also leise:
„Lieber Bruder, Jugowitsche Boschko!
Dich geschenket hat der Zar der Schwester;
Sollst nicht ziehen nach dem Amselfelde,
Seinen Segen läßt er dir entbieten,
Geben sollst du, wem du willst, die Fahne
Und bei mir in Kruschewaz hier bleiben,
Daß zum Schwure mir ein Bruder bleibe.“

Ihr entgegnete der Jugowitsche:
„Gehe, Schwester, nach dem weißen Turme,
Aber ich geh nicht mit dir zurücke,
Noch die Fahne geb ich aus den Händen,
Wenn ganz Kruschewaz der Zar mir böte!
Daß das Heer mit Fingern auf mich wiese:
‚Seht die Memme, seht den feigen Boschko!
Der sich nach dem Amselfeld nicht waget,
Für das Kreuz nicht will sein Blut vergießen,
Für den heilgen Glauben nicht will sterben!‘“

Und so sprechend, sprengt’ er aus dem Tore.
Sieh, da kommt der greise Jug Bogdane,
Ihm zur Seite sieben Jugowitschen.
Alle sieben ruft sie nach der Reihe,
Doch kein einzger will die Zarin sehen.
Und ein Weilchen steht sie so noch harrend,
Sieh, da kommt der Jugowitsche Wojno,
Der des Zaren prächtge Rosse führet,
Ganz bedeckt sind sie mit trocknem Golde.
Und sie faßt das Grauroß, das er reitet,
Schlingt die Arme um den Hals des Bruders
Und beginnet so zu ihm zu reden:
„Lieber Bruder, Jugowitsche Wojno!
Dich geschenket hat der Zar der Schwester,
Seinen Segen läßt er dir entbieten,
Wem du willst, sollst du die Rosse geben,
Sollst bei mir in Kruschewaz hier bleiben,
Daß zum Schwure mir ein Bruder bleibe.“

Ihr entgegnete der Jugowitsche:
„Gehe, Schwester, nach dem weißen Turme,
Doch zurücke kehrt kein wackrer Krieger
Und verläßt des Zaren Rosse nimmer,
Wüßt er auch, daß in der Schlacht er fiele.
Laß mich, Schwester, auf dem Amselfelde
Für das heilge Kreuz mein Blut verspritzen,
Mit den Brüdern für den Glauben sterben.“

Dieses sprechend, sprengt' er aus dem Tore.
Als Frau Miliza dies sah, die Zarin,
Auf dem kalten Steine sank sie nieder,
Sank sie nieder und in tiefe Ohnmacht.
Sieh, da kam der Zar Lasar geritten.
Als der Frau Miliza so erblickte,
Rannen Tränen über seine Wangen,
Von der Rechten schaut' er nach der Linken,
Und Goluban rief er, seinen Diener:
„Hör, Goluban, du mein treuer Diener!
Steig hinunter von dem Schwanenrosse,
Nimm die Herrin bei den weißen Armen,
Trag zurück sie nach dem schlanken Turme.
Ich erlaub es dir, zurückzubleiben,
Folg uns nicht, Goluban, auf das Schlachtfeld,
Sondern bleibe du im weißen Hofe."

Als Goluban dies, der Diener, hörte,
Flossen Tränen über seine Wangen.
Doch herab stieg er vom Schwanenrosse,
Nahm die Herrin bei den weißen Armen,
Trug zurück sie nach dem schlanken Turme.
Doch dem Herzen kann er's nicht verwehren,
Daß er nach dem Amselfeld nicht reite.
Und er sucht sein Schwanenroß von neuem,
Sitzet auf, zum Amselfeld es lenkend.

Als am Morgen nun der Morgen anbrach,
Sieh, da flogen her zwei schwarze Raben
Weit daher vom breiten Amselfelde.
Ließen auf dem weißen Turm sich nieder,
Auf dem Turme des erlauchten Fürsten,
Einer krächzend und der andre sprechend:
„Ist der Turm dies des ruhmvollen Fürsten?
Und ist niemand drinnen in dem Turme?"
Aus dem Turme tönte keine Stimme,
Aber drinnen hörte sie die Zarin,
Trat heraus drauf aus dem weißen Turme,
Also die zwei schwarzen Raben fragend:

„Grüß euch Gott, ihr beiden schwarzen Raben!
Sagt, wo kommt ihr her so früh am Morgen?
Wart ihr etwa auf dem Amselfelde?
Saht ihr dorten wohl zwei mächtge Heere?
Schlugen sich die beiden mächtgen Heere?
Aber welches, sprecht, ist Sieger blieben?"
Ihr entgegneten die beiden Raben:
„Schönen Dank, Frau Miliza, die Zarin!

Kommen von dem Amselfeld so frühe,
Haben dort gesehn zwei mächtge Heere,
Welche gestern eine Schlacht geschlagen,
Wo die Fürsten beider Heere blieben.
Von den Türken blieben wen'ge übrig.
Aber was von Serben blieb am Leben,
Alles ist verwundet und verblutet!"

Während das die Raben also sprachen,
Sieh, da nahet Milutin, der Diener.
In der linken Hand trägt er die rechte,
Seinen Leib bedecken siebzehn Wunden,
Und sein gutes Roß schwimmt ganz im Blute.
Ihm entgegen rufet die Frau Zarin:
„Ach, was ist das, Milutin, du Armer!
Hat Verrat etwa den Zar vernichtet?"

Ihr erwidert Milutin, der Diener:
„Hilf mir, Herrin, von dem Heldenrosse,
Wasche mir die Stirn mit kaltem Wasser
Und besprenge mich mit rotem Weine!
Schwere Wunden rauben alle Kraft mir!"
Und die Herrin half ihm von dem Rosse,
Wusch die Stirne ihm mit kaltem Wasser,
Und erquickt' ihn dann mit rotem Weine.
Aber als er sich gestärkt ein wenig,
Fragt Frau Miliza dann ihren Diener:

„Sprich, wie war es auf dem Amselfelde?
Wie ist der ruhmvolle Fürst gefallen?
Sage, wie der greise Jug, mein Vater?
Und wie fielen die neun Jugowitschen?
Und wie fiel Herr Milosch, der Woiwode?
Aber wie Herr Wuk, mein andrer Eidam?
Und wie fiel des Banes Sohn, Strainja?"

Drauf beginnt der Diener zu erzählen:
Alle blieben, Herrin, auf dem Schlachtfeld.
Wo der hochberühmte Fürst gefallen,
Liegt gar mancher Kampfspeer, ganz zertrümmert,
Ganz zersplittert, türkische und serbsche.
Aber Serbenspeere sind die meisten.
All zum Schutz des Fürsten abgesendet,
Unsres Herrn, des hochberühmten Zaren.
Aber Jug – schon in den Vorgefechten
Fiel er, Frau, im Anbeginn des Kampfes.
Und es fielen acht der Jugowitschen.
Nicht verlassen wollten sich die Brüder,
Bis sich immer einer regen konnte.

Noch war Boschko da, der Jugowitsche,
Auf dem Schlachtfeld wogte seine Fahne,
Scharenweise jagt' er noch die Türken,
Wie der Falk die Tauben vor sich hertreibt.
Wo das Blut hoch wogte bis zum Kniee,
Dorten sank des Banes Sohn, Strainja.
Milosch aber, Herrin, ist gefallen
An dem kalten Wasser der Sitniza,
Wo erschlagen viele Türken liegen.
Milosch tötete den Sultan Murat
Und mit eigner Hand zwölftausend Türken.
Segn ihn Gott dafür und all die Seinen!
Leben wird er in der Serben Herzen,
Leben stets in Sage und Erzählung,
Bis die Welt und Amselfeld vernichtet.
Aber fragst du mich nach Wuk, dem Buben?
Treffe Fluch ihn und die Seinen alle!
Fluch, Fluch ihm samt seinem ganzen Stamme!
Er, er war es der den Zar verraten,
Über ging er mit zwölftausend Kriegern,
Mit zwölftausend bösgesinnten Reitern." [30]

Der Kosovo-Mythos nimmt eine zentrale Stelle in den serbischen Heldenliedern ein, doch der beliebteste Held der Volkslieder ist Marko Kraljewitsch (Königssohn) (um 1335–1395). Talvj charakterisiert ihn folgendermaßen: „Gigantische Körperstärke, kecke Unerschrockenheit, rasch auflodernde Lust an der Gefahr, machen ihn noch geeigneter, der Held von Abenteuern als von Schlachten zu sein. Denn wenn hier Besonnenheit, Scharfblick und weise Benutzung der Gelegenheit besonders viel gilt, so ist dort persönliche Kraft und Kühnheit Alles. Daher er auch in tausend Volkssagen fortlebt, während die Geschichte seiner wenig, ja eigentlich nur als eines aus seinem Erbe Vertriebenenen, zu widerwilligen Schritten Gezwungenen gedenkt."[31] Sie erklärt seine Zusammenarbeit mit den Türken mit der Tatsache, dass er „von den eigenen Landsleuten verdrängt" sich „dem Feind in die Arme warf." Und sie setzt hinzu: „Den Sagen nach ist er zu diesem Schritt durch einen Fluch des eigenen Vaters gezwungen, und er dient nur mit empörtem Herzen den Ungläubigen. Bei den Türken steht er in großem Ansehen, und der Sultan selbst zittert vor seinem Zorn, welcher ihn in einen Zustand setzt, der ganz der Berserkerwuth der Skandinavier gleicht."[32]

Das folgende Gedicht zeigt uns seinen Umgang mit den Türken, seine Berserkerwut und die Angst des Sultans vor ihm:

Marko und die Türken

Auf die Jagd zieht jagend Wesir Murat,
Auf die Jagd ins grüne Waldgebirge.
Mit ihm ziehn zwölf Krieger, Türkenhelden,
Aber außerdem der edle Marko.
Jagend ziehen sie drei weiße Tage
Waldumher und können nichts erjagen.
Aber sieh, da führet sie der Zufall
Plötzlich hin an einen grünen Waldsee,
Worauf goldbeschwingte Enten schwimmen.

Los läßt der Wesir jetzt seinen Falken,
Daß er eine fange von den Enten.
Aber die entzieht sich schnell dem Blicke,
Himmelan hebt sie sich zu den Wolken.
Da begann der Königssohn, Herr Marko:
„Wär es mir vergönnt, o Wesir Murat,
Meinen Falken auf sie loszulassen,
Daß die goldbeschwingte Ent' er fange?"
Aber ihm entgegnete der Türke:
„Wohl ist dir's vergönnt. Warum doch wär's nicht?"
Und des Königsohnes Marko Falke,
Himmelan schwingt er sich zu den Wolken,
Fliegt und fängt die goldbeschwingte Ente.
Aber mit ihr fällt aufs Gras er nieder.
Als dies des Wesiren Falke siehet:
Schwer fällt ihm es und ganz unerträglich,
Denn er hat sich's böse angewöhnet,
Andrer Beute selbst sich anzueignen.
Los fährt er auf Markos wackern Falken,
Die erjagte Ent ihm zu entreißen.
Doch des Königsohnes Marko Falke,
Starren Sinnes wie sein Herr, ein Trotzkopf,
Gibt nicht her die goldbeschwingte Ente.
Hart empfängt er des Wesiren Falken
Und zerrupft ihm wild die grauen Federn.

Aber als dies der Wesir erblickte,
Weh tat ihm es, und der Zorn ergriff ihn
Schnell des Königssohnes Falken nahm er,
Schlug ihn gegen eine grüne Tanne
Und zerschmettert ihm den rechten Flügel.
Schmerzlich stöhnte Markos wackrer Falke,
Wie aus einer Felskluft zischt die Schlange.
Marko aber griff nach seinem Falken,
Und den wunden Flügel ihm verbindend,
Spricht die Wort er mit ergrimmter Stimme:

„Wehe mir und wehe dir, mein Falke!
Ohne Serben jagend, mit den Türken
Jagend und ungleiches Recht erduldend!"
Drauf erhoben schnell sich die Begleiter,
Ritten fort und ließen Marko einsam.
Marko aber, den Verband vollendend,
Bleibt und weilt im grünen Waldgebirge.
Wie er nun den Falken wohl verbunden,
Springt er schnell dem Scharaz auf die Schultern,
Spornt das Roß, das über Berges Rücken
Wie des Waldgebirges Wila hineilt.
Schnell enteilt es, leget weit zurücke.
Jetzt nun, an des schwarzen Waldes Ende,
Sieht er auf dem Felde den Wesiren,
Ihm zur Seite die zwölf Türkenkrieger.
Murat aber, als zurück er schauet
Und den Helden Marko sieht von ferne,
Spricht er also zu den zwölf Begleitern:

„Meine Kinder, ihr zwölf Türkenhelden!
Seht ihr dort wohl jene Nebelmasse,
Wie sie sich vom schwarzen Berge herwälzt?
In der Nebelwolke ist der Marko!
Seht doch, wie das Ross zur Wut er spornet!
Weiß es Gott, das nimmt nicht guten Ausgang!"
Jetzt erreicht vom Königssohne Marko,
Reißt den Säbel dieser von der Hüfte,
Treibet den Wesir und seine Krieger
Vor sich her, weit über das Gefilde,
Wie ein Sperlingsheer der grimme Geier.
Bald jedoch, die Flüchtigen ereilend,
Haut er dem Wesir den blonden Kopf ab.
Aber aus den Jünglingen, den zwölfen,
Macht sein Säbel vierundzwanzig halbe.
Sinnend steht drauf Marko, überleget,
Ob zum Sultan nach Jedren er gehe
Oder ob nach seinem Hof zu Prilip.
Alles überlegt er, endlich spricht er:
„Besser ist's, ich gehe selbst zum Sultan,
Daß von mir, was ich getan, er höre,
Als daß mich die Türken dort verklagen."

Als Held Marko nun Jedren erreichte
Und im Diwan vor den Sultan hintritt,
Blickten wildverworren seine Augen
Wie der Wolf, der hungrig waldumher schweift.
Schaut' er auf, so war's, als ob es blitzte!

Da befragt' ihn sorglich der Herr Sultan:
„Sag, mein Söhnchen, o Kraljewitsch Marko,
Was doch hat dich gegen mich erzürnet?
Was ist dir Unselges widerfahren?"
Alles drauf berichtete ihm Marko,
Was mit Murat, dem Wesir, geschehen.
Lachte da aus vollem Hals der Sultan,
Flüsternd sprach er zu dem Königssohne:
„Mögst du dafür leben, Söhnchen Marko!
Hättest du dich also nicht betragen,
Möcht ich meinen Sohn dich nicht mehr nennen.
Jedes Türklein kann Wesir ja werden.
Doch wie Marko lebt kein andrer Held mehr!"

Und in seine Tasche greifend,
Zieht er tausend Goldstück aus der Tasche,
Reichet sie dem Königssohne Marko.
„Nimm dies Geld, mein Sohn, von deinem Herren,
Trinke auf mein Wohlsein, tapfrer Marko!"

Marko nahm den Beutel Goldes schweigend
Und verliess den Diwan auf der Stelle.
Denn der Sultan gab das Geld mitnichten,
Daß er sich am goldnen Wein erquicke,
Sondern daß er schleunigst sich entferne,
Denn in schlimmer Zorneswut war Marko.[33]

Es ist natürlich verständlich, daß solche Lieder in einem von Eroberern besetzten Land beliebt waren. Die Serben konnten sich mit Marko identifizieren und sich vorstellen, daß sie sich auch leisten könnten, ungestraft Türken zu erschlagen, weil diese einen Falken mißhandelt hatten. In einem positiven Licht wird der Marko der Heldenlieder auch heute noch von einigen serbischen Forschern gesehen. So ist er zum Beispiel für Svetozar Koljević ein Held, der den serbischen Opfern des türkischen Terrors wenigstens etwas Gerechtigkeit zukommen läßt.[34] Jovan Deretić charakterisiert Marko als einen Individualisten und Beschützer von Menschen in Not.[35] Anders der in USA ansässige Branimir Anzulović, für den Marko alles andere als ein „himmlischer Held" ist, sondern einer, der viele seiner „Heldentaten" nur ausführt, um seine Wut an jemandem auszulassen. Zu seinen negativen Charaktereigenschaften, meint Anzulović, gehören Hinterlist und Brutalität, die er auch gegen die Schwachen und gegen Frauen wendet – und sogar gegen Frauen, die ihm helfen oder ihn lieben. So tötet er zum Beispiel die Tochter des maurischen Königs, die ihm bei seiner Flucht geholfen hatte. In einem anderen Lied tötet er, auf sehr brutale Art und Weise, eine Frau, die sich geweigert hatte, ihn zu heiraten. Anzulović zitiert den serbischen Literaturhistoriker Svetozar Koljević, der findet, daß Marko in nur drei oder vier Liedern als edel und großzügig erscheint, Lieder in denen er mit Falken oder Adlern zu tun hat.[36]

Während Talvj die serbischen Heldenlieder aus ihrer Sicht des 19. Jahrhunderts bewundert, findet Anzulović aus der westlichen Sicht des späten 20. Jahrhunderts, daß sie mitverantwortlich sind für die moderne serbische Ideologie der Rache für die verlorene Kosovo-Schlacht von 1389, die Ideologie des Versuchs, das alte serbische Reich wiederauferstehen zu lassen und die unter ihnen lebenden Moslems als Repräsentanten der einstigen türkischen Eroberer auszurotten. Talvj übersetzte die serbischen Heldenlieder, während Serbien noch von den Türken besetzt war und die Heldenlieder noch als bewunderungswürdiger Ausdruck der Seele des serbischen Volkes galten, als Dokumente der vorchristlichen heroischen Kultur; damals galt der Kampf gegen die Türken noch als Freiheitskampf einer unterdrückten Nation. Wie andere europäische Intellektuelle bewunderte sie die Serben in diesem Kampf. Wir dürfen hier nicht unsere heutigen Werte des friedlichen multikulturellen Zusammenlebens zugrundelegen. Mit ihrer Übersetzung leistete Talvj einen Beitrag zum Verständnis der südslawischen Völker ihrer Zeit.

Anmerkungen

1 Talvj: Die Unechtheit der Lieder Ossians und des Macpherson'schen Ossians insbesondere. Leipzig 1840.

2 Talvj: Heloise; or the unrevealed Secret: A Tale. New York 1850; dies.: Heloise. Leipzig 1852.; dies.: Life's Discipline: A Tale of the Annals of Hungary. New York 1851; dies.: Die Auswanderer: Eine Erzählung. Leipzig 1852, 2 Bde.; dies.: The Exiles: A Tale. New York 1853; [Neue Ausgabe unter dem Titel]: Woodhill; or The Ways of Providence. New York 1856; Talvj: Fünfzehn Jahre: Ein Zeitgemälde aus dem vorigen Jahrhundert. Leipzig 1868, 2 Bde.; dies.: Fifteen Years: A Picture from the Last Century. Übers. von Mary A. Robinson und William C. Bryant. New York 1871.

3 So z. B.: Talvj: Versuch einer geschichtlichen Charakteristik der Volkslieder germanischer Nationen, mit einer Uebersicht der Lieder außereuropäischer Völkerschaften. Leipzig 1840; dies.: Geschichte der Colonisation von Neu-England: Von den ersten Niederlassungen daselbst im Jahr 1607 bis zur Einführung der Provinzialverfassung von Massachusetts im Jahre 1692. Nach den Quellen bearbeitet. Nebst einer Karte von Neu England im Jahre 1674. Leipzig 1847; Übersetzt von William Hazlitt als Talvi's [sic] History of the Colonization of America. London 1851, 2 Bde.; dies.: Historical View of the Languages and Literature of the Slavic Nations: With a sketch of Their Popular Poetry. New York/London 1850.

4 Talvj: Volkslieder der Serben: Metrisch übersetzt und historisch eingeleitet. Halle/Leipzig 1825–1826, 2 Bde. Beispiele aus der Sekundärliteratur: Miljan Mojasevic: Eine Leistung Goethe zuliebe. In: Goethe-Jahrbuch 93 (1976), S. 164–189; Elizabeth Pribic: Sima Milutinovic Sarajlija und Therese Albertine Luise von Jacob (Talvj). – In: Südost Forschungen 38 (1979), S. 139–151; Nicola R. Pribic: Goethe, Talvj und das südslawische Volkslied. – In: Balkan Studies 10 (1969), S. 235–144; Nicala R. Pribic: Talvj as Interpreter of South Slawic Folklore in America. Belgrade 1984.

5 Talvj. Leben und Werk: Internationales Symposion anläßlich des 200. Geburtstages von Therese Albertine Luise von Jakob (1797–1870) an der Friedrich-Schiller-Universität Jena. 12.–14. Juni 1997. – Die überarbeiteten Vorträge sind veröffentlicht in: Therese Albertine

Luise von Jakob-Robinson (1797–1870). Aus Liebe zu Goethe: Mittlerin der Balkanslawen. Weimar 2001.

6 Talvj: Gesammelte Novellen. Leipzig 1874, Bd. I, S. X.

7 Talvj an Krug. – In: SBB PK, Handschriftenabteilung, Nachl. Krug 35.

8 [Franz] Grillparzers Sämmtliche Werke in 16 Bdn. Hrsg. v. August Sauer. Stuttgart [4]1887, Bd. 15, S. 145.

9 Sir Walter Scott: Der schwarze Zwerg. Übers. von Ernst Berthold [d.h. Talvj]. Zwickau 1822; Scott: Die Presbyterianer. Übers. von Berthold [d.h. Talvj]. Zwickau 1823.

10 Talvj: [Anm. 6], S. XIV.

11 Psyche: Ein Taschenbuch für das Jahr 1825. Halle 1825; Taschenbuch zum gesellschaftlichen Vergnügen auf das Jahr 1829. Leipzig 1829.

12 Talvj an Jacob Grimm, 8. Februar 1828. – In: SBB PK, Handschriftenabteilung, Nachl. Grimm.

13 Vgl. Talvj [Anm. 1 und 3].

14 Talvj: Aus der Geschichte der ersten Ansiedlungen in den Vereinigten Staaten (Leben des Hauptmanns John Smith 1579/1631). – In: Raumer's historisches Taschenbuch. Hrsg. v. Friedrich Raumer. Leipzig 1845, S. 1–192.

15 Vgl. Talvj [Anm. 3].

16 BLHA, Pr. Br. Rep. 30, Berlin C, Tit. 94, Lit. F Nr. 114, Bl. 168 (838).

17 Early Poetry of France. – In: Putnam's Monthly Magazine 2 (Juli–Dezember 1853), S. 361–370; The Private Life and Household of Charlemagne. – In: North American Review 81, Nr. 169 (1855), S. 112–159; The German Popular Legend of Dr. Faustus. – In: Atlantic Monthly 2 (September 1858). S. 551–566.

18 Talvj: Anna Louisa Karschin: Ein Lebensbild. – In: Westermanns Monatshefte 4 (Januar 1858), S. 451–467; (September 1858), S. 563–577; Deutschlands Schriftstellerinnen bis vor Hundert Jahren. – In: Raumers historisches Taschenbuch. Hrsg. v. Friedrich Raumer. Leipzig 1861, Vierte Serie, Nr. 2, S. 1–142.

19 Edward Robinson: Physische Gestalt des heiligen Landes. Übers. und hrsg. v. Talvj. Leipzig 1865.

20 Talvj: Ein Bild aus seiner Zeit. – In: Westermanns Monatshefte 28. (Juni 1870), S. 295–306; (Juli 1870), S. 394–408; (August 1870), S. 511–523; (September 1870), S. 585–605.

21 [anonym]: Therese von Jacob. – In: Neue Bahnen. Organ des Allgemeinen deutschen Frauenvereins. Hrsg. v. Louise Otto/Auguste Schmidt. Leipzig 1870, 5. Bd, Nr. 15, S. 113f.

22 Talvj: Kurzer Abriß einer Geschichte des untergegangenen serbischen Reiches als Einleitung. – In: dies.: Volkslieder der Serben. Leipzig 1853, S. 1–52.

23 Ebd., S. 2.

24 Introduction. – In: Kosovo: Legacy of a Medieval Battle. Hrsg. v. Wayne S. Vucinich/Thomas A. Emmert. A Modern Greek Studies Yearbook Supplement. Minnesota Mediterranean and East European Monographs. Minneapolis 1991, Bd. 1, S. IX.

25 "The original—and perfectly normal—function of the legend of Prince Lazar's choice of the heavenly kingdom was to transform an alleged military defeat into a moral victory. The legend was gradually expanded to portray people who at every decisive turn in their history opt for the heavenly kingdom by taking the moral high ground. Archimandrate Justin Popović (1894–1979), a prominent theologian and university professor, is one of the modern proponents of this idea: 'The greatness of our people consists in the fact that they have, through Saint Sava, adopted evangelical justice and transformed it into their own. In the course of centuries they have developed such an affinity with this justice that it became their everyday, custormy

gospel. Only this can explain why our people have in all fateful moments of their history always preferred the heavenly to the earthly, the immortal to the mortal, the eternal to the transitory.'" (Popović, Filosofske urvine. S. 192). Branimir Anzulović: Heavenly Serbia. The Birth of a Myth. – In: Heavenly Serbia: From Myth to Genocide. New York 1999, S. 12f.

[26] Talvj [Anm. 22], S. 34–37.

[27] Ebd., S. 184.

[28] „Bruder zum Schwören": Der Bruder gilt in den serbischen Volksliedern als der eigentliche Beschützer und Vertraute einer Frau; wenn sie nicht die Möglichkeit hat, „bei ihrem Bruder" zu schwören, muß sie sich schutzlos und verlassen fühlen. Der heilige Schwur lautet: So wahr mein Bruder lebe. Vgl. Serbische Volkslieder: Ges. und hrsg. v. Vuk Stefanović Karadžić. Teile einer historischen Sammlung. Aus dem Serbischen metrisch übersetzt von Talvj. Ausgew. und mit einem Nachwort versehen v. Friedhilde Krause. Leipzig 1980. S. 252.

[29] "Women's feelings on the eve of the battle are expressed in the most beautiful song of Kosovo, Tsar Lazar and Tsaritsa Milica." Radmila J. Gorup: Kosovo and Epic Poetry. – In: Kosovo [Anm. 24], S. 114.

[30] Zit. nach Krause [Anm. 28], S. 18–24.

[31] Talvj [Anm. 22], S. 29.

[32] Ebd., S. 30.

[33] Zit. nach Krause [Anm. 28], S. 58ff.

[34] The Battle of Kosovo in Its Epic Mosaic. – In: Kosovo [Anm. 24], S. 125.

[35] Jovan Deretić: Žagonetka Marka Kraljevića: O prirodi istorićnosti u srpskoj narodnoj epići. Belgrad 1995.

[36] Anzulović [Anm. 25], S. 14ff.

Louise Henry (1798–1839)

„Die Perle der Familie"

Barbara Bruderreck, Berlin

Im Hochzeitsregister der Französisch-Reformierten Gemeinde zu Berlin ist unter dem 16. Oktober 1826 die Eheschließung des Paul Emile Henry, Pfarrer an der Französischen Kirche zu Berlin, Sohn des Jean Henry und der verstorbenen Susanne Chodowiecka, und der Louise Claude, Tochter des Louis Claude und der Marie Judith Mathieu, eingetragen. Der feierliche Akt fand in der Friedrichstädtischen Kirche statt. Der Vater des Bräutigams, der als Pfarrer an der Dorotheenstädtischen Kirche zu Berlin tätig war, vollzog die Trauung seines einzigen Sohnes, während die Mutter, eine bekannte Malerin, es nicht mehr erleben durfte, daß ihr Paul in seines Vaters Fußstapfen trat und ebenfalls eine Künstlerin ehelichte. Sie war bereits vor sieben Jahren gestorben.

Die Hochzeitsreise des jungen Paares war bescheiden: sie führte Louise und Paul Henry nur wenige Kilometer weit bis nach Potsdam. Trotzdem hinterließ sie einen bleibenden Eindruck. Das bezeugen Louises Worte unter einer Zeichnung, auf der sie ein Erlebnis dieser Tage festhielt: „Paul, Lamartine lesend, Erinnerung an den 18. October 1826 – Potsdam im Neuen Garten, als wir nach unserer Trauung acht Tage in Potsdam ganz allein lebten."[1]

In einem Kahn, umgeben von Schilf, sitzt das frischvermählte Ehepaar. Paul hält in der einen Hand ein Buch, in der anderen ein Ruder und wird dabei still und aufmerksam von Louise betrachtet. Ihr liebreizendes Gesicht, das von einer exakt gefälteten mehrschichtigen Halskrause und dem üppigen Spitzengeriesel einer Rüschenhaube umrahmt ist, schaut unter der anmutig gebogenen Krempe eines Hutes hervor, der mit einem zierlichen Schleier geschmückt ist.

Auch Paul hat eine Anmerkung unter die Zeichnung geschrieben: „Letzte Worte von Louise, am Freitag, 12. July 1839 Nachmittags geschrieben, in der großen Stube auf dem Sofa sitzend."[2] Drei Tage später war sie tot.

Am 5. April 1798 wurde Louise Claude in Berlin geboren und am 22. April in der Luisenstädtischen Kirche in der Kommandantenstraße, unweit ihres Elternhauses, getauft.

Louise war das vierte Kind des Ehepaares Louis und Judith Claude. Vor ihr hatte die Mutter zwei Söhnen, von denen einer bereits nach einem Jahr verstarb, und einer Tochter das Leben geschenkt, und nach ihr gebar sie zwei weitere Söhne.

Louises Vorfahren wurden in Frankreich geboren. Ihre Übersiedlung nach Deutschland erfolgte im Zusammenhang mit dem Edikt von Potsdam, das am 29. Oktober 1685 durch den brandenburgischen Kurfürsten Friedrich Wilhelm unterzeichnet wurde. Es sollte die in ihrer Heimat verfolgten Hugenotten in sein Land rufen – „zum Segen für Stadt und Land“, wie Theodor Fontane, selbst hugenottischer Herkunft, zwei Jahrhunderte später schrieb.[3]

Louises Ururgroßeltern väterlicherseits kamen zwischen 1686 und 1689 aus Manheim (Sedan). Gemäß der Familientradition wurde Louises Vater Kaufmann. Er, dem Gewissenhaftigkeit und Treue nachgesagt wurden, verlor das eigene Geschäft und sein Vermögen durch seinen leichtsinnigen Geschäftsteilhaber und mußte eine Stelle als Buchhalter annehmen. Auch Louises Brüder ergriffen den Beruf des Kaufmanns.

Wann Louises Urgroßeltern mütterlicherseits aus der Umgebung von Metz einwanderten, ist unklar. Ihre Hochzeit feierten sie jedenfalls 1724 in Berlin. Dieser Teil der Verwandtschaft hatte sich der Gärtnerei verschrieben. Auch Louises Onkel Louis Mathieu, bei dem die Familie Claude in der Neuen Grünstraße in der Köpenicker Vorstadt, die ab 1802 Luisenstadt genannt wurde, wohnte, war Kunst- und Handelsgärtner, wie später auch seine Söhne, mit denen das junge Mädchen in einer Gegend aufwuchs, die damals nicht einmal zur Hälfte bebaut war und deren größerer Teil in Gärten und Feldern bestand.[4]

Louise Henrys Lebenslauf ist oft nur auf Umwegen nachvollziehbar. Zwar haben wertvolle Unterlagen, wie Skizzenbücher und Briefe, die Zeit überdauert, und beim Consistorium der Französischen Kirche und der Akademie der Künste zu Berlin werden wichtige Dokumente aufbewahrt. Aber leider konnten die zwölf Tagebücher, in denen Louise ihre Jugendjahre schildert und die noch 1932 vorlagen[5], nicht ausgewertet werden, da ihr derzeitiger Aufbewahrungsort, falls sie noch existieren, bisher nicht ermittelt werden konnte.

Sehr aufschlußreich und in mancher Hinsicht ein Tagebuch ersetzend sind die hinterlassenen Skizzenbücher der Künstlerin. Aber leider verhält es sich mit den Exemplaren aus den Jahren 1817 bis 1826, die über den besonders wichtigen Zeitraum ihrer künstlerischen Ausbildung und Profilierung informieren könnten, ebenso wie mit den Tagebüchern.

Aus einem kurzen Lebensabriß ihrer zwei Jahre älteren Schwester Henriette[6] geht hervor, daß sie und Louise die Schulanstalt des Herrn Wohlers, eines Professors der Geographie, besuchten, in der die Mädchen u. a. auch im Zeichnen unterrichtet wurden. Schon bald zeigte sich bei Louise ein künstlerisches Interesse, und sie selbst berichtet darüber: „Der Trieb mich mit dem Zeichnen zu beschäftigen ward schon in früher Kindheit durch die freundliche Anweisung meiner Anverwandtin der Madame Robert geb. Tassaert unterstützt [...]“[7]

Wie überliefert ist, mußte Louise erst ein Jahr lang beweisen, daß sie in der Lage war, mit Handarbeiten Geld zu verdienen, ehe sie von ihrem Vater die Erlaubnis erhielt, Malerin zu werden.[8] Der von den Eltern geäußerte nüchterne Realitätssinn vermindert keineswegs den Eindruck, daß sie den Wünschen ihrer Tochter Verständnis entgegenbrachten.

Louises erste Lehrerin, Félicité Henriette Robert, war die älteste Tochter einer französischen Pastellmalerin und des flämischen Bildhauers Jean Pierre Antoine Tassaert, Hofbildhauer Friedrichs II. und Direktor der Akademie der Künste zu Berlin. Durch ihre Einheirat in die weitverzweigte Familie Mathieu war sie mit ihrer Schülerin entfernt verwandt, ebenso wie Ludwig Buchhorn, Louises späterer Lehrer.

Bevor Louise Henry selbst ihren Werdegang schildert, soll kurz skizziert werden, wie die Ausbildungschancen für Frauen, die sich zur Kunst hingezogen fühlten, zu ihrer Zeit allgemein beschaffen waren. 1827 äußerte sich der preußische Minister für Kultus, Unterrichts- und Medizinalwesen, Karl Freiherr von Stein zum Altenstein, der 1817–1838 nachhaltig die preußische Kulturpolitik bestimmte, grundsätzlich zu den Nachteilen, mit denen werdende Künstlerinnen zu kämpfen hatten:

> Es ist nicht zu verkennen, daß dem Frauenzimmer die gründliche Ausbildung in der Kunst vielfach erschwert ist, besonders dadurch, daß es den öffentlichen academischen Unterricht überhaupt, vorzüglich aber das anatomische Zeichnen und das Studium nach dem lebenden Modell entbehren muß [...][9]

Freilich blieb der Aktsaal mit den ausschließlich männlichen Modellen, der allgemein als der „Olymp der Ausbildungsstätte" betrachtet wurde, damals und noch lange Zeit danach den Frauen schon aus Gründen der Sittlichkeit verschlossen. Die einzigen Zugeständnisse, die man den Frauen machte, sind dem Ehrenbuch, das anläßlich des 200-jährigen Bestehens der Berliner Akademie der Künste herausgegeben wurde, zu entnehmen: Bis 1830 durften – nach Absprache mit den Lehrern – auch Damen an einzelnen Unterrichtsfächern teilnehmen. Einige Zahlen belegen, in welchem Umfang weitere Ausbildungsmöglichkeiten realisiert wurden: In den Schülerlisten zum Gemäldekopieren auf dem Schloß sind für 1812–1813 zwei, für 1814–1815 – einschließlich Louise Claude – drei und für 1816–1817 acht Frauen verzeichnet. Auch am Gipszeichnen im Schloß Monbijou beteiligten sich einige Künstlerinnen. Der Hinweis, daß nicht selten der Vater der Tochter den Weg bahnte, traf zwar für die Künstler- und Direktorentöchter Félicité Henriette Tassaert und Susanne Chodowiecka zu, nicht aber für Louise Claude.[10] Aber auch wenn sie keiner Künstlerfamilie entstammte, so ist doch nicht auszuschließen, daß in einem ihrer zahlreichen Vorfahren eine künstlerische Veranlagung schlummerte, die nicht nur auf sie, sondern auch auf ihre Cousine Emma Mathieu (1806–1863) vererbt worden war, deren Eltern der Bruder von Louises Mutter und die Schwester von Louises Vater waren. Als Malerin, Zeichnerin und Lithographin beteiligte sie sich im Zeitraum von 1824–1839 an denselben Ausstellungen wie Louise.[11]

Die Schilderung des Ausbildungsweges der Louise Claude bildet die Fortsetzung des Berichtes über ihr frühes Interesse am Zeichnen und ist in ihrem Antwort- und Dankschreiben vom 27. März 1833 nachzulesen, das sie anläßlich ihrer Wahl zum Akademiemitglied und gemäß der Aufforderung des Herrn Direktors Gottfried Schadow an diesen richtete:

> [...] und nachdem ich mich bei ihr [Madame Robert – B. Br.] im Zeichnen nach Vorlage-Blättern, nach Gips und nach dem Leben geübt fing ich in meinem 14. Jahr an unter ihrer Leitung Portraits in Pastell und Miniatur zu mahlen. Später unterrichtete mich Hr. Hofmahler Weitsch noch gründlicher im Zeichnen. Von Hrn. Prof. Kretschmar erhielt ich 1815 in meinem 17. Jahre den ersten Unterricht im Ölmahlen. Mit großem Eifer benutzte ich später die von Hrn. Director Schadow erhaltene Erlaubniß nach den

> Gips-Abgüssen der Akademie zu zeichnen, wo ich seiner Güte ein besonderes, von den Schülern der Akademie abgesondertes Zimmer verdankte. Zugleich mahlte ich auf der königlichen Bildergallerie und übte mit das Zeichnen in schwarzer Kreide – nach dem Leben. Im Jahre 1817 reiste ich nach Dresden, wo ich unter Anleitung des Professor Hartmann, auf der Bildergallerie, nach den alten niederländischen Meistern Rubens, Van Dyk und Van der Helst in Öl mahlte und, auf gleiche Art wie früher in Berlin, die Gips-Abgüsse der Akademie benutzte. Im folgenden Sommer, bei einem wiederholten Aufenthalte, genoß ich dieselben Vortheile. In Berlin zurückgekehrt und von mehreren und höchst schätzenswerthen Künstlern, wie Professor Dähling, Buchhorn und Anderen mit Rath unterstützt, fühlte ich mich aufs lebhafteste angezogen von den Werken des Hrn. Professor Wilhelm Schadow, nachdem er von Rom zurückgekehrt, seiner Vaterstadt die Früchte seiner Studien mitgebracht und in seinem Attelier ausgestellt hatte. Die fleißige Ausführung der deutschen Schule, die ich hier auf eine so ansprechende Weise vorfand, nahm mich so sehr ein, daß ich alles aufbot um in seinem Attelier, als Schülerin, eine Stelle zu finden; dies gelang durch die Fürsprache einiger Freunde, und von Hrn. Prof. Schadow mit vieler Güte unterrichtet, übte ich das Porträtmahlen mit erhöhter Lust und Liebe zur Kunst [...][12]

Dieses Dokument ist gar nicht hoch genug einzuschätzen, wenn man weiß, von wie vielen bildenden Künstlerinnen der Ausbildungsweg weitgehend im dunklen liegt, weil sie keine Aufzeichnungen darüber gemacht haben. Neben der ihnen anerzogenen Bescheidenheit mag auch die Tatsache eine gewisse Rolle gespielt haben, daß eine Motivation dazu, wie sie im Falle der Louise Henry die Aufforderung seitens der Akademie bildete, nur äußerst selten vorlag.

Neben dieser ausführlichen Beschreibung der Ausbildung Louise Henrys gibt es auch andere Unterlagen, die diese Epoche ihres Lebens dokumentieren: Beispielsweise hat sie in ihren Skizzenbüchern, die ihrer Wichtigkeit halber noch ausführlich besprochen werden, zwei der von ihr erwähnten Lehrer dargestellt. Im November 1816 porträtierte sie Professor Dähling, und eine markante Profilzeichnung, die sie mit „Schadow in Düsseldorf" betitelt hat, kann frühestens 1826 entstanden sein, nachdem der von ihr so sehr verehrte Lehrer Berlin verlassen hatte, um sein Amt als Direktor der Düsseldorfer Akademie der Künste anzutreten.

Zwei weitere Skizzen von Ende 1815, die als „Kopien nach Bolt" bezeichnet werden, weisen auf einen Berliner Kupferstecher hin, den Louise selbst zwar nicht erwähnt, der in einigen Künstler-Lexika[13] jedoch zu ihren Lehrern gezählt wird. Auch wenn Johann Friedrich Bolt vielleicht nicht direkt als solcher bezeichnet werden könnte, so ist er doch ganz offensichtlich nicht ohne Einfluß auf Louises Entwicklung geblieben. Das Bemerkenswerte an diesen Skizzen besteht nicht in der großen Akkuratesse, mit der Louise Bolts Zeichnungen nachgestaltet hat, sondern daß sie – vergleicht man ihre vor und nach diesen Kopien angefertigten eigenen Arbeiten miteinander – offensichtlich von ihm die Technik des Schattierens übernommen hat. Eine dritte Kopie nach Bolt zeigt Louises Porträt, das dieser in ihrem 18. Jahre von ihr fertigte.

Was für Persönlichkeiten waren es, denen Louise Henry ihre gründliche Ausbildung verdankte? Außer Bolt waren alle anderen Lehrkräfte Akademiemitglieder und wirkten als Professoren, Direktoren oder Senatsmitglieder, Weitsch sogar als Hofmaler.

Sie gehörten, bis auf eine Ausnahme, der Generation an, die um das Jahr 1770 geboren wurde. Kennzeichend für sie ist, daß viele dieser Künstler trotz des Ansehens, dessen sie sich bei ihren Zeitgenossen erfreuen durften, von der Nachwelt vergessen wurden. Das betraf auch die Mehrzahl von Louises Lehrern. Professor Helmut Börsch-Supan schildert das allgemeine Los dieser Vergessenen am Beispiel Kretschmars:

> Wie Schadow [Gottfried Schadow – B. Br.] erfährt Kretschmar das Unglück, beim Aufblühen der Kunst nach den Freiheitskriegen bereits zu alt zu sein, um sich in den eleganteren Stil der Biedermeierzeit zu gewöhnen. Im Gegensatz zu Schadow besaß Kretschmar nicht dessen intellektuelle Beweglichkeit und Souveränität, die jenem sein Ansehen sicherten und seinen Ruhm lebendig erhielten [...][14]

Als einziger von Louise Henrys Lehrern gehörte Wilhelm Schadow der nächstfolgenden, um 1790 geborenen, Generation an, deren Mitglieder Professor Börsch-Supan als die „jüngeren, nazarenisch orientierten Künstler" charakterisiert, „die die noch im Klassizismus verwurzelten Maler verdrängten".[15]

Die Ergebnisse der Ausbildung Louise Henrys sind in den Ausstellungs-Katalogen der Berliner Akademie der Künste dokumentiert: 1812 präsentierte sie mehrere Kopien und ein Porträt in der von Madame Robert gelehrten Pastelltechnik, 1818 die Kopien, die sie in der Dresdner Gemäldegalerie angefertigt hatte, sowie 1820 erstmals die Früchte der ab 1815 bei Professor Kretschmar geübten Ölmalerei. 1822 und 1824 verraten schließlich mehrere Kopien nach Gemälden Wilhelm Schadows die Faszination, die seine Werke auf sie ausübten. 1826 zeigte Louise ihre Bilder nicht nur bei der Akademie, sondern sie beteiligte sich auch an einer Ausstellung, die Professor Schadow in seinem Atelier veranstaltete und in der er sowohl seine eigenen Werke, als auch die seiner Schülerinnen und Schüler vorstellte. Aus der ausführlichen Besprechung dieses Ereignisses im „Kunst-Blatt"[16] geht hervor, daß Schadow neben Louise Claude noch eine weitere Schülerin, Caroline Emilie Lauska, geb. Ermeler, sowie vier Schüler unter seine Fittiche genommen hatte. Einer von diesen, Julius Hübner, hatte die Geschichte von Boas und Ruth aus dem Buch Ruth des Alten Testaments gestaltet – dasselbe Thema, das später auch Louise zu einer großen Komposition anregte, die sie 1830 ausstellte.

Sehr aufschlußreich ist, wie der Verfasser des Artikels neben dem erzieherischen auch den materiellen Nutzen eines solchen Künstlerateliers nachzuweisen sucht:

> Aber auch für das kunstliebende Publikum blieben die wohlthätigen Folgen nicht aus, denn einmal kann der Meister durch geschickte Schüler sich in manchen Theilen seiner Werke helfen lassen, und wird so in den Stand gesezt, dieselben um einen mäßigen Preis zu liefern, dann aber werden die Schüler selbst allmählig fähig, eigene Compositionen auf eine erfreuliche Art auszuführen, die sie gern um ein billiges ablassen werden so daß es jedem auf alle Weise erleichtert wird, in seiner Liebhabery auch über das Porträt hinauszugehen, wovon die fernere Aufnahme und die allgemeinere Verbreitung bildender Kunst ganz vorzüglich abhängt.[17]

Inwieweit Louise dazu beigetragen hat, auf die geschilderte Art das Publikum zufriedenzustellen und sich selbst ein „billiges" Taschengeld zu verschaffen, ist unbekannt.

Auch Kultusminister Altenstein erläuterte 1835 in einem Brief an Friedrich Wilhelm III. die Bedeutung der Unterrichtsateliers, die für die Künstlerausbildung nicht nur sehr zweckmäßig, sondern gewissermaßen notwendig seien, „indem hierdurch der bei der Academie empfangene Unterricht mit der speciellen Leistung eines Meisters zur practischen Anwendung befördert und der vorhandenen Kunstanlage eine sichere Richtung gegeben wird". Außerdem würde die von der Akademie geförderte Selektion unterstützt, denn jeder Vorsteher eines Ateliers nähme sicher nur begabte Schüler auf, um nicht auf der jährlichen akademischen Ausstellung der Schülerarbeiten durch „Beweise eines schlechten Erfolges" bloßgestellt zu werden.[18] Besonders für die Ausbildung in der Malerei, die in der Akademie nicht gelehrt wurde, waren die Ateliers in Berlin von großer Bedeutung.

Welche finanziellen Voraussetzungen ermöglichten Louise Claude eine so gründliche und im Vergleich zum reinen Akademiestudium kostspielige Ausbildung? Madame Robert hatte als Unterstützung 300 Taler aus dem akademischen Etat erhalten. Als diese 1818 durch ihren Tod frei wurde, bewarb sich Louise Claude um die Nachfolge. Im Antrag vom 21. Mai 1823 an den König schrieb Altenstein:

> Daß weibliche Talente für die Kunst auch einer besonderen Pflege werth sind, ist immer verkannt worden. Es ist wünschenswerth, daß eine ausgezeichnete Künstlerin hier in den Stand gesetzt werde, dem weiblichen Geschlecht, welches an dem Unterricht in den Klassen der Akademie keinen Anteil nehmen kann, die erforderliche Anleitung zur höhern Ausbildung in der Kunst zu geben.[19]

Und am 2. Juni 1823 erhielt die Akademieleitung vom Kultusministerium die Mitteilung, daß Louise Claude diese Pension zuerkannt werde, um ihr Talent wie ihren Einsatz bei der Kunstausbildung von Frauen zu fördern und empfahl,

> bei Gelegenheiten, wo es darauf ankomme, dem weiblichen Geschlechte, welches an dem Unterrichte in ihren Klassen nicht Antheil nehmen kann, die erforderliche Anleitung zur höheren Kunst zu geben, das ausgezeichnete Talent dieser geschickten Künstlerin zu beachten.[20]

Inwieweit diese Empfehlung, Louise in die Ausbildung von Künstlerinnen einzubeziehen, umgesetzt wurde, konnte, da entsprechende Unterlagen nicht auffindbar waren, bisher nicht ermittelt werden.

Louise Claude hatte das Glück, daß sie über die 300 Taler allein verfügen konnte. Nach ihrem Tod wurde mit ihnen wesentlich sparsamer verfahren. Die Pension blieb zwar der Höhe nach gleich, wurde aber unter vier Bewerberinnen aufgeteilt. Auch Louises unverheiratete Cousine Emma Mathieu, die seit 1836 eine Pension von 100 Talern bezog, erhielt aus diesem „Topf" eine Zulage von 50 Talern.[21]

Die Früchte, die Louises Studien zeigten, kamen auch ihrer Familie zugute. So wie Henriette Claude „in der schlimmen Franzosenzeit [...] dann viel zum Haushalte", verdiente, indem sie Stickerereien anfertigte und an Geschäfte verkaufte, so heißt es von ihrer jüngeren Schwester: „Louise porträtierte mit Glück im Geschmack ihrer Zeit; sie berechnete das Bild mit einem Louisd'or, damals ein recht anständiger Preis."[22] Ihr kam dabei zugute, daß am Beginn des 19. Jahrhunderts, im Zusammenhang mit den veränderten Lebensbedingungen der Gesellschaft, nicht länger mehr die Kunstwerke nur von höfischen und Adelskreisen, sondern zunehmend auch vom Bürgertum in Auftrag gegeben wurden. Das gesellschaftliche und geistige Klima in Berlin bildete besonders für die Porträtmalerei einen außerordentlich fruchtbaren Boden, und, bedingt durch ein günstiges Verhältnis von Angebot und Nachfrage, erreichten Anzahl und Gesamtwert der damals geschaffenen Auftragsporträts eine später nie wieder erreichte Höhe.

Daß beide Töchter des Ehepaares Claude zum Familienunterhalt beitragen „durften", steht im Widerspruch dazu, was Renate Berger[23] zur Kennzeichnung des Bildungsbürgertums schrieb, dem auch diese Familie angehörte, daß es nämlich bis über die Mitte des 19. Jahrhunderts hinaus für einen Vater als beschämend galt, seine Tochter sichtbar einem Erwerb nachgehen zu lassen, während unbezahlte Arbeit im künstlerischen Bereich als nicht entehrend empfunden wurde. Leider ist hinsichtlich ihrer Einkünfte wenig gesagt, wenn der von Louise Claude für ihre Arbeiten errungene Preis als „anständig" bezeichnet wird, da es keinen Hinweis auf die von ihr angewandte Technik, die Ausführungsart und Größe der Porträts gibt.

Nach Louises zweitem Studienaufenthalt in Dresden 1818 wurden ihre Weiterbildung in Berlin durch eine Reise nach Danzig unterbrochen. In welchem Zeitraum sie stattfand, darüber geben die Kataloge der Akademieausstellungen Auskunft: Für 1820 sind die „Kopie eines Erzengels aus einem Danziger Bild" sowie „zwei Gruppen im Umriß nach demselben" belegt. Das geht mit einem Hinweis in dem bereits erwähnten Lebensabriß ihrer Schwester konform. Henriette machte nach der Hochzeit des ältesten Bruders Louis, die im April 1818 stattfand, gemeinsam mit dem jungen Ehepaar einen Besuch bei ihren Verwandten in Danzig. Es ist zu vermuten, daß sich Louise den Geschwistern anschloß. Ein Brief des Joseph Wilhelm von Hohenzollern, Fürst-Bischof von Ermland, der am 21. Juni 1822 aus Oliva an Louise gerichtet wurde, gibt weiteren Aufschluß:

> Ihre Güte hat mir eine überaus angenehme Überraschung, eine wahrhaft große Freude bereitet; denn jenes liebliche Bild, welches in Ihrer schönen Sammlung, durch die ergreifende Wahrheit und Innigkeit des Ausdrucks in dem Gesichte der von Andacht und Reue durchdrungenen Betenden mich besonders anzog, dieses schön und zart ausgeführte Bild überreichte mir mein Freund Salzmann in Ihrem Namen.[24]

Einer Anmerkung Paul Henrys aus jenem Schreiben ist zu entnehmen, daß der Fürstbischof Louise oft gesehen und ausgezeichnet hatte, als sie in Danzig war, um dort zu kopieren. Die im Brief erwähnte „schöne Sammlung" könnte mit einem der Skizzenbücher Louises aus dieser Zeit identisch sein.

Im selben Jahr, als Louise ihren verehrten Lehrer Wilhelm Schadow durch seinen Weggang nach Düsseldorf verlor, gewann sie Paul Henry als Ehemann. Louise heiratete in eine traditionsreiche Künstlerfamilie ein: Paul war der Enkel des berühmten Kupferstechers Daniel Chodowiecki (1726–1801), der väterlicherseits polnischer Herkunft war, mütterlicherseits aber einer Familie französischer Refugies entstammte und mit Jeanne Barez, einem Mitglied der Berliner Französisch-Reformierten Gemeinde, verheiratet war. Seine Tochter Susanne (1763–1819) hatte – in weit größerem Maße als ihre Geschwister – das künstlerische Talent ihres Vaters geerbt. Sie hatte sich vor allem mit Porträts und moralisierenden Genreszenen einen Namen gemacht und wurde 1789 zum ordentlichen Mitglied der Berliner Akademie ernannt. Am 22. März 1792 hatte sie ihrem Sohn Paul Emile das Leben geschenkt. Er und seine drei Jahre ältere Schwester Wilhelmine Julie Francoise, genannt Minette, waren die beiden einzigen überlebenden von insgesamt sechs Kindern. Louise war übrigens nicht das einzige Familienmitglied, das sich mit der Familie Chodowiecki verband: Ihr Bruder Adolph heiratete mit Minna Reclam eine Urenkelin Daniel Chodowieckis.

Väterlicherseits entstammte Paul ebenfalls einer französischen Familie, die vor 1693 nach Berlin eingewandert war. An der Seite seiner künstlerisch tätigen Frau hatte sich Pauls Vater Jean Henry um das kulturelle Leben Berlins verdient gemacht. Neben seinem Amt als Pfarrer hatte er das des Direktors der Königlichen Antiken-, Münz- und Kunstkammer sowie des königlichen Bibliothekars inne. 1814 hatte er sich in Paris um die Rückführung der von Napoleon in Berlin geraubten Kulturgüter bemüht.

Nach ihrer Eheschließung zog Louise in das Haus Niederlagstraße Nr. 1, von wo aus die Französisch-Reformierte Gemeinde fast 200 Jahre lang geleitet wurde. Obwohl Paul Henry, der durch seine Biographie des großen Reformators Johannes Calvin bekannt wurde, in seinem Wesen etwas Kühles und Unnahbares gehabt haben soll und sich erst in näherem Verkehr heiter, geistvoll und witzig zeigte, gestaltete sich die Ehe der Henrys außerordentlich glücklich. Paul hatte von vornherein erklärt, daß Louise nicht mehr des Erwerbs wegen, sondern nur noch zu ihrem Vergnügen malen solle.[25] Sie konnte sich ein eigenes „Mahlzimmer“ einrichten, was durchaus nicht für alle Künstlerinnen der damaligen Zeit eine Selbstverständlichkeit war.

Daß Louise Henry einerseits mit diesem bestimmt gutgemeinten Vorschlag ihres Ehemannes im großen und ganzen einverstanden gewesen sein muß, sich andererseits aber eigene Entscheidungen vorbehielt, ist mehrfach belegt: Als seit 1832 die verkäuflichen Werke der Berliner Akademie-Ausstellungen als solche gekennzeichnet waren, gehörten ihre Bilder nicht dazu, und auch ein Brief der Gräfin Auguste von Schlieffen[26], der sich auf ihr von Louise gemaltes und 1838 in Berlin ausstelltes Porträt bezieht, zeigt, daß Pauls Vorschlag Beachtung fand: Die Gräfin schrieb der Künstlerin, daß sie ihr die verauslagten Kosten für den Rahmen zurückerstatten wolle und fragte an, wie sie tätlich ihre Dankbarkeit beweisen könne. Von einer Bezahlung der künstlerischen Arbeit war keine Rede.

Etwas anderes sagt eine Bemerkung Louises in einem Brief an ihre Schwägerin Minna Claude vom 19. November 1838 aus:

> Mein schlafendes Kind mit den Engeln hat viel Liebhaber und beinahe einen Käufer gefunden (der Preis den ich gesetzt, da ich zum Verkaufen nicht große Lust hatte, muß ihm aber wohl zu hoch gewesen sein) ich habe es nun wieder [...][27]

Also stand sie einem Verkauf nicht grundsätzlich ablehnend gegenüber. Aber im Gegensatz zu den Künstlerinnen, die auf ihre Arbeit als Broterwerb angewiesen waren, brauchte Louise sich nicht um Auftraggeber zu bemühen und auch nicht unter der

Ungerechtigkeit leiden, daß sich diese Frauen im allgemeinen, bevor sie nicht einen sicheren Ruf erlangt hatte, im Verhältnis zu ihren männlichen Konkurrenten mit einer geringeren Entlohnung ihrer Arbeit zu begnügen hatten.

Eine Passage aus einem anderen Brief an Minna vom 8. September 1838 verrät, wie wichtig für Louise die Beteiligung an den Akademie-Ausstellungen war:

> Ich möchte Hannchen malen und zwar für Dich, nur mit der einen Bedingung, daß Du mir das Bildnis bis zur nächsten Ausstellung ließest, denn darauf muß ich nun einmal notgedrungen sehen, daß ich immer etwas von meiner Arbeit aufweisen kann.[28]

Das spricht ebenfalls nicht dafür, daß sie lediglich zu ihrem eigenen Vergnügen gemalt hat.

Die hohe Wertschätzung, die Louise den Berliner Akademie-Ausstellungen beimaß, läßt sich einerseits an der Regelmäßigkeit ablesen, mit der sie sich, von einer einzigen Ausnahme im Jahr 1814 abgesehen, seit ihrem vierzehnten Lebensjahr bis zu ihrem Tode an ihnen beteiligte, und andererseits an der Vielzahl von Werken, mit denen sie sie beschickte. Bei insgesamt 14 Ausstellungen präsentierte sie rund 80 Werke in verschiedenen Techniken: Neben 26 Kopien nach Werken von Leonardo da Vinci, Raffael, Tizian, van Dyck und Wilhelm Schadow, die sie allerdings nur bis 1830 „im Programm" hatte, stellte sie acht Gruppen- und Familienbilder, drei Genreszenen sowie vier Kompositionen nach literarischen und religiösen Vorlagen aus. Den Hauptanteil bildeten ca. 40 Porträts. Louise übertraf hinsichtlich der Anzahl der ausgestellten Werke sowohl ihre Lehrerin, als auch ihre Schwiegermutter, die mit ca. 70 Werken bei 17 Veranstaltungen bzw. mit ca. 90 Werken bei 19 Veranstaltungen ebenfalls eine umfangreiche Ausstellungstätigkeit vorweisen konnten.[29]

1833 strebte Louise Henrys künstlerische Karriere ihrem Höhepunkt zu: Am 1. März wurden in der Plenarsitzung des Senates der Königlich Preußischen Akademie der Künste zu Berlin gemäß Sitzungsprotokoll von den anwesenden 26 ordentlichen Mitgliedern 17 neue Kandidaten gewählt: zwei „besonders verdiente Personen" wurden zu Ehren- und 14 Berliner und auswärtige Künstler zu ordentlichen Mitgliedern ernannt. Louise Henry, der einzigen weiblichen Auserwählten, wurde mit der Verleihung des Titels eines „außerordentlichen Mitgliedes" eine etwas bescheidenere Ehrung zuteil.[30] Mit dieser Mitgliedschaft war im allgemeinen der erste Schritt zur öffentlichen Anerkennung als Künstler bzw. Künstlerin getan. Sie stellte nicht nur einen besonderen Status dar, sondern die Akademiemitglieder genossen neben Pflichten auch bestimmte Rechte, beispielsweise den Schutz des Urheberrechtes auf ihre Werke.

Louise Henry war das 22. weibliche Wesen, das in die Berliner Akademie der Künste aufgenommen wurde. Die Geschichte der Mitgliedschaft von Frauen beginnt mit der Reorganisation der Berliner Akademie der Künste, die 1786, kurz vor dem Tode Friedrichs II., von Daniel Chodowiecki und dem Minister und neuen Kurator der Akademie, Friedrich Anton von Heinitz, eingeleitet worden war. Hauptsächlich Chodowieckis Initiative war es zu verdanken, daß die zu einer von den Künstlern mühsam am Leben gehaltenen Zeichenschule und zu einem Ehreninstitut ohne nennenswerten Etat herabgesunkene Institution dadurch wieder in die Lage versetzt wurde,

Wissenschaften und Künste auf den höchsten Grad zu bringen. Als erste Frau überhaupt wurde 1784 Jeanette Nohren, verehelichte von Sydow, zum Ehrenmitglied ernannt, auf besonderen Wunsch des Kronprinzen Friedrich Wilhelm, den sie neben anderen Mitgliedern der königlichen Familie porträtiert hatte.

Bis 1833 wurden insgesamt sechzehn Frauen, u.a. die berühmte französische Malerin Elisabeth Vigée-Lebrun, zu Ehrenmitgliedern, drei Frauen zu außerordentlichen und vier Frauen zu ordentlichen Mitgliedern ernannt, wobei die Zarin Maria Feodorowna, eine geborene Prinzessin von Württemberg, die als Medailleurin, Edelstein- und Stempelschneiderin dilettierte, die einzige unter ihnen war, die gleichzeitig zum ordentlichen und Ehrenmitglied ernannt wurde.[31] Daß unter den weiblichen Akademiemitgliedern relativ häufig Kunsthandwerkerinnen anzutreffen waren – im Jahre 1806 wurden beispielsweise drei Kunststickerinnen auf einmal gewählt – verdeutlicht, daß nicht nur die Künste gefördert werden sollten, die dem Ruhm des preußischen Hofes dienten, sondern auch diejenigen, welche für die Aufwertung und Nutzung des Kunsthandwerks wichtig waren.

Welche geringe Bedeutung die Akademie ihren weiblichen Mitgliedern beimaß, ist nicht nur an ihrer niedrigen Anzahl, sondern auch an ihrer Einstufung in die verschiedenen Kategorien der Mitgliedschaft abzulesen, die im zweiten Statut der Akademie von 1790 in dieser Reihenfolge präzisiert wurden:

> – Zu ordentlichen Mitgliedern sollen nur die aufgenommen werden, welche die Akademie als vorzüglich geschickte Künstler anerkennt.
> – Zu Ehrenmitgliedern können Personen von Stande und Ansehen, Gelehrte usw. aufgenommen werden, welche sich als Liebhaber oder Kenner für die schönen Künste interessiren, und das Beste der Akademie auf eine oder die andere Weise zu befördern suchen.
> – Zu außerordentlichen Mitgliedern kann die Akademie solche Künstler aufnehmen, welche sie zu fernern Fortschritten in der Kunst aufmuntern will, und welche von Zeit zu Zeit Proben von ihren Fortschritten an die Akademie einsenden müssen, um in die Zahl der ordentlichen Mitglieder, zu den vierteljährlichen Versammlungen der Akademie mit berufen zu werden.[32]

Diese in Aussicht gestellte Möglichkeit, sich zu den ordentlichen Mitgliedern „hocharbeiten“ zu können, läßt vermuten, warum Louise, wie oben zitiert, „notgedrungen“ darauf sah, immer etwas von ihrer Arbeit aufzuweisen. Falls sie diese Rangerhöhung angestrebt haben sollte, gelang ihr das jedoch ebensowenig wie den beiden anderen außerordentlichen Mitgliedern, denen es in mehr als 20 Jahren Mitgliedschaft nicht vergönnt war, höher eingestuft zu werden.

Die Phase, in der die Leistungen von Künstlerinnen und Kunstmäzeninnen durch Aufnahme in die Akademie geehrt wurden, war nicht von langer Dauer. Betrug schon der Zeitraum zwischen der Wahl ihrer Vorgängerin, der doppelt geehrten Zarin, und Louise Henrys – der letzten Künstlerin im 19. Jahrhundert überhaupt, die dieser Ehre teilhaftig wurde – 15 Jahre, so mußten, abgesehen von der zwischenzeitlichen Wahl einer Kunstsammlerin bzw. Mäzenatin und zweier Prinzessinen als Ehrenmitglieder, 86 lange Jahre vergehen, ehe die Revolution von 1918 die Voraussetzungen dafür schuf, daß mit Käthe Kollwitz im Jahre 1919 die nächste Künstlerin in den „exklusiven akademischen Herrenclub" aufgenommen wurde.

Einen interessanten Aspekt bildet die teilweise Änderung des Textes der Ernennungsurkunde nach 1833, der die Vermutung, daß die Künstlerinnen völlig aus der Akademie verdrängt werden sollten, nicht unberechtigt erscheinen läßt. In einer Urkunde vom 13. März 1841 wird – entgegen derjenigen, die Louise Henry 1833 ausgehändigt wurde und in der kein Hinweis auf die Bedingungen hinsichtlich des Geschlechts der neuen Mitglieder zu finden ist – einschränkend festgelegt, daß es der Akademie obliege, „solche Männer" zu ihren Mitgliedern zu wählen, von denen sich die Erfüllung ihres Zwecks erwarten ließe.[33]

Was für ein Mensch verbarg sich hinter dem Akademiemitglied Louise Henry? Sie wird als „ebenso klug wie gut wie schön" geschildert.[34] Vom äußeren Liebreiz sprechen ihre wenigen Selbstporträts. Ihren Mitmenschen begegnete sie voller Liebenswürdigkeit. Dabei war sie außerordentlich fleißig, und das bezeugen nicht nur ihre vielen erhaltenen Skizzenbücher, sondern sie selbst schildert sich so in ihrem Schreiben aus dem Jahre 1833 an Gottfried Schadow, das bereits mehrfach zitiert wurde:

> Ich darf wohl sagen, daß ich mit rastlosem Fleiße, ja mit einem solchen, der meine Gesundheit untergraben, seinen [Wilhelm Schadows – B. Br.] Unterricht so wohl wie den, der früher genannten Künstler benutzte, und sehr zu beklagen habe ich nur, daß jetzt wo meinem geringen Talente so große Ehre widerfährt, meine Kräfte nicht mit dem lebhaftesten Wunsche Schritt halten, durch fortgesetzte Anstrengung auf dem bescheidenen Gebiete des Porträtmahlens und des Darstellens von Szenen aus dem gewöhnlichen Leben einen würdigen Platz einzunehmen. Mein Eifer soll indeß nicht erkalten, und ich gebe die Hoffnung nicht auf, daß meine Gesundheit meinem Kunstleben mit der Zeit noch günstiger werden wird.[35]

Wie intensiv sie arbeitete, belegen zwei Briefe an Minna Claude: Am 7. September 1838 kündigte sie an, deren Schwester Hannchen porträtieren zu wollen, und schon 12 Tage später berichtete sie, daß das Bild bereits in der Ausstellung hänge.[36]

Der Briefwechsel mit der Schwägerin entspann sich, nachdem das Ehepaar Minna und Adolph Claude kurz nach der Heirat im Jahre 1828 nach Liverpool gegangen war. Leider haben sich nur Louises Briefe aus den Jahren 1835 bis 1839 erhalten und vielleicht auch nur deshalb, weil sie von fremder Hand abgeschrieben wurden. Sie sind für die Biographie der Louise Henry von großer Wichtigkeit, weil sie in ihnen, wie die angeführten Beispiele zeigen, über ihr Leben als Künstlerin berichtet. Auch über ihren Alltag schreibt sie und später über ihre Krankheit, die zu ihrem Tode führte. Besonders spricht daraus die Liebe der selbst kinderlos Gebliebenen zu den Claudeschen Kindern, von denen sie ganze Zeichnungsserien während eines Besuchs in Berlin im Jahre 1838 machte. Die Zeichnungen erhalten einen besonderen Reiz dadurch, daß sie die teils drolligen, teils altklugen Bemerkungen der Kinder dazugeschrieben hat.

Dieser Briefwechsel ist aber nicht der einzige, dem Informationen zu Louise Henrys Leben zu entnehmen sind. Mehrere weibliche Nachkommen ihrer Schwägerin Minette, u. a. deren Enkelinnen Eugenie Rosenberger und Ellen du Bois-Reymond, zeigten ein lebhaftes Interesse für die Mitglieder der zahlreichen Verwandtschaft, ganz besonders aber für Susanne und Louise Henry. Mitteilfreudig und schreibbegabt, wie sie waren, informierten sie sich gegenseitig in ausführlichen Briefen darüber, was sie vom Leben dieser Künstlerinnen und von einzelnen ihrer Werke wußten. So kann man bei Eugenie Rosenberger über Louise Henrys Tätigkeit nach ihrer Eheschließung lesen:

> Und da sie sich nun der Freude des Schaffens hingeben konnte, entwarf sie unter anderem ein größeres, sehr geschätztes Bild, Ruth und Boas auf dem Kornfeld, zu dessen Vorbild ihr Paul Henry gedient hatte; von den Ährenleserinnen, die den Hintergrund beleben, glich die eine ihrer Nichte Julie.[37]

Darüber hinaus schrieb Eugenie Rosenberger die Biographie ihres Großvaters Felix du Bois-Reymond, in der nicht nur Susanne, sondern auch Louise, die „Perle der Familie", eine Rolle spielt.[38]

Wieder andere weibliche Nachkommen haben sich der Skizzenbücher Louises angenommen. Zusätzlich zu deren Anmerkungen auf den Zeichnungen schrieben sie, ohne gelegentlich auf Klatsch und Tratsch zu verzichten, auf die Rückseiten erklärende Hinweise zu den porträtierten Personen, klärten komplizierte verwandtschaftliche Beziehungen oder beschrieben die Situation, in der die Skizze entstand. Auch Paul Henry trug sein Scherflein zu diesen Ergänzungen bei.

Über Louise Henrys privates Leben ist weniger bekannt als über ihre künstlerische Karriere. Im Gegensatz zu ihrer Schwester Henriette, die sich zweimal für mehrere Jahre in Liverpool aufhielt, und ganz zu schweigen von ihren Brüdern, die in England und später in Chile als Kaufleute lebten, blieb Louise bis an ihr Lebensende ihrer Geburtsstadt in Treue verbunden. Die wenigen Reisen, die sie ab 1826 aus Berlin herausführten und die sie zumeist gemeinsam mit ihrem Mann unternahm, hielten sich in bescheidenen Grenzen: Sie führten sie in Kur- und Badeorte, von deren Heilquellen eine Stärkung von Louises angegriffener Gesundheit erhofft wurde. So hielt sie sich 1827 in Bad Kösen, 1828 und 1829 in Ems, 1830 in Swinemünde und 1833, 1837 und 1838 in Salzbrunn bei Waldenburg in Schlesien auf. Die Reise nach Ems, die das Ehepaar Mitte Juni 1828, zwei Monate nach dem Tod von Louises Mutter antrat, ist mit ihren einzelnen Stationen in einem von Louises Skizzenbüchern festgehalten. Einem Aufenthalt in Weimar, den die Künstlerin nutzte, um das Goethegartenhaus von außen und von innen zu zeichnen, folgten inhaltsreiche Tage in Frankfurt am Main, in Wiesbaden, Ems und Koblenz.

Wenn Louise und ihr Mann im Sommer nicht auf Reisen waren, verlebten sie die warmen Wochen, wie es bei vielen Berlinern damals üblich war, der besseren Luft wegen in einer Sommerwohnung. Meist mieteten sie sich in einer der großen Gärtnereien ihrer Verwandten ein, waren aber auch dort, wie sie Minna Claude schreibt, „sehr beschäftigt."[39]

Im Jahre 1831 starben Louises Vater und der mit ihm gleichaltrige Schwiegervater.

Für 1839 war die erste große Reise nach Liverpool geplant. Um sich darauf vorzubereiten, las Louise, wie sie Anfang September 1838 an Minna Claude schrieb, jeden

Mittwoch mit zwei Freundinnen englische Texte. Aber bereits am 6. November 1838 schrieb sie ihr:

> Ich kränkele übrigens jetzt wirklich viel und weiß oft nicht wo das hinauswill; doch wollen wir das Beste hoffen! nur die Reisepläne, wie verlockend sie auch sein mögen, passen gar nicht dazu – ja könnte man was man sich wünschte, wie bald wären wir da bei Euch in England voller Jubel und Freude![40]

Ihre Ahnung, daß aus diesem Vorhaben nichts mehr werden würde, hatte sie nicht getrogen und schon am 13. Juni 1839 schrieb sie Minna einen ergreifenden Abschiedsbrief.

Im Sterberegister der Französisch-Reformierten Gemeinde von Berlin ist auf Seite 484 vermerkt, daß am 15. Juli 1839 um 9 Uhr 45 die Frau des Pfarrers Paul Emile Henry, Louise, geb. Claude, gebürtig aus Berlin, Tochter der verstorbenen Louis Claude und seiner Frau Marie Judith Mathieu, im Alter von 41 Jahren, 3 Monaten und 10 Tagen an Kehlkopf-Schwindsucht verstorben ist. Beerdigt wurde sie am 18. Juli auf dem Friedhof I der Französisch- Reformierten Gemeinde, Chausseestraße 127, am Oranienburger Tor.

Kurz nach Louises Tod, vom 15. September bis 18. November 1839, wurde ihr Selbstbildnis in der Akademieausstellung gezeigt. Wie viele Besucher mögen voller Ergriffenheit den Nachruf auf diese schöne junge Frau mit den sanften Gesichtszügen im Katalog gelesen haben.

Es gibt kaum noch steinerne Zeugen, anhand derer nachvollzogen werden kann, wo und wie Louise Henry lebte: Ihre Taufkirche wurde im Zweiten Weltkrieg zerstört. Wo einst ihr Elternhaus stand, wuchert, rings umgeben von Neubauten, üppiges Unkraut hinter Bauzäunen. An der Stelle des Hauses, das sie mit Paul bewohnte, befindet sich der von einer hohen steinernen Mauer umgebene Garten des Kronprinzenpalais. Auch ihr Grab mußte weichen, nachdem es im Harnack-Gutachten der Jahre 1941–1942 den „mangels öffentlichem Interesse" auszuscheidenden Grabstätten zugeordnet wurde.[41] Nur die Friedrichstädtische Kirche, in der sie getraut wurde und die heute als Französische Kirche am Gendarmenmarkt bekannt ist, existiert noch. Streng genommen ist es nicht mehr die Kirche von damals, denn sie fiel, nachdem sie 1861 erneuert und 1905–1906 im Innern im Stile der Wilhelminischen Zeit umgebaut wurde, am 7. Mai 1944 einem Luftangriff zum Opfer. Das schien für das Zentrum der Berliner Französisch-Reformierten Gemeinde das Ende zu bedeuten. Aber sie wurde wieder aufgebaut und am 17. April 1983 mit einem Festgottesdienst eingeweiht.

Viele von Louise Henrys Zeichnungen erhalten hauchzarte Spuren, die vom Leben derjenigen berichten, die sie einst mit spitzem Bleistift gezogen hat. Allein in ihren Skizzenbüchern aus den Jahren 1815–1816 und von 1826 bis 1839 sowie auf einzelnen Skizzenblättern hat sie auf knapp 340 Zeichenblättern ca. 300 verschiedene Personen festgehalten. Da für zehn ihrer vermutlich produktivsten Jahre keine Skizzenbücher vorliegen, kann man nur vage Vermutungen darüber anstellen, wieviele Zeichnungen sie insgesamt schuf.

Die meisten Porträtzeichnungen stellen namentlich genannte Personen dar, die zumeist dem Verwandten- oder Freundeskreis entstammten. Ihre einzeln oder gruppenweise dargestellten Modelle hat Louise als Teil- oder Ganzfiguren, in allen möglichen Ansichten und Haltungen, in Übungsskizzen oder vollendeten Zeichungen auf's Papier gebannt. Fast alle hat sie, wenn sie nicht gerade dem Schlaf hingegeben waren, in tätigem Zustand dargestellt. Die Mädchen und Frauen sind oft in eine Handarbeit oder, wie die Männer, in ein Buch vertieft. Die Geschicktesten von ihnen verbanden Lesen und Handarbeiten miteinander. Das soziale Spektrum ihrer Modelle ist breit gefächert: Neben so berühmten Persönlichkeiten wie Wilhelm von Humboldt, Friedrich Carl von Savigny und Wilhelm Schadow hat sie auch „einfache Menschen aus dem Volk" im Bild festgehalten: eine Obstfrau aus Werder, Köchinnen und Bauern bei der Arbeit. Die kleinen preußischen Prinzessinnen Louise und Charlotte hat sie eben so unprätentiös dargestellt wie die halbwüchsigen Söhne eines Potsdamer Müllers. Eine Porträtzeichnung ihres Schwiegervaters Jean Henry aus dem Jahre 1826 stellt denselben Mann, der von seiner Frau Susanne im besten Mannesalter als streng blickender Herr im Priestergewand gemalt wurde, als 64jährigen von einer ganz anderen Seite dar: Den Lockenkopf mit einem großen altdeutschen Barett bedeckt, das in ihm eher einen Künstler oder Studenten als einen Theologen vermuten läßt, bietet er – in der Rechten eine der damals gebräuchlichen langstieligen Pfeifen und in der Linken die spielbereit aufgeblätterten Karten haltend – ein Bild biedermeierlicher Behaglichkeit.

Auch während ihrer verschiedenen Kuraufenthalte hat Louise immer wieder zum Zeichenstift gegriffen und nicht nur die vornehmen Besucher, sondern auch die Leute, die sich um das leibliche Wohlbefinden der Kurgäste kümmerten, auf ihr Zeichenblatt gebannt: die Badefrauen und das Molkenmädchen, das Hausmädchen und den kleinen Eseltreiber. Bedingt durch den Beruf ihres Ehemannes, hat sie eine ganze Galerie von Priesterbildnissen geschaffen: Mindestens 20 amtierende und zukünftige Pastoren hat sie im Bild festgehalten.

Besonders nahestehende Personen hat sie immer und immer wieder gezeichnet, allen voran ihre Schwester Henriette. Von ihr hat Louise in dem untersuchten Zeitraum die weitaus meisten Porträts gefertigt. Obwohl Henriette durch mehrmalige Abwesenheit von Berlin oft jahrelang nicht als Modell zur Verfügung stand, zeigen fast 40 Zeichnungen ihr Konterfei. Ihr folgte hinsichtlich der Häufigkeit der Darstellung Louises Freundin Riekchen Grade aus Danzig, eine Malerkollegin, die oft nach Berlin zu Besuch kam. Auch von Louises Ehemann Paul und natürlich von ihren Eltern gibt es etliche Zeichnungen.

Verblüffend ist die Ähnlichkeit ein und derselben Person auf verschiedenen Porträts, die Louise von ihr fertigte, und die aufwendigen Kleider und üppigen Kopfbedekkungen der Biedermeierzeit sind mit einer derartigen Treue und Akuratesse wiedergegeben, daß fast das Entstehungsjahr der Zeichnungen danach bestimmt werden könnte. Denn schon damals wechselte die Mode alljährlich, und alle Modetorheiten, die die Pariser Modeschöpfer ausheckten, wurden umgehend in Berlin nachgeahmt. Auch die von ihr sorgfältig gezeichneten aufwendigen Frisuren der Damen verraten, welchem strengen Modediktat diese unterworfen waren – ganz im Gegensatz zu den Herren, die ihren Haarschöpfen ihren natürlichen Wuchs gönnten. In den zwanziger Jahren trugen die Damen ausnahmslos einen Mittelscheitel. Streng symmetrisch war das Gesicht auf beiden Seiten von Lockentuffs, um die Ohren gelegten Zöpfen oder durchhängend glatten Haaren eingerahmt. Da Louise ihre Modelle oft von hinten gezeichnet hat, kann man auch das aus Zöpfen gelegte Krönchen, das auf dem Hinterkopf nicht fehlen durfte, bewundern.

Obwohl die Porträts den weitaus größten Anteil in Louises zeichnerischen Schaffen ausmachen, haben auch andere Themen sie zur Darstellung gereizt. So hielt sie gern die Örtlichkeiten fest, an denen sie sich wohlfühlte: ihre Sommerwohnung mit dem Garten, die Wohnung der Familie du Bois-Reymond, die sie in zwei äußerst exakten Zeichnungen darstellte, oder auch das Landhäuschen „Sept chenes" [Siebeneichen – B. Br.] vor den Toren Berlins, wo schon Minette und Paul Henry als Kinder den nahegelegenen Schafgraben, das heutige Reichpietschufer, in ihre kindlichen Spiele einbezogen hatten. Auch während ihrer Kuren hat Louise etliche Zeichnungen geschaffen, die den Aufenthaltsort im Gedächtnis bewahren sollen: Ausblicke aus ihrem Fenster auf die gegenüberliegenden Gebäude oder in die freie Landschaft, Innenraumdarstellungen, Strandbilder, Kirchen.

Aber auch Szenen aus dem Alten Testament oder literarischen Themen gehören zu ihrem Repertoire. Z. B. regte sie die Künstlertragödie „Correggio" des berühmten dänischen Dichters Adam Gottlob Oehlenschläger, des Hauptvertreters der dänischen Romantik, zu einem Atelierbild an. Und natürlich finden sich Skizzen für Ölgemälde, deren spätere Ausführung ihr gelang oder in einigen Fällen durch ihren frühen Tod verhindert wurde.

Die Beschriftung der Zeichnungen durch Louise wurde sorgfältig ausgeführt und ist teils erläuternder Natur, wie die konkrete Angabe von Teilnehmern und Zielen verschiedener Ausflüge, teils scherzhafter Art. Eine Zeichnung zeigt die Schwester Henriette „Nach der Kaffee-Maschinen-Umsturz-Katastrophe" erschöpft in einer Gartenlaube sitzend. Der Betrachter der Zeichnungen erfährt natürlich auch, sollte eine Person lesend dargestellt sein, welcher Lektüre sie ihr Interesse zugewandt hatte. So bekommt man einen kleinen Einblick, welche Bücher damals von Hand zu Hand gingen. Gern gelesen wurde beispielsweise „Lalla Rockh", eine im Morgenland spielende Dichtung des englischen Schriftstellers Thomas Moore, die 1817 erschien. Sie erfreute sich solcher Beliebtheit, daß sie die Vorlage für ein rauschendes Hoffest am 27. Januar 1821 abgab, zu dem der berühmte Karl Friedrich Schinkel die Dekorationen und der junge Maler und Zeichner Wilhelm Hensel die lebenden Bilder entwarfen. Ehrengäste und zugleich Teilnehmer der Aufführung, die Hensel auf Anweisung des Königs in vielen schönen Zeichnungen festhielt, waren der russische Thronfolger Nikolaus und seine Frau Alexandra Feodorowna, geborene Prinzessin Charlotte von Preußen.

Aber auch Shakespeares „King Henry IV.", Walter Scotts romantischer Erzählung „The Lady of the Lake" sowie Schriften des Historikers Charles Ancillon, der ein Werk über die Historie der französischen Refugies in Brandenburg-Preußen verfaßt hatte, galt das Interesse.

Eine besonders rührend anmutende Zeichnung aus dem Jahre 1824 trägt den Titel „Das Claude'sche Ehepaar, Houwalds Bild lesend". Sie zeigt Louises Eltern einträchtig miteinander auf einem Sofa sitzend. Die Mutter, mit der Brille auf der Nase und einem Häubchen auf dem Kopf, liest aus der 1821 erschienenen Schicksalstragödie „Das Bild" des dramatischen deutschen Dichters Christoph Ernst Freiherr von Houwald vor, indes der Vater mit gefalteten Händen seine Frau anblickt und ihr andächtig zuhört.

Louise Henry gehört zu den Malern des Berliner Biedermeier, dessen Entwicklung fast ausschließlich von der um 1800 geborenen Generation getragen wird. Sie ist eine der 32 Künstlerinnen, die zwischen 1820 und 1850 in Berlin mit Porträts vertreten waren. Außerdem gehört sie zu den Künstlern, die 1906 in der „Ausstellung deutscher Kunst aus der Zeit von 1775–1875", der sogenannten „Jahrhundert-Ausstellung", vorgestellt wurden. Diese Ausstellung hatte die Absicht, in erster Linie nicht die „genauer bekannten deutschen Meister", sondern die „vergessenen oder übersehenen Begabungen" voranzustellen und mit möglichst vielen bedeutenden Werken vorzuführen. Diese Ausstellung gab den Anstoß, die bis dahin herrrschende Einstellung gegenüber der deutschen Kunst des 19. Jahrhunderts zu überprüfen und zu korrigieren.[42]

Da eine umfassende Darstellung der Kunst des Biedermeier, mit der Louise Henrys Schaffen eng verwurzelt war, den Rahmen dieser Arbeit sprengen würde, soll stattdessen anhand einiger ihrer Werke auf typische Merkmale dieser Epoche hingewiesen werden.

Zu Louise Henrys besten Arbeiten zählen die Einzel- und Gruppenporträts. Von den im Biedermeier sehr beliebten und deshalb häufig geschaffenen Familienbildern sollen zwei beschrieben werden, deren Entstehungszeit ca. 12 Jahre auseinanderliegt und an denen der Wandel innerhalb der Porträtauffasssung, der sich in dieser Zeit vollzog, sichtbar wird.

Im „Bildnis der Gärtnersfamilie Mathieu", das um 1820 entstand, stellt uns Louise Henry die Familie ihres Onkels Louis vor, auf dessen Anwesen ihre Familie wohnte und sie ihre Jugend verbrachte. Die Familienmitglieder haben sich um einen großen Tisch geschart. Die Mutter, die sich auf das Buch in ihren Händen konzentriert, bildet den Mittelpunkt der Gruppe. Eine Magd ist mit Gemüseputzen beschäftigt, und die Tochter des Hauses kniet neben ihr und sieht sie aufmerksam an, als wolle sie ihre Hilfsbereitschaft kundtun. Die Männer in der Runde blicken gedankenverloren vor sich hin und geben sich der friedlichen Stille des Feierabends hin. Ein Hündchen, das mit übereinandergelegten Pfoten am Boden liegt, verstärkt den friedlichen Eindruck. Die hohe Hecke im Rücken der Gruppe zeugt vom gärtnerischen Geschick des Louis Mathieu: Die Kakteen, der riesige Rhododendronstrauch, der Tulpenbaum und die Orchideen: sie alle scheinen miteinander zu wetteifern, wessen Blüten am schönsten prangen. Hinter der Hecke erheben sich einzelne schlanke Pappeln. Im Dunst der Ferne rundet sich die Kuppel der Friedrichstädtischen Kirche, und in geringer Entfernung von ihr sticht der mit einer barocken Haube gekrönte schlanke Turm einer weiteren Kirche in die Luft.

Die Schönheit der Natur, die sich dem Blick des Betrachter darbietet, die ruhige Stimmung, die über der Szene liegt: sie sind kennzeichnend für die Entstehung des Gemäldes zu Anfang der zwanziger Jahre, die noch der Kunstauffassung der Romantik verhaftet waren.

1832 entstand das Gemälde „Die Familie Felix Henri du Bois-Reymond“. So wie Louise Henry der Gärtnerfamilie Mathieu besonders in ihrer Jugendzeit eng verbunden war, so bildete sich nach ihrer Eheschließung ein enger Kontakt zu dieser Familie, die den höchsten preußischen Beamtenkreisen zugehörig war.

Felix du Bois-Reymond hatte 1816 Paul Henrys Schwester Minette geheiratet. Er stammte aus der (damals preußischen) Schweizer Provinz Neuchâtel und war seit 1831, also zur Zeit, als das Gemälde entstand, Königlich Preußischer Vortragender Regierungsrat im Ministerium für Auswärtige Angelegenheiten, bei welchem zugleich die Angelegenheiten des Neuchâteler Departements bearbeitet wurden. Daß Louise Henry zu den drei ältesten Kindern des Ehepaares, Julie, Emil und Felicie, ein ausgesprochen herzliches Verhältnis hatte, zeigt sich an den vielen Porträtzeichnungen, die sie von ihnen schuf. Emil du Bois-Reymond, der später ein bedeutender Physiologe wurde und in Berlin als Rektor der Humboldt-Universität und Präsident der Akademie der Wissenschaften eine steile Karriere machte, heiratete Jeanette Claude, die Tochter von Louises Bruder Adolph. So wurde die dritte familiäre Bindung zwischen den Familien Chodowiecki und Claude geknüpft.

Das Gemälde atmet reinsten Biedermeiergeist. Wie im Mathieuschen Familienbild, so hat sich auch hier das Ehepaar du Bois-Reymond mit seinen vier Kindern um einen Tisch versammelt. Aber daß hier alle Familienmitglieder einer Tätigkeit hingegeben sind, ist ein Beispiel dafür, wie inzwischen das Beschäftigungsmotiv in dieser Porträtgattung Platz ergriffen hat. Ebenso wird auch der für das Biedermeier typische Wahrheitsdrang sichtbar, mit dem, wie die Menschen, so auch die leblosen Dinge porträthaft genau dargestellt werden. Der runde Tisch und die übrigen Möbel zeigen die dieser Epoche eigene Einfachheit und Gediegenheit. Der entzückende Blumenstrauß auf dem Tisch offenbart die Vorliebe der Zeit für Stilleben, die liebevoll und mit größter Sorgsamkeit gemalt werden.

Typisch biedermeierlich sind aber auch die über das Sichtbare hinausweisenden Andeutungen, die in diesem Fall der Künstlertradition der Familie Chodowiecki gelten, der die Familienmutter entstammt. Die Büste, die auf einem hölzernen Podest steht, wurde von Gottfried Schadow geschaffen und stellt den Begründer dieser Tradition, Daniel Chodowiecki, dar. Auffallend ist die Ähnlichkeit seines Profils mit dem seiner Enkelin Minette. Eine Mappe von riesigen Ausmaßen deutet auf Chodowieckis Schaffen hin. Daß Louise Henry die Mappe halbgeöffnet dargestellt hat, um die dadurch sichtbar werdenden in ihr enthaltenen Kupferstiche mit größter Akribie ins Bild bringen zu können, läßt ahnen, welche Freude sie empfunden haben mag, auf den Spuren des berühmten Kupferstechers zu wandeln. Das zuoberst liegende Bild „Abschied des Calas“ begründete einst Chodowieckis Ruhm über Berlin und die deutschen Grenzen hinaus. Betrachtet man die Mappe im Zusammenhang mit dem vor Minette liegenden Schlüsselbund, so könnte das ein Hinweis darauf sein, daß ihr die Verwaltung der Chodowieckischen Kupferstiche übertragen wurde, die später, nach ihrem Tod, auf Felicie überging. Das mag erklären, warum das kleine Mädchen versucht, ihre Schwester Julie auf einen Kupferstich aufmerksam zu machen, den sie auf deren Knie gelegt hat, anstatt sich ihrem Spielzeugkasten zu widmen. Eine hinter Julie stehende Harfe, die einstmals ihrer Großmutter Susanne gehörte, deutet auf deren Doppelbegabung für die bildenden Künste und für die Musik hin. Und schließlich wird auch noch eines dritten ehemaligen Mitgliedes der Familie gedacht: Gemäß biedermeierlicher Manier, mit der vielfach Bildnisse bereits Verstorbener angefertigt werden, soll das Kinderporträt, das hinter der Harfe sichtbar wird, andeuten, daß ein weiterer Sohn der Familie bereits vor einigen Jahren im Alter von sechs Jahren verstorben ist.

Bei so vielen Details, die alle darauf hindeuten, daß der Ort, an dem sich die Familie aufhält, eigentlich nur ein Zimmer in ihrer Berliner Wohnung sein kann, scheint es verwunderlich, daß der Blick aus dem großen von schweren dunkelgrünen Vorhängen eingerahmten Fenster einen sonnenbeschienenen von Bergen umrandeten See erfaßt. Im Vordergrund steigt eine Stadt am Abhang eines Hügels stufenartig an und wird im oberen Teil von einem hellschimmernden Schloß und einer romanischen Kirche bekrönt: Das ist die Heimat des Felix du Bois-Reymond, die Stadt Neuchâtel, am gleichnamigen See gelegen. Auch diese Art der Hintergrundgestaltung stellt eine der vielen Facetten der Biedermeiermalerei dar: Im Laufe ihrer Entwicklung veränderte sich auch die Gestaltung des Porträthintergrundes, und es gibt Beispiele, daß der Auftraggeber bestimmte, in welcher Landschaft er dargestellt sein wollte. Daß diese Art der Darstellung oft einen symbolischen Charakter hatte – wie im du Bois-Reymondschen Gemälde ersichtlich – liegt nahe.

Bei den zwei folgenden Interieurporträts passen im Gegensatz zu dem soeben beschriebenen Familienbild Innenraum und Ausblick aus dem Fenster zusammen. Das Gemälde „Der Prediger Paul Henry, Calvins Biographie schreibend", das auch „Der müde Prediger" genannt wird, und um 1830 entstand, zeigt Louises Ehemann, in einen langen dunklen Hausrock gekleidet, mit geschlossenen Augen an einem runden Tisch sitzend. Sein angewinkelter linker Arm stützt sich auf ein großes, aufgeschlagenes Buch, und die Stirn ist gegen die schöne schlanke Hand geneigt. Die rechte Hand liegt auf der Armlehne des Sessels und hält eine Schreibfeder. Die ihn umgebenden Gegenstände sind sorgsam ausgeführt: die Öllampe mit dem Schirm aus Milchglas, das Schreibzeug, die Bilder an der Wand. Oberhalb eines Paravants, der fast die Hälfte des Fensters verdeckt, erblickt man den nördlichen Teil des Chores der Friedrichwerderschen Kirche. Er bietet, wie die gesamte Kirche, mit seinen mit gotischem Maßwerk verzierten Fenstern und dem Dachabschluß, der von einer schön gestalteten steinernen Brüstung und mehreren dazwischen angeordneten spitzen Türmchen gebildet wird, einen unverwechselbaren Anblick. Diesen Blick auf das Gotteshaus, das nur wenige Schritte von ihrem Wohnhaus entfernt gelegen war, konnten die Henrys noch nicht lange genießen, denn erst in den Jahren 1824–1830 war diese ebenfalls Französisch-Reformierte Kirche als erster neugotischer Backsteinbau in Berlin nach den Plänen Schinkels gebaut worden.

Wüßte man nicht die Entstehungszeit des zweiten Interieurporträts, das hier vorgestellt werden soll, so könnte man es, ebenso wie das des „müden Predigers", anhand des Ausblickes aus dem Fenster annähernd festlegen: 1831 porträtierte Louise den guten Freund der Familie Henry, den Juristen, Sprachkundler und Theologen Georg Heinrich Ludwig Nicolovius (1767–1839). Für die Literaturinteressierten ist er insofern von Interesse, als er der Gatte von Johann Wolfgang von Goethes Nichte Luise Schlosser war. Der Gelehrte sitzt am Schreibtisch mit dem Rücken zum Fenster, hinter dem man den Turm der Friedrichstädtischen Kirche erkennt. Aus der Art und Weise, wie die im mittleren Teil des Turmes befindliche Säulentrommel und die sich darüber erhebende Kuppel ganz nahsichtig wiedergegeben sind, ist zu schließen, daß sich die Nicoloviussche Wohnung in einer der oberen Etagen eines Hauses in unmittelbarer Nähe der Kirche befand. Und tatsächlich verrät der Berliner Adreßkalender, daß Nicolovius von 1827–1835 in der Französischen Straße Nr. 42 wohnte, direkt gegenüber der Kirche.

Zuletzt sollen noch zwei Porträtzeichnungen vorgestellt werden, deren erste vor dem September 1826 entstanden ist, da sie von Louises mit ihrem Mädchennamen signiert wurde. Eine bessere Beschreibung der Zeichnung als diejenige, die Heinrich Heine am 16. März 1822 formulierte, kann es kaum geben, obwohl dieselbe zu dieser Zeit vielleicht noch gar nicht ausgeführt war:

> Wenn ich von einem großen norddeutschen Juristen spreche, der das schwarze Haar so lang als möglich von der Schulter herabwallen läßt, mit frommen Liebesaugen gen Himmel schaut, einem Christusbilde ähnlich sehen möchte, übrigens einen französischen Namen trägt, von französischer Abstammung ist, und doch gar gewaltig deutsch thut, so wissen die Leute, wen ich meine. (DHA IV, 19)

Nun, es handelt sich um Friedrich Carl von Savigny (1779–1861), der 1810 von Wilhelm von Humboldt als Mitbegründer der Universität nach Berlin berufen wurde und dessen Vorlesungen Heine in den Jahren 1822 und 1823 besuchte. Savigny war Begründer und Hauptvertreter der historischen Rechtsschule, die nicht nur von Heine als reaktionär eingeschätzt wurde, sondern auch von den Kreisen, in denen er während seiner Berlin-Aufenthalte verkehrte. Daß der Dichter auch später an seinem negativen Urteil festhielt, beweist sein Gedicht „Die Menge tut es" von 1853–1856, in dem er in seiner boshaft-witzigen Art gegen Savigny zu Felde zieht.

Die zweite, sehr zarte und schöne, leider unsignierte und undatierte Zeichnung zeigt Louises Selbstporträt, das als Studie für das in ihrem Todesjahr 1839 ausgestellte Ölgemälde angesehen wird. Hinsichtlich der Ähnlichkeit in den Gesichtszügen und in der Bekleidung – Halskrause, Rüschenhäubchen und breitkrempiger Hut mit herabhängendem zarten Schleier – erinnert es jedoch an die Zeichung, auf der Louise und Paul im Jahre 1826 im Boot dargestellt sind.

In ihrem letzten Brief an Minna Claude vom 13. Juni 1839 bezieht sich Louise vermutlich auf diese Zeichnung:

> Mein heutiges Schreiben hat noch einen besonderen Zweck, nämlich Dir dringend eine Bitte ans Herz zu legen. Es ist bei uns jetzt nämlich ganz bestimmte Überzeugung,

> daß ich nicht genesen kann u. da vermißt mein lieber Mann dasjenige, was nach meinem Tode von großem Werte für ihn sein würde, nämlich ein gutes Porträt von mir. Ich erinnere mich, daß ich Dir eine Zeichnung im Hute, die ich meinem Manne ursprünglich bestimmt hatte, zum Geschenk gemacht [...] und nach dieser hat mein lieber Mann ein so großes Verlangen, daß es mich recht erfreuen würde, könnte ich Dich bewegen sie ihm zurückzugeben [...] Bitte, liebe Minna, schlage es mir nicht ab – u. laß meinem Mann bei erster sicherer Gelegenheit die Zeichnung zukommen!! – Wenn Ihr mich jetzt sähet, wie abgemagert u. gespenstartig ich einherwanke, würdet Ihr es noch natürlicher finden, daß mein Mann ein Verlangen hat mich zu sehen, wie ich war. Mein Ölgemälde findet er gar nicht ähnlich [...][43]

Im frühen 19. Jahrhundert war die Selbstdarstellung von Künstlern im Vergleich zu allen vorangegangenen bürgerlichen Kunstepochen auffallend häufig. Sie dokumentiert die Anerkennung und Bewunderung, die ihnen durch die bürgerliche Gesellschaft, mit der sie sich identifizierten, zuteil wurden und gab ihrem gehobenen Standesgefühl Ausdruck. Dazu gehörten auch die häufig ausgeführten Atelierszenen, in denen die Künstler sich selbst, oft auch zusammen mit ihren Modellen oder Freunden, darstellten.

Hier weicht Louise Henry völlig vom Üblichen ab. Mit Ausnahme des Jahres 1839 wurde in den Katalogen der Akademie-Ausstellungen nie ein Selbstbildnis ausgewiesen. Möglicherweise hat sie dieses eine Gemälde auch gar nicht selbst eingereicht.

In den Skizzenbüchern und einzelnen Blättern, die zur Auswertung vorlagen, sind außer der Zeichnung, die sie und Paul im Boot darstellt, nur noch drei weitere Zeichnungen überliefert, in denen sie sich selbst – beiläufig innerhalb einer größeren Gruppe – darstellt. Eigenartigerweise hat sie sich selbst auch nie beim Zeichnen oder Malen porträtiert. Freilich gibt es auch in ihrem Oevre einige „Atelierszenen". Aber wenn Louises „Mahlzimmer" den Hintergrund für ein Porträt abgab, dann saßen immer ihre Freundin Riekchen Grade oder ihre Nichte Julie darin und zeichneten, oder, wie eine entzückende Szene zeigt, die kleine Jeanette Claude machte ihren Bruder Adolph auf einen sogenannten „Gliedermann" aufmerksam, den Tante Louise für ihre Studien brauchte und den die Kleine hinter einem Vorhang entdeckt hatte.

Dieser „Verzicht auf repräsentative Darbietung, die Bescheidenheit in ihrem Auftreten, bewirkten, daß sie übersehen wurde", resümierte Professor Börsch-Supan. Damit begründete er: „Louise Henry gehört zu den in Vergessenheit geratenen Berliner Künstlern."[44]

Sich mit ihrem Schaffen vertraut zu machen, wird besonders dadurch erschwert, daß sich der überwiegende Teil von Louise Henrys Gemälden in Privatbesitz befindet. Nach ihrem Tode wurden nur einige wenige ihrer Werke in den Jahren 1906, 1926 und 1981 in Berlin sowie 1962 in München der Öffentlichkeit präsentiert, so daß man ihr auch auf diesem Wege nicht näher kommt. Allerdings ist es ein gutes Omen, daß im letzten Jahr vor der Jahrtausendwende mehrere Gemälde Louise Henrys in der Ausstellung „Zwischen Ideal und Wirklichkeit – Künstlerinnen der Goethezeit zwischen 1750 und 1850" in Gotha und Konstanz sowie in der Ausstellung „Von Friedrich bis Liebermann – 100 deutsche Meisterwerke vom Beginn des 19. Jahrhunderts bis zum frühen 20. Jahrhundert" in Coburg vorgestellt wurden.

Anmerkungen

1 SBB PK, Handschriftenabteilung, Nachlaß Runge-du Bois-Reymond, Depositum 5, Mappe Nr.141.
2 Ebd.
3 Theodor Fontane: Prolog zur Feier des 200-jährigen Bestehens der französischen Kolonie zu Berlin, 1. November 1885. – In: Ders.: Werke, Schriften und Briefe. Hrsg. v. Walter Keitel/ Helmut Nürnberger. München 1970, Abt. I, Bd. 6, S. 535f.
4 Friedrich Nicolai: Beschreibung der königlichen Residenzstädte Berlin und Potsdam sowie aller daselbst befindlichen Merkwürdigkeiten und der umliegenden Gegend. Berlin [3]1786. Neudruck. Berlin 1968, Bd. I, S. 140ff.
5 Käte Gläser: Das Bildnis im Berliner Biedermeier. Berlin 1932, S. 56.
6 [anonym]: Henriette Violet, geb. Claude. Consistorium der Französischen Kirche Berlin.
7 Louise Henry an Gottfried Schadow, 27. März 1833. Stiftung Archiv der Akademie der Künste zu Berlin, Pers.-BK Nr. 207.
8 Ellen du Bois-Reymond an Lilly Röhricht, 22. November 1937. Privatbesitz.
9 Antrag vom 8. Juni 1827 auf die Gewährung einer Unterstützung von 100 Thalern für die Malerin Sophie Harz auf drei Jahre. GStA PK, I HA Rep. 92 Geheimes Zivilkabinett, Nr. 20374, Bl. 51.
10 Zur Jubelfeier 1696–1896. Kgl. Akad. Hochschule für die bildenden Künste zu Berlin. Berlin 1896, S. 80f.
11 Die Kataloge der Berliner Akademie-Ausstellungen 1786–1850. Bearb. v. Helmut Börsch-Supan. Berlin 1971, Reg.-Bd. Ia: Künstler als Autoren, S. 50 (Louise Henry) und S. 66 (Emma Mathieu).
12 Louise Henry an Gottfried Schadow [Anm. 7].
13 Allgemeines Lexikon der bildenden Künste von der Antike bis zur Gegenwart. Hrsg. v. Ulrich Thieme/Felix Becker. Leipzig 1910, Bd. 16, S. 455 sowie Chris Petteys: Dictionary of Women Artists. Boston 1985, S. 332.
14 Helmut Börsch-Supan: J.K. Kretschmar. – In: Der Bär von Berlin. Berlin 1978, S. 97–122.
15 Ebd.
16 Kunst-Blatt. Hrsg. v. Ludwig Schorn als Wochenbeilage für das Morgenblatt für gebildete Leser. Stuttgart/Tübingen, Nr. 94, 23. November 1826, S. 375.
17 Ebd.
18 Abgelehnter Antrag Altensteins vom 9. Juli 1835 an den König, die Einrichtung eines weiteren Unterrichtsateliers durch Karl Begas zu finanzieren. GStA PK [Anm. 9], Bl. 97ff.
19 Altensteins Stellungsnahme. Ebd., Bl. 33.
20 Schreiben des Ministeriums der Geistlichen, Unterrichts- und Medicinal-Angelegenheiten an die Königliche Akademie der Künste wegen Pensionierung der Louise Claude, 2. Juni 1823. Stiftung Archiv der Akademie der Künste zu Berlin, Preußische Akademie der Künste, Registratur, Ministerialreskripte 1823 IX AB 123/22. Fiche 2+, S. 87.
21 Antrag Altensteins vom 7. November 1839 betr. Aufteilung der Pension von 300 Thalern unter vier Bewerberinnen. GStA PK [Anm. 9], Bl. 154f.
22 Eugenie Rosenberger an Ellen du Bois- Reymond, undat. [Anm. 1], Mappe Nr. 144.
23 Renate Berger: Malerinnen auf dem Weg ins 20. Jahrhundert. Köln 1982, S. 192.
24 Joseph Wilhelm von Hohenzollern, Fürst-Bischof von Ermland an Louise Claude, 21. Juni 1822. [Anm. 1], Mappe Nr. 39.

[25] Eugenie Rosenberger an Ellen du Bois- Reymond [Anm. 22].
[26] Gräfin Auguste von Schlieffen an Louise Henry, November 1838. [Anm. 1], Mappe Nr. 39.
[27] Louise Henry an Minna Claude, 19. November 1838. Ebd., Mappe Nr. 143.
[28] Louise Henry an Minna Claude, 7./8. September 1838. Ebd.
[29] Die Kataloge der Berliner Akademie-Ausstellungen [Anm. 11], S. 50 (Susanne Henry) sowie S. 78 (Henriette Félicité Robert).
[30] Senatssitzungsprotokoll vom 1. März 1833. Stiftung Archiv der Akademie der Künste zu Berlin, Preußische Akademie der Künste, Nr. 47.
[31] Die Kataloge der Berliner Akademie-Ausstellungen [Anm. 11], Bd. I. Chronik der Königlichen Akademie der Künste vom September 1818 bis zum September 1820. S. VIIff des Jahres 1820.
[32] „... zusammenkommen, um von den Künsten zu räsonieren". Materialien zur Geschichte der Preußischen Akademie der Künste. Ausstellungs-Katalog. Berlin 1991, S. 45.
[33] Die Kataloge der Berliner Akademie-Ausstellungen [Anm. 11], Bd. I, S. 309.
[34] [anonym]: Henriette Violet [Anm. 6].
[35] Louise Henry an Gottfried Schadow [Anm. 7].
[36] Louise Henry an Minna Claude, 7./8. und 19. September 1838. [Anm. 1], Mappe Nr. 143.
[37] Eugenie Rosenberger an Ellen du Bois- Reymond [Anm. 22].
[38] Eugenie Rosenberger: Felix du Bois-Reymond 1782–1865. Berlin 1912, S. 136.
[39] Louise Henry an Minna Claude, 6. Juli 1835. [Anm. 1], Mappe Nr. 143.
[40] Louise Henry an Minna Claude, 6. November 1838. Ebd.
[41] Der Generalbauinspektor für die Reichshauptstadt Berlin – Gräberkommissar. Findbuch betr. Bestand und Erhaltung der bedeutsamen Grabstätten und Friedhöfe in Groß-Berlin. Landesarchiv Berlin, Pr. Br. Rep. 107–01. – Ernst von Harnack (1888–1945) war der Gräberkommissar von Berlin in dieser Zeit.
[42] Ausstellung deutscher Kunst aus der Zeit von 1775–1875. Gemälde und Skulpturen. Ausstellungs-Katalog. München [2]1906, Vorwort, S. 8.
[43] Louise Henry an Minna Claude, 13. Juni 1838. [Anm. 1], Mappe Nr. 143.
[44] Helmut Börsch-Supan: Die Kunst in Brandenburg-Preußen. Berlin 1980, S. 251.

Charlotte Birch-Pfeiffer (1800–1868)

Frauen proben den Aufstand: „Herma" und die Amazonendramen ihrer Zeit

HELGA KRAFT, CHICAGO

> Herma:
> Der Ursprung nicht, der Geist der uns beseelt,
> Bestimmt die Bahn die wir zu wandeln haben.[1]

Da Birch-Pfeiffer, wie viele andere bahnbrechende Autorinnen, im Theater- und Literaturkanon nicht vorkommt, soll sie zunächst als Schriftstellerin des 19. Jahrhunderts vorgestellt werden. Sie war Zeitgenössin von Heinrich Heine, wurde im Jahre 1800, drei Jahre nach ihm, geboren und starb 1868. Ein Jahr nach der Veröffentlichung von Heines „Buch der Lieder" schrieb Birch-Pfeiffer ihr erstes Theaterstück „Herma" (1828).

Kaum jemand weiß, daß Birch-Pfeiffer Theaterbesuchern und -kritikern im 19. Jahrhundert über vierzig Jahre lang wohlbekannt war. Zwischen 1828 und 1860 schrieb sie rund einhundert Dramen, die auch veröffentlicht wurden. Nicht anders als die „kanonischen" Schriftsteller erhielt sie gute und schlechte Rezensionen von zeitgenössischen Kritikern. Fontane würdigte ihre Leistung noch 1881 auf lobende Weise.[2] Heine hingegen negierte sie herablassend und fertigte sie als „Vielschreiberin" ab, deren dramatische Fähigkeiten er in Frage stellte.[3] Seine Kritik wurde ungeprüft wiederholt: „Heine wurde auch in der späteren Rezeption B[irch] P[feiffer]s immer wieder zitiert, und seine Worte sollten lange maßgebend gelten. Moderne Forscher [...] stützen sich z.B. noch heute auf Heine."[4]

Wie erklärt es sich also, daß eine Vielzahl der Dramen von Birch-Pfeiffer reißenden Zuspruch bei Theaterdirektoren erstklassiger Bühnen, Schauspielern und dem Publikum in allen deutschsprachigen Ländern sowie im Ausland fanden? Einige Stücke wurden über zweihundertmal u.a. im Wiener Burgtheater oder im Berliner Nationaltheater aufgeführt. Sie stellten die wenigen Aufführungen, die von Goethes und Schillers Dramen zu der Zeit verzeichnet sind, weit in den Schatten. Nach etlichen mehr oder weniger schmeichelhaften Nachrufen zu ihrem hundertsten Geburtstag im Jahre 1900, ging Birch-Pfeiffer gewissermaßen in der Geschichtsschreibung unter, ein Schicksal, das auch andere Schriftstellerinnen erlitten, die nicht so recht in das Konzept der Theater- und Literaturwissenschaft des Fin-de-siècle paßten. Wo die Autorin weiterhin verzeichnet bleibt, wird sie trivialisiert. Zum Beispiel wird ihr eine biedermeierliche „Nachahmung" von Stoffen aus Romanen und anderen Quellen vorgeworfen. Es ist noch nicht ausreichend erforscht, wie sehr sich Birch-Pfeiffer die Adaptionen zu eigen gemacht hat, d.h. ob sie ihnen Kreatives hinzugesetzt hatte, wie es z. B. bei Shakespeare oder Kleist der Fall war. Meist wird übersehen, daß rund zwei Drittel ihrer Dramen Originalstücke sind.

Erst mit dem wachsenden Interesse an dem „New Historicism" und der postmodernen Kritik der letzten Zeit wird die Trennung zwischen der sogenannten „hohen Literatur" und Trivialliteratur aufgehoben. Anton Kaes weist darauf hin, daß die neuen Interpretationsmethoden den „dominanten, alle Differenz vereinheitlichenden Erklärungsmodellen, [...] den meist allzu streng gezogenen Grenzen zwischen hoher Kunst und Massenkultur, [...] zwischen Kanonisiertem und dem Marginalen"[5] skeptisch gegenüberstehen. Zunächst wurde die ausländische Germanistik auf Birch-Pfeiffer aufmerksam, und danach schenkte man ihr hier und da auch in Deutschland Beachtung.[6] Zuvor gab es einige Dissertationen, die ihre Werke zumeist an dem etablierten Kanon gemessen und für zu leicht befunden hatten. Auch alternative Wissenschaftler und Feministinnen wagten sich nur zögerlich an die Dramatikerin, möglicherweise weil sie als monarchiefreundlich galt und nicht zur emanzipatorischen Frauenbewegung gehörte.[7] Sogar noch in einer Abhandlung über deutsche Schriftstellerinnen des 19. Jahrhunderts aus dem Jahre 1998 fehlt Birch-Pfeiffer im Register.[8]

Und doch war sie zu ihrer Zeit unglaublich erfolgreich, denn Birch-Pfeiffer hatte ein Gesellschaftsbild zu bieten, das das Publikum in die Theater lockte. Es hat sicherlich etwas damit zu tun, daß die Zuschauer zu der Zeit schon oft zur Hälfte aus Frauen bestanden, denn Frauen standen meist im Mittelpunkt ihrer Dramen. Ingrid Hiort af Ornäs schreibt, ihre Schauspiele „lassen einen Protest gegen die weibliche Unterdrückung und zuweilen sogar aktive Maßnahmen für ein freieres Leben der Frauen erahnen. Birch-Pfeiffer nahm aber immer Rücksicht auf Ansichten und Geschmack des Publikums [...]"[9] Möglicherweise entsprechen einige ihrer Stücke in ihrem Anreiz populären Filmen von heutzutage. Die Dramatikerin profitierte davon, daß sie stets eng mit dem Theater verbunden war. Von ihrem dreizehnten Jahr an bis zum Ende trat sie auch als Schauspielerin auf. Ihr Doppelberuf kam nicht nur ihrer bühnenwirksamen Dramatik zugute, sondern auch ihrer Geschäftstüchtigkeit in Bezug auf die Aufführung ihrer Stücke. Durch ihre Gastspiele wurde sie mit Intendanten, Dramaturgen und Theaterleitern bekannt, konnte sie Beziehungen anknüpfen und Verträge verhandeln.

Obgleich das Humanitätsideal oder die Gesellschaftsproblematik der Zeit bei ihr nicht in einer ähnlich intellektualisierten Ausdrucksweise wie bei Dramatikern des Kanons erscheint, enthalten ihre Stücke eine andere Art von Innovation und gesellschaftlicher Kritik, die bisher übersehen wurde, und die erst durch die Sichtweise postmoderner Literatur- und Gesellschaftstheorien erkenntlich wird.[10] Ihre Dialoge sind dynamisch und spannungsvoll; die besten SchauspielerInnen der Zeit rissen sich nach Rollen in ihren Stücken. Die Sprache ist den Bühnenfiguren angepaßt, klar und ohne Schwulst. Ihre Darstellung von Frauen weicht ganz besonders von den Dramen ihrer Zeit ab. Susanne Kord hat zum Beispiel in einem Vergleich von Birch-Pfeiffers Stück „Elisabeth" mit Schillers „Maria Stuart" festgestellt, daß die Königin bei Birch-Pfeiffer weit moderner erscheint:

> Was Birch-Pfeiffer hier aufs Theater bringt, ist in Dramen männlicher und zum großen Teil auch weiblicher Autoren unerhört: eine Frau, die ihre „Weiblichkeit" zugunsten ihrer politischen Handlungsfreiheit aufgibt, die dafür nicht einmal mit dem Tod bestraft wird und die am Ende des Stückes auch nicht die Spur von Reue zeigt.[11]

Angeregt durch die politischen und kulturellen Bewegungen zu Beginn des 19. Jahrhunderts wurden Frauen von männlichen Aktivitäten angezogen. Ingeborg Weber-Kellermann schreibt:

> Das Besondere und Neue im Leben der Frauen aus gehobenen Schichten in dieser Epoche war eine gewisse Unabhängigkeit und Frische, ein Mut zum Unkonventionellen, wenn es um die Verwirklichung der eigenen Lebensideale ging. Die Umwelt nahm davon im allgemeinen nur mit kritischem Erstaunen Kenntnis, denn zu fest war die männliche und weibliche Rollenverteilung in den Vorstellungen der Gesellschaft noch verankert.[12]

Jedoch drücken die Repräsentationen eine Ambivalenz aus. Amazonen in Mythologie, bildender Kunst und Literatur wurden schon seit jeher als widerspenstige Frauen in kriegerischer Rüstung dargestellt, die schließlich durch Männer, von denen sie in Besitz genommen werden, in weibliche Rollen zurückgedrängt oder umgebracht werden.[13] Während für Frauen Männlichkeitssignifikanten aufwertend galten und amazonische Frauendarstellungen – angefangen von Pallas Athene – gang und gäbe sind, sind in Literatur und Kunst kaum Darstellungen zu finden, in denen Männer in traditionell weiblichen Rollen verkörpert sind. Sie verkleiden sich höchstens als Frauen, um einer Gefahr zu entkommen oder um eine Rolle auf dem Theater zu spielen. Normalerweise sind sie als Helden dargestellt, als Beschützer von Vaterland und Familie, als Gesetzesgeber, Dichter und Denker. Die feministische Kritik hat schon längst erkannt, daß Charakteristiken, die dem Weiblichen zugeordnet sind, besonders in der deutschsprachigen Gesellschaft, um die es hier geht, negativ besetzt waren. Im allgemeinen Konsens war Weibliches vom Wesen her dem Männlichen untergeordnet. Es sollte ihm gerne dienen, denn besonders im Geschlechterdiskurs des frühen 19. Jahrhunderts erfüllt und entwickelt die ideale Frau ihr „naturgegebenes Wesen" durch Hingabe an andere in der privaten Sphäre. Zeigte sie Friedfertigkeit, Fürsorge und Passivität, war ein Sockel für sie bereit. In literarischen Repräsentationen kommen aktive, selbstbewußte Frauen zumeist zu einem schlimmen Ende. So blieben Frauen am Rande der Aufklärung in einer Unmündigkeit stecken, die nicht selbst verschuldet war.

Durch Aufklärung und Wissenschaft machten sich Anfang des 19. Jahrhunderts jedoch auch gleichzeitig Brüche im Geschlechterrollendiskurs bemerkbar. Etwas stimmte nicht. Die anti-autoritären Ideale der französischen Revolution hatten die Begriffe von Freiheit und Gleichheit verbreitet. Erste Schriften zur Gleichbefähigung der Frau erschienen auch in Deutschland in der Öffentlichkeit. Besonders eindringlich beschäftigt sich mit dieser Frage 1792 das Buch von Hippel „Über die bürgerliche Verbesserung der Weiber"[14], das freilich in weiten Kreisen als Satire aufgefaßt wurde. Obgleich das Amazonen-Motiv ein Urmotiv in der Literatur darstellt und schon in der Renaissance Hochkonjunktur hatte, ist die massive Wiederaufnahme auf deutschsprachigen Bühnen im frühen 19. Jahrhunderts besonders auffällig. Diese Zeit wird oft als eine Epoche der Selbstzufriedenheit und Verdrängung gesehen, die aber von unterschwelligen Ängsten begleitet war. Repräsentationen kriegerischer Frauen unterstützten einerseits das Gleichheitsmodell der französischen Revolution, aber andererseits verdammten sie ein Modell des gefürchteten Irrationalen, das man sowohl als Merkmal der Weiblichkeit erkannte, das aber auch die revolutionären Massen charakterisierte, deren Herrschaft unterdrückt werden sollte. Es wurde deutlich gemacht, daß nicht nur wegen fehlender Muskelkraft Frauen als Beschützerinnen untauglich waren, sondern daß auch inhärenter Irrationalismus sie von öffentlichen und politischen Entscheidungen ausschließen müsse. Biblisch-religiöse Argumente, die den Geschlechterunterschied der Frauen begründet hatten, wurden vom 18. Jahrhundert an darüber hinaus durch „wissenschaftliches" Beweismaterial untermauert:

> [...] [i]n eighteenth-century Germany, the ideology of [...] a gender division became widely known and accepted, in particular in the ranks of the growing middle class; by the nineteenth century, the labels themselves were naturalized and efforts were undertaken to provide them with scientific verifications.[15]

Kein Wunder, daß Repräsentationen von Frauen in Männerrollen, z. B. von Kriegerinnen, eine zweideutige Symbolik innehatten. Dabei wurden auch Klassen- und Nationalunterschiede abgehandelt. Die unteren Klassen, aber auch ausländische Gruppen wurden feminisiert, wobei es in Deutschland besonders gilt, sich gegen eine französische Gefahr abzuschirmen. So bemerkt George Mosse in „Nationalism and Sexuality": „for many Germans, the French lacked manliness."[16] Eine Gleichberechtigung der unteren Schichten wird jedoch oft hingenommen, wenn ein Mann nach oben drängt.

Im Folgenden soll eine Übersicht über Amazonen-Dramen des frühen 19. Jahrhunderts gegeben werden. Wenn wir uns auf Dramen beschränken, in denen Frauen tatsächlich kriegerisch oder als Herrscherinnen auftreten, müssen wir in unserer Aufzählung im deutschsprachigen Drama mit Schillers „Die Jungfrau von Orleans" (1801) anfangen; sodann folgt „Penthesilea" (1808) von Kleist. Friedrich Hebbels „Judith" kam 1840 heraus. Weniger bekannt ist der Schriftsteller Franz Ignaz von Holbein mit seinem Stück „Mirina, Königin der Amazonen" (1806). Allein zum Libussa-Mythos und dem Aufstand der böhmischen Mägde wurden aus der Zeit sieben Dramen identifiziert, was sicherlich von dem Interesse der Zeit zeugt, die Klassengesellschaft in Frage zu stellen. Brentano schrieb 1815 „Die Gründung Prags". Carl Franz van der Velde's „Die böhmischen Amazonen" wurde im Jahre 1817 uraufgeführt. Franz Grillparzer schrieb „Libussa" in den zwanziger Jahren (das Drama wurde aber erst nach dem Tod des Dichters veröffentlicht). Das Stück „Herma und die Söhne der Rache. Romantisches Gemälde der Vorzeit" von Charlotte Birch-Pfeiffer liegt in der Mitte dieser Epoche (1828). Es ist das einzige auch gedruckte Amazonen-Stück der Zeit, das von einer Frau geschrieben wurde.

Es fragt sich nun, ob die in diesen Dramen inszenierten Geschlechter- und Klassendifferenzen eine Infragestellung des status quo einschließt oder eher apologetisch und reaktionär das alte restriktive Gesellschaftsmodell befürworten. Verändert sich am Ende das Identitätsbewußtsein der Frau oder wird diese wieder in ihre traditionelle Rolle zurückgedrängt? Wird vielleicht dabei auch die männliche Heldenrolle, die Mord und Totschlag beinhaltet, in Frage gestellt? Verbindet sich die Männerrolle mit einem reaktionären Gesellschaftssystem, das ein Volksbewußtsein in einer Welt einübt, die weiterhin eine privilegierte Schicht fördert? Auf welche Seite stellen sich die Schriftsteller und wie steht es mit dem „Blick der Frau"? Spricht das Stück von Birch-Pfeiffer Aspekte der amazonischen Frau an, die bei männlichen Autoren fehlen?

Es ist allen Stücken, die zu den Amazonendramen gehören, gemeinsam, daß die Frauen äußerlich zwar auf kurze Zeit als Herrscherinnen auftreten und sich wie heldenhafte Männer gebärden, aber im Endeffekt emotionell und gesellschaftlich von Männern abhängig bleiben. In diesem Zusammenhang spielt der Liebesdiskurs der Zeit eine große Rolle. Susanne Baackmann weist in ihrer Studie „Erklär mir Liebe" auf die Problematik der Liebesauffassung hin, die ins 20. Jahrhundert hineinreicht. Noch jetzt „beschreiben weibliche Geschichten von der Liebe die Problematik, als Teil eines Paares in eine Ordnung eingelassen zu sein, die die Frau und ihr Begehren in vielerlei Hinsicht ausschließt."[17]

Die Geschlechterbeziehung in Dramen des frühen 19. Jahrhunderts wird durch das Postulat einer instinktiven weiblich-männlichen Attraktion zueinander sozialisiert, was sich in einer romantisch-fatalistischen Liebesauffassung ausdrückt. Wie ein Blitz schlägt in allen Dramen die Liebe auf den ersten Blick ein und bestimmt den Rest des Lebens von Mann und Frau. Das ist auch so bei Schiller, Kleist und Grillparzer. Bei den Frauen führt dies – außer bei „Herma" – zur Aufgabe ihres Emanzipationsanspruchs, während es die patriarchalische Gesellschaftsordnung und den Mann in ihrem Herrscheranspruch festigt.

Eine Ausnahmestellung nimmt Kleists Drama „Penthesilea" ein, das oft gegensätzlich analysiert worden ist. Ich stimme mit Interpretationen überein, wonach Kleist durch „Penthesilea" eine Kritik der Männlichkeit bzw. der getrennten Geschlechtercharakteristiken unternimmt.[18] Der Amazonenkönigin sind Worte in den Mund gelegt, die Kleist selbst fast wörtlich in einem persönlichen Brief an seinen Freund von Pfuel niederschreibt. Es geht darum, daß er als Mann wünscht, weibliche Hingabe ausdrücken zu dürfen. Die männerspezifischen Anforderungen, die Penthesilea überfordern, sind auch unerwünschte Anforderungen an einen Mann in Kleists Gesellschaft, gegen die er sich wehrt. Die Rollen sind hier zweifach verkehrt: eine Frau in einer Männerrolle zeigt, wie absurd und unmenschlich diese Rolle auch für einen Mann sein muß.

Mit einigen Ausnahmen ist es bei den Amazonendramen sonst selbstverständliche Voraussetzung, daß die Geschlechterunterschiede naturgegeben sind und deshalb eine Rollenteilung unternommen werden muß, die den Mann ans öffentliche, die Frau ans private Leben bindet und sie dem Mann unterstellt.[19] Da die geschlechterspezifische Fähigkeit zu herrschen eine imaginäre ist, durchzieht Furcht den Diskurs. Was Inge Stephan im Hinblick auf Schillers Jeanne d'Arc-Figur sagt, gilt im Hinblick auf andere kämpferische Frauen in der Literatur:

> Gerade der kämpferische Mut und die Energie [...] mobilisieren Triebenergien bei den männlichen Zeitgenossen und den nachfolgenden Autoren. Johanna fasziniert als kämp-

ferische Frau, zwingt zur Unterwerfung und Anbetung, löst zugleich aber tiefsitzende Männerangst aus, die sich in den antiken Amazonenmythen ebenso ausdrücken wie in der zeitgenössischen Angst vor der „emanzipierten“ Frau.[20]

Die Kontrolle geht meist über die Sexualität, die im Liebesdiskurs eingebunden ist. Johanna als Frauenbild ist Ausdruck eines perversen Jungfrauenkultes, in dem die Fixierung auf die „Reinheit“ der Frau als Gewalt gegen die lebendige Frau ausagiert und ausphantasiert wird.[21]

Bei Schiller wird, wie auch in Hebbels „Judith“, die „Natur der Frau“ in ihrem geschlechterspezifischen Unterschied zum Mann klar aufrecht erhalten. Nur durch ein überpersönliches Ziel – beide werden durch Gottvater berufen – ist die Frau gewissermaßen als Abweichung und Ausnahme in die Lage gesetzt, eine politische Leistung zu vollbringen und damit gleichzeitig recht eigentlich das Patriarchat zu stärken. In allen Fällen ist es im Rahmen des Liebesdiskurses die „eingeborene“ weibliche Schwäche, die das Unternehmen unterminiert. Ungewollt verlieben sich die Jungfrau und Judith in den Feind, „fallen“ für ihn. Bei beiden Stücken geht es nicht um die Emanzipation der Frau, sondern um Männerpolitik. Hier wie da droht dem Lande eine Gefahr von außerhalb, doch schaffen es weder die „verweiblichten“ Franzosen (bei Schiller) noch die „weibischen“ Juden (bei Hebbel), den Feind zu vertreiben. Dem „unmännlichem“ Verhalten anderer Völkergruppen wird die Würde des „deutschen Mannes“ entgegengestellt. Schiller prüft seine Auffassung, daß der aufgeklärte Mensch über seine Natur hinauswachsen kann und statuiert das Exempel durch ein junges Mädchen. Die religiöse Inspiration ist für ihn lediglich Motor menschlicher Leistungsfähigkeit. Doch ist bei ihm die Frau zu schwach oder die „weibliche“ Natur zu stark. Johanna erreicht die „männliche Würde“ nicht, weil sie „dem Wesen der Frau“ nicht entkommen kann. Schillers Tragödie postuliert den aufgeklärten Menschen geschlechterspezifisch, die Jungfrau mußte scheitern.

Meist geben die Frauen die Macht wieder an die männlichen Herrscher ab, wie Judith, nachdem sie Holofernes auf widerlich weibliche Weise hinterrücks den Kopf abgeschlagen hat. Auch bei den anderen Amazonendramen der Zeit bleibt die Unabhängigkeit der Frau vom Mann illusorisch. In Brentanos „Die Gründung Prags“ begehrt Libussa zwar auf. Über Primislaus, den sie heiraten soll, fühlt sie so:

> Ich haß ihn nicht, doch wie soll ich ihn lieben?
> Den Willen unterwirft er mit den Trieben,
> [...]
> [Er] baut
> Die Werkstatt seines Lebens in mein Leben,
> Den Leib nimmt er, die Seele muß ich geben
> Und wer mit diesen beiden sich verpflichtet,
> Der ist vernichtet, der ist hingerichtet;
> Der Herr, der Sklave wird [...][22]

Brentano endet den für die Frau vielversprechenden, in der Romantik entwickelten Emanzipationsansatz im Rückgriff auf die christliche Religion mit den Worten eines Künstlers, mit dem er sich wohl identifiziert. Pachter, ein christlicher Bildhauer, überzeugt Libussa: "Doch füge dich, es sprach der Herr: Ein Leib / Und eine Seele nur sei Mann und Weib.“[23] Sie akzeptiert daraufhin die Oberherrschaft des Primislaus mit den Worten „Ich hebe dich aus deinem niedern Stand / Zum Herren über mich, und dieses Land.“[24]

Franz Grillparzers Libussa-Bearbeitung wird subtiler dargestellt. Doch auch hier werden geschlechtsspezifische „weibliche Tugenden“ postuliert, die bedauerlicherweise in der neuen kapitalistisch-industriellen Gesellschaftsstruktur keinen Platz haben. Es wird als Tragödie gesehen, daß das „Ewig-Weibliche“, durch Libussa repräsentiert, den männlichen Aggressionen Platz machen muß, die für die neue industrialisierte und urbanisierte Welt notwendig sind. Auch wenn fast alle diese Dramen dadurch auffallen, daß die Grenzen zwischen den unteren und oberen Klassen porös geworden sind, gilt dies eher für den Mann. Versuche von Frauen, z. B. durch eine Liebesheirat in eine höhere Klasse einzudringen, enden in Dramen des 18. und 19. Jahrhunderts fast immer mit dem Tod der Frau. In den Amazonendramen geht es klar um die Rollenzuteilung beim Herrschen und Dienen. Eine politisierte Liebe bindet die imaginierten Gegensätze auf geschlechtsspezifische Art zugunsten des Mannes prekär zusammen.

In dem weniger bekannten Drama von van der Velde „Die böhmischen Amazonen“ ist grob ein programmatisches Zurückwinken der Frau in ihre Rolle als Liebende inszeniert. Birch-Pfeiffers Stück geht hingegen viel revolutionärer mit dem Stoff um und wagt einen Ausbruch aus den Stereotypen. Da die Dramen auf gleichen Quellen basieren, kann ein Vergleich die Besonderheiten aufhellen, die Birch-Pfeiffers „weiblicher Blick“ zum Diskurs um die kriegerische Frau liefert.

Das Stück „Herma“ wurde gewählt, um exemplarisch auf eine neue Repräsentationsart von Frauen einzugehen, die sich durch das ganze Werk von Birch-Pfeiffer zieht. Bei dieser Schriftstellerin stehen die Protagonistinnen fast immer für sich selbst, retten sich allein in ausweglosen Situationen und haben meist auch ihr eigenes finanzielles Auskommen.[25] Die Dramatikerin hat das Stück im Alter von erst 28 Jahren geschrieben. Es wurde ohne große Beachtung aufgeführt und schnell wieder abgesetzt.[26] Schon hier weicht Birch-Pfeiffer in ihrer Frauen-Darstellung von männlichen Autoren ab, bei denen unter der Oberfläche des Amazonentums die versteckten traditionellen weiblichen Tugenden nur darauf warten, geweckt zu werden. Bei ihnen ist der Ausbruch aus der Frauenrolle, symbolisiert durch das Anlegen männlicher Kleidung, nur ein scheinbarer.

Die junge Birch-Pfeiffer denkt in ihrem Stück hingegen eine weibliche Emanzipation in extremis durch und stellt den Diskurs der zeitgenössischen Gesellschaft in Frage, wenngleich auch die Schlußfolgerungen wieder zu ihm hinführen. Es ist ein Amazonen-Stück, das auf den Quellen des mythischen böhmischen Mägde-Aufstandes im achten Jahrhundert basiert. Van der Velde hat den Stoff zu einem Roman geformt.[27] Die Autorin selbst erklärt in einem Vorwort zur Veröffentlichung ihres Stückes, daß ihr Drama auf diesen Roman zurückgeht. Sie berichtet weiterhin, daß für eine Aufführung in Wien aufgrund der damaligen Zensurverhältnisse leider der Schauplatz in Böhmen nicht eingehalten werden konnte und deshalb in germanische

Vorzeit verlegt und die Namen geändert werden mußten. Gewissermaßen als Geheimzeichen behielt sie den Namen einer Figur (Sarka) aus der böhmischen Mythologie bei.

Wovon die Autorin nicht spricht, ist die Tatsache, daß van der Velde auch ein Drama, „Die böhmischen Amazonen“[28], geschrieben hatte, das ebenfalls auf diesen Aufstand der Mägde basierte und das Ähnlichkeiten mit ihrem Stück hat, aber auch bedeutungsvolle Unterschiede aufweist. Es wurde in Dresden schon 1817 aufgeführt. Birch-Pfeiffer war zu dieser Zeit schon als Schauspielerin tätig, aber es ist ungewiß, ob sie das Drama kannte. Bei ihrem Stück handelt es sich um ein Trauerspiel, bei van der Velde's eher um ein Schauspiel mit Lustspielelementen. Im Folgenden wird ein Vergleich der geschlechts- sowie klassen- und nationalitätsspezifischen Darstellung der beiden Dramen versucht.

Beide Stücke spielen nach dem Tod der mythischen Libussa-Figur, die bei Birch-Pfeiffer Thusnelda heißt. Die ererbten Länder werden schlecht durch die auf den Thron gekommenen Ehemänner der Verstorbenen (Primislav und Teutobald) regiert. Krank bzw. schwach sehen sie ihr Reich gefährdet. Bei van der Velde ist es das Land Böhmen, bei Birch-Pfeiffer das mythische Land der Brennen. Die Mägde der toten Herrin hatten sich befreit und eine Burg erbaut bzw. erobert. Von dort aus wollen sie ihr Herrschaftsgebiet erweitern. Sehr viele Frauen des umliegenden Gaus, die zumeist das drückende Ehejoch abschütteln wollten oder als Witwen keinen Schutz hatten, waren ihnen mit Hab und Gut auf die Burg gefolgt. Ihr ausgesprochen amazonisches Heer stellt eine Bedrohung für die schwachen, männlichen Landesherrscher dar.

Bei van der Velde handelt es sich hauptsächlich darum, den durch die widerspenstigen Frauen gefährdeten Mann wieder in seine rechtmäßige Position einzusetzen und dabei die Nation zu stärken. Dabei stellt er den böhmischen Männern, die ihre Frauen davonlaufen ließen, den deutschen Mann entgegen, der alles wieder ins Reine bringt und die Frauen auf ihren gewohnten Platz zurückdrängen kann. Als preußischer Schriftsteller verrät der Autor gewissermaßen eine Voreingenommenheit gegen ein Land des Habsburger Reiches.

Gleich zu Anfang geht es darum, daß in beiden Stücken ein kleiner Junge die Spindel aufgezwungen bekommt und spinnen soll. Bei Birch-Pfeiffer ist es der von seiner Frau alleingelassene Vater, der aus Not den Haushalt machen muß und nun seinen kleinen Sohn zum Spinnen anhält. Das erscheint den Umständen nach sinnvoll. Weniger sinnvoll, sondern eher programmatisch und slapstickhaft wirkt es bei van der Velde, wo der neunjährige Domaslav von der Mutter zum Spinnen gezwungen wird, während die Tochter Therba lernen soll, mit Bogen und Pfeil umzugehen. Der Autor führt schadenfreudig vor, daß beide Kinder an den neuen Aktivitäten durchaus keinen Spaß haben. Nicht nur wird klar gemacht, daß Frauen kein Talent zum Männersport haben, aber auch wie entsetzlich langweilig das Spinnen ist (etwas für die Schwachen). Der Autor merkt dabei nicht, daß er das „heere Frauentum“, das so gerne spinnen will, dadurch in Frage stellt. Van der Velde steigert die Gefahr für die Zukunft der Männlichkeit noch weiter, denn Wlaska, die Amazonen-Herrscherin, hat ein neues Gesetz erlassen, wonach Knaben auch der rechte Daumen gebrochen und das rechte Auge geblendet werden soll, damit sie nie Krieger werden können. Diesen Brauch hat van der Velde nicht aus der böhmischen sondern aus der griechischen Sage geborgt. Er wird hier eingesetzt, um das Frauenherrschertum weiter zu verteufeln. Der Autor beruft sich gewissermaßen auf die angeborene Stärke des Mannes, die nur unterdrückt werden kann, wenn er dem „schwachen Geschlecht" gleichgemacht, d.h. verkrüppelt wird. Wie nicht anders zu erwarten, distanziert sich die Mutter des Jungen, Niva, daraufhin sofort von Wlaska und dem Amazonentum. Sie sieht ein, „[...] dieser Kampf vernichtet auch das Mitleid, / die Mutterlieb' und alle edlen Triebe. / Zu theuer ist des Weibes Herrscherkrone / mit ihrer Seele besserm Theil erkauft." (vdV, S. 223) Dem Zuschauer des frühen 19. Jahrhunderts fiel bei solchen Argumenten vielleicht gar nicht auf, daß Kinder nicht unbedingt verstümmelt werden müssen, um Frauen gleiche Rechte einzuräumen. Es wird aber ein Gefühl gestärkt, das einer Unterordnung der Frau beifällig zustimmt. Der Schriftsteller konnte sich dabei auch auf den zeitgenössischen juristischen Diskurs stützen, wonach der Besitz der Frau an den Ehemann fiel, wenn sie heiratete. So folgt es auch am Ende der „Böhmischen Amazonen", daß die angesehenste Heldin der Amazonen, Sarka, von dem neunjährigen Jungen Domaslav entmündigt wird:

> Domaslav: Nun, sind die Weiber wieder Weiber worden,
> so darf ich armer, vielgeplagter Knabe
> auch wieder Knabe sein. Du böser Rocken,
> mit der langweil'gen Spindel, komm nur her! (Er nimmt beides)
> Ich habe mich genug mit dir gequält,
> und will dich jetzt in Weiber-Hände geben,
> wohin du stets gehört. Ich tausche mir
> dafür ein Schwert von einer Amazone. (vdV, S. 241)

Raspo, der deutsche Held, und zukünftige Eheman befiehlt Sarka:

> Gebt den Säbel ihm!
> Die Spindel nehmt, sie steht Euch besser an;
> sie ist ein schönes Bild der Hausregierung [...] (vdV, S. 242)

Die Frauen werden am Ende mit Klischees abgespeist. Wenn Sarka fragt,

> Doch, nun ich mich der Waffen Schutz begeben.
> was schützt mich einst, wenn Eure Leidenschaft
> verlodert ist, vor Männerhärt' und Kälte?

wird sie auf weibliche Tugenden verwiesen, die bei Männern wirken, wenn sie nur wirklich vorhanden sind. Sollte sie der Mann mißhandeln, verlassen oder betrügen – wie es in allen Amazonendramen immer wieder vorkommt – muß die Frau es sich wohl selber zuschreiben.

> Glaubt es mir, Holde, sicherer als Schwert
> und Spiess und Panzer bürgt für Weiber-Allmacht
> der Weiber Liebreiz, ihre zarte Milde.
> Aus Sanftmuth flechten sie die Herrscherkrone
> Nachgeben hebt sie auf zum Ehethrone. (vdV, S. 243f)

Die Frau wird bei van der Velde noch weiter zurückgedrängt: Sie soll auch wieder zum Schweigen gebracht werden. Der Autor legt dies als Einsicht einer Frau selbst in den Mund. Die zögernde Amazone Kascha, von der ein Bericht erwartet wird, führt die Rede von Wulf, dem deutschen Helden, wie folgt ein:

> Er möge selber reden,
> denn heute hab' ich's erst bewiesen,
> daß ich mich auf's Spiel der Waffen nicht verstehe
> und *drum vermag ich nimmer auch zu schildern.*
> Laßt sprechen mich von Nähen, Kochen, Braten,
> der Mann erzähl' der Männer Heldenthaten. (vdV, S. 240, Hervorhebung von HK)

Die nationale Überlegenheit der deutschen Männer Horst, Raspo und Wulf, die ins Land gekommen waren, um den schwächlichen böhmischen Männern zu helfen, wird vom Autor immer wieder hervorgehoben. Gefragt, warum sie die Heimat verlassen haben, antwortet Wulf: „Gefühl des Rechts! Denn wider alles Schick / und wider die Natur ist dieser Krieg, den hier die Weiber mit den Männern fechten." (vdV, S. 206) Die Ethik des deutschen Mannes wird international benötigt, um Natur und Gesellschaft wieder ins Gleichgewicht zu bringen. Als die Übermacht des Gegners den Böhmen als Hindernis erscheint, stellt Raspo fest: „Der Deutsche wagt wohl mehr!" (vdV, S. 210) Wenn die Deutschen gebeten werden, beim Sturm auf die Amazonenburg diese nicht zu plündern und den Frauen Ehre, Leben und Freiheit zu garantieren, wird auf die Mannesehre der Deutschen gepocht:

> Wulf: Nun das versteht sich von selbst!
> Kascha: Das meint Ihr, und die Meinung macht Euch Ehre!
> Die böhmschen Männer meinen also nicht.
> Wulf: Dann sind sie keinen stumpfen Bolzen werth! (vdV, S. 217)

Hier wird ein männliches Deutschtum hochgehalten, auf das man angewiesen ist, weil es tapfer und ehrlich die „richtige" Gesellschaftsform auch im Auslande aufrecht erhalten kann. Dabei hebt sich der deutsche Mann bewußt vom Franzosen ab, dem Falschheit vorgeworfen wird. Raspo: „In Deutschland ist der Bär, die Schlange ist in Wälschland nur zu Hause". (vdV, S. 201) Die Anspielung ist klar: der Bär kämpft männlich offen, die Schlange hinterlistig und weibisch. Hier knüpft das Drama an den zeitgenössischen nationalistischen Diskurs der „deutschen Männerwürde" an, der sich durch die französische Gefahr der napoleonischen Siege entwickelt hatte. Besonders Fichte's „Reden an die deutsche Nation" (1807–1808), Theodor Körners und Ernst Moritz Arndts Schriften, sowie die vom Turnvater Jahn hatten nicht lange vor Verfassung dieses Dramas die deutsche Form von Tapferkeit, Frömmigkeit, Ehre und Glaube als Merkmal des Mannes artikuliert. Vor allem war es aber Fichtes Begriff der Pflichterfüllung, die Mannesehre ausmachte, wobei es idealistisch unklar oder unwichtig blieb, für wen denn und zu welchem Zweck eine Pflicht erfüllt wurde. Was zunächst als patriotische Selbststärkung nach der Niederlage von Napoleon erschien, entpuppt sich als deutsches Überlegenheitsgebaren. Van der Velde nun verbindet männlich-nationalistisches Denken mit Geschlechterdifferenz. Aufmüpfige Weiber, wie man sie aktiv bei der französischen Revolution vorgefunden hatte – zum Beispiel Olympe de Gouges – waren in Deutschland nicht zu befürchten.[29] Erst viel später, weit nach dem Revolutionsjahr 1848, formierten sich die ersten Frauenbewegungen. Van der Veldes Drama ist ein Beispiel dafür, warum der Diskurs um die Geschlechterdifferenz in Deutschland am Anfang des 19. Jahrhunderts mögliche Frauenbewegungen länger zurückhielt als z.B. in England und in den Vereinigten Staaten.

Der Diskurs zum Klassensystem zu Anfang des 19. Jahrhunderts, der durch die französische Revolution angeregt wurde, ist in beiden Dramen angesprochen. Die Ehemänner Libussas und Thusneldas waren ursprünglich einfache Bauern, die von ihren Ehefrauen in den Fürstenstand erhoben wurden. Jedoch gehört diese Klassenüberschreitung zur Vorgeschichte der Dramen, während in Grillparzers „Libussa“ die ungleiche Ehelichung den Mittelpunkt des Dramas darstellt. Dieses Aufsteigen in eine höhere Gesellschaftsschicht ist hier nicht als eine Umkehrung des Märchens vom armen Mädchen zu verstehen, das durch ihre Schönheit Prinzessin wird. Der Mann der unteren Klasse wird von der Fürstin zum Regieren gebraucht und nicht als Trophäe oder Liebesdiener. Es scheint, daß bei der Wahl von Regenten ein niedriggeborener Mann einer hochgeborenen Frau vorzuziehen ist. Während Grillparzer in „Libussa“ auf die Problematik einer Demokratisierung und Verbürgerlichung der unteren Klassen und eine Ermüdung des Adels eingeht – was vielleicht auch eine Kritik an den Aufsteiger Napoleon enthält –, wird dieser Aspekt bei van der Velde nicht thematisiert. Es wird als *fait accomplit* dargestellt, daß ein Mann, wie Pribislav, auch Regent sein kann. Hingegen, wenn eine Frau als Magd ihre Gesellschaftsebene überschreiten will, wie Wlaska, wird sie als lächerlich dargestellt und als Verbrecherin gezeichnet.

Bei Birch-Pfeiffer spielen die Klassenunterschiede eine andere Rolle. Auch bei ihr gibt es den aus dem Bauernstande aufgestiegenen Mann. Zu Anfang des Dramas ist Teutobald schon anerkannter Fürst, und seine Vorgeschichte war kein Hindernis für ihn, die Regierung in die Hand zu nehmen. Regieren ist bei Birch-Pfeiffer aber auch ein Anspruch, den die Frau stellt. So sagt Herma: „Der Ursprung nicht, der Geist der uns beseelt, / Bestimmt die Bahn die wir zu wandeln haben“. (BP, S. 34) Doch während Herma gewissermaßen durch ihre Intelligenz und durch ein hartes Schicksal nach oben kam, war Teutobald durch Wahl des Ehegemahls – so wie im Märchen sonst ein schönes Mädchen – dorthin gelangt. Er aber nahm die Chance durch rücksichtsloses Verhalten wahr, indem er seine schwangere Braut verließ. Er ist moralisch unzulänglich und ein schwacher Regent. Auch Herma, die aufstrebende Frau, ist aus unterster Gesellschaftsschicht und darüber hinaus aus illegitimen, ja asozialen Verhältnissen. Obgleich die genauen Umstände bis gegen Ende auch der Protagonistin nicht bekannt werden, ist sie uneheliche Tochter einer Zigeunerin und eines unbekannten Ritters, der ihre schwangere Mutter in Stich ließ. In einem Dorf bei Bauern als Findelkind aufgezogen, lernte Herma ihre Mutter nie kennen. Birch-Pfeiffer läßt ihre Protagonistin weiterhin außerhalb der wohlanständigen Gesellschaft leben, denn sie bekam ein uneheliches Kind von dem nämlichen Teutobald, der zuerst ihr Bräutigam war, sie dann aber wegen Thusnelda verließ. Ihr Kind wurde von einer Freundin erzogen, sie selbst wurde Bediente bei Thusnelda.

Die sich emanzipierenden Mägde erscheinen in der Libussa-Mythologie des 19. Jahrhunderts als Amazonen in kriegerischer Ausrüstung. Die Hauptamazone Vlasta bei Grillparzer spielt nur eine Nebenrolle. Bei van der Velde erscheint diese Figur, die hier Wlaska heißt, nicht einmal auf der Bühne. Sie ist zwar von einer Magd zur rebellischen Herrscherin mit prächtigem Schloß aufgestiegen, aber das, was sie dazu bewegte, bleibt stereotyper Bericht. In seinem Roman „Der böhmische Mägdekrieg" spricht der Autor von enttäuschter Liebe. In den Berichten wird Wlaska als das Böse selbst bezeichnet. Ohne erkenntlichen Grund übt sie zur Zeit der Dramenhandlung eine Schreckensherrschaft aus und erläßt perverse amazonische Gesetze, die von Männerhaß zeugen. Die Argumente des Autors verlangen, daß die Selbsterhöhung der schurkischen Magd Wlaska zur Herrscherin am Ende des Stückes rückgängig gemacht wird. Aber auch von ihrem anscheinend wohlverdienten Tod wird nur erzählt.

Das Stück selbst handelt also nicht von ihr, sondern von den Frauen um sie herum, die im Grunde falsch geleitete Weibchen sind und schon von Anfang an gegen das Amazonentum protestieren. Schnell lernen sie van der Veldes „Vernunft-Lektion für Frauen", bis sie aufhören, Amazonen zu spielen. Interessanterweise sind die Hauptpersonen, Niva, ihre Tochter Therba und die Cousine Sarka noble Frauen und keine Mägde aus unteren Klassen. Aber auch sie akzeptieren am Schluß ihren Status als Dienerinnen, die gern Männern folgen, weil dies – so wie sie glauben müssen – ihrer Natur entspricht. Therba, das junge Mädchen spricht die Verinnerlichung des Geschlechterdiskurses aus,

> da fühlt' ich tief den ewig' wahren Spruch:
> Es ist der Mann des Weibes Schutz und Herr.
> Ja, gern gehorcht das sanfte Weib dem Manne,
> wenn er sie liebt, wenn sie ihn lieben kann,
> und willig ehrt im schwächeren Geschlechte
> der edle Mann der Ohnmacht heil'ge Rechte! (vdV, S. 191)

Die Wahrheitssprüche werden jedoch brüchig. Um seine Story glaubhaft zu machen, kann van der Velde nicht umhin, doch von der allgemein bekannten schlechten Behandlung zu sprechen, die Männer ihren Frauen angedeihen lassen. So erklärt eine der amazonischen Frauen: „Doch das glaubt: Härt und Grausamkeit der Männer ging uns'rer Wuth / und Rachbegier voran, / Sie leiteten uns auf die blut'ge Bahn. / Wir von Natur sind keine Eisenfresser, / Wir wären sanfter, wären Männer besser." (vdV, S. 217) Sarka, die starke Amazone, der man vorwirft, einen Mann ohne Grund brutal umgebracht zu haben, tat dies aus Rache für ihre Schwester, die umkam, nachdem er sie verführt und verlassen hatte. Van der Veldes Gewaltlektion für die aufrührerischen Frauen bringt einen drohenden Unterton in die Satire. Einer der deutschen Helden spricht es aus: „Und da sie das nicht einsehn, und Vernunft / bei Weibern nichts verschlägt, so muß man zwingen / sie zum Beruf, und dazu sind wir da." (vdV, S. 206) Dieses Zitat beweist, daß die Selbstsicherheit im Sendungsbewußtsein um den Platz der Frau in der Gesellschaft vor Drohungen nicht haltmacht. Zur Ausführung der Drohung muß es nicht kommen, denn die Politisierung und Romantisierung der Liebe bewirkt das Gleiche: die Frau gibt sich in Liebe hin, der Mann empfängt sie zusammen mit ihrer Unterwerfung. Frauen am Anfang des 19. Jahrhunderts mußten sich schließlich fragen, welche Chance sie sonst außerhalb der Ehe hatten, um ihre Zukunft zu sichern? Ein Mensch kann vielleicht seiner Klasse entkommen, eine Frau aber nicht der Ehe oder der Bevormundung eines Mannes.

Während es bei van der Velde hauptsächlich um die Lächerlichmachung und Unterwerfung aufmüpfiger Frauen geht und die Motive der Führerin Wlaska unbekannt bleiben, dreht sich die Bühnenhandlung bei Birch-Pfeiffer gänzlich um die Amazonenführerin Herma. Birch-Pfeiffer wagt es, das Gegenteil einer schönen Seele, nämlich eine kriminelle Frau, als Hauptfigur auf die Bühne zu bringen, die unabhängig Macht erworben hat und sie mit Waffen verteidigt. Das Ruchlose, das man von ihr hört, stammt oft nur aus Gerüchten. Sie gibt aber selbst zu, daß sie Teutobald Gift gegeben hat und ihn töten will, um sich an ihm zu rächen und zur Macht zu kommen. Das Töten ihrer eigenen Mutter zeugt von einer inneren, ungebändigten Rage.

Wie unterscheidet sich Birch-Pfeiffer's Blick auf die amazonenhafte Frau in der Männerrolle von dem männlicher Autoren ihrer Zeit? Der größte Unterschied zwischen ihr und van der Velde liegt in ihrem Fokus auf starke Frauenrollen. Die Protagonistin in „Herma" ist tatsächlich eine kämpfende Amazone, die auf der Bühne einen Feind, der sie bekämpfen will, entmachtet. Während van der Velde die Ungeschicktheit der sich im „Männerberuf" versuchenden Amazonen essentialistisch auf ihre inhärente Natur als Frau zurückführt, zeichnet Birch-Pfeiffer eher eine historische Situation, die geändert werden kann. Es besteht kein Zweifel, daß Frauen Krieger sein können. Die Aussage Hermas, daß nicht der Ursprung, sondern der Geist den Lebensweg bestimmt (BP, S. 34), ist auch auf ihr Frausein gemünzt.

Wie sich die Autorin selbst in ihrem Beruf als Dramatikerin sieht, ist auch Herma in ihren Ansprüchen eine Ausnahme unter den Frauen. Darüber ist sie sich selber klar. Sie ruft den zurückgebliebenen Amazonen nach: „O über dieses traurige Geschlecht, / Wie matt und ohne Muth sind diese Weiber!" (BP, S. 21f) Sie könnten Courage haben wie sie, denn sie selbst ist ja ungünstigsten Anfängen entkommen. Schon ihre Mutter, aus dem Stamm der mißachteten Zigeuner, hat etwas aus sich gemacht. Beide hatten ihr Elend, das sie durchleben mußten, Männern zuzuschreiben, die sie ins Unglück gestürzt hatten. Jede hat dennoch auf ihre Weise Macht erlangt. Herma war zunächst „erste Gürtelmagd" bei Thusnelda. Als sie nach dem Tod der Herrin freigeworden war, erbaute sie sich ein herrliches Schloß, zog Gefolge an sich und beherrschte den Gau. Alles ohne Hilfe von Männern.

Bei van der Velde hingegen existieren Frauen nur in Bezug auf Männer. Birch-Pfeiffer zerreißt diesen Zusammenhang. Im Gegensatz zu „Die böhmischen Amazonen" wird bei ihr nicht ständig die im Diskurs verankerte „wahre Natur der Frau" illustriert. Bei ihm sind Frauen ohne Männer rettungslos verloren. Z. B. fällt ein Bär in seinem Stück eine bewaffnete Amazone an, die sich hilflos von einem Mann retten lassen muß. Herma hingegen rettet sich trotz Feindesübermacht selbst. Obwohl der schwarze Ritter hilft, einen Überfall auf sie abzuwenden, kann sie sagen: „Ich hätte Deines Schutzes nicht bedurft, / Doch mag ich Dir das Zeugnis nicht versagen, / Daß Du für einen Mann Dich edel nahmst / und tapfer auch." (BP, S. 23) Hier ist eine starke Frau, die das Aufklärungsmodell auf sich bezieht. Eine zweite mächtige Frau im Stück ist die Druide, wie man später erfährt Hermas leibliche Mutter. Sie wird von den Männern abwertend als böse Hexe verschrieen, eine in der Vergangenheit übliche Reaktion auf Frauen, die besonderes Wissen haben und Macht ausüben. Sie ist eine moderne Version der matriarchalischen weisen Frau, wie sie auch bei Shakespeare und Kleist auftritt. Sie ist mächtig, weil sie klug ist, die Zukunft vorhersehen kann, und weil auch männliche Herrscher ihren Rat brauchen. Männer müssen zugeben: „[...] die furchtbare Druide [...], / Die allein mehr weiß, als wir, / Wenn man uns alle Sechs zusammen flickt." (BP, S. 20)

Beide mächtigen Frauen haben Männer nur als feige, unzuverlässig und rücksichtslos erfahren. Jede wurde durch ihre weibliche Sexualität ins Unglück geworfen. Die Genealogie des Vaters und der Männerherrschaft verspricht keinen Schutz für Herma und deshalb auch nicht für das Land. So strebt sie danach, die Regierung zu übernehmen. Sie beherrscht schon den umliegenden Gau und will Fürstin des Landes werden. Sie will ihrem Lande eine bessere Regierung bieten, wobei ihr kriegerisches Amazonentum nur ein Übergang ist: „Als Herrscherin des Reichs wirst Du mich seh'n, / Dann mag der gold'ne Friede wieder tragen, / Und in der Brust die Liebe auferstehn". (BP, S. 33) Sie kann nur legitime Fürstin werden, indem sie den gehaßten Teutobald, den Vater ihrer Tochter, heiratet. Durch ihre Heeresübermacht will sie ihn dazu zwingen. Sobald die Heirat vollzogen ist, soll er getötet werden. Aber es kommt nicht dazu. Von der Druide verlangt sie das Mittel, tötet aber versehentlich die weise Frau und somit ihre eigene Mutter.

Das Töten der Mutter durch Herma kann als psychologisch-symbolische Tat gesehen werden, durch die die Mutter als Quelle ihrer eigenen Schwäche ausgelöscht wird.[30] Sie hatte sich auf sie und die Stärke ihrer Prophezeiung verlassen. Doch sie wurde auch von weiblichem Wissen enttäuscht, d. h. die Genealogie der Mutter bietet ebenfalls kein Vorbild. Auch in Birch-Pfeiffers anderen Dramen findet man die Mutter-Tochter-Spannung, wobei die Tochter immer auf sich selbst gestellt bleibt. Die Autorin unternimmt hier einen Angriff auf ein Tabu, das der in kulturellen Repräsentation fast gar nicht zu finden ist: eine Tochter tötet die leibliche Mutter und will den „Vater" (hier der Mann ihrer Pflegemutter) ehelichen. Die Umkehrung der Ödipus-Sage ist ein gewagtes Thema, das den Geschlechterdiskurs der Zeit sprengt.

Die Handlung und der szenische Hintergrund erinnern an die Schauerromantik von Kleists und Grillparzers Erstlingswerken („Die Familie Schroffenstein" und „Die Ahnfrau"). Es wird gewissermaßen ein Prozeß des weiblichen Unbewußten inszeniert, in dem Höhlen und unterirdische Gänge ein zentrale Rolle spielen. Angst vor der Liebe, die Frauen unterjocht, wird ausgespielt und bestätigt. Der schwarze Ritter, den Herma vielleicht lieben könnte, dringt aus dem unterirdischen Gewölbe von Hermas Schloß, in dem ihre Schätze aufgehäuft sind, hervor. Unter den Schätzen waren auch die seines Vaters, hergebracht von seiner abtrünnigen Mutter. Er rächt sich dafür, daß sie die väterliche Genealogie verraten hatte. Er, von dem sich Herma viel erhofft hatte, betrachtet den Status der Protagonistin nur abschätzig. Auf ihre Burg eingeladen bringt er den patriarchalischen Diskurs zum klingen: „Die Weiberwirthschaft hier behagt mir schlecht: / Ich seh' nicht spielen gern mit ernsten Dingen, / Und bis zum Ernst bringt Ihr's doch nimmermehr." (BP, S. 39) Der Ritter ist von Hermas stolzer und königlicher Gestalt und dem „weiblichen" Blick ihrer Augen angetan. Hier, wie in allen anderen Amazonendramen liefert die Schönheit und die Widerspenstigkeit den Männern einen Kitzel und eine Herausforderung. Der schwarze Ritter will Herma nur, so lange sie „liebendes Weib" ist. Sie jedoch hält sich zurück, „meinen Willen halt' ich frei." (BP, S. 41)

Birch-Pfeiffer wagt es auch, weibliches Begehren im Hinblick auf den Körper des Mannes auszudrücken. Männer werden in ihrem Stück von Frauen auf eine Art gesehen, wie es sonst nur dem männlichen Blick gestattet war. Eine Amanoze beschreibt es so: „Und mir gegenüber – stand der hübsche Mann [...]" (BP, S. 26) Eine andere bemerkt: „Die schönen Augen die so freundlich strahlen / [...] / Der holde Mund, der jetzt so lieblich lächelt [...]" (BP, S. 46). Der Mann als Objekt des Begehrens, das kam in der Literatur bis dahin kaum vor. Durch das ganze Stück hindurch zieht sich jedoch die Ahnung, daß es eine friedliche Nation, in der gleichberechtigte Liebe herrscht, nicht geben kann. Das führt zu weit in dem Liebesdiskurs der Zeit. Als sie durch das Schwert des schwarzen Ritters stirbt, erfährt Herma, daß das Ausleben ihrer Liebe Ende ihrer Macht und gleichzeitig Tod bedeutet. Hermingilde ist Sprachrohr für den religiös-biologisierten Diskurs zur Geschlechterdifferenz, der weiterhin im 19. Jahrhundert herrschte.

Ihr Wunsch, nicht länger Amazone zu sein, ist pragmatisch und nüchtern. Sie will frei sein,

> von dem tollen Treiben,
> Das sündhaft hier Natur und Welt verkehrt!
> Was hilft das Herrschen über Weiber nur,
> Und all' die Plagen mit den Kriegsbeschwerden?
> Die Männer bleiben Herren doch im Haus
> Daß sämmtlich wir zu alten Jungfrau'n werden –
> Das kömmt wohl einzig bei dem Spiel heraus. (BP, S. 29)

In der letzten Szene wird nur angedeutet, daß die jungen Amazonen, unter ihnen die Tochter Hermas, als Ehefrauen wieder traditionelle Frauenrollen einnehmen werden. Dies ist jedoch nicht dargestelltes Happy-End, wie in der letzten Szene von „Die böhmischen Amazonen". Birch-Pfeiffer bleibt bis zum Schluß bei der Tragödie einer Frau, die versucht, ihrer Entmündigung und Entwürdigung zu entkommen, die sie durch ihre Liebe zum Mann erfahren hat. Ihr Aufbegehren mobilisiert den schwarzen Ritter und seine Brüder, die den Kampf der Geschlechter mit Gewalt ins alte Lot bringen. Ihm gehören die Schlußworte, mit denen er den Machtanspruch der Frau als Wahnsinn abtut: „Die ich geliebt, stieß ich in Todesnacht. / Entsühnt floh der verirrte Geist zum Licht [...]" (BP, S. 88)

Birch-Pfeiffer besinnt sich am Schluß auf die Wirklichkeit ihrer Zeit, in der Frauen wenig Chancen hatten. Wie im Drama den Amazonen wurde auch ihr als Dramatikerin nicht viel zugetraut und ihr Bestreben oft als Verirrung abgetan. Herma sollte eine ihrer wenigen Tragödien bleiben. Als sie doch wieder einmal eine historische Tragödie schreiben wollte, riet der Schriftsteller und Theaterintendant Heinrich Laube ihr überdeutlich: dafür sei doch ihre Frauenhand zu leicht. Er schlug ihr vor, weiter Lustspiele zu verfassen. Das tat sie, aber auch in diesem Medium hörte Birch-Pfeiffer nicht auf, weiterhin Frauen darzustellen, die intelligent und tapfer genug sind, sich selbst und anderen zu helfen. Der nüchternen Realität war sie aber immer gewärtig. Es war ihr einziger, großer Lebenswunsch, Erfolg als Dramatikerin zu erzielen. Dazu brauchte sie zu ihrer Zeit Wohlanständigkeit. Sie verankerte sich deshalb durch ihre Heirat fest im bürgerlichen Leben. Auch war sie sich wohl im klaren, daß unter strengen Zensurregeln für Theaterstücke ein politisches Engagement, das vom Erlaubten abwich, ihren Zielen gefährlich sein konnte. Schließlich war sie auf das Einkommen angewiesen. So blieb sie unpolitisch bzw. monarchiefreundlich. In ihren zwanzig Jahren in Berlin benötigte sie das Wohlwollen des Königs, um ihre Stücke dort aufgeführt zu bekommen. Sie wußte nur zu gut, daß das Begehren einer Frau, in einem Männerberuf zu reüssieren, nur unter größten Schwierigkeiten erfüllt werden konnte. Sie bekannte am Ende ihres Lebens: „Alles vergibt euch die Welt, sei's Ruhm, Stand – ja selbst Laster […] Für eines nur hofft ihr umsonst Vergebung im Leben und Tode: Nimmer verzeihn wird die Welt Erfolge der dichtenden Frau".[31]

Anmerkungen

1 Charlotte Birch-Pfeiffer: Herma. – In: dies.: Gesammelte Dramatische Werke. Leipzig 1863, Bd. I, S. 34. Im folgenden sind Zitate aus dem Drama im Text mit „BP" markiert.

2 „[…] sie [ist] viel talentvoller […] als ihre vornehm auf sie niederblickenden Gegner […] Was lebt denn noch aus den dreißiger und vierziger Jahren? Die Birch […] Ihre Stücke sind weniger veraltet als beispielsweise die Bauernfeldschen, und selbst Gutzkow und Laube treten im ganzen hinter die Birch zurück." Theodor Fontane: Plaudereien über Theater. Berlin 1926, S. 170.

3 Heinrich Heine: Sämtliche Werke. Hamburg 1861, Bd. VI, II. Th. Die romantische Schule. 3. Buch, S. 247ff.

4 Ingrid Hiort af Ornäs: „In meinem Lottchen ist doch halt ein Junge verloren." Charlotte Birch-Pfeiffer als Dramatikerin. Eine Studie zu Erfolgs- und Trivialdrama des 19. Jahrhunderts. Stockholm 1997, S. 45.

5 Tony Kaes: New Historicism. Literaturgeschichte im Zeichen der Postmoderne. – In: Hartmut Eggert et al. (Hrsg.): Geschichte als Literatur, Formen und Grenzen der Repräsentation von Vergangenheit. Stuttgart 1990, S. 62.

6 Susanne Kord: Ein Blick hinter die Kulissen. Deutschsprachige Dramatikerinnen im 18. und 19. Jahrhundert. Stuttgart 1992; Helga Kraft: Ein Haus aus Sprache. Dramatikerinnen und das andere Theater. Stuttgart 1996; Dörte Fuchs/Andrea Günter: Charlotte Birch-Pfeiffer. – In: Andrea Günter/Veronika Mariaux (Hrsg): Papierne Mädchen. Dichtende Mütter. Frankfurt a.M. 1994, S. 181–217. – Obgleich die schon erwähnte Studie der schwedischen Germanistin und Nachfahrin von Birch-Pfeiffer, Ingrid Hiort af Ornäs, den Begriff der Weiblichkeit

in Birch-Pfeiffers Werk nur in Ansätzen analysiert und hier und da mit den Wertmaßstäben des alten Kanons mißt, ist es bisher die beste Gesamtdarstellung zu dieser Dramatikerin.

7 Birch-Pfeiffer war anfänglich eng mit dem Vormärzler Gutzkow befreundet, doch monierte er später, sie habe sich nicht sehr für seine politischen Ideen interessiert. In ihrem Stück „Der Pfarrherr" (1848) hatte Birch-Pfeiffer zwar revolutionäre Ideen thematisiert, doch war dies Gutzkow nicht radikal genug.

8 Sie wird nicht erwähnt bei Ruth-Ellen Boetcher Joeres: Respectability and Devience. Nineteenth-Century German Women Writers and the Ambiguity of Representation. Chicago and London 1998.

9 Ornäs [Anm. 4], S. 199.

10 Auch moderne Dramatiker, wie z. B. Rainald Goetz, nehmen Abstand von der in so vielen klassischen Stücken enthaltenen elaboraten Tiefsinnigkeit. Er erklärt: „Ich habe immer Angst, daß es bei mir zu gravitätisch wird. [...] Ich habe keine Angst vor Verflachung, wohl aber vor dem Sumpf der Seriosität." Interview in: Der Spiegel. Nr. 50, 13. Dezember 1999, S. 253.

11 Susanne Kord: Performing Genders: Three Plays on the Power of Women. . – In: Monatshefte 86, Frühjahr 1994, S. 148.

12 Ingeborg Weber-Kellermann: Frauenleben im 19. Jahrhundert: Empire und Romantik, Biedermeier, Gründerzeit. München 1983, S. 34.

13 In der griechischen Mythologie wird der Amazone Hippolyte der Gürtel von Herakles genommen, und damit ihre Jungfräulichkeit. Damit verliert sie ihre Stärke und Macht. Das gleiche geschieht Brunhilde, die durch die Vergewaltigung des unsichtbaren Siegfried domestiziert wird. Bei Grillparzer spielt der Gürtel noch eine Rolle, wenn Libussa ihn schließlich selber ablegt, da sie erkennt, daß ihre Ehe mit Pribislav ihr die Macht genommen hat.

14 Vgl. Theodor Gottlieb von Hippel: Über die bürgerliche Verbesserung der Weiber. Berlin 1792. Er versucht, die Ebenbürtigkeit und Gleichberechtigung der Frau zu erweisen. Alle Unterdrückung, alle Benachteiligungen, die mangelhafte künstlerische und geistige Tätigkeit erkennt er als Folge einer unangemessenen Erziehung, die man der Frau über Jahrtausende angedeihen ließ. Die Geschlechterunterschiede sind deshalb kulturelle Phänomene, keine essentiellen Wesensgegebenheiten der Natur.
Ein neues Buch erschien in den Vereinigten Staaten von Kay R. Goodman: Amazons and Apprentices. Women and the German Parnassus in the Early Enlightenment. Rochester 1999, in dem die Anstrengungen von Luise Victoria Adelgunde Kulmus (verh. Gottsched) und Christiane Mariane von Ziegler betrachtet werden, die Rolle der Frau im intellektuellen Diskurs des 18. Jahrhundert zu heben.

15 Joeres [Anm. 8], S. 4.

16 George L. Mosse: Nationalism and Sexuality. New York 1985, S. 25.

17 Susanne Baackmann: Erklär mir Liebe. Weibliche Schreibweisen von Liebe in der Gegenwartsliteratur. Hamburg 1995, S. 11.

18 Vgl. z. B. Sigrid Lange, die in diesem Drama die Dekonstruktion der Idee des „ewig Weiblichen" erkennt. Sigrid Lange: Kleists „Penthesilea": Geschlechterparadigmen: Die Frau als Projektionsfigur männlicher Identitat – oder doch nicht? – In: Weimarer Beiträge: Zeitschrift für Literaturwissenschaft, Ästhetik und Kulturwissenschaften 37, 1991, Nr. 5, S. 705–722.

19 Clemens Brentano: Die Gründung Prags. – In: ders.: Werke. Hrsg. v. Friedheim Kemp. München 1968, Bd. 4; Franz Grillparzer: Libussa. – In: ders.: Sämtliche Werke. Ausgewählte Briefe, Gespräche, Berichte. München ^{2}1970, Bd. 2.

20 Inge Stephan: Hexe oder Heilige? Zur Geschichte der Jeanne d'Arc und ihrer literarischen Verarbeitung. – In: Inge Stephan/Siegrid Weigel: Die verborgene Frau. Hamburg 1988, S. 64.

[21] Ebd., S. 63.
[22] Brentano [Anm. 19], S. 808.
[23] Ebd.
[24] Ebd., S. 813.
[25] Vgl. hierzu auch das Kapitel: Vergessenheit, das ist der wahre Tod [...] Das phantastische Leben und Werk der Dramatikerin Charlotte Birch-Pfeiffer. – In: Kraft [Anm. 6], S. 56ff.
[26] Den geringen Erfolg des Stückes erklärt Birch-Pfeiffer damit, daß sie es wegen dieser Veränderung keiner anderen Bühne außerhalb Österreichs zur Aufführung angeboten hatte. Birch-Pfeiffer [Anm. 1], S. III, VI.
[27] Carl Franz van der Velde: Der böhmische Mägdekrieg. – In: ders.: Sämtliche Schriften. Leipzig 1862, Bd. 5.
[28] Ders.: Die böhmischen Amazonen. – In: Ebd., Bd. 9. Zitate aus diesem Drama sind im Text mit „vdV„ markiert.
[29] Olympe de Gouges spielte eine tragende Rolle bei den Saint-Simonisten und Frühsozialisten. Sie war aktiv in der Französischen Revolution von 1789 mit einer Gruppe von Frauen, mit eigenen Frauenclubs und Frauenzeitschriften. De Gouges veröffentlichte 1791 ihre „Frauenrechtserklärung“. Sie wurde durch die Guillotine ermordet.
[30] Ich stimme hier nicht mit der Interpretation von Hiort af Ornäs überein. Ihre Analyse der Mutter-Tochter-Beziehung geht nicht auf die offensichtliche Bejahung der Frau als gleichberechtigter Mensch ein. Hiort af Ornäs sieht Herma hauptsächlich als Liebesgeschichte, während der Text eher auf die Tragödie einer Frau hinweist, die in einem System der Männerherrschaft keine Chance hat, sich zu entwickeln.
[31] Zit. nach Kord [Anm. 6], Titelseite.

Kathinka Zitz-Halein (1801–1877)

Zeitschriftstellerin und „Beschützerin aller Demokraten"

Christian Liedtke, Köln

> [...] Ihre Wirksamkeit in den Revolutionsjahren ist der Freiheitssache mehr wert geworden, (obschon sie in der Stille blieb) als die Demonstrationen mancher Männer, die immer bang sind, sie würden von der Nation vergessen, wenn sie keine neuen Proklamationen schicken.[1]

Diese anerkennenden Worte, die Johanna Kinkel 1857 aus dem Exil an ihre Freundin und Schriftstellerkollegin Kathinka Zitz-Halein schreibt, haben etwas Prophetisches. Denn tatsächlich ist diese, weitaus gründlicher noch als mancher männliche Protagonist der Revolution von 1848/49, danach „von der Nation vergessen" worden. Dabei war sie durch ihre rastlose und mutige „Wirksamkeit", insbesondere als Gründerin und Präsidentin des Mainzer Frauenvereins „Humania", zu einer in ganz Deutschland bekannten Persönlichkeit geworden und hatte allenthalben den „hohen Ruf der Beschützerin aller Demokraten"[2] erworben – bei den Verfechtern der revolutionären Ideale ebenso wie bei der staatlichen Obrigkeit, die ihre beharrlichen Bemühungen argwöhnisch beobachtete und mit Gerichtsverfahren, Ausweisungen und Einträgen ins Polizeiregister ahndete.

> Of the German women who had an impact on her contemporaries probably none was more influential than Kathinka Zitz-Halein. Through her literary and organizational work, the latter of unprecedenced scope, she was one of the few women who played a leadership role in the political reform movement of the first half of the nineteenth century[3],

schreibt Stanley Zucker, der Verfasser der einzigen biographischen Studie, die ihr gewidmet ist.[4] Zuckers gründliche Rekonstruktion des Lebenslaufes von Kathinka Zitz, die auch ein lebendiges Bild ihrer aufrechten und streitbaren Persönlichkeit zeichnet, stellt erstmals ausführlich ihre besondere Bedeutung für die deutsche Emanzipations- und Frauenbewegung heraus und legt den Schwerpunkt dabei naturgemäß auf ihre politischen Aktivitäten und Anschauungen.[5] Ihr schriftstellerisches Werk jedoch ist bis heute weitgehend unbeachtet geblieben. Eigenständige Untersuchungen zu ihrer vielfältigen literarischen Tätigkeit fehlen bislang völlig. Unter den vielen Schriftstellerinnen, die von der Frauen- und Vormärz-Forschung inzwischen „wiederentdeckt" worden sind, taucht ihr Name nicht auf.

Die Gründe für das mangelnde Interesse der Literaturwissenschaft liegen zweifellos in erster Linie in ihrem Werk selbst, das ebenso umfangreich wie disparat ist. Kathinka Zitz ist Lyrikerin, Novellistin, Roman- und Kinderbuchautorin, Journalistin und Übersetzerin (u.a. von Victor Hugo). Goedekes „Grundriß zur Geschichte der deutschen Dichtung" verzeichnet für den Zeitraum von 1826 bis 1867 insgesamt 35 Buchpublikationen von ihr (nicht wenige darunter sind mehrbändig) sowie weitere 27 selbständige Schriften für Kinder, hinzu kommt eine große Zahl von Beiträgen in Zeitschriften, Almanachen und anderen Sammelwerken (allein vor 1848 in über 40 verschiedenen Publikationsorganen).[6] Der Zugang zu diesem kaum zu überblickenden Gesamtwerk wird noch erschwert durch die vielen unterschiedlichen Pseudonyme, unter denen Kathinka Zitz neben den Veröffentlichungen unter ihrem Familiennamen und unter ihrem Mädchennamen Halein publiziert hat.[7] Doch auch ästhetische Vorbehalte scheinen einer eingehenderen Beschäftigung mit ihrem Werk im Wege zu stehen. Ein symptomatisches Beispiel dafür liefert der Herausgeber der Briefe von Johanna und Gottfried Kinkel an Kathinka Zitz, wenn er aufgrund der „schwülstigen Konventionalsprache", die er dieser vorwirft, kurzerhand feststellt: „Wenn die Gegenbriefe erhalten wären, würde ein vollständiger Abdruck deshalb nicht notwendig sein."[8] Zu ihren Lebzeiten finden manche ihrer Werke durchaus Zustimmung bei der Kritik. Der Band „Herbstrosen in Poesie und Prosa" (1846) etwa, eine Sammlung ihrer frühen Lyrik, wird mehrfach gelobt[9], ihr wird die Anerkennung zuteil, bereits als Einundzwanzigjährige in Schindels Schriftstellerinnen-Lexikon aufgenommen zu werden[10], und der Literarhistoriker Heinrich Kurz bescheinigt ihr 1872

> [...] ein nicht unbedeutendes Talent [...]. Am Glücklichsten ist sie, wenn sie sich in ernste Reflexionen vertieft, in denen sich freilich die Wehmut oft bis zum Düsteren steigert. Auch die poetische Darstellung von Seelenzuständen und Stimmungen gelingt ihr; die Liebeslieder sind innig und warm.[11]

In den späteren Jahren ihrer Karriere nimmt die Kritik jedoch zu[12], und insgesamt überwiegen Ablehnung und Geringschätzung, die sich nach ihrem Tod immer weiter verfestigt haben, so daß ihr Werk inzwischen „wegen seines Mangels an literarischem Niveau" als „heute nicht mehr lesbar"[13] gilt.

Hauptansatzpunkt dieser Kritik ist durchgängig der Vorwurf „ihrer vielschreiberischen Skrupellosigkeit bei der Stoffwahl", die „Engrosarbeit", mit der sie eine große Menge an literarischer „Fabrikwaare geliefert" habe, was eine „Verflachung [...] oder häufigeres Ersticken im Conversationstone"[14] zur Folge gehabt habe. Kathinka Zitz hat das *Image* einer anfangs begabten Schriftstellerin, die „durch finanzielle Not später immer mehr unter Produktionszwang"[15] geraten sei und ihr Talent verschleudert habe: „[...] so ergriff sie, der früher die Poesie eine freundliche Genossin gewesen war, jetzt die Schriftstellerei als Erwerbszweig gegen die Not des Lebens und schaffte immer hurtiger und handwerksmäßiger"[16] – Formulierungen wie diese zeigen jedoch, daß hinter diesem festgefügten *Image* vor allem die althergebrachte (männliche) Klischeevorstellung steckt, die Literatur könne für Frauen allenfalls eine „freundliche" Freizeitbeschäftigung, niemals aber Brotberuf sein. Kathinka Zitz gehört in Deutschland zu den ersten, die das Gegenteil bewiesen haben. Es gelingt ihr, wenn auch nur zeitweilig und unter großen Belastungen, mit schriftstellerischer Arbeit ihren Lebensunterhalt zu bestreiten, und in dieser Hinsicht gehört sie in eine Reihe mit berühmteren Kolleginnen wie Fanny Lewald, Ida Hahn-Hahn, Luise Mühlbach oder Louise Aston.

Kathinka Therese Pauline Modesta Halein, geboren am 4. November 1801 in Mainz, stammt aus einer anfangs wohlhabenden Fabrikantenfamilie, deren Unternehmungen jedoch im Zuge der Napoleonischen Kriege und bedingt durch den sich stetig verschlechternden Geisteszustand ihres Vaters Anton Victor Halein leiden und schließlich hoch verschuldet zusammenbrechen. Als der dem Alkohol verfallene und zunehmend gewalttätige Vater 1830 in einer Anstalt stirbt, ist vom Familienvermögen nichts mehr übrig. Kathinka Halein ist früh gezwungen, ihren Lebensunterhalt selbst zu verdienen, wobei sie von ihrer für eine Frau dieser Zeit offenbar überdurchschnittlich guten Ausbildung[17] profitiert, die sie in Mainz und Straßburg erhalten hat. Sie wird Hauslehrerin, leitet eine Volksschule in Kaiserslautern, muß aber auch zeitweilig von Schneider- und Handarbeiten leben, hart an der Grenze des Existenzminimums. 1837 heiratet sie den Mainzer Rechtsanwalt Franz Heinrich Zitz (1803–1877), doch lebt sie nur achtzehn Monate mit ihm zusammen, denn Franz Zitz hat mehrere stadtbekannte Affären mit anderen Frauen. Langwierige Verhandlungen über Unterhaltszahlungen sowie ein Scheidungsprozeß über mehrere Instanzen folgen, und Kathinka Zitz-Halein findet sich erneut in einer prekären finanziellen Lage, die sich auch nach dem Gerichtsentscheid zu ihren Gunsten (1841) kaum bessert, da Zitz seinen Zahlungsverpflichtungen nur zögerlich und unregelmäßig nachkommt.

Sowohl Franz als auch Kathinka Zitz werden während der Revolutionsjahre zu herausragenden Gestalten der Mainzer Lokalpolitik und darüber hinaus. Franz Zitz, der unumstrittene Anführer der Mainzer Demokraten[18], wird Abgeordneter in der Paulskirche, wo er sich der Linken anschließt, und führt später die Mainzer Bürgergarde sowie die Mainzer Freischärler, die im Frühjahr 1849 beim Aufstand in der Pfalz vom preußischen Militär besiegt werden. Nach der Niederlage flüchtet er in die Schweiz und emigriert schließlich nach Amerika.

Kathinka Zitz, in Religionsfragen von „entschieden freisinniger Anschauung“[19], schließt sich 1845 der Deutschkatholischen Bewegung an, die sich in Mainz um Eduard Duller (1809–1853) sammelt. Auch andere Schriftstellerinnen wie Louise Otto oder Malwida von Meysenbug sympathisierten mit den Deutschkatholiken, denn diese konfessionsübergreifende, emanzipatorische Organisation thematisierte als „eine der wenigen politischen Bewegungen […] die Unterdrückung der Frauen“.[20] Kathinka Zitz sammelt dort wichtige Erfahrungen, die ihr bald darauf zugute kommen: Am 16. Mai 1849 gründet sie den Mainzer Frauenverein „Humania“, und später schreibt sie dazu im Rückblick:

> Nun ging eine Zeit so rastloser Tätigkeit für mich an, daß ich heute noch nicht begreife, wie ich diese Masse von Geschäften erledigen konnte […] Ich arbeitete unablässig an dem großen Werk der Humanität und zwar wie Frauen wirken sollen, indem ich mich der Verwundeten, der Flüchtlinge, der in der Heimat zurückgelassenen Familien, der Witwen und Waisen annahm, und ich darf mit gerechtem Stolz auf eine Zeit zurückblicken, indem es mir gelang, mit den der Vereinskasse zufließenden, bedeutenden Geldmitteln unendlich viel Gutes zu tun.[21]

Mit ihren 1647 Mitgliedern[22] wird die „Humania“ zu der für diese Zeit größten Frauenorganisation in Europa.[23] Durch öffentliche Aktionen wie Kundgebungen, Lotterien und Benefizkonzerte sammelt sie Geld- und Sachspenden für gefangene, verwundete oder emigrierte Revolutionäre und Parlamentarier und unterstützt notleidende Familien, deren Ernährer gefallen, verhaftet oder hingerichtet worden sind. Zu den Hilfsempfängern gehören auch einige Prominente wie etwa Johanna Kinkel, deren Mann zu lebenslänglicher Haft verurteilt wird – aus der Begegnung von Kathinka Zitz und Johanna Kinkel, die später die Befreiung ihres Mannes organisiert und mit ihm nach London geht, erwächst eine lebenslange Freundschaft zwischen den beiden –, vor allem aber unzählige namenlose Freiheitskämpfer. Die „Humania" erlangt schnell überregionale Bedeutung, als Vorsitzende korrespondiert Kathinka Zitz mit demokratischen Vereinen und mit anderen Frauenvereinen aus ganz Deutschland, die sich bei ihrer Gründung oft direkt auf das Vorbild der „Humania" berufen. Zur Programmatik ihrer Tätigkeit erklärt Kathinka Zitz in einer Ansprache:

> Unser Verein verfolgt keine politischen Tendenzen. Wir fordern nicht zum Aufruhr, zum Blutvergießen auf. Wir predigen keinen Fürstenhaß, noch haben wir je die Guillotine herbeigewünscht. Jede Unweiblichkeit, jede exzentrische Ansicht war uns stets fern [...]; denn unser Verein geht nur von dem rein menschlichen Gesichtspunkt aus. Er hat sich stets und wird sich stets auf dem gesetzlichen Boden bewegen.[24]

Dennoch sind natürlich weder der Verein noch seine Präsidentin unpolitisch. „Jegliche Hilfe für die an den Aufständen beteiligten Demokraten und deren Familien muß an sich schon als politische Tat betrachtet werden."[25] Die Forderung, mit dem gesammelten Geld „auch zur Anschaffung von Waffen beizutragen"[26], bewegt sich gewiß nicht mehr „auf dem gesetzlichen Boden", und der Spott, mit dem Kathinka Zitz sich über den mangelnden „Zufluß aus der sogenannten Hautevolée"[27] äußert, offenbart zudem einen leicht egalitären Zug. Auch wenn mit taktischer Vorsicht betont wird, alles geschehe, „Ohne aus den Schranken der Weiblichkeit herauszutreten"[28], sprengen diese Aktivitäten doch bei weitem die Grenzen, die den Frauen bisher im Hinblick auf öffentliches politisches Handeln gesetzt waren.

Kathinka Zitz sammelt nicht nur Geld, sie unternimmt auch einige nicht ungefährliche Reisen für die „Humania". In den Aufstandsgebieten in Baden und der Pfalz sucht sie Festungen und Gefängnisse auf, um sich nach den Schicksalen ihrer rheinhessischen Landsleute zu erkundigen, Namenslisten der Gefangenen zu erbitten und diesen Wäsche, Zigarren und vor allem Nachrichten von ihren Angehörigen mitzubringen. Und auf einer Reise in die Schweiz spürt sie geflüchtete Mainzer Freischärler auf, um diese dann mit den Mitteln für die Rückkehr in ihre Heimat auszustatten. Über diese Reisen schreibt sie sehr lebendige, anschauliche Berichte, die in der Mainzer Zeitschrift „Der Demokrat" erscheinen. Dieser Zusammenhang von politischer und schriftstellerischer Arbeit ist charakteristisch für Kathinka Zitz. Auch über die Prozesse gegen die Anführer der Aufstände berichtet sie und wirkt damit ebenso im Sinne ihrer Bemühungen im Frauenverein wie mit ihrer politischen Lyrik. Ihr Gedichtzyklus „Die Wittwen", der schildert, wie dem preußischen König im Traum die Witwen hingerichteter Freiheitskämpfer erscheinen, ruft die Polizeibehörden auf den Plan. Der Herausgeber einer Zeitschrift, die diese Gedichte nachdruckt, gibt nach einer Hausdurchsuchung ihren Namen an, und Kathinka Zitz wird vom

Untersuchungsrichter vorgeladen. Es kommt jedoch zu keiner Anklage, da sie standhaft die Verfasserschaft leugnet und der Verleger schließlich aussagt, er habe lediglich vermutet, daß sie die Autorin sei, da er „nicht wisse, daß sich in Mainz eine andere Dame mit Poesie befasse".[29]

Auch wenn diese Aussage nur durch Kathinka Zitz' eigene Aufzeichnungen überliefert ist, steht doch fest, daß sie zu diesem Zeitpunkt in ihrer Heimatstadt eine bekannte Schriftstellerin ist, und das nicht erst durch ihre Veröffentlichungen während der Revolution. Seit früher Jugend ist sie literarisch interessiert. Sie liest viel, vor allem in der von ihrer Großmutter Felicitas Halein gegründeten Leihbibliothek[30], und schreibt bald auch selbst. Ihre Novellen und Gedichte – überwiegend Liebeslyrik – werden ab 1820 in verschiedenen Almanachen und Zeitschriften abgedruckt (darunter den angesehenen „Didaskalia", aber auch den „Rosen", dem „Darmstädter Journal" u. a.), 1826 erscheint ihr erstes Buch mit dem Titel „Phantasie-Blüthen und Tändeleien".[31] Sie ist danach ihr Leben lang schriftstellerisch tätig, der größte Teil ihrer Bücher erscheint jedoch erst nach 1849, als sie das Schreiben zu ihrem Beruf macht.

„[...] a woman must have money and a room of her own if she is to write fiction"[32] – Virginia Woolfs berühmtes Diktum läßt sich für Kathinka Zitz auch umkehren: Um Geld und ein Zimmer für sich selbst zu haben, muß sie schreiben. Dabei orientiert sie sich nicht primär an künstlerischen Gesichtspunkten, sondern richtet sich bewußt und mit großer Konsequenz nach den Bedingungen und Bedürfnissen des literarischen Marktes. Gerade das macht ihr Werk, unabhängig von der Frage seiner ästhetischen Bewertung, für die literaturgeschichtliche Betrachtung interessant. Es ist ein Musterbeispiel für die Möglichkeiten und Grenzen einer kommerziell arbeitenden Berufsschriftstellerin, die sich auf dem seit den 1820er Jahren – nicht zuletzt durch das Anwachsen des weiblichen Lesepublikums – enorm expandierenden Buch- und Zeitschriftenmarkt zu behaupten versucht. Unter den Schriftstellerinnen und Schriftstellern dieser Epoche gibt es kaum jemand anderen, dessen Schaffen in seiner Gesamtheit so repräsentativ für den Geschmack und die vorherrschenden Interessen der Leserschaft ist wie das von Kathinka Zitz. Beinahe alle wichtigen und marktgängigen literarischen Strömungen der Zeit sind darin vertreten: Sie schreibt politische Lyrik im Stil der patriotisch-zeitkritischen Tendenzpoesie, die nach 1840 zu einem Massenartikel wird und Autoren wie Georg Herwegh oder Hoffmann von Fallersleben Rekordauflagen beschert, und wendet sich dem historischen Roman zu, der populärsten Gattung überhaupt, der erklärten „Lieblingslektüre der Leser des 19. Jahrhunderts".[33] Ihre zahlreichen Schriften für Kinder folgen der Entwicklung der neuen Jugendliteratur, die sich in dieser Zeit gerade als eigenständiges Genre herauszubilden und zu etablieren beginnt, und ihre biographischen Romane und Novellen sowie ihre „scharf aufgefaßten Charakteristiken berühmter Männer und Frauen"[34] tragen der großen Nachfrage nach populär gehaltener Bildungslektüre Rechnung.

Durch diese bemerkenswerte Vielfalt aktueller Formen und Genres, insbesondere aber durch die Behandlung der zentralen politischen wie sozialen Fragen entspricht Kathinka Zitz in idealer Weise dem Typus des engagierten „Zeitschriftstellers", dessen

„ehrenvoller Dienst" nach Ludwig Börnes Definition darin besteht, die „Aussagen der Zeit zu erlauschen, ihr Mienenspiel zu deuten und beides niederzuschreiben".[35] In den vierziger Jahren sowie unmittelbar vor und während der Revolution behandelt Kathinka Zitz vor allem ein Thema: die Gegenwart. In einer für die Literatur des Vormärz charakteristischen Form geschieht dies etwa in ihren „Memoiren des Mainzer Domgickels" (1844–1845) und den „Beobachtungen einer Wetterfahne" (1846), die zunächst als Artikelfolgen im Mainzer „Telegraph" und später noch einmal in Buchform erscheinen. Der „Domgickel", der Turmhahn auf dem Mainzer Dom, und die Wetterfahne auf ihrem „höhern Standpunkte, dem Rathausturm"[36], kommentieren darin satirisch das Zeitgeschehen. Kathinka Zitz bedient sich hier der offenen, assoziativen Erzählform, die mit Heines „Reisebildern" Schule gemacht hatte und seitdem die gesamte zeitkritische Prosa prägt, von den Autoren des Jungen Deutschland bis zu Börnes „Briefen aus Paris":

> Dem Domgickel geht es wie dem kleinen Liebesgott Amor, der die Contraste liebt und daher die Grazie mit der Stärke paart; drum springt er von einem Gegenstande auf den andern und erzählt euch bald dieses, bald das.[37]

Schilderungen von Mainzer Lokalereignissen und Anekdoten reihen sich an kursorische Betrachtungen zum politischen Tagesgeschehen oder kulturellen Phänomenen wie den Konzerttriumphen von Jenny Lind und Franz Liszt. Der Witz, „das demokratische Prinzip im Reiche des Geistes"[38], wie Börne ihn genannt hat, herrscht vor, und einige Passagen zeigen, daß Kathinka Zitz von Johanna Kinkel durchaus zu recht „humoristisches Talent"[39] attestiert wird, auch wenn diese Schriften insgesamt doch ein wenig weitschweifig wirken. Neben satirischen Elementen gibt es darin auch polemische Angriffe, etwa auf jesuitische „Traktätleinsverbreiter"[40], und gelegentlich pathetische Abschnitte, die beispielsweise die Zerstückelung in „neununddreißig Parzellen Deutschländerchen" beklagen, wodurch „auch die Köpfe so beschränkt geworden, daß sie ihr Volk nicht ein Mal als ein Ganzes zu denken wagen".[41] Kämpferisch prangern ihre zeitkritischen Schriften die Zustände im Justizwesen an, „wo das Schwert der Themis zum Barbiermesser geworden, womit die Juristen ihre Klienten scheeren", fordern die „Aufhebung der Todesstrafe und Zernichtung der Censur, dieser die Menschheit schändenden, die Majestät des deutschen Volkes beleidigenden Einführung"[42]. Und mit scharfem Blick stellt sie darin fest,

> […] daß der schwarze Frack der berühmte Representant der gegenwärtigen Gesellschaft ist, die sich in zwei verschiedene Klassen theilt, oder die vielmehr nur aus einer Klasse besteht, nämlich aus der, die den schwarzen Frack trägt. Die Leute, welche nicht den erforderlichen Credit bei dem Schneider haben, um sich dieses Kleidungsstück anschaffen zu können, gehören zu keinerlei Gesellschaft und haben keine andern Rechte als die, Steuern zu bezahlen und keinerlei Abgeordneten zu ernennen. Die Mode hat zwar die Gewalt, den Schnitt des schwarzen Fracks zu ändern […], aber sie vermag seine Farbe nicht zu ändern, die unveränderlich bleibt wie das Staatssystem, und dunkel wie ein Krug voll Dinte.[43]

Kathinka Zitz ergreift Partei und versucht, ihr Publikum aufzurütteln. So beklagt ihr Sprachrohr, der „Domgickel", daß es unter seinen Landsleuten zuviele gibt, „welche keine andere Zeitung lesen, als diejenige, welche sie von dem Krämer um ein Stück Käs gewickelt, oder als Pfefferdüte erhalten", hingegen nur ein „Häuflein bewußter Vaterlandsliebe fähiger Männer, die einer politischen Erhebung fähig sind [...] aber diese lassen sich von Rücksichten leiten und so geschieht nichts." Darum bekennt er:

> Wenn der Domgickel dürfte, so würde er ein Gesetz erlassen, das auf den erkalteten Patriotismus der Bürger, dieselbe Wirkung machen sollte, welche die Volta'sche Säule auf einen von Leben zum Tode gegangenen Frosch ausübt – aber leider gleichen die Menschen schlechten Uhren, deren Zeiger erst auf neun oder zehn zeigt, wenn der große Zeiger des Jahrhunderts längst auf vollem Mittag steht.[44]

Eine solche „Volta'sche" Wirkung beabsichtigt auch die Schriftstellerin Kathinka Zitz, der Appellcharakter ist daher ein stilistischer Grundzug ihres gesamten Werkes, sowohl der Prosa als auch der Lyrik. Er zeigt sich ebenso in ihren rhetorisch offenbar sehr effektvollen, „der ergreifenden Momente nicht entbehrenden"[45] Ansprachen, mit denen sie im Frauenverein zu Spenden aufruft und das Publikum, Presseberichten zufolge, stets in ihren Bann zu ziehen vermag. Das Credo der Schriftsteller „des heutigen jungen Deutschlands, die [...] keinen Unterschied machen wollen zwischen Leben und Schreiben, die nimmermehr die Politik trennen von Wissenschaft, Kunst und Religion, und die zu gleicher Zeit Künstler, Tribune und Apostel sind"[46], wie Heinrich Heine es 1836 in seiner „Romantischen Schule" programmatisch formuliert hat, gilt uneingeschränkt auch für Kathinka Zitz. Ihre schriftstellerische Arbeit ist nicht zu trennen von ihrem politischen Engagement, ihr literarisches Werk und ihr Handeln im Sinne der patriotisch-revolutionären Bewegung sowie der Frauenemanzipation gehören zusammen und bleiben stets aufeinander bezogen. Das macht beispielsweise ihr bekenntnishaftes Gedicht „Farbenwechsel" deutlich:

> [...] Das Kind trug Weiß – der Unschuld Engelfarbe
> Umhüllte es so duftig, hell und klar;
> Und aus der Ähren aufgehäufter Garbe
> Zog es sich Blumen für sein Lockenhaar.
> Dann kam die Zeit der aufgewachten Triebe
> Die in dem Lenz des Lebens feurig glüh'n;
> Ich ging im Kleid der rosenrothen Liebe
> Und in der Hoffnung heilig-schönem Grün.
> [...] Die Gattin ging einher im blauen Kleide
> Der ewig duldenden Ergebenheit,
> Und später trug ich violette Seide,
> Die Farbe die dem edeln Zorn geweiht.
> [...] Dann sah ich Jahre auf mich nieder schweben
> Wie Rabenzüge mit dem Unglücks-Flug,
> In welchen ich um ein verfehltes Leben,
> Das dunkle Schwarz der tiefen Trauer trug.
> Dann trug ich Braun – denn die Bestrebung
> des Selbstbewußtseins lichtete den Sinn.
> Die braune Farbe deutet auf Ergebung
> In ein Geschick an dem ich schuldlos bin.

Jetzt ist das Grau die Farbe meiner Tage,
Das Sinnbild einer blassen Dämmerzeit,
In der gestorben ist so Freud als Klage.
Die graue Farbe zeigt Gleichgültigkeit.
Gleichgültigkeit! – Hab' alles ich vergessen?
Begraben jedes Hochgefühl. – O nein!
Für's Vaterland, für große Zeitintressen
Wird nimmermehr mein Herz gleichgültig sein.[47]

Der Wechsel der Kleiderfarben, den Kathinka Zitz hier zu einer Allegorie des Frauenlebens gestaltet, ist dafür geschickt gewählt – nicht etwa, weil sie bereits wie später Walter Benjamin in der Mode „den dialektischen Umschlageplatz zwischen Weib und Ware"[48] erkannt hätte, sondern weil sie damit ein Thema der Zeit trifft: Seit den 1840er Jahren wird in Deutschland eine rege Debatte über die „politisch korrekte" Kleidung der Frauen geführt, die Mode wird zu einem Medium der Gesinnung.[49]

Auch wenn sich in diesem Gedicht gewiß Kathinka Zitz' eigene „eheliche Leidensgeschichte"[50] spiegelt, hat es doch, gerade wegen seiner allegorischen Form, allgemeinen Charakter. Schilderungen unglücklicher, unter herrschsüchtigen oder unempfindsamen Männern leidender Ehefrauen durchziehen das gesamte Werk von Kathinka Zitz. Ihre Novelle „Joachima" ist ein Beispiel für eine solche Darstellung,

> [...] eine sehr alltägliche Geschichte voll Qual und Thränen, die sich ewig wiederholt und mit kleinen Abänderungen ewig neu bleibt; die Geschichte eines Mannes ohne Herzensbildung, ohne Seelenerhabenheit, dessen Glück im Besitz so schnell erkaltete [...]; was Joachima litt, ist nicht zu beschreiben; sie mußte den Kelch aller Bitterkeiten leeren, und das Schlimmste war, daß sie nicht aufhören konnte, den Mann zu lieben, der jenen Grad der Selbstsucht erreicht hatte, in welchem man sich einer müde gewordenen Liebe, selbst wenn sie durch die Ehe geheiligt ist, mit nicht mehr Gewissensskrupeln als eines aus der Mode gekommenen Kleidungsstücks entledigt.[51]

Der Ton dieser Novelle und insbesondere der darin eingefügte Gedichtzyklus „Der Gattin Lieben und Leiden"[52] mag aus heutiger Perspektive rührselig und allzu melodramatisch anmuten, die Anklagen gegen einen zum „Tyrannen"[53], zum „Folterknecht"[54] gewordenen Ehemann aber sind drastisch – ähnlich wie in den politischen Gedichten, die auf gleiche Weise an das Mitgefühl der Leserschaft appellieren – und sollen die „Leidensschwestern" zu Realismus und Illusionslosigkeit ermahnen:

> Wehe der Frau, deren Einbildungskraft die Dinge nur durch ein bezauberndes Prisma sieht, die von Treue und Beständigkeit träumt und an ein Glück glaubt, dessen die Männer nicht müde werden.[55]

Renate Möhrmann hat unter den fortschrittlichen Frauen des Vormärz zwei unterschiedliche Gruppen ausgemacht: diejenigen, die wie Louise Aston oder die Gräfin Hahn-Hahn die Ehe „als eine Fessel der Frau" bekämpfen, und diejenigen, die diese wie Fanny Lewald und Louise Otto weiterhin „als die eigentliche Bestimmung der Frau"[56] ansehen. So heftig Kathinka Zitz auch immer wieder kritisiert, daß die Ehefrauen „den Hals geduldig auf die Schlachtbank der eheherrlichen Launen strecken und ihr Selbstgefühl von der männlichen Herrschsucht köpfen lassen"[57] müssen, besteht doch kein Zweifel daran, daß sie der zweiten Gruppe angehört und die Institution der Ehe nicht in Frage stellt. Sie sieht darin „eine sociale Nothwendigkeit, die einen providenziellen Zweck hat"[58] und die Frauen schützen und materiell absichern soll. Ihr Gedicht „Scheidungsklage" stellt sie unter das Motto: „Was Gott zusammenfügte, soll der Mensch nicht trennen."[59] In dem satirischen Text „Schattenspiele an der Wand" (1847–1848), in dem sie mit Hilfe eines magischen „Orbispiktus [...], das vermittelst einer künstlichen Vorrichtung, vergangene und zukünftige Begebenheiten in deutlichen und bunten Bildern auf der Wand abschattet"[60], Zeitereignisse Revue passieren läßt, grenzt sie sich eindeutig von den radikaleren Verfechterinnen der Frauenemanzipation ab:

> Das darauf folgende Bild zeigte mir die Hosen der Frau Rittmeisterin Lehmann, den Cigarrenvorrath der Frau Luise Ahston, die berüchtigte Reitpeitsche der noch berüchtigteren Lola Montez, jetzt Gräfin Landsfeld, sammt einem Haufen emanzipationssüchtiger Frauen, die sich alle mögliche Mühe gaben, ihre Oberlippe zu zwingen, einen Schnurrbart herauszugeben. Für einen Schnurrbart waren sie bereit, ihre Männer und ihre Kinder auf dem Altar der Emanzipation aufzuopfern. [...] O ihr Frauen, wollt nicht hinausschweifen über die Grenze eurer Bestimmung [...]. Allerdings sind die Frauen [...] durch die Männer ihren Rechten enterbt, aber sie werden diese Rechte nicht durch ein widerliches Manngebahren, durch unweiblichen Trotz, als vielmehr durch Ausübung aller Frauentugenden erringen, indem sie den Mann dadurch zur Anerkennung ihres hohen sittliches Werthes zwingen.[61]

Mit Recht hat Zucker, der Kathinka Zitz dem „mainstream of moderate feminism" zuordnet, auf eine gewisse Diskrepanz zwischen ihren Äußerungen zur Rolle der Frau und ihren Handlungen hingewiesen: „Her actions often spoke louder than her words."[62] Ihre Position als unabhängige, geschiedene Frau, als politische Aktivistin und professionelle Zeitschriftstellerin entspricht schließlich kaum den herkömmlichen Rollenvorstellungen ihrer Zeit und überschreitet deren Grenzen in stärkerem Maße als ihre öffentlich geäußerten frauenpolitischen Ansichten. Diese Ambivalenz, die bei vielen Schriftstellerinnen des 19. Jahrhunderts zu beobachten ist[63], spiegelt sich auch in dem Umstand, daß in ihrem literarischen Werk zwar immer wieder leidende Frauen wie Joachima vorkommen – diese ist zudem, offenbar der Idealvorstellung von Kathinka Zitz gemäß, „eine Schriftstellerin [...], die ohne den heiligen Beruf des Weibes zu versäumen, etwas mehr gelernt hat, als der große Haufe"[64], und trägt schwer an der mangelnden Anerkennung ihrer Umgebung –, die durch Klage und Anklage die Ungerechtigkeiten der herrschenden Geschlechterverhältnisse thematisieren, jedoch keine wirklich „revolutionären" Frauengestalten, die aktiv auf die Gegebenheiten einwirken und sie zu verändern versuchen.

Einen Gegenentwurf zur leidenden Joachima – wenn auch keine kämpfende Freischärlerin, wie man sie in einigen Revolutionsromanen anderer Frauen findet[65] – stellt die Figur der Selma Busch in den „Fragmenten aus der Sturmperiode" dar, in denen Kathinka Zitz die revolutionären Ereignisse des Jahres 1848 in Mainz schildert. Diese Gestalt ist ein kaum verfremdetes Selbstporträt[66], Selma Busch ist in diesem Text die Führerin des Mainzer Frauenvereins und wird als überzeugte, edelmütige

Demokratin gezeigt. Sie ist eine der wenigen, der in dieser Geschichte ein gutes Ende beschieden ist, wenn auch nur durch einen Zufall, der ihr „für siebenmalhunderttausend Gulden Staatspapiere“[67] in die Hände spielt. Es bedarf dieses Zufalls, um Selma Busch die Verwirklichung einer Utopie zu ermöglichen:

> In Amerika hat sie eine Colonie gegründet, die aus lauter politischen Flüchtlingen besteht, welche ihrer Fürsorge neuen Wohlstand verdanken. Kossuth, Kinkel, Massini wissen zu sagen, mit welcher Freigebigkeit sie die Zwecke der Freiheit fördert. Sie selbst [...] hat in ihrer Farm eine wahrhafte Musterwirthschaft eingeführt. Das von ihr bewohnte Haus steht an der Seite eines waldbedeckten Hügels, aus dem ein Bach hervorströmt [...]. Hier hört man an schönen Sommertagen [...] nichts als Vogelgesang, das Flüstern des Windes, das Murmeln des Wassers, das Summen der Bienen, die sich an die Blüthenkätzchen der Haselnußstauden festsetzen. Zwischen dem Moose blinken blaßgelbe Schlüsselblumen hervor und grünhalsige Enten plätschern in dem Teich herum.[68]

Die „Beschützerin aller Demokraten“ trägt hier beinahe mütterliche Züge, und es ist bezeichnend, daß Kathinka Zitz dieses biedermeierlich anmutende Idyll nicht auf dem Boden eines befreiten Deutschland ansiedelt, sondern – der seit den 40er Jahren sprichwörtlich gewordenen Tendenz der „Europamüdigkeit“ folgend – im fernen Amerika. Die melancholische Utopie ist am Nicht-Ort „Exil“ angesiedelt, und seine Bewohner bleiben auch dort Flüchtlinge.

Die „Fragmente aus der Sturmperiode“ verbinden dokumentarisches Erzählen – u.a. enthalten sie die Schilderung einer großen Rede ihres geschiedenen Mannes Franz Zitz, der als beeindruckender und besonnener Anführer dargestellt wird – mit einer romanhaften Handlung um verschiedene Liebespaare, die teilweise wiederum auf realen Schicksalen einiger Personen aus dem Umkreis der „Humania“ basiert. Die Liebe und das Geschlechterverhältnis werden in der Revolutionsdarstellung gespiegelt und umgekehrt. Wie in manchen anderen Romanen dieser Zeit wird auch in den „Fragmenten“ die Liebe „zum ‚Medium‘, zum kommunikativen Code, mit dem sich Männer und Frauen gegenseitig ihrer politischen Gesinnung“[69] versichern, etwa wenn sie Hand in Hand den Volksrednern lauschen und füreinander ebenso „erglühen“ wie für das Vaterland. Kathinka Zitz verwendet dieses „Medium“ aber auch mit umgekehrten Vorzeichen: Die Negativgestalt der Erzählung ist der Regierungsrat Kurz, ein pedantischer, opportunistischer, frömmelnder Reaktionär, der die Deutschkatholiken haßt und zur Witzfigur wird, u.a. durch eine lange Unsinns-Rede, in der er nachweist, wie schlecht es in der Weltgeschichte den Republiken ergangen sei, z.B. Athen:

> Es ist euch nicht unbekannt, welches schmähliche Ende diese Republik nahm. Alle ihre Bewohner wurden von einem Seeungeheuer zerrissen. – Was soll ich euch nun erst von der Republik Venedig sagen? [...] das Feuer des Himmels regnete auf diese Republik herab und verwandelte sie in einen großen Schwefelsee, dessen Ausdünstung das Land infiscirte. Das heutige Venedig wurde erst später mit kaiserlich königlich österreichischer Genehmigung gebaut.[70]

Kathinka Zitz macht ihn zu einer karikierten Verkörperung all dessen, was sie politisch bekämpft, und das spiegelt sich auch auf der Ebene des Geschlechterverhältnisses:

hier wird er vor allem dadurch charakterisiert, daß er „bereits die vierte Frau“[71] hat, die an seiner Seite „in der Trettmühle der Ehe ging; ihre Tage waren grau und alltäglich, denn ihr gegenüber war ihr Mann in seinen guten Stunden langweilig und hausbacken, und in seinen schlimmen ein Quälgeist“.[72]

Die „Fragmente aus der Sturmperiode“, die Kathinka Zitz 1854 in Buchform veröffentlicht, enden voller Bitterkeit und Schärfe:

> Was ist aus den Männern geworden, deren die Lippen die Schale berührt, aus welcher man erst Hoffnung, dann Ruhm und endlich Bitterkeit schlürft? Sie, von denen man vor wenig Jahren so viel gesprochen hat, sind in eine totale Mondfinsterniß gerathen [...]. Und doch haben sie dem Vaterland Dienste geleistet und sind durch Undank dafür belohnt worden. [...] Viele, die im Jahre 1848 die Welt verschlingen wollten, sind seitdem sehr zahm geworden, und sie, die damals noch röther als roth waren, befällt jetzt ein Grausen, wenn sie das Wort Republik oder Demokratie hören. Ihr Aufbrausen verschwand mit dem Aufbrausen des Volkes. In dem Maße als der revolutionäre Strom in sein Bett zurück kehrte, kehrten sie auch in die ihrigen zurück. [...] Einzelne Auswürflinge sind zu Renegaten geworden, die, wie alle Renegaten, das Banner, zu dem sie geschworen haben und unter dem sie bisher gekämpft hatten, nun mit Koth besudeln, um Begnadigung schwanzwedeln, und sich an die Kette legen lassen, um ein dürftiges Brod zu essen, das mit der Verachtung aller Parteien gewürzt ist. [...] Mit der Republik ist es aus und vorbei; sie hat keine Chancen mehr, seit ein hoher Monarch sich zum irrenden Ritter der Legitimität gemacht hat.[73]

Kathinka Zitz steht fortan nicht mehr im Zentrum des Geschehens wie in den Tagen der „Humania“, als deren Präsidentin sie am 16. Juni 1850 nach Differenzen über die Verteilung der Mittel zurücktritt – ihrem Austritt schließt sich die große Mehrheit der Mitglieder an, so daß am Ende nur noch „etwa hundert“[74] übrigbleiben. Der Wandel der Zeiten verändert zwangsläufig auch ihre Rolle als Zeitschriftstellerin. „Zurück zur Reaktion bedeutete für die Schriftstellerinnen [...] gleichzeitig die Aufgabe des gerade erst so schwer erkämpften öffentlichen Wirkungsbereichs und die Rückkehr ins Heimelig-Heimige, ins eigentliche Biedermeier“[75], schreibt Renate Möhrmann und führt als Beispiele Ida Hahn-Hahns Übertritt zum Katholizismus und insbesondere Luise Mühlbachs historische Romane über Friedrich II., Kaiser Joseph II., Kaiser Leopold u. a. an, in denen von „irgendwelchen demokratischen Idealen [...] naturgemäß nicht mehr die Rede“[76] ist. Auch Kathinka Zitz wendet sich nun dem historischen Roman zu, doch zeigt schon ihre Wahl des Stoffes, daß damit keine politische Kehrtwende verbunden ist, im Gegenteil: „Magdalene Horix oder Vor und während der Klubistenzeit“[77], nach Gottfried Kinkels Auffassung ihr „bestes Buch“[78], behandelt mit Sympathie die Tage der Mainzer Republik. Mitten im Nachmärz von Freiheitsbäumen, der Marseillaise, Jakobinern und republikanischen Hoffnungen zu schreiben und auf diese Weise demokratisch-revolutionäre Traditionen zu beschwören, ist ein deutliches Signal gegen die allgemeine restaurative Tendenz.

Ebenso populär wie umstritten ist in dieser Phase die Gattung des biographischen Romans. Adolf Stern schreibt 1863 eine Polemik, um „eine so vollkommen kunstwidrige, absurde und verwerfliche Erscheinung, wie den biographischen Roman des letzten Jahrzehnts, in jeder Weise zu bekämpfen“ und stellt fest:

> Bemerkenswerth und von besonderem Interesse ist der Antheil, welchen die weiblichen Schriftstellerinnen an dem biographischen Roman genommen haben. [...] Die Autorinnen sind des fortwährenden Blaustrumpfromans und der ihnen viel vorgeworfenen Trivialität ihrer „Familiengeschichten" müde geworden. So mögen Viele zu der Idee gelangt sein, durch „positive" Leistungen sich eine höhere Stufe der Literatur und einen besseren Anspruch auf Anerkennung zu sichern [...] wenn man in Erwägung zieht, wie viele zur Feder gegriffen haben, nur um eine anständige Erwerbsquelle, eine Arbeit zu finden, die besser bezahlt wird, als gewöhnlich der weibliche Fleiß; wenn man in Anschlag bringt, wie zwingend oft die Verhältnisse sind, so liegt die Erklärung für das rasche Aufnehmen des biographischen Romanes ziemlich nahe.[79]

Auch Kathinka Zitz folgt dieser Strömung; ohne Zweifel verfaßt sie ihre außerordentlich umfangreichen Romane über Goethe (mit elf Bänden und mehr als zweitausend Seiten der längste), Rahel Varnhagen, Heinrich Heine und Lord Byron[80], die zwischen 1863 und 1867 in schneller Folge erscheinen und freimütig aus dem in allen Fällen reichhaltigen Fundus gedruckter Quellen und Lebenszeugnisse schöpfen, aus kommerziellen Gründen. Das machen bereits die werbeträchtigen Titel der Bücher deutlich, die alle unter dem Pseudonym K. Th. Zianitzka erscheinen: „Der Roman eines Dichterlebens", „Rahel oder drei und dreißig Jahre einer edlen Frau", „Lord Byron. Romantische Skizzen aus einem vielbewegten Leben". Daß das jedoch nicht unbedingt als Rückzug betrachtet werden muß, wie Marion Freund meint[81], zeigt das Beispiel ihres Buches „Heinrich Heine der Liederdichter. Ein romantisches Lebensbild" (1864). Wie im Fall von „Magdalene Horix" ist allein die Wahl des Gegenstandes bereits ein Zeichen gegen den restaurativen Zeitgeist, und es scheint fast, als wolle Kathinka Zitz sich damit noch einmal als „Beschützerin aller Demokraten" erweisen. Denn Heine gilt inzwischen, insbesondere bei den tonangebenden Vertretern des Bürgerlichen Realismus, als Repräsentant einer glücklich überwundenen Literaturepoche. „Er ist der Erste in seiner Gattung; möchte er auch der letzte sein!"[82], hatte es im Nachruf der „Grenzboten" geheißen, und Heines Bild in der Literaturgeschichtsschreibung ist 1864, acht Jahre nach seinem Tod, eindeutig negativ.[83]

Dennoch ist ihr Heine-Roman keine „Rettung", er ist schließlich überhaupt keine ernsthafte literarhistorische Auseinandersetzung mit seinem Leben und Werk, sondern, wie sie selbst schreibt, ein

> [...] Phantasiegebilde [...]; daß dabei die chronologische Ordnung nicht immer streng beobachtet werden konnte, ist selbstverständlich – doch ist diese ja auch nicht unerläßlich, da es nur darauf ankommt, den geneigten Leser angenehm zu unterhalten.[84]

Die Chronologie ist nicht das einzige, was in diesen sechs Bänden nicht „streng beobachtet" wird. Bekannte Anekdoten reihen sich an frei erfundene Episoden – meist galanter Natur –, lange Paraphrasen von Heines Werken (insbesondere aus den „Reisebildern") und kaum veränderte Passagen aus den Heine-Erinnerungen Alfred Meißners oder August Lewalds bilden das dürre Handlungsgerüst, das nur sehr entfernte Ähnlichkeiten mit dem tatsächlichen Lebenslauf des Dichters aufweist. Über weite Strecken wirkt das Buch aus heutiger Sicht unfreiwillig komisch und wäre nichts weiter als ein Kuriosum in der langen Geschichte der Heine-Rezeption, wenn es nicht einige bemerkenswerte Besonderheiten gäbe: Kathinka Zitz stellt Heine kaum je wirklich als Dichter dar, doch die einzigen Werke, deren Entstehungsgeschichte sie schildert, sind ausgerechnet die beiden „skandalösesten", die durch das zeitgenössische Publikum am schärfsten verurteilt wurden: die Platen-Polemik aus dem dritten Band der „Reisebilder" und die Denkschrift „Ludwig Börne". Und in beiden Fällen läßt sie Heine ungewöhnliche Gerechtigkeit widerfahren. Erstaunlich differenziert und ohne vordergründige Parteinahme beschreibt sie das politisch wie menschlich komplexe Verhältnis zwischen Heine und Börne, und ohne ein moralisches Urteil zu fällen zeigt sie klar – und das ist, bis heute, eine große Ausnahme –, daß Platen derjenige war, der den berüchtigten Streit veranlaßt hat, betont, wie stark dessen antisemitische Attacke Heine verletzt hat und wie dieser ihn daraufhin „vor ganz Europa an den Pranger der öffentlichen Schmach stellte, ihn moralisch hinrichtete, aber sich selbst auch kein Ehrendenkmal stiftete [...] – der in ihm beleidigte Jude hatte zur Selbsthülfe gegriffen [...]."[85]

Beachtung verdient auch die fiktive Liebesgeschichte Heines mit einer realen Person, die Kathinka Zitz einflicht: Sie führt ihn mit Marie Lafarge geb. Cappelle zusammen, die 1840 in einem aufsehenerregenden, auch in Deutschland heftig diskutierten Indizienprozeß wegen der Vergiftung ihres betrügerischen, gewalttätigen Ehemannes verurteilt worden war. In Kathinka Zitz' Roman wird sie als talentierte Dichterin dargestellt, „und besonders war es Heine, der ihr den aufrichtigen Zoll seiner Bewunderung darbrachte".[86] Sie wird zur möglichen idealen Lebenspartnerin Heines stilisiert, die ihn versteht und ihm intellektuell ebenbürtig wäre. Doch obwohl Heine sich in diesem „Phantasiegebilde" stark zu ihr hingezogen fühlt, lehnt er ab, als sie ihm selbstbewußt einen Heiratsantrag macht. Ausführlich schildert Kathinka Zitz später Marie Lafarges Konvenienzehe und die Geschichte, die zum Mord führt, an dem Marie in ihrer Darstellung unschuldig und das Opfer einer Intrige ist. Im fünften und sechsten Band verselbständigt sich diese Geschichte zu einem eigenen Roman, der die Lebensbeschreibung Heines völlig in den Hintergrund treten läßt. Die sensible Marie, die unter ihrem Mann und dessen Verwandtschaft leidet, wird zu einer weiteren unglücklichen Ehefrau nach dem Muster Joachimas. In ihrer Schilderung des Mordprozesses läßt Kathinka Zitz Heine, der von ihrer Unschuld überzeugt ist, als Zeugen auftreten, der zudem einer anderen Zeugin (die sich später als Mittäterin entpuppt) einen Zettel zusteckt mit den Worten: „Wenn Du gegen Marie aussagst, so bist Du des Todes."[87] Kathinka Zitz erfindet diese Geschichte zwar willkürlich, aber nicht ganz ohne reale Grundlage: Denn der „wirkliche" Heine hat in einem Pariser Korrespondenzartikel für die „Allgemeine Zeitung" mit Sympathie für die Angeklagte über diesen Prozeß berichtet – und sich damit der vorherrschenden öffentlichen Meinung in Deutschland entgegengestellt. Die „Mainzer Unterhaltungsblätter" werteten dies als „neuen Beleg für die schon öfter von uns gerügte Gesinnungslosigkeit, Frechheit und Schamlosigkeit dieses verkommenen Genies".[88] Heine betont in seinem Bericht die grundlegende gesellschaftliche Bedeutung dieses Gerichtsverfahrens:

> So viel ist aber gewiß, daß der Prozeß der Dame von Glandier ein wichtiges Aktenstück ist, wenn man sich mit der großen Frauenfrage beschäftigt, von deren Lösung das ganze

gesellschaftliche Leben Frankreichs abhängt. Die außerordentliche Teilnahme, die jener Prozeß erregt, entspringt dem Bewußtsein eignen Leids.

Und in der späteren Buchfassung des Artikels in „Lutetia" (1854) fügt er an dieser Stelle noch an:

> Ihr armen Frauen, ihr seid wahrhaftig übel dran. Die Juden in ihren Gebeten danken täglich dem lieben Gott, daß er sie nicht als Frauenzimmer zur Welt kommen ließ. Naives Gebet von Menschen, die eben durch Geburt nicht glücklich sind, aber ein weibliches Geschöpf zu sein für das schrecklichste Unglück halten! Sie haben recht, selbst in Frankreich, wo das weibliche Elend mit so vielen Rosen bedeckt wird.[89]

Diese grundsätzliche Bedeutung ist es auch, die Kathinka Zitz an dem Prozeß interessiert, und ihre Behandlung im Heine-Roman ist ein Beleg dafür, wie sie auch unter veränderten Bedingungen ihre Aufgabe als Zeitschriftstellerin fortzuführen versucht. Allerdings hat sie dabei immer geringeren Erfolg. Geldsorgen, Streit um die Unterhaltszahlungen ihres Mannes, den sie trotz aller Demütigungen noch immer zu lieben scheint, prägen erneut ihr Leben. Sie führt weiterhin Tagebuch, publiziert jedoch nach ihrem Byron-Roman (1867) nicht mehr. 1873 zieht sie ins St. Vincentspensionat der Barmherzigen Schwestern, wo sie am 8. März 1877 stirbt.

Anmerkungen

1 Johanna Kinkel an Kathinka Zitz, 24. November 1857. – Zit. nach Rupprecht Leppla: Johanna und Gottfried Kinkels Briefe an Kathinka Zitz 1849–1861. – In: Bonner Geschichtsblätter 12, 1958, S. 62 (Hervorhebung im Original).

2 [Carl] Bartholdi an Kathinka Zitz, 1. Februar 1850. – Zit. nach Gerlinde Hummel-Haasis: Kathinka Zitz und der Mainzer Frauenverein „Humania". – In: Schwestern, zerreißt eure Ketten. Zeugnisse zur Geschichte der Frauen in der Revolution von 1848/49, hrsg. v. Gerlinde Hummel-Haasis. München 1982, S. 321.

3 Stanley Zucker: Kathinka Zitz-Halein and Female Civic Activism in Mid-Nineteenth-Century Germany. Carbondale/Edwardsville 1991, S. XIf.; vgl. auch ders.: Female Political Opposition in Pre-1848 Germany. – In: German Women in the Nineteenth Century. A Social History. Ed. John Fout, New York 1984, S. 133–150; ders.: German Women and the Revolution of 1848: Kathinka Zitz-Halein and the Humania Association. – In: Central European History 13, no. 3, September 1980, S. 237–254.

4 Unter den kürzeren Lebensabrissen sind die wichtigsten: Carl Wilhelm Otto August von Schindel: Die deutschen Schriftstellerinnen des neunzehnten Jahrhunderts. Leipzig 1823, (ND Hildesheim/New Jork 1978), Th. 3, S. 144–149; Ludwig Fränkel: Zitz, Kath. und Franz. – In: ADB, Bd. 45, S. 373–379; Karl Goedeke: Grundriß zur Geschichte der deutschen Dichtung. Aus den Quellen. Dresden [2]1938, Bd. 13, S. 295–298; Leppla [Anm. 1], S. 8ff; Brinker-Gabler, S. 339f.; Dietmar Noering: Kathinka Halein. Ein Leben in schwerer Zeit. – In: Kathinka Zitz/Tina Halein: Wahre Freiheit. Gedichte und Prosa. Hrsg. v. Dietmar Noering. Frankfurt a.M. 1987, S. 101–122.

5 Vgl. Zucker: Kathinka Zitz-Halein [Anm. 3], S. XI.

6 Goedeke [Anm. 4], S. 296ff. – Für weitere Werkbibliographien (allerdings nicht in vergleichbarer Vollständigkeit) vgl. Schindel [Anm. 4]; Pataky, Bd. 2, S. 466f.; Zucker: Kathinka Zitz-Halein [Anm. 3], S. 236ff.

[7] U.a. sind dies Theophyle Christlieb, August Enders, Johann Golder, Dr. Schmid, K. Th. Zianitzka, Emilie, Eugenie. Für eine Liste ihrer Pseudonyme vgl. Pataky [Anm. 6], Verzeichnis der Pseudonyme, S. 67.

[8] Leppla [Anm. 1], S. 7.

[9] Vgl. Didaskalia, Nr. 85, 26. März 1846 und Blätter für literarische Unterhaltung, Nr. 144, 24. Mai 1847, S. 575.

[10] Vgl. Schindel [Anm. 4].

[11] Heinrich Kurz: Geschichte der neuesten deutschen Literatur von 1830 bis auf die Gegenwart. Mit ausgewählten Stücken aus den Werken der vorzüglichsten Schriftsteller. Leipzig 1872, Bd. 4, S. 61.

[12] Vgl. die Zusammenstellung einiger Kritiker-Äußerungen bei Fränkel [Anm. 4], S. 377f.

[13] Hummel-Haasis [Anm. 2], S. 259. In jüngerer Zeit sind denn auch lediglich zwei kleine Auswahlausgaben ihrer Werke erschienen: der von Dietmar Noering herausgegebene Band „Wahre Freiheit" [Anm. 4] enthält 31 Gedichte, einen Brief und einen Prosatext von ihr; eine Art Lesebuch mit sparsam kommentierten Auszügen aus verschiedenen, vorwiegend autobiographischen Texten – leider ohne genaue Quellennachweise – ist Micaela Mecocci: Kathinka Zitz (1801–1877). Erinnerungen aus dem Leben der Mainzer Schriftstellerin und Patriotin. Mainz 1998.

[14] Fränkel [Anm. 4], S, 377f.

[15] Brinker-Gabler [Anm. 4], S. 339.

[16] Goedeke [Anm. 4], S. 295f.

[17] Vgl. Zucker: Kathinka Zitz-Halein [Anm. 3], S. 6ff.

[18] Vgl. ebd., S. 97f.

[19] Fränkel [Anm. 4], S. 376f.

[20] Alexandra Lotz: „Die Erlösung des weiblichen Geschlechts". Frauen in deutschkatholischen Gemeinden. – In: Schimpfende Weiber und patriotische Jungfrauen. Frauen im Vormärz und in der Revolution 1848/49. Hrsg. v. Carola Lipp. Baden-Baden 1986, S. 232. Vgl. auch Sylvia Paletschek: Frauen und Dissens. Frauen im Deutschkatholizismus und in den freien Gemeinden 1841–1852. Göttingen 1990.

[21] Kathinka Zitz: Lebensskizzen. Zit. nach Hummel-Haasis [Anm. 2], S. 270.

[22] Vgl. ebd., S. 268 ff.

[23] Vgl. Zucker: Kathinka Zitz-Halein [Anm. 3], S. 127.

[24] Mainzer Zeitung, Nr. 165, 3. Juli 1849, zit. nach Hummel-Haasis [Anm. 2], S. 272.

[25] Marion Freund: „Wenn die Zeiten gewaltsam laut werden [...] so kann es niemals fehlen, daß auch die Frauen ihre Stimme vernehmen und ihr gehorchen." Schriftstellerinnen und die Revolution von 1848/49. – In: FVF Jb 3, 1997, S. 132.

[26] An die Jungfrauen von Mainz. Zeitungsausschnitt ohne Herkunftsangabe (vermutlich von Kathinka Zitz), zit. nach Hummel-Haasis [Anm. 2], S. 265.

[27] Ebd.

[28] Ebd., S. 263.

[29] Kathinka Zitz: Aufzeichnungen, zit. nach Hummel-Haasis [Anm. 2], S. 300. Vgl. auch Zucker: Kathinka Zitz-Halein [Anm. 3], S. 108f.

[30] Vgl. Zucker: Kathinka Zitz-Halein [Anm. 3], S. 2.

[31] Cathinka Halein: Phantasie-Blüthen und Tändeleien. Mainz 1826.

[32] Virginia Woolf: A Room of One's Own. – In: dies.: A Room of One's Own and Three Guineas. Ed. with an introduction and notes by Michèle Barrett. London 1993, S. 3.

[33] Hartmut Eggert: Studien zur Wirkungsgeschichte des deutschen historischen Romans 1850–1875. Frankfurt a.M. 1971, S. 7.

[34] Fränkel [Anm. 4], S. 377.
[35] Ludwig Börne: Ankündigung der Wage (1818). – In: ders.: Sämtliche Schriften. Neu bearb. und hrsg. v. Inge und Peter Rippmann. Dreieich 1977, Bd. 1, S. 670.
[36] Kathinka Zitz: Beobachtungen einer Wetterfahne. – In: dies.: Letzte Rheinsandkörner. Ein Novellen-Cyklus. Mainz 1854, S. 259.
[37] Kathinka Zitz: Aus den Memoiren des Mainzer Domgickels (Zweite Lieferung). – In: ebd., S. 149.
[38] Ludwig Börne: Aus meinem Tagebuche. - In: ders. [Anm. 35], Bd. 2, S. 811.
[39] Johanna Kinkel an Kathinka Zitz, 25. Dezember 1849, zit. nach Leppla [Anm. 1], S. 20.
[40] Zitz: Beobachtungen einer Wetterfahne [Anm. 36], S. 291.
[41] Ebd., S. 285.
[42] Kathinka Zitz: Ein Sylvestertraum. - In: dies. [Anm. 36], S. 342f.
[43] Kathinka Zitz: Schattenspiele an der Wand. – In: dies. [Anm. 36], S. 378f.
[44] Zitz: Aus den Memoiren des Mainzer Domgickels [Anm. 37], S. 147f.
[45] Mainzer Zeitung, zit. nach Hummel-Haasis [Anm. 2], S. 270.
[46] Heinrich Heine: Die romantische Schule. – In: ders.: Sämtliche Schriften in zwölf Bänden. Hrsg. v. Klaus Briegleb. Frankfurt a. M./Berlin/Wien 1981, Bd. 5, S. 468.
[47] Kathinka Zitz: Herbstrosen in Poesie und Prosa. Mainz 1846, S. 234f.
[48] Walter Benjamin: Das Passagen-Werk. – In: ders.: Gesammelte Schriften. Unter Mitwirkung von Theodor W. Adorno und Gershom Scholem hrsg. v. Rolf Tiedemann/Hermann Schweppenhäuser. Frankfurt a. M. 1982, Bd. V.1, S. 111.
[49] Vgl. Sabine Kienitz: „Aecht deutsche Weiblichkeit". Mode und Konsum als bürgerliche Frauenpolitik 1840. – In: Schimpfende Weiber und patriotische Jungfrauen [Anm. 20], S. 310–338.
[50] Leppla [Anm. 1], S. 8.
[51] Kathinka Zitz: Joachima. - In: dies. [Anm. 36], S. 246f.
[52] Ebd., S. 251ff.
[53] Ebd., S. 247.
[54] Ebd., S. 254.
[55] Ebd., S. 257f.
[56] Renate Möhrmann: Vorwort. – In: Frauenemanzipation im deutschen Vormärz. Texte und Dokumente. Hrsg. v. Renate Möhrmann. Stuttgart 1978, S. 11.
[57] Zitz: Ein Sylvestertraum [Anm. 42], S. 346f.
[58] Dies.: Schattenspiele an der Wand [Anm. 43], S. 380.
[59] Dies.: Joachima [Anm. 51], S. 255.
[60] Dies.: Schattenspiele an der Wand [Anm. 43], S. 349.
[61] Ebd., S. 381f.
[62] Zucker: Kathinka Zitz-Halein [Anm. 3], S. 40.
[63] Vgl. Ruth-Ellen Boetcher Joeres: „Frauenfrage und Belletristik": Positionen deutscher sozialkritischer Schriftstellerinnen im 19. Jahrhundert. – In: Frauen sehen ihre Zeit. Katalog zur Literaturausstellung des Landesfrauenbeirates Rheinland-Pfalz. Mainz 1984, S. 21–40.
[64] Zitz: Joachima [Anm. 51] S, 244.
[65] Vgl. Kerstin Wilhelms: „Sie schien ein Mann geworden ..." Phantastische Frauen in Romanen der Revolution von 1848/49. – In: FVF Jb 3, 1997, S. 143–160.
[66] Vgl. Zucker: Kathinka Zitz Halein [Anm. 3], S. 121.
[67] Kathinka Zitz: Fragmente aus der Sturmperiode. – In: dies.: [Anm. 36], S. 469.
[68] Ebd., S. 469f.

[69] Carola Lipp: Liebe, Krieg und Revolution. Geschlechterbeziehung und Nationalismus in der Revolution von 1848/49. – In: Schimpfende Weiber und patriotische Jungfrauen [Anm. 20], S. 359.
[70] Zitz: Fragmente aus der Sturmperiode [Anm. 67], S. 434.
[71] Ebd., S. 400.
[72] Ebd., S. 401.
[73] Ebd., S. 475.
[74] Mitgliederverzeichnis der „Humania", zit. nach Hummel-Haasis [Anm. 2], S. 269.
[75] Renate Möhrmann: Die andere Frau: Emanzipationsansätze deutscher Schriftstellerinnen im Vorfeld der Achtundvierziger-Revolution. Stuttgart 1977, S. 151.
[76] Ebd., S. 152. – Die These von einer „Wende" Luise Mühlbachs wird inzwischen allerdings durchaus kontrovers diskutiert. Vgl. Cornelia Tönnesen: Die Vormärz-Autorin Luise Mühlbach. Vom sozialkritischen Frühwerk zum historischen Roman. Mit einem Anhang unbekannter Briefe an Gustav Kühne. Neuss 1997, S. 210ff.
[77] Kathinka Zitz: Magdalene Horix oder Vor und während der Klubistenzeit. Ein Zeitbild. Mainz 1858. – Kathinka Zitz kann dabei auf Originalprotokolle des Mainzer Jakobinerklubs zurückgreifen, die sie später an die Bibliothek der Stadt verkauft. Vgl. Zucker: Kathinka Zitz-Halein [Anm. 3], S. 46f.
[78] Gottfried Kinkel an Kathinka Zitz, 24. November 1858, zit. nach Leppla [Anm. 1], S. 76.
[79] Adolf Stern: Der „biographische" Roman. – In: Orion 1, 2 (1863), zit. nach Realismus und Gründerzeit. Manifeste und Dokumente zur deutschen Literatur 1848–1860. Hrsg. v. Max Bucher/Werner Hahl/Georg Jäger/Reinhard Wittmann. Stuttgart 1975, Bd. 2, S. 296ff.
[80] K. Th. Zianitzka [i. e. Kathinka Zitz]: Der Roman eines Dichterlebens. Leipzig 1863, 3 Abth. in 11 Bdn.; dies.: Heinrich Heine der Liederdichter. Ein romantisches Lebensbild. Leipzig 1864, 6 Bde.; dies.: Rahel oder drei und dreißig Jahre aus dem Leben einer edlen Frau. Leipzig 1864, 6 Bde.; dies.: Lord Byron. Romantische Skizzen aus einem vielbewegten Leben. Mannheim 1867, 5 Bde.
[81] Vgl. Freund [Anm. 25], S. 140.
[82] Heinrich Heine. – In: Die Grenzboten, Anfang März 1856, zit. nach Heinrich Heines Höllenfahrt. Nachrufe auf einen streitbaren Schriftsteller. Dokumente 1846–1858. Hrsg. und mit einem Nachwort vers. v. Rolf Georg Bogner. Heidelberg 1997, S. 87.
[83] Vgl. Bernd Füllner: Heinrich Heine in deutschen Literaturgeschichten. Eine Rezeptionsanalyse. Frankfurt a. M./Bern 1982, S. 90ff.
[84] Zianitzka: Heinrich Heine der Liederdichter [Anm. 80], Bd. 3, Vorwort (unpag.).
[85] Ebd., Bd. 2, S. 166. Vgl. auch ebd., S. 117ff.
[86] Ebd., Bd. 4, S. 170.
[87] Ebd., Bd. 5, S. 188 (im Original hervorgehoben).
[88] Mainzer Unterhaltungsblätter, 18. Oktober 1840; zit. nach DHA XII/2, S. 1205ff.
[89] Heinrich Heine: Lutetia, Artikel XX (1. Oktober 1840). – In: ders.: Sämtliche Schriften [Anm. 46], Bd. 9, S. 319.

Fanny Hensel (1805–1847)

Heine-Lieder

Cornelia Bartsch, Berlin

Lieder machen den umfangreichsten Teil des Schaffens Fanny Hensels als Komponistin aus. Nach dem neuesten Forschungsstand komponierte sie allein 249 klavierbegleitete Sololieder[1], hinzu kommen Duette und Terzette mit Klavierbegleitung oder a capella, Chorlieder sowie zahlreiche Klavierkompositionen, die als „Lieder ohne Worte" bezeichnet werden können. Die Bedeutung der Gattung für Fanny Hensels kompositorisches Schaffen läßt sich auch daran ablesen, daß Lieder sie ihr Leben lang beschäftigten, während andere Gattungen wie beispielsweise das Oratorium oder Kammermusik nur in bestimmten Schaffensphasen eine Rolle spielten.

Fanny Hensels Konzentration auf das Lied ist mit den in ihrer Zeit gültigen geschlechtsspezifischen Rollenzuweisungen in Zusammenhang zu bringen. Mit dem Komponieren von Liedern geriet Fanny Hensel nicht in Widerspruch zum weiblichen Geschlechtscharakter. Das Lied war die Gattung, die ihr als Komponistin in einer Kultur, die Frauen auf den privaten Raum verwies, als Erfahrungsbereich offenstand. Im Alter von vierzehn Jahren war der – um mit Goethe zu sprechen – „gleichbegabten Schwester"[2] Felix Mendelssohns vom Vater deutlich gemacht worden, daß sie sich in ihrer Musikausübung an die durch das Frauenbild ihrer Zeit bestimmten Grenzen zu halten hatte: Fanny Mendelssohn wurde untersagt, sich als Musikerin zu professionalisieren, und das bedeutete, daß sie weder als Komponistin noch als Pianistin an die Öffentlichkeit im Sinne eines anonymen, zahlenden Publikums treten durfte.[3]

Indem sie sich eine Familientradition aneignete, gelang es ihr jedoch, sich ein musikalisches Betätigungsfeld zu schaffen, das ihr auch den Rahmen bot, eigene Kompositionen aufzuführen. Im Saal der Gartenwohnung auf dem elterlichen Grundstück in der Leipziger Str. 3, die sie nach ihrer Heirat mit dem preußischen Hofmaler Wilhelm Hensel bezogen hatte, nahm Fanny Hensel die Tradition der Sonntagsmusiken wieder auf, die die Eltern 1821 eingerichtet hatten, um ihr und ihrem Bruder Felix Gelegenheit zu geben, sich vor der Berliner Musikwelt hören zu lassen.[4] Unter Fanny Hensels Regie wurden die Sonntagsmusiken, für die sie sich eigens einen kleinen Chor zusammenstellte, bei denen Musiker aus Berliner Orchestern sowie begabte Laien und Virtuosen von internationalem Rang mitwirkten und bei denen sie ganze Kantaten und Opernszenen aufführte, zu einer Institution des Berliner Musiklebens. Die Möglichkeiten, die ihr dies als Komponistin, Dirigentin, Pianistin und Organisatorin bot, ersetzten jedoch nicht die bestätigende und korrigierende Instanz einer anonymen Öffentlichkeit, die es ihr abgefordert hätte, ihre Kompositionen als „Werke" zu verstehen und sich, wie es für eine Drucklegung nötig gewesen wäre, um letztgültige Überarbeitungen zu bemühen. Abgesehen von den wenigen Liedern mit und ohne Worte, die sie am Ende ihres Lebens herausgab und dem Klaviertrio d-Moll, das sie für den Druck vorbereitete, sind Fanny Hensels Kompositionen in diesem Sinne als „work in progress" zu verstehen, wobei zu differenzieren ist zwischen Kompositionen, von denen nur ein einziges Autograph existiert und solchen, von denen Fanny Hensel eine oder mehrere Reinschriften anfertigte oder die sie als Albumblätter an Freunde, Freundinnen und Verwandte adressierte.

Der Nachruf des Berliner Musikschriftstellers Ludwig Rellstab auf Fanny Hensel kann veranschaulichen, wie sehr die seit der zweiten Hälfte des 18. Jahrhunderts entstehenden Vorstellungen von Weiblichkeit als idealisiertem Gegenentwurf zu einer von ökonomischen Zwängen bestimmten Öffentlichkeit den Hintergrund für den von Fanny Hensel erzwungenen Verzicht bilden. Rellstab spricht darin von ihren musikalischen Sonntagsmatineen als von einem „künstlerischen Fest seltener Art"[5]: „[...] und so blieb ihr häuslicher Herd zugleich der Opferherd, für die Verehrung des Besten in der Musik. Das ist ein Verdienst um die Kunstzustände unserer Vaterstadt, für welche wir tief verschuldet bleiben!"[6] Trotz der Anerkennung, die er Fanny Hensels Verdiensten um das Berliner Musikleben entgegenbringt, macht Rellstab mit seinem Bild deutlich, daß das eigentliche Lob dem Verzicht gilt. Der häusliche Herd wird zum „Opferherd", die Hausfrau zur Priesterin, die dem Konzert als einem „Fest" vorsteht, bei dem sich Dilettanten und Berufsmusiker über soziale Schranken und berufliche Differenzen hinweg zur „Verehrung des Besten in der Musik" zusammenfinden: Die Frau als Hüterin der „musikalischen Moral" – unbefleckt von Publikumsgeschmack und ökonomischer Notwendigkeit. Das Opfer, das sie dafür erbringt und das sie um so mehr erhöht je größer es ist, erstreckt sich auch auf das eigene Schaffen. Rellstab fährt fort:

> Ein so eingedrungenes Verständnis, eine so tief wurzelnde Liebe zur Kunst, müßte auch zu schöpferischer Entwicklung führen, ja drängen. Doch in dem weiblichen Gefühl, daß der Frau als Grundlage ihres Lebens doch ein anderes Walten zum ersten Beruf angewiesen ist, und, selbst bei noch so großer Begabtheit, die Kunst sich zumeist nur auf die Verehrung an den häuslichen Altären beschränken soll, führte selbst dieser innere Drang, diese bewußte Kraft die Künstlerin nicht über die Linien, die auch in der weiblichen Berechtigung liegen, hinaus. Sie trat, obwohl jeder ausgedehntesten und schwierigsten Form völlig mächtig, doch nur mit Ergüssen der unmittelbaren Empfindung, vorzugsweise mit schönen Liedern an die Öffentlichkeit, und machte das Anrecht auf Größeres, das sie vollgültig besaß, nicht geltend.[7]

In den Formulierungen wird deutlich, daß sich die Zuschreibungen, die das Lied als „weibliche Gattung" erscheinen ließen, nicht allein auf seine Situierung im privaten Raum und im sozialen Kontext häuslicher Geselligkeit beschränkten, sondern bis in die strukturellen Eigenheiten der Gattungen hineinreichten. Lieder galten als „Ergüsse der unmittelbaren Empfindung", nicht als Kunstprodukte und waren also „weiblich", wohingegen die Sonatenhauptsatzform eine vermeintlich tiefere Durchdringung des musikalischen Materials verlangte, mithin als „klingende Erkenntnis" galt und also dem männlichen Geschlecht vorbehalten war. Die für die komplexe Form nötige

„Kraft der Durchführung", die Fähigkeit zur „thematisch-motivischen Arbeit" wurde Frauen mangels Abstraktionsvermögen abgesprochen, weshalb ihnen der ebenfalls als „privat" geltende Bereich der Kammermusik verwehrt blieb.

Fanny Hensel hat sich die Gattung, die ihr qua Geschlecht zugewiesen war und in der sie uneingeschränkt kompositorische Erfahrungen sammeln konnte, jedoch als Experimentierfeld angeeignet. Insbesondere in vielen Liedern ohne Worte bricht sie die Form von innen heraus auf, indem sie unter dem Deckmantel des Liedes Elemente der Sonatenhauptsatzform verwendet.[8] Ihre „Lieder mit Worten" zeigen gerade im Hinblick auf eine sensible Textdeutung einen Reichtum an musikalischen Einfällen, an Witz und Ironie[9], wie dies auch manchen ihrer Briefe eigen ist, wenn sie sich zum Beispiel zum Thema der geschlechtspezifischen Zuweisungen äußert, die ihr das Lied als Gattung auf den Leib schreiben wollen. So schreibt sie etwa anläßlich ihrer Verlobung an ihren Jugendfreund Karl Klingemann nach London:

> Beinahe hätte ich vergessen, Ihnen zu danken, dass Sie erst aus meiner Verlobungskarte geschlossen haben, ich sei ein Weib wie andere, ich meinestheils war darüber längst im Klaren, ist doch mein Bräutigam auch ein Mann wie andre. Dass man übrigens seine elende Weibsnatur jeden Tag, auf jedem Schritt seines Lebens von den Herren der Schöpfung vorgerückt bekommt, ist ein Punkt, der einen in Wuth und somit um die Weiblichkeit bringen könnte, wenn nicht dadurch das Uebel ärger würde.[10]

Mit vierzehn Sololiedern, mehreren Duetten, einem Terzett und einem vierstimmigen Chorlied nach seinen Gedichten ist Heinrich Heine unter Fanny Hensels Textdichtern häufig vertreten.[11] Sechs ihrer Heine-Vertonungen entstanden zwischen August 1827 und November 1828, bevor Fanny Hensel den Dichter während seines Aufenthaltes in Berlin und Potsdam im Jahre 1829 persönlich kennenlernte.[12] Aus Fanny Hensels Tagebuch geht hervor, daß Heinrich Heine in diesem Jahr, in dem sie sich verlobte und in dem ihr Bruder Felix, mit dem sie in enger künstlerischer Gemeinschaft aufgewachsen war, zu seiner ersten großen Kunstreise aufbrach, gelegentlich im Haus der Mendelssohns verkehrte und daß er in dieser Zeit von ihrem künftigen Ehemann gezeichnet wurde.[13] Offenbar entstand durch den Kontakt jedoch kein freundschaftliches Verhältnis. Aus den wenigen überlieferten Äußerungen Fanny Hensels – wie auch anderer Familienmitglieder – zu Heine spricht vielmehr eine eher reservierte Haltung. Heines Auftreten wurde als blasiert empfunden, seine distanzierte Haltung zu Goethe und zu manchen Vertretern der deutschen Romantik stand im Widerspruch zu der Verehrung bzw. Begeisterung, die Fanny und ihre Geschwister diesen entgegenbrachten, und erregte offen geäußertes Mißfallen, wie folgende von Devrient überlieferte Episode dokumentiert:

> Als der Enthusiasmus für Jean Paul bei den Kindern des Hauses sich äußerte, sagte er [Heine] gedehnt: „Was ist Jean Paul! Hat das Meer nicht gesehen". Fanny in glücklicher Schlagfertigkeit entgegnete: „Freilich, er hatte keinen Onkel Salomon, der ihm das Reisegeld gegeben hätte.[14]

In dem bereits zitierten Brief an Karl Klingemann vom 22. März 1829 äußert Fanny Hensel ihre Antipathie gegenüber Heines Person, differenziert aber sehr deutlich zwischen dem Menschen und dem Dichter:

> Heine ist hier und gefällt mir garnicht; er ziert sich. Wenn er sich gehn ließe, müßte er der liebenswürdigste ungezogene Mensch sein, der je über die Schnur hieb; wenn er sich im Ernst zusammennähme, würde ihm der Ernst wohl auch anstehen, denn er hat ihn, aber er ziert sich sentimental, er ziert sich geziert, spricht ewig von sich und sieht dabei die Menschen an, ob sie ihn ansehn. Sind Ihnen aber Heines Reisebilder aus Italien vorgekommen? Darin sind wieder prächtige Sachen. Wenn man ihn auch zehnmal verachten möchte, so zwingt er einen doch zum elften Mal zu bekennen, er sei ein Dichter, ein Dichter! Wie klingen ihm die Worte, wie spricht ihn die Natur an, wie sie es nur den Dichter thut.[15]

Dieselbe Unterscheidung findet sich auch in Abraham Mendelssohns Rat an Mary Alexander, die Tochter einer befreundeten Londoner Familie, mit der auch Fanny Hensel in freundschaftlichem Briefwechsel stand, auf die Frage, welchen Dichtern sie sich zuwenden solle, um ihre deutschen Sprach- und Literaturkenntnisse zu erweitern. Nachdem er Heines Persönlichkeit und seine politische Haltung mit sehr emotionalen Worten verurteilt, empfiehlt Abraham Mendelssohn seiner Korrespondentin die Lektüre von Heines „Reisebildern" und Gedichten als besonders gute Beispiele für die moderne deutsche Sprache.[16] Mittelbare Folge dieses Rats sind drei Heine-Nachdichtungen Mary Alexanders, die sie an Fanny Hensel schickte und die diese im März 1834 vertonte und mit Zeichnungen von Wilhelm versehen an ihre englische Brieffreundin adressierte.[17]

Fanny Hensels „Mary-Alexander-Lieder" sind zwischen 1828 und 1835 die einzigen von ihr vertonten Gedichte Heinrich Heines. Möglicherweise ist die Unterbrechung der Heine-Vertonungen über einen Zeitraum von fast sieben Jahren darauf zurückzuführen, daß Fanny Mendelssohn Wilhelm Hensel in ihrem Verlobungsjahr versprochen hatte, künftig keine Texte von ihr persönlich bekannten Dichtern zu vertonen.[18] Wahrscheinlicher erscheint es jedoch, daß die Antipathie gegenüber dem Menschen Heine und eventuell dessen ablehnende Haltung zu Felix Mendelssohns Wiederaufführung der Matthäuspassion Johann Sebastian Bachs am 11. März 1829, über die er Rahel Varnhagen gegenüber geäußert hatte „er hätte acht Groschen Profit dabei; einen Gulden kostete sie und für einen Thaler hätte er sich ennuyiert"[19], hierfür ausschlaggebend waren. Zwar geben die Quellen hierüber keine Auskunft, doch dürfte Heines Haltung gegenüber diesem Projekt, an dem die ganze Familie und als musikalisch im höchsten Maße Sachverständige besonders Fanny Mendelssohn beteiligt war, dieser nicht gänzlich verborgen geblieben sein.[20]

Während einer Frankreichreise mit Mann und Sohn traf Fanny Hensel Heinrich Heine im Sommer 1835 im Seebad Boulogne zufällig wieder und begann – offenbar angeregt durch die Begegnung – noch an Ort und Stelle, die Vertonung seiner Gedichte wieder aufzunehmen. In den folgenden Jahren komponierte sie acht begleitete Sololieder, fünf Duette a capella, ein Terzett und ein vierstimmiges Chorlied nach Heines Texten.

Fanny Hensels begrenztes Verständnis für Heines Zynismus spiegelt sich in ihrer Auswahl der Gedichte, bei denen es sich fast ausnahmslos um frühe, zwischen 1821 und 1824 entstandene Texte aus dem 1827 erschienenen „Buch der Lieder" handelt.

Es fällt auf, daß sie Gedichte meidet, die allzu düstere, zynisch-ironische oder gar sarkastische Töne anschlagen. Wählt sie ein Gedicht trotz seiner drastischen Brüche oder trotz seiner Todesmetaphorik aus, kommt es häufig – vor allem in den späteren Vertonungen – zu mehr oder minder schwerwiegenden Eingriffen in den Text.[21] Im gravierendsten Fall, bei dem Gedicht „Wenn der Frühling kommt“, entsteht dadurch im Zusammenwirken mit der Musik ein völlig anderes Gedicht.

Dennoch geht man fehl in der Annahme, Fanny Hensel habe Heine in ihren Vertonungen so weit als möglich geglättet. Sie zeigt vielmehr ein sehr sensibles Gespür für Heines desillusionierende Ironie, die sie mit musikalischem Einfallsreichtum und Witz teilweise geradezu kongenial in Töne setzt. Ihre Kompositionen glätten Heines Brüchigkeit nicht. Sie verbergen sie allerdings, wie es der durch ihren Kompositionslehrer Carl Friedrich Zelter vertretenen Ästhetik der zweiten Berliner Liederschule entspricht, unter einer „volksliedhaft-natürlich“ wirkenden Oberfläche. Höchste Kunstfertigkeit im Lied sollte dabei den „Schein des Bekannten“ erhalten, der das „Geheimnis des Volkstons“ ausmache, keineswegs aber mit dem Bekannten selbst zu verwechseln sei.[22] In diesem Sinne sind auch Fanny Hensels Heine-Lieder Aneignungsversuche wie sie für ihr Komponieren typisch sind – Experimente mit musikalischer Ironie und mit musikalischen Brüchen im Gewand der ihr zugewiesenen Gattung und – hinsichtlich der frühen Vertonungen – im Einklang mit der durch ihren Lehrer vertretenen Ästhetik.

Die folgenden Beispiele mögen dies illustrieren.[23]

Das vierte Lied der frühen Heine-Vertonungen Fanny Hensels folgt einem wahrscheinlich im Herbst 1822 entstandenen Gedicht aus dem „Lyrischen Intermezzo“, dessen Gedichte Heine als „kleine maliziös sentimentale Lieder“ bezeichnet und später kritisiert hatte, daß die Gedichte alle nur „Variationen desselben kleinen Themas“ – der unglücklichen Liebe – seien.[24] Das Gedicht lautet folgendermaßen:

Allnächtlich im Traume seh' ich dich,
Und sehe dich freundlich grüßen,
Und lautaufweinend stürz' ich mich
Zu deinen süßen Füßen.
Du siehst mich an wehmüthiglich,
Und schüttelst das blonde Köpfchen;
Aus deinen Augen schleichen sich
Die Perlenthränentröpfchen.
Du sagst mir heimlich ein leises Wort,
Und giebst mir den Strauß von Zypressen.
Ich wache auf, und der Strauß ist fort,
Und das Wort hab' ich vergessen. (DHA I/1, 189)

Zwei Anfangs- und zwei Schlußverse bilden die „Rahmenhandlung“, innerhalb derer die Begegnung mit dem Traumbild der Geliebten Realität zu sein scheint. Romantische Sehnsucht und desillusionierende Ironie sind in diesem Gedicht dicht miteinander verwoben. So klingt in der Schlußstrophe ein Bild aus der Traumszene in Novalis „Heinrich von Ofterdingen“ an: Dort bekommt der Heinrich von der Geliebten ein geheimes Wort gesagt, das, hätte er es nach dem Erwachen nicht vergessen, der Schlüssel zum Glück gewesen wäre.[25] Während dieses Bild das Gedicht über das von Heine so benannte „kleine Thema“ der unglücklichen Liebe hinausgehend mit einiger Ernsthaftigkeit in den Kontext der allgemeinen Suche nach dem Lebensglück stellt, erscheint das Gedicht sprachlich ironisch gebrochen. Besonders deutlich ist dies im dritten und vierten Vers, wo der schon bildhaft komische Sturz „zu den süßen Füßen“ des angebeteten Traumbildes, durch den Binnenreim und das vorangehende „zu lange“ Partizip „lautaufweinend“ in seiner Komik noch verstärkt wird. Die sprachliche Ironie setzt sich fort durch das ebenfalls „zu lange“ Adverb „wehmütiglich“, und im Kontext der zu lang geratenen Wörter wirkt schließlich auch die versfüllende Wortschöpfung „Perlenthränentröpfchen“, als Reimwort auf das aus der petrarkistischen Liebeslyrik stammende Bild des „blonden Köpfchens“, eher komisch.[26] Fanny Hensel findet einen ebenso einfachen wie sinnfälligen Weg, das in Heines Gedicht ironisch überzogen wirkende Pathos in Musik zu übertragen.[27] Ihr kurzes – ohne Nachspiel pro Strophe nur neun Takte umfassendes – Lied in g-Moll kadenziert im dritten Takt nach B-Dur, der Tonart der Tonikaparalelle. Die Tendenz nach B-Dur setzt sich im vierten Takt durch einen Orgelpunkt fort, über dem sich in Singstimme und rechter Hand des Klaviers das „lautaufweinende Stürzen“ vollzieht. Harmonisch findet jedoch kein Sturz statt. Das Lied bleibt in B-Dur, mit dem Effekt, daß die eigentliche Tonika g-Moll nun einen Trugschluß bildet, und zwar exakt auf der Textsilbe, bei der sich die ironische Komik des Gedichts offenbart: auf dem Binnenreim der „*süßen* Füße“. Das Spiel zwischen Realität und Traum vollzieht sich vermittelt durch die Verschiebung des tonalen Zentrums von g-Moll nach B-Dur in Fanny Hensels Lied in jeder Strophe. Erst im letzten Takt der Gesangsmelodie gelangt das Lied zur Tonika zurück, allerdings nur beinahe: Das Klaviernachspiel endet in G-Dur, der Tonika-Variante.

Einen ähnlichen Weg beschreitet Fanny Hensel in der ein Jahr früher entstandenen Vertonung des ebenfalls aus dem „Lyrischen Intermezzo“ stammenden Gedichts „Am leuchtenden Sommermorgen“ (DHA I/1, 179), um den Gegensatz zwischen dem „blassen und stummen“ lyrischen Ich und der es umgebenden „leuchtenden und beredten“ Natur darzustellen.[28] Dabei gelingt es ihr sogar, die Tongeschlechter analog zu dem für das lyrische Ich trügerischen Erscheinungsbild des leuchtenden Sommermorgens in ihrem Charakter trügerisch erscheinen zu lassen: Der Beginn des Liedes in cis-Moll wirkt durch die hohe Lage, den fehlenden Baß und die klangvollen Sextparallelen in der Tat „leuchtend“, doch der Schein – oder vielmehr der Schein des Scheines, denn wir hören einen Liedanfang in Moll – trügt. Mit dem zweiten Ton des Baßeinsatzes, der metrisch die Singstimme imitiert, erklingt auf der eins des zweiten Taktes ein Trugschluß. In umgekehrter Analogie zum „leuchtenden“ Moll-Beginn wirkt der Tonika-Gegenklang A-Dur gegenüber dem cis-Moll des Anfangs jedoch keineswegs hell. Vielmehr bekommt das ganze Lied durch den Baßeinsatz plötzlich eine dunkle Färbung, die durch die absteigende Linie des Basses stetig zunimmt. Der Trugschluß auf der ersten vollen Taktzeit, nachdem alle Stimmen eingesetzt haben, bewirkt darüber hinaus ein Innehalten, in dem bis dahin „rüstig ausschreitenden" Lied. Das trügerische Spiel mit den Tonarten wird im folgenden Takt noch gesteigert. Im dritten Takt, wenn am Beginn des zweiten Verses das lyrische Ich zum erstenmal erscheint, wird für dessen Schmerz gleichsam „der Vorhang geöffnet": Der Neapolitaner auf der Takteins bewirkt ein weiteres, wesentlich ausgeprägteres Innehalten des harmonischen Rhythmus, über dem sich die Gesangsmelodie, begleitet vom Baß solistisch entfalten kann. Anders als der Neapolitaner erwarten läßt, schließt die Phrase jedoch nicht in cis-Moll, sondern in der Tonikavariante Cis-Dur. Das kurze Zwischenspiel, in dem die rechte Hand in Entsprechung zum Text wie beiläufig in Cis-Dur „herumzugehen" scheint, entpuppt sich mit Beginn des folgenden Taktes rückwirkend als Dominante zur Tonart der Subdominante fis-Moll, in der das Lied – sozusagen auf der tieferen Ebene der Blumen – nun fortgesetzt wird.

Ein Lied aus der späteren Gruppe der Heine-Vertonungen ist den beiden genannten in der Wahl der musikalischen Mittel verwandt. Bei dem zugrundeliegenden Gedicht aus dem 1826 in Hamburg erschienenen Zyklus „Die Heimkehr" greift Fanny Hensel jedoch erheblich in den Text ein, indem sie die letzte Strophe wegläßt. Vollständig lautet das Gedicht folgendermaßen[29]:

> Ach, die Augen sind es wieder,
> Die mich einst so lieblich grüßten,
> Und es sind die Lippen wieder,
> Die das Leben mir versüßten!
> Auch die Stimme ist es wieder,
> Die ich einst so gern gehöret!
> Nur ich selber bin's nicht wieder,
> Bin verändert heimgekehret.
> Von den weißen, schönen Armen
> Fest und liebevoll umschlossen,
> Lieg ich jetzt an ihrem Herzen,
> Dumpfen Sinnes und verdrossen. (DHA I/1, 291)

Zwar lassen schon das einleitende „Ach!" und der wiederholte Verweis auf die Vergangenheit durch das Wörtchen „einst" Zweifel daran aufkommen, ob das in den ersten sechs Versen geschilderte Wiedererkennen auch ein glückliches Wiedersehen sein wird, der eigentliche Bruch erfolgt jedoch erst in der Mitte der zweiten Strophe. Die Überraschung liegt dabei darin, daß nicht etwa das Gegenüber weniger freundlich ist als in der Erinnerung, sondern daß gerade seine Freundlichkeit dem verändert heimgekehrten lyrischen Ich zur Qual wird – wofür Heine in der Schlußstrophe ein gegenüber den lieblich anmutenden Anfangsversen recht drastisches Bild findet. Betrachtet man nur den Text, so erscheint das Fortlassen der Schlußstrophe als kaum zu rechtfertigender Eingriff in das Gedicht, der dieses zwar nicht gänzlich um die entscheidende Desillusionierung, aber doch um die Intensität bringt, mit der die Folge dieses „verkehrten" Wiedersehens bildhaft dargestellt wird. Es stellt sich jedoch die Frage, wie Fanny Hensel musikalisch verfährt.

Zunächst nutzt sie die durch die Mehrstimmigkeit musikalisch gegebene Möglichkeit der „Gleichzeitigkeit", um den bei Heine sich sukzessive ankündigenden

Bruch zwischen „äußerem Schein" und durch das veränderte Ich wahrgenommener „innerer Realität" von Anfang an deutlich zu machen. Ihre Mittel sind dabei nicht weniger drastisch als die Heines. Die Gesangsmelodie der ersten beiden Takte, die als erster Zweitakter einer viertaktigen Phrase jeweils zu den Versen erklingt, in denen es um das vermeintliche Wiedererkennen geht, läßt eine „harmlose" Harmonisierung T-D-T erwarten. Doch die Klavierbegleitung „weiß" bereits, daß der Schein trügt, und zwar wie im Gedicht in doppeltem Sinn: Schon der zweite Akkord ist gewissermaßen „zweifach falsch". Im Baß erklingt mit der Terz der Leitton zur Tonika, der diese auf der folgenden Takteins geradezu erzwingt. In der Oberstimme klingt dazu gleichzeitig der „Quartvorhalt", der sich, so „falsch" er als kleine None zum Baß auch klingt, nicht auflöst. Dies gilt ebenso für den „Sextvorhalt" im Tenor, der kein Sextvorhalt ist, sondern Teil einer über zwei Takte hinweg durchgehaltenen Tonrepetition in Achtel-Triolen, die der Singstimme rhythmisch völlig entgegenläuft. Als Teil eines so dissonierenden Klanges hat der Baßton denn auch keine Chance sich „korrekt" aufzulösen, er wird nach unten abgebogen zum fis und auf der Eins des zweiten Taktes erklingt – mit Quart- Sept- und Nonenvorhalt – ein trugschlüssiges fis-Moll, aber kein Trugschluß. Zu einem „richtigen" Trugschluß paßt vor allem der Baß nicht, der von der fünften zur sechsten Stufe fortschreiten müßte. Rückwirkend betrachtet, ist also auch noch der Baßton – das scheinbar einzig „Richtige" des zweiten Akkordes – „falsch". Im weiteren Verlauf wird dann die eigentliche Motivation der Baßfortschreitung vom zweiten zum dritten Akkord erst deutlich. Sie ist eingebunden in eine über die gesamte viertaktige Phrase schrittweise abwärtsführende Linie, die schließlich mit der Kadenz zur Tonika endet. Der Klagecharakter dieser Linie wird dadurch unterstrichen, daß der Ton fis, zu dem der Leitton im Baß abwärts „gezwungen" wird gegenüber den ansonsten gleichmäßig fortschreitenden Halben um ein Viertel gedehnt erscheint. Der Moment in dem sozusagen alles „falsch" ist, und zwar musikalisch ebenso wie textlich, denn das Wort, das an dieser Stelle gesungen wird, lautet „wieder", erhält auf diese Weise auch metrisch einen besonderen Nachdruck. (Vgl. Abb. ..., NB 1)

Eine sinnfällige musikalische Darstellung der Qual eines solchen, durch die eigene Veränderung „falsch" gewordenen Wiedersehens, die in der ausgelassenen letzten Strophe des Gedichts bildhaft wird, erreicht Fanny Hensel in der zweiten Hälfte des Liedes, in der sie die Gedichtstrophen jeweils wiederholt. Der erste Zweitakter der Gesangsstimme, der als Melodie der Verse eins und drei den Charakter eines „Wiedererkennungsmotives" erhält, bildet bei der Wiederholung der Textstrophen nicht nur die Melodie auch der dazwischenliegenden Strophen zwei und vier, sondern wird mit jedem Phrasenende – sozusagen in „Engführung" – von der rechten Hand im Klavier imitiert, so daß die Melodie über pendelnder Harmonik fünf Takte lang unablässig erklingt. Die qualvolle Umklammerung, zu der die freundliche Umarmung dem veränderten Ich wird, entfällt in Fanny Hensels Lied also keineswegs. Sie findet musikalisch statt, wenn auch der entsprechende Text nicht ausgesprochen wird. (Vgl. Abb. ..., NB 2)

Ganz anders verhält es sich bei dem Lied „Wenn der Frühling kommt"[30], der ersten Vertonung eines Heine-Gedichtes nach dem Wiedersehen mit dem Dichter in Boulogne. Hier scheint es fast, als wolle Fanny Hensel dem desillusionierenden Schluß des Gedichts bewußt eine ganz andere Wendung entgegensetzen. Heines mit dem Titel „Wahrhaftig" überschriebene Romanze aus dem „Buch der Lieder" liest sich wie folgt:

> Wenn der Frühling kommt mit dem Sonnenschein,
> Dann knospen und blühen die Blümelein auf;
> Wenn der Mond beginnt seinen Strahlenlauf,
> Dann schwimmen die Sternlein hintendrein;
> Wenn der Sänger zwei süße Aeuglein sieht,
> Dann quellen ihm Lieder aus tiefem Gemüth; –
> Doch Lieder und Sterne und Blümelein,
> Und Aeuglein und Mondglanz und Sonnenschein,
> Wie sehr das Zeug auch gefällt,
> So macht's doch noch lang keine Welt. (DHA I/1, 113)

Abweichend hiervon lautet der von Fanny Hensel vertonte Text in den letzten vier Versen:

> Doch Lieder und Sterne und Blümelein
> und Äuglein und Mondglanz und Sonnenschein
> sind alle nur tändelnder Scherz.
> Und meine Welt ist dein liebendes Herz.

Fanny Hensel komponiert zu diesem Text ein langes, durch mehrfache Wiederholung einzelner Verse 48 Takte umfassendes, durchkomponiertes Lied in A-Dur, das der fröhlichen Frühlingsstimmung der ersten vier Verse musikalisch zu entsprechen scheint. Eine weit ausgreifende, melismatische Melodie in schwingendem 6/8-Takt, die bereits im ersten Takt den Ambitus einer Oktave erreicht, von gitarrenartigen Klavierarpeggien begleitet, erweckt den Eindruck eines Frühlingsständchens am offenen Fenster. Nach den ersten zwei Verspaaren beginnt Fanny Hensel Verse zu wiederholen und abweichend von der Gedichtvorlage miteinander zu kombinieren, so daß inhaltlich zum Teil komische Zusammenhänge entstehen, wie z. B.: „Wenn der Mond beginnt seinen Strahlenlauf, so knospen und blühen die Blümelein auf." Die Melodie wird bei der ersten Textwiederholung plötzlich stetig abwärts geführt und der Text syllabisch vertont, wobei Gesang und Begleitung rhythmisch parallel geführt werden, so daß die Passage musikalisch aus dem Bisherigen herausfällt. Dies gilt ebenfalls für die Wiederholung des bei Heine zweiten Verses, bei der in Fanny Hensels Lied die Blümlein im Mondschein blühen. Als würde der Sänger ob dieses seltenen Naturereignisses plötzlich die Stimme senken und flüstern, verharrt die Melodie hier auf einer bloßen Tonrepetition, während das eigentliche musikalische Geschehen – dem geheimnisvollen Vorgang nächtlichen Blühens und Knospens entsprechend – gewissermaßen „ins Innere" verlegt wird: Die von Klang zu Klang wie minuziöse Farbveränderungen changierenden Klavierakkorde dieser Passage sind um so eindrucksvoller, als das Lied bis zu diesem Moment harmonisch ohne besondere Überraschungen war. Der vorgestellten Szene eines heiteren Frühlingsständchens wird durch diese musikalischen Ereignisse noch nicht unbedingt Abbruch getan, im Gegenteil: Es entsteht der Eindruck, als hätte der Sänger, der die ersten vier Verse als variiertes Strophenlied vortrug, im Eifer plötzlich seinen Text und seine Melodie vergessen und als begänne er, den zufällig entstandenen neuen Sinnzusammenhängen entsprechend, nun zu improvisieren. Durchbrochen wird das heitere Frühlingsständchen in A-Dur jedoch, wenn der Sänger selbst im Text erscheint. Am Ende des (bei Heine) fünften Verses wendet sich das Lied plötzlich nach fis-Moll, in die Paralleltonart. Auffällig – vor allem im Kontext der anfangs weit aufschwingenden, lebhaften Melodie – ist die musikalische Darstellung der Lieder dieses Sängers. Sie kreisen zunächst im Raum einer Terz und kommen schließlich – in musikalischer Analogie zu den nächtlich knospenden Blumen – nicht einmal mehr über die Tonrepetition hinaus. Fanny Hensel setzt damit Heines leisen Spott über den gemütvollen Sänger, dem die Lieder eben nicht von den Lippen sprudeln, sondern aus dem Gemüt quellen, musikalisch um. Der anschließenden Desillusionierung in Heines Gedicht folgt sie jedoch weder textlich noch musikalisch. Die von ihr hinzugedichteten letzten beiden Verse machen durch mehrfache Wiederholung insbesondere des letzten Verses mit sechzehn Takten ein Drittel des ganzen Liedes aus. Zum Text des neuen Schlußverses bricht das Lied in einen Jubelgesang aus, der nicht nur der Melodie der „Sängerpersiflage" diametral entgegengesetzt ist, sondern wie ein frei improvisierter Ausbruch auch weit über die fröhliche Melodie des Beginns hinausgeht. Dadurch entsteht fast der Eindruck als wolle Fanny Hensel der spöttischen Distanz in Heines Gedicht programmatisch eine Lebensfreude entgegenhalten, wie sie in manchen ihrer späten Tagebuchaufzeichnungen zum Ausdruck kommt:

> Gestern war der erste Frühlingshauch in der Luft. Es war ein anhaltender Winter, viel Schnee und Kälte, allgemeine Theuerung und Noth, eigentlich ein leidenvoller Winter. Wie kann man nur verdienen, zu den so wenigen Glücklichen in der Welt zu gehören! Wenigstens fühle ich es lebhaft und dankbar, und wenn ich des Morgens mit Wilhelm gefrühstückt habe und dann Jeder an seine Arbeit geht, da empfinde ich mich mit wahrer Rührung glücklich, wenn ich an den kommenden Tag denke, und an den vergangenen.[31]

Aus diesen Worten spricht das Lebensgefühl Fanny Hensels, nachdem sie sich ermutigt durch die Erfahrung der großen Italienreise in den Jahren 1839/1840 nicht nur nach langer Unterbrechung wieder an die Komposition von Kammermusik macht, sondern sich trotz der ablehnenden Haltung ihres Bruders entschließt, ab 1846 wenige ausgewählte Lieder – mit und ohne Worte – zu veröffentlichen. Ihr Op. 1 eröffnet als Nr. 1 ein Lied nach einer Gedichtvorlage von Heinrich Heine, die von Fanny Hensel mit dem Titel „Schwanenlied" versehene Vertonung des Gedichtes „Es fällt ein Stern herunter", aus dem „Lyrischen Intermezzo", die aus stilistischen Gründen der zweiten Phase der Heine-Vertonungen zuzuordnen ist.[32] Als Nr. 3 folgt im selben Heft eine weitere Heine-Vertonung, das Lied „Warum sind denn die Rosen so blaß", ein besonders eindrückliches Beispiel für Fanny Hensel musikalische Textinterpretation, bei dem neunmaligen „Warum" in Heines Gedicht musikalisch die Suche nach einem tonartlichen Zentrum oder, wie Diether de la Motte anschaulich formuliert, ein harmonisches „Überall-Suchen“ entspricht.[33] Bereits 1830 erschien eine der frühen Heine-Vertonungen Fanny Hensels, das Lied „Und wüßtens die Blumen die kleinen“ nach dem Gedicht aus dem „Lyrischen Intermezzo“, unter dem Titel „Verlust“ als Nr. 10 der „Zwölf Lieder“ Op. 9 von Felix Mendelssohn Bartholdy unter dem Namen ihres Bruders.

Daß Fanny Hensel ihren Heine-Vertonungen einige Bedeutung beimaß, wird auch daran deutlich, daß sie sieben der unveröffentlichten Lieder in die große Reinschrift aufnahm, die sie mit dem Vermerk „Auswahl aus meinen Büchern“ – wie eine „Retrospektive“ ihres Schaffens von 1820–1839 – vermutlich für ihren Ehemann Wilhelm Hensel zum zehnten Hochzeitstag anlegte.[34] In diesem Sammelband befindet sich darüber hinaus auch eine Abschrift der „Mary-Alexander-Lieder“, des englischsprachigen Zyklus nach Heine-Übertragungen von Fanny Hensels Londoner Brieffreundin.

Heines von Brüchen gekennzeichnete, auf kleinem Raum mit feiner – oft auch drastischer – desillusionierender Ironie spielende Gedichte gaben Fanny Hensel reichlich Material, um jene enge Verbindung zwischen Text und Musik zu entwickeln, die ihrem Liedschaffen eigen ist. Die ausgewählten Beispiele zeigen, daß schon in den frühen Kompositionen Aspekte der Gedichtvorlage unmittelbare harmonische oder auch formbildende Konsequenzen nach sich ziehen – ein Markenzeichen Fanny Hensels, das sie, wie vor allem das dritte Beispiel zeigt, in ihren späteren Kompositionen zu solcher Virtuosität entwickelt, daß sie die die kompositorische Idee auslösende Textvorlage sogar weglassen kann.

Anmerkungen

1 Annette Maurer: Thematisches Verzeichnis der klavierbegleiteten Sololieder Fanny Hensels. Kassel 1997.

2 Goethe schließt den Brief, in dem er sich bei Felix Mendelssohn für die Widmung des h-Moll-Klavierquartetts bedankt, mit den Worten: „Empfiehl mir den würdigen Eltern, der gleichbegabten Schwester und dem vortrefflichen Meister.“ Zit. nach Françoise Tillard: Die verkannte Schwester. Die späte Entdeckung der Komponistin Fanny Mendelssohn Bartholdy. München 1994, S. 102. Fanny Mendelssohn lernte Goethe im Herbst 1822 kennen, als die Familie bei der Rückkehr von der großen Schweizer Reise in Weimar Station machte. Ihr Bruder Felix war dem Dichter bereits ein Jahr zuvor von Carl Friedrich Zelter, dem gemeinsamen Kompositionslehrer Felix und Fanny Mendelssohns, bei einer zu diesem Zweck unternommenen Reise als vielversprechender junger Musiker vorgestellt worden.

3 Am 16. Juli 1820 schreibt Abraham Mendelssohn an seine Tochter Fanny: „Was Du mir über Dein musikalisches Treiben im Verhältniss zu Felix in einem Deiner früheren Briefe geschrieben, ist eben so wohl gedacht als ausgedrückt. Die Musik wird für ihn vielleicht Beruf, während sie für Dich stets nur Zierde, niemals Grundbass Deines Seins und Thuns werden kann und soll; ihm ist daher Ehrgeiz, Begierde, sich geltend zu machen in einer Angelegenheit, die ihm sehr wichtig vorkommt, weil er sich dazu berufen fühlt, eher nachzusehen, während es Dich nicht weniger ehrt, daß Du Dich in diesen Fällen gutmüthig und vernünftig bezeugt und durch Deine Freude am Beifall, den er sich erworben, bewiesen hast,

dass Du ihn Dir an seiner Stelle auch würdest verdienen können. Beharre in dieser Gesinnung und diesem Betragen, sie sind weiblich, und nur das Weibliche ziert die Frauen." Zit. nach: Sebastian Hensel: Die Familie Mendelssohn 1729–1847. Berlin ²1880, Bd. I, S. 97.

4 Vgl. hierzu meinen Aufsatz über Lea Mendelssohn in dieser Publikation.

5 Zum folgenden vgl. Beatrix Borchard: „Mein Singen ist ein Rufen nur aus Träumen". Berlin, Leipziger Straße Nr. 3.– In: Fanny Hensel, geb. Mendelssohn Bartholdy. Das Werk. Hrsg. v. Martina Helmig. München 1997, S. 9–21, insbes. S. 14f.

6 Ludwig Rellstab: Nachruf auf Fanny Hensel. – In: Vossische Zeitung, 18. Mai 1847. Faksimile in: Helmig [Anm. 5], S 162f., auch zit. bei Borchard [Anm. 5].

7 Rellstab ebd., S. 162f., auch zitiert bei Borchard [Anm. 5], S. 14f.

8 Vgl. Cornelia Bartsch: Das Lied ohne Worte op. 6,1 als offener Brief. – In: Fanny Hensel, geb. Mendelssohn Bartholdy. Komponieren zwischen Geselligkeitsideal und romantischer Musikästhetik, hrsg. v. Beatrix Borchard/Monika Schwarz-Danuser. Stuttgart/Weimar 1999, S. 55–72.

9 Vgl. Diether de la Motte: Analytische Einsichten – Veränderte Interpretation. Anmerkungen zu Liedern von Fanny Hensel. – In: Üben und Musizieren 5. 1987, S. 363–368 und ders.: Einfall als Bereicherung der Musiksprache in Liedern Fanny Hensels.– In: Helmig [Anm. 5], S. 58–67.

10 Brief vom 22. März 1829, zit. nach Hensel [Anm. 3], I, S. 197.

11 Mit 33 Liedern ist Goethe der mit Abstand am häufigsten von Fanny Hensel vertonte Dichter. Seine Bedeutung geht auch daraus hervor, daß sie sich seinen Gedichten ohne größere Unterbrechung zuwandte. Es folgen mit 17 Vertonungen zwischen 1822 und 1830 Ludwig Tieck, Heine und Eichendorff mit jeweils 14 Vertonungen an dritter Stelle. Vgl. Mauerer [Anm. 1], S. 180.

12 Heinrich Heine lernte Fanny und Felix Mendelssohn Anfang März 1829 kennen, vgl. Mende, S. 75. Im zweiten und dritten seiner Briefe erwähnt Heine den jungen Felix Mendelssohn und zeigt sich gespannt auf das Konzert von Drouet, in dem dieser erstmals öffentlich auftreten sollte. (DHA VI, 20) Die für die Konzerte am 21. und 23. März angekündigte „Freie Fantasie auf dem Pianoforte von Herrn Felix Mendelssohn" wurde jedoch durch eine Flötenfantasie von Drouet ersetzt. (DHA VI, 418) Weder Hensel [Anm. 3] noch Devrient [Anm. 14], die sehr ausführlich den Umgang der Mendelssohns schildern, berichten von einem persönlichen Kontakt Fanny oder Felix Mendelssohns mit dem Dichter während dessen Berliner Studienzeit in den Jahren 1821–1823.

13 In einer Tagebucheintragung vom 13. April 1829 schreibt Fanny Hensel: „Mittw. aß Heyne hier, dem wir nach Tisch etwas vorsangen." Zit. nach: Das verborgene Band: Felix Mendelssohn Bartholdy und seine Schwester Fanny Hensel. Ausstellungskatalog der Staatsbibliothek zu Berlin – Preußischer Kulturbesitz. Hrsg. v. Hans-Günther Klein. Berlin 1997, S. 147.

14 Eduard Devrient: Meine Erinnerungen an Felix Mendelssohn Bartholdy und seine Briefe an mich. Leipzig 1891, S. 34f.

15 Zit. nach Hensel [Anm. 3], I, S. 197.

16 Vgl. Abraham Mendelssohns Brief an Mary Alexander vom 13. Januar 1834, in englischer Übersetzung veröffentlicht bei Boyd Alexander: Some Unpublished Letters of Abraham Mendelssohn and Fanny Hensel. – In: Mendelssohn-Studien III. Hrsg. für die Mendelssohn-Gesellschaft e.V. v. Cécile Lowenthal-Hensel/Rudolf Elvers. Berlin 1979, S. 9–50, die betreffende Passage über Heine, S. 15f. Zu den Beziehungen zwischen den Mendelssohns und den Alexanders vgl. a. ders.: Felix Mendelssohn and the Alexanders. – In: Mendelssohn-Studien I. Hrsg. v. Cécile Lowenthal-Hensel. Berlin 1972, S. 81–105.

17 Autographe der Lieder unter MA Ms 42, S. 10–14 und MA Ms 128, S. 64–68 (Reinschrift) in der SBB PK. Die Stammbuchblätter an Mary Alexander befinden sich in Privatbesitz. Die Mary-Alexander-Lieder wurden 1995 herausgegeben: Three Poems by Heinrich Heine in the Translation of Mary Alexander by Fanny Hensel, hrsg. v. Suzanne Summerville. Fairbanks: Arts Venture 1995.

18 Grund für das Versprechen war Wilhelm Hensels Eifersucht auf den engen Kreis von Familienmitgliedern und guten Freunden, in den Fanny Mendelssohn eingebunden war, insbesondere auf den jungen Historiker Johann Gustav Droysen. Zu diesem Kreis, den Wilhelm Hensel 1829 in der Zeichnung „Das Rad" festhielt, gehörte Heinrich Heine jedoch nicht. Vgl. Fanny Mendelssohns und Wilhelm Hensels Briefe aus der Verlobungszeit. Hrsg. u. komm. v. Martina Helmig/Annette Maurer. – In: Helmig [Anm. 5], S. 139–161, sowie Annette Maurer: Biographische Einflüsse auf das Liedschaffen Fanny Hensels. – In: Ebd., S. 33–41. Zur Einschätzung des Versprechens im Hinblick auf die Heine-Lieder, vgl- auch Gisela A. Müller: „Leichen-" oder „Blüthenduft". Heine-Vertonungen Fanny Hensels und Felix Mendelssohns. – In: Ebd., S. 42–50.

19 Überliefert in Rahels Brief an Karl August Varnhagen vom 13. März 1829. – In: Rahel – Bibiliothek. Rahel Varnhagen: Gesammelte Werke, hrsg. v. Konrad Feilchenfeldt/Uwe Schweikert/Rahel E. Steiner. München 1983, Bd. IV, S. 353.

20 Zum Engagement der Familie beim Studium der Matthäuspassion und bei der Vorbereitung der Aufführung vgl. Devrient [Anm. 14].

21 Vgl. auch Gisela Müllers interessanten Vergleich von Heine-Vertonungen Fanny Hensels und Felix Mendelssohns [Anm. 18].

22 Heinrich W. Schwab: Sangbarkeit, Popularität und Kunstlied. Studien zu Lied und Liedästhetik der mittleren Goethezeit 1770–1814. Zitate aus Abraham Peter Schulz' Vorrede zu seinen Liedern im Volkston. Berlin 1782, zit. nach Schwab, S. 106.

23 Ich beschränke mich im folgenden auf Lieder, zu denen noch keine Analysen veröffentlicht wurden. Analysen zu Heine-Liedern Fanny Hensels liegen vor bei Diether de la Motte [Anm. 9] („Warum sind denn die Rosen so blaß", „Ein Fichtenbaum steht einsam" unter dem Titel „Fichtenbaum und Palme", „Und wüßten's die Blumen, die kleinen" unter dem Titel „Verlust") und im Vergleich mit Heine-Vertonungen Felix Mendelssohns bei Gisela A. Müller („Warum sind denn die Rosen so blaß" und „Was will denn die einsame Träne?" sowie auch die Vertonung der englische Nachdichtung „What means the lonely tear?").

24 Heine an Immermann, 24. Dezember 1822. HSA XX, 61 und 10. Juni 1823. HSA XX, 91.

25 „Sie [Mathilde] sagte ihm ein wunderbares geheimes Wort in den Mund, was sein ganzes Wesen durchklang. Er wollte es wiederholen, als sein Großvater rief, und er aufwachte. Er hätte sein Leben darum geben mögen, das Wort noch zu wissen." Novalis: Schriften, hrsg. v. Paul Kluckhorn/Richard Samuel. Stuttgart ³1977, Bd. I, S. 279. Vgl. DHA I/2, 843.

26 Eine Äußerung Elise von Hohenhausens (verh. Rüdiger) macht deutlich, daß die sprachliche Komik ihre Wirkung nicht verfehlte: „Heine las dort sein eben erschienenes ‚lyrisches Intermezzo', seinen ‚Radcliff' und ‚Almansor' vor. Er mußte sich manche Ausstellung, manchen Tadel gefallen lassen, namentlich erfuhr er häufig einige Persiflage über seine poetische Sentimentalität, die wenige Jahre später ihm so warme Sympathie in den Herzen der Jugend erweckt hat. Ein Gedicht mit dem Schlusse *Und laut aufweinend stürz' ich mich zu ihren süßen Füßen* fand so lachende Opposition, daß er es nicht zum Druck gelangen ließ." Zit. nach DHA I/2, 843. Ob die Komik, wie dieser Bericht nahelegt, unbeabsichtigt war, ist zweifelhaft, zumal das Gedicht bereits vor dem angegebenen gedruckt vorlag. Vgl. ebd.

[27] Das Autograph der Vertonung Fanny Hensels befindet sich in einem Sammelalbum mit Kompositionen von November 1826 bis Dezember 1832, SBB PK, MA Depos. Lohs 2, S. 19. Es ist datiert vom 21. Juli. Das Jahr 1828 läßt sich aufgrund der vor- und nachstehenden, datierten Kompositionen ergänzen.
[28] Das Autograph des Liedes befindet sich in SBB PK, MA Depos. Lohs 2 [Anm. 27], S. 14. Es ist datiert vom 14. Dezember 1827.
[29] Fanny Hensel vertonte eine Lesart, bei der der vierte Vers abweichend lautet: „Die mir's Leben einst versüßten;". Vgl. DHA II/2, 955. Autographe ihres Liedes in: SBB PK, MA Ms. 45, S. 57–58 und MA Ms. 128 (Reinschrift), S. 126–127. Das Lied ist datiert vom 20. Dezember 1837 und wurde 1993 veröffentlicht. Fanny Hensel: Ausgewählte Lieder II. Hrsg. v. Annette Maurer. Wiesbaden 1993, S. 24f.
[30] SBB PK, MA Ms 42, S. 52–55 und MA Ms 128, S. 82–85 (Reinschrift). Das Lied ist datiert: „Boulogne 24ten Aug. 35".
[31] Tagebuchaufzeichnung vom Frühjahr 1847, wenige Wochen vor Fanny Hensels Tod. Zit. nach Hensel [Anm. 3], II, S. 376. Fanny Hensel erlitt während einer Probe des Chors aus Felix Mendelssohns „Walpurgisnacht", die sie bei der kommenden Sonntagsmusik aufführen wollte, einen Schlaganfall und starb wenige Stunden später am 14. Mai 1847.
[32] Maurer [Anm. 1], S. 144. Das Autograph, in dem das Lied den Titel „Der Stern" trägt, ist zuletzt bei einer Versteigerung im Jahre 1821 nachgewiesen, vgl. ebd.
[33] de la Motte [Anm. 9], S. 58 f.; vgl. auch ders.: Einfall als Bereicherung [Ebd.], S. 367 sowie Gisela Müllers interessanten Vergleich des Liedes mit einer Fragment gebliebenen Vertonung desselben Textes durch Felix Mendelssohn: Müller [Anm 18].
[34] Maurer [Anm. 1], S. 14. Der Sammelband befindet sich unter der Signatur MA Ms 128 in der SBB PK. Von dem Lied „Nacht" nach Heines Gedicht „Nacht liegt auf fremden Wegen" aus dem Zyklus „Die Heimkehr" fertigte Fanny Hensel darüber hinaus eine weitere Reinschrift an, die sie ihrer Schwägerin Cécile Mendelssohn Bartholdy 1844 zu Weihnachten schenkte. Zwei Jahre später bearbeitete sie das Lied als Quartett für gemischte Stimmen a capella.

Charlotte Stieglitz (1806–1834)

Eine Kunstfigur

Olaf Briese, Berlin

Am 10. November 1834, sechs Wochen vor ihrem Freitod, hatte Charlotte Stieglitz in einem Gespräch mit ihrem Ehemann geradezu ahnungsvoll hervorgehoben: „Das Gefährliche an Hölderlin ist der Mangel an Vermittlung. Wie hat er gegessen? getrunken? gelebt? – In ihm ist nur Höhe der Begeisterung – dann ist er ein Gott – oder, wenn nicht mehr von dieser getragen, in totaler Abspannung, nichts mehr".[1] Diese Bemerkung, so bezeugen es ihre Tagebücher, war kritisch gegen ihren Gatten, den Dichter und Bibliothekar Heinrich Stieglitz gerichtet, der sich immer mehr in ideale Höhen aufzuschwingen glaubte und alle profane Lebenswelt darüber verlor.

Ihren Einwand hat ihr Mann auch nach ihrem Tod nicht beherzigt. Das Bild, das er und seine Vertrauten von Charlotte Stieglitz in ihren Publikationen schufen, war entstellend. Nicht nur, daß er eine betont persönliche Version ihres Lebens und Sterbens entwarf, wie es Biographien von Nahestehenden an sich haben. *Ausdrücklich* hatte er vor, Spuren zu verwischen, Krisen und Probleme zu verschweigen, individuelle und kreatürliche Züge auszulöschen, wie er in seinen „Erinnerungen an Charlotte" betont:

> Die Verklärte aber herabziehen wollen in die Sphäre irdischer Bedürftigkeit, dies materiell Citiren ihrer Nähe, ist mir ordentlich Frevel wider den heiligen Geist. Es ist flach, entweiht das Höchste, Heiligste, Mysterion und Symbol, denn das wahre Mysterion ist vom Geiste und verschmäht die endliche Form, die Kreatürlichkeit.[2]

Das Ergebnis dieses biographischen Vorgehens war die Legende, seine Frau Charlotte sei, einer Heiligen gleich, in den Opfertod gegangen, um ihn aus seinen persönlichen und dichterischen Krisen per Schock herauszureißen. Ihr Leben gab sie für sein Leben. Unermüdlich wurde von ihm diese Legende in Briefen, Publikationen über seine Frau und in eigenen poetischen Arbeiten verbreitet. Schon kurz nach dem Tod instruierte er Freunde, das zu überliefern, um eventuellen entstellenden Gerüchten und „einseitigen befangenen Standpunkte[n]" entgegenzutreten.[3] Bereitwillig gingen sie daran, diese Legende von einer „solch heroisch aufopfernder Liebe" brieflich zu verbreiten.[4] Zeitgenossen griffen sie unkritisch auf und kolportierten sie: „Selbstmorde wie der der trefflichen Charlotte Stieglitz, welcher sich, soviel wir ahnen können, aus Motiven der Aufopferung herschreibt, ragen mit einer Art Heiligenschein über die Heerschar der gewöhnlichen Selbstopfer hinweg", um hier nur ein Beispiel von 1839 zu nennen.[5] Auch Theodor Mundt, ein enger Vertrauter des Paares – der sich später allerdings privat gegen diese Konstruktion eines „Opfertods" verwahrte – gab diesem Mythos in seiner einflußreichen Biographie Nahrung. Sein Buch über Charlotte Stieglitz, das noch als bestes und differenziertestes zeitgenössisches Zeugnis über sie gelten kann, arbeitet verschiedene Problemebenen für ihren Freitod heraus. Aber letztlich ist auch seine Version ihres Sterbens nur die Variation bekannter literarischer Topoi eines aufopferungsvollen, schönen und heldenhaften Todes: Die herrliche Frau habe sich aus der süßen Qual zu sein und zu lieben mit vollendeter Weltanschauung einer christlichen Gesinnung in den Tod gestürzt. Mit dem beispiellos großartigen Gedanken, gern für ihren Gatten zu sterben, habe sie sich lächelnd auf Engelsflügel der opfernden Liebe geschwungen.[6]

So wissen wir kaum etwas über Charlotte Stieglitz. Was bekannt geworden ist, sind Kunstprodukte aus zweiter Hand. Tagebuchnotizen, Briefe und Gedichte sind zwar durch Mundt in Auszügen überliefert, aber unter anderem so arrangiert, daß auf sein eigenes Verhalten in den letzten leidvollen Monaten ihres Lebens kein Makel fällt. Dazu kommt, daß, wie er klagte, Heinrich Stieglitz ihm bestimmte Dokumente vorenthielt.[7] Stieglitz wiederum erkannte, wie Mundt durch Auslassungen und Arrangements ein Bild der Ereignisse zeichnete, das jenem gelegen kam.[8] So ist ihr Leben und Sterben bis heute im wesentlichen ein Kunstprodukt, ein Mythenkonstrukt zweier Schriftsteller, die noch dazu in enger Berührung zu ihr standen und allen Grund hatten, tragische Verwicklungen zu verschleiern.

Außenstehende wie Karl Gutzkow schufen nur andere Mythen und hatten damit Einfluß auf die Öffentlichkeit. Man lese, wie tiefsinnig sich jemand auf die Höhen der Begeisterung spekuliert und sich nach der Lektüre von Mundts und Gutzkows Arbeiten salbungsvolle Urteile abpreßt:

> Charlotte endlich zog an, man wußte nicht, wie; es war in ihr das Ensemble, was eine so magische Kraft äußerte. Nicht in dialektischer Agitation, wie Rahel, nicht quecksilbern, beweglich und romantisch tumultuarisch, wie Bettina, machte ihr sanftes und doch so lebendiges Wesen, ihre feine und doch nie chargirte Bildung und Aeußerungsweise, die liebliche Gefaßtheit ihres ganzen Daseins einen ebenso reinen als wohlthätigen und unvergeßlichen Eindruck.[9]

Lieblich, rein und wohltätig – ein Engel, der ohne zu zögern für andere aus dem Leben geht. Bis heute hält sich dieses Bild eines entsagenden Engels, und selbst in jüngsten Werken mit betont feministischer Perspektive wird unkritisch die Legende vom heroischen Tod der Charlotte Stieglitz fortgeschrieben, wobei freilich betont wird, daß es ein Tod um ihrer selbst willen war. Um sich einen Platz in der Literaturgeschichte zu sichern, sei sie die Autorin ihres eigenen Todes geworden und habe ihren toten Körper gleichsam als ihr äußerstes Kunstwerk inszeniert.[10]

Es besteht aller Anlaß, dieses Konstrukt eines schönen Todes zu hinterfragen. Nachdem ich dem Schicksal Charlotte Stieglitz' bereits in einem früheren Beitrag Aufmerksamkeit gewidmet habe[11], ist eine weitere Untersuchung durch dieses quellenkritische Anliegen gerechtfertigt. Natürlich leidet jede Arbeit über Charlotte Stieglitz darunter, daß ihre Tagebücher, Briefe und andere Zeugnisse noch nicht aufgefunden sind. Die Bemühungen darum sind nicht völlig aussichtslos; betreffende Spuren führen nach Wien, Heidelberg und vor allem nach St. Petersburg. Unter diesen Umständen ist ein kritischer Blick auf die gegebenen Quellen produktiv. Wie wurde mit den überlieferten Zeugnissen die Legende ihres schönen Opfertodes geschaffen?

Wie wurde Charlotte Stieglitz zu einer Kunstfigur, die das Erbe literarischer oder historischer Heroinen in sich vereinte?

1. Charlotte Sophie Stieglitz

Relativ gesichert ist das Wissen über die äußeren Stationen ihres Lebens. Sie wurde 1806 als zehntes Kind einer vermögenden Hamburger Kaufmannsfamilie geboren. Offenbar durch Napoleons Kontinentalsperre veranlaßt, zog ihre Familie nach Leipzig, in die besser gelegene deutsche Handelsmetropole. Nach dem frühen Tod des Vaters wuchs sie in der Familie einer älteren Schwester auf. Ende 1822 lernte das gebildete 16jährige Mädchen auf einem Gesellschaftsabend Heinrich Stieglitz kennen. Stieglitz, ein hoffnungsvoller junger Dichter, fünf Jahre älter als sie, war aus Göttingen verwiesen worden, weil er sich an studentischen Verbindungen beteiligte und im Ruf stand, demagogische Umtriebe zu befördern. Er stammte ebenfalls aus einer Kaufmannsfamilie, einer jüdischen. Auf Wunsch der Eltern war er 1814 getauft worden.[12] Wie andere begabte jüdische Intellektuelle – Heinrich Heine, Ludwig Börne, August Neander, Friedrich Julius Stahl – nun der christlichen Konfession angehörig, fühlte er sich zu Großem bestimmt. Er beeindruckte Charlotte mit hochfliegenden Plänen – in ihren Augen offenbar ein „Adler, der auf dem höchsten Gipfel des Parnasses" herrscht, ein „Titan".[13]

Die beiden verliebten sich ineinander, ein halbes Jahr später kam es zur inoffiziellen Verlobung. Heiratspläne entstanden, viel zu schnell eigentlich, aber durchaus üblich in der damaligen Zeit, in der eine Frau unter die Haube gehörte und Charlotte schwärmerisch nach einer beglückenden Bindung suchte. Darüber hinaus wollte sie sicher auch dem Haushalt der Schwester nicht länger zur Last fallen. Heinrich setzte seine Studien – Philologie und Philosophie – in Leipzig fort, wechselte aber 1824 nach Berlin, das in diesen Fächern bedeutendere Lehrer aufzuweisen hatte, vor allem August Böckh, dessen Nähe er bald gewann. Es ging zügig voran, Stieglitz galt als „bevorzugter Schüler Hegels".[14] Die Promotion erfolgte 1826 in lateinischer Philologie mit Bestnote. Nun, nach der Promotion, konnte auch offiziell ein Verlöbnis geschlossen werden. Nachdem Stieglitz als Lehrer am Joachimsthaler Gymnasium und nebenher als Bibliothekar an der Königlichen Bibliothek Arbeit gefunden hatte, holte er seine Braut nach Berlin. Im Sommer 1828 feierten sie Hochzeit. Mundt zufolge gab es danach bald Ernüchterung. Finanziell jedenfalls war das Paar abgesichert. Heinrichs reiche Verwandte – eine Reihe von Bankiers gehörten zur Stieglitz-Familie – gewährten materielle Hilfe, die von Charlotte Stieglitz heimlich mit ihnen abgesprochen war. Sie sorgten, nachdem der ambitionierte Literat sein Lehramt aufgab und nur noch zeitweise in der Königlichen Bibliothek arbeitete, ab Ende 1832 sogar weitgehend für den Unterhalt des Ehepaars.

Auch in der Poesie sollte es vorangehen. Heinrichs erster Gedichtband von 1823 machte Erfolg, Besuche bei Goethe oder Jean Paul sollten weiteren Auftrieb geben, andere Gedichtbände folgten. Mit den dichterischen Größen Deutschlands stand er in brieflichem Kontakt, mit Jean Paul, Schwab, Uhland, Kerner, Eichendorff und vielen anderen.[15] Carl Maria von Weber bat um einen Operntext, Carl Friedrich Zelter vertonte Gedichte von ihm.[16]

Der Weg zu Ruhm schien Heinrich Stieglitz also vorgezeichnet. Er hatte einflußreiche Freunde, fügte sich schnell in die Berliner Salonkultur und konnte mit jungen gleichaltrigen Dichtern wie Heinrich Heine auf eine blühende Zukunft hoffen. Den faszinierenden Heine, der ein sehr weitläufiger Verwandter von Stieglitz war[17], traf das Paar bei seinem Aufenthalt im Frühling 1829 in Potsdam sogar recht häufig. Stieglitz wird zu diesem Dichterkometen, der sich ebenfalls scheinbar problemlos der hinderlichen jüdischen Herkunft entledigt hatte, bewundernd aufgesehen haben. Heine hingegen scheint bei gemütlichen Kränzchen und Spaziergängen eher Augen für Charlotte gehabt zu haben. Zumindest sandte er ihr auffallend neckische Briefe; möglicherweise ist er sogar in die frisch Vermählte verliebt gewesen.[18] Später, mit dem Abstand von über zehn Jahren, verwies er in „Atta Troll" eher ironisch auf die marmorkalten, blassen, edlen Züge der inzwischen aus dem Leben geschiedenen Stieglitz.[19]

Für Heinrich Stieglitz jedenfalls ging es voran. Seine Frau wollte helfen, diesen Weg zu bahnen. Nur für ihn möchte sie leben, so hat sie sich entschieden. Der Haushalt ihrer kleinen Wohnung in der Nähe der Schloßfreiheit mit Blick auf den Lustgarten und die Linden wurde vorbildlich geführt, gesellige Ausflüge wurden ins Berliner Umland gemacht[20], kleine Empfänge wurden gegeben. Später dieser Wohnung verwiesen, weil sie in der Cholera-Epidemie 1831–1832 einen unbekannten Kranken einige Minuten in ihrer Wohnung pflegte, fand sich eine größere Wohnung im Haus Schiffbauerdamm Nr. 13. Der Verleger Moritz Veit, die Dichter Theodor Mundt und Daniel Leßmann, wahrscheinlich auch das Ehepaar Hegel waren ihre Besucher in beiden Häusern. „Lottchen" und „die Hegelin" standen per Du miteinander, Heinrich bedichtete den großen Gelehrten, dieser bedankte sich artig mit eigenen Versen. In Hegels Wohnhaus am Kupfergraben sang Charlotte Stieglitz gelegentlich zur Unterhaltung, ein Kenner wie Zelter war voll des Lobes. Hegels Frau war es schließlich auch, die nach ihrem Freitod die sogenannten Totendienste – das Waschen und Aufbahren – verrichtete.

Dieser Freitod stand am Ende einer verhängnisvollen Entwicklung. Denn während Heinrich versuchte, den Himmel zu stürmen, steckte seine Frau freiwillig oder gezwungenermaßen alle eigenen Ansprüche zurück. Ihr Gesangstalent – bereits in Leipzig hatte sie Auftritte bei Konzerten in der Thomaskirche, ein damals bedeutender Komponist und bekannter Musikprofessor meinte in Berlin, sie hätte es mit den berühmtesten Sängerinnen aufnehmen können[21] – zählte nichts. Die Einladungen Zelters, an der Singakademie mitzuwirken, blieben wirkungslos:

> Auch der hochbegabteste Frauengeist beugt seine originale Kraft am Ende gern in irgend ein secundaires Verhältniß hinab, und der Trieb demüthigen Dienens […] gewährt ihnen jene traulich waltende Befriedigung, in der sie sich meistentheils mit der socialen Umgränztheit ihres Berufs versöhnen,

wie Mundt diesen Umstand umschrieb.[22] „Es war ihr unerträglich, zwei Abende der Woche regelmäßig von ihrer häuslichen Glückseligkeit opfern zu sollen“[23], so hat es später Heinrich Stieglitz gesehen. „Eine Tote, nur Tote ohne Aussicht für das Leben [...] ohne wahre Beschäftigung“ – so nahm es hingegen ein Vertreter der Berliner Salon-Szene wahr.[24] Ihre eigenen poetischen Versuche blieben sporadisch, Poesie war doch die Strecke des Mannes. Allenfalls arbeitete sie, wie Stieglitz mehrfach in Briefen an den Weimarer Freund Johann Peter Eckermann hervorhebt, an seinen Dramenfragmenten oder Gedichtbänden mit.[25] Auf ihn richtete sich sie ein und hatte sie sich einzurichten, auf ihren Dichter und Ehemann. Alles drehte sich nur um ihn, um seine Dichtungen, die immer spärlicher flossen, und um seinen ungeliebten Beruf, der ihn angeblich am Dichten hinderte. Schließlich kamen ernste Sorgen um seine Gesundheit hinzu: Unerklärbare Phasen von Depression und körperlicher Apathie häuften sich. Erholungsreisen quer durch Europa und Besuche in bekannten Kurbädern linderten seinen Zustand jedoch nicht. Stieglitz, aus welchen Gründen auch immer, verlor psychisch und physisch den Halt. Er verkettete sein Schicksal mit dem seiner Frau. Denn sie hatte – selbstverständlich oder gezwungenermaßen – wie eine Mutter für ihn zu sorgen, ihn zu pflegen, ihn zu trösten. Sie allein erledigte die praktischen Dinge des Lebens, zu denen er nicht mehr fähig war oder denen er sich verweigerte:

> Denn der arme Freund war wie ein krankes Kind geworden, das muthlos und verzagt ist bis in den Tod. Er verstand nichts mehr für sich selbst [zu] thun, und wenn sie in eine Stadt kamen, wo nicht gleich ein Gasthof sie aufzunehmen gefunden war, stand er auf der Straße still, und weinte.[26]

Stieglitz' Zustand verschlimmerte sich. Immer intensiver war seine Frau an ihn gebunden. Er erpreßte geradezu ihre Zuwendung. Sie begann ebenfalls zu verzweifeln. Eine unentschiedene Affäre mit Theodor Mundt trug nur dazu bei, ihre Krise zu vertiefen. Sie und Mundt müssen sich 1833–1834 sehr nahe gekommen sein. Zumindest ist von einer unbewußten oder uneingestandenen Liebe zwischen beiden auszugehen[27], Mundt jedoch scheint sich, obwohl Charlotte Stieglitz um seine Nähe warb, in den letzten Wochen vor ihrem Tod zurückgezogen zu haben.[28] Stieglitz' Verfall kann als trotzige Reaktion auf dieses Verhältnis angesehen werden. Zeitgenossen berichten:

> So gingen an einem schönen Sommerabende wir drei mit dem Ehepaar zum Brandenburger Thor hinaus, im Freien uns zu beruhigen; denn allen war das Herz schwer. Mundt wandelte mit Charlotte Stieglitz voran, wir folgten, den augenscheinlich Kranken in unserer Mitte. Wir blieben bald zurück, denn er wankte und wandte sich bald zur Rechten, bald zur Linken.[29]

Vielleicht war ihr Tod eine Antwort auf diese Extremlage – Liebe zu Mundt und unaufhörlich wachsende, ja, erzwungene und erpreßte Obhutspflicht für Stieglitz? War es diese Ausweglosigkeit, die sie in den Tod trieb? Oder waren es gar Schuldgefühle? Apokryphe Worte aus einem Brief an den Gatten von Anfang 1833:

> Ist es denn so unverzeihlich, wenn die Frau, die keine Kinder zu erziehen, als gar keine Thaten aufzuweisen hat, die irgend für sie zeugen, nicht gern in die Rolle der Beischlä-

> ferinnen gezählt sein will? Daher vielleicht die Empfindlichkeit und die Befangenheit gegen alle, die nicht das Individuum und sein Verhältniß, sondern nur das Geschlecht erkennen. – Wo ist die Schuld?[30]

Ohne neue Zeugnisse ist die Frage nach den Gründen für diesen plötzlichen und aufsehenerregenden Tod nicht schlüssig zu beantworten. Aber ihr Abschiedsbrief mit der Bitte, ihr Gatte möge aus ihrem Hingang Gewinn ziehen, mag auch auf eine eingestandene und sie überwältigende eheliche Schuld hindeuten. Eine Obduktion wurde nach ihrem Tod durchgeführt. Auch dieses Protokoll, nachdem bisher noch niemand gesucht hat, kann vielleicht weitere überraschende Aufschlüsse geben.

2. Unsterbliches Seitenstück zum „Werther"

Sucht man weiter nach den Spuren von Charlotte Stieglitz und versucht man, ihr persönliches Schicksal vor dem Hintergrund ihrer Zeit zu rekonstruieren, wird gelten, was Karl Gutzkow Heinrich Stieglitz' Mythos von einem Opfertod entgegensetzte: „Nenne Charlotte nicht mehr deine Liebe oder deine Muse – sondern deine Frau".[31] Gutzkow mahnte den plötzlich genesenden Literaten, den Blick zurück nicht durch gewagte Vergleiche mit literarischen, christlichen oder politischen Märtyrern zu verstellen, sondern Charlotte als Frau zu begreifen, als Persönlichkeit, die vor scheinbar übermächtigen Problemen kapitulierte.

Aber auch Gutzkow hat in seinen Darstellungen diese mythologisierende Perspektive nicht ausgelassen. Schon seine erste Arbeit über Charlotte Stieglitz ist anspielungsreich „Cypressen für Karoline Stieglitz" überschrieben.[32] Gutzkow vermied also nicht den Vergleich mit der romantischen Dichterin Karoline von Günderrode, die im Jahr 1806, wie später Charlotte Stieglitz, den Dolch wählte, um ihrem Leben ein Ende zu setzen. In der gleichen Arbeit zieht er darüber hinaus den Vergleich zu einer anderen literarischen Kunstfigur, wenn er angibt, man habe ein „unsterbliches Seitenstück zum Werther" vor Augen.[33]

Hier sind Mythisierungen spürbar, die ein individuelles Schicksal und persönliches Leid in den Rahmen literarischer Versatzstücke stellen. Jedoch hob sich diese Art der Mythisierung von anderen christlich-religiösen Legendenbildungen noch gewollt ab. Gutzkow, der auch die christlich getönte Version eines Opfertodes in verschiedenen Arbeiten mit poetischem Schmelz ausmalte, machte durch die Anspielung auf Werther zumindest deutlich, daß innere Kämpfe und Zerrissenheiten ihren Tod herbeigeführt haben müssen.

In der Tat war Charlotte Stieglitz' eher unkompliziertes äußeres Leben von ständigen inneren Kämpfen begleitet. Aufmerksamkeit und Zuwendung, die sie durch den frühen Tod ihres Vaters verlor, suchte sie durch asketische Anwandlungen und religiöse Schwärmereien zu gewinnen. Ihre Sehnsucht schien ganz auf Gott gerichtet. Ein Lehrer, der diese Anwandlungen beförderte, stand ebenfalls im Zentrum ihrer Verehrung. Nachdem sie aber Heinrich, ihren begnadeten Dichter kennenlernte, gab es endlich eine männliche Bezugsperson, die ihre Zuwendung schätzte und erwiderte.

Gerade erst dem Kindesalter entwachsen, wollte sie als die „Seine" gelten. „Ich denke mich die Deine / Und fühle mich riesengroß", gesteht sie in ihren frühen Versen.[34] Und in einer Tagebuchnotiz der Sechzehnjährigen: „Könnte ich nur einmal recht Großes, recht Schweres für ihn vollbringen, ohne daß er ahndete, von wo es ausginge! Könnte ich ungesehn von ihm ein trübes Geschick, ein großes Unheil von seinem geliebten Haupte auf das meinige lenken [...]!"[35]

Nach der Hochzeit, mit dem gemeinsamen Leben in Berlin, sollte der Mann ihre Zuwendung noch stärker erfahren. Sie legte sich aufs Praktische, wollte uneigennützig den Weg zu seinem Erfolg bahnen, wandte sich zum Beispiel ohne sein Wissen mit einem Bittschreiben an den Kronprinzen, ihren Mann aus dem Bibliotheksdienst mit einer großzügigen Abfindung zu entlassen.[36] Aber dennoch kamen Unstimmigkeiten auf. War es Geringschätzung, die er, in seine hochfliegenden Pläne verstrickt, ihren Alltagsmühen entgegenbrachte? Kam er mit der sich selbst zugedachten Rolle, trotz jüdischer Herkunft die Höhen der Dichtung und Kultur zu erklimmen, nicht zurecht, und trübte das die Ehe? Behinderte ihn sein maßloser Traum von dichterischem Ruhm in der Nachfolge des verehrten Goethe? Oder war es sein körperliches Unvermögen – sie sprach nach der Hochzeitsreise nur andeutungsweise von einer „Herzerstarrung vor der Wirklichkeit" – welches das Liebesleben und den Kinderwunsch unerfüllt ließ?[37]

Manchmal dachte Charlotte Stieglitz sich selbst als die Ursache dieser unbefriedigenden Situation, und sie zermürbte sich mit Selbstanklagen: Ihr Bedürfnis nach Zuwendung behindere ihn, das Eheleben binde ihn an den Broterwerb, an die „Büreaugaleere der armseeligen socialen Nothwendigkeit".[38] Sie verschloß sich, kehrte sich nach innen. Eine Freundin, mit der Freud und Leid sich teilen ließe, hatte sie nicht. Die problematische, manchmal exzentrische, manchmal depressive Natur ihres Ehemanns trieb sie weiter ins Verhängnis hinein. Klagte er schon 1829 über Unmut, Schwäche des Geistes und über böse Tagträume[39], so wurden die Zeichen seiner geistigen und körperlichen Krise mit den Jahren immer bedrohlicher. Dieses Desaster ergriff schließlich auch sie. Ende des Jahres 1834 erlebte sie schlimme psychische und physische Zerrüttungen, mit „krankhaften Stimmungen, in denen das Nervenleben überreizt und das Gefühl mit mir davonläuft".[40] Wir haben aus den Überlieferungen nur ungenügende Belege dafür, denn Mundt versuchte im Nachhinein, diesen beginnenden krankhaften Zustand zu verharmlosen, und er unterschlug in seiner Darstellung aufschlußreiche Zeugnisse.[41] Jedenfalls überkamen auch Charlotte Stieglitz starke wahnähnliche Anfälle: „die alten niedergerungenen Dämonen erstehen wieder", wie sie zwei Wochen vor ihrem Tod andeutend schrieb.[42]

Was folgte, ist bekannt. Der Freitod am 29. Dezember 1834: der Weg aus einem domestizierten Leben, das sich nicht entfalten konnte, der Weg aus Liebeskonflikten, die nicht mehr zu bändigen waren, eine Tat in einem Anflug von Wahn oder zumindest, um weitere Wahnanfälle nicht mehr erleiden zu müssen.

3. *Madonna vom Schiffbauerdamm*

Charlotte Stieglitz war in den Tod gegangen. Die Schilderung, die Mundt von der wenige Minuten zuvor Verstorbenen gab, war jedoch frappierend:

> Dann legte sie sich, wie sonst zum Schlummer, in ihr Bett, und senkte hier, mit einer furchtbar sicheren Hand, gerade mitten ins Herz hinein den treffenden Stahl. [...] Wunderbar anzuschauen war ihr edles, züchtiges, in kräftiger Ordnung daliegendes Todesbild, das in solcher Ruhe und einem so sichern Frieden der Haltung sich darstellte [...]. In der ganzen Lage des Körpers war keine Spur eines gewaltsamen Sterbekampfes wahrzunehmen. Die schönen, schneeweißen Glieder lagen in sanfter Eintracht hingestreckt. Die Wange war noch roth, die Hände leise heruntergezogen, nur einige Finger wenig gekrampft. Sie hatte geistig vollendet.[43]

Auf diese denkwürdige Version des engelhaften oder madonnenhaften Sterbens, die sofort nach ihrem Tod in Berliner Zirkeln Verbreitung fand[44], bauen all die Legenden, die in Charlotte Stieglitz' Tod nichts als eine edle und glorreiche Opfergabe an ihren Ehemann sehen.

Man könnte denken, Mundt habe hier als treuer Zeuge gewaltet, noch dazu als er angab, sofort nachdem die Leiche entdeckt wurde, ins Sterbehaus geeilt zu sein. Tatsächlich ist diese Schilderung nichts anderes als die literarische Replik auf Werke, in denen Mundt schon kurz zuvor einen schönen und edlen weiblichen Dolchtod beschwor, wie zum Beispiel 1832:

> Madelon aber athmete noch laut und stark wie ein sterbender Schwan, dem die entfliehende Melodie des Lebens aus der zuckenden Brust sich heraufwindet, und aus der Wunde des schneeweißen Busens, in dessen Heiligthum der mörderische Dolch gedrungen, rieselte still und zögernd der Tod in langsamen Purpurtropfen des theuersten Blutes hervor.[45]

Diese verklärende Schilderung Mundts – „Ein Sterbender ist poetisch", schwärmte er übrigens zu genau dieser Zeit[46] – hatte wiederum ihre Vorläufer. Mundt stand in einem seit etwa drei Jahrzehnten einflußreichen Trend. Vor allem romantische Schriftsteller hatten andächtig das Bild der „schönen Toten", die von eigener Hand oder durch andere tragische Umstände aus dem Leben schied, gezeichnet. Das war kein originär deutsches Phänomen:

> Die Züge hatten sich nicht merklich geändert. Die Augen waren geschlossen, aber auf ihrer Stirne thronte immer noch Heiterkeit, nur auf ihren Wangen vermischten sich die blassen Veilchen des Todes mit den Rosen der Scham. Eine ihrer Hände hielt ihr Kleid, die andere war auf's Herz gedrückt

oder:

> Die Sterbende hatte in Ekstase ihre Augen zum Himmel erhoben. All ihre Schmerzen schienen geschwunden, all ihr Leben sammelte sich auf ihren Lippen, die sich öffneten, um in Ehrfurcht [...] Gott zu empfangen,

wie Jacques-Henri Bernadin de Saint-Pierre und François-René de Chateaubriand 1788 bzw. 1801 ihre Heldinnen Virginie und Atala sterben lassen.[47]

Am wirkungsvollsten waren wohl die Schilderungen, die Jakob und Wilhelm Grimm in ihrem „Sneewittchen"-Märchen von 1812 und 1825 gaben. Bezeichnend dabei sind die Veränderungen, die für die zweite Version vorgenommen wurden. An sich sind diese Eingriffe nicht verwunderlich. Bekanntlich gingen die Grimm-Brüder dazu über, die an sie gelangten Märchen didaktisch und für den Zeitgeschmack geeignet aufzuarbeiten (die nicht unbegründete Hypothese, daß dieses Märchen durch Ferdinand Grimm schlichtweg erfunden wurde, hat inzwischen Kritik erfahren[48]). Die Bearbeitung des Textes aus dem Jahre 1825 zeigt jedenfalls, wie die Motive, die sich auf den edlen, ästhetischen Tod der Heldin beziehen, ausgebaut wurden. Es handelte sich zwar nur um ein scheinbar kleines Detail, aber im Gang der Darstellung verstärkte es den christlich-religiösen Duktus, mit dem ihr Tod bzw. ihr Scheintod verklärt wurde. Erhalten blieb das Motiv des gläsernen Sarges, in dem Sneewittchen nicht verweste, und durch den ihre Gestalt schimmerte: weiß wie Schnee, rot wie Blut und schwarzhaarig bzw. mit schwarzen Augen wie Ebenholz.[49] Hinzu kam aber das Motiv der Waschung mit Wasser und Wein, und darüber hinaus hieß es nun, daß ihr Name deshalb am Sarg angebracht wurde, damit jedermann sehe, es handle sich um eine Königstochter.[50] Waschungsrituale sind Reinigungszeremonien, dadurch verstärken sich Keuschheit und Hoheit. Vertieft wird diese Assoziationskette durch den Hinweis auf Wein. Nicht nur mit Wasser – wie in der entlegenen Gebirgslandschaft mit heidnischen Zwergen vielleicht zu vermuten –, sondern mit Wein wird Sneewittchen gereinigt. Damit ist ihr Schicksal tendenziell in einen christlichen Kontext gerückt und der nochmalige Rekurs auf ihre königliche Abstammung bekräftigt diesen Sinnzusammenhang.

Man könnte den Stellenwert dieser literarischen Verklärungen mit dem Hinweis unterspielen, es seien rein romantische Stilisierungen. Aber dieser Topos des schönen weiblichen Todes – die Gründe dafür werden hier noch herausgearbeitet – war kein ureigen romantischer. Er avancierte zum kulturellen Allgemeingut. Im Jahr 1809, also noch vor der Veröffentlichung des Grimmschen Märchens, ließ Johann Wolfgang Goethe (dessen Sterbestunde später selbst in mehreren widersprüchlichen Versionen verklärt wurde[51]) in den „Wahlverwandtschaften" Ottilie ebenfalls einen schönen, christlich anmutenden Entsagungstod sterben: den Hungertod. Das „bleiche himmlische Kind", die „Heilige" wird in einem offenen Sarg in eine Kapelle überführt, und dort schließlich in einem Grab, nur mit einer Glasplatte bedeckt, beigesetzt. Der „fortdauernd schöne, mehr schlaf- als todähnliche Zustand" Ottilies lockt einen anschwellenden Besucherstrom an. Die nicht verwesende Heilige in einem Glassarg wird Ziel von Wallfahrten, Kranke suchen Linderung bei ihr.[52]

Diese tendenziell mit christlichen Zügen unterlegte Ästhetisierung des weiblichen Todes reichte bis in die Vormärz-Zeit hinein, und sie wurde auch von den Schriftstellern des „Jungen Deutschland", denen Mundt und Stieglitz zuzurechnen sind, fortgeschrieben. Hervorzuheben wäre Heinrich Heine. In vielfältiger, mitunter frivoler Weise variierte er das Motiv der schönen Toten, so auch in der „Reise von München nach Genua" von 1829. Er erinnert sich, dereinst eine tote Maria geküßt zu haben – „der schöne, blasse Leib, die sanften stillen Lippen" –, und in einem Traum erfolgt auf diesen Kuß ein Gegenkuß: „die holde Leiche erhob sich langsam um mir den Gegenkuß zu bieten".[53]

Diese, freilich nur kurze, Kette von Beispielen aus Romantik, Klassik und der Zeit des Vormärz deutet darauf hin, wie attraktiv die ästhetisch-religiöse Verklärung des weiblichen Todes geworden war. Konkret-historische Bedingungen, die diese Stilisierungen veranlaßten, lassen sich herausarbeiten. Es ist gezeigt worden, wie ab etwa 1800 mit der einsetzenden Rationalisierung des Friedhofswesens eine Sentimentalisierung des Sterbens einsetzte.[54] Mit mentalitätsgeschichtlicher Perspektive ist festgestellt worden, daß ab etwa 1800 in vielen europäischen Ländern eine Ära des sogenannten schönen Todes begann.[55] Das war mit der Transformation der Todeskultur und des Unsterblichkeitsdenkens insgesamt verbunden. Die Unsterblichkeit wurde nicht mehr nur orthodox-religiös als Seelenunsterblichkeit vor Gott gedacht, sondern ins Leben hineinprojiziert – die schöne, nicht verwesende Leiche. Die Grenzen zwischen Leben und Tod begannen zu schwinden, und allmählich setzten sich eine säkularisierte Religion des Todes und ein neuer bürgerlicher Sterbekult durch.[56]

In dieser Art von „Todesidyllik"[57] nahm der Tod von Frauen einen besonderen Platz ein. Das Ideal des *schönen Todes* fiel mit dem Ideal der *schönen Frau* zusammen. Kulturell verankert und legitimiert wurde dieser neue bürgerliche Kult durch die Anbindung an die Renaissance- und Barock-Tradition des edlen *christlichen* Todes, nur daß sie jetzt ästhetisierend fortgeschrieben wurde. Auch der neue Tod, selbst wenn die Seele nicht mehr originär christlich zu Gott gerufen wurde, mußte nicht schrecken. Der Stachel ist ihm weiterhin genommen. Tod ist ein wunderbarer Akt. Aus diesem Komplex: tot, christlich, weiblich, schön, erwuchsen dann jene Bilder, wie jenes von 1836, das den toten Raffael und sein Madonnen-Modell in einem gemeinsamen Tod vereinte: „Sterben, so sagte sie einst, ist süß; ihr ward es erfüllt so. / Sieh wie hat ihr der Tod die Züge verklärt, von den Lippen / Sind die Schmerzen gewichen, es ruht der Friede der Engel / über dem bleichen Gesicht und ähnlicher ward sie dem Bilde".[58]

In diese Linie fügen sich Mundts schon erwähnte verklärende Darstellungen in „Madelon" von 1832 oder sein sentimentales Todesporträt der Charlotte Stieglitz von 1835. Andere schlossen sich an dieses Todesporträt an und bauten es, wie Eduard Beurmann, poetisch aus:

> Sie starb in der Ueberzeugung der Liebe, ruhig und entschlossen; es war ein Selbstmord, wie ihn die Welt noch nicht erlebt hat. Es soll kein Blut aus der Wunde geflossen seyn, sie lag da, rein und weiß, einige blutrothe Perlen am Herzen, wie eine geknickte Lilie.[59]

Das Ende muß nicht schrecken. Lilien, Perlen, Reinheit und Schönheit – zu sterben, ist geradezu eine Auszeichnung.

Heinrich Stieglitz war es, der dieses Amalgam von Frau, Schönheit und Tod aus persönlicher Betroffenheit dann eindeutig christlich umflorte. Dabei münzte er seine Betroffenheit in mythische Konstruktionen um, die sich von seinem Schicksal und dem seiner Frau ablösten. Sie wird ihm vollends zu einer christlichen Madonna, zu einer Maria oder zu einer anderen Heiligen des christlichen Kalenders: „Ihr consequentes Streben war, daß der Geist des Christenthums als Lebensgehalt, als Resultat ihr immer mehr eigen werden solle".[60] Dabei gelang es, die mittelalterliche Legende vom vorbildlichen Tod der Maria[61] untergründig aufzurufen, abzuwandeln und ästhetisch zu reformulieren. Immer wieder spricht er in seiner „Selbstbiographie" oder in seinen „Erinnerungen an Charlotte" von einer Heiligen, von einer Märtyrerin, von einem gottgesandten Lichtengel. Sie sei „echtchristlich gestorben, der heiligst vollendetste Opfertod". Der Dolch, mit dem die Tat geschah, wird ihm zum „Kreuz heiligster Andacht", ihr Grab rückt in den Rang eines „heiligen Grabes", es ist die Stätte einer „unsichtbare[n] Kirche, meiner Wallfahrt Ziel".[62] Das waren nicht nur rhetorische oder literarische Posen. Den Dolch, mit dem seine Frau in den Tod ging, soll er, wie ein Besucher 1839 bezeugte, wie eine Reliquie um seinen Hals getragen haben.[63] Seine Wohnung in Venedig, wo er seine letzten Lebensjahre verbrachte, war, wie ein weiterer Besucher 1844 berichtete, wie eine Kirche für seine Verklärte eingerichtet:

> Hier war eine Gedächtnisstätte der Toten. Überall erinnerten Andenken und Reliquien an sie. Auf einem zum Altar umgeschaffenen Tisch stand unter frischen Blumen und Kerzen ihre Totenmaske, dort lag der Dolch, mit dem sie sich den Todesstoß gab, und ringsum an den Wänden waren in vielfacher Wiederholung die Worte zu lesen: „Wir sehen uns wieder, freier, erlöster".[64]

Tod, Christentum, Frau und Schönheit sind in eine überwältigende Synthese geführt. Ein solcher Freitod hat nichts Erschreckendes mehr. Die tragischen Verstrickungen, in die Stieglitz und seine Frau geraten waren, sind vollkommen verdrängt, eine ernsthafte Erinnerung an seine Frau ist in einem Mythenkonglomerat ausgelöscht. Das Verhängnis ihres Lebens und das Elend ihres Todes sind ästhetisch-religiös sublimiert. Der Blick zurück auf die Krisen und Katastrophen ist vernebelt: „Sie war eigentlich die ganze letzte Zeit wie eine Verklärte".[65]

4. Die Samariterin des Armen Heinrich

Dieser Topos des schönen Todes erfuhr, wie anfangs bereits erwähnt, noch eine Übersteigerung. Weitere Mythenkonstrukte wurden eingesetzt, um den Tod Charlottes verständlich, gerechtfertigt oder gar wünschenswert erscheinen zu lassen. Sie soll, so die damalige öffentliche Meinung, um ihres Gatten willen *bewußt* in den Opfertod gegangen sein. Vor allem Heinrich Stieglitz arbeitete an dieser Legende. Für ihn stand fest, daß sie aus dem Leben ging, um ihn aus dem Brotgelehrtendasein zu befreien und von familiären Verantwortlichkeiten zu entbinden. Durch einen dramatischen Schock wollte sie ihn von seiner Krankheit kurieren und zu weiteren Dichtungen inspirieren. Charlotte Stieglitz rückte dadurch in den Rang einer christlichen Jungfrau, Samariterin und Märtyrerin, die, in Anlehnung an Hartmann von Aue, den „Armen Heinrich", den kranken leidenden Ritter, zu heilen vermag, wenn sie ihr Leben für sein Leben gibt. Im literarischen Epos wies der Held diese Opfergabe zurück. Heinrich Stieglitz hingegen kam nicht umhin, sie anzunehmen, wie er mehrfach erklärte:

> Es soll besser mit mir werden – das gelobe ich Dir, Charlotte, und der Gott, der Schmerz und Freude sendet seiner Kreatur zum Frommen auf der räthselhaften, wundersamen Erdenbahn, wird die Kraft mir stählen muthig zu bestehen; ich nehme Dein Opfer an – aus Pietät, aus innerster Durchfühlung dieser maaßlosen Liebe.[66]

Dieses vermeintliche Opfer anzunehmen, zeigte schließlich Früchte: „Ich bin genesen [...] da ein heiliges Vermächtniß zu erfüllen mir obliegt".[67]

Vertraute griffen diese Version ihres Todes allzugerne auf, und bekräftigten, daß sich die Hinübergegangene opferte, um ihren leidenden Gatten zu „retten".[68] Sie bestätigten die „Erhabenheit der That" und die „Absicht des Opfers".[69] Es sei die „That einer heiligen maßlosen Liebe" gewesen[70], die holde Gestalt habe mit einem „theuren Opfer" heilend und befreiend gewirkt.[71] In der Öffentlichkeit stand unumstritten fest:

> Das erste Motiv des tragischen Aktes ist auch hier die Liebe; denn es war ein Opfer, das das hehre Weib ihrem Manne brachte. Aber diese Liebe war eine volle, gesättigte; eine Liebe, die sich an großen Thatsachen erwärmt und welche allein im Stande ist, Männer zu beglücken.[72]

Diese Version war übermächtig. Kritik richtete sich allenfalls dagegen, daß ihre Idee überspannt gewesen sei; darüber hinaus wurden von orthodox-christlicher Seite Verdikte gegen den Freitod reaktiviert. Der einzige, der in privaten Zeugnissen gegen diese Legende des Opfertodes jemals protestierte – nachdem er ihr selbst genügend Vorschub geleistet hatte – blieb Mundt.[73]

Man kann diese These des Opfertodes besser verstehen und sie als literarische und kulturelle Konstruktion begreifen, wenn man sich der Funktion von Opfertötungen im allgemeinen und den Opfervorstellungen in Vormärz bzw. Biedermeier im besonderen zuwendet. So ist darauf hingewiesen worden, daß sich über Opfervorgänge soziale Integrationsprozesse vollziehen und sich darauf geradezu der jeweilige „Gesellschaftsvertrag" gründet. Dem Blut komme dabei eine herausragende Rolle zu. Erst das geflossene Blut, als Zeichen eines wirklichen Opfers, besiegele die jeweilig ausgesprochenen oder unausgesprochenen gesellschaftlichen Übereinkommen.[74] Die Rolle, die dem perlenden Blut in Grimms Märchen vom „Sneewittchen", in Mundts „Madelon" oder in Mundts und Beurmanns Schilderungen der toten Charlotte Stieglitz zukam, muß also zumindest Aufmerksamkeit erwecken. Heinrich Stieglitz hält ebenfalls die Erinnerung daran wach, wenn er seine Ehefrau als „sel'ges Opferlamm" versteht.[75] Weitere Schilderungen ihres Todes legen ebenfalls auf diesen Umstand beachtlichen Wert: „Sie hatte nach dem Stoß alles getan, um die Verblutung völlig nach innen zu leiten, hatte den Dolch aus der Wunde gezogen und den unglaublichen Mut gehabt, diese, solange ihr die Kraft übrigblieb, zu verstopfen. Nur wenige Blutstropfen fanden sich vor"[76], sie „drückte den Dolch, den sie mitgenommen, so still und so sicher in das Herz, daß kaum ein paar Tropfen Blut nach außen drangen. Dann hüllte sie sich schamhaft in eine Decke".[77]

Es bedürfte einer ausführlicheren Begründung, als sie hier gegeben werden kann, um von archaischen Opferriten und dem christlichen Kultus des Blutopfers in kulturhermeneutischer Weise auf Zustände um 1830 zu schließen. Zumindest läßt sich aber an anerkannte Ergebnisse anknüpfen, die begründen, daß der schöne weibliche Tod in seinen Darstellungsweisen nach 1800 nicht *irgendeinen* Gesellschaftsvertrag stützte, sondern einen klar definierten: den einer *patriarchalischen* Gesellschaft.[78]

Tatsächlich reagierten die Schriftsteller des „Jungen Deutschland" wie Theodor Mundt, Karl Gutzkow, Heinrich Heine, oder Heinrich Laube und Gustav Kühne sensibel auf die Ansätze der Frauenemanzipation, die insbesondere nach 1830 in Frankreich und langsam auch in Deutschland an Aufschwung gewannen – sie antworteten mit Zustimmung und verdeckten Abwehrmustern.[79] Insbesondere von der Bewegung des Saint-Simonismus gingen anfangs solche emanzipativen Impulse aus[80], die, offenbar vermittelt durch Mundt, auch die beiden Stieglitz' beschäftigten. Charlottes Haltung zum Saint-Simonismus war allerdings ambivalent, umschloß diese neue Lehre bzw. Religion doch auch die Vorstellung einer freien Ehe oder einen Kanon neuer religiöser Glaubensartikel. Aber was den Aufbruch von Frauen aus verkrusteten Verhältnissen, die Entfaltung ihrer praktischen, künstlerischen oder intellektuellen Fähigkeiten anging, ließ Charlotte Stieglitz keinen Zweifel, mit welchen Ideen sie sympathisierte. Der Wunsch, sie möchte als Mann geboren worden sein, kam in ihr auf. Männerkleider möchte sie anziehen, weil sie weiß, daß sie die Bibliotheksarbeit, die Heinrich so verzehrt, völlig problemlos erledigen kann. Ihre beschränkte Lage wird ihr sarkastisch bewußt: „„Denn was kann eine Frau *thun*?' rief Charlotte selbst einmal aus; „sie kann höchstens vor Kränkung *sterben*!'".[81]

Diese Regungen Charlotte Stieglitz' müssen ihren Gatten in besonderer Weise betroffen haben. Zwischen ihrem offensiven Verhalten und seiner Defensive erwuchs ein tragischer Konflikt. Nicht, daß er die Werte eines patriarchalischen Hausstands über Gebühr verfochten hätte. Aber offenbar begann er, sich ihr unterlegen zu fühlen. Eine akademische Karriere war längst Illusion, der viel beschworene Erfolg als Dichter ebenso. Stieglitz verrichtete eine dürftige Bibliotheksarbeit, und selbst die hat ihn körperlich und geistig mehr und mehr überfordert. Dazu kam seine sexuelle Impotenz, die das beiderseitige Verhältnis nicht erleichterte. Vielleicht wird ihn auch seine jüdische Geburt mit Selbstzweifeln und Integrationsproblemen verfolgt haben. Aus diesem Grund betrieb er nach dem Tod seiner Gattin viel intensiver das, was, wie mittlerweile herausgearbeitet wurde, auch die anderen Schriftsteller des „Jungen Deutschland" in Reaktion auf die neuen Emanzipationstendenzen bevorzugten: Eine distanzschaffende Mythisierung. Das war ein Verfahren der Idealisierung und Distanzierung. Denn diejenigen Elemente, die sich als störend erweisen, konnten in den Hintergrund gedrängt und getilgt werden.[82]

Diese Abwehr durch Mythisierung steigerte Stieglitz dermaßen, daß er die gemeinsamen Lebens- und Eheprobleme vollends nivellierte und die Lage geradezu verkehrte. Nicht aus einer ausweglosen persönlichen Krisensituation heraus ging seine Frau in den Tod, sondern als Opfer, um *ihn* zu retten. Auf *ihn*, so möchte er es jedenfalls im Nachhinein, war ihr Leben völlig zentriert. Deshalb betont Stieglitz so nachdrücklich, daß seine Frau schon seit Beginn ihrer Partnerschaft solche Opferphantasien hegte[83], und deshalb, um dieses Bild einer schon zu Lebzeiten Verklärten aufrechtzuerhalten, reinigte er ihre beiderseitige Beziehung von allen Spannungssituationen: Ihr gemeinsames Leben habe stets und unaufhörlich wie die „schönen tiefen Töne einer selten wiederkehrenden Lebensdur" geklungen.[84] Nicht der kleinste Dissens, keine äußerlichen Beeinträchtigungen. Der nächste Schritt der distanzierenden Verklärung setzt ein, wenn Stieglitz unermüdlich ihre Geistesgemeinschaft betont und hervorhebt, wie sie die Glut irdischer Leidenschaften „immer mehr und mächtiger durch Willen und Bewußtsein höheren Vereins und edlerer Bestimmung besiegt und abgedämpft, den kleineren Bedürfnissen des Lebens möglichst wenig Raum gegönnt."[85] Die ausbleibende Eheerfüllung – noch vier Tage vor ihrem Tod bat Charlotte Stieglitz, gemeinsam ein Kind zu adoptieren[86] – wird bei Stieglitz zu einer unkörperlichen Gemeinschaft reiner Geister, die sich dem irdischen Leben entwunden hätten. Eine soziale *Geschlechterfrage* existierte nicht, ebenso, wie *Geschlechtsunterschiede* und Sexualität für beide nicht existiert hätten. Die Spitze der gewundenen sexuellen Verweigerung ist erreicht, wenn Stieglitz sich als Kind bezeichnet, das seine Frau durch den selbstlosen Kaiserschnitt ihres Freitods geboren habe.[87]

So in die spirituelle Sphäre gehoben, setzt ein nächster Schritt distanzierender Verklärung der toten Ehefrau ein: Für *ihn* habe sie sich hingegeben, nicht etwa aus ihren Problemlagen heraus, sondern aus christlich-spirituell gewonnener Stärke und aus einem durch Schönheit geläuterten Opferwillen. Sie wird zur Samariterin, die den an der Welt erkrankten „armen Heinrich" erlöst. Wenn *er* Identitäts- oder Schaffensprobleme gehabt hatte, so sind sie durch ihr Opfer schlichtweg gelöst: „so krönte sie ihr Werk für alle Ewigkeit durch Einen sichern, kühnen, ruhigen Stoß. Sie emancipirte mich, erklärte mich für mündig". *Er* ist emanzipiert, die beeinträchtigte patriarchale Voraussetzung wiederhergestellt. Er ist souveräner Herr der Lage, seines zukünftigen Lebens und ihrer vergangenen Beziehung. Die Unterlegenheitsphantasien kehren sich vollends um und wachsen sich zu dämonischen Besitzphantasien aus: nunmehr „gehört sie mir erst ganz und unverloren an."[88]

Spätestens hier ist anzumerken: Es geht nicht um die *Person* oder um den *Fall* Heinrich Stieglitz. Er fiel oder er steigerte sich tatsächlich in eine Krankheit hinein, und die anschließende Mythologisierung dieser Krisen und ihrer Folgen war Teil seines Überlebensprozesses. Nur so ist zu verstehen, daß Stieglitz sich nach ihrem Tod überraschenderweise „merkwürdig gefaßt"[89] fühlte, oder wie ein anderer unmittelbarer Zeitzeuge fünf Tage nach dem Tod überliefert:

> Wunderbar aber und unbegreiflich sind die Folgen, welche diese Begebenheit auf Stieglitz bis jetzt hat. Er fühlt sich freier und gewaltiger durch den tiefen Schmerz, er fühlt sich seelig, die Pläne hervorzusuchen und die Arbeiten auszuführen, welche zur tiefsten Betrübniß der Verstorbenen verloren danieder lagen. Er erkennt daß *sie* unbegreiflich tief ihn durchblickt hat, daß *sie* eine erstaunlich überraschend Seherin, durch ihre Aufopferung ihn umgeschaffen, ihn in den Stand gesetzt hat, ihr „*Testament*" zu vollziehen, das zu bilden und zu vollenden, was sonst in seinem schwachen Umrisse untergegangen wäre.[90]

Die psychopathisch-psychologischen Hintergründe von Stieglitz' Stilisierungen können hier nicht interessieren. Wertungen darüber sollen hier nicht getroffen werden. In der Nähe pathologischer Grenzbereiche geht es nicht darum, Personen gegeneinander auszuspielen. Vielmehr ist wichtig zu sehen, auf welche kulturellen Deutungsmuster Stieglitz in seiner Krise zurückgriff und vor allem, wie selbstverständlich sie aufgenommen und weitergetragen wurden. Denn die Legende vom Opfertod der Stieglitz kam einem gesellschaftlichen Bedürfnis entgegen. Ihr angebliches „Opfer“ war Teil der imaginierten Konsolidierung einer patriarchalen Gesellschaft, die sich, nicht zuletzt durch die aufkommende Geschlechterfrage, bereits permanent in Veränderung und Verunsicherung befand.

5. *Preußische Lucretia*

Immer wieder hat Heinrich Stieglitz betont, allein für ihn sei dieses Opfer gebracht worden. Diesem Glauben gab er eine weitere mythische Basis. Neben den bisher zu beobachtenden christlichen Mustern – Madonna, Samariterin, Märtyrerin – griff er auf antike Motive zurück, die diesen Tod noch bedeutungsschwerer erscheinen ließen. Er bettete den Tod seiner Frau in die Linie sich politisch aufopfernder Heroinen:

> So wie Charlotte Corday's Bild ein wunderbar Analogon zu Charlotte Stieglitz bildet, so müssen die edlen Römerinnen, Porzia und Lucretia und Cornelia die Gracchenmutter und die griechische Alkestis und Horatius Cocles und Clölia und Mucius Scävola und die Gattin des Thrasea Pätus alle diesem Bilde und dieser Wirklichkeit sich anschließen.[91]

Der vermeintliche Opfertod seiner Frau bekam durch ein Amalgam mythischer und real verbürgter historischer Personen einen emphatischen politischen Anstrich und wurde in einen weltgeschichtlichen Rahmen gestellt. Stieglitz wertete das ihm gebrachte Opfer zur historischen Tat auf, wobei er, weltgeschichtlicher Titan und gelehriger preußischer Untertan gleichermaßen, sorgfältig darauf achtete, an die erste Stelle der Tyrannenmörderinnen die aristokratische Revolutionsgegnerin Corday zu setzen.[92]

Die Mythisierung um seiner selbst willen geht hier ins Maßlose. Nicht nur, daß die Opfertat seiner Frau den erhabenen Taten anderer Heroinen nachempfunden gewesen wäre. Wortwörtlich umgekehrt: Sie hätten *ihrer* Tat sich anzuschließen, kulminierend in einer weltgeschichtlichen Emanzipation, die sich in den ersten Wochen des Jahres 1835 in Berlin wundersam vollzog. Diese Art von Realitätsverlust, das ist hier zu wiederholen, soll hier nicht vordergründig interessieren. Hier geht es nicht um den tragischen *Fall* Heinrich Stieglitz' mit seiner Überschneidung sozialer und pathologischer Elemente. Dieser *Fall* ist in diesem Zusammenhang nicht als repräsentativ anzusehen. Interessant ist vielmehr, daß Stieglitz damals gängige mythisierende Topoi überhaupt aufgriff, und in diesem Sinne ist er durchaus repräsentativ. Er verbleibt allerdings auf einer rein persönlichen Ebene, die ihm unversehens zur weltgeschichtlichen schwillt.

Andere Zeitgenossen dagegen haben versucht, dem Opfertod der Stieglitz im Bilde der auch von ihm zitierten Lucretia direkt einen politischen Anstrich zu geben. Da diese Legende der Lucretia, die, geschändet durch den Tyrannensprößling Sextus Tarquinius, sich unter Offenbarung ihrer Schmach den Dolchtod und damit den Anlaß zum Sturz dieser Tyrannei und zur Errichtung der römischen Republik gab, seit Aufklärung und Sturm und Drang in Deutschland immer wieder literarisch und publizistisch bemüht worden war[93], konnte es nicht schwer sein, auch den Dolchtod Charlotte Stieglitz' unter dem Vorzeichen dieser Legende zu deuten.[94] Die neuen politischen Bedingungen nach 1830 machten zwar für die sensiblen Literaten des „Jungen Deutschland" und für Heine eine zweifelsfreie politische Richtungsentscheidung hinfällig, und sie klagten über eine „Verkleinlichung aller Größe und radikale Vernichtung des Heroismus" (Heine).[95] Als Tragik der Zeit galt ihnen „die Furcht vor dem Tode, der Schmerz, nicht wie Brutus [...] töten, nicht wie Cato sterben zu können" (Gutzkow)[96] oder der „Mangel der Großartigkeit aller Gesinnung" (Mundt).[97] Ein Ereignis wie der Tod Charlotte Stieglitz' war nur allzu willkommen, diesem Defizit zu begegnen. Sie avancierte zur Märtyrerin, die für die liberale Zukunft und den Fortschritt einstehen konnte und die ins Wanken gekommenen politischen Fronten – die neuen bürgerlichen Ideale begannen bereits, sich gegen sich selbst zu kehren – ideal wieder aufrichten konnte.

Das ging natürlich nicht ohne Mißdeutungen ab, denn der politische Hintergrund von Lucretias Sterben war nie fraglich. Die körperliche Schändung suchte in elementarer Reaktion nach Genugtuung: Lucretia kehrte mit einem inszenierten Racheschwur den Dolch gegen sich selbst. Ein Zusammenhang des Endes Charlotte Stieglitz' mit dem der tugendhaften Lucretia läßt sich deshalb nur schwer herstellen. Insofern handelt es sich bei den Bemühungen, Charlotte Stieglitz und Lucretia zu vergleichen, um rhetorische „Ausfallmanöver". Der Vergleich wird herangezogen, heraufbeschworen, aber letztlich wieder zurückgezogen. Treffender ist vielleicht von einer rhetorischen „Attacke" zu sprechen, mit der der Lucretia-Topos erobert wird, um ihn, in beziehungsvoller Anspielung, hinter sich zu lassen, etwa in der Feststellung des liberalen Publizisten Eduard Duller, Charlotte Stieglitz sei größer, weil keuscher als Lucretia.[98] Mundt operiert mit einem solchen rhetorischen Manöver noch eindrucksvoller:

> Hier ist mehr als Lucrezia, die dem Begriff der Ehre sich opferte, und von dem die Maler und Poeten so schöne Bilder der Bewunderung hingestellt. Hier sollt ihr nicht bewundern! Nur in heiliger Scheu ein herrliches Menschenleben anschauen, das an der süßen Qual zu sein und zu lieben, sich das Herz abgedrückt hat, und dem die christliche Gesinnung selbst die Stärke gab, sich in den Tod zu stürzen.[99]

Wirkte dieser Vergleich mit der heroischen Lucretia also im Grunde abgezwungen, so gewann er an Gewicht durch eine Tradition der politischen Opferrhetorik, die seit 1789 einen Aufschwung genommen hatte und genau dieses Motiv des schönen, erhabenen, heroischen Todes beinhaltete. Zu denken wäre an die Darstellungen, die den toten Jean-Paul Marat in die Nähe des Gekreuzigten rückten. Auf der anderen, tendenziell gegenrevolutionären Seite wurde seine Mörderin Charlotte Corday heroisch-mythologisch verklärt[100], wobei es auch hier zu erhabenen Ästhetisierungen kam, wie in einem Drama von 1804: „Sie lächelte – ein Engel neben Henkern – / Mit unbeschreiblich sanfter hoher Ruhe / [...] / Die Rosen ihrer Wangen nicht erbleichten. / Sie wurden blaß, – als sie das Messer traf – ".[101]

Revolutionäre und Gegenrevolutionäre hatten ihre kanonisierten Opfer, und als politisch neutrale Ikone für verschiedene politische Glorifizierungen bot sich schließlich die Jungfrau von Orleans an. Friedrich Schiller etwa verklärte pathetisch die verwundete und sterbende Jeanne d'Arc: „Seht einen Engel scheiden! Seht, wie sie daliegt, / Schmerzlos und ruhig wie ein schlafend Kind! / Des Himmels Friede spielt um ihre Züge".[102]

Da es Deutschland an betreffenden Helden mangelte, wurde schließlich die 1810 gestorbene preußische Königin Luise in den Rang einer erlösenden politischen Heroine erhoben. Antike Elemente mischten sich mit christlichen. Der Tendenz nach wurde der Mythos einer Märtyrerin entworfen, die, ebenso wie sie aus politischer Schmach gestorben, politisch aufrütteln wollte. Aus „Luise" wurde dabei mitunter, wie bereits aufgearbeitet wurde, gelegentlich eine marien- oder engelhafte „Luisa".[103] Als vermeintliche religiös-politische Märtyrerin diente sie einem nationalen Opfer- und Integrationsbedarf, der zu der Zeit der Napoleonischen Besatzung Preußens immer spürbarer wurde: Dabei gebot es die Logik des Opfers, auch die integrative Erinnerung an ihr „Märt'rerblut" heraufzubeschwören[104], obwohl sie eines natürlichen Todes gestorben war.

Die Romantiker (und übrigens auch Heinrich Stieglitz wenige Monate vor dem Tod seiner Frau[105]) fanden also in Luise eine edle und schöne Tote. Die jungdeutschen Literaten griffen jedoch bevorzugt auf Gestalten der Epochenschwelle 1830 zurück. Nach der Niederlage der revolutionären Polen 1831 kam es nicht nur zur Verklärung sogenannter „edler Polen". Auch die heldenhafte, meist aus dem Adel stammende polnische Jungfrau wurde zu einem festen Repertoire deutscher und jungdeutscher Polenlyrik.[106] In dieses Motiv gingen Elemente des Mythologems der schönen sterbenden Jüdin ein.[107] Die rhetorisch nachdrücklichste Ausformung dieses Motivs war natürlich das der sich opfernden edlen Jüdin, wie in einem 1830 erneut veröffentlichten – allerdings eher unpolitischen – Familienroman: Mirjam stürzt sich in den Dolch, der für ihren Vater bestimmt war. Himmlisch lächelnd und mit einem Flüstern, sterbenden Harfenklängen ähnlich, scheidet sie dahin, „wie eine weiße Lilie auf blutigen Rosen".[108] Mit christlicher Umdeutung war dann das Bildreservoir gegeben, bei dem Mundt sich bediente, als er die tote Charlotte Stieglitz schilderte. Als Beleg dafür mag auch eine Sequenz des Mundt-Freundes Gustav Kühne dienen, der 1835 den Opfertod, den Dolchtod einer polnischen Freiheitskämpferin schildert: „Ihre eigene Brust hatte sie getroffen, ein rother Strom schäumte aus dem schönen weißen Busen so wild und jäh, als hätte er längst auf seine Erlösung gewartet". Unschuldig und schön sei ihr Tod, und ein Beobachter kann sich bei ihrem Anblick folgender Ansprache nicht enthalten:

> Deine Lippe Mädchen, blüht noch wie eine duftende Kirsche. Ein Gott, der vom Himmel stieg, würde noch knieen vor Deiner Schönheit und einen Kuß sich erflehen. Ach! ungebeten, unerlaubt hat ein Gott Dich geküßt. Der Gott des Todes hat Dir die Weihe auf die Lippen gedrückt, und siehe! Du lächelst und freust Dich über den süßen Athem seines Mundes.[109]

6. Charlotte – Willhöfft oder Willhöft?

Karoline-Maria-Samariterin-Lucretia-Jean d'Arc-Luise – all das sind Motive, die das Schicksal von Charlotte Stieglitz übermächtig verdecken. Ihre Identität, ihre Persönlichkeit wurde zur Folie vielfältiger Projektionen. Sie hat kein Gesicht, keine Sprache. Sie wurde – man kann geradezu von einer unausgesprochenen Übereinkunft zwischen Mundt und Stieglitz sprechen – ersterem zur ästhetischen, letzterem zur religiösen Ikone. Unterschwellige politische Konnotationen kamen bei beiden hinzu. So entstand ein Mythos, ein Kunstprodukt. Allen gegeben, keinem bekannt.

Die Unklarheit um ihren Mädchennamen – Namen sind Identitätszeichen – ist ein Ausdruck dieses Dilemmas. Hieß sie nun Charlotte Willhöfft, wie Mundt angab[110], und wie von da weitergeführt wurde, oder Charlotte Willhöft, wie Lexikon-Artikel von 1840 berichtet[111], was sich gleichfalls fortschrieb. Mit welcher Berechtigung fallen in einer neueren Publikation kommentarlos wechselnd beide Namen?[112]

Dieses Rätsel ist hier, an dieser Stelle, nicht aufzulösen. Hier wurden nur Fragen gestellt, um auf die grundsätzliche Fragwürdigkeit unseres Wissens über Charlotte Stieglitz hinzuweisen. Was trieb sie wirklich in ihren Tod? Die Wirren der Zeit? Die Situation in ihrer Ehe und die wachsende Belastung durch die Krankheit des Mannes? Ein auswegloser Liebeskonflikt? Angst vor Wahnsinn oder ein Wahnanfall? Eine eheliche Verfehlung mit übermächtigem Schuldkomplex, in eine Opfergabe sublimiert? Oder tatsächlich der Wunsch, gleich einem Mythos in der Geschichte fortzuleben? Die Fragen bleiben offen. Charlotte Stieglitz hat gelebt und ging in den Tod:

> Unglücklicher konntest Du nicht werden, Vielgeliebter! Wohl aber glücklicher im wahrhaften Unglück! In dem unglücklich sein liegt oft ein wunderbarer Segen, er wird sicher über Dich kommen!!! Wir litten Beide ein Leiden, Du weißt es, wie ich in mir selber litt; nie komme ein Vorwurf über Dich, Du hast mich vielgeliebt! Es wird besser mit Dir werden, viel besser jetzt, warum? ich fühle es, ohne Worte dafür zu haben. Wir werden uns einst wieder begegnen, freier, gelöster! Du aber wirst noch hier Dich herausleben, und mußt Dich noch tüchtig in der Welt herumtummeln.
>
> Grüße Alle, die ich liebte und die mich wiederliebten!
> Bis in alle Ewigkeit!
>
> Deine Charlotte.
>
> Zeige Dich nicht schwach, sei ruhig und stark und groß!

Anmerkungen

1 Charlotte Stieglitz: Tagebucheintrag, 10. November 1834. – In: [Theodor Mundt]: Charlotte Stieglitz, ein Denkmal. Berlin 1835, S. 246.

2 Heinrich Stieglitz: Erinnerungen an Charlotte. Aus Tagebuchblättern und sonstigen Handschriften des Verstorbenen ausgew. und hrsg. v. Louis Curtze. Marburg 1863, S. 61.

3 Dr. F. Pape an Christian Friedrich Wurm, Berlin, 1. Februar 1831. – In: Staats- und Universitätsbibliothek Hamburg, Handschriftenabteilung, Sig. CS 4.

4 Ebd.

[5] Hermann Marggraff: Deutschlands jüngste Literatur- und Culturepoche. Leipzig 1839, S. 138. Vgl. auch die Übersicht der Literatur zu Charlotte Stieglitz' Tod in: Grundriss zur Geschichte der deutschen Dichtung, hrsg. v. Karl Goedeke. Dresden [2]1938, Bd. XIII, S. 312ff.
[6] Vgl. [Mundt] [Anm. 1], S. 312f., 20.
[7] Theodor Mundt an Heinrich Stieglitz, 21. April 1835. – In: Ludwig Geiger: Heinrich und Charlotte Stieglitz. – In: ders.: Dichter und Frauen. Vorträge und Abhandlungen. Berlin 1896, S. 252. Wie aus dem Brief hervorgeht, hat Mundt der Forderung Sieglitz' entsprochen und auch aus dem bereits vorliegenden Manuskript Tagebuchpassagen von dessen Frau gestrichen. Möglicherweise bezogen darauf konnte Stieglitz kurz darauf ungetrübt den „treffliche[n] Mundt" loben, und er hoffte, daß „Freunde die einander erkannt gemeinsam ineinandergreifen können". Vgl. Heinrich Stieglitz an Unbekannt. Berlin, Juli 1835 (Handschrift). – In: The Historical Society of Pennsylvania. Philadelphia/Pennsylvania. Gratz Collection.
[8] Vgl. Heinrich Stieglitz an Theodor Mundt, Anfang 1840. – In: Heinrich Stieglitz: Eine Selbstbiographie. Vollendet und mit Anmerkungen hrsg. v. L[ouis] Curtze. Gotha 1865, S. 348.
[9] [Karl Rosenkranz]: Art.: Rahel, Bettina und Charlotte Stieglitz (1837). – In: Conversations-Lexikon der Gegenwart. Leipzig 1840, Bd. IV. I, S. 475.
[10] Vgl. Elisabeth Bronfen: Nur über meine Leiche. Tod, Weiblichkeit und Ästhetik (1992). München 1996, S. 518.
[11] Vgl. Olaf Briese: „Die Wehen der Zeit". Der Freitod Charlotte Stieglitz'. – In: Aufbruch in die Bürgerwelt. Lebensbilder aus Vormärz und Biedermeier, hrsg. v. Helmut Bock/Renate Plöse. Münster 1994, S. 217ff.
[12] Vgl. Bodo Freiherr von Maydell: Die Stieglitz aus Arolsen, ihre Vorfahren und Nachkommen. Neustadt a.d. Aisch 1960, S. 235.
[13] Karl Gutzkow: Charlotte Stieglitz (1836). – In: ders.: Beiträge zur Geschichte der neuesten Literatur. Stuttgart 1936, Bd. II, S. 128.
[14] [Zeugnis von Franz Grillparzer]. – In: Friedhelm Nicolin (Hrsg.): Hegel in Berichten seiner Zeitgenossen. Berlin 1971, S. 316.
[15] Zu seinem Briefwechsel vgl. den 47 Positionen umfassenden Teilbestand des Heinrich-Stieglitz-Nachlasses in: Archiv der Landsschule Korbach (Hessen). Zu seinem poetischen Schaffen vgl. die Bibliographie in: Grundriss [Anm. 5], S. 305ff.
[16] Vgl. Hildegard Waldschmidt: Heinrich und Charlotte Stieglitz. – In: Lebensbilder aus Kurhessen und Waldeck 1830–1930, hrsg. v. Ingeborg Schnack. Marburg 1950, Bd. IV, S. 382.
[17] Vgl. Maydell [Anm. 12], S. 55.
[18] Vgl. den in der historisch-kritischen Weimarer Ausgabe nicht vorhandenen Brief Heinrich Heines an Charlotte Stieglitz von Frühjahr 1829 (Auszug).– In: Karl Voß: Potsdam-Führer für Literaturfreunde. Auf den Spuren von Männern und Frauen der Feder in der Havelstadt. Berlin 1993, S. 78. Dort auch die sich darauf stützende Vermutung, Heine habe sich in die Stieglitz verliebt. Zu diesem Beisammensein vergleiche auch die Erinnerungen von Heinrich Stieglitz (Werner, Bd. 1, S. 180f.) und seinen rückblickenden Brief an Heine vom 27. Februar 1845. HSA XXVI, 128f. Karl Voß ist leider kürzlich verstorben; Nachforschungen zu diesem unveröffentlichten Brief blieben bisher erfolglos.
[19] Vgl. Heinrich Heine: Atta Troll. Ein Sommernachtstraum (1842). – In: DHA IV, 56f. Zur Deutung dieser Passagen in „Atta Troll" als Hommage an Charlotte Stieglitz vgl. Giorgio Tonelli: Heinrich Heines politische Philosophie (1830–1845). Hildesheim/New York 1975, S. 148f.
20 Vgl. Charlotte Stieglitz an ihre Schwester Doris. Berlin, ca. 1828. – In: Landesarchiv Berlin. Autographensammlung. Sign. F Rep. 241. Acc. 2271. Nr. 2.

[21] Vgl. Adolf Berhard Marx: Erinnerungen. Aus meinem Leben. Berlin 1865, Bd. I, S. 199.
[22] [Mundt] [Anm. 1], S. 17.
[23] Stieglitz [Anm. 8], S. 128.
[24] Leopold von Ranke: [Charlotte Stieglitz, Januar 1835]. – In: Walther Peter Fuchs und Theodor Schieder (Hrsg.): Leopold von Ranke: Aus Werk und Nachlass. München, Wien 1966, Bd. I, S. 178f.
[25] Vgl. z. B. Heinrich Stieglitz an Johann Peter Eckermann, 6. Januar 1824; 10. April 1824; 15. Juni 1824; 30. Dezember 1824; 12. Juli 1829. – In: Nachlaß Johann Peter Eckermann, Goethe-Museum Düsseldorf, Anton-und-Katharina-Kippenberg-Stiftung, Sign. 3734. Vgl. auch [Mundt] [Anm. 1], S. 42.
[26] [Mundt] [Anm. 1], S. 206.
[27] Vgl. H[einrich] H[ubert] Houben: Jungdeutscher Sturm und Drang. Ergebnisse und Studien. Leipzig 1911, S. 454.
[28] Vgl. z. B. einen neu aufgefundenen Brief von Charlotte Stieglitz an Theodor Mundt vom 9. Dezember 1834: „Es ist doch fast garnicht als wenn wir in *einer* Stadt wären, so fern wohnen Sie von uns. Daß man nicht auf ein Augenblickchen sehen kann wie es einem geht, daß man nicht zusammen eine Erheiterung verabreden kann, alles wahrhaft Erquickliche eines näheren Umgangs geht durch diese Ferne verloren. Ihr Briefchen, Theurer, hat mir Freude gemacht und zugleich wohlgethan. [...] Lotte will ihren angekommenen Bruder besuchen und wartet auf jeden Buchstaben den ich mehr schreibe, daher meine Eile. Wie wär es wenn sie sobald ein gutes Stück im Theater gegeben würde uns abholten? oder besser es uns mit einer einzigen Zeile wissen ließen damit wir bei Ihnen vorbeikämen?

Wir müssen uns ein Vergnügen von Zeit zu Zeit gönnen, es thut uns Allen Noth. Stieglitz muß ich auch ohne daß er es merkt aus seinen jetzt zu anhaltendem Vertiefen ein wenig herauß reißen, aber Sie haben Recht er ist auf vortrefflichem Wege." Charlotte Stieglitz an Theodor Mundt, Berlin, 9. Dezember 1834.– In: Stadtarchiv Hannover, Autografensammlung, Unterabteilung Culemann, Nr. 2153.
[29] Marx [Anm. 21], S. 190f.
[30] Charlotte Stieglitz an Heinrich Stieglitz, 3. Februar 1833. – In: [Mundt] [Anm. 1], S. 49.
[31] Gutzkow [Anm. 13], S. 133.
[32] Vgl. [Karl Gutzkow]: Cypressen für Karoline Stieglitz. – In: Phönix. Frühlings-Zeitung für Deutschland. Literatur-Blatt Nr. 8, 25. Februar 1835, S. 189ff. Zum Freitod von Frauen unter den englischen Romantikern vgl. Janet Todd: Gender, Art and Death. Cambridge 1993, pp. 102, 120.
[33] [Gutzkow] [Anm. 32], S. 189.
[34] Charlotte Stieglitz: Vergeltung. – In: [Mundt] [Anm. 1], S. 12.
[35] Charlotte Stieglitz: undatiertes Tagebuchfragment. – In: [Mundt] [Anm. 1], S. 8f.
[36] Vgl. Heinrich Hubert Houben: Jungdeutsche Lebenswirren. Ein Nachtrag. – In: Zeitschrift für Bücherfreunde 11. 1907/08, Bd. I, S. 241 (Theodor Mundt an Charlotte Stieglitz, 15. Mai 1834).
[37] [Mundt] [Anm. 1], S. 23.
[38] Ebd., S. 20 (Kommentar von Mundt).
[39] Heinrich Stieglitz an Moritz Veit, 19. Dezember 1829. – In: Stiftung Weimarer Klassik, Goethe-Schiller Archiv, Sign. GSA 96/2858.
[40] Charlotte Stieglitz an Theodor Mundt, 15. Dezember 1834. – In: [Mundt] [Anm. 1], S. 285.
[41] Vgl. Charlotte Stieglitz. Geschichte eines Denkmals, hrsg. v. Susanne Ledanff. Frankfurt a. M./Berlin 1986, S. 202ff.

[42] Charlotte Stieglitz an Theodor Mundt, 13. Dezember 1834. – In: [Mundt] [Anm. 1], S. 283.
[43] [Mundt] [Anm. 1], S. 308f.
[44] Christian Daniel Rauch überliefert schon am Tag der Beerdigung folgende Version: „die Ärmste kleidet sich nun rein und weiß an, nimmt den tragischen Dolch von der Wand [,] deßen geschichtliche Würkung man oft bewundert [,] darüber wenigstens Worte gemacht hatte, und stößt ihn sich Abends gegen 9 Uhr ins Herz, legt ihn fort, und hält sich die Wunde zu [,] damit kein Blut ihr Lager oder Kleid verunreinige". Christian Daniel Rauch an Ernst Rietschel, 1. Januar 1835. – In: Karl Eggers (Hrsg.): Briefwechsel zwischen Rauch und Rietschel. Berlin 1890, Bd. 1, S. 280.
[45] Theodor Mundt: Madelon oder die Romantiker in Paris. Eine Novelle. Leipzig 1832, S. 242.
[46] Theodor Mundt: Th. G. von Hippel's Lebensläufe nach aufsteigender Linie. Eine biographisch-literarische Skizze. – In: ders.: Kritische Wälder. Blätter zur Beurtheilung der Literatur, Kunst und Wissenschaft unserer Zeit. Leipzig 1833, S. 241.
[47] J. H. Bernardin de Saint Pierre: Paul und Virginie (1788). – In: ders.: Paul und Virginie und die Indische Hütte. Neue Übertragung durch G. Finck. Pforzheim 1840, S. 253; François-René de Chateaubriand: Atala (1801). – In: ders.: Atala/René. Leipzig 1962, S. 66.
[48] Vgl. Heinz Rölleke: Grimms „Sneewittchen"-Märchen (KHM 53). – In: Wirkendes Wort. Deutsche Sprache und Literatur in Forschung und Lehre 47. 1997, S. 84ff.
[49] Vgl. Sneewittchen (Schneeweißchen). – In: Kinder- und Haus-Märchen. Gesammelt durch die Brüder Grimm. Berlin 1812, S. 247f.
[50] Vgl. Kinder- und Haus-Märchen. Gesammelt durch die Brüder Grimm. Kleine Ausgabe. Mit sieben Kupfern. Berlin 1825, S. 193.
[51] Vgl. Karl S. Guthke: Letzte Worte. Variationen über ein Thema der Kulturgeschichte des Westens. München 1990, S. 88f.
[52] Johann Wolfgang Goethe: Die Wahlverwandtschaften (1809). Frankfurt/M. 1981, S. 238ff.
[53] Heinrich Heine: Reise von München nach Genua (1829). – In: DHA VII/I, 331, 61, vgl. auch ebd., S. 43. Zur Deutung dieser Motive: Olaf Briese: Venus – Madonna – Maria. Über Heines Marienverständnis. – In: Joseph A. Kruse/Bernd Witte/Karin Füllner (Hrsg.): Aufklärung und Skepsis. Internationaler Heinrich-Heine-Kongreß 1997 zum 200. Geburtstag. Stuttgart 1998, S. 436ff. Das Motiv der schönen „Totenbraut" wurde damals immer hautnaher ausgemalt, und in einer Novelle von 1833 wird die auf dem Totenbett Geschändete zur „furchtbar schöne[n] Leiche". Karl von Holtei: Der Raubschütz. – In: ders.: Erzählungen. Braunschweig 1833, Bd. I, S. 145. Bald schon kam es zu Parodien. In Adolph Glassbrenners Novelle vergeht sich ein Wanderer an einer Scheintoten – „Braut des Himmels im schneeweißen Kleide, ein Bild der Demuth und der Unschuld", und ist überrascht, nach einigen Jahren von Nachkommen begrüßt zu werden. Der Sarg im Wirtshause. – In: Aus dem Leben eines Gespenstes. Von Brennglass. Leipzig 1838, S. 197. Im selben Jahr gibt der süddeutsche Humorist Moritz Gottlieb Saphir eine Schauerparodie, in der Bilder lebendig werden und Frauenleichen – „im weißen Gewande [...] das schöne Haupt, das noch lebensfrisch wie eine eben gepflückte weiße Rose" – sich zu Bildern verwandeln. M. G. Saphir: Der Leichenmaler. Eine Novelle. – In: Der deutsche Horizont. Humoristische Aufsätze, Erzählungen und Novellen für Zeit, Geist und Sitten, hrsg. v. M. G. Saphir. München 1838, S. 19f. Otto Ludwigs an Kleist orientierte Novelle „Maria" von 1843 handelt ebenfalls von der sexuellen Begegnung mit einer Scheintoten – „Da lag Marie in ihrem rosenfarbenen Kleide, in dem er sie jenen Morgen gesehn, mit über der Brust gefalteten bleichen Händen, das Gesicht durchsichtig und geisterhaft schön" –, wobei gleichfalls für Nachkommen gesorgt ist. Otto Ludwig: Maria. – In: Paul Merker (Hrsg.): Sämtliche Werke. München/Leipzig 1912, Bd. I, S. 16.

[54] Vgl. Rainer Volp: Der Tod im Leben. Todesanschauungen um 1800. – In: Wie die Alten den Tod gebildet. Wandlungen der Sepulkralkultur 1750–1850, hrsg. v. Hans-Kurt Boehlke. Mainz 1979, S. 7.

[55] Vgl. Philippe Ariès: Geschichte des Todes. München 1982, S. 820ff.; ders.: Studien zur Geschichte des Todes im Abendland. München 1976, S. 107ff. Besonders zur Literatur vgl. Thomans Anz: Der schöne und der häßliche Tod. Klassische und moderne Normen literarischer Diskurse über den Tod. – In: Klassik und Moderne. Die Weimarer Klassik als historisches Ereignis und Herausforderung im kulturgeschichtlichen Prozeß. Walter Müller-Seidel zum 65. Geburtstag, hrsg. v. Karl Richter/Jörg Schönert, Stuttgart 1983, S. 409ff.

[56] Vgl. Olaf Briese: Der Anspruch des Subjekts. Zum Unsterblichkeitsdenken im Jungen Deutschland. Stuttgart 1995, S. 7ff.

[57] Vgl. Friedrich Sengle: Biedermeierzeit. Deutsche Literatur im Spannungsfeld zwischen Restauration und Revolution. Stuttgart 1971ff. Bd. II, S. 783ff. – Zur umgekehrten Tendenz, zur Verklammerung von Tod, Schönheit und Schauer, vgl. Mario Praz: Liebe, Tod und Teufel. Die schwarze Romantik (1930). München 1988, S. 43ff.

[58] Wolfg[ang] Rob[ert] Griepenkerl: Die Sixtinische Madonna. Ein erzählendes Gedicht in zehn Gesängen. Braunschweig 1836, S. 170f.

[59] [Eduard Beurmann]: Vertraute Briefe aus Preußens Hauptstadt. Stuttgart und Leipzig 1837, Bd. II, S. 141f.

[60] Stieglitz [Anm. 2], S. 16.

[61] Vgl. Klaus Schreiner: Der Tod Marias als Inbegriff christlichen Sterbens. Sterbekunst im Spiegel mittelalterlicher Legendenbildung. – In: Tod im Mittelalter, hrsg. v. Arno Borst/Gerhart von Graevenitz/Alexander Patschovsky/Karlheinz Stierle. Konstanz 1993, S. 261ff.

[62] Stieglitz [Anm. 2], S. 6, 1, 159, 39.

[63] Vgl. Karl Hegel: Leben und Erinnerungen. Leipzig 1900, S. 97.

[64] Isidore Kaulbach: Friedrich Kaulbach. Erinnerungen an ein Vaterhaus. Berlin 1931, S. 28.

[65] Stieglitz [Anm. 2], S. 20.

[66] Stieglitz [Anm. 8], S. 239.

[67] Stieglitz [Anm. 2], S. 11.

[68] Hedenus an F. Pape, 4. Februar 1835. – In: Stieglitz [Anm. 8], S. 477. Zum Vorfeld der Verklammerung von Erhabenheit und Tod vgl. Olaf Briese: Ethik der Endlichkeit. Zum Verweisungscharakter des Erhabenen bei Kant. – In: Kant-Studien 87. 1996, S. 325ff.

[69] Theodor Kind an Heinrich Stieglitz, 9. Februar 1835. – In: Stieglitz [Anm. 8], S. 477f.

[70] Friedrich Jacobs an Heinrich Stieglitz, Januar 1835. – In: Kurzer Briefwechsel zwischen Friedrich Jacobs und Heinrich Stieglitz, hrsg. v. Ludwig Curtze. Leipzig 1863, S. 95.

[71] [Anonym]: Ein Traum – mehr als ein Traum. – In: Berlin. Eine Wochenschrift, hrsg. v. Ludwig Rellstab, Nr. 2, 10. Januar 1835, S. 19.

[72] [Gutzkow]:[Anm. 32], S. 190. – Allerdings war das nicht Gutzkows letztes Wort in dieser Sache. Sein Roman „Wally, die Zweiflerin" von 1835, der, wie er hervorhob, durch das Schicksal von Charlotte Stieglitz mit veranlaßt worden war, zeigt eine Grüblerin, die am Leben und der Gewißheit der christlichen Dogmen zweifelt. Die Art ihres Todes ist die Fortsetzung ihres Lebens: verzweifelt, verkrampft, erstarrt: „Sie hatte mit beiden Händen den in das rote Tuch gewickelten und darin auch von ihr während des Stoßes gelassenen Dolch in ihr Herz gedrückt und lag da, nicht lächelnd und ruhig, wie wohl in andern Fällen hier getroffen ist, sondern mit krampfhafter Verzerrung ihres schönen Antlitzes und einem Ausdruck der Verzweiflung in den starren Augen, der erschrecken machte". Karl Gutzkow: Wally, die Zweiflerin (1835). Studienausgabe, hrsg. v. Günter Heintz. Stuttgart ^{2}1983, S. 127.

73 Vgl. Theodor Mundt an Gustav Kühne, 1835. – In: Gustav Kühne. Sein Lebensbild und Briefwechsel mit Zeitgenossen, hrsg. v. Edgar Pierson. Dresden und Leipzig [1889], S. 133.
74 Klaus Eder: Die Vergesellschaftung der Natur. Studien zur sozialen Evolution der praktischen Vernunft. Frankfurt a. M. 1988, S. 219, 198. Zur Logik des Opfers in Deutschland um 1848 vgl. Manfred Hettling: Totenkult statt Revolution. 1848 und seine Opfer. Frankfurt a. M. 1998.
75 Stieglitz [Anm. 2], S. 2.
76 Heinrich Steffens: Was ich erlebte (1840/44), hrsg. v. Willi A. Koch. München 1956, S. 410.
77 Marx [Anm. 21], S. 198.
78 Vgl. Elisabeth Bronfen: Die schöne Leiche. Weiblicher Tod als motivische Konstante von der Mitte des 18. Jahrhunderts bis in die Moderne. – In: Weiblichkeit und Tod in der Literatur, hrsg. v. Renate Berger/Inge Stephan. Köln/Wien 1987, S. 98ff. Eine Bibliographie zum Thema „Frau und Opferung" findet sich in: Schrift der Flammen. Opfermythen und Weiblichkeitsentwürfe im 20. Jahrhundert, hrsg. v. Gudrun Kohn-Waechter. Berlin 1991, S. 294f.
79 Vgl. Inge Rippmann: „... statt eines Weibes Mensch zu sein". Frauenemanzipatorische Ansätze bei jungdeutschen Schriftstellern. – In: Das Junge Deutschland. Kolloquium zum 150. Jahrestag des Verbots vom 10. Dezember 1835, hrsg. v. Joseph A. Kruse/Bernd Kortländer. Hamburg 1987, S. 108ff.
80 Vgl. Marguerite Thibert: Le Féminisme dans le Socialisme Français de 1830 à 1850. Paris 1926, p. 3.
81 [Mundt] [Anm. 1], S. 66, 105f., 67.
82 Vgl. Wulf Wülfing: Zur Mythisierung der Frau im Jungen Deutschland. – In: Zeitschrift für deutsche Philologie 99. 1980, S. 580. Zum weiteren Kontext distanzschaffender Mythisierungen im Hinblick auf die Geschlechterfrage: Camille Paglia: Die Masken der Sexualität (1990). Berlin 1992.
83 Vgl. Stieglitz [Anm. 8], S. 75, 202; ders. [Anm. 2], S. 6.
84 Heinrich Stieglitz an Theodor Mundt, Anfang 1840. – In: Stieglitz [Anm. 8], S. 347.
85 Stieglitz [Anm. 2], S. 37.
86 Vgl. ebd., S. 139. – Diese Frage nach der sog. ehelichen Erfüllung spielt auch in Korrespondentenberichten aus Berlin eine nicht unwichtige Rolle. Ein Kommentar merkte eher beiläufig an: „Es blieb eine kinderlose Ehe; die Verbindung zwischen der Idee und dem Leben fehlte". [Anonym]: Berlin, Anfangs Januar. – In: Morgenblatt für gebildete Stände, Nr. 22, 26. Januar 1835, S. 88. Eine Polemik aus der unmittelbaren Umgebung von Heinrich Stieglitz hielt sofort dagegen: „so erweist sich doch die Kinderlosigkeit einer allem Physischen abgewandten Ehe hier nicht von den gewöhnlichen Folgen, sie [...] wird vielmehr zum Mittel einer immer ausschließlicheren und auf kein Drittes abgelenkten Gegenseitigkeit der beiden Gatten" [Anonym]: Zur Berichtigung der Meinung über ein vor die Oeffentlichkeit gezogenes Ereigniß. – In: ebd., Nr. 40, 16. Februar 1835, S. 160.
87 Vgl. Stieglitz [Anm. 2], S. 8.
88 Ebd., S. 17, 9.
89 Moritz Veit an Baron von Stieglitz, Januar 1835. – In: Geiger [Anm. 7], S. 259.
90 Karl H. Brandes an Oskar Ludwig Bernhard Wolff (?), 4. Januar 1835, in: Universitätsbibliothek Bonn, Autographensammlung.
91 Stieglitz [Anm. 2], S. 9.
92 Die Feststellung, Heinrich Stieglitz sei lebenslang „geprägt von demokratischer Gesinnung" gewesen, scheint einige wenige liberalistische Bekundungen unangemessen aufzuwerten. Michael Hinze: Ich habe viel Energisches bemerkt ... Begegnungen mit dem Schriftsteller

Heinrich Stieglitz. – In: Goethe in Korbach. Autographen im Archiv der Alten Landesschule und ihr Umfeld, hrsg. v. Hans-Rudolf Ruppel. Korbach 1990, S. 28. Allenfalls ist hervorzuheben, daß sich Stieglitz' Burschenschaftspathos in der Freiheitsrhetorik seiner Griechen-Lyrik in „Bilder des Orients" (1831–1833) fortschrieb. Selbst darauf bezogen betonte Stieglitz z.B.: „In der letzten Partie dieses Bandes ‚Türken und Griechen' weiß ich mich frei von jenen ultraliberalen Tendenzen der Zeit, die wie aller Jacobinismus tief in der Seele mir zuwider sind [...]". Vgl. Heinrich Stieglitz an Karl Winkler, Berlin, 10. Dezember 1831 (Handschrift). – In: The Historical Society of Pennsylvania. Philadelphia/Pennsylvania. Gratz Collection.

93 Vgl. Ian Donaldson: The Rapes of Lucretia. A Myth and its Transformation. Oxford 1982. Pia Holenstein Weidmann: Passionierte Tugend: Lukrezia. – In: Deutsche Vierteljahrsschrift für Literaturwissenschaft und Geistesgeschichte 68. 1994, S. 1ff.

94 Vgl. Olaf Briese: Von der Unmöglichkeit, Held zu sein. Das Lucretia-Motiv im Vormärz. – In: Weimarer Beiträge. Zeitschrift für Literaturwissenschaft und Ästhetik 38. 1992, S. 407ff.

95 Heinrich Heine: Ueber die französische Bühne. Vertraute Briefe an August Lewald (1837). – In: DHA XII/I, 484.

96 Gutzkow: Wally, die Zweiflerin [Anm. 72], S. 39f.

97 Theodor Mundt an Charlotte Stieglitz, 26. Oktober 1834. – In: Houben [Anm. 27], S. 437.

98 Vgl. [Eduard Duller]: Rez. zu: [Mundt]: Charlotte Stieglitz. – In: Phönix. Frühlings-Zeitung für Deutschland. Literatur-Blatt Nr. 40, 10. Oktober 1835, S. 960.

99 [Mundt] [Anm. 1], S. 312.

100 Vgl. Jörg Traeger: Der Tod des Marat. Revolution des Menschenbildes. München 1986; Arnd Beise: Charlotte Corday. Karriere einer Attentäterin. Marburg 1992, S. 95ff; Beate Greisler: Charlotte Corday – Die Mörderin des Jean Paul Marat. Ein literarischer Diskurs über die Furcht. Bielefeld 1992, S. 39ff.

101 [Christine Westphalen]: Charlotte Corday. Tragödie in fünf Akten. Mit Chören. Hamburg 1804, S. 226. Zu diesem Stück vgl. Inge Stephan: „Die erhabne Männin Corday". Christine Westphalens Drama „Charlotte Corday" und der Corday-Kult am Ende des 18. Jahrhunderts. – In: Sie, und nicht Wir. Die Französische Revolution und ihre Wirkung auf Norddeutschland und das Reich, hrsg. v. Arno Herzig/Inge Stephan/Hans G. Winter. Hamburg 1989, Bd. I, S. 177ff; dies.: Gewalt, Eros und Tod. Metamorphosen der Charlotte Corday-Figur vom 18. Jahrhundert bis in die Gegenwart. – In: Die „Marsellaise der Weiber." Frauen, die Französische Revolution und ihre Rezeption. Hrsg. v. Inge Stephan/Sigrid Weigel. Hamburg 1989, S. 128ff.

102 Friedrich Schiller: Die Jungfrau von Orleans. Eine romantische Tragödie (1802). – In: Gerhard Fricke/Herbert G. Göpfert (Hrsg.): Sämtliche Werke. München 1981, Bd. II, S. 810.

103 Vgl. Wulf Wülfing/Karin Bruns/ Rolf Parr: Historische Mythologie der Deutschen 1789–1918. München 1991, S. 76ff.

104 Zacharias Werner: Werner's Klagen um seine Königin Louisa von Preußen (1810), zit. nach: ebd., S. 86.

105 Vgl. Heinrich Stieglitz: Der Harfner. – In: ders.: Stimmen der Zeit in Liedern. Leipzig ²1834, S. 80.

106 Vgl. Marek Jaroszewski: Der polnische Novemberaufstand von 1830/31 in der europäischen Lyrik. – In: Parallelen und Kontraste. Studien zu literarischen Wechselbeziehungen in Europa zwischen 1750 und 1850, hrsg. v. Hans-Dietrich Dahnke u.a. Berlin/Weimar 1983, S. 327. – Zu denken wäre auch an Prosa-Variationen wie: G.F. Bronikowski: Franziska, das Polnische Heldenmädchen. Ein historischer Roman aus den neuesten Zeiten der Revolution. Celle 1831, 2 Bde.; [Anonym]: Die Gräfin als Amazone oder Wahrheit und Dichtung aus

dem letzten Polenkriege. Ilmenau 1831; F[ranz] Th[eodor] Wangenheim: Die Polinn. Braunschweig 1833. Bd. 2: Ostrolenka.
107 Vgl. Moritz Gottlieb Saphir: Der Autokrat, die Kurländer Juden und die Cholera [1831]. – In: ders.: Ausgewählte Schriften. Brünn/Wien/Leipzig [81863], 2. Serie, Bd. II, S. 109ff. – Zu diesem Motiv insgesamt: Florian Krobb: Die schöne Jüdin. Jüdische Frauengestalten in der deutschsprachigen Erzählliteratur vom 17. Jahrhundert bis zum Ersten Weltkrieg. Tübingen 1993; „Der schejne Jid". Das Bild des „jüdischen Körpers" in Mythos und Ritual, hrsg. v. Sander L. Gilman/Robert Jütte/Gabriele Kohlbauer-Fritz. Wien 1998.
108 J. van der Hall [Wilhelmine Gersdorf]: Die Jüdin. Meißen 1830, Bd. II, S. 141.
109 Gustav Kühne: Eine Quarantäne im Irrenhause. Novelle aus den Papieren eines Mondsteiners. Leipzig 1835, S. 298f., 302f.
110 Vgl. [Mundt] [Anm. 1], S. 2.
111 Vgl. [Rosenkranz] [Anm. 9], S. 482; [Anonym]: Art.: Stieglitz, Heinrich. – In: Conversations-Lexikon [Anm. 9], S. 1312.
112 Vgl. Ledanff [Anm. 41], S. 175, 190.

Louise Dittmar (1807–1884)

„Die Freiheit des Geistes"

Manuela Köppe, Berlin

„Sie werden staunen, wie diese Dame unsre Philosophen und Theologen durch die Freiheit ihres Geistes beschämt".[1] Der Satz, ausgesprochen von keinem geringeren als Ludwig Feuerbach, macht neugierig und läßt fragen: Wer war Louise Dittmar und welche Beziehung hatte sie zu Feuerbach?[2] Noch bis in die späten 1980er Jahre hieß es etwa bei Renate Möhrmann, daß zu Louise Dittmar „von der wir einige der kritischsten frauenemanzipatorischen Schriften besitzen [...] trotz intensiver Zusammenarbeit mit den diesbezüglich in Frage kommenden Bibliotheken kein biographisches Material zu ermitteln" sei.[3] Erfreulicherweise hat sich dies im zurückliegenden Jahrzehnt geändert und auf die zuerst von Renate Möhrmann geleistete Arbeit konnten Weiland (1983), Boetcher Joeres (1989), Klausmann (1989) sowie Käfer-Dittmar (1991, 1992) aufbauen.[4] Ihre Recherchen und neue Quellen erschließende Schriften dieser Autorinnen zeigten bereits, daß auch über Louise Dittmar durchaus einiges – wenn auch noch immer nicht vollständiges – biographisches wie auch werkgeschichtliches Material ermittelt werden konnte.[5] Darüber hinaus begannen in der Folge weitere Forschungen, die halfen, Louise Dittmars Lebenslauf und ihren philosophischen wie frauenpolitischen Werdegang – wenigstens in Umrissen oder ersten Annäherungen – zu rekonstruieren. So bemerkte beispielsweise Irina Hundt in ihrem Aufsatz über den Zusammenhang von Junghegelianismus und Frauenbewegung, daß Louise Dittmar „bei der Anwendung feuerbachscher Ideen für die Frauenrechtsproblematik in den letzten Jahren des Vormärz eine zentrale Rolle gespielt zu haben" scheint, und fordert ihre Leser auf, weitere Forschungen – anknüpfend an die bereits vorhandenen – vorzunehmen.[6]

Wer also war diese von Weiland „erste feministische Philosophin"[7] genannte Frau und weshalb nannte sie Feuerbach, mit dessen Philosophie sich Louise besonders intensiv beschäftigte, im Revolutionsjahr 1848 eine Frau, die mehr Logik im Kopfe habe und Mut im Leibe, als manch einer der Professoren und Abgeordneten der Frankfurter Nationalversammlung?[8] Der vorliegende Aufsatz versucht, dazu einen kleinen Beitrag zu leisten, indem er das Verhältnis von Louise Dittmar zu Ludwig Feuerbach anhand ihrer 1993 erstmals veröffentlichten Korrespondenz[9] und einiger ausgewählter Schriften untersucht.

Johanna Friederike Louise Dittmar wurde am 7. September 1807 in Darmstadt geboren und verstarb am 11. Juli 1884 in Bessungen, einem Dorf in der Nähe Darmstadts, wohin sie vier Jahre zuvor – zu ihren Nichten Louise und Mathilde von Diemar, den Töchtern ihrer einzigen Schwester – gezogen war.[10] Sie war das siebente von insgesamt zehn Kindern. Ihr Vater Heinrich Karl Dittmar, aus bescheidenen Verhältnissen stammend, war zunächst als Landgräflicher Rechnungs-Justifikator tätig, hatte sich dann aber zum Oberfinanzrat am großherzoglichen Hof in Darmstadt hochgearbeitet, wodurch die Familie zur gehobenen Schicht des Bürgertums vorstieß. Die Mutter, Friederike Caroline Hegar, kam aus einer Beamtenfamilie und wurde 1781 geboren.

Als Louise Dittmars Eltern 1839 und 1840 verstarben, mußte sich die nun 33jährige nach einer eigenen Erwerbsquelle umsehen. Geprägt vom familiären Milieu, besonders von der demokratischen Einstellung ihres Vaters, sicher aber auch durch ihren jüngeren Bruder Hermann – der sich gemeinsam mit Georg Büchner in den 1830er Jahren in der demokratischen Gießener Oppositionsbewegung betätigt hatte und wegen Beteiligung an den Vorbereitungen zum Sturm auf die Frankfurter Hauptwache 1833 außer Landes gehen mußte – wuchs ihr Interesse an politischen, vor allem aber sozialen und frauenrechtlichen Fragestellungen zunehmend. Als dann ihr älterer Bruder Anton eine Tochter des damals bekannten Darmstädter Verlegers Carl Wilhelm Leske heiratete, war der Zugang zum wichtigsten Wirkungsmedium der Zeit prinzipiell geebnet. Dies um so mehr, als Anfang 1846 Leskes Sohn – Friedrich Julius Leske, der selbst eine buchhändlerische Ausbildung absolviert hatte – das väterliche Geschäft übernommen hatte und schon bald nach neuen zeitkritischen Autoren und Autorinnen suchte. Bereits 1845 gehörte Louise Dittmar zu ihnen. Leske, der Kontakte zu fortschrittlichen demokratischen Kräften pflegte, öffnete sein Verlagshaus auch den politisch aufgeschlossenen Kreisen Darmstadts. In diesem Umfeld wird Louise Dittmar vielfältigte Hinweise und Anregungen erfahren haben. Sie hatte ihre journalistische Tätigkeit 1845 zunächst mit anonymen Veröffentlichungen begann, die sie wohl bis 1849 fortsetzte, als sie eine von ihr redigierte Zeitschrift, die „Soziale Reform“, ins Leben rief.[11]

In der Literatur ist mehrfach darauf verwiesen worden, daß Louise Dittmar in vielen ihrer Arbeiten auf die Philosophie Feuerbachs zurückkommt.[12] Es scheint jedoch bisher weniger bekannt zu sein, daß beide spätestens seit 1848 miteinander korrespondierten und sich auch persönlich kannten. Obwohl nicht alle Korrespondenzen aus jener Zeit erhalten geblieben sind, zeigen die zwei überlieferten Briefe vom 25. August und 11. Oktober 1848 doch zweifelsfrei, welche große Verehrung Louise Dittmar für Feuerbach hegte, was sich auch in ihren Werken widerspiegelt. Aber auch Feuerbach sprach, wie bereits zitiert, mit größter Hochachtung von ihr.

Die entsprechende geistige Orientierung und den Zugang zu Philosophie und Religionsphilosophie wird sich Louise Dittmar nicht zuletzt in ihrem Elternhaus, vor allem über die Bibliothek ihres Vaters, verschafft haben. Dort standen beispielsweise Werke Spinozas, von denen Boetcher Joeres einschätzt, daß sie einen „Wendepunkt“ im Leben Louise Dittmars darstellten:

> The turning point in her life is the discovery of a Latin text by Spinoza in her father's library; she reads it, is converted to its philosophy, and is soon viewed as a lost creature.[13]

Ob sie nach diesem Studium Spinozas bereits zu Feuerbachs 1833 erschienener geschichtsphilosophischer Arbeit über diesen Philosophen gegriffen hat, läßt sich heute nicht mehr mit Sicherheit sagen. Es ist jedoch nicht ausgeschlossen, daß Louise Dittmar – und sei es auch nur zu ihrem eigenen Verständnis – Feuerbachs Darstellung der Philosophie Spinozas bereits zur damaligen Zeit zur Kenntnis nahm. Ohne Zweifel intensivierte sich jedoch in den darauffolgenden Jahren die Beschäftigung und Auseinandersetzung mit Feuerbachs Philosophie. Louise Dittmar hatte bereits ihre ersten Werke wie die anonym erschienenen „Bekannten Geheimnisse" (1845), „Skizzen und Briefe aus der Gegenwart" (1845), „Der Mensch und sein Gott in und außer dem Christentum" (1846) und „Lessing und Feuerbach" (1847) sowie die erstmals unter ihrem Namen herausgegebenen „Vier Zeitfragen" (1847) veröffentlicht, als sie zu dem Philosophen selbst Kontakt knüpfte.

Über das Kennenlernen beider ist wenig bekannt. Fest steht jedoch, daß Louise Dittmar 1848 mit ihm in Verbindung trat, als Feuerbach in Frankfurt a. M. „an allen – sowohl politischen als unpolitischen – Bewegungen und Verhandlungen" teilnahm, an denen er, wie er selbst äußerte „nur als kritischer Zuschauer und Zuhörer" beteiligt war.[14]. Sie, die sich als engagierte Frau bereits einen Namen gemacht hatte, plante zu jener Zeit ein der „Bildung des weiblichen Geschlechts" verpflichtetes Volksblatt herauszugeben und machte Feuerbach frühzeitig mit ihren diesbezüglichen Plänen bekannt. Im Juni 1848 überreichte sie ihm das handschriftlich ausgearbeitete Programm für diese Zeitschrift, worauf sich Feuerbach sogleich an seinen langjährigen Verleger Otto Wigand in Leipzig wandte:

> Noch etwas: Fräulein Dittmar in Darmstadt, die Verfasserin der Schrift: „Der Mensch und sein Gott", ferner der Schrift „Feuerbach und Lessing" will ein der Bildung des weiblichen Geschlechts gewidmetes Blatt herausgeben. Hätten Sie Lust den Accoucheur zu machen? Das Nähere sollen Sie erfahren, wenn Sie zu einem solchen Unternehmen überhaupt Lust haben.[15]

Acht Tage später, Feuerbach hatte noch immer keine Antwort aus Leipzig erhalten, erging an Wigand die erneute Bitte:

> Wenn Sie die Dittmar kennenlernen wollen, so lesen Sie doch ihre Schriften: „Der Mensch und s[ein] Gott in und außer dem Christentum" und „Lessing und Feuerbach", eine Schrift, die ich selbst erst vor kurzem gelesen, die mir aber sehr wohl gefallen hat. Sie ist eine mehr kritische als produktive, mehr reflektierende als poetische Natur. Sie hat keinen glänzenden, aber einen denkenden Geist. Sie zeichnet sich aber wohl von allen andern selbst schriftstellerischen Frauen dadurch aus, daß keine so gründlich das Wesen des Christent[ums] und der Religion überhaupt durchschaut. Lesen Sie

fordert Feuerbach Wigand abermals auf

> wie sie, zwar auf Grund meiner Gedanken, doch eigentümlich und selbständig, die Widersprüche in Lessings Schrift über die Erziehung des Menschengeschlechts aufdeckt, und Sie werden staunen, wie diese Dame unsre Philosophen und Theologen durch die Freiheit ihres Geistes beschämt.[16]

Während Feuerbach mit Wigand verhandelte, richtete Louise Dittmar einen Hilferuf an Karl Theodor Bayrhoffer:

Darmstadt 6ter Juli 1848

Geehrter Herr!

Ihre freundliche Zustimmung berechtigt mich wohl zu einer neuen Bitte in meiner Angelegenheit. Leske hält mich nun schon seit mehreren Monaten mit dem Erscheinen der projektierten Zeitschrift hin. Er ist überdies durch die „Neue deutsche Zeitung" sehr in Anspruch genommen, u[nd] ich glaube das allgemeine Übel, die wankende materielle Basis ist der Grund seiner Zögerung. Ich kann aber weder ohne Entschädigung die Sache betreiben, noch mag ich länger warten, gerade jetzt glaube ich etwas leisten zu können. Ich denke daher es ist das beste ich schicke das Programm sammt einem Begleitungsschreiben mit namhaften Unterschriften, an mehrere geeignete Buchhändler, (von welchem Sie mir vielleicht einige bezeichnen können?) Dürfte ich Sie nun ersuchen etwa Nachfolgendes zu unterzeichen u[nd] an mehrere namhafte Personen in Fr[an]k[furt am Main] mit der gleichen Bitte zu *alsbaldiger* Unterzeichnung zu schreiben? z.B. an R. Blum (den ich kenne), *Feuerbach,* Ronge, Zitz, Vogt u.s.w. Sie dürfen doch auch wohl im Namen derer mitunterschreiben, deren Zustimmung Sie versichert sind, wie von Fröbel, Ludolph u[nd] A[nderen]. – Sie wissen wohl daß es, namentlich jetzt, der Empfehlung bei einem Buchhändler bedarf.

Wollen Sie gefälligst das auf der folgenden Seite bemerkte nach Gutdünken ändern u[nd] zur schnellen Betreibung der Sache Jemand für mich nehmen der es herausträgt. Auslagen für mich werden Sie jederzeit bei Andrés auf der Zeit zurückerhalten. In der Hoffnung Sie nächsten Sonntag bei der hies[igen] Volksversammlung zu sehn u[nd] vielleicht dann schon Ihre Antwort zu erhalten

ergebenst
L. Dittmar.

Das von Fr[au] L. Dittmar projektierte Unternehmen: Die Gründung einer Zeitschrift für gesellsch[aftliche] Interessen insbesondere für Frauen – halten die Unterzeichneten für ein sehr zeitgemäßes, sowie die Herausgeberin selbst, die sich durch viele Schriften, als dem entschiednen Fortschritt huldigend, bewiesen – für durchaus geeignet einem solchen Blatt Einfluß u[nd] Wirksamkeit zu verschafften. Auch werden wir, die Unterzeichneten, uns bemühn diese Zeitschrift in unsern Kreisen zu empfehlen, falls dieselbe wie wir nicht zweifeln, unsern Erwartungen entspricht.

Beifolgend das *Programm* u[nd] mein Artikel über *Ronge,* den ich vorig[e] Woche schrieb, als ich die vielen Verleumdungen hörte, die man hier gegen ihn auszustreuen sucht. Wollen Sie ihn an ein geeignetes Blatt schicken, wo er gehörig verbreitet wird, wo nicht, bitte ich ihn zurück, um ihn in das hiesige Volksblatt zu geben.

L. D.[17]

Da, wie aus dieser Korrespondenz hervorgeht, der Darmstädter Verleger Leske nicht gewonnen werden konnte, reiste Louise Dittmar nach Offenbach, wo sie am 22. August 1848 eintraf. Wenige Tage danach deutet sie gegenüber Feuerbach in ihrem Schreiben vom 25. August 1848 an, wie wohltuend ihr seine zwei Briefe, die er ihr noch nach Darmstadt geschickt hatte,[18] getan haben:

Ihre freundliche Anerkennung war mir eine um so größere Genugtuung, als ich mich in letzterer Zeit wieder recht gelähmt und gehemmt fühlte. Ihr Brief machte mir den Eindruck, als ob Sie mir sagen wollten: „Schmettern Sie mit einem Blick der Verachtung die kleinen Seelen zu Boden, die Ihr Streben nicht begreifen, weil es sich nicht mit dem Maßstabe der Erbärmlichkeit messen läßt." Eine Anerkennung entschädigt oft reichlich für unzählige mißliebige Majoritätsgutachten.[19]

Im gleichen Brief findet ein geradezu schwärmerisches Gedicht Erwähnung, das sie Feuerbach gewidmet hatte. Nachdem sie die letzten Zeilen zu Papier gebracht hatte, übersandte sie dieses Gedicht, das politische Akzente trägt, im großen und ganzen jedoch sehr allgemein gehalten ist und ihre freigeistigen Anschauungen verdeutlicht, handschriftlich an Feuerbach. Ob Louise Dittmar an dem Text noch Veränderungen vornahm, läßt sich heute, da es dem Brief nicht beilag, nicht mehr nachvollziehen. Gesichert ist jedoch, daß sie im Sommer 1848 noch „keine passende Art der Erscheinung" wußte. Zunächst wollte sie es in der „Reform"[20], einer von Arnold Ruge und Heinrich Bernhard Oppenheim redigierten Leipziger Zeitschrift unterbringen. Im gleichen Jahr jedoch konnte sie es dann selbst in ihr schmales Bändchen „Wühlerische Gedichte eines Wahrhaftigen" aufnehmen, in dem es folgenden Wortlaut trägt:[21]

An Ludwig Feuerbach.

Dem Titanen reicht die Palme, der gestürzt den Urtyrann,
Der das Nachtgespenst entlarvte, den despot'schen Götterwahn,
Der befreit von geist'ger Knechtschaft, von dem Gott *Autorität,*
Und gebahnt den Weg zum „Höchsten", zu der „Freiheit Majestät".
Nimmer konnt' der Geist erstarken bei dem finsteren Despot,
Bei des Himmelreichs Diktator, der nur fordert, straft und droht.
Denn die „Furcht", die ihn erschaffen, theilt die Welt in „Herr und Knecht",
Und es trägt das Sklavenbrandmal jedes freie Lebensrecht:
„Nicht auf Erden, nur im Himmel lebet was man lobt und preist:
Dort herrscht Freiheit, Recht und Güte, herrscht die Wahrheit, herrscht – der Geist",
Jener Geist, der uns hier unten Schutz und Wehr in allen Gau'n,
Uns're beste Volksbewaffnung: Selbstgefühl und Selbstvertraun'n.
Freiheit! rauscht's in allen Landen, die Lawine wälzt sich fort,
Doch nicht aufbau'n kann die Freiheit, bis zerstört das leere „Wort".
Gotteswort ist Glaube, Hoffnung, es verheißt die Frucht der Saat,
Doch von Anfang bis zu Ende, ist der Sämann nur die „That".
Doch es ward der kühne Genius stets verfolget und verkannt,
Immer siegte nur das „Halbe", durch der Halbheit Unverstand.
Sokrates starb für die Freiheit, für die „Gottheit der Natur",
Denn die Athenienser-Freiheit fand nur halb der Wahrheit Spur.
Christus nennt der Christ „Erlöser", wenig trug der Christ Gewinn,
Denn des Christen Halbheit schmähte seiner Lehre tiefen Sinn.
Teufel nannte er die „Uebel", die der „Armuth Last erschwer'n".
Doch die Reichen wie die Reiche von der Armuth teuflisch zehr'n.
Nur Ein Volk – das altgerman'sche – früh den „Geist der Wahrheit" fand,
In dem eig'nen „Selbst" verwahrt es seiner Freiheit Unterpfand;
Folgt dem Trieb des „Gleichgewichtes", Einer gleich dem Andern galt,

Es verband dem „Willensrechte" auch die „Macht" und die „Gewalt".
Da nur Jedem Recht kann werden, wo der „Mensch" sitzt zu Gericht,
Wo „Gesinnung" wählt den Richter, und das „Herz" das Urtheil spricht;
Wo den Kühnsten man als Ersten in des Kampfes Reih'n begehrt,
Und im Fürsten nur den Löwen: Edelmuth und Kraft verehrt.
Deutsches Volk! das aller Völker Recht und Sitten wohl erwog,
Und aus Allem, gleich der Biene, nur die Honigsäfte sog,
Das in Kunst und Wissenschaften, in Geschichte, Recht und Staat,
Das in Gott und Welt vertiefet, und nur Eins vergaß – die „That";
Deine Lehrzeit ist vorüber, und das Volk zur That gereift;
Nicht im Himmel suchst du Leben, Freiheit nicht in's „Jenseits" schweift.
Nach dem „Höchsten" nun zu ringen, kämpfen um den ersten Preis
Wird das Volk, das nach dem „Wahren" forscht' im Erd- und Himmelskreis.
Ja die Lehrzeit ist vorüber und des Volkes Stimm' erklang;
Doch kaum hat die That „gesprochen", als die Halbheit sie umschlang;
Pharisäerfreiheitskünstler, die den Thurm zu Babylon
Auszubau'n, mit neuen Stützen reich verseh'n Altar und Thron;
Krämerfreiheitsrechtserwäger, „stets vom Halben halb erfaßt",
Nur den alten Gott vertauschen gegen den der heute paßt:
Gestern, war's der „Polizeistaat", heute ist es die „Nation",
Immer bleibt's in der Verwandtschaft, stirbt der Vater, herrscht der Sohn;
Schweigt der Vetter, schwatzt die Base, allzeit gilt's der Dynastie,
Gott und seinen Reichsverweser: Charlatansdiplomatie.
Doch zersprengen muß die Schale und die Kraft wächst Schlag um Schlag,
Bis der inn're „Kern der Wahrheit" tritt hervor zum lichten Tag.
Fällt der Wechselbalg, die „Halbheit", Bastard der Autorität:
Fallen die papier'nen Götter, fällt der Strohmann Majestät;
Fällt des Vorurtheiles Knechtung, ist das Volk befreit vom „Herrn",
Wissenschaft von Zucht und Zünften, und die Kunst folgt ihrem Stern;
Stürzt der „Judas aller Zeiten": das „Verräther-Gold" vergeht,
Und der echte Stein der Weisen: lautrer „Menschenwerth! ersteht:
Und die Menschheit ist erstanden, sie verläßt der „Thierheit" Spur,
Einet sich dem „höchsten Wesen": folgt der *Freiheit der Natur.*

Dieses Gedicht, so berichtete Louise Dittmar voller Stolz Feuerbach, habe „sogar bei einigen Theologen Anklang gefunden, die freilich zuvor etwas in meiner Schule[22] waren". „Nur wurde mir", bemerkte sie weiter, „einstimmig die Bemerkung gemacht, daß es sich zuwenig an die Überschrift wende, ein Vorwurf, der mir ungegründet scheint, indem ja das Ganze nur Konsequenzen Ihrer Lehre sind."[23]

Louise Dittmar kam im selben Brief an Feuerbach auch nochmals auf ihr Zeitungsprojekt zurück. Offenbar war sie im Sommer 1848 gerade deshalb nach Offenbach gereist, weil sie hier den Verleger Gustav André, der sie bisher unter anderem bei der Herausgabe ihrer Schriften „Lessing und Feuerbach" und den „Vier Zeitfragen" unterstützt hatte, gewinnen wollte. Wenn sie jedoch gegenüber Feuerbach mit Besorgnis andeutete, sie befürchte, „keinen geeigneten Verleger" für ihr geplantes Periodikum zu finden, so deutet dies wohl auch auf einen mißglückten Versuch bei André hin.

Was Louise Dittmar jedoch nicht wissen konnte, war, daß sich Feuerbach bereits bei seinem Verleger in Leipzig für ihre Zeitschrift eingesetzt hatte. Da Wigand sich jedoch auch bis Anfang Oktober 1848 noch immer nicht festgelegt hatte, wendet sich Feuerbach erneut eindringlich an ihn:

> Sie schimpfen über andere, und Sie sind selbst keinen Schuß Pulver wert; Sie werfen andern Faulheit vor, und Sie selbst tun nichts, wenigstens nichts Erhebliches, nichts Gescheutes; Sie schreiben Briefe nach Noten, aber sie sind nur Winde, sie enthalten nie eine bestimmte Antwort auf das, worüber man Sie fragt. So lassen Sie nichts hören von dem Projekt od[er] Anerbieten des Fräulein Dittmar, die mehr Logik im Kopfe und Mut im Leibe hat als die Majorität unserer Professoren und Nationalvertreter, so lassen Sie nichts sehen von Ihrer neuen Zeit[ung], und doch verlangen Sie, daß man in und für sie arbeitet.[24]

Ein viertel Jahr später, im Januar 1849, verließ dann doch die erste Nummer unter dem Titel: „Die soziale Reform. Eine Zeitschrift für Frauen und Männer" die Druckerpresse im Leipziger Verlagshaus von Otto Wigand. An Bayrhoffer, dem sie ein Exemplar schickte, schrieb sie wenig später über ihr erstes Heft und ihre weiteren Pläne:

> Darmstadt, 9. Febr[uar] [18]49
>
> Verehrter Freund!
>
> Beifolgend erhalten sie das 1. Heft der „Sozialen Reform" nicht mit der Zumuthung es zu lesen, nur mit der Bitte es im Interesse der Sache möglichst zu verbreiten. Ich glaube dieses Amendement bei Ihnen nicht weiter unterstützen zu müssen. Leider entspricht dieses erste Heft durchaus nicht meinen eignen Anforderungen; es enthält meist früher geschriebene Artikel u[nd] einige in der Eile hinzugefügte Bemerkungen, dadurch etwas aphoristisch u[nd] abstrakt. Das 2. [Heft] wird hoffentlich dem Zweck besser entsprechen. Ich sende Ihnen 3 Ex[emplare] u[nd] zwar nach Marburg wo ich Ihre Frau vermuthe, von deren gütiger Theilnahme ich voraussetze[,] daß sie die Ex[emplare] zirkulieren läßt, – in dem wählerischen Marburg.
>
> Frau Adv. Blöde und Louise Otto schreiben mir, daß sie in Dresden einen demokrat[ischen] Frauenverein zu gründen suchen. Ist nur einmal ein Anfang gemacht, dann geht es rasch. Das Drängende der Verhältnisse öffnet den Menschen das Hirn. Die Dummheit hat den Culminationspunkt erreicht, jetzt geht es unaufhaltsam vorwärts, denn es geht bergab. Nicht unmöglich wäre es[,] daß Frankreich wieder zur Monarchie wird, es wäre nicht dümmer als L. Napoleon. Das gäbe das Signal zum zweiten Akt u[nd] von Frankreich erwarten wir doch immer den Anstoß. Indeß da die Geschichte gespielt ist halte ich dieses Zwischenspiel für durchaus notwendig, die sozialen Ideen, die inneren Triebe der Revolution waren im deutschen Volk noch völlig unbekannt, nur durch Ineinandergreifen von Theorie u[nd] Praxis konnten sich beide erkennen, die natürlichen u[nd] sittlichen Anforderungen gegeneinander austauschen. – Sobald es die pecuniären u[nd] politischen Verhältnisse nur einigermaßen erlauben, gedenke ich nach Paris zu gehen oder in eine Stadt wo die Vernunft nicht in einer allzuschwachen Minorität ist. Meine ideelle Lebensanschauung wird zwar dadurch nicht gestört allein ich erhalte hier keine richtige Ansicht dessen was man dem Publikum im Allgemeinen bieten kann. Von hier aus gegen die Staatsehe anzukämpfen ist lebensgefährlich, aber es wird doch im nächsten Heft geschehen. Wären nur die Gleichgesinnten nicht so getrennt!

Ich lasse mich Ihrer Frau nicht durch Sie empfehlen da ich vermuthe, daß sie diesen Brief von Ihnen erhält.

Ergebenst
L. Dittmar[25]

Dittmars Projekt war jedoch nur von kurzer Dauer, was sicher nicht zuletzt auf den tragischen Ausgang der Revolution von 1848/49 und die danach eintretende tiefe Orientierungskrise zurückzuführen ist. Die Zeitschrift kam gerade vier Monate, von Januar bis April 1849, heraus. Den Titel wird Louise Dittmar bewußt gewählt haben: Vielleicht sollte ihre „Soziale Reform" von 1849 die Fortsetzung der 1848 erschienenen „Reform" Arnold Ruges sein, den sie ebenfalls persönlich kannte. Wert legte sie jedenfalls bei ihrem Projekt darauf, eine Zeitschrift für gesellschaftliche Interessen zu gründen, die nicht nur das männliche Geschlecht, sondern insbesondere auch Frauen ansprach. Bei der Verwirklichung ihres Planes erfuhr sie neben Feuerbach, Bayrhoffer und anderen ebenso von Julius Fröbel Unterstützung.[26] Fröbel, der einen der einflußreichsten deutschsprachigen Verlage für demokratische und frühsozialistische Werke, das „Literarische Comptoir" geleitet und zeitweise auch den „Schweizerischen Republikaner" redigiert hatte, verfügte mit Sicherheit über besondere Erfahrungen hinsichtlich der Herausgabe einer Zeitschrift, die er an Louise Dittmar weitergeben konnte. Zur Zeit der Revolution 1848 wurde Fröbel als erstes Mitglied des „Zentralausschusses der Demokraten Deutschlands" gewählt und trat am 6. Oktober als Abgeordneter in die Frankfurter Nationalversammlung ein, wo er sich der äußersten Linken anschloß. Wie intensiv sich die Zusammenarbeit mit Fröbel entwickelte, beweist auch die Tatsache, daß Louise Dittmar später ein gekürztes Kapitel aus Fröbels „System der socialen Politik" in ihrer Zeitschrift „Soziale Reform" einarbeitete.[27]

So zeitgemäß Louise Dittmar das Zeitschriftenprojekt im Sommer 1848 hielt, äußerte sie jedoch auch den Gedanken, daß „mündliche Vorträge [...] gewiß von Erfolg" wären, wie sie bereits aus eigenen Erfahrungen in Mannheim und Mainz wußte. Sie trug sich mit dem Gedanken, in Wien[28] oder Berlin zu lesen, denn, so schrieb sie im August 1848 an Feuerbach:

> Unsre Zeit bedarf mehr als je einer *gründlichen* Entwicklung der Lebensfragen, tiefer eingehend als in den jetzigen Volksversammlungen geschieht, die eigentlich nur für diejenigen sind, welche bereits zur radikalen Partei gehören.[29]

Eine „Lieblingsidee" waren ihr, solche Volksbildungsanstalten entstehen zu lassen, in denen „Psychologie statt Religion gelehrt wird" und in denen „auf populäre Weise alle Wissenschaften, Geschichte, Philosophie der Geschichte [...] zum Gemeingut gemacht werden"[30] sollten. Weiter heißt es:

> Ich sage dies nicht allein in bezug auf mich, ich weiß gar nicht, ob ich meinen eignen Anforderungen entspräche, denn wenn solche Vorträge von Wirkung sein sollten, müßten sie überführend und von Grund aus reformierend sein, eine Art Akademie – in ungebundnen Heften.[31]

Wenig später dann, am 11. Oktober 1848, bat Louise Dittmar Feuerbach – der sich zu dieser Zeit über Darmstadt nach Heidelberg begeben hatte, um seine Vorlesungsreihe über das Wesen der Religion vorzubereiten, die er dann ab dem 1. Dezember zu halten begann – sich abermals für sie einzusetzen. Sie beabsichtige, in Heidelberg populärphilosophische Vorträge über „‚Die Frauen der Zukunft und die Männer der Gegenwart' oder über ein anderes beliebiges Thema" unentgeltlich vorzutragen und fragte Feuerbach, ob er ihr bei der Vermittlung behilflich sein könne:

> Wollten Sie nun mit voller *Unverantwortlichkeit* von Ihrer Seite – allenfalls durch Kapps[32] mir dazu Gelegenheit auswirken lassen, so daß mir Ort, Zeit und mutmaßliches Publikum angegeben würde, wo ich beginnen könnte; (ich meine aber doch jedenfalls Heidelberg). Vielleicht ist dort ein geeigneter Verein oder [eine] Gesellsch[aft] mit passendem Lokal, an den [bzw. an die] sich so etwas anknüpfen ließe. Doch möchte ich wo möglich in keinen solchen mit einer so bestimmten Farbe und Publikum, welches alles andere ausschließt. Ich denke mir selbst mein Publikum zu erwerben. Auch wünsche ich nicht schon [im] voraus „Viel Geschrei und wenig Wolle" aufzuführen und deshalb nur da meinen Namen genannt zu haben, wo es nötig ist.[33]

Ob Feuerbach auch in dieser Angelegenheit für Louise Dittmar etwas erreichen konnte und sie tatsächlich in Heidelberg als Vortragende agierte, ist bisher noch nicht bekannt.

Neben den überlieferten Korrespondenzen mit Feuerbach verrät eine Reihe von Schriften der Dittmar ihre besondere geistige Affinität zu ihm. Insbesondere wird dies in den Schriften „Lessing und Feuerbach, oder Auswahl aus G. E. Lessings theologischen Schriften nebst Originalbeiträgen und Belegstellen aus L. Feuerbachs Wesen des Christenthums" (1847)[34], den „Vier Zeitfragen" (1847) und in der Arbeit „Zur Charakterisierung der nordischen Mythologie im Verhältniß zu anderen Naturreligionen" (1848) deutlich.

In ihrer Schrift „Lessing und Feuerbach" zog Louise Dittmar fünf theologische Schriften Gotthold Ephraim Lessings heran.[35] Im Vorwort legte sie dar, daß Lessing, den sie als einen „der schärfsten Denker und Vorkämpfer für Religionsfreiheit" bezeichnete, mit seinen theologischen Schriften am besten geeignet wäre „den gegenwärtigen Conflikt in Religionsfragen lösen zu helfen", jedoch habe erst Feuerbach den höchsten Ausdruck für die Bekämpfung religiöser Befangenheit gefunden. Mit dem „gegenwärtigen Conflikt" war der Kult gemeint, den die Ausstellung des „Heiligen Rockes" zu Trier hervorrief. Der Trierer Bischof Wilhelm Arnoldi hatte vom 18. August bis zum 6. Oktober 1844 mit dieser Reliquie die Pilger nach Trier gelockt, wozu Louise Dittmar meinte:

> Wenn nun auch dieser Grad von Rechtgläubigkeit höchstens noch bei den Gläubigen des Trierer Rocks zu finden ist, so paßt doch der folgende Ausspruch Lessings's, mit dem er das Testament Johannis schließt, noch vollkommen auf die Gegenwart. Er spricht darin den Orthodoxen geradezu ab, daß sie jenes 'Praktische, die christliche Liebe' im Auge hätten, sondern nur *sich* und daß sie Alle verdammten, die hierin nicht mit ihnen übereinstimmten.[36]

Die Ausstellung des „Heiligen Rocks" rief unter der fortschrittlichen Öffentlichkeit deutschlandweit Proteste hervor. In der weiteren Folge entstand daraus eine Bewegung, die unter dem Namen Deutschkatholizismus bekannt wurde und mit dem schlesischen Kaplan Johannes Ronge verbundenen ist. Ronge hatte sich in einem

Sendschreiben sowohl gegen die Trierer Ausstellung als auch den damit verbundenen Aberglaube und Fanatismus ausgesprochen. In den von Robert Blum in Leipzig redigierten „Sächsischen Vaterlands-Blättern" erschien am 15. Oktober Ronges offener Brief vom 1. Oktober 1844 in dem er Bischof Arnoldi als „Tetzel des 19. Jahrhunderts" verurteilte.[37] Dieses Schreiben gewann seinen Stellenwert auch dadurch, daß Ronge hier noch als katholischer Priester gegen Arnoldi auftrat. Nachdem Ronge sich dann von der katholischen Kirche losgesagt hatte, rief er Anfang Januar 1845 zu einer autonomen, von Rom unabhängigen katholischen Nationalkirche auf und appellierte an die Freiheit und Selbstbestimmung des religiösen Subjekts. Zugunsten einer praktischen Ethik wollte er eine Abkehr von antiquierten Dogmen erreichen.

Innerhalb kürzester Zeit bildeten sich damals auf der einen Seite die ersten deutschkatholischen Gemeinden heraus, und auf protestantischer Seite entstanden die sogenannten „Lichtfreunde". Beide Bewegungen gewannen ungemein an Popularität. Es verwundert also nicht, daß Louise Dittmar gerade zu jener Zeit auf die Religionsphilosophie Feuerbachs zurückgreift, hatte dieser doch vor allem mit seinem „Wesen des Christentums" auch politische Wirkungen erzielt und zur Politisierung des religiösen Bewußtseins beigetragen, auf die er selbst im Vorwort zur 2. Auflage einging.[38] Für Louise Dittmar, die sich besonders für Fragen interessierte, die auf die Hebung des weiblichen Geschlechts, auf Emanzipation und Selbstbestimmung sowie auf das wahre bzw. wirkliche Wesen der Ehe hinzielten, trat seit den Trierer Ereignissen deutlich ins Bewußtsein, welche antiaufklärerische, antidemokratische, ja reaktionäre und dogmatische Macht die zeitgenössische römisch-katholische Kirche als wichtigste geistige Stütze des alten deutschen Reiches ausübte. Nachdem sie Feuerbachs „Wesen des Christentums" zuvor all jenen empfohlen hatte „die sich über das *Wesen* der *Religion* gründlich unterrichten wollen",[39] d.h. darüber, daß der Mensch in der Religion sein eigenes Wesen vergegenständlicht und daher die Religion die „*Entzweiung* des Menschen *mit sich selbst*" sei,[40] fragt sie deshalb in der oben genannten Schrift ebenso aufklärerisch wie religionskritisch, d.h. ganz im Lessingschen und Feuerbachschen Sinne:

> bestehn [denn] *unsre neu erkannten* Wahrheiten nicht grade in dem Gegentheil jener [klerikalen – M.K.] Lehren, in dem Bestreben die Menge auf das *Diesseits* aufmerksam zu machen und *damit* dem „gesunden Menschenverstand auf die Spur zu helfen",[41] auf eine Wahrheit, zu der man weder Wunder noch Weissagungen bedarf, eine Lehre, die den *Menschenverstand gesund* macht, die ihm so natürlich und angemessen ist, daß er sich nur die *alten Lehren hinwegzudenken* braucht, um sie zu begreifen?![42]

Louise Dittmar, die sich bereits im Vorwort zu „Lessing und Feuerbach" ausdrücklich zu Feuerbach bekannt hatte, versuchte in dieser Arbeit ihre eigenen Ansichten „vorzugsweise in dessen Sinn und zum Theil mit dessen Worten"[43] darzulegen. Sie folgte dabei Feuerbachs Gedankengängen, die dieser in seinem „Wesen des Christentums" dargelegt hatte. Für die Ausarbeitung ihrer Schrift „Lessing und Feuerbach" benutzte sie jedoch nachweisbar die zweite, bedeutend vermehrte und um wesentliche Belegstellen erweiterte Auflage, die zwei Jahre nach der ersten Auflage von 1841 erschien und insbesondere deshalb großen Anklang fand, weil Feuerbach diese Auflage

„mit neuen Entwicklungen, Beleuchtungen und historischen Zeugnissen – höchst schlagenden, unwidersprechlichen Zeugnissen – bereichert" hatte.[44] Louise Dittmar muß Feuerbachs Hauptwerk bereits nach Erscheinen intensiv studiert haben und tief beeindruckt gewesen sein. Karl Grün, der erste Herausgeber des Briefwechsels und des Nachlasses von Ludwig Feuerbach, hielt fest:

> Die Wirkung des Buches war geradezu ungeheuer. Die stillen, in sich gekehrten Menschen feierten eine wahre Auferstehung; zahlreiche Frauen und Mädchen dachten dem kühnen Denker nach, und sie vermochten es, weil er mit dem Herzen dachte und mit dem Kopf empfand.[45]

Dieser allgemeinen Begeisterung schloß sich Louise Dittmar an; für sie wird im „Wesen des Christentums" nicht nur „die *Uebereinstimmung des göt[t]lichen und menschlichen* Wesens sehr genau dargethan", sondern „es gibt vielleicht kein Buch, welches die Mängel der Lessing'schen theologischen Schriften klarer zur Anschauung brächte, als das eben bezeichnete."[46] Im Abschnitt „Betrachtungen über die ‚Erziehung des Menschengeschlechts'" weist sie dann folgerichtig an Hand des Offenbarungsglaubens die Schranken Lessings nach. Sie zieht dabei vor allem Feuerbachs Abschnitt „Der Widerspruch in der Offenbarung Gottes" heran, um zu verdeutlichen, daß Lessings Grundirrtum wesentlich in der Annahme bzw. im „*Geltenlassen* eines ‚persönlichen Gottes'" bestehe.[47] Feuerbach selbst hatte in Bezug auf Lessing geschrieben:

> Der Offenbarungsglaube ist ein *kindlicher* Glaube und nur so lange *respektabel*, so lange er *kindlich* ist. […] deshalb hat man die Offenbarung die Erziehung des Menschengeschlechts genannt. Dies ist richtig; nur muß man die Offenbarung nicht außer die Natur des Menschen hinauslegen.[48]

Eine weitere Arbeit Louise Dittmars hat in mehrfacher Hinsicht Bedeutung: Nicht nur, daß sie sich gleich im Vorwort der „Vier Zeitfragen" (1847) erstmals öffentlich zur Verfasserschaft ihrer bisher im Druck erschienenen Schriften bekannte – worunter auch diejenigen waren, die Feuerbach kannte, nämlich „Lessing und Feuerbach" sowie „Der Mensch und sein Gott" – und damit aus ihrer Anonymität heraustrat, sie hatte auch einen Reifeprozeß vollzogen, der mit einem theoretischen Wandel, einer neuen Schwerpunktsetzung verbunden war. So brachte sie einerseits zum Ausdruck, daß sie ihre bisherigen anonym veröffentlichten Schriften „lieber verleugnen" würde, weil sie diese selbst „theilweise für unreife Produkzionen" halte. Über ihren Wandel schreibt sie jedoch nur andeutungsweise:

> Es würde zu weitläufig und zu uninteressant sein, den Entwicklungsgang zu bezeichnen, welcher mich von kindischen, literarischen Spielereien der frühesten Jugend bis zu dem Entschluß brachte, vor einer so zahlreichen Versammlung durch das lebendige Wort zu wirken.

Louise Dittmar drängte es regelrecht in eine „Bahn […] die […] mit Unrecht als eine der Häuslichkeit feindseliche, sogar als eine der weiblichen Bestimmung unangemessene bezeichnet" wurde.[49] Sie selbst sprach davon, daß sie auf ihrem Weg von Zweifeln befallen wurde, daß sie sich manchmal selbst fragte: „Bist du auch deiner gewiß, treibt dich kein irriges Gefühl, keine Eitelkeit; hast du auch den Muth zu Ende zu führen, was du beginnst?" – und doch war es ihre Überzeugung, „daß gerade diese *Wahrheits-*, diese *Gerechtigkeitsliebe* die Quelle des *Gedanken*s ist, der mich *beseelt*."[50]

Inhaltlich geht Louise Dittmar in den „Vier Zeitfragen" auf Fragen der Religion und des religiösen Bewußtseins ein. Sie wendet sich nun aber verstärkt neuen, den praktischen Fragen zu. So schreibt sie hier, daß sie im höchsten Wert der Religion die Garantie für eine bessere Zukunft sieht[51], und die Anlehnung an Feuerbach wird abermals deutlich: Mit seinem „Wesen des Christentums" hatte er sich nicht gegen die Religion schlechthin gewandt, sondern „wohlgemerkt, nur gegen das unmenschliche, nicht gegen das menschliche Wesen der Religion".[52] Für ihn stand fest, „daß die Theologie Anthropologie ist".[53] Warum sich Louise Dittmar neben der sozialen vor allem mit der religiösen Bewegung beschäftigt hatte, obwohl sie in der letzteren einen ihr „durchaus fremden Bereich" betreten habe, wird aus ihrem Bekenntnis deutlich:

> [...] meine Natur besteht im *Widerstand gegen das Unrecht*, nicht in *frommer Duldung* des scheinbar Unvermeidlichen. Und ich glaube nur die *Verkennung* des wahrhaft Religiösen, *dessen* was allen reformatorischen Bestrebungen *zu Grunde lag*, faßt die geistige Unabhängigkeit als irreligiös auf, während doch jede Entwicklung des religiösen Gedankens gar nichts anders als die Freiheit des Geistes, die ewige Entfaltung der Menschheit durch die Befreiung von geistigen Schranken, zur Anschauung gebracht hat.[54]

Als eine der ersten Aufgaben der Zeit sah sie es an, die „geistige Unabhängigkeit vollkommen zu begreifen, den Geist ohne alle Schranken und zugleich die Vernunft als einzige aber unerläßliche Führerin durch das Labyrinth der Empfindungen zu erkennen."[55] Ob Feuerbach Louise Dittmars „Vier Zeitfragen" gekannt hat, die 1847 auf Wunsch vieler Mitglieder des Montags-Vereins herausgegeben wurden und entwicklungsgeschichtlich gesehen nach der Arbeit über „Lessing und Feuerbach" entstanden waren, ist – zumindest aus dem überlieferten Briefwechsel – nicht ersichtlich. Gesichert ist jedoch, daß Louise Dittmar in den Vorstandsmitgliedern des demokratischen Mannheimer Montag-Vereins Karl Scholl und Gustav Struve[56] Verbündete fand, die sich selbst mit Feuerbachs Philosophie beschäftigt hatten und später auch mit ihm in persönlichen Kontakt getreten sind. Vor allem zu Scholl hatte Louise Dittmar eine enge Beziehung. Der 1820 in Karlsruhe geborene Scholl,[57] der sich zunächst dem Studium der Theologie in Tübingen und Heidelberg, dann dem der Philologie zugewandt hatte, bekannte sich Anfang 1845 in einer Predigt offen zu Johannes Ronge und der aufkommenden religiösen Bewegung, weshalb er von seinem Amt suspendiert wurde. Von 1846 bis 1847 war er dann als Prediger in Mannheim tätig und gehörte dem Vorstand des Montag-Vereins an, wo ihn Louise Dittmar spätestens kennenlernte. Scholl war es auch, der ihr mit seinen einleitenden Worten Mut und Kraft für ihren Vortrag gab, den sie am 2. Mai 1847 hielt.[58]

In den „Vier Zeitfragen" warf Louise Dittmar zuerst die Frage auf: Wie verhält sich die Erkenntnis der Gegenwart zu den Moralbegriffen der Vergangenheit? Hier arbeitet sie heraus, daß in der Vergangenheit das menschliche Glück nur *unbewußt* gesucht wurde. Glück müsse aber auf Gerechtigkeit aufgebaut werden, „nicht von der Tugend, nicht von der Liebe, nicht vom Himmel" sei es zu fordern, sondern „von *uns selbst*,

Einer von dem Andern".[59] Als nächstes wandte sie sich der Frage zu: Was ist die Ursache der Unfreiheit und Unsittlichkeit? Hier bemerkt man ihre Beschäftigung mit ökonomischen Fragestellungen:

> Das wachsende Elend soll dich nicht zum Mitleid stimmen, nicht der *Noth* soll die *Liebe* erwachsen; [sondern] das Elend soll Dich nur *wachrufen*.[60]

Damit kam sie bereits zur dritten Frage: „Was bringt uns zum Bewußtsein einer Wahrheit?", die sie beantwortete: „Der *Kontrast*; der in den Zuständen sichtbar gewordne und daher in die Sinne fallende *Gegensatz* lehrt uns die *Wahrheit erkennen*."[61] Von der Französischen Revolution ausgehend, spannte sie den Bogen bis zum Jahre 1847 und fragte: „Was wurde [seitdem] frei? Was wir bisher erreicht haben, ist nur die Befreiung der Idee."[62] Auch bei der Beantwortung der vierten Frage: Wem sind unsre verderblichen Zustände zuzuschreiben und von wem haben wir Hülfe zu erwarten? lenkte sie die Aufmerksamkeit ihrer Hörer auf die gesellschaftlichen Zustände:

> Man beschuldigt die Reichen des Luxus, die Armen der Unsittlichkeit, der Faulheit; die ganze Gesellschaft der Unzufriedenheit, der Neuerungssucht, der Unordnung, der Selbstsucht! Man möchte verzweifeln über solche widersprechende Beschuldigungen; als ob nicht eins aus dem andern folgen *müßte*?! Blicken wir doch endlich einmal tiefer, fassen wir doch die Dinge zusammen; fragen wir doch ernstlich und ohne Vorurtheil den Gang der Geschichte, die Folgerichtigkeit aller Begebenheiten![63]

Hilfe können wir nur *„von uns selbst"* erwarten.[64] Bereits zu diesem Zeitpunkt, am Vorabend der Revolution, hatte Louise Dittmar eine „nahende Lösung" der „grellen Widersprüche" vor Augen.[65] Wenn sie im Anschluß an ihren Vortrag in Mannheim kurz bemerkte:

> Ich betrachte mein heutiges Erscheinen in diesem Kreise, so unbedeutend es auch in diesem Augenblick sein mag, als eine *That*. – Zum Erstenmal spricht eine Frau sich öffentlich über das aus, was sie unter Gewissensfreiheit versteht[66] – nämlich *Selbstbestimmung* –,

so sprach sie damit auch das aus, was Scholl in seinen sonntäglichen Vorträgen in Mannheim und aus dem daraus 1846 erschienenen „Wesen des Deutschkatholizismus oder die Versöhnung des Glaubens und der Wissenschaft" zum Ausdruck gebracht hatte. Daß sich Scholl auch in späteren Jahren mit Feuerbach beschäftigte, läßt sich nicht nur aus seiner Schrift „Dem Andenken Ludwig Feuerbachs" (1873) ersehen, sondern auch aus seiner Bemerkung, daß er seit seiner Berufung 1868 an die Nürnberger Freie Gemeinde wie er selbst sagte „das beneidenswerthe Glück [gehabt habe] in die Nähe des ebenso großen als verkannten Geistes zu kommen, und ihn auch im engen Kreis der Familie, in seinem häuslichen Leben kennen zu lernen".[67]

Auch in einer dritten Arbeit, um ein letztes Beispiel zu nennen, beschäftigte sich Louise Dittmar mit Religionsfragen, wobei sie immer wieder ihr bereits angesprochenes Ziel, die freie Selbstbestimmung des Menschen zu erreichen, aufgreift. So schreibt sie in ihrer Schrift „Zur Charakterisierung der nordischen Mythologie im Verhältniß zu anderen Naturreligionen" (1848), ganz in Anlehnung an Lessings „Nathan der Weise" und im Feuerbachschen Sinne:

> Wenn wir die *wunderbare Uebereinstimmung* der Religionen aller, selbst der verschiedensten Völker gewahren, wenn wir sehn, wie alle nach der Lösung des großen Räthsels forschten, nach dem Zusammenhang von Natur und Geist; wie alle Völker, den scheinbaren Dualismus erfassend, nach einer Lösung dieser Welt voll Widersprüche sich sehnten – dann erkennen wir in ihrem Bilde des *Jenseits* das Abbild ihrer Begriffe vom Diesseits, in welchem sich die Sehnsucht nach Befreiung von scheinbar unlöslichen Gegensätzen offenbart. Alle strebten dabei nach einem einheitlichen Prinzip, nach einem Begriff des Weltorganismus, nach einem *Ideal* für *Zeit* und *Ewigkeit*.[68]

Auch in diesen Worten schimmert wieder der Grundgedanke des „Wesen des Christentums" durch. Denn wenn, wie Feuerbach nachgewiesen hatte, die Religion nur „der Traum des menschlichen Geistes" sei,[69] dürfe sie nicht im Jenseits sondern müsse im Diesseits, „auf der Erde" nämlich, in der Sphäre der historischen Realität „im Reiche der Wirklichkeit"[70] studiert werden. Feuerbach ging davon aus, daß die Vorstellung des Göttlichen selbst ein Produkt aller Geschichte der Menschheit sei. Die Geschichte ist weder eine Willensäußerung Gottes noch Bestandteil seiner Selbstenfaltung, sondern die jeweiligen, ganz konkreten Menschen sind es, die ausgehend von ihrer Selbstwahrnehmung, eine Gottesvorstellung entwickelt haben:

> *Das göttliche Wesen ist nichts andres als* das menschliche Wesen oder besser: *das Wesen des Menschen,* gereinigt, befreit von den Schranken des individuellen Menschen, verobjektiviert, d. h. *angeschaut* und *verehrt,* als *ein andres, von ihm unterschiedenes, eignes Wesen* – alle *Bestimmungen* des göttlichen Wesens sind darum menschliche Bestimmungen.[71]

Feuerbach verdeutlichte, „daß die Religion das Verhalten des Menschen zu seinem eignen Wesen ist", er sich deshalb nicht auf eine jenseitige, auswärtige Sphäre seiner selbst berufen könne, da sie ihn von dem Edelsten entfremde, das er in sich habe. „Die Religion ist die *Entzweiung* des Menschen mit sich selbst: Er setzt sich Gott als ein ihm *entgegengesetztes* Wesen gegenüber."[72] Feuerbach hielt daran fest, „daß auch dieser Gegensatz, dieser Zwiespalt [von Gott und Mensch – M. K.] mit welchem die Religion anhebt, *ein Zwiespalt des Menschen mit seinem eignen Wesen* ist"[73], den es – und darum ging es auch Louise Dittmar – aufzuheben gilt.

Ihr Einsatz für Gerechtigkeit, Anerkennung und Gleichstellung beider Geschlechter, besonders ab Mitte der 1840er Jahre, decken sich mit den Aussagen Feuerbachs aus den späten Jahren. Bereits 1847 in den „Vier Zeitfragen" hatte sie, zunächst auf die Nachstellung und Zurücksetzung des weiblichen Geschlechts eingehend, einer „neuen Entwicklung" entgegengesehen, die zu einer Umgestaltung der Gesellschaft führen werde. Denn

> nicht eher wird die Menschheit einer harmonischen Fortentwicklung fähig werden, [...] bis man *allen Theilen* der Gesellschaft das Recht gestattet, sich *auszusprechen*, bis man auf *alle Forderungen* hört, und *alle* gegen einander *abwägt*![74]

Ludwig Feuerbach, der nicht nur Louise Dittmar – sondern beispielsweise auch Marian Evans und Ottilie Assing – Unterstützung gewährte, sprach sich gegenüber seinem jüngeren Freund Wilhelm Bolin Anfang der 1870er Jahre wie folgt aus:

Ob ich gleich stets die Geschlechtsdifferenz für eine wesentliche, aber nicht nur leibliche, sondern auch geistige gehalten und anerkannt habe, so habe ich doch nie auf eine Inferiorität des weiblichen Geistes geschlossen. Mann und Weib sind nicht nur leiblich, sondern auch geistig unterschieden; aber folgt aus diesem Unterschied Unterordnung, Ausschliessung des Weibes von geistigen und allgemeinen, nicht nur häuslichen Beschäftigungen? – Lassen wir die Frauen nur auch politisiren! Sie werden gewiss eben so gut wie wir Männer Politiker sein, nur Politiker anderer Art, vielleicht selbst besserer Art wie wir. [...] Kurz die Emanzipation des Weibes ist eine Sache und Frage der allgemeinen Gerechtigkeit und Gleichheit, die jetzt die Menschheit anstrebt, eine Bestrebung, deren sie sich rühmt, aber vergeblich, wenn sie davon das Weib ausschliesst.[75]

Anmerkungen

1 Ludwig Feuerbach an Otto Wigand, 16. August 1848. – In: Ludwig Feuerbach: Gesammelte Werke, hrsg. v. der Berlin-Brandenburgischen Akademie der Wissenschaften durch Werner Schuffenhauer. Berlin 1967 (im Folgenden: GW Feuerbach), Bd. 19, S. 178.

2 Bei der Schreibweise des Vornamens geben wir im weiteren Louise an, obwohl sie diesen auf dem Titelblatt einer eigenen Veröffentlichung mit Luise angab. Vgl. Luise Dittmar: Vier Zeitfragen. Beantwortet in einer Versammlung des Mannheimer Montag-Vereins von Luise Dittmar. Offenbach a.M. 1847.

3 Renate Möhrmann (Hrsg.): Frauenemanzipation im deutschen Vormärz. Stuttgart ^{3}1989 (= Universal-Bibliothek Nr. 9903[3]), S. 230.

4 Möhrmann, ebd.; Daniela Weiland: Geschichte der Frauenemanzipation in Deutschland und Österreich. Biographien, Programme, Organisationen. Düsseldorf 1983, S. 71f.; Ruth-Ellen Boetcher Joeres: Spirit in Struggle. The radical vision of Louise Dittmar (1807–1884). – In: Amsterdamer Beiträge zur neueren Germanistik 28, Amsterdam 1989, S. 279–301; Christina Klausmann: Louise Dittmar (1807–1884). Ergebnisse einer biographischen Spurensuche. Ebd., S. 17–39; Gabriele Käfer-Dittmar: Louise Dittmar. – In: Sie gingen voran. Vier bedeutende Darmstädter Frauen des 19. Jahrhunderts. Darmstadt [1991], S. 38–81; Gabriele Käfer-Dittmar: Louise Dittmar (1807–1884). Un-erhörte Zeitzeugnisse. Darmstadt 1992 (= Darmstädter Schriften, 61).

5 So steht beispielsweise ein intensives Zeitungsstudium, um kleinere Arbeiten sowie die Lyrik von Louise Dittmar ausfindig zu machen, noch aus.

6 Irina Hundt: Junghegelianer – Frauenbewegung. Einige Fragestellungen zum Problem des Zusammenhangs. – In: Lars Lambrecht (Hrsg.): Philosophie, Literatur und Politik vor den Revolutionen von 1848. Zur Herausbildung der demokratischen Bewegungen in Europa. Frankfurt a.M. 1996 (= Forschungen zum Junghegelianismus, Bd. 1), S. 511–524. Zu Louise Dittmar vgl. besonders S. 517f.

7 Weiland [Anm. 4], S. 71. Vgl. auch Käfer-Dittmar [Anm. 4], S. 38 und die dortige Anm. 1 auf S. 78.

8 Vgl. Ludwig Feuerbach an Otto Wigand, 7. Oktober 1848. – In: GW Feuerbach, Bd. 19, S. 187.

9 Vgl. hierzu die Vorbemerkung des Herausgebers der Gesammelten Werke Ludwig Feuerbachs im dritten Briefwechselband (GW Feuerbach, Bd. 19, S. XV–XVI) sowie die beiden Briefe Louise Dittmars an Ludwig Feuerbach vom 25. August 1848 und 11. Oktober 1848, deren Originale sich in der Universitätsbibliothek in München befinden.

[10] Die Angaben über ihr Geburtsdatum differieren in der Literatur. Die Lebensdaten sind dem Deutschen Geschlechterbuch. Genealogisches Handbuch bürgerlicher Familien, hrsg. v. Bernhard Koerner. Görlitz 1929, 66. Bd., S. 30, entnommen.

[11] Zu weiteren Einzelheiten aus der Biographie vgl. besonders Klausmann [Anm. 4].

[12] Vgl. beispielsweise Möhrmann [Anm. 3], S. 230; Weiland [Anm. 4], S. 71; Joeres [Anm. 4], S. 298; Klausmann [Anm. 4], S. 35; Käfer-Dittmar, 1991 [Anm. 4], S. 38, 60; dies. 1992 [Anm. 4], S. 19f, 22.

[13] Joeres [Anm. 4], S. 291.

[14] Ludwig Feuerbach: Vorlesungen über das Wesen der Religion. Nebst Zusätzen und Anmerkungen. – In: GW Feuerbach, Bd. 6, S. 4. – Vgl. auch den Briefwechsel Ludwig Feuerbachs mit seiner Frau Bertha aus jener Zeit. – In: GW Feuerbach, Bd. 19, bes. Briefe 584, 590f. und 595.

[15] Ludwig Feuerbach an Otto Wigand, 8. August 1848. – In: Ebd., Bd. 19, S. 175.

[16] Ludwig Feuerbach an Otto Wigand, 16. August 1848. – In: Ebd., S. 178.

[17] An dieser Stelle danke ich freundlicherweise dem Staatsarchiv Marburg für die Zusendung der beiden Briefe, die unter der Signatur 340 Bayrhoffer-Nachlaß, Nr. 29 verzeichnet sind.

[18] Über deren Verbleib ist nichts bekannt.

[19] Louise Dittmar an Ludwig Feuerbach, 25. August 1848. – In: GW Feuerbach, Bd. 19, S. 180.

[20] „Die Reform" erschien in 16 Heften 1848 in Leipzig. Vgl. dazu auch die Randbemerkung Louise Dittmars in ihrem Brief an Ludwig Feuerbach vom 25. August 1848, aus der hervorgeht, daß sie Arnold Ruge kannte. GW Feuerbach, Bd. 19, Brief 598, S. 486.

[21] [Louise Dittmar:] Wühlerische Gedichte eines Wahrhaftigen. Gesammelt von Louise Dittmar. Mannheim 1848, S. 15f. – Rechtschreibung und Zeichensetzung wurden – bis auf eine Korrektur in Zeile 19, wo es im Druck heißt „Sokrates stark" – nach dem Original beibehalten.

[22] Der Hinweis „in meiner Schule" bezieht sich vermutlich auf ihren Vortrag am 2. Mai 1847 in der Versammlung des Mannheimer Montag-Vereins und auf weitere Vorträge, die sie 1847 und 1848 in Mannheim und Mainz auf Volksversammlungen hielt. Klausmann [Anm. 4], S. 26–29. – Daß Louise Dittmar auch an Versammlungen in Darmstadt teilnahm, geht aus dem Brief an Bayrhoffer vom 6. Juli 1848 hervor (vgl. vorliegender Text S. 280.) Ob sie jedoch auch hier als Vortragende agierte, ist bisher nicht bekannt.

[23] Louise Dittmar an Ludwig Feuerbach, 25. August 1848. – In: GW Feuerbach, Bd. 19, S. 180.

[24] Ludwig Feuerbach an Otto Wigand, 7. Oktober 1848. – In: Ebd., S. 187.

[25] Bayrhoffer-Nachlaß [Anm. 17].

[26] Feuerbach an Otto Wigand, 16. August 1848. – In: Ebd., S. 178.

[27] Vgl. dazu Louise Dittmar (Hrsg.): Das Wesen der Ehe. Nebst einigen Aufsätzen über die soziale Reform der Frauen. Leipzig 1849, S. 17f. In diesem Buch wurden die inhaltlichen Beiträge aus der „Sozialen Reform" zusammengefaßt. Zit. nach Klausmann [Anm. 4], S. 32, und Käfer-Dittmar, 1992 [Anm. 4], S. 36.

[28] Der Gedanke, nach Wien zu gehen, hing evtl. damit zusammen, daß Scholl 1848 dort eine freie Gemeinde gegründet hatte. Zu Scholl vgl. auch den vorliegenden Text S. 289/290 und [Anm. 57].

[29] Louise Dittmar an Ludwig Feuerbach, 25. August 1848. – In: GW Feuerbach, Bd. 19, S. 180.

[30] Ebd., S. 180f.

[31] Ebd., S. 180.

[32] Gemeint ist die mit Feuerbach eng befreundete Familie Christian Kapps in Heidelberg.

[33] Louise Dittmar an Ludwig Feuerbach, 11. Oktober 1848. – In: GW Feuerbach, Bd. 19, S. 189. – Über den von ihr in diesem Brief erwähnten Aufsatz über Gagern, den sie Feuerbach

im Manuskript zur Ansicht schickte und den sie gleichzeitig Otto Wigand zur Veröffentlichung zugesandt hatte, konnte bisher noch nichts genaueres ermittelt werden. Die anfangs naheliegende Vermutung, es habe sich bei dieser Arbeit um den Artikel „Gagern, Heinrich Wilhelm August von“ in Wigand's „Conversations-Lexikon. Für alle Stände. Von einer Gesellschaft deutscher Gelehrter bearbeitet“ (Leipzig 1852, 15. Bd., S. 645f.), gehandelt, fand keine Bestätigung, dafür sprechen mehrere Gründe:

1) Stellt der Artikel eine Fortsetzung bzw. Ergänzung des Beitrages aus Band 5. (Leipzig 1847, S. 506ff.) dar. Diesen ersten Beitrag hat Louise Dittmar mit Sicherheit nicht geschrieben.

2) Der Brief an Ludwig Feuerbach, mit dem erwähnten Gagern-Aufsatz, trägt das Datum vom 11. Oktober 1848. Der Beitrag im 15. Band des Lexikons endet jedoch mit dem Jahr 1850. – Selbst wenn Louise Dittmar diesen kurzen Beitrag geschrieben hätte, würde er sich nur auf den ersten Teil beziehen. Sollte Wigand demzufolge mindestens zwei Autoren für diesen Beitrag angesprochen haben?

3) Die Formulierung „Gesandter am Bundestag“ (vgl. die Erwähnung Dittmars dazu im Brief, ebd., S. 189) findet sich nicht im Lexikon-Artikel. Vgl. hierzu Ludwig Feuerbach an Otto Wigand, 31. Oktober 1848. – In: GW Feuerbach, Bd. 19, S. 194.

34 Die hier genannte Arbeit wurde bereits 1845 von Louise Dittmar fertiggestellt. Gedruckt wurde sie jedoch, „durch mancherlei Verhältnisse verursacht“, erst „mehr als ein Jahr später“. Dittmar [Anm. 2], S. [I].

35 Es sind dies folgende Arbeiten Lessings: „Die Erziehung des Menschengeschlechts“, „Ueber den Beweis des Geistes und der Kraft“, „Das Testament Johannis“, „Theses aus der Kirchengeschichte. Nöthige Antwort auf eine sehr unnöthige Frage des Herrn Hauptpastors Goeze in Hamburg“ und „Die Religion Christi“.

36 [Louise Dittmar:] Lessing und Feuerbach, oder Auswahl aus G. E. Lessings theologischen Schriften nebst Originalbeiträgen und Belegstellen aus L. Feuerbachs Wesen des Christenthums. Offenbach 1847, S. 67.

37 Sächsische Vaterlands-Blätter, Nr. 164, 13. Oktober 1844. – Vgl. auch Friedrich Ferdinand Kampe: Das Wesen des Deutschkatholicismus mit besonderer Rücksicht auf sein Verhältnis zur Politik. Tübingen 1850.

38 Ludwig Feuerbach: Das Wesen des Christentums. – In: GW Feuerbach, Bd. 5, bes. S. 11.

39 [Dittmar] [Anm 36], S. 46.

40 Ebd.; Feuerbach [Anm. 38], S. 75.

41 Dittmar zitiert an dieser Stelle aus Lessings Arbeit „Ueber den Beweis des Geistes und der Kraft“. [Dittmar] [Anm. 36], S. 58.

42 Ebd., S. 63.

43 Ebd., S. [II].

44 Vgl. hierzu die Zitierweise von Dittmar. So ist beispielsweise die Überschrift: „Gott als das Wesen des Verstandes“ der Beweis dafür, daß Louise die zweite Auflage vom „Wesen des Christentums“ benutzte, da diese in der ersten Auflage noch die Überschrift: „Gott als Gesetz oder als Wesen des Verstandes“ trug. Feuerbach [Anm. 38], S. 75 und Anm. 2. – Zit. nach Feuerbach [Anm. 38], S. 14, vgl. auch S. 13.

45 Karl Grün: Ludwig Feuerbach in seinem Briefwechsel und Nachlaß sowie in seiner Philosophischen Charakterentwicklung. Leipzig/Heidelberg 1874, Bd. 1, S. 106.

46 [Dittmar] [Anm. 36], S. 44.

47 Ebd., S. 43.

48 Ebd. S. 37; vgl. dazu auch Feuerbach [Anm. 38], S. 353.

49 Dittmar [Anm. 34]. S. II.

[50] Ebd., S. 25f.
[51] Ebd., S. IV.
[52] Feuerbach [Anm. 38], S. 17.
[53] Ebd., S. 18.
[54] Dittmar [Anm. 34], S. IIIf.
[55] Ebd., S. IV.
[56] Welche Beziehung Louise Dittmar zu Struve hatte, der Präsident des Montag-Vereins in Mannheim war und im April 1848 gemeinsam mit dem badischen Revolutionär Hecker den ersten badischen Aufstand anführte, geht – bis auf einen ausgesprochenen Dank an ihn – zumindest aus den „Vier Zeitfragen" nicht hervor. Dittmar [Anm. 34], S. VIII.
[57] Zu Karl Scholl vgl. beispielsweise Ludwig Feuerbach: Sämtliche Werke. Neu hrsg. v. W. Bolin/F. Jodl, neu hrsg. v. H.-M. Saß, Bd. 12/13. Ausgewählte Briefe von und an Ludwig Feuerbach. Stuttgart-Bad Cannstatt 1964, S. 193ff.; vgl. auch Rheinische Blätter. Unterhaltungsblatt zur Mannheimer Abendzeitung, Nr. 65, 7. Juli 1848, S. 253. Das hier veröffentlichte Gedicht unterzeichnete Scholl mit den Worten: „gewes[ener] deutschkath[olischer] Prediger".
[58] Zum Datum des Vortrags vgl. auch Klausmann [Anm. 4], S. 26, Anm. 21.
[59] Dittmar [Anm. 34], S. 2.
[60] Ebd., S. 9.
[61] Ebd., S. 13.
[62] Ebd., S. 15.
[63] Ebd., S. 19.
[64] Ebd., S. 21.
[65] Ebd., S. 23.
[66] Ebd., S. 25.
[67] Karl Scholl: Ludwig Feuerbach's letzte Jahre am Rechenberg bei Nürnberg. – In: Die Gartenlaube. Illustriertes Familienblatt. Leipzig 1872, S. 743.
[68] Louise Dittmar: Zur Charakterisierung der nordischen Mythologie im Verhältniß zu andern Naturreligionen. Eine Skizze. Darmstadt 1848, S. 42f.
[69] Feuerbach [Anm. 52], S. 20.
[70] Ebd.
[71] Ebd., S. 48f.
[72] Ebd., S. 75.
[73] Ebd.
[74] Dittmar [Anm. 34], S. 24f.
[75] Ludwig Feuerbach an Wilhelm Bolin, Anfang Juni 1870. – In: Grün [Anm. 45], Bd. 2, S. 202.

Marie von Colomb (1808–1868)

*Das kalte Wasser. Schicksal einer Hydrotherapeutin**

Irina Hundt, Potsdam

„Habt Mut, euch eures Verstandes zu bedienen!"
Christine de Pizan

Noch im ersten Drittel des 20. Jahrhunderts, als die Lungentuberkulose zu den schlimmsten Massenkrankheiten zählte, hieß es im Volke: „Hat er die Motten, muß der nach Görbersdorf". Das kleine niederschlesische Dorf in einem malerischen Tale des Waldenburger Gebirges, des Ausläufers des Riesengebirges, war einer der bekanntesten Mittelgebirgsluftkurorte für Lungenerkrankungen in Deutschland. Sein Gründer, der schlesische Arzt Hermann Brehmer (1826–1889), gilt als einer der Reformatoren auf diesem Gebiet[1], jedoch findet die Tatsache kaum eine Erwähnung, daß er sein Medizinstudium mit Unterstützung einer gewissen Marie von Colomb abschließen und seine Laufbahn als junger Arzt in ihrer Kaltwasserheilanstalt zur Behandlung der Erkrankungen der Atemwege, Nerven und Sekrete in diesem Dorfe beginnen konnte, die er später in eine Lungenheilanstalt umwandelte.

Man wird vergebens nach ihr in einschlägigen Lexika und der Spezialliteratur suchen. Nur kurze Notizen in einigen frauenrelevanten Nachschlagewerken und Abhandlungen, die sich mit den Leistungen der Frauen in der Geschichte der Naturwissenschaften oder der Medizin befassen, geben knappe, meist ungenaue Auskunft über sie.[2] Und nirgendwo wird die Frage gestellt, wie es Marie von Colomb gelungen war, die Konzession zur Errichtung einer eigenen Heilanstalt zu erhalten und dort einige Jahre zu praktizieren in einer Zeit, als die Frauen entsprechend der prävalenten Auffassung von den Geschlechterrollen und der Grenzen weiblicher Bildung von allen jenen Bildungsinstitutionen ausgeschlossen waren, die den Weg zur regulären akademischen Ausbildung ebneten. Laut Cabinets-Order vom 31. Juni 1841 war für die Zulassung zur medizinischen Praxis in den Königlich Preußischen Staaten der Besuch von „mindestens drei Semestern auf einer inländischen Universität", die Ablegung des Staatexamens und „die vorschriftmäßig erworbene medizinische Doctor-Würde gegenwärtig unerläßliche Bedingung."[3] Zwar durften Frauen traditionsgemäß als Krankenpflegerinnen und Hebammen arbeiten und durch praktische Erfahrung oder entsprechende Kurse elementarste medizinische Kenntnisse erwerben[4], jedoch war es nach der bestehenden Gesetzgebung für ein Universitätsstudium notwendig, sich „einer Maturitäts-Prüfung [zu] unterwerfen", die nur an Gymnasien vorgenommen werden konnte[5], zu denen Frauen der Zugang untersagt war.

Und so geschah es, daß in Deutschland vor 1876 nur drei Frauen eine universitäre medizinische Ausbildung und Approbation erlangten: 1754 Dorothea Christiane

Leporin (1715–1762) in Halle, 1815 Regina Josepha Henning von Siebold (1771–1849) in Gießen und 1817 ihre Tochter Marianne Theodore Charlotte Heidenreich (1788–1859) in Göttingen.[6] Neben diesen Frauen, die von ihren ärztlichen Familien gefördert wurden und mit relativ wenigen Entbehrungen und Hindernissen sich erfolgreich als Geburtshelferinnen behaupten konnten, liefert der außergewöhnliche Lebensweg Marie von Colombs ein anderes, tragisches Beispiel für die frühe Erschließung des heute als selbstverständlich empfundenen weiblichen Arztberufs. Wenn sie diesen Beruf einige Jahre ausübte, war das nur durch ihren Mut, überdurchschnittliche Geisteskraft, starkes Selbstbewußtsein, enormes Durchsetzungsvermögen und eine ungebrochne Überzeugung von der Richtigkeit des gewählten Zieles erreichbar.

Marie von Colomb entstammte väterlicherseits einer Hugenottenfamilie, die ihre Wurzeln in Blauzac, Departement Gard in Südfrankreich hatte. Nach der Aufhebung des Edikts von Nantes im Jahre 1685 floh ihr Urgroßvater Henri Colomb († Neustadt a.D. 17. Juli 1719) nach Kopenhagen und siedelte später als Kaufmann nach Neustadt an der Dosse über.[7] Sein Sohn Peter Colomb (Neustadt a.D. 27. Juli 1719–Aurich 18. März 1797) schlug eine Beamtenkarriere im Dienste Preußens ein und schaffte es, 1786 geadelt, bis zum königlich preußischen Geheimen OberFinanz-, Kriegs- und Domänenrat und Präsidenten der ostfriesischen Kammer in Aurich. Aus seiner Ehe mit Marie Elisabeth Bacmeister (Bremen 26. Februar 1740–Aurich 3. Oktober 1807) stammten mehrere Kinder, von denen der jüngste Sohn Ferdinand August Peter (1775–1854), General der Kavallerie, Preußens Interessen zuerst in den Befreiungskriegen gegen Napoleon[8] und dreißig Jahre später gegen nationale Freiheitsbestrebungen der Polen 1846 und 1848 verteidigte[9]; und die Tochter Catharine Amalie (1772–1850), die 1795 den Feldmarschall Gebhard Leberecht Fürsten Blücher von Wahlstatt, den Helden der Befreiungskriege, heiratete, besonders bekannt wurden.

Eine andere Repräsentantin der Familie Colomb, die Tochter von Peter Colombs kaufmännisch sehr erfolgreichem Bruder Johann Heinrich, Marie Elisabeth (1741–1796), ist in die Wissenschafts- und Kulturgeschichte Deutschlands als Mutter von Wilhelm und Alexander von Humboldt eingegangen. Ihr Bruder, der zweite Sohn Johann Heinrichs, Ludwig Christof von Colomb (Berlin 14. Oktober 1768–Breslau 5. November 1831), der eine Beamtenkarriere einschlug, war der Vater von Marie. Er trat 1793 als Militär zuerst in den Dienst des Königreichs Polen, aus dem er 1815 als Mitglied des Obersten Provisorischen Rates des Herzogtums Warschau ausschied; 1818 wurde er Oberpräsident der preußischen Provinz Posen und war 1825–1831 Regierungspräsident in Bromberg (heute Bydgosz).[10] Obwohl er von seinem Schwager Blücher und vom Minister vom Stein protegiert wurde und in der Gunst des Zaren Nikolai I. sowie des preußischen Königs Friedrich Wilhelm III. stand, wurde seine Verwaltungstätigkeit als unentschlossen und zögerlich charakterisiert, so daß er 1831 „kläglich" aus dem Dienst ausscheiden mußte.[11]

Seit 1802 war er mit der polnischen Adligen Martyna von Zablocka (Chrysle 30. Januar 1781-Bromberg 10. September 1825) aus dem Hause Wrzešnia verheiratet, durch die er ein inniges Verhältnis zu Polen und zur polnischen Sprache gewann. Als sie frühzeitig starb, hinterließ sie ihm 11 Kinder, 9 Söhne und 2 Töchter[12], darunter die am 16. Juli 1808 in Warschau geborene älteste, kränkliche, aber sehr intelligente Tochter Marianna (Marie) Katharina Rosa Josepha.[13] Der Vater, auch in finanziellen Dingen ohne Glück und Geschick, vermochte seine und seiner Frau Güter nicht zu halten, und so blieben seine Kinder, als ihn im Oktober 1831 eine besonders heftige Cholera-epidemie in Breslau[14] dahinraffte, als Vollwaisen auf die eigne Kraft und die Unterstützung von Verwandten sowie des preußischen Königs angewiesen.[15]

Nach einer Darstellung, die auf einer eventuell von Marie selbst stammenden Überlieferung basiert, erlitt sie als Kind durch einen Fall einen Rückgratschaden und mußte zehn Jahre lang eine spezielle orthopädische Ausrüstung tragen. Hinzu kam eine Verbrennung mit heißem Wasser, die ihre schwache Gesundheit weiter verschlimmerte, und seit ihrem 18. Lebensjahre litt sie an einem chronischen Magenübel. Die renommiertesten Ärzte Posens, Berlins und Breslaus, an die sich ihre Eltern wandten, konnten ihr nicht helfen, sondern diagnostizierten einen unheilbaren Krebs und gaben sie auf.[16] Gerettet wurde sie dann jedoch vom damals berühmtesten Wasserarzt Vincent Prießnitz (1799–1851)[17], in dessen Wasserheilanstalt in Gräfenberg im damals österreichischen Teil Schlesiens sie erst 1842, also mit 34 Jahren kam.

Die Wasseranwendung für Heilzwecke hat eine lange und abwechslungsreiche Geschichte, die bis in die Zeiten der indogermanischen Völker, der Bronzezeit und Antike zurückreicht, mit der Entwicklung der wissenschaftlichen Medizin aber immer mehr an Ansehen verlor. Ende des 18. und Anfang des 19. Jahrhunderts erfuhr die Wassermedizin jedoch wieder einen größeren Aufschwung, zuerst in England und dann allmählich in anderen europäischen Ländern wie auch in Deutschland, als infolge der Industrialisierung die ersten Erscheinungen von Umweltverschmutzung sichtbar wurden und die entsetzlichen Arbeits- und Lebensbedingungen der damaligen arbeitenden städtischen Bevölkerung eine rapide Verschlechterung der hygienischen Verhältnisse mit sich brachten. Zur gleichen Zeit aber förderte die Aufklärung die Vorstellung, daß sich der Mensch selbst, ohne Vermittlung volksfremder Gelehrtheit aus ihn drückenden Verhältnissen erheben könne, darunter auch durch eine gesunde Lebens- und Ernährungsweise, ohne kostspielige Arzneien und medizinische Instrumente. Es bahnte sich die Erkenntnis an, daß körperliche und geistige Gesundheit für den einzelnen wie für die Allgemeinheit gleich wichtig seien und daher nicht nur staatliche Fürsorge, sondern auch die Verantwortung und die Bemühungen eines jeden gefragt seien.

Vieles aus der Volksmedizin wie die Verehrung von Quellen, die Kenntnis von Kräutern usw. war zwar stets durch mündliche Tradierung bekannt, jedoch erst mit wachsender Alphabetisierung und durch billigere Druckverfahren wurde es möglich, solche alternative Therapien wie eben auch die Kaltwasserheilmethoden massenwirksam zu verbreiten. Infolge ihrer ausgeprägt sozialen Komponente fanden sie in den sog. unteren Schichten besonders weite Verbreitung, verflochten sich teilweise mit kirchlichen Reformbewegungen und anderen politisch-sozialen Strömungen des Vormärz und der Revolution von 1848/49 und verzeichneten unter den Deutsch-

Katholiken, den Freireligiösen, den Mitgliedern der Arbeiterverbrüderung sowie selbst des Bundes der Kommunisten eine große Anhängerschaft.

Wenn auch einige der namhaftesten deutschen Ärzte, wie Hufeland, auf die positive Wirkung der Kaltwasseranwendung, z.B. bei Behandlung des Nervenfiebers, oder auf die diätetische Ernährung hinwiesen, stießen diese Methoden, die noch fern einer wissenschaftlich begründeten Indikation waren, auf Skepsis und oft auch auf direkte Ablehnung der etablierten Ärzte, die einige Übertreibungen der Wasserärzte benutzten, um das gesamte Verfahren als Kurpfuscherei und Quacksalberei abzutun. Nur zögernd konnten sich daher in Deutschland einige Kaltwasserheilanstalten behaupten. Die bekanntesten von ihnen waren am Ende des 18. Jahrhunderts die von Hoffmann in Halle und Anfang des 19. Jahrhunderts die der Ärztedynastie Hahn sowie von Prießnitz in Schlesien. Dessen Popularität, die ihren Höhepunkt in den 1830er und 1840er Jahren erreichte, wurde dann später nur von Kaplan Sebastian Kneipp (1821–1897) übertroffen, der 1855 im Wörishofener Kloster sein Wirken begann, aber erst 1881 die erste Kaltwasserheilanstalt gründete.

Der ungebildete Bauer Prießnitz war ein Naturtalent mit großem Beobachtungsvermögen und analytischer Begabung, ein reiner Empiriker, der alle seine Methoden und Instrumentarien praktisch ausprobierte. In seiner jahrzehntelangen Praxis erarbeitete er ein Behandlungssystem, das vielfältige Modifikationen der äußeren und inneren Anwendung kalten Wassers mit gesunder, einfacher Ernährung und körperlicher Bewegung an frischer Luft vereinte. Er behandelte seine Patienten unter Berücksichtigung ihrer individuellen Eigenschaften, der Besonderheiten des Krankheitsverlaufs und ohne jegliche Standesunterschiede.

Bei Prießnitz in Gräfenberg unterzog sich Marie von Colomb drei Jahre lang einer vollständigen Wasserkur. Das erste Jahr der Behandlung brachte keine Erleichterung ihrer Leiden, teilweise kam es sogar zur Verschlechterung ihrer Gesundheit, im Laufe des zweiten stabilisierte sich ihr Zustand und erst im dritten Jahre trat volle Genesung ein.[18] Während der Behandlung beobachtete sie aufmerksam die Tätigkeit von Prießnitz, stellte ihm Fragen, die er ausführlich beantwortete, wie er sich überhaupt oft und gern mit seinen Patienten über ihre Beschwerden, ihr Befinden und seine eigne Arbeit unterhielt. Vieles lernte sie darüber hinaus, weil sie als Dolmetscherin für polnische und französische Patienten herangezogen wurde. Im Ergebnis entwickelte sie aus Prießnitz' Praxis, der sie ja auch ihre fast an ein Wunder grenzende eigene Heilung verdankte, einen unerschütterlichen Glauben an die heilende Kraft kalten Wassers für sämtliche Krankheiten.

Da sie, wie sie später schrieb, durch ihre Lebensumstände verhindert war, „den Wirkungskreis zu erreichen, den die Natur den meisten Frauen anweist", wählte sie einen anderen Tätigkeitskreis, nämlich „soweit meine schwachen Kräfte reichen zum Heile der leidenden Menschen thätig zu sein."[19]

Drei Jahre arbeitete sie bei Prießnitz, zuerst als dessen Assistentin und dann selbständig. Im Sommer 1849, als sie vom Ausbruch der Cholera in Berlin hörte, sah sie darin „ein Zeichen Gottes", der ihr den „Schauplatz ihrer Thätigkeit" anweise, und eilte dorthin, um Kranke zu pflegen und in den neu eingerichteten Cholera-Lazaretten die bei Prießnitz erlernten Wasserheilmethoden anzuwenden. Sie stieß jedoch auf Widerstand sowohl der Ärzte wie auch der zuständigen Behörden, die ihr die weitere Arbeit in Berliner Krankenhäusern verboten. Auch bei ihren Kollegen – Wasserärzten, die in einem seit 1837 existierenden renommierten Verein organisiert waren und ebenfalls die Seuche mit kaltem Wasser zu bekämpfen suchten[20] – fand sie, eine provinzielle Autodidaktin aus einer konkurrierenden Schule, keine Unterstützung. Diese erste Niederlage schreckte sie jedoch nicht ab. Die Erfahrungen ihres Lehrers, dessen Tätigkeit seinerzeit verfolgt worden war und immer noch von den akademisch ausgebildeten Ärzten angezweifelt wurde[21], bekräftigten ihre Überlegungen, eine eigene Kaltwasseranstalt nach dem Beispiel von Prießnitz zu gründen, um selbständig arbeiten zu können. In ihrem Vorhaben wurde sie von ihrer Schwester Amalie und dem älteren Bruder Peter unterstützt, die ein günstiges Grundstücksangebot in Zobten bei Breslau fanden.

Für die Errichtung und Leitung einer Heilanstalt brauchte sie jedoch eine Konzession, die ihr vom Ministerium der geistlichen, Unterrichts- und Medizinalangelegenheiten in Berlin sofort abgeschlagen wurde. Deswegen wandte sich Marie direkt an den Minister, Adalbert von Ladenberg (1798–1855), ohne zu ahnen, welch erbitterter Kampf für die Verwirklichung ihres Lebensziels noch zu führen sein würde, einen Kampf, aus dem sie letzten Endes doch als Verliererin hervorging.

Vom Minister erhielt Marie die Zusage, ihr bei der Bewilligung der Konzession zu helfen, falls sie ihre berufliche Kompetenz vor einer speziellen wissenschaftlichen Kommission nachweisen könne. Am letzten Augusttag 1849 kehrte sie nach Breslau zurück, um die erforderliche Prüfung abzulegen und die Errichtung der Wasserheilanstalt in Zopten voranzubringen.[22] Nach knapp anderthalb Monaten bestand sie die Prüfung vor dem Breslauer Kreis-Physikus Professor Johann Wendt, den sie überzeugen konnte, alle Kenntnisse für eine selbständige Tätigkeit als Krankenpflegerin und Hydrotherapeutin zu besitzen. Zugleich bezeugte er ihr aber, daß ihre allgemeinmedizinischen Kenntnisse sehr mangelhaft seien und nicht hinreichten, als Ärztin zu fungieren.[23]

Wohl wissend, daß ihr die erforderlichen ärztlichen Fachkenntnisse fehlten, unternahm sie den Versuch, an der medizinischen Fakultät der Breslauer Universität einige Vorlesungen zu hören. Nach persönlicher Absprache erlaubten ihr zwei von insgesamt sieben im Wintersemester (15. Oktober 1849 bis 23. März 1850) unterrichtende Professoren, an ihren privatim gehaltenen Vorlesungen teilzunehmen. Diese ungewöhnliche Erlaubnis erlangte sie wohl nicht nur durch ihre Persönlichkeit, sondern auch wegen der immer noch revolutionär aufgewühlten Zeit. Auf diese Weise studierte Marie von Colomb Anatomie und theoretische und praktische Physiologie bei Johannes Evangelista Purkinje (1787–1869), einem der damals bedeutendsten deutschen Physiologen und Anatomen, der seit 1823 als ordentlicher Professor für Physiologie und Pathologie in Breslau las, und Geburtshilfe bei Johann August Burchard, der über Kinderkrankheiten, Geburtshilfe und geburtshilfliche Operationen unterrichtete. Purkinje, der bereits im Begriffe stand, einem Ruf nach Prag zu folgen und vom 22. Oktober 1849 bis 3. März 1850 nur noch eine öffentliche Vorlesung, „Die

Lehre von den psychischen Krankheiten", hielt[24], erlaubte es Marie, in seinem „Cabinet", dem ersten physiologischen Laboratorium Europas, zu arbeiten und bei seinem Assistenten, Alexander von Francius, zusätzliche Studien in Anatomie und theoretischer und praktischer Physiologie vorzunehmen.[25]

In diese Zeit fällt Maries Bekanntschaft mit dem Präsidenten der ältesten deutschen naturwissenschaftlichen Akademie, der Kaiserlich-Leopoldinisch-Karolischen Akademie (Leopoldina), dem Professor an der naturwissenschaftlichen Fakultät Christian Gottfried Daniel Nees von Esenbeck (1776–1859).[26] Dieser Universalgelehrte, Botaniker, Arzt und Philosoph, überzeugte Demokrat, Befürworter der Frauenemanzipation und aktive Teilnehmer an den revolutionären Ereignissen bot seinen Studenten vom 6. November 1849 bis 21. März 1850 zusätzlich zu den üblichen Vorlesungen in Botanik und Philosophie zum zweiten mal eine Spezialvorlesung über soziale Politik nach Julius Fröbels Schrift „Das System der sozialen Politik"[27] an.[28] Es ist mit Sicherheit anzunehmen, daß sich Marie von Colomb unter seinen, im Universitätsbericht an das Ministerium in Berlin offiziell angegebenen acht Zuhörern befand. Die Grundaussage von Fröbels Schrift und wohl auch von Nees' Vorlesung – das einzelne Individuum sei dazu bestimmt, an der „Verwirklichung des Bewußtseins und der Freiheit durch die freie Entfaltung der eigenen Art nach seiner eigenen Einsicht" zu beteiligen[29] – entsprach ihren Intentionen und Lebensansichten. Eine wesentliche Komponente des Fröbelschen sozialen Systems bildete eine neue Gestaltung der Geschlechterverhältnisse, bei der die Frauen aufhörten, „Gegenstand eines komisch gewordenen romantischen Kultus zu sein" und neben persönlicher Selbständigkeit vor allem ökonomische Unabhängigkeit erlangen sollten. Sie sollten „in allen den verschiedenen Formen des wirtschaftlichen Verhältnisses zur Gesellschaft stehen, [...] die für die Männer zulässig und möglich sind."[30] Diese Ideen, von einem Katheder herab verkündet, bewegten sie zu einem ungewöhnlichen Schritt.

Ende Oktober 1849, als in den deutschen Zeitungen im allgemeinen ausführliche Protokolle über Kammerverhandlungen und Kommunalwahlen erschienen, die nach den Revolutionswirren die „Rückkehr zu Gesetz, Ruhe und Ordnung"[31] besiegeln sollten, dazwischen Berichte über preußische Standgerichte in Baden und österreichische in Budapest, über Hochverratsprozesse, überfüllte Gefängnisse, Sammlungen für Verfolgte und eine neue Choleraepidemie, als in Wien noch immer der Belagerungszustand herrschte, brachte die „Breslauer Zeitung" einen Artikel, der kaum ein Echo fand: Marie von Colomb aus Breslau teilte mit, daß sie von den Professoren der hiesigen Universität die Erlaubnis erteilt bekommen habe, den Vorlesungen in medizinischen Disziplinen beizuwohnen und Studien in Anatomie, Physiologie, Diagnostik und Geburtshilfe vorzunehmen. Darüber hinaus erklärte sie, dieses ihr „gewordene große Glück, ein Fach wissenschaftlich erlernen zu dürfen," möchte sie auf keinen Fall allein für sich behalten, sondern „wo möglich mit recht vielen Personen" ihres Geschlechts teilen. In dieser Absicht habe sie „eine Denkschrift an den Senat der hiesigen königlichen Universität gerichtet und denselben um die Erlaubniß gebeten, daß auch Personen weiblichen Geschlechts zu ihrer Ausbildung Collegia gleichzeitig mit den Herren Studirenden hören dürfen". Und da sie „die freudige

Hoffnung“ hegte, „daß diese hochherzige Männer dieses Gesuch [...] gewähren werden“, rief sie allen Frauen und Jungfrauen in Deutschland zu:

> Erfassen Sie Alle die genannte schöne Gelegenheit zu einer schulgerechten und erwerbfähigen Bildung, lesen Sie das Verzeichniß der auf der Universität zu haltenden Vorlesungen, damit Sie dann Jede nach ihrer Neigung, nach ihrer Geistesrichtung, nach dem Maaße ihrer Geisteskraft, diejenigen Collegia wählen können, welche Ihnen zusagen und die Sie zu einem wissenschaftlichen Fache brauchen wollen.[32]

Dieser Artikel wurde von einigen Zeitungen übernommen und entsprechend kommentiert. Wenn z.B. die liberale „Kölnische Zeitung“ den Aufruf Marie von Colombs lediglich als „eine etwas seltsame Proclamation" bezeichnete, spottete die offiziöse „Neue Preußische Zeitung“ giftig über dies Beispiel der „Emancipation", das von Schlesien, einer Hochburg der radikalen Demokratie, ausging:

> Die Democraten sind auf's Maul geschlagen; mit den Democratinnen ist die Sache nicht so leicht. Kaum ist die große Emilie Lehmann mit ihrer projectirten Luftfahrt abgeblitzt, so schreit Marie von Colomb in die Welt hinaus [...] und ruft die Mitschwestern auf, sich ihre Menschenrechte gleichfalls zu erobern und sich männlichen Berufsarten, dem Besuch von Realschulen, Gewerbeschulen Handlungsschulen, Seminarien und Universitäten zu unterziehen. Rector und Senat stecken die Köpfe zusammen und seufzen: „das ist die Consequenz der ersten Concession und die Frucht der bösen Saat“ [...]

Und als weiteres lächerliches Beispiel der „Emancipation“ brachte sie die Nachricht, in Hamburg solle eine „Hochschule für Mädchen“ errichtet werden, an der ein anderer Schlesier („der schlesische Kuckuck schon wieder ein Ei in ein fremdes Nest gelegt“), nämlich Johannes Ronge, über „der Kirchengeschichte zweiten Theil“ Vorträge halten werde.[33]

Wenn auch der öffentliche Anspruch der Frauen auf Berufs- und Bildungsgleichheit damals vom Großteil des gesellschaftlichen Bewußtseins noch als Witz, im besten Falle als etwas Merkwürdiges empfunden wurde, täuschte sich Marie von Colomb in ihrer Wendung an die Frauen als Massenauditorium nicht. In zahlreichen Frauenvereinen, die meist in den Jahren 1845–1849 vor allem im Umfeld der religiösen Oppositionsbewegung entstanden waren und im Revolutionsjahr ihre Aktivitäten entfalten konnten, rückten nun die Erwerbs- und Bildungsfragen der Mädchen und Frauen immer mehr ins Zentrum der Zielsetzung praktischer Tätigkeit.[34] Neben den sozialen Aufgaben wie Armen- und Krankenpflege, Unterstützung der Familien politischer Flüchtlinge und Inhaftierter und der Errichtung von Kindergärten eröffneten sie Dienstmädchenschulen, Industrieschulen für Mädchen und höhere Anstalten für ihre Fortbildung[35], sorgten für die Weiterbildung der Frauen, indem sie feministische Schriften zu diesen Problemen, z.B. die Artikel Louise Ottos aus dem Vormärz oder aus der von ihr herausgegeben „Frauen-Zeitung“ (1849–1853) diskutierten und Bildungsveranstaltungen organisierten.[36] In Breslau fungierten neben dem Frauenverein der deutsch-katholischen Gemeinde, der zusammen mit dem Hamburger Frauenverein zu den stärksten Frauenvereinen in Deutschland gehörte[37], noch zwei weitere demokratische Frauenvereine, die 1848 entstanden waren[38] und in denen

Nees von Esenbeck häufig wissenschaftliche Vorträge hielt.[39] Es ist nicht auszuschließen, daß Marie die „Frauen-Zeitung" kannte, die in Schlesien und insbesondere in Breslau von Frauen genau gelesen wurde, und die, ganz im Unterschied zum geringen Interesse der sonstigen Presse[40], seit Mitte 1849 kontinuierlich verschiedene Beiträge zum Thema Frauenbildung brachte und die Gründung der Hochschule für das weibliche Geschlecht in Hamburg ausführlich begleitete.[41]

Im fernen Baden-Baden wurde Marie von Colombs Aufruf auch von einer älteren, von Krankheiten und schweren Schicksalsschlägen gezeichneten Frau gehört, einer Vertreterin jener Frauengeneration, die sich mit denselben Fragen der Frauenbildung und des Berufs schon um 1800 auseinandersetzte. Helmina von Chézy (1783–1856), eine Schriftstellerin und Publizistin aus der Blütezeit der Romantik[42], beeilte sich, als „eine der Ersten" Marie im Namen dieser Generation „ein öffentliches und offenes Wort der Anerkennung" zuzurufen und ihre Stellung dazu zu beziehen.[43] Nachdem sie „zur Vertheidigung" von Mariens Schritt ihre „großen Vorgängerinnen" an den deutschen Universitäten und die weit fortgeschrittenere Situation der Französinnen und Amerikanerinnen in Erinnerung gebracht hatte, äußerte sie ihre „Bedenklichkeiten" an der vollen „Gleichstellung mit den Männern, hinsichtlich der Ausbildung an den Hochschulen, u praktischer, amtlicher Ausübung", räumte jedoch die Notwendigkeit einer gründlichen und umfassenden Ausbildung der Frauen, auch auf den Universitäten ein, um vor allem in den pädagogischen und sozialen Bereichen noch besser wirken zu können.[44] Chézy schloß ihre Antwort an Marie von Colomb optimistisch: „Sie, Vortreffliche, haben das Verdienst die große Angelegenheit der Frauen durch Ihre Schritte zur Sprache gebracht zu haben, die guten Folgen werden nicht ausbleiben."[45]

Es mußten jedoch noch mehrere Jahrzehnte vergehen, bis die Generation von Frauen um die Wende vom 19. zum 20. Jahrhundert den Kampf um ihre Rechte auf eine akademische Ausbildung aufnahm und auf verschiedenen Wegen erreichte, daß die Frauen zum Universitätsstudium von allen deutschen Regierungen offiziell zugelassen wurden. Wie bekannt, geschah das zuerst 1886 in Bayern und zuletzt 1908 in Preußen.[46] 1849 eilte Marie von Colomb mit ihrem Aufruf der Zeit jedenfalls weit voraus, was ihr durchaus bewußt war. Aber durch den Schritt an die Öffentlichkeit wollte sie einerseits ihre Meinung ausdrücken und andererseits einen Präzedenzfall für ihre „Mitschwestern" schaffen, um sie zu ermuntern, ihrem Beispiel zu folgen.

Aus dem umfangreich überlieferten Briefwechsel zwischen Marie, dem Kultusministerium in Berlin und der Inneren Abteilung der preußischen Provinzregierung in Breslau geht hervor, daß sie am 3. November 1849 ihre Konzession erhielt. Da sie die Bestimmungen des Reglements vom 15. Juli 1842 über die Errichtung und Verwaltung von Wasserheilanstalten durch Personen, die keine ärztliche Qualifikation besitzen, erfüllt hatte, gab Minister Ladenberg seine Zustimmung, ohne ihr Geschlecht zu berücksichtigen. Um den Bedenken der Breslauer Beamten zu genügen, veranlaßte er aber eine strengere Kontrolle über die Einhaltung der Vorschriften. Mariens zahlreiche Gesuche um die Fortsetzung ihres Universitätsstudiums (um „eine nöthige Fachbildung und allgemeine Bildung" zu erwerben) wurden vom Minister aber im

Dezember 1849 endgültig abgelehnt.[47] Nach kaum dreimonatlichem Besuch der Universität wurde ihr der weitere Verbleib mit der Begründung untersagt, daß sie erstens kein vorschriftsmäßiges Reifezeugnis besitze und zweitens aus der

> Rücksicht auf die bestehende Sitte, welche eine Trennung der Geschlechter beim öffentlichen Unterrichte für räthlich und nöthig erachtet, und die Besorgniß, durch Nichtbeachtung dieser Sitte in den Hörsälen der dortigen Universität Veranlassung zu Störungen und möglichen Ärgernissen zu geben.[48]

Ferner erhielt sie von Ladenberg den wohlgemeinten Ratschlag, sie möge sich, da ihr eine ärztliche Fachausbildung fehle, „einen wissenschaftlich gebildeten und im Vertrauen des Publikums stehenden approbirten Arzt beigesellen", um das Gedeihen ihrer Heilanstalt zu fördern und zu sichern.

Man kann die Enttäuschung und Verbitterung Marie von Colombs ob dieser Entscheidung verstehen: Nicht selbst studieren zu dürfen, keine Approbation zu erhalten, sondern einen männlichen Kollegen einstellen zu müssen, der sie beraten solle. Ein weiteres Mal war sie auf ihren ungleichen Status verwiesen, ihre fachliche Kompetenz bezweifelt und sie als ungelehrt abgestuft worden. Ihre Abneigung gegen die Überheblichkeit der ärztlichen Zunft, die sie von Prießnitz und auch aus ihrer Berliner Erfahrung kannte, vergrößerte sich nun noch. Die Freude über die Konzession war getrübt, jedoch verfolgte sie weiter hartnäckig ihr Ziel – die Gründung einer eigenen Kaltwasserheilanstalt. Zwar zerschlug sich der Kauf des Grundstücks in Zobten, doch fand sich ziemlich schnell unweit Breslaus ein sehr geeigneter Ort: das kleine Görbersdorf im Kreis Waldenburg.

Es waltet ein Genius loci für die Frauen der „Heine-Zeit" über dieser schlesischen Gebirgsgegend: Nur wenige Kilometer nordwestlich von Görbersdorf liegt die vormalige Zisterzienserabtei Grüssau (13. Jh.–1810), in deren Stiftskirche zahlreiche wertvollste handschriftlichen Dokumente die Wirren des 2. Weltkriegs überlebten, darunter als unersetzliche Zeugnisse der frühen emanzipatorischen Bestrebungen der Frauen Briefe und Manuskripte von Rahel und Bettina, Dorothea Schlegel und Theresa Huber, Esther Gad und Helmina von Chézy, Amalia Schoppe, Friederike Robert, Rosa Maria Assing, Sara Grotthuss und vielen anderen, die Karl August Varnhagen von Ense über Jahrzehnte akribisch gesammelt hatte, die seine Nichte, Ludmilla Assing, vermehrte, behütete und kurz vor ihrem Tode der damaligen Königlichen Preußischen Bibliothek in Berlin unter der Bedingung vermachte, sie der öffentlichen Benutzung zu erschließen.

Mariens Wahl fiel sicher deswegen auf dieses kiefernwaldreiche Bergland, weil diese Gegend schon lange wegen ihrer landschaftlichen Schönheit, ihrer gesunden Mittelgebirgsluft mit hohem Ozongehalt und den zahlreichen Quellen zur Heilzwecken genutzt wurde. Vermutlich hatte sie schon früher mit ihren Eltern das benachbarte Salzbrunn besucht, einen der berühmtesten Kurorte des 18. Jahrhunderts. Auch die Kreisstadt Waldenburg war ein beliebter Kurort Niederschlesiens, dessen Heilquellen seit dem 14. Jahrhundert genutzt wurden, was sich im Namen des ältesten Stadtteils, Altbad, widerspiegelte[49], aber der Bergbau seit Mitte des 19. Jahrhunderts ließ zahlreiche Heilquellen Waldenburgs versiegen. Kristallklares, weiches Wasser fand Marie von Colomb in einem malerischen, vor Windböen geschützten, langgestreckten Tal, in dem Görbersdorf, eine arme Weberansiedlung, abseits der großen Wege und dennoch ohne besondere Mühe erreichbar, lag.[50] In diesem Dorf, das aus 14 Bauernhöfen und einigen Freigärtner- und Weberhäuschen bestand[51] und nur 342 Einwohner zählte[52], pachtete sie, zunächst für zwei Jahre, beim Mahlmeister Wehner „ein bäuerlich massives schlichtes Haus von etwa 38 Fuß Länge und 24 Fuß Breite", das „im Parterre 2 Stuben und eine Badestube, die mittlere Etage 4 Stuben, wovon eine größer ist, so wie 2 Dachstuben und Kammern" aufwies.[53] Von diesen sieben Stuben, die „sämmtlich mit eisernen Öfen versehn" und „passend möblirt" wurden, richtete Marie zwei Stuben für sich und die Schwester Amalie, eine größere Stube als Speisesalon und die restlichen vier als Gästezimmer ein. Für die Behandlung der Patienten wurde in der Badestube eine „gegen 7 Fuß lang, 3 Fuß breit und gegen 3 Fuß hoch" eingesetzte Badewanne aufgestellt, in die das Wasser („sehr wohlschmeckend, frei von Eisen und hervorstechenden Mineralien") von einer Temperatur von 7° Reaumur (ca. 10° C) zufloß. Zusätzlich kaufte sie etwa 500 m entfernt 5 Morgen Land mit einer „ergibigen" Quelle, um nach dem Vorbild von Prießnitz eine Dusche zu installieren. Diese bescheidenen, allernotwendigsten Einrichtungen verschlangen ihr und ihrer Schwester ganzes Vermögen, das aus der Erbschaft der Tante Amalie von Blücher von je 5000 Thalern bestand; außerdem mußte sie noch 2000 Thaler als Schulden aufnehmen.[54]

Es gelang ihr, einige Dorfbewohner für die Aufnahme von Kurgästen zu gewinnen, womit sie eine zusätzliche Verdienstmöglichkeit in dieser Gegend schuf, die zu den ärmsten in Deutschland gehörte, unweit des Zentrums des Weberaufstands von 1844, der Heine zu seinem „Weberlied" inspiriert hatte.

Allen Schwierigkeiten zum Trotz konnte Marie von Colomb schon am 8. April 1850 ihre ersehnte Kaltwasserheilanstalt als die zweite Schlesiens und fünfte Preußens[55] eröffnen und die ersten Kurgäste begrüßen. Eine Annonce in der „Neuen Oder-Zeitung" vom Juni 1850 gibt eine Übersicht nicht nur über die Preise der Anstalt, die im Vergleich zu den anderen sehr moderat waren, und einen Blick in die Organisation des Unternehmens:

> Die Kosten für die Beköstigung belaufen sich *monatlich* auf 14 Rthlr. Frühstück und Abendessen besteht, wie in allen derartigen Anstalten, in süßer oder sauer Milch, Butter und Brot. Mittagessen am table d'hôte in Braten und Mehlspeise, schmackhaft und gut zubereitet. Für ein Zimmer in den Bauernhäusern, mit Benutzung einer Badewanne mit stets zufließendem frischen Wasser, monatlich 3 Rthlr. Für ein männlichen oder weiblichen Badediener monatlich 3 Rthlr. Es betragen demnach die *monatlichen* Kosten für Beköstigung, Wohnung und Bedienung *"Zwanzig Taler"*. Diejenigen, welche es vorziehen nicht im Saale zu speisen und sich eine einfache Mittagskost aus der Anstalt in ihre Behausung holen lassen, können die monatlichen Kosten auf 17 Rthlr. ermäßigen. Für *Kinder,* welche ohne Begleitung der Anstalt übergeben werden können, da sie die Beaufsichtigung übernimmt, ist der sehr mäßige Preis von 10 Rthlr. *monatlich* für Kost, Wohnung und Bedienung festgesetzt. Für Kinder in einem sehr zarten Alter oder solche, deren körperlicher Zustand eine *beständige* Aufsicht nöthig machen, muß jedoch eine besondere Bedienung gehalten und bezahlt werden. Wollene Decken, Leintücher und

Leibbinden werden von der Anstalt zu den Kostenpreisen geliefert, wenn die Kurgäste diese nicht mitbringen. Ein leichtes Deckbett und zwei Kopfkissen sind zu einem Bett hinreichend, die erforderlichen Matrazen werden hier am Ort billig abgelassen.[56]

Das theoretische Programm ihrer Heilanstalt legte Marie in einer ihrem Lehrer gewidmeten Schrift dar.[57] Sie fühlte sich als dankbare, von ihm erfolgreich geheilte Patientin und seine überzeugte Schülerin besonders verpflichtet, seine Lehre eifrig, auf fast missionarische Weise zu verbreiten und ihn gegen Angriffe der akademisch ausgebildeten Ärzte sowie gegen Polemik einiger seiner Schüler zu verteidigen, die sich, wie sie selbst 1845 erlebte, von ihm lossagten und ihre eigene, nach seinem fähigsten Schüler, I. H. Rausse (Pseudonym für Dr. Heinrich F. Franke), genannte Richtung[58] bildeten. Ihre Darstellung basierte auf den Grundgedanken von Prießnitz, daß die Natur selbst die beste heilende Wirkung auf die Krankheiten ausüben kann und man sie dabei nur unterstützen muß, daß der Hauptgrund der Übel der Zeit „in einer *Verkünstelung des Menschen*, in dessen *Entfernung von der Natur*" liege, und um dieses Übel zu beseitigen, müsse man: „Die Natur ehren, sie beobachten und ihr folgen, dies wäre demnächst das Bedürfniß der Zeit und die erfüllende Aufgabe der Gegenwart."[59]

Dementsprechend übernahm sie die prießnitzsche Theorie, wonach alle Krankheiten, die nicht von äußerlichen Verletzungen stammen, durch schlechte Stoffe verursacht seien, und um sich davon zu heilen, solle man diese nur aus dem Körper entfernen und durch gute ersetzen. Dem Gebrauche kalten Wassers wird dabei allseitige Heilwirkung zugeschrieben, die aus dessen neun Eigenschaften hergeleitet wurden: belebende, stärkende, zusammenziehende, abkühlende, erwärmende, erweichende, erregende, ableitende und auflösende. Daher wurde sowohl spezielle Kaltwasseranwendung auf einzelne Körperteile als auch eine komplexe Behandlung verwendet: verschiedene Voll- und Teilbäder, kräftige Reibungen, Dusche mit eisigem Wasser zur Abhärtung, ergänzt durch die Trinkkur („nicht unter acht Gläser täglich"), Waschungen, Umschläge, Schwitzkur, Klistiere, Spülungen. Einen nicht minderen Wert zur Stärkung des Körpers wurde nach der Wasserkur den Luftbädern eingeräumt, die gleichzeitig „durch die beförderte Ausdünstung viele Krankheitsstoffe aus dem Körper" treiben.[60] Um die Bildung solcher Stoffe zu verhindern, sollte man den Genuß schädlicher Nahrung beschränken und möglichst einfache Nahrungsmittel wählen, sich viel Bewegung an frischer Luft (z. B. „das Sägen oder Spalten des Holzes") verschaffen. Der Darlegung der allgemeinen Grundsätze der Hydropathie, wie sie es nannte, folgt einem bis heute in der hydrotherapeutischen Literatur geltenden Schema[61] eine detaillierte Beschreibung der Anwendungsarten des kalten Wassers in verschiedenen Krankheitsfällen.

Die Wasserheilanstalt von Marie von Colomb wurde bald bekannt[62] und erfreute sich eine Zeitlang „eines guten Rufes". So fuhr der Dichter und Literaturwissenschaftler Rudolf Gottschall auf Empfehlung von Freunden im April 1851 nach Görbersdorf, um seine durch angestrengte literarische Arbeit angegriffene Gesundheit wiederherzustellen. Die Aufenthalt dort und die Persönlichkeit der Leiterin beeindruckten ihn in solchem Maße, daß er sich noch vierzig Jahre danach lebendig daran erinnerte:

> Wer das heutige Görbersdorf kennt, die von Dr. Brehmer errichteten Prachtpaläste und Villen, die schönen von ihm geschaffenen, sich hoch die Berge heranziehenden Parkanlagen mit neuen Aussichtspunkten, die seitwärts nach der Schneekoppe blicken und dem sich an sie angliedernden Kamme des Riesengebirges, der wird kaum in der Lage sein, sich das damalige bescheidene Görbersdorf mit seiner primitiven Kuranstalt, die im Grunde aus mehreren Dorfhäusern bestand, bei denen einige Verandas und Galerien für den Genuß freier Luft zurechtgemacht waren, vorstellen zu können. Der berühmte internationale Weltkurort, wo viele Genesung fanden, für manche, die zu spät ihn aufgesucht, auch die Todtenglocken läuteten, und die schlichten Dorfhäuser einer Wasserheilanstalt von schüchternem Provinzialruf – man kann sich keinen größeren Gegensatz denken!
>
> Marie von Colomb war eine gescheidte, hochgebildete Dame. Sie hatte bei den Professoren der Breslauer Universität Anatomie und Physiologie studirt, ein Examen gemacht und war mit Leib und Seele Wasserärztin. Sie war eine vierzigjährige Dame, mehr energisch als schön, keineswegs von einseitiger Bildung, starkgeistig und freidenkend, für Philosophie und Poesie empfänglich: ich sehe sie noch immer vor mir mit den hohen Wasserstiefeln, die bei den unwegsamen Dorfstraßen unentbehrlich waren und als den Stab des Aeskulap einen mächtigen Krückstock in ihrer Hand, um den sich freilich keine Schlange ringelte. Von den neuen Aerztinnen unterschied sich Marie von Colomb in dem einen Punkt, daß sie auch Männer heilte und ihnen gegenüber so resolut und ohne Scheu zu Werke ging, wie die Aerzte sonst den Frauen gegenüber.[63]

Nach offiziellen Berichten der Breslauer Behörde betraf die Zahl der Kurgäste in Görbersdorf im Jahre 1850 – 32, 1851 – 52, 1852 – 28, 1853 – 21 und 1854 – 25, was weniger als bei der älteren Kaltwasseranstalt in Kunzendorf war, aber vergleichbar mit der Besucherzahl des Bades in Bukowine. Es wurden solche Krankheiten behandelt wie Hämorrhoiden, Scropheln, Syphilis, Krämpfe, Nervenstörungen, Epilepsie, Rheumatismus, Gicht, Störungen der Unterleibsorgane, allgemeine Körper- und Nervenschwäche.[64]

Die praktische Arbeit verschloß nicht Marie von Colombs Interesse an der wissenschaftlichen Entwicklung der Medizin, insbesondere auf den Gebieten der Physiologie, Anatomie, Physiotherapie und Pathologie, die in diesen Jahren einen kräftigen Aufschwung nahmen und in erster Linie mit den Namen von Purkinje, Johannes Müller und Gabriel Gustav Valentin verbunden war. Sie erkannte die Notwendigkeit, ihre kaltwassertherapeutische Tätigkeit in Einklang mit der sich rasch entwickelnden Wissenschaft zu bringen, ohne die von Prießnitz vorgezeichnete Bahn zu verlassen. Das, was von einigen seiner ehemaligen Schüler schon längst vorgenommen wurde[65], suchte sie ebenfalls nachzuvollziehen. Dabei half ihr die Freundschaft und Zusammenarbeit mit dem begabten jungen Breslauer Medizinstudenten Hermann Brehmer, der zum Kreis um Nees von Esenbeck gehörte. Als linker Demokrat war er aktiv an den revolutionären Ereignissen in Breslau beteiligt[66] und, um einem Gerichtsverfahren zu entgehen, mußte er 1850 aus der Stadt fliehen.[67] Mit finanzieller Unterstützung von Marie und eventuell mit ihrer Fürsprache bei ihrem Cousin Alexander von Humboldt konnte Brehmer sein Studium an der Berliner Universität fortsetzen und abschließen. 1853 legte er die Dissertation „Über die Gesetze der Entstehung und des Fortschreitens der Tuberkulose der Lungen" vor, in der er zum erstenmal in der Geschichte der Medizin die Heilbarkeit der Lungenschwindsucht nachwies. Dabei stützte er sich teilweise auf Prießnitz' Methoden der Abhärtung mit kaltem Wasser und auf Mariens Beobachtungen vom Verlauf der Krankheit unter den Bedingungen eines Mittelgebirgsklimas in Verbindung mit den neuesten physiologischen Erkenntnissen.

Eine Studie darüber war ihre gemeinsame Arbeit: „Die Berechtigung der Wasserheilmethode vom wissenschaftlichen Standpunkte aus", die unter Mariens Namen Anfang Februar 1852 erschien[68] und den Versuch darstellte, das Kaltwasserverfahren vom Rufe der Quacksalberei zu reinigen. Um zu beweisen, daß die Hydrurgie, wie die Kaltwasseranwendung darin diesmal genannt wird, als vollwertige Heilkunde anerkannt werden könne, wurden geschickt neue Forschungsergebnisse aus Frankreich, England und Deutschland zusammengetragen und systematisiert. Wissenschaftliche Argumentation, Skepsis gegenüber den anerkannten therapeutischen Methoden, Verschmelzen theoretischer Kenntnisse mit praktischen Erfahrungen, soziales Denken – das sind Qualitäten, die diese Schrift charakterisieren und den hohen Stand des medizinischen Wissens, insbesondere der naturwissenschaftlich begründeten Physiologie der damaligen Zeit bezeugen.

Die wissenschaftlich gelungene Darstellung von Krankheiten und Heilungsprozessen, die von einem philosophisch aufgefaßten Ganzheitsbild des menschlichen Körpers ausging, bricht aber ab, sobald die Rede aufs Wasser als Panazee gegen alle Krankheiten kommt und die Hydrurgie als „die bei Erkrankungen zur Anwendung gebrachte Physiologie" definiert wird.[69] Die Ambivalenz dieser Schrift zeigt sich auch deutlich an dem von Marie eingebrachten Beispiel aus ihrer Praxis mit der Kaltwasserbehandlung des Brustkrebses. Sie beschreibt ausführlich die lange und intensive Behandlung, die nur Teilerfolge erzielte, äußert aber ihre Zuversicht, daß es ihr gelingen werde, diese Frau völlig zu heilen. Zugleich wies sie auf die Häufigkeit des Brustkrebses und auf die Notwendigkeit hin, „dem Symptome: ‚Knoten in der Brust', mehr Aufmerksamkeit [zu] schenken, *weil in diesem Stadium noch Heilung möglich.*"[70]

In dieser Arbeit widerspiegelt sich deutlich ihre persönliche Erfahrung mit der höchstwahrscheinlich falschen ärztlichen Diagnose, mit der sie als Mädchen konfrontiert war, und andererseits der damalige Entwicklungsstand der Medizin, die noch nicht imstande war, Grenzen und Wirkung wassertherapeutischer Behandlung exakt festzustellen. Die Hydrologie als Grenzgebiet zwischen Medizin, Biologie, Chemie und Physik befand sich noch auf dem Wege zur Wissenschaft. Erst dreißig Jahre später gab ihr der österreichische Arzt Wilhelm Winternitz (1835–1917), ebenfalls Schüler von Prießnitz, eine wissenschaftliche Definition und Begründung, führte sie als erster Lehrstuhlinhaber für Kaltwasserverfahren in die universitäre Ausbildung ein, und trotz erneuter Kontroverse um die Jahrhundertwende[71] konnte die Hydrotherapie ihren Platz als Teil der Naturheilkunde in der medizinischen Wissenschaft und in der praktischen Behandlung verschiedener Krankheiten neben der physikalischen Medizin, der Balneologie und Klimatologie behaupten.

Zwei Jahre nach dem Erscheinen von „Die Berechtigung der Wasserheilmethode" publizierte Marie von Colomb ihre nächste Schrift: „Der Weg zum Heil für mein

Geschlecht", der sie als Motto voranstellte: „Es muß dahin kommen, daß jeder Mensch sein eigner Arzt wird".[72] In der kleinen, 16seitigen Broschüre bringt sie wieder einmal die besondere Gesundheitssituation der Frauen zur Sprache, die damals generell häufiger und im früheren Alter als die Männer an Nervenerkrankungen litten, deren Ursachen nicht zuletzt auf die geschlechtsspezifische gesellschaftliche Situation der Frauen zurückzuführen waren.[73]

Die Schrift besticht durch den knappen und klaren Stil, der für Marie stets typisch war, jedoch hier besonders auffällt. Die Gedanken sind präzis formuliert, gezielt für diejenigen, die keine Kenntnisse in Medizin, Physik und Chemie besaßen, um ihrer Darlegung der Tätigkeit des Nervensystems oder der Beschaffenheit des Wassers, der Luft, der Wärme und der Nahrungsmittel folgen zu können. Die Grundaussagen dieser, als erweitertes Flugblatt zu lesenden Broschüre blieben unverändert: Die Natur ist „Inbegriff alles Schönen und Guten, alles Nützlichen"[74], Wasser, Luft, Wärme und Nahrung werden als universelle, Heilung bringende Mittel gepriesen. Das Schlußwort proklamierte die Notwendigkeit einer Reform des Gesundheitswesens: *„Die Medizin muß das Eigenthum des Gebildeten*, und vorzugsweise *das Eigenthum meines Geschlechtes werden*"[75], was sie jedoch allein auf die Tätigkeit der Wasserheilanstalten bezog, in denen sie für die Frauen ein breites Tätigkeitsfeld einräumte. Ähnlich wie 1849, als sie die Frauen zum Studium ermuntert hatte, beendete Marie ihre Broschüre diesmal mit einem leidenschaftlichen Aufruf an ihre Mitschwestern, zu ihr nach Görbersdorf zu kommen, um mit „vereinten Kräften" den Armen, Kranken und Bedürftigen Hilfe zu leisten.

In dieser Veröffentlichung zeichnete sich schon der Konflikt ab, der zwischen ihr und Hermann Brehmer ausbrach. 1853 verteidigte er erfolgreich seine Dissertation, kehrte nach Breslau zurück, wurde zum Mitglied der Leopoldina ernannt[76], heiratete im September Mariens Schwester Amalie, die 16 Jahre älter als er war[77], und widmete sich in Görbersdorf seinen Forschungen. 1854 erhielt er die Approbation und ließ sich als zweiter praktizierender Arzt in Mariens Kaltwasseranstalt nieder. Jedoch wurde das Terrain für zwei leitende Persönlichkeiten zu eng, die Positionen wurden unvereinbar, Meinungsverschiedenheiten über grundlegende Fragen unüberwindbar. Individuelle Aspekte kamen hinzu: Mariens Charakterstärke, ihr unerschütterlicher Glaube an die prießnitzsche Lehre und an ihre eigenen ärztlichen Fähigkeiten, auf der anderen Seite die egoistische und „fuchspfötige" Art[78] Brehmers sowie wohl manches andere, worüber nur spekuliert werden kann. Die Lager teilten sich: Auf der einen Seite Marie mit ihren Freunden Nees von Esenbeck und Friederike Kempner (1836–1904), auf der anderen Brehmer, Amalie, der Bruder Peter und sonstige Verwandte, für die Marie viel zu weit gegangen war. Alle Versuche der Freunde, die Feindschaft zu beenden, stießen auf beidseitige Ablehnung.[79] Aus den vorhandenen Quellen ist ersichtlich, daß Marie stark darunter litt, kein ärztliches Diplom und keine Approbation zu besitzen, was nicht von ihr verursacht war, daß sie aber ihre Kenntnisse überschätzte, daß sie gegen jegliche Einmischung in ihre Kompetenz und gegen Zweifel daran sehr empfindlich war und ihre Selbständigkeit um keinen Preis aufgeben wollte. Der mühevolle und kräftezehrende Kampf gegen Behörden um die berufliche Anerkennung und Gleichstellung verschlang sich mit einer erbitterten familiären Auseinandersetzung, und gegen diese einheitliche Front besaß sie keine Chance. Letzten Endes entzogen die Verwandten ihr jegliche materielle Unterstützung, stellten die Grundstücke unter Subhastation, was den Verlust der Heilanstalt zur Folge hatte, und führten gegen sie mehrere Prozesse, darunter auch wegen angeblich „unsittlichen Verkehrs" mit einem jungen befreundeten Referendar, aus denen sie als Verliererin hervorging.

Ungeachtet all dieser Niederlagen verbarg sie ihren Unmut über die herrschenden konventionellen Schranken selbst vor dem König nicht, der für sie die allerhöchste Instanz und Autorität vor Gott blieb. In ihrem „unterthänigsten" Gesuch vom November 1854, einem regelrechten Flehen um ein „Gnadengeschenk von 300 Rthlr.", die sie brauchte, um dem Schuldgefängnis zu entgehen, schrieb sie:

> Es war für eine Dame ein kühnes, aber ein edles Unternehmen. Ich weiß, wie ich angefeindet und namentlich von meinen Verwandten verkannt wurde, weil ich als Dame, über die gewöhnlichen Vorurtheile hinweg setzte, es wagen wollte, durch meine in Gräfenberg gesammelten Erfahrungen und Kenntnisse den leidenden Menschen zu helfen; aber, wer würde nicht, seien die Hindernisse auch noch so groß, gern da helfen, wo er helfen kann. [...] Warum sollte ich mich gewöhnlicher Vorurtheile wegen abschrecken lassen, [...] meinen Mitmenschen nützlich zu sein?[80]

Unerschrocken kämpfte sie weiter, entwickelte neue Ideen. Da sie die „Erfahrung gemacht hat, daß viele Frauen lieber von ihr sich behandeln lassen, als von einem männlichen Arzt", bat sie zuerst die Regierung in Breslau und danach das Kultusministerium in Berlin um die Erlaubnis, außerhalb einer Heilanstalt arbeiten zu dürfen und ihre Patientinnen zu Hause aufzusuchen.[81] Nachdem ihr Gesuch von diesen Instanzen mit der Begründung abgelehnt war, daß dies „mit den bestehenden Bestimmungen nicht vereinbar ist", weil in jedem Falle das Attest eines approbierten Arztes über Diagnose und Therapie nötig sei, verwarf sie die entsprechenden Paragraphen des Gesetzes als überholt und wandte sich an die gerade tagende Zweite Kammer des preußischen Landtags. In den Verhandlungen vom 20. Dezember 1854 wurde zu Mariens Petition ein kurzer Beschluß gefaßt: „Uebergang zur Tagesordnung ohne Discussion."[82]

Ein halbes Jahr später meldete sie sich, wiederum vergeblich, mit der nächsten Bittschrift um die Etablierung einer Kaltwasserpraxis im von ihr gemieteten Görberdorfer Gasthaus „Zum Heidelberg".[83] Ihr Flehen an den „Allerdurchlauchtigsten, Allergroßmächtigsten" und „Allergnädigsten" König war wieder erfolglos, und sie wurde im September 1855 gleich aus dem Gerichtssaal ins Schuldgefängnis nach Friedland abtransportiert, wo sie fünf Monate verbrachte. Jedoch auch im Kerker blieb sie nicht ruhig, schrieb weiterhin Beschwerden und Bittschriften an die Behörden und Vertreter der königlichen Familie, bereitete neue Veröffentlichungen vor und unterhielt regen Kontakt mit den Freunden.

Ihrem Leidensweg brachte die Entlassung aus dem Gefängnis keinerlei Ende. Die gerichtlichen und sonstigen Auseinandersetzungen mit den Verwandten gingen weiter. Ihre Situation hatte sich wesentlich verschlechtert, seitdem die Behörden – obgleich sie das Vorgehen von Mariens Geschwistern und des Schwagers moralisch verurteilten und daher auch Brehmer vorerst keine Erlaubnis zur Gründung einer Heilanstalt für Lungenschwindsüchtige erteilten[84] – ihre Konzession unter dem Vorwand, sie besitze keine Anstalt mehr, im Jahre 1857 „ruhen“ ließen.[85] Ihrer Meinung nach hatte Marie von Colomb als Frau „hoch übertrieben“, sie habe „fast alle Weiblichkeit abgestreift, und konnte von den Krankheiten männlicher Geschlechtstheile in einer so cynischen Weise schreiben, wie sie kaum einem Ärzte männlichen Geschlechts angestanden hätte.“[86] Sie sei „eine verschrobene, sich maaßlos selbstüberhebende, in sehr vorgeschrittenem Maaße emanzipirte, aller Weiblichkeit baare Person [...]“.[87] Ganz gleich, was sie unternahm, um zu einer selbständigen Arbeit zu gelangen, sei es durch die Errichtung einer Wasserheilanstalt in Rußland[88], als „Consultantin“ durch Zeitungsannoncen[89] oder als Krankenpflegerin bei Wasserkuren[90], stets stieß sie auf die ablehnende Haltung der Behörden.

Ebenso mißlangen ihre Pläne, eine Dissertationsschrift zur Promotion vorzubereiten[91] und ein „Lehrbuch der ganzen Hydrurgie“, das „das Wesen der gesammten Hydrurgie in vorherrschend *wissenschaftlicher* Fassung behandeln sollte“, zu schreiben. Dieses große Werk kündigte sie im Vorwort ihrer letzten, 1864 veröffentlichten Schrift unter dem Titel: „Das Wasserheilmittel in dreiundsechzig Wasserheilformeln gegen alle Nerven- und Säfte-Krankheiten des Menschen“[92] an, die wiederholt eine praktische Anleitung für die Verwendung von vielfältigen Arten von Bädern, Waschungen, Umschlägen, Leintüchern usw. gegen sämtlich mögliche Krankheiten darstellte. Dabei bemühte sie sich, diese Methoden, die sie als „Formel“ bezeichnete, in eine quasi wissenschaftliche Form zu kleiden, und erfand eine entsprechende Terminologie und Klassifizierung: z. B. „Revolventia-Deriventia. Dritter Grad. Erste Form. Zweite Gattung der Antiphlogistica-Revolventia. Allgemeine Form“ für die Anwendung von Leintüchern zum Schwitzen gegen alle Arten von Hautkrankheiten.[93] Deutlich sichtbar war das Erstarren in alten Ansichten und dem alten Standpunkt, die Kaltwasserkur als „das große Heil der Menschheit“ zu verkünden.[94] Es zeigte sich ein an Mystik grenzender Zustand, der bei „geist- und kenntnissreichen Frauen“ schon Ende des 18. und Anfang des 19. Jahrhundert beobachtet und als „beklagenswerthe Verirrung“ des überspannten, überreizten Nervensystems beschrieben wurde, der „hemmend und traurig“ auf das Fortschreiten der Frauen „in freier wissenschaftlicher Naturforschung“ wirke.[95]

Seit ihre Konzession für eine Kaltwasserheilanstalt ausgesetzt war, bemühte sie sich unaufhörlich mit „unterthänigsten“ Gesuchen, diese zurückzubekommen: 1858 und 1859 von Berlin aus, wo sie in der Augenklinik des Professors Graefe als Wärterin arbeitete, 1862 aus Godesberg, und noch einmal 1867 aus Pankow bei Berlin, worauf sie die unwiderrufliche Antwort erhielt, ihre Konzession sei „längst erloschen“.[96]

Ein Jahr nach diesem Bescheid, am 23. November 1868, starb Marie von Colomb in Reichthal bei Breslau, auf dem Gut Friederikenhof ihrer Freundin, der Dichterin Friederike Kempner, und die Freundin schrieb für sie einen Nekrolog, in dem sie Marie als „eine der ersten Frauen in Deutschl., welche Medicin studirt und Prüfung darin bestanden haben, Wasserärztin, Mitbegründerin d. Heilanst. Görbersdorf“ würdigte.[97]

1891 charakterisierte Rudolf von Gottschall, der das Beispiel von Henriette und Franziska Tiburtius sowie Emilie Lehmus, den ersten weiblichen Ärztinnen in Berlin, vor Augen hatte, sie als „die Vorgängerin der heutigen promovirten Medizinerinnen, in damaliger Zeit eine Ausnahmeerscheinung, die aber das volle Gefühl hatte, einer Erweiterung des Berufs der Frauen die Bahn zu brechen."[98] Ohne über Marie von Colombs Engagement für das kalte Wasser als eine Heilmethode zu wissen, nahm Franziska Tiburtius (1843–1927) in ihren Erinnerungen zur Heilkunde und zur prießnitzschen Wasserbehandlung Stellung:

> Die Heilkunde hat ja zu allen Zeiten neben dem von Staat und Wissenschaft vorgeschriebenen Wege Nebenpfade gehabt, die durch Zwielicht und Dunkel, durch Geheimnis und Irrtum [...] führten; [...] Eins ist aber sicher: daß auch orthodoxe Heilkunde [...] einiges erfaßte, ausbaute, dem empirischen Vorgehen wissenschaftliche Begründung zu geben suchte und so der Therapie ein weiteres Feld erschloß.
>
> Als ich studierte, fing man eben an in weiteren Kreisen von Prießnitz und Wasserbehandlung zu sprechen. Der sich überschlagende Fanatismus der Anhänger, die Einseitigkeit und Übertreibungen erweckten, wie das so oft der Fall ist, mit einiger Berechtigung auf der andern Seite entschiedenen Widerspruch; und erst als die Heilerfolge nicht zu leugnen waren, begann man auch in wissenschaftlich-medizinischen Kreisen der Sache näher zu treten.[99]

Heute zählt Görbersdorf, das nach 1945 den Namen des polnischen Phtisiatren Alfred Sokołomski, eines Schülers von Hermann Brehmer, trägt, zu den ältesten und größten Kurorten Polens. Und wenn dort weiterhin tausende Menschen Erholung und Genesung finden, ist der sehnlichste Wunsch der Entdeckerin dieses Fleckchens, den Mitmenschen zu helfen, in Erfüllung gegangen.

Anmerkungen

* Für tatkräftige Unterstützung bei der Suche nach zeitgenössischen Zeitungen bedanke ich mich bei den Bibliothekarinnen der Staatlichen Allgemein-politischen Bibliothek, Moskau: Tatjana Wassiljewa, Tatjana Uschakowa und Swetlana Inkina, für Hilfe bei der Übersetzung aus dem Polnischen bei Frau Dr. Demuth Lötsch, Berlin, und Herrn Gerd Bruderreck, Stuttgart; aus dem Französischen bei Frau Tatjana Gioewa, Moskau. Weiterhin gilt mein herzlicher Dank dem Biographen Nees von Esenbecks und Editor seiner Werke, Herrn Dr. habil. Günther Höpfner, Berlin, für hilfreiche Hinweise und für die Erlaubnis, einige unveröffentliche Briefe Nees von Esenbecks an Otto Lindner und Friederike Kempner einzusehen.

1 ADB, Bd. ILVII, S. 216f. August Hirsch (Hrsg.): Biographisches Lexikon der hervorragenden Ärzte aller Zeiten und Völker. 6 Bde. Berlin/Wien ²1929, Bd. I, S. 688; Julius Busch: Hermann Brehmer. – In: Schlesische Lebensbilder. Bd. I: Schlesier des 19. Jahrhunderts. Namens der Historischen Kommission für Schlesien hrsg. v. Friedrich Andreae u. a. Breslau 1922, S. 55ff; Reinhold Ortmann: Ein Mahnwort an Hustende und Lungenkranke. Hamburg 1880; ders. Görbersdorf. Dr. Brehmer's Heilanstalt für Lungenkranke. Zürich 1883; Walther Ameling/Arrien Evers (Hrsg.): Handbuch der Bäder- und Klimaheilkunde. Stuttgart 1962, S. 14, 673; Otto Helfer/Rolf Winau: Männer und Frauen der Medizin. Illustrierte Kurzbiographien zur Geschichte der Medizin. Berlin/New York ⁶1989, S. 94.

2 Gustav Friedrich Klemm: Die Frauen. Culturgeschichtliche Schilderungen des Zustandes und Einflußes der Frauen in den verschiedenen Zonen und Zeitaltern. 4 Bde., Dresden 1854–1859, Bd. VI, S. 158; Heinrich Gross: Deutschlands Dichterinnen und Schriftstellerinnen. Eine literarhistorische Skizze. Wien [2]1882, S. 243; Patacky, Bd. I, S. 133; Elise Oelsner: Die Leistungen der deutschen Frauen in den letzten vierhundert Jahren auf wissenschaftlichem Gebiet. Guhrau 1894, S. 75; Mélanie Lipinska: Histoire des femmes médecins depuis l'antiquite' jusqu'a nos jours. Paris 1900, p. 333–337; Walther Schönfeld: Frauen in der abendländischen Heilkunde vom klassischen Altertum bis zum Ausgang des 19. Jahrhunderts. Stuttgart 1947, S. 139ff; Lexikon der Frau in zwei Bänden. Zürich 1953. Bd. I, S. 671; Annette Kuhn (Hrsg.): Die Chronik der Frauen. Dortmund 1992, S. 346; Johanna Ludwig/Katharina Middell: „... der Menschheit Hälfte blieb noch ohne Recht". Dokumentation zur Ausstellung: Menschenrechte für Frauen – Frauen für Menschenrechte. 1791 Olympe de Gouges/ 1848–49 Louise Otto-Peters. Leipzig 1998, S. 29.

3 GStA PK, I HA Rep. 76 Va, Sekt. 4, Tit. 6, Nr. 2, vol. III, Bl. 168–168a.

4 Vgl. Christina Vanja: Aufwärterinnen, Narrenmägde und Siechenmütter – Frauen in der Krankenpflege der Früheren Neuzeit. – In: MedGG 11. 1992, S. 9–24.

5 Reglement für die Prüfung der zu den Universitäten übergehenden Schüler. Berlin 1834, S. 5.

6 Margaret Alic: Hypatias Töchter. Der verleugnete Anteil der Frauen an der Naturwissenschaft. Zürich 1987, S. 119, 121. Zur Geschichte der Frauen in der Medizin und ihrer Zulassung zum Medizinstudium vgl. Edythe Lutzker: Women gain a place in medicine. New York/Toronto/London/Sydney 1969; Eva Brinkschulte (Hrsg.): Weibliche Ärzte. Die Durchsetzung des Berufsbildes in Deutschland. Berlin 1993; Kirstin Hoesch: Die Bemühungen in Deutschland tätiger Ärztinnen um die Approbation von 1877–1900. – In: Medizinhistorisches Journal. Internationale Vierteljahrsschrift für Wissenschaftsgeschichte 30. 1995, S. 353–376. Weitere Hinweise zum Thema in: Barrieren und Karrieren. Die Anfänge des Frauenstudiums in Deutschland. Dokumentationsband der Konferenz „100 Jahre Frauen in der Wissenschaft" im Februar 1997 an der Universität Bremen, hrsg. v. Elisabeth Dickmann/Eva Schöck-Quinteros unter Mitarbeit von Sigrid Dauks. Berlin 2000.

7 Gothaisches Genealogisches Taschenbuch der Briefadeligen Häuser. I. Jg., Teil B. Gotha 1907, S. 109f.

8 Vgl. Aus dem Tagebuche des Rittmeisters von Colomb. Streifzüge 1813 und 1814. Berlin 1854.

9 Ursula Püschel: Bettine, politisch – Beispiel Polen. Mit zwei Briefen Mieroslawskis. – In: „Die echte Politik muß Erfinderin sein". Beiträge eines Wiepersdorfer Kolloquiums zu Bettina von Arnim. Hrsg. v. Hartwig Schulz. Berlin 1999, S. 83, 89; dies.: Anfang der Polenbroschüre. Ein Entwurf Bettinas im Weimarer Material. – In: ebd., S. 379; Paul Boerner: Erinnerungen eines Revolutionärs. Skizzen aus dem Jahre 1848. 2 Bde., Leipzig 1920, Bd. I, S. 78; Breslauer Klubb-Blatt. Beil. zur Schlesischen Chronik. Nr. 2, 18. April 1848.

10 Polski Slownik Biograficzny. Krakyw 1937, Bd. XVI, S. 93.

11 Manfred Laubert: Die preußische Polenpolitik von 1772–1914. Berlin 1920, S. 46.

12 Mariens Geschwister: Lorenz Peter Basilius Joseph (Warschau 14.6.1803–Ostrowo 3.6.1862) Justizrat; Ludwig Viktor Wilhelm Joseph (Warschau 5.12.1804–5.11.1841) Leutnant; Peter Joseph Demetrius Vincenz (Warschau 20.7.1806–Breslau 28.12.1880) Major; Eduard Antonin Christoph Emmerich Joseph (Warschau 3.9.1809–Riesenburg 5.6.1854) Rittmeister; Amalie Ludmilla Maximiliana Josepha (Warschau 12.10.1810–Görbersdorf 13.2.1866); Gustav August Joseph Antonius (geb. und gest. 1812 in Warschau); Alexander Friedrich Christian Joseph (Warschau 3.4.1813–22.12.1855) Leutnant; Theodor Albin Joseph (Warschau 16.12.1815–Baltimore

18.7.1852); Wladimir Anastasius Joseph (Posen 17.8.1817–Breslau 20.7.1876) Oberst; Heinrich Johann Andreas Joseph (Posen 18.11.1822–St. Thomas 30.6.1855) Referendar. Gothaisches Genealogisches Taschenbuch [Anm. 7], S. 110f.

13 Ebd.

14 Julius Stein: Geschichte der Stadt Breslau im neunzehnten Jahrhundert. Breslau 1884, S. 96.

15 Vor allem Maries Tante Amalie von Blücher, von ihrem Gatten kurz vor dessen Tod vorsorglich finanziell abgesichert und ohne eigene Kinder, besaß Familiensinn und stand in Verbindung mit den in Schlesien lebenden Colombs und Blüchers. Vgl. [o. Vorn.] von Hase: Neue Blücherbriefe aus den Jahren 1813–15. – In: Mitteilungen des Geschichts- und Altertums-Vereins zu Liegnitz. Hrsg. v. R. Hahn und A. zum Winkel. 4. H., Liegnitz 1911 und 1912, S. 223–253; Blüchers Briefe an seine Frau, hrsg. v. Adolf Saager. Stuttgart [o. J.]; Briefe von Catherine Amalie von Blücher an Blüchers Enkelsohn Gebhard Bernhard Karl. – In: BHLA, Pr. Br. Rep. 37, Blücher von Wahlstatt, Nr. 129. Vom preussischen König bezog Marie eine jährliche Gnaden-Rente von 170 Thalern. GStA PK, I HA Rep. 76 VIII A, Nr. 2529 (unpag.).

16 Lipinska [Anm. 2], S. 333. – Lipinska benutzte als Quelle den Artikel „Marie de Colomb" von Jeanne Deroin, der 1852 im „Almanach des femmes" (Londres) erschien. Daß Mariens Vorfall als Legende benutzt wurde, bezeugt der mit dem Pseudonum „Narcissus" unterschriebene Artikel: Eine Krankengeschichte. Eingesendet von einem Schüler Rausse's. – In: Frauen-Zeitung. Ein Organ für die höheren weiblichen Interessen. Begründet und fortgesetzt von Louise Otto. Redigirt unter Verantwortlichkeit der Verlags-Handlung. Gera, 3. Jg., 1. Quartal, Nr. 3&4, 15. Februar 1851, S. 12f. Unter diesem Pseudonym verbarg sich höchstwahrscheinlich Theodor Hahn, gleichnamiger Sohn und Nachfolger des berühmten Wassserarztes, aktiver Teilnehmer der Revolution von 1848/49, Mitglied der Arbeitverbrüderung und des Bundes der Kommunisten. Vgl.: Klaus Baudis: Julius Polenz. Rostock 1962, S. 87f; Bund der Kommunisten. Dokumente und Materialien. 3 Bde., Berlin 1970–1984, Bd. 2: 1849–1851. Berlin 1982, S. 454f. – 1850–1852 gab Hahn in Leipzig im Verlag des mit Louise Otto befreundeten Ernst Keil die Schrift von I. H. Rausse: Anleitung zur Ausübung der Wasserheilkunde für Jedermann, der zu lesen versteht, in drei Teilen heraus, sowie die 4. Auflage der populärsten Schrift von Rausse: Wasser thut's freilich oder Miszellen zur Gräfenberger Wasserkultur, 2 Th.

17 Vgl. u. a. Theodor Brand: Die Wassercuren des Vincenz Prießnitz zu Gräfenberg in Oesterreichisch-Schlesien. Ein Trost- und Handbuch für Kranke. Breslau 1833; Ernst von Held-Ritt: Prießnitz auf Gräfenberg oder treue Darstellung seines Heilverfahrens mit kaltem Wasser. Ein Handbuch für Alle. Wien 1837; Wilhelm Krause: Allgemeine und specielle Hydrotherapie, oder die Grundsätze des Prießnitzschen Heilverfahrens im Allgemeinen, wie in's Besondere bei Behandlung der einzelnen Krankheiten; zum praktischen Gebrauch. Dresden 1842; August Wilhelm König: Praktische Anleitung nach Schroth-Prießnitzsche Methode sich selbst zu heilen. Berlin 1864; Adolf Kettner: Führer durch die Curorte Gräfenberg-Freiwaldau und Lindewiese. Mit Illustrationen und Karten. Freiwaldau 1887; Horst Prignitz: Wasserkur und Badelust. Eine Badereise in die Vergangenheit. Leipzig 1986, S. 177–193.

18 Lipinska [Anm. 2], S. 334.

19 Marie von Colomb an Friedrich Wilhelm IV., 22. November 1851. GStA PK, I HA Rep. 76 VIII A, Nr. 2528 (unpag.)

20 Jahresbericht des Vereins der Wasserfreunde für 1849. Berlin 1850, S. 37ff. – Über die von ihm praktizierte Anwendung der Kaltwassermethoden zur Bekämpfung der Cholera schrieb auch Theodor Hahn in seiner Schrift: Die Cholera und ihre Behandlung mit kaltem Wasser, Schwerin 1849.

[21] Vgl. u.a. van der Reis [Anm. 71], Vorwort.
[22] Marie von Colomb an Staats-Minister von Ladenberg, 31. August 1849. GStA PK [Anm.19].
[23] Dr. Wendt an die Königliche Regierung in Breslau, Abtheilung des Innern, 23. Oktober 1849. Ebd.
[24] Nachweisung der auf der Universität zu Breslau im Winter-Semester 1849–1850 angekündigten und wirklich zu Stande gekommenen Vorlesungen. GStA PK, I HA Rep. 76 Va, Sekt. 4, Tit. 7, Nr. 10, vol. II, Bl. 249a–250.
[25] Marie von Colomb an Staats-Minister von Ladenberg, 24. Oktober 1849. GStA PK [Anm. 19].
[26] Vgl. Günther Höpfner: Christan Gottfried Daniel Nees von Esenbeck (1776–1859) – ein deutscher Gelehrter an der Seite der Arbeiter. – In: Beiträge zur Nachmärz-Forschung. Schriften aus dem Karl-Marx-Haus 47. Trier 1994, S. 9-102.
[27] Julius Fröbel: Das System der sozialen Politik. 2 Bde. Mannheim 1847. Für die erste Auflage dieser Schrift, die ein Jahr zuvor unter dem Titel „Neue Politik“ erschien, benutzte Fröbel das Pseudonym „C. Junius“.
[28] GStA PK [Anm. 24], Bl. 253a–254.
[29] Zit. nach Hildegard Ries: Geschichte des Gedankens der Frauenbildung in Deutschland. Inaug.-Diss. Münster 1931, S. 31.
[30] Ebd., S. 32.
[31] Der Leuchtthurm. Red. v. Ernst Keil. Leipzig, Nr. 1, 1850, S. 26.
[32] Kölnische Zeitung, Nr 253, 23. Oktober 1849, Beil.
[33] Neue Preußische Zeitung, Nr. 249, 26. Oktober 1849.
[34] Sylvia Paletschek: Frauen und Dissens. Frauen in Deutschkatholizismus und in den freien Gemeinden 1841–1852. Göttingen 1990, S. 194-200.
[35] So gründete Eugenie Blum, Robert Blums Witwe, im Juni 1850 in Leipzig eine Höhere Anstalt für Fortbildung der Mädchen ab 15 Jahre. Vgl. Der Leuchtthurm [Anm. 31], Nr. 21, 1850, S. 423.
[36] Paletschek [Anm. 34], S. 209f.
[37] Ebd. Ferdinand Kampe: Geschichte des Deutsch-Katholizismus und freien Protestantismus in Deutschland und Nordamerika von 1848-1858. Leipzig 1860, S. 140.
[38] Breslauer Kreis-Bote. Vertreter der Demokratie in Schlesien, Nr. 7, 21. September 1848, S. 4 und Nr. 9, 28. September 1848, S. 4.
[39] Etwa um diese Zeit brachte die Vossische Zeitung die Ankündigung der „Vorträge für gebildete Frauen und Jungfrauen über Erziehung und Unterricht“ an der „Königlichen Bildungsanstalt für Lehrerinnen und Erzieherinnen“ als Beispiel dafür, daß der Staat dem desideraten Zustand der Mädchen- und Frauenbildung aufzuhelfen suchte. Königlich privilegirte Berlinische Zeitung für Staats- und gelehrte Sachen. Nr. 252, 28. Oktober 1849, 1. Beil.
[40] Zur Geschichte der Hochschule für das weibliche Geschlecht vgl. u.a. Ries [Anm. 29], S. 29–67. Elke Kleinau: Ein (hochschul-)praktischer Versuch. Die „Hochschule für das weibliche Geschlecht“ in Hamburg. – In: Geschichte der Mädchen und Frauenbildung. Hrsg. v. Elke Kleinau und Claudia Opitz. Frankfurt a. M./New York 1996. Bd. II: Vom Vormärz bis zur Gegenwart, S. 66–82 sowie den Artikel von Inge Grolle in diesem Band.
[41] Vgl. Irina Hundt: „Wäre ich besonnen, wäre ich nicht Helmina.“ Helmina von Chézy (1783-1856) – Porträt einer Dichterin und Publizistin. – In: Autorinnen des Vormärz. Bielefeld 1997 (= FVFJb. 1996), S. 43–79.
[42] Helmina von Chézys Antwort auf den Aufruf Marie von Colombs ist in drei Varianten

überliefert: als ein undatierter Briefentwurf, als ein vom 3. November 1849 datierter Brief und als ein mit „Z" gezeichneter Artikel. BBAW AA, Nachlaß Chézy, Nr. 763.

43 Diese Reduzierung der Frauenbildung auf erzieherische und pädagogische Aufgaben wurde von vielen Vordenkern der Frauenemanzipation im 19. Jahrhundert geteilt. Vgl. z.B. Betty Gleim: Erziehung und Unterricht des weiblichen Geschlechts. Leipzig 1810; Sendschreiben von Johannes Ronge. – In: Frauen-Zeitung, Nrn. 29–31, 3.–17. November 1849.

44 BBAW AA [Anm. 42].

45 Vgl. u.a. Hedwig Dohm: Die wissenschaftliche Emanzipation der Frau. Berlin 1874; Helene Lange: Frauenbildung. Berlin 1889. Eine zusammenfassende Übersicht der wichtigsten Etappen im Kampf der Frauen für die Zulassung zum Hochschulstudium gibt: 25 Jahre Frauenstudium in Deutschland. Verzeichnis der Doktorarbeiten von Frauen 1908–1933. Zusammengest. v. Elisabeth Boedecker unter der Mitarbeit v. Ingeborg Colshorn und Elsa Engelhardt. H.I. Hannover 1939, S. XXII–XLVIII.

46 Adalbert von Ladenberg an Marie von Colomb, 31. Dezember 1849. GStA PK [Anm. 24].

47 Ebd.

48 Kurorte und ihre Umgebung in Niederschlesien. Balneologie – Geschichte – Natur – Kunst. Wroclaw/ Warszawa/Krakyw/Gdansk 1978, S. 383f.

49 A. Palleske: Der Curort Görbersdorf in Schlesien, eine Heilanstalt für Lungenkranke. Geschildert und als Handbuch und Führer zum Gebrauch für Curgäste bestimmt. Berlin 1872, S. 1–5

50 Handbuch der historischen Stätten. Schlesien. Hrsg. v. Hugo Weczerka, Stuttgart 1977, S. 137f.

51 Nachweisung über den Zu- und Abgang der Medizinal-Personen pro 1850 im Regierungs-Bezirk Breslau. GStA PK, I HA Rep. 76 VIII A, Nr. 733 (unpag.).

52 Bericht des Königl. Kreis-Physikus Dr. Rau an die Königl. Regierung zu Breslau, 20. April 1850. GStA PK [Anm. 19].

53 Marie von Colomb an den König, 22. November 1851. Ebd.

54 Ebd.

55 Collection der jährlichen Regierungsberichte betreffend die Mineral-Quellen und Bäder, deren Veränderungen, neuen Einrichtungen, Frequenz pp. Vol. 8. Nov. 1849 bis Nov. 1853. GstA PK, I HA Rep. 76 VIII A, Nr. 2518 (unpag.).

56 Neue Oder-Zeitung. Breslau, Nr. 134, 6. Juni 1850.

57 Marie von Colomb: Vincenz Prießnitz und dessen Wasserheilmethode zu Gräfenberg. Als Programm zur Eröffnung der Wasserheilanstalt zu Görbersdorf unterhalb Fürstenstein im schlesischen Gebirge. Breslau 1850. Vermutlich veröffentlichte Marie kurz davor in der „Frauen-Zeitung". Red. v. Louise Otto. Nr. 37, 30. Dezember 1849, einen mit „Hygiea" unterschriebenen und völlig mit dieser Schrift übereinstimmenden Artikel: „Gegen Krankheiten. An die Frauen".

58 I.H. Rausse: Anleitung zur Ausübung der Wasserheilkunde für Jedermann, der zu lesen versteht. Hrsg. v. Theodor Hahn. 3 Abth. Leipzig 1850–1852, 2. Abth.: Die Behandlung der akuten Krankheitszeichen. Mit dem Porträt I.H. Rausse's. S. 229–251.

59 Colomb [Anm. 57], S. 5.

60 Ebd., S. 23.

61 Vgl. u. a. Das neue große Kneippbuch. Handbuch der naturgemäßen Lebens- und Heilweise. München 1964.

62 Vgl. Frauen-Zeitung, Nr. 20, 24. Mai 1851, S. 128.

63 Rudolf von Gottschall: Aus meiner Jugend. Erinnerungen. Berlin 1898, S. 348f.

[64] Collection der jährlichen Regierungsberichte [Anm. 53]. Collection der jährlichen Regierungsberichte betreffend die Mineral-Quellen und Bäder, deren Veränderungen, neuen Einrichtungen, Frequenz pp. Vol. 9. Nov. 1853 bis Mai 1858. Ebd., Nr. 2519 (unpag.).
[65] Vgl. Rausse [Anm. 58]; A. F. Erfurth: Theorie des Wasserheilverfahrens oder elektrische Strömungen als Ursache der belebenden Wirkung des kalten Wassers. Hamburg 1851.
[66] Höpfner [Anm. 26], S. 55, 77, 99; Die Allgemeine Deutsche Arbeiterverbrüderung 1848–1850. Dokumente des Zentralkomitees für die deutschen Arbeiter in Leipzig. Bearb. und eingel. v. Horst Schlechte. Weimar 1979, S. 540; Breslauer Zeitung, Nr. 101, 2. Mai 1849; Breslauer Kreis-Bote. Vertreter der Demokratie in Schlesien. Nrn. 4, 9 und 17, 11. und 28. September, 26 Oktober 1849.
[67] BLHA, Personenkartei. Ebd., Rep. 30, Berlin C Tit. 94 Lit. F, Bl. 51-52. Lit. P, vol. I, Nr. 1220, Bl. 142.
[68] Marie von Colomb: Die Berechtigung der Wasserheilmethode vom wissenschaftlichen Standpunkte aus. Berlin 1852. – Brehmers spätere Behauptung, Marie habe ohne sein Wissen diese seine studentische Arbeit entwendet und veröffentlicht (Hermann Brehmer an den Staats-Minister von Raumer, 25. Juni 1857. GStA PK [Anm. 19]), widerspricht den Tatsachen und Zeugenaussagen, wonach die freundschaftliche Zusammenarbeit zwischen beiden noch zwei Jahre nach der Veröffentlichung der Schrift andauerte.
[69] Colomb, ebd., S. 46f, 53.
[70] Ebd., S. 41ff.
[71] Vgl. Simon Baruch: Hydrotherapie. Ihre physiologische Begründung und praktische Anwendung. Berlin 1904; Alfred Martin: Deutsches Badewesen in vergangenen Tagen. Nebst einigen Beiträgen zur Geschichte der deutschen Wasserheilkunde. Jena 1906; Victor van der Reis: Die Geschichte der Hydrotherapie von Hahn bis Prießnitz. Berlin 1914; Kordula Köberle: Zur Kontroverse zwischen Schulmedizin und Naturheillehre vor dem Hintergrund der Entwicklung der Hydrotherapeutischen Anstalt der Universität Berlin von 1898 bis 1933. – In: Wissenschaftliche Zeitschrift der Humboldt-Universität zu Berlin, Math.-Nat. R XXVIII. 1978, 2, S. 309–315; Cornelia Regin: Naturheilkundige und Naturheilbewegung im Deutschen Kaiserreich. Geschichte, Entwicklung und Probleme eines Bündnisses zwischen professionellen Laienpraktikern und medizinischer Laienbewegung. – In: MedGG 11. 1992, S. 175–200.
[72] Marie von Colomb: Der Weg zum Heil für mein Geschlecht. Breslau 1854. Ihre im selben Jahr in Waldenburg veröffentlichte zweite Broschüre: Heilung der Atmungsorgane durch das Wasser, ist z. Z. nicht auffindbar.
[73] Vgl. Phyllis Chester: Frauen – das verrückte Geschlecht? Mit einem Vorwort von Alice Schwarzer. Deutsch von Brigitt Stein. Reinbeck bei Hamburg 1977.
[74] Colomb [Anm. 72], S. 7.
[75] Ebd., S. 14.
[76] Hermann Brehmer an Nees von Esenbeck, 12. März 1854 und 18. August 1855. SBB PK, Handschriftenabteilung, Sammlung Darmstaedter.
[77] Nees von Esenbeck an Friederike Kempner, 2. Oktober 1853.
[78] Nees von Esenbeck an Friederike Kempner, 25. Dezember 1854.
[79] Z.B. veröffentlichte Nees von Esenbeck in der „Breslauer Zeitung", Mittagsblatt, Nr. 101, 7. März 1854, eine positive Rezension zu Mariens Schrift „Der Weg zum Heil für mein Geschlecht", in der er ihre Schrift und die Görbersdorfer Kaltwasserheilanstalt „aufs Wärmste" empfahl. Dabei unterstrich er, daß der gute Ruf des Kurorts „dem Familienbunde" zu verdanken sei, worauf Marie mit einem scharfen Gegenartikel in derselben Zeitung, Morgen-

blatt, Nr. 119, 11. März 1854, reagierte; während Brehmer in einem Brief an Nees verlangte, sich von Marie zu distanzieren. Hermann Brehmer an Nees von Esenbeck, 12. März 1854 [Anm. 76].

80 Marie von Colomb an den König, 5. Oktober 1854. GStA PK [Anm. 19].

81 Marie von Colomb an das Kultusministerium, 25. November 1854. Ebd.

82 Extract aus den stenographischen Verhandlungen der IIten Kammer vom 20. December 1854. Ebd.

83 Marie von Colomb an das Kultusministerium, 26. August und 17. November 1855. Ebd.

84 Ober-Präsident von Schleinitz an den Staats-Minister von Raumer, 3. Juli 1857. Ebd. – Hermann Brehmer wurde bis 1859 keine Konzession erteilt, und zwar nicht aus politischen Gründen, wie in der Literatur angenommen, sondern wegen seines Verhaltens gegenüber Marie von Colomb, obwohl er in dieser Zeit die Ergebnisse seiner Forschungen in zwei Werken veröffentlichte, die von Humboldt, Valentin, Schönlein und anderen Wissenschaftsgrößen positiv bewertet wurden. Vgl. den Briefverkehr zwischen Brehmer und den Behörden 1856–1859. GStA PK [Anm. 19].

85 Resolution des Kultusministers von Raumer auf den Bericht der Breslauer Regierung an ihn, 8. Oktober 1857. Ebd.

86 Schleinitz [Anm. 84].

87 Schreiben der Abtheilung des Inneren zu Breslau an den Staats-Minister von Bethmann-Hollweg, 20. Dezember 1858. GStA PK [Anm. 19].

88 Marie von Colomb an einen Geheimen Rat, 1. Januar 1857. Germanisches Nationalmuseum Nürnberg, Archiv, XIII, Frauen, Deutschland. Zur Lage der russischen Wasserkurorte in dieser Zeit vgl. Olga V. Jodko: Deutsche Einflüsse auf die Entwicklung der russischen Balneologie. – In: Ingrid Kästner (Hrsg.): Deutsch-russische Beziehungen in der Medizin des 18. und 19. Jahrhunderts. Vorträge des Symposiums von 27. und 28. März 1999 am Karl-Sudhoff-Institut für Geschichte der Medizin und der Naturwissenschaften. Medizinische Fakultät der Universität Leipzig. Aachen 2000, S. 53–56.

89 Marie von Colomb an das Kulturministerium, 2. Juni 1860. GStA PK, I HA Rep. 76 VIII A Nr. 2530 (unpag.).

90 Marie von Colomb an das Königl. Polizei-Präsidium in Berlin, 17. Januar 1865. Ebd.

91 Lipinska [Anm. 2], S. 337.

92 Marie von Colomb: Das Wasserheilmittel in dreiundsechzig Wasserheilformeln gegen alle Nerven- und Säfte- Krankheiten des Menschen. Posen 1864.

93 Ebd., S. 52.

94 Ebd., S. 4.

95 Christian Friedrich Harless: Die Verdienste der Frauen um Naturwissenschaft, Gesundheits- und Heilkunde, so wie auch um Länder-, Völker- und Menschenkunde, von der ältesten Zeit bis auf die neueste. Ein Beitrag zur Geschichte geistiger Cultur, und der Natur- und Heilkunde insbesondere. Göttingen 1830, S. 74.

96 Marie von Colomb an das Kultusministerium, 29. Juli 1867, und die Antwort an sie, 13. August 1867. GStA PK [Anm. 89].

97 Rübezahl. Schlesische Provinzialblätter. 8. Heft 4, April 1869, S. 184.

98 Gottschall [Anm. 63], S. 437.

99 Franziska Tiburtius: Erinnerungen einer Achtzigjährigen. Berlin ^{2}1925, S. 186f.

Johanna Kinkel (1810–1858)

Dorothea oder das Lob der Bürgerlichkeit
*Die Frauenfrage im Roman „Hans Ibeles in London"**

CLARA G. ERVEDOSA, VILA REAL/PORTUGAL

Die Veränderungen im Zuge der wachsenden Industrialisierung Deutschlands und die Forderungen der Französischen Revolution nach Freiheit, Gleichheit und Brüderlichkeit, die sich in Deutschland seit dem Vorabend der Revolution von 1848 verstärkt hörbar machten, entfachten auch die Diskussion über die gesellschaftliche Stellung der Frau. Dem französischen und englischen Vorbild folgend, erhoben immer mehr Frauen ihre Stimmen, um auf die Existenz einer „Frauenfrage" hinzuweisen. Sie forderten vor allem bessere Erziehungs- und Arbeitsmöglichkeiten und trugen auf diese Weise zum Beginn der deutschen Emanzipationsbewegung bei, die dann in den 60er Jahren des 19. Jahrhunderts eine organisierte Form annahm.[1]

Vor diesem Hintergrund meldeten sich auch immer mehr Schriftstellerinnen zu Wort, die in der Literatur das weibliche Selbstverständnis und die Emanzipation thematisierten.[2] Der 1859 in der von Gottfried Kinkel herausgegebenen Zeitschrift „Hermann"[3] und 1860 im Cotta Verlag erschienene Roman „Hans Ibeles in London. Ein Roman aus dem Flüchtlingsleben"[4] der Musikerin und Schriftstellerin Johanna Kinkel[5] bietet ein Beispiel dafür. Hier setzte sich Johanna Kinkel, die die Diskussion im Zusammenhang mit der brisant gewordenen Frauenfrage verfolgte, mit damals für Frauen akuten Themen wie Ehe, Mutterschaft, Frauenerziehung, Emanzipation und der Revolution von 1848 auseinander. Ihr Bewußtsein für solche Themen entsprang auch ihren eigenen Erfahrungen, denn, betrachtet man ihre Lebensgeschichte, was sich auch angesichts der autobiographischen Bezüge des Romans[6] als sinnvoll erweist, so läßt sich konstatieren, daß Johanna Kinkel mehrmals mit gesellschaftlichen Normierungen und starren Weiblichkeitsmustern in Konflikt geriet.

Die Abweichungen vom damals dominierenden Frauenverständnis sind bei Johanna Kinkel bereits in jungen Jahren aufzuspüren. Als sie sich ihres musikalischen Talents bewußt wurde, akzeptierte sie nicht die gängige Rolle der „klavierspielende[n] höhere[n] Tochter"[7], die Musik- wie Literaturkenntnisse als „soziales Ornament" erwarb, um Gesellschaften zu unterhalten. Sie widmete sich stattdessen ernsthaft der Entfaltung ihrer künstlerischen Fähigkeiten als eines Teils ihrer Identität, wurde vom Lehrer des jungen Beethoven, Franz Anton Ries, unterrichtet, übernahm bereits 1827 die Leitung des Bonner Chors, was damals als unüblich galt, und ab 1829 auch die Leitung eines Bonner Musikvereins.

Johanna fühlte sich jedoch bald in ihrer kleinen und provinziellen Heimatstadt Bonn in ihren Entwicklungsmöglichkeiten eingeschränkt. In einem Brief an ihre Freundin Emilie von Henning prangerte sie vor allem den Mangel an geistigen Anregungen an, was sie darauf zurückführte, daß die meisten Frauen nur Geschichten zu lesen und die „Raisonnements" zu überschlagen pflegten. Aus diesem Grund sei ihnen auch das selbständige Reflektieren fremd und lieber würden sie bei den traditionellen Kaffeekränzchen irgendein belangloses Thema fünf- oder sechsmal ausführlich besprechen.[8] Um dieser erdrückenden Atmosphäre zu entfliehen und sich weiterzubilden, faßte sie im Alter von 26 Jahren den Entschluß, nach Berlin umzuziehen, wo sie ihren Lebensunterhalt durch Klavierunterricht bestritt, eine Zeit bei der von ihr verehrten Bettina von Arnim[9] lebte und Kontakt zu Berliner Künstlern und Persönlichkeiten des öffentlichen Lebens aufnahm. Obwohl sie als Musikerin und Komponistin in dieser von Männern beherrschten Domäne zum Teil nicht ernst genommen wurde[10], erwies sich für sie der Aufenthalt in Berlin als eine äußerst anregende Erfahrung. Sie widmete sich dem romantischen Klavierlied, vertonte eigene Texte, solche von Goethe und Heine[11], komponierte Duette, Kantaten, musikalische Bühnenwerke[12] und verfaßte später Abhandlungen über Musikpädagogik und -ästhetik.[13] Sie wurde hauptsächlich als Musikerin bekannt, jedoch schrieb sie auch Gedichte, Novellen, Erzählungen[14] und zuletzt ihren einzigen Roman, „Hans Ibeles in London".

Jedoch nicht nur Johannas künstlerische Tätigkeit, sondern auch private Erfahrungen verstießen gegen damalige Vorstellungen weiblichen Betragens. Vor allem ihre Scheidung von ihrem ersten Mann, Johann Paul Matthieux[15], und ihre zweite Eheschließung im Jahre 1843 mit Gottfried Kinkel, der als Theologiedozent an der Bonner Universität lehrte, führten ihr deutlich die gesellschaftlichen Schranken vor Augen. Denn die Scheidung erwies sich, „obwohl sie rechtlich und bei Protestanten auch kirchenrechtlich möglich war"[16], noch als ein äußerst ungewöhnliches und langwieriges Verfahren. Zudem wurde hauptsächlich der Frau die Schuld für das Scheitern der Ehe zugewiesen. So wurde Johanna vorgeworfen, ihre Pflichten als Hausfrau nicht erfüllt zu haben, wobei das Unglück und die Mißhandlungen, denen sie in dieser Ehe ausgesetzt war, kaum in Betracht gezogen wurden.[17] Die zweite Heirat brachte sie insofern in Konflikt mit soziokulturellen Normen, als eine Beziehung zwischen einer geschiedenen Katholikin und einem protestantischen Theologen allgemein verpönt war. Gottfried verlor deswegen seine Stelle als Religionslehrer am Thormannschen Töchterinstitut sowie seine nebenamtliche Hilfspredigerstelle in Köln und war in der theologischen Fakultät mit derartigen Vorurteilen konfrontiert, daß er sich immer mehr dem Fach Kunstgeschichte zuwandte.

Nach der Hochzeit führte das Ehepaar ein vergleichsweise idyllisches Familienleben[18], bis 1848 die Revolution ausbrach und sie ins Gewirr der politischen Ereignisse stürzte, die ihr Leben schlagartig veränderten, war der frühere Monarchist Gottfried Kinkel doch inzwischen zu einem Anhänger der Ideale der Freiheit und Demokratie geworden. Im Zusammenhang mit der „Reichsverfassungskampagne" nahm er am Aufstand in Baden teil und wurde deshalb zu einer lebenslangen Zuchthausstrafe verurteilt. Während ihr Mann im Zuchthaus saß, sorgte Johanna für den Lebensunterhalt ihrer vier Kinder, führte die politische Arbeit in Bonn weiter, übernahm die Redaktion der „Neuen Bonner Zeitung" und beteiligte sich aktiv an der Befreiung Gottfrieds aus dem Zuchthaus. Danach mußten sie ins Exil fliehen und lebten seit

1850 unter schwierigen Umständen in London, wo Johanna acht Jahre später im Alter von 48 Jahren auch starb.[19]

Diese biographischen Erfahrungen und die daraus resultierende Konfrontation mit verfestigten gesellschaftlichen und kulturellen Normen schärften Johanna Kinkels Blick für politische und soziokulturelle Probleme und für die Existenz einer Frauenfrage. Aus ihren Schriften spricht deutlich das Bewußtsein, daß ihr Leben als Frau und das Handeln der Frauen im allgemeinen oft viel mehr von festen, manchmal der Vernunft widersprechenden Gesellschaftskonventionen als von individuellen Entscheidungen abhingen.[20] Dazu hatten auch nicht zuletzt die im 19. Jahrhundert zunehmend bemerkbare Individualisierung und Historisierung des Denkens, welche die Reflexion über die Rolle des Einzelnen in der Geschichte und in der Gesellschaft förderten, beigetragen.[21]

In „Hans Ibeles in London" erörterte die Autorin die Frauenfrage, indem sie die Geschichte einer Frau im Londoner Exil erzählte. Dieser stellte sie ein breites Spektrum weiblicher Typen an die Seite, die es ihr ermöglichen, verschiedene Aspekte dieses Themas aus unterschiedlichen Perspektiven zu beleuchten. Insofern erweist sich der Titel des Buches als irreführend, denn im Mittelpunkt der Handlung und des Interesses steht nicht Hans Ibeles, sondern stehen weibliche Figuren.

Die Handlung beginnt im Jahr 1848, als sich Dorothea, ihr Mann, der Komponist und Dirigent Hans Ibeles, und ihre Kinder als Flüchtlinge in London niederlassen, weil Hans Ibeles aktiv an der Revolution teilgenommen hatte. Wie auf Goethes Dorothea[22] lasten auf ihr die Hauptmühen und Schwierigkeiten des Exils, die sie aber mit einer ordentlichen, arbeitsorientierten, sparsamen und moralischen Lebensführung zu meistern versucht. Da sie sich in erster Linie als Hausfrau und Mutter definiert, ordnet sie sich dabei den Interessen der Familie unter, die ihr Lebenszentrum bildet. Dorothea wird deswegen um so schwerer davon erschüttert, daß ihr Mann den Reizen der exzentrischen Künstlerin Livia erliegt und sich zunehmend von seiner Familie distanziert. Trotz des Schmerzes hält sie an ihrer Entsagung zugunsten ihrer Familie fest und wird auch letztendlich dafür belohnt, als Hans Ibeles als „verlorener Ehemann" um Vergebung bittend zu ihr zurückkehrt, nachdem er feststellt, daß Livia eine Betrügerin ist. Der Roman endet so mit einem glücklichen Ende, in dem sich das Ehepaar wieder findet und die bürgerlichen Werte obsiegen.

Diese Familiengeschichte und der Erzählmodus stellen Dorothea aus der breiten Palette weiblicher Figuren deutlich als vorbildhaft dar und verwirklichen so die pädagogische Intention des Romans[23]: Denn Dorothea wird nicht nur als Hauptfigur präsentiert, auf welche die auktoriale Erzählerin primär ihre „Kamera" fokussiert, sondern die Erzählerin läßt auch durch parteiische Kommentare ihre Sympathie gegenüber dieser Figur und so ihre ähnliche Weltanschauung zum Vorschein kommen.[24] Es ist also die bürgerliche Hausfrau und Mutter Dorothea und nicht die sogenannte „Emanzipierte", wie sie im 19. Jahrhundert allmählich von sich reden machte – und die auch in diesem Roman vorkommt –, die dem weiblichen Publikum als Muster präsentiert wird. Insofern stellt dieser Roman nicht nur „ein literarisches Panoptikum der Weiblichkeit"[25], sondern auch ein „literarisches Panoptikum der Bürgerlichkeit" im 19. Jahrhundert dar. Aus diesem Grund eignet sich „Hans Ibeles in London" nicht nur als kulturgeschichtliche Quelle für das Studium der Frauengeschichte, sondern auch der bürgerlichen, speziell der bildungsbürgerlichen Mentalität und Lebensführung im 19. Jahrhundert.

Schon dadurch, daß sich die als adelig geborene Dorothea bewußt für eine bürgerliche Ehe und Lebensführung entschieden hatte, weil sie diese für überlegen hält, wird die Idee der Bürgerlichkeit betont. Bewußt wird damit ein Trend der Zeit, in der viele finanziell erfolgreiche Bürgerliche den umgekehrten Weg gingen und den adligen Lebensstil nachzuahmen trachteten, in Frage gestellt. In Dorotheas Fall hatte die Lebensführung ihrer adligen, etwas indolenten und genußsüchtigen Mutter als Negativbeispiel gedient, die ein für ihre Verhältnisse zu verschwenderisches Leben geführt hatte, so daß sie nach dem Tod ihres Mannes auf die Hilfe ihres reichen Bruders angewiesen war. Nach dieser familiären Erfahrung gab Dorothea ihre Ausbildung in schöngeistigen Fächern wie Musik und Poesie, „wie es von den sogenannten Gebildeten in ihren Lesekränzchen und Dilettantenkonzerten getrieben wird"[26], auf, um sich Tätigkeiten zu widmen, die nützlich waren und „Arbeit und Selbstverleumdung verlangten".[27] Sie heiratete den bürgerlichen Hans Ibeles und fügte sich in ein Leben, wie es Friedrich Schiller in „Das Lied von der Glocke" beschrieb: Die züchtige, fleißige Frau waltet im privaten Raum, während dem Mann die Aufgabe des Ernährers, d. h. der öffentliche Bereich, zugewiesen wird. War sie am Anfang des Exils Hans Ibeles noch dabei behilflich, gesellschaftliche Kontakte zu pflegen, zog sie sich auch davon zurück, nicht nur weil ihr die Zeit dafür fehlte, sondern auch weil sich eines Tages in ihrer Abwesenheit ein Unfall mit einem ihrer Kinder ereignet hatte.

> Hausfrau und Weltdame sind zwei unvereinbare Dinge in London. Wie saß ich immer auf Kohlen, wenn der müßige Schwarm geputzter Fremden mich auf dem Sofa festhielt, keiner Seele zum Nutzen und mir selbst zur Langeweile. Da lagen alle die Geschäfte mir auf dem Gewissen, die ungetan blieben. Mit jeder Viertelstunde, die ich verplauderte, sah ich meinen Haushalt eine Stufe tiefer in die Verwahrlosung hinabsinken.[28]

Das Pendant zu diesem bürgerlichen Universum bildet das aristokratische, das vor allem durch eine Bekannte der Familie Ibeles, die polnische Gräfin Blafoska verkörpert wird. Während Dorothea als fleißig, ordentlich, sparsam, rational, beständig und moralisch beschrieben wird, wird die Gräfin kontrapunktisch dazu als müßig, unordentlich, verschwenderisch, leidenschaftlich, launisch und egozentrisch porträtiert.[29]

Und so wie die Abgeschlossenheit des Familienhauses für Dorotheas Wirkungssphäre steht, symbolisiert die Offenheit des gesellschaftlichen Salons die adlige Welt. In dem Salon, der als Bühne fungiert, entfaltet sich der wahre Charakter der Gräfin vor den Augen der Leserinnen. Hatte die Gräfin in ihren Selbststilisierungsbestrebungen als Revolutionärin diesen Raum angeblich als Treffpunkt für die exilierten Demokraten organisiert, wo die wichtigsten politischen Ereignisse diskutiert werden sollten, so entpuppte sich im Lauf der Zeit hinter dieser Fassade immer mehr die ihm vorgesehene Funktion, indem er graduell zum Ort des Amüsements, der trivialen Gespräche, der Intrigen, der Eheanbahnung und sogar der Magie wurde.

Die Polarität zwischen Dorotheas und Blafoskas Welten manifestiert sich vor allem in Mißverständnissen und Konflikten zwischen beiden Figuren. So kam zum Beispiel die Diskrepanz zwischen ihren Lebensauffassungen deutlich zum Ausdruck, als die Gräfin eines Tages ihre Kinder ohne Vorwarnung zu Dorothea schickte, damit diese auf sie aufpaßte. Dorothea, die für jenen Tag einen Familienspaziergang geplant hatte, sah sich auf die Weise gezwungen, auf die lang ersehnte kleine Wanderung zu verzichten. Dazu ließ ihr die Gräfin für die Kinderverpflegung „Champagner und Dessert"[30] senden, statt etwas Substantiellem wie etwa Milch oder Butter. Die Erzählerin kommentiert das Verhalten der Gräfin, wobei sie deutlich Partei für Dorothea ergreift: „Sie hatte, wie alle reichen und müßigen Damen, gar keinen Maßstab für das, was in einer bürgerlichen Haushaltung möglich ist."[31] So verwundert es angesichts dieser herabsetzenden Charakterisierung der Gräfin nicht, daß sich ihr Engagement für die Freiheit Polens im Laufe des Romans als eine Lüge entlarvt, hinter der sich in Wirklichkeit eine Spionin im Dienst aristokratischer Interessen verbirgt.

Dieses Lob der Bürgerlichkeit in „Hans Ibeles in London" mag beim heutigen Leser Erinnerungen an biedermeierliche Bilder hervorrufen, die das Haus und die Familie als einen Hort des Glücks und der Geborgenheit darstellen. Im sogenannten nachbürgerlichen Zeitalter werden diese Idyllvorstellungen in erster Linie mit Konservativismus und Engstirnigkeit assoziiert, da diese Formen des Zusammenlebens vor allem seit den 60er Jahren des 20. Jahrhundert verstärkt hinterfragt wurden. Es wäre jedoch verfehlt zu behaupten, daß Johanna Kinkel mit diesem Roman ein für ihre Zeit konservatives Familien- und Frauenbild verbreiten wollte. Betrachtet man die Frauenfrage differenziert und im Kontext des 19. Jahrhunderts, so läßt sich konstatieren, daß Dorotheas Selbstverständnis als Frau und ihre bürgerliche Lebensführung im Hinblick auf ihre Zeit durchaus moderne[32] Züge aufweisen.

Die bürgerliche Familie, wie Dorothea sie hier vertritt, war für die damalige Zeit eine moderne Erscheinung: In England entstanden, entwickelte sie sich in Deutschland seit dem späten 18. Jahrhundert vor allem beim gebildeten Bürgertum. Weite Verbreitung fand sie jedoch erst im 19. Jahrhundert, als sie graduell den bis dahin traditionellen Familientypus ersetzte. Während zum Beispiel bei dem traditionellen Modell die Familie noch als Lebens- und Produktionsgemeinschaft in einem, das Haus noch als soziale Institution betrachtet wurde, so war in der modernen bürgerlichen Familie die Arbeit vom privaten Bereich getrennt.[33]

Das Familienkonzept gewann bei diesem Prozeß an etwas Neuem, nämlich an privatem Raum und an Individualität gegenüber der Gesellschaft.[34] Dementsprechend betrachtet Dorothea ihr Zuhause als einen abgegrenzten Ort, dessen Ordnung sie vor äußerlichen Bedrohungen im Zusammenhang mit dem chaotischen und unmenschlichen Kampf ums Überleben in London bewahren möchte.

Gleichzeitig begann sich eine neue Sicht der Ehe durchzusetzen, wonach diese nicht nur auf „Besitz, Arbeit und Lebensbehauptung"[35], sondern vor allem auf gegenseitiger persönlicher Zuneigung gegründet werden sollte. Daß Dorothea in der Ehe persönliches Glück und Selbsterfüllung zu finden hofft, stellte in der damaligen gesellschaftlichen Konstellation keine Selbstverständlichkeit dar, da sich diese Eheauffassung erst seit der Romantik durchzusetzen begann. „Es gibt nur eine Mißheirat", sagte Dorothea, „und das ist die Verheiratung ohne Liebe! Welche Qual war es für mich, wenn die Mutter einen solchen Fall als Vernunftsheirat bezeichnete und als Tugend empfahl!"[36]

Dorothea definiert sich zwar als Hausfrau und Mutter, jedoch war ihr diese Rolle keineswegs aufgezwungen. Sie hatte sich vielmehr bewußt und aus freiem Willen dazu entschlossen, obwohl sie die aristokratischen Vorurteile ihrer Mutter in Kauf hatte nehmen und bekämpfen müssen.

Außerdem lehnt sie als Ehefrau das traditionelle Bild der Frau als minderwertiges Geschöpf, das sich deshalb dem Mann unterzuordnen hat, entschieden ab und verteidigt stattdessen die moderne Auffassung der Gleichberechtigung in der Ehe. In ihren Augen resultieren die von ihr und Ibeles übernommenen Rollen nicht etwa aus der Unterlegenheit des weiblichen Geschlechts, sondern vielmehr aus einer rationalen und sinnvollen Arbeitsteilung. Auch andere Figuren wie Hans Ibeles, der an einer Stelle sogar prophetisch formuliert, daß die Frauenemanzipation lediglich eine Zeitfrage sei[37], sowie Dr. Stern, der Demokrat und Freund Ibeles', und Hulda, das romantisch „exzentrische Burgfräulein"[38], unterstützen diese Idee:

> Über die Ehe waren beide [Stern und Hulda – C.E.] der Meinung, daß nicht der eine dem andern zu gehorchen habe, sondern daß jeder seinen Willen dem erkannten Prinzip der Gleichberechtigung unterordnen müsse und daß weder die tätige Arbeit und Mühe noch die aufopfernde Geduld von dem einen Teil allein gefordert werden könne.[39]

Dorothea versteht sich also trotz ihrer Konzentration auf das häusliche Tätigkeitsfeld als eine geistig selbständige Frau, was sowohl an ihrer Sympathie für die Forderungen der Revolution als auch an ihren scharfsinnigen Beobachtungen über ihre neue Umgebung abzulesen ist. Die Erzählerin betont dies, indem sie die in „Hans Ibeles in London" eingestreuten Ansichten über die Kontraste zwischen der englischen und der deutschen Gesellschaft, über die Probleme der deutschen Flüchtlinge und über das Verhältnis von Kunst und Gesellschaft hauptsächlich als ein Produkt von Dorotheas Reflexionen erscheinen läßt.

Und weil Dorothea eine selbständige Denkerin ist, wehrt sie sich auch gegen die oberflächliche „Feminisierung der Frau"[40], eine Tendenz, die sich hauptsächlich bei gehobenen Schichten als Gegenpol zum patriarchalischen Bild des Mannes durchsetzte. Die Frau wurde dadurch zu einer Repräsentationspuppe, einem zarten, nervösen Wesen stilisiert, die einem streng determinierten Verhaltenskanon zu folgen hatte. Da sich manche Verhaltensregeln aus Dorotheas Sicht nicht mit dem Vernunft- und Gleichberechtigungsprinzip vereinbaren lassen, nährt Dorothea eine starke Antipathie gegenüber diesen Frauen, die als „Sklavinnen der Komödie"[41] bezeichnet werden.

Gegen dieses Frauenbild äußert sich im Roman auch die in England tätige deutsche Gouvernante Meta Braun. Daß Dorothea in ihr eine gleichgesinnte Gesprächspartnerin sieht, beweist eben ihre Aufgeschlossenheit modernen Gleichheitsbestrebungen gegenüber. Meta soll in erster Linie den Leserinnen die negativen Folgen einer streng patriarchalischen Erziehung vor Augen führen. Sie hält sich sogar für ein Opfer der „männlichen Anmaßung"[42], Frauen gegen ihren Willen ihre Bestimmung vorzeichnen zu wollen. Ihr Vater, ein Gegner weiblicher „Überbildung", hatte sich gegen ihren Wunsch zu studieren ausgesprochen, weil er das Wissen für Mädchen als schädlich ansah, da es angeblich ihren Ungehorsam fördern und dadurch ihre Heiratschancen verringern würde. Diese Meinung hatte er unter anderem aus aufklärerischen Erziehungsschriften geschöpft, die eine spezielle, von den Männern differenzierte Mädchenbildung empfahlen. So wurden Metas vier Brüder zum Studium bestimmt, während sie sich „weiblichen Arbeiten" hatte widmen müssen, obwohl sie sich dagegen wehrte und sie mehr als ihre Brüder zum Studieren neigte. Später rebellierte sie auch gegen die strenge Bestimmung der Frau als Hausfrau und Mutter: „Ich war schnippisch genug die Frage aufzuwerfen, ob es denn auch der erste Beruf der Jungen sei, Gatten und Väter zu werden?"[43]; und gegen das Konzept der sogenannten „weiblichen Arbeiten": „Es gibt meiner Überzeugung nach keine männlichen und weiblichen Arbeiten, sondern es gibt mechanische Arbeiten und Arbeiten der Intelligenz."[44]

Man sollte jedoch Dorotheas Eintreten für die Gleichstellung der Frau nicht etwa mit Sympathie für alle „Emanzipierten" gleichsetzen. Denn in „Hans Ibeles in London" werden diese dem kritischen Urteil unterzogen, da sie ein Weiblichkeitsparadigma symbolisieren, das sich in mancher Hinsicht vom Frauenverständnis Dorotheas unterscheidet.

Historisch gesehen steht der Terminus „Emanzipierte" für diejenigen Frauen, die im 19. Jahrhundert, vor allem im Vorfeld der 48er Revolution, den Kampf für die Gleichberechtigung begannen, indem sie auf die Diskriminierung der Frau in vielen Lebensbereichen aufmerksam zu machen versuchten. Sie waren meist gebildet und zum Teil wirtschaftlich selbständig, sprachen sich gegen die überlieferte Frauenrolle aus und setzten sich für Bildung, Chancengleichheit in der Arbeit und einen unabhängigeren Lebensstil ein. Zu den „Emanzipierten" zählten Sängerinnen, Schauspielerinnen und Schriftstellerinnen, aber zum Teil auch Frauen, die in Wohltätigkeitseinrichtungen, in Bildung und Kirche arbeiteten.[45] In weiten Kreisen der Gesellschaft gewann aber der Begriff wie bei den Kinkels eine pejorative Konnotation.[46] In der Kritik standen dabei weniger die gemäßigten, sich innerhalb der Schranken der etablierten Ordnung engagierenden Frauen, als die radikalen, die zentrale bürgerliche Werte wie z. B. die Ehe sowie die damit verbundenen Sexualvorstellungen verwarfen und sich einem oft als männlich empfundenen, freien Lebensstil hingaben. Sie wurden vor allem mit der aktiven Revolutionärin, der „femme scandaleuse", assoziiert, die es wagte, etwa den von den Saint-Simonisten und einigen Jungdeutschen propagierten Anspruch auf die weibliche „Emanzipation des Herzens und des Fleisches" als eine Etappe auf dem Weg einer freieren, gerechteren Gesellschaft[47] wahrzunehmen.

Was Dorothea an diesen emanzipierten Frauen anprangert, ist nicht deren Postulat nach gesellschaftlicher Gleichberechtigung, da, wie bereits konstatiert, auch sie diese Forderung unterstützt. Es ist vielmehr die angebliche Zügellosigkeit und die Radikalität mancher „Emanzipierten", die Tatsache, daß deren unkonventioneller Lebensstil sich nicht immer mit Dorotheas bürgerlichen Werten vereinbaren läßt, was ihr diese Frauen suspekt macht. Daß beispielsweise Frauen wie die Gräfin Blafoska rücksichtslos verheirateten Männern wie Hans Ibeles den Hof machen, betrachtet die Erzählerin, sich mit Dorothea solidarisch zeigend, als ein Beispiel für die den Emanzipierten typische Zügellosigkeit und eine der großen Gefahren für das unantastbare Band der Ehe, weswegen sie dazu auffordert, diese Frauen zu bekämpfen:

> Darum offener Krieg gegen jede Emanzipierte, die einen andern Pflichtenkreis als ihren eigenen aufsucht. [...] Die Emanzipierten mögen sich an ihrer Freiheit genügen, aber ihren Schwestern, die sich demütig und gehorsam dem Joch der Ehe gefügt haben, die Liebe und das *ganze* Herz ihres Mannes lassen.[48]

Auch Livia ist dieser Frauenkategorie zuzuordnen, da sie wie die Gräfin Blafoska keinerlei Hemmungen zeigt, mit Hans Ibeles zu kokettieren. Sie gibt zwar vor, eine Künstlerin und ein Medium zu sein, entpuppt sich jedoch als die schöne Mrs. O'Nalley, die mit einem Skandal die öffentliche Aufmerksamkeit auf sich gelenkt hatte – sie hatte ihren Mann mit der Begründung vergiftet, daß er sich ihr gegenüber wie ein Tyrann verhalten habe, weil er ihren Lebensstil zügeln wollte. Livia soll so veranschaulichen, daß das eitle, leidenschaftliche und egoistische Handeln mancher emanzipierten Frauen oft die Grenzen des gesellschaftlichen und moralisch Akzeptablen überschreitet.

Dieser Linie folgend, wird in „Hans Ibeles in London" auch das Engagement der emanzipierten Frauen für die Revolution kritisch unter die Lupe genommen. Weniger aus wahrer Überzeugung als aus Launenhaftigkeit und Abenteuerlust hatten sich manche für die Ideale der Freiheit und Demokratie eingesetzt, so die Botschaft. Zwar hatte laut der Erzählerin einige Frauen eine ernsthafte Begeisterung für die revolutionäre Bewegung getrieben, für die sich manche von ihnen auch als nützlich erwiesen hatten, jedoch waren diese eine kleine Minderheit geblieben. Denn aus Dorotheas Perspektive zählen zu den überzeugten Revolutionärinnen ebenfalls Frauen, die der Revolution mehr geschadet als geholfen hatten, weil sie einer romantischen und deswegen unrealistischen Vorstellung der Revolution nachgehangen hatten. Die „schöne Seele" Hulda, die ihre aristokratische Welt verlassen hatte, um für die Revolution zu kämpfen, gehört zum Teil in diese Kategorie. Daß dieses als zart, feenartig, kurzum als romantisch beschriebene Wesen bei den Barrikadenkämpfen einen Brand mit einer Gießkanne zu löschen versucht hatte, soll den naiven Idealismus deutlich – und sogar lächerlich – machen, der manche Frauen in die Revolutionskämpfe getrieben hatte.

Verstärkt durch die didaktische Absicht des Romans, kann diese insgesamt kritische Haltung gegenüber den emanzipierten Frauen in „Hans Ibeles in London" sogar als eine an die Leserinnen gerichtete Warnung vor diesem Frauentyp verstanden werden.

Daß Johanna Kinkel in ihrem einzigen Roman eine zwar aufgeklärte, aber gesellschaftlich unscheinbare Frau als Vorbild darstellte, erscheint etwas paradox angesichts der zahlreichen biographischen Parallelen zu ihrem Leben, die sich im Roman finden. Es verwundert, daß die Autorin gerade im Punkt der gesellschaftlichen Stellung Dorotheas von ihrem eigenen Lebenslauf abwich und so eine sozial passive, ja fast biedermeierliche Frau porträtierte. Die Aspekte, die Johanna Kinkels Laufbahn ungewöhnlich machten, wie ihre Tätigkeit als Musikerin und Schriftstellerin oder ihre

Scheidung, werden weder am Beispiel Dorotheas noch einer anderen weiblichen Figur literarisch verarbeitet.[49] Die Erfahrungen und die Schwierigkeiten, die Johanna Kinkel im Exil als Künstlerin und Musiklehrerin bestehen mußte[50], werden im Roman auf diese Weise nicht von einer Frau, sondern von einem Mann, in diesem Fall dem Komponisten und Dirigenten Hans Ibeles, durchgemacht. Damit ließ Johanna Kinkel die Chance ungenutzt, etwa den Vorurteilen über gesellschaftlich aktive oder geschiedene Frauen entgegenzutreten oder das Publikum an die Idee eines anderen Frauentyps, der über die traditionelle Rolle als Mutter und Ehefrau hinausging, zu gewöhnen.[51]

Über diese Entscheidung können aufgrund des derzeitigen Forschungsstandes zu Johanna Kinkel und ihrem Werk lediglich Hypothesen aufgestellt werden. Die Autorin mag eine Hausfrau und Mutter und nicht etwa eine Künstlerin als Heldin dargestellt haben, weil sie sich dessen bewußt war, daß die meisten Frauen ihrer Zeit gerade diese Aufgabe erfüllten. Die Protagonistin Dorothea ist so im Hinblick auf die damalige soziale Lage der Frauen repräsentativer als Johanna Kinkel es selbst war, wodurch der Roman ein breiteres Publikum ansprechen konnte. Und indem sich mehr Frauen mit der Heldin des Romans identifizieren konnten, erhoffte sich Johanna Kinkel vielleicht eine stärkere pädagogische Wirkung und womöglich auch eine erhöhte Verbreitung des Buches. Oder wahrscheinlich beabsichtigte Johanna mit ihrer Heldin, des schwierigen Lebens vieler Hausfrauen zu gedenken, Frauen, die sich wie Dorothea ihren Familien selbstlos widmeten, ohne dafür von der Gesellschaft oder sogar von ihren Familien die gebührende Anerkennung zu erhalten. Oft widerfuhr ihnen sogar noch das schmerzhafte Los der betrogenen Frau[52], dem sich auch die meisten aufgrund ihrer abhängigen sozialen Lage demütig fügen mußten.

Festzuhalten bleibt, daß die Autorin in „Hans Ibeles in London“ aus dem breiten Fächer verschiedener Frauenmodelle die bürgerliche Hausfrau und Mutter auswählte, um sie den Leserinnen als Heldin vorzuhalten. D.h. anhand der Figur Dorothea präsentierte sie eine zwar selbstbestimmte und in vielen Hinsichten progressive, aber keineswegs subversive Frau als nachahmenswert. In Foucault'sche Sprache übersetzt bedeutet dies, daß Dorothea für einen Frauentyp steht, der sich zwar mit einzelnen Manifestationen des geschlechtlichen Gesellschaftsdiskurses nicht einverstanden erklärt, jedoch die ihm zugrundeliegenden Machtstrukturen nicht grundsätzlich in Frage stellt. Ihre Haltung bleibt innerhalb des Diskurses der bürgerlichen Ordnung verfangen, ja sie unterstützt sie sogar durch ihre äußerst disziplinierte Lebensführung und durch ihre insgesamt negative Haltung gegenüber der „anderen“ Frau, die sich oft aus dem engen Korsett jener Ordnung loszureißen und andere Lebensmodelle zu erproben versuchte.

Dies ändert jedoch nichts daran, daß eine Untersuchung dieses Romans einen wichtigen Beitrag zur Aufarbeitung der Frauen- und Emanzipationsgeschichte zu leisten vermag. Wenn die Frauenforschung nicht in manichäische Muster wie etwa das der „angepaßten“ versus der „anderen“ Frau verfallen möchte, sondern der Differenz und der Heterogenität im Zusammenhang mit der Frauenfrage aufgeschlossen bleiben will, dürfen Texte wie „Hans Ibeles in London“, in dem ein zwischen jenen zwei Weiblichkeitsparadigmen stehender Frauentyp propagiert wird, nicht vergessen werden.

Anmerkungen

* Die Forschung für diesen Artikel wurde durch die freundliche Unterstützung der Universidade Trás-os-Montes e Alto Douro, Vila Real (Portugal) ermöglicht.

1 Vgl. Thomas Nipperdey: Deutsche Geschichte. 1800–1866. Bürgerwelt und starker Staat. München 1983, S. 123f.; Ute Gerhard: Unerhört. Die Geschichte der deutschen Frauenbewegung. Hamburg 1990, S. 42–59.

2 Vgl. Renate Möhrmann: Die andere Frau: Emanzipationsansätze deutscher Schriftstellerinnen im Vorfeld der Achtundvierziger-Revolution. Stuttgart 1977; Germaine Goetzinger: „Allein das Bewußtsein dieses Befreienkönnens ist schon erhebend". Emanzipation und Politik in Publizistik und Roman des Vormärz. – In: Deutsche Literatur von Frauen. 19. und 20. Jahrhundert, hrsg. v. Gisela Brinker-Gabler. München 1988, Bd. 2, S. 86–104; Gerhard [Anm. 1], S. 43ff.; Renate Möhrmann: „Die Teilnahme der weiblichen Welt am Staatsleben ist eine Pflicht!" Vormärzautorinnen ergreifen das Wort. – In: Frauen Literatur Geschichte, hrsg. v. Hiltrud Gnüg/Renate Möhrmann. Stuttgart 21999, S. 377–386.

3 Helen Chambers: Johanna Kinkel's Novel „Hans Ibeles in London". A German View of England. – In: Exilanten und andere Deutsche in Fontanes London, hrsg. v. Peter Alter/ Rudolf Muhs. Stuttgart 1996, S. 161.

4 Johanna Kinkel beendete den Roman kurz vor ihrem Tod im Jahre 1858. Vgl. Klaus Schmidt: Gerechtigkeit – das Brot des Volkes. Johanna und Gottfried Kinkel. Eine Biographie. Stuttgart 1996, S. 183. – Dieser Untersuchung liegt folgende Romanausgabe zugrunde: Johanna Kinkel: Hans Ibeles in London. Ein Roman aus dem Flüchtlingsleben, hrsg. v. Ulrike Helmer. Frankfurt a.M. 1991.

5 Für bio-bibliographische Informationen zu Johanna Kinkel vgl. Friedrichs, S. 157; Brinker-Gabler, S. 159f.; Heiner Schmidt: Quellenlexikon zur deutschsprachigen Literaturgeschichte. Duisburg 1998, Bd. XXVI, S. 475f.

6 Darauf ist in der Forschung bereits verwiesen worden. Vgl. Ulrike Helmer: Nachwort. – In: Kinkel: Hans Ibeles [Anm. 4], S. 384f. – Biographische Parallelen zum Leben der Kinkels sind im Roman im Hinblick auf zahlreiche Aspekte (z. B. die Exilerfahrungen und die Liebe zur Kunst des Ehepaars, die Teilnahme Ibeles' an der Revolution sowie seine außereheliche Affäre) und einige Figuren des Romans (z. B. in Meta Braun soll die Autorin ihre Freundin Malwida von Meysenbug und in der Gräfin Blafoska die livländische Baronin Marie von Brüningk porträtiert haben) festzustellen.

7 Zu diesem bürgerlichen Ideal vgl.: Nipperdey [Anm. 1], S. 120.

8 Vgl. Johanna Kinkel an Emilie von Henning, 8. Dezember 1839. – In: Briefe von Johanna Kinkel, hrsg. v. Marie Goslich. – In: Preußische Jahrbücher XCVII. (Juli–September 1899), S. 192f.

9 Vgl. Ann Willison Lemke: Briefe einer Bettina-Verehrerin. Ein Beitrag zur frühen Rezeption von *Goethe's Briefwechsel mit einem Kinde*. – In: Internationales Jahrbuch der Bettina-von-Arnim-Gesellschaft X. 1998, S. 23–34.

10 Vgl. Johanna Kinkel an Angela Oppenhoff, 14. Juli 1838. – In: Paul Kaufmann: Johanna Kinkel. Neue Beiträge zu ihrem Lebensbild. – In: Preußische Jahrbücher CCXXI. (Oktober-Dezember 1930), S. 55.

[11] Eine Liste der vertonten Texte findet sich in: Gottfried Kinkel: Selbstbiographie 1834–1849, hrsg. v. Richard Sander. Bonn 1931, S. 220–223. – Zur Bedeutung Johanna Kinkels als Musikerin vgl. Eva Weissweiler: Komponistinnen vom Mittelalter bis zur Gegenwart. München 1999, S. 225–245.

[12] Für weitere Informationen vgl. Kinkel [Anm. 11].

[13] Diese finden sich in Johanna Kinkels Nachlaß, der zum großen Teil in der Bonner Universitätsbibliothek aufbewahrt wird.

[14] Z. B. Johanna Kinkel: Kruckhalfens Trautchen. Eine Dorfgeschichte. Der Jubilarius (Erzählung). Blumentod (Erzählung). Ebd.

[15] Johanna Kinkel war 1831 eine „Vernunfthochzeit" mit Johann Paul Matthieux eingegangen. Weil sie sich äußerst unglücklich und mißhandelt fühlte, floh sie fünf Monate später in ihr Elternhaus. Der Bonner Klatsch und Tratsch über diese Angelegenheit störte Johanna zutiefst. Vgl. Schmidt [Anm. 4], S. 12.

[16] Nipperdey [Anm. 1], S. 124.

[17] Schmidt [Anm. 4], S. 12.

[18] Kinkel [Anm. 11], S. 134.

[19] Johanna Kinkel starb durch einen Sturz aus dem Fenster, der als Unfall oder als Selbstmord interpretiert wird. Vgl. Schmidt [Anm. 4], S. 184–187.

[20] Dies beweisen Johanna Kinkels Überlegungen über die Stellung der Frau, wie z. B.: „Ich war in früher Jugend, ohne selbst die gehörige Welt- und Herzenskenntnis zu besitzen, an einen Mann verheiratet worden, dessen Persönlichkeit mir eher Grauen als Zuneigung erweckte. Ich war nicht gezwungen, nicht überredet und handelte dennoch unter fremdem Einfluß. Meine Heirat ist die Geschichte von tausenden meiner Schwestern und das notwendige Resultat unserer sozialen Zustände. Unzählige Frauen gehen an ähnlichen Verhältnissen zu Grunde, indes von einer ganzen Generation kaum eine den Mut hat, sich loszureißen, um ihr besseres Selbst zu retten." Johanna Kinkel: Erinnerungsblätter. – In: Deutsche Revue über das gesamte nationale Leben der Gegenwart. (Juli–September 1894), S. 347. Dies wird auch am Fall Meta Brauns in „Hans Ibeles in London" klar verdeutlicht, worauf noch weiter in diesem Aufsatz eingegangen wird.

[21] Die Hegelsche Idee, daß der Mensch aktiv und leidend an der Weltgeschichte teilnimmt, ist dem hier behandelten Roman zu entnehmen. Sie wird vor allem vom idealistischen, an die Macht des Geistes glaubenden Hans Ibeles verkörpert. Vgl. Kinkel: Hans Ibeles [Anm. 4], S. 109f.

[22] Möglicherweise hat Johanna Kinkel den Namen der Heldin als Anspielung auf Goethes Dorothea („Hermann und Dorothea") gewählt, denn Goethes Dorothea ist bezeichnenderweise eine Vertriebene aus dem Rheinland, die trotz ihres schweren Loses die Verantwortung für kranke und notdürftigere Schicksalsgenossen übernimmt. Außerdem zeugt dieses Epos von einer zutiefst bürgerlichen Moral, die Generationen von Goethe-VerehrerInnen, zu denen auch Johanna Kinkel zählte, stark ansprach, so daß es lange Zeit als pädagogische Schrift geschätzt wurde und bis in das frühe 20. Jahrhundert hinein neben „Faust" als das wichtigste Werk Goethes galt.

[23] Diese pädagogische Intention äußert sich in dem von der Erzählerin häufig angeschlagenen belehrenden, moralischen Ton und den Anreden an die expliziten Leserinnen (vor allem an die Hausfrauen). Vgl. dazu den folgenden Kommentar der Erzählerin zum Thema Bedrohung des Familienfriedens durch „Hausfreundinnen": „Wir wollen das Register der idolsüchtigen Hofdamen nicht aufzeichnen, die *vor* der Gräfin Blafoska, Dorotheen unbewußt, Attentate auf deren Hausfrieden gemacht, sondern lieber zum Nutzen und Frommen aller braven

Ehefrauen eine allgemeine Betrachtung aufstellen, die sich an das vertraute Gespräch der beiden Eheleute knüpft, welche sich jetzt eben in bester Eintracht zu ihrer ehrsamen Ruhestätte zurückgezogen haben. [...] Der Hausfreund der berühmten Frau ist im neunzehnten Jahrhundert glücklicherweise aus der Mode gekommen, aber ein anderes Geschlecht droht in heutigen Tagen der Fluch der berühmten Männer und ihrer Ehehälften zu werden, und das sind die Hausfreundinnen." Kinkel: Hans Ibeles [Anm. 4], S. 182f.

24 Vgl. z.B. das in der vorigen Anmerkung gebrachte Zitat, in dem die Erzählerin deutlich Partei für Dorothea nimmt.

25 Helmer [Anm. 6], S. 384.

26 Kinkel: Hans Ibeles [Anm. 4], S. 20.

27 Ebd.

28 Ebd., S. 85.

29 Auf diese Gegensätzlichkeit hat Ulrike Helmer bereits hingewiesen. Helmer [Anm. 6], S. 392.

30 Kinkel: Hans Ibeles [Anm. 4], S. 134.

31 Ebd., S. 106.

32 Das Wort „modern" wird hier im Sinne von „für die damalige Zeit neu, innovativ" gebraucht.

33 Vgl. Nipperdey [Anm. 1], S. 117f.

34 Vgl. dazu ebd.

35 Ebd., S. 118.

36 Kinkel: Hans Ibeles [Anm. 4], S. 23.

37 Vgl. dazu ebd., S. 138.

38 Ebd., S. 204.

39 Ebd., S. 301.

40 Nipperdey [Anm. 1], S. 120.

41 Kinkel: Hans Ibeles [Anm. 4], S. 151.

42 Ebd., S. 144.

43 Ebd.

44 Ebd., S. 143.

45 Nipperdey [Anm. 1], S. 123f.

46 Vgl. die in „Hans Ibeles" vorkommenden Äußerungen über die Emanzipierten sowie folgende Bemerkung Gottfried Kinkels, die in seine Beschreibung Johannas einfloß: „Vor allem riß mich die Wahrhaftigkeit ihres Wesens hin: Sie war zu stolz und in ihrer Geistesfülle auch zu kindlich, um ihr Inneres zu verhehlen, und das hatte ihr bei dem blöden Volk der Provinzialstadt den Ruf einer *Emanzipierten* [Hervorhebung der Autorin] zugezogen." Kinkel [Anm. 11], S. 46.

47 Vgl. Möhrmann [Anm. 2], S. 45–48.

48 Kinkel: Hans Ibeles [Anm. 4], S. 184.

49 Zwar taucht im Roman die Sängerin Madame Gerhard auf, aber sie ist insofern kein positives Beispiel, weil sie aufgrund finanzieller Schwierigkeiten im Exil ihren Beruf aufgab und in einen äußerst resignierten Zustand geriet. Auch die Tagebuchführung Meta Brauns reicht nicht aus, um sie als Schriftstellerin zu bezeichnen.

50 Johanna arbeitete im Exil als Musiklehrerin, eine Tätigkeit, die sich aufgrund der starken Konkurrenz als sehr anstrengend erwies. Vgl. Schmidt [Anm. 4], S. 175.

51 Vor allem vor dem Hintergrund, daß sich Johanna Kinkel 1839 über die weibliche Tätigkeit der Hausarbeit sehr kritisch geäußert hatte: „Ich bin wirklich schon etwas verdummt; es ist

Zeit, daß ich wieder nach Berlin komme, wo mich Frau v. Arnim und Metaphysico von Zeit zu Zeit aus der Bornirtheit aufrütteln, indem dieser mich vernünftig zu machen strebt und jene mich verzaubert. [...] Man machte mir zwar allerseits das Herz schwer durch Bitten und Vorstellungen; aber ich entschuldige mich bei mir selbst über meine Grausamkeit damit, daß es unmöglich bloß das Privilegium des Mannes sein könne, den Beruf, den er sich einmal erwählt, als das wichtigste anzusehen und seiner Kunst oder Wissenschaft die Familienrücksichten unterzuordnen. Ich, wenn schon Frau, habe wenig Freude vom Häuslichen gehabt, nur Druck und Tyrannei. Mein halbes Leben ist verkümmert worden, den Rest will ich der eigenen Neigung preisgeben. Die mich tadeln, haben gut reden, sie sind glücklich, sind im Besitz dessen, was mein Herz entbehrt." Johanna Kinkel an Emilie von Henning, 8. Dezember 1839. – In: Kinkel [Anm. 8], S. 193.

52 Johanna Kinkel selbst machte diese Erfahrung der betrogenen Frau durch, als Gottfried Kinkel eine Affäre mit einer Frau namens Clara einging. Vgl. Schmidt [Anm. 4], S. 176–179.

Marie Norden (1812–1878)

„Dresdens Maitage. Ein Zeitbild“[1]

Marion Freund, Görlitz

Marie Norden, ein Pseudonym für Friederike Wolfhagen, war eine zu ihrer Zeit viel gelesene und entsprechend erfolgreiche Schriftstellerin. Ihre Romane erlebten zum Teil mehrere Auflagen und fanden sogar in Amerika Beachtung, wo sie in Zeitungen besprochen und auszugsweise übersetzt wurden.[2] Heute ist sie in Vergessenheit geraten und blieb bislang auch von der Forschung weitgehend ignoriert.[3] Die Quellenlage ist allerdings dürftig und die Zugänglichkeit zu ihren Werken schwierig. Es gibt nur wenige persönliche Hinterlassenschaften der Autorin, ihre gedruckten Schriften sind über verschiedene deutsche Bibliotheken verstreut und zum Teil, wie in Dresden, unter Kriegsverlust einzureihen. Ein möglicherweise noch existierender Nachlaß Marie Nordens ist bis heute nicht aufgefunden worden.

Ihre Biographie läßt sich deshalb nur äußerst lückenhaft rekonstruieren. So sind es vor allem ihre gedruckten Schriften, die herangezogen werden müssen, um wenigstens ansatzweise Einblicke in das Leben und Wirken dieser Autorin zu erhalten. Den Schwerpunkt bildet Marie Nordens 1850 erschienener Roman „Dresdens Maitage“, mit dem sie sich unter die wenigen Schriftstellerinnen ihrer Zeit einreihte, die die Revolution von 1848/49 zum zentralen Gegenstand literarischer Auseinandersetzung machten.[4] Mit ihrem dreibändigen Werk erweist sich die Verfasserin als eine sensible Beobachterin und höchst informierte Zeitzeugin, deren Darstellung der revolutionären Ereignisse zugleich Rückschlüsse auf ihren eigenen politischen Standort zulassen. Wer also war diese Autorin, die zu Unrecht kaum Eingang in die neuere Literaturgeschichtsforschung fand?

Friederike Marie Ernestine Wolfhagen wurde entgegen bisheriger Annahmen nicht 1813, sondern am 13. November 1812 in Tönning/Schleswig, das damals zum dänischen Gesamtstaat gehörte, geboren.[5] Sie war das sechste von insgesamt neun Kindern – fünf Töchtern und vier Söhnen – des Friedrich Wolfhagen und von Elisabeth Charlotte Christiane Hansen.[6] Die Familie genoß durch die Stellung des Vaters als Advokat, Stadtsekretär und später als Bürgermeister hohes Ansehen.[7]

Über Marie Nordens Erziehung und Bildung gibt es leider kaum informatives Material. Nach einer biographischen Skizze von Gustav Scheve wurde sie, wie ihre Geschwister, von einem Hauslehrer unterrichtet und schließlich „zur Vollendung ihrer Erziehung“ nach Kopenhagen geschickt[8], wo ein Bruder ihres Vaters lebte. Der Verfasser erwähnt jedoch nicht, ob diese Erziehung Marie Nordens lediglich im Hause ihres Onkels vervollständigt wurde oder ob sie in der dänischen Residenz etwa ein

Mädcheninstitut besuchte. Aus dem biographischen Porträt geht allerdings hervor, daß sie einen ihrer sozialen Herkunft und ihrer Geschlechtszugehörigkeit entsprechenden Weg durchlief, und somit ihre offizielle Ausbildung im Alter von vierzehn Jahren beendet war. Im Anschluß daran blieb Marie Norden allenfalls die Möglichkeit zu autodidaktischen Studien, die sie offenbar intensiv nutzte, wobei sie sich vor allem mit „wissenschaftlichen und ästhetischen Gegenständen" beschäftigte.[9] Anregend schien die Autorin auch die soziale und kulturelle Vielfalt Kopenhagens zu empfinden, die sie der Enge Tönnings vorzog, weshalb sie nach ihrer Rückkehr in ihren Geburtsort immer wieder die dänische Residenz aufsuchte.

1843 siedelte die Familie Wolfhagen, nachdem der Vater aufgrund einer Erkrankung seinen Abschied aus dänischen Diensten nahm, nach Wandsbek bei Hamburg über. In den folgenden Jahren hielt sich Marie Norden, deren Gesundheitszustand seit ihrer Kindheit sehr labil war, mehrfach in Seebädern und Kurorten auf. Abgesehen von Ausflügen nach Helgoland und mehrfachen längeren Besuchen bei ihren Verwandten in Kopenhagen, unternahm sie wiederholt größere Reisen nach Süddeutschland, in die Schweiz, nach Österreich und Norditalien.

Ihre ausgedehnte Reisetätigkeit hielt sie jedoch ebensowenig davon ab wie die zwischenzeitliche Beanspruchung durch die Pflege ihres kranken Vaters, der 1846 starb, sich ihrer schriftstellerischen Laufbahn zu widmen. Seit 1836 verfaßte und veröffentlichte Marie Norden bis zu ihrem Lebensende 22 meist mehrbändige Romane, Novellen und Erzählungen.[10] Darüber hinaus war sie Mitarbeiterin verschiedener Zeitschriften, nachweislich für das renommierte Journal „Europa" sowie für Louise Ottos bekannte und weitverbreitete „Frauen-Zeitung".[11]

Viele ihrer früheren, aber auch späteren Werke basieren auf einem historischen Hintergrund, so etwa ihr Erstlingsroman „Der Brand von Pera und die Empörung von Kairo" (Hamburg 1836), in dem es um den Aufstand der Ägypter gegen Napoleon im Jahre 1789 geht, oder „Die Belagerung von Antwerpen und die Vergeltung" (Hamburg 1837), in dem die Autorin politische und konfessionelle Konflikte zwischen den Niederlanden und Spanien behandelt.

Darüber hinaus gehörte Marie Norden zu jener modernen Literaturgeneration in den 40er und frühen 50er Jahren des 19. Jahrhunderts, die sich in ihren Schriften kritisch mit aktuellen Problemen ihrer Zeit auseinandersetzte. Im Mittelpunkt dieser Werke stand bei ihr neben der Schleswig-Holstein insbesondere die soziale und die Geschlechterfrage. Die Verfasserin verstand es, bestehendes Elend und wirtschaftliche Not anschaulich darzustellen, ohne jedoch das Schicksal ihrer Figuren aus den arbeitenden Bevölkerungsschichten zu isolieren, sondern vielmehr den Gegensatz zwischen Besitzlosen und Besitzenden als zentrales gesellschaftliches Konfliktpotential zu thematisieren. In den Bücherbesprechungen der „Frauen-Zeitung" wird die Stärke Marie Nordens gerade in der „Darstellung von sozialen Gegensätzen" gesehen.[12] Dabei sind die alles dominierende Macht des Geldes und Standesdünkel die vorrangigen Elemente, die bestimmend in das Leben ihrer Figuren eingreifen und den dramatischen, nicht selten spannenden Handlungsverlauf aufbauen.

Auch in ihren 1847 herausgegebenen „Feldblumen", einem Sammelband von bereits früher geschriebenen Erzählungen, sind soziale Spannungsfelder das Hauptthema.[13] Besonders hervorgehoben sei hier die darin enthaltene sozialkritische Erzählung „Der Weber von Langenbielau", in der Marie Norden – wie viele andere ihrer Kolleginnen und Kollegen – die schlesischen Weberaufstände von 1844 literarisch verarbeitet und sich damit erneut ganz auf der literarischen Höhe ihrer Zeit zeigte.

Am Schicksal einer Arbeiterin wiederum gestaltet die Autorin die drohende Verelendung sowie „die Gegensätze des üppigen Reichthums und der jammervollsten Armuth" in ihrer 1849 in der „Frauen-Zeitung" publizierten Skizze „Das Mädchen aus dem Volke".[14] Im gleichen Jahr erschien ihr zweibändiger Roman „Paris und Berlin", der nicht etwa, wie der Titel vermuten ließe, von den revolutionären Ereignissen handelt, sondern, zumindest im ersten Teil, unmittelbar in der Zeit davor spielt.[15] Die Verfasserin schildert in diesem Werk erneut die negativen Kräfte des Geldes, gesellschaftlicher Vorurteile, des Besitz- und Standesdenkens auf das Lebens- und Liebesglück einzelner Figuren. Die als Ideal gezeichneten weiblichen und männlichen Protagonisten werden dabei im Strudel der Ereignisse durch intrigante Machenschaften moralisch verderbter Charaktere, die, wie die Autorin klarstellt, in jeder Schicht zu finden sind, zu unschuldigen Opfern der sozialen Verhältnisse.

Marie Norden glaubte, diesen Roman, zu dem sie im März 1848 ihre Vorrede schrieb, angesichts der politischen Entwicklungen umarbeiten zu müssen und forderte deshalb ihr Manuskript vom Verleger zurück. Zu ihrer eigenen Überraschung aber wurde „Paris und Berlin" Anfang 1849 unverändert veröffentlicht und geradezu ein Bestseller, denn der Roman erlebte sogar innerhalb von nur sechs Wochen eine zweite Auflage.[16]

Noch unter einem weiteren Aspekt reihte sich die Autorin in die zumindest weiblich-progressive Literaturszene seit den 1840er Jahren ein, indem sie das Thema der sozialen Frage häufig mit dem der Frauenemanzipation verknüpfte. Neben ihrer teils direkt formulierten, teils impliziten Kritik an der Konvenienzehe durch ihr Eintreten für die Liebesheirat und zwar bei gleichzeitiger Überwindung der Standesschranken bildet die weibliche Erwerbstätigkeit von Angehörigen des Bürgertums ein zentrales Anliegen ihrer literarischen und journalistischen Arbeit.

Marie Norden plädierte immer wieder in ihren Schriften für eine Berufstätigkeit der Frau und geht in ihrem 1849 in der „Frauen-Zeitung" erschienenen Artikel über „Die Bestimmung der Frauen" ausführlich auf diese Problematik ein.[17] Ihrer Meinung nach sollte das weibliche Geschlecht nicht nur aus finanzieller Not heraus einem Erwerb nachgehen dürfen, sondern ebenso dazu berechtigt sein, aus Neigung und Talent ihre jeweiligen „Beschäftigungen zum Lebensberuf" zu machen.[18] Die damals stets diskutierte und heftig umstrittene Frage, ob eine Berufstätigkeit der Frau mit ihrer sogenannten weiblichen Bestimmung vereinbar sei, bejahte Marie Norden, insbesondere – naheliegend für sie als Schriftstellerin – wenn es sich um Beschäftigungen auf künstlerischem und literarischem Gebiet handelte. Denn gerade bei einer solchen Tätigkeit sah sie, vor allem für unverheiratete Frauen, kinderlose Ehefrauen und Witwen, keine Gefahr einer Vernachlässigung ihrer eigentlichen Pflichten als Hausfrau, Gattin und erst recht nicht als Mutter. Vehement griff Marie Norden die bestehenden Vorurteile gegenüber einer weiblichen Berufstätigkeit in der Gesellschaft an und verurteilte, daß vorzugsweise, nicht zuletzt aus den Reihen ihres eigenen Geschlechts, Künstlerinnen und Schriftstellerinnen „als unweiblich verdammt" und zur „Zielscheibe öffentlichen Spotts" gemacht würden.[19]

Marie Norden argumentierte hier ohne Zweifel auch aus persönlicher Betroffenheit heraus und publizierte vielleicht deshalb, wenn nicht aufgrund eigener Erfahrung, so zumindest in dem Wissen um die Vorurteile gegenüber Schriftstellerinnen ihre Werke nicht unter ihrem tatsächlichen Namen.[20] Zeitlebens verbarg sie sich hinter ihrem Pseudonym, selbst dann noch, als 1849 „durch Indiskretionen der Buchhändler und Journalisten", so Scheve, ihre wahre Identität, wenigstens im näheren Umfeld, gelüftet war.[21] Nach Aussage ihrer Schwester Therese habe Marie Norden sogar aus Bescheidenheit „nie von ihren Werken" gesprochen und äußerte häufig, „daß sie mit ihrer Schriftstellerei Niemand incommodiren wolle."[22] Inwieweit diese Behauptung auf Rücksichtnahme für andere oder auf Selbstschutz beruhte, läßt sich im nachhinein aufgrund mangelnder persönlicher Zeugnisse der Autorin nicht feststellen. Bescheidenheit hätte Marie Norden jedenfalls nicht nötig gehabt. Denn sie war, wie oben erwähnt, eine gern und viel gelesene Schriftstellerin, die sich mit ihren sozialkritischen Werken auf der Höhe ihrer Zeit befand und schon länger, wie es in der „Frauen-Zeitung" vom 31. Dezember 1850 heißt, eine „rühmliche Stelle" unter den Romanautorinnen des 19. Jahrhunderts einnahm.[23]

Marie Norden lebte, als 1849 ihre Identität als Schriftstellerin bekannt wurde, bereits seit fast einem Jahr in Dresden, wohin sie im Frühsommer 1848 gemeinsam mit ihrer Schwester Therese und ihrer Mutter übergesiedelt war. Trotz des Fehlens persönlicher Zeugnisse ist anzunehmen – denn das zeigen allein schon ihre Schriften –, daß die Autorin aufmerksam die politischen Entwicklungen nicht nur in der sächsischen Residenz, sondern in ganz Deutschland und Europa aufmerksam verfolgte. Ferner ist es naheliegend, daß sie als Anwältin der sozial benachteiligten und von Verelendung bedrohten Bevölkerungsschichten eine Sympathisantin der demokratischen Bewegung war. Das bestätigt auch der Artikel Marie Nordens über „Die Friedensfrage in Schleswig-Holstein", den sie im August 1848 unmittelbar vor dem Waffenstillstand in Malmö (am 26. August 1848) in der Zeitschrift „Europa" publizierte.[24] Obgleich dieser Beitrag in erster Linie ein Rückblick auf die historische Entwicklung in Schleswig und Holstein bis in das Jahr 1846 darstellt, wird die politische Position der Autorin – abgesehen von ihrer Haltung in der Schleswig-Holstein-Frage – durch ihre konkrete Bezugnahme auf die revolutionären Ereignisse von 1848 offenkundig.

Unzweifelhaft geht daraus hervor, daß Marie Norden den politischen Auf- und Umbruchsprozeß des Jahres 1848 begrüßte. Mit der Revolution, in einer ganz dem Zeitgeist entsprechenden pathetischen Sprache als „jene ewig glorreiche Stunde" bezeichnet, „welche die Auferstehung Deutschlands verkündete", verband sie, wie viele andere, die Hoffnung auf nationale Einheit, zu der für sie unweigerlich die Unabhängigkeit Schleswigs gegenüber Dänemark und dessen Aufnahme in den Deutschen Bund gehörte.[25] Ebenso große Hoffnungen setzte sie zu diesem Zeitpunkt noch in die Frankfurter Nationalversammlung, mit der Ausarbeitung der Reichsverfassung das Fundament „zu dem erhabenen Bauwerk“ zu legen, „dessen Grundsäulen“, so Marie Norden, „die Freiheit und das unveräußerliche Menschenrecht bilden sollten“.[26]

Daß sie letzten Endes von der Arbeit der Paulskirchenabgeordneten und mehr noch von der Niederlage der Reichsverfassungskampagne im Jahre 1849 enttäuscht wurde, spiegelt sich in ihrem 1850 erschienenen Roman „Dresdens Maitage. Ein Zeitbild“ wider.[27] Ihre Darstellung der revolutionären Ereignisse vom 3. bis 9. Mai 1849 in der sächsischen Residenz, die schon fast dokumentarischen Charakter annimmt, zeichnet die Autorin als eine überaus kenntnisreiche Berichterstatterin aus, die sie tatsächlich, wie es im Brief ihrer Schwester heißt, wie eine „Augenzeugin des Maiaufstandes“ erscheinen lassen.[28]

Darüber hinaus erlaubt eine literaturwissenschaftliche Analyse ihrer Roman-Trilogie, die politischen und sozialen Anschauungen der Autorin herauszuarbeiten, die dem Text eingeschrieben sind. Marie Norden behandelt in „Dresdens Maitage“ ein außerordentlich breites Spektrum von Themen, das von Standesfragen über soziales Elend, Emanzipation der Frauen, von demokratischen Idealen bis hin zu kommunistischen Anschauungen reicht. Die Autorin greift somit, dem Untertitel ihres Romans „Ein Zeitbild“ entsprechend, aktuelle gesellschaftspolitische Spannungsfelder auf, die sie handlungsgeschichtlich an den Lebensverhältnissen ihrer weiblichen wie männlichen Figuren unterschiedlicher sozialer Herkunft aufzeigt und in ihrer Fortentwicklung auf dem Boden einer politisch veränderten Öffentlichkeit kritisch diskutiert.

Der erste Band, der die Arbeiterin Rosaline Eichstätt zur Titelfigur hat und in Dresden im September-Oktober 1848 spielt, dient vorwiegend zur Einführung der für das Romangeschehen wesentlichen Personen und der Erhellung ihrer Beziehungsgeflechte untereinander, in denen bereits die bestehenden problematischen Strukturen angelegt sind. Im zweiten Band, der den Zeitraum von November 1848 bis Ende April 1849 umfaßt und die bürgerliche Laura Berg zur Titelfigur erhebt, spitzen sich die privaten Konflikte der Romanfiguren zu, die von der Autorin nun verstärkt in einen politischen Zusammenhang gebracht und reflektiert werden. Im dritten Band mit dem Titel „Kampf“ finden die dramatischen Entwicklungen schließlich im Dresdner Maiaufstand ihren Höhepunkt und nach dessen Niederschlagung ihre Auflösung.

Obgleich die Autorin nicht oder nur selten mit politischen Schlagworten von 1848/49 operiert, lassen sich dennoch die in ihrem Roman behandelten zentralen Themen mit Begriffen der republikanisch-demokratischen Bewegung „Gleichheit, soziale Gerechtigkeit, Freiheit, Wohlstand und Bildung“ umfassen, die sie literarisch auf unterschiedlichen Ebenen als Probleme sowohl innerhalb einer als auch zwischen verschiedenen Klassen ausgestaltet. Marie Norden spannt dabei den erzählerischen Bogen von unterbürgerlichen zu bürgerlichen Schichten bis hin zum Adel. Zur unterbürgerlichen und damit zur arbeitenden Bevölkerung gehören die Stickerin und Coloristin Rosaline Eichstätt, der Bilderhändler Wolfram Greiff sowie die von der Autorin dem Proletariat zugerechnete Familie Löwe. Zentrale Figuren des Bürgertums sind Laura Berg, ihr Bruder, der Maler Richard Steinau, sowie der Bildhauer Albert Hallensee. Positive Vertreter der im Mittelpunkt stehenden Angehörigen des

Adelsstandes sind Gräfin Alma von Hasburg sowie ihr Bruder Leonhard von Rollwitz, während deren Verwandten – die Baronin Kunigunde von Hallensee, ihr Vater Wenzel von Waldhausen und ihr Mann Kurt von Hallensee – die negativen Rollen besetzen.

Die Komplexität des Romans läßt es hier nicht zu, die von der Autorin so facettenreich gestalteten Problemfelder ausführlich darzulegen. Es können nur einige der oben angesprochenen Aspekte behandelt werden, wobei der Schwerpunkt auf den weiblichen Figuren des Textes liegt, da diese auch von Marie Norden bewußt in das Zentrum des Geschehens gerückt wurden.

Die Forderung nach Gleichheit propagiert Marie Norden in erster Linie über ihre Heldinnen Rosaline und Laura. Beide werden in einer sich dramatisierenden Handlungsgeschichte schließlich in den Wirren der Revolution öffentlich als Braut bzw. Gattin eines sozial über ihnen stehenden Mannes anerkannt und überwinden dadurch die bestehenden Standesschranken.

Vor allem am Schicksal der Titelheldin des zweiten Bandes zeigt die Autorin schonungslos die Auswirkungen gesellschaftlicher Vorurteile und eines starren Standesdenken auf. Laura Berg ist seit fünf Jahren mit dem Grafen Leonhard von Rollwitz – dem nächsten legitimen Erben seines Onkels Wenzel von Waldhausen – verheiratet, doch wird die Ehe aus erbrechtlichen Gründen geheimgehalten, weil die Klausel einer sogenannten reinen Ahnenfolge die Verweigerung des Nachlasses bei einer unstandesgemäßen Verbindung erlaubt.

Von außen betrachtet befindet sich die Protagonistin somit in einer undurchsichtigen Position. Da niemand weiß, daß sie verheiratet ist, wird sie als alleinlebende Frau bürgerlichen Standes, die mysteriösen Männerbesuch empfängt – nämlich ihren Ehemann –, als Mätresse vornehmer Herren eingestuft, entsprechend von Männern als Freiwild betrachtet, von Damen wiederum als Sittenlose gemieden. Laura ist jedoch ein moralisch vollkommen integrer Charakter. Über diese Figur transportiert Marie Norden ein bürgerliches Weiblichkeitsideal, das sich vor allem durch eine selbstlose, aufopferungsbereite Haltung, durch bedingungslose Treue zum und eine freiwillige Unterordnung unter den Mann auszeichnet. So fügt sich Laura zunächst klaglos in ihre Situation und kommt gar nicht auf die Idee, bei Leonhard ihr Recht auf die ihr zustehende gesellschaftliche Achtung und Stellung als Gattin einzuklagen. Erst innerhalb der sich privat und politisch zuspitzenden Konflikte emanzipiert sie sich zumindest ansatzweise von ihre Opferhaltung und Passivität.

An Graf Leonhard von Rollwitz wiederum demonstriert Marie Norden einen Repräsentanten des Adels, der zwar theoretisch liberale Anschauungen vertritt, sich in der Praxis aber den gesellschaftlichen Zwängen unterordnet. Er ist nicht bereit, Laura „frei und öffentlich“[29] als seine Gattin zu erklären, und geht in seinem eigennützigen Denken sogar so weit, sie in einer Lage akuter Bedrängnis zu verleugnen. Obgleich die Erzählerin Leonhards Verhalten, seinen Mangel an moralischer Kraft mit seiner Sozialisation entschuldigt, läßt sie dennoch keinen Zweifel daran, daß nicht Leonhard, sondern Laura das eigentliche Opfer der gesellschaftlichen Verhältnisse ist. Und so wie die bürgerliche Protagonistin im politischen Kontext – der für sie selbst bei ihren Forderungen allerdings keine Rolle spielt – allmählich ihre Rechte geltend zu machen versucht, durchlebt der adlige Vertreter im revolutionären Geschehen einen Läuterungsprozeß, der ihm die Unrechtmäßigkeit seines Handelns bewußt werden läßt.

Es fällt auf, daß die Autorin Leonhards Bereitschaft, Laura öffentlich zu seiner Gattin zu erklären, bewußt nicht als ein Ergebnis der politischen Bewegung, sondern allenfalls durch diese beschleunigt darstellt. Als der Graf seinem feudal gesinnten Onkel Wenzel von Waldhausen die Ehe mit einer bürgerlichen Frau gesteht – und zwar nach dem Scheitern des Dresdner Aufstandes –, beharrt er gegenüber seiner Cousine Baronin Kunigunde geradezu darauf, daß „die Veröffentlichung der Rechte" seiner Frau absolut „nichts mit dem Bestande oder der Bekämpfung dieser Schilderhebung" zu tun habe.[30]

Die Lösung des sozial bedingten Beziehungskonfliktes zwischen Laura und Leonhard sieht die Autorin offenbar eher als eine Frage der geistigen Haltung und der Moral denn der Politik. Zugleich verdeutlicht sie durch ihren Text, daß sie den von ihr formulierten Gleichheitsanspruch durch die Überwindung der Standesschranken – zumindest zwischen Bürgertum und Adel – trotz des Scheiterns einer Demokratisierung Deutschlands als einen nicht mehr aufzuhaltenden Entwicklungsprozeß betrachtet.

Die Titelheldin des ersten Bandes wiederum, die Arbeiterin Rosaline, zeichnet sich durch ein natürliches Wesen, durch Tugend, Sittenreinheit und naive Unschuld aus. Mit diesen ihr zugeschriebenen Eigenschaften verkörpert sie wie Laura ein bürgerliches Weiblichkeitsideal und hat damit bereits zumindest von ihrem Geschlechtscharakter her die bestehenden Standesschranken überwunden. Rosaline liebt den Maler Richard Steinau, somit einen Mann, der gesellschaftlich über ihr steht, und der zudem ein enges freundschaftliches Verhältnis mit seiner Förderin Gräfin Alma von Hasburg pflegt. Die Autorin konzipierte beide Frauengestalten bewußt als Charaktere, die mit ihren idealen weiblichen Eigenschaften, vorrangig mit „Herzensgüte und Seelenhoheit"[31], auf einer Stufe stehen. Der maßgebliche Unterschied „zwischen der hochgebornen Frau und der einfachen Tochter des Volkes"[32], den Marie Norden hier in den Mittelpunkt rückt, liegt vielmehr in den ihre Klassenzugehörigkeit kennzeichnenden Merkmalen des Besitzes und der Bildung. Das ist auch der Grund, weshalb Rosaline befürchtet, nicht mit Alma konkurrieren zu können. Im Text wird diese Kluft in erster Linie aus männlicher Perspektive problematisiert, und es ist schließlich der Mann, dem es zukommt, eine endgültige Wahl zu treffen. Richard erkennt zwar, daß Rosaline, die für ihn das „Bild des Friedens und der Genügsamkeit" verkörpert[33], durchaus an seinem Denken, Fühlen und Handeln Anteil nimmt, doch ist diese Anteilnahme „mehr eine schweigende, fast unverstandene Bewunderung".[34] Alma hingegen, für Richard das „Ideal des Schönen"[35], beantwortet „seine hochfliegenden Ideen mit gleichem, geistigen Aufschwunge".[36] So liegt es an Richard zu entscheiden, ob er nun größere Zuneigung „für die hochgebildete, modisch gekleidete Weltdame oder für das unscheinbar angethane Naturkind" empfindet.[37]

Bezeichnenderweise trifft der Held seine Wahl auf dem Höhepunkt der Revolution, inmitten der Dresdner Barrikadenkämpfe, wo er seinen Freischärlerkameraden gegenüber Rosaline offiziell zu seiner Braut erklärt. Das Bild der Braut besitzt hier, wie in den meisten Revolutionsromanen, vorrangig symbolische oder vielmehr schon allegorische Funktion, in der sich die Werte, die es im bewaffneten Aufstand zu verteidigen und zu erringen gilt, bündeln. Denn so, wie sich Richard in seiner Liebe zum Vaterland bereit zeigt, sich selbstlos im Kampf um seine Ideale der Freiheit und Einheit aufzuopfern, ist Rosaline bereit, sich aus Liebe zu Richard zu opfern. Die liebende Treue der Frau wird gleichgesetzt mit der Treue des für das Vaterland kämpfenden Mannes.

Den Gleichheitsgedanken bringt Marie Norden über ein bürgerliches Weiblichkeitsideal an einer Arbeiterin zum Ausdruck, indem sich die Überwindung der Standesschranken, die Kluft zwischen Arm und Reich vom Geschlechtscharakter her gegenüber den Privilegien Besitz und Bildung durchsetzt und auf dem Boden einer politisch veränderten Öffentlichkeit legitimiert wird. Selbst Rosaline ist sich dieser Bedeutung bewußt, wenn sie glücklich und stolz meint, daß sie „trotz ihrer Armuth" und „trotz ihrer niedrigen Lebensstellung" nun für Richard „die Erste und Geliebteste ihres Geschlechts" ist.[38]

Wie sehr jedoch die Erfüllung ihres privaten Glücks wiederum symbolischen Verweisungscharakter trägt und als eine politische Utopie aufschimmert, wird am Ende des Romans deutlich: Rosaline und Richard reisen in das sinnbildlich für ein fortschrittliches politisches System stehende Amerika ab und repräsentieren damit in erster Linie eine junge Generation, deren Aufbruch als Signal für eine bessere, nämlich demokratisierte Gesellschaft zu lesen ist.

Den über die Beziehungskonflikte ihrer Titelfiguren Rosaline und Laura propagierten Gleichheitsanspruch erweitert Marie Norden mit ihrer dritten, allerdings heimlichen Heldin neben der Auseinandersetzung mit der sozialen Frage um das Thema der Frauenemanzipation, das sie handlungsgeschichtlich, mehr noch aber auf einer diskursiven Ebene literarisch umsetzt. Gräfin Alma von Hasburg repräsentiert als Vertreterin ihres Geschlechts wie ihres Standes ein fortschrittliches Ideal. Über ihre Figur transportiert die Verfasserin ein Frauenbild, das sogenannte weibliche Eigenschaften mit geistiger Selbständigkeit und politischer Urteilsfähigkeit in sich vereinigt. Gräfin Alma von Hasburg, die sich als „eine Vertheidigerin der neu erfundenen Ideen" erweist[39], fungiert dabei eindeutig als Sprachrohr der Autorin.

Alma sieht es im Grunde als die Aufgabe der „Staatsmänner" an, den bestehenden Gegensatz zwischen „dem Reichthum und der Armuth" zu lösen.[40] Doch das Vertrauen in den Handlungswillen der Politiker scheint nicht besonders ausgeprägt zu sein, denn diese, so die hier über Leonhard formulierte Kritik, würden zwar zu Beginn ihrer Karriere „die Lösung dieser Aufgabe" versprechen[41], sich dann aber bezüglich ihrer Untätigkeit mit den vielen Schwierigkeiten, die sich ihnen in den Weg stellen, herausreden. Alma ist sich im klaren, daß einzelne, auf Wohltätigkeit beruhende Hilfsaktionen, obgleich sie selbst auf privat-karitative Maßnahmen zurückgreift, angesichts des Ausmaßes des herrschenden sozialen Elends keine effektive, weil nicht flächendeckende Abhilfe der Not und schon gar nicht von deren Ursachen sein kann. Wesentlich mehr verspricht sie sich von der Bildung eines sozialen Netzwerkes und plädiert deshalb für die Idee der „freien Associationen".[42] Denn sie ist überzeugt, daß „ein großes, weitwirkendes Ganzes" nur in der Vereinigung der „geistigen und materiellen Kräfte Vieler" entstehen und wirklichen Nutzen bringen kann.[43]

In der diskursiven Auseinandersetzung mit der sozialen Frage steht, jedenfalls aus der Perspektive der adligen Figuren im Text, eine Kritik am herrschenden politischen Zustand als Verursacher sozialer Ungleichheiten und eine Revolution zur Abschaffung dieser Verhältnisse nicht zur Debatte. Es greift hier vielmehr das Humanitätsideal, nach dem die privilegierten Schichten in erster Linie ihre Fähigkeiten und Kenntnisse in den von Alma verfochtenen Vereinigungen den sozial benachteiligten Klassen zugute kommen lassen sollen. Alma orientiert sich an einem liberal-bürgerlichen Gedankengut, indem sie die Bildung als grundlegendes Mittel für eine sich stetig fort- und höher entwickelnden Menschheit preist und die Verbesserung sozialer Mißstände durch einsichtiges, humanes Handeln der Besitzenden und Gebildeten gewährleistet sieht. Nicht die Revolutionierung, sondern die Reformierung der Verhältnisse wird hier propagiert.

In bezug auf die ökonomische Not geht es Alma gar nicht a priori um die Wurzeln des Übels, sondern um die Milderung bestehenden Elends aus einem Akt oder aus der Pflicht christlicher Nächstenliebe heraus. Dabei sieht sie zugleich ganz pragmatisch ein geeignetes Betätigungsfeld für ihre Geschlechtsgenossinnen der höheren Stände „zum Besten der leidenden Mitmenschen", da nicht nur die „Kräfte des Geistes", sondern auch „die der Hände" beansprucht würden.[44] Auf diese Weise hätten die Frauen, so Almas Argumentation, eine sinnvolle, „würdige und hinreichende" Aufgabe und einen gesellschaftlich akzeptierten Wirkungskreis, der nicht einmal ein „Heraustreten aus der engen Sphäre des Vorurtheils" bedingt.[45]

Daß Gräfin Alma von Hasburg als Sprachrohr der Autorin fungiert, zeigt sich besonders deutlich an dem längeren Gespräch, das die Heldin mit dem Maler Richard Steinau über die gesellschaftliche Stellung und die Emanzipation der Frauen führt. Vergleicht man die im Roman von Alma geäußerten Ansichten mit dem bereits oben erwähnten Artikel Marie Nordens in der „Frauen-Zeitung" über die sogenannte weibliche Bestimmung, lassen sich mit ganz ähnlichen oder sogar wortgleichen Formulierungen einige Übereinstimmungen in den Anschauungen finden.

Alma leugnet keineswegs, daß „der ursprüngliche Beruf des Weibes" in erster Linie darin liege, Gattin, Hausfrau und erst recht der Natur nach „die Mutter ihrer Kinder und die Erzieherin eines heranwachsenden Geschlechts zu sein".[46] Sie kritisiert aber das herrschende Verständnis von der „Bestimmung der Frauen"[47], das ihrer Meinung nach den modernen Zeitverhältnissen und damit verbundenen Ansprüchen nicht mehr gerecht werde.

Über die längeren Ausführungen der Protagonistin, die hier nicht im einzelnen dargelegt werden können, formuliert die Autorin erstens die Forderung – und damit reiht sich Marie Norden unter viele ihrer Kolleginnen ein –, nach einer Verbesserung weiblicher Erziehung und Bildung, erst recht im Hinblick darauf, wenn Frauen ihre Funktion als Mutter und die darin eingeschriebene Bedeutung als Erzieherin einer künftigen Generation angemessen erfüllen sollen. Zweitens läßt die Autorin ihre Heldin für die Erwerbstätigkeit von Frauen aus den höheren Ständen und für deren gesellschaftliche Anerkennung eintreten. In diesem Zusammenhang nimmt sie explizit Bezug auf den politischen Umbruchsprozeß. Zum einen will sie den Freiheitsbegriff als Recht auf freie Persönlichkeitsentfaltung, wenngleich in beschränktem Maße, auch auf die Frauen angewandt wissen:

> [...] ist es dann nicht gleich, ob das Gefäß, welches Gott zur Herberge der Denkkraft ausersehen hat, ein Mann oder ein Weib ist und muß nicht das Letztere noch mehr Anerkennung finden, wenn es, den Schwierigkeiten äußerer Umstände zum Trotz, dennoch diese überwindet und sich selbst eine freie, jedoch nicht über diese Freiheit ausschweifende Bahn bricht?[48]

Zum anderen aber versteht Alma die „Zustände der Jetztzeit" als deutliche Mahnung für ihre Geschlechtsgenossinnen, „nach vermehrter Selbstständigkeit zu streben."[49] Denn, so die Protagonistin, die Privilegien der Geburt oder des Reichtums könnten „von einer jener ungeheuren Schwankungen im Nu vernichtet werden" und in diesem Fall wäre es ihrer Meinung nach ein Verhängnis für eine Frau, wenn sie „nur auf den Schutz und die Fürsorge des Gatten oder anderer Nahestehenden angewiesen ist und jedes selbstständige Handeln nie geübt oder begriffen" habe.[50]

Marie Norden bewegt sich mittels Alma mit ihren Forderungen nach einer Veränderung der gesellschaftlichen Stellung von Frauen durch Erziehung, Bildung und Beruf in einem die häusliche Sphäre nicht verletzenden Rahmen. Entsprechend plädiert sie vor allem für eine künstlerische oder literarische Beschäftigung von Frauen, weil sie darin eine Erwerbsmöglichkeit sieht, die mit ihren Pflichten als Hausfrau, Gattin und Mutter vereinbar ist. Die Heldin selbst ist eine kinderlos verwitwete und finanziell unabhängige Frau, höchst gebildet und künstlerisch interessiert. Doch aus dem Text geht nicht hervor, ob sie eine Beschäftigung dieser Art ausübt oder sich lediglich der Förderung junger Künstler widmet. Was wiederum ihre gesellschaftspolitische Haltung angeht, insbesondere ihr Eintreten für die „freien Assoziationen", bleibt Alma allerdings in der Praxis hinter ihren Theorien zurück. Denn sie selbst engagiert sich nicht in solchen Vereinigungen, sondern beschränkt sich auf einzelne, private Hilfsmaßnahmen mit Wohltätigkeitscharakter.

Alle drei weiblichen Hauptfiguren in Marie Nordens Roman gleichen sich in ihren Charakteren und repräsentieren klassenübergreifend ein ideales, bürgerlich geprägtes Frauenbild. Im Unterschied aber zu Rosaline und Laura fungiert Alma im Text als fortschrittlich-emanzipatorische Vertreterin ihres Geschlechts. Es ist bezeichnend, daß sich gerade dieses Konstrukt von Weiblichkeit am Ende parallel zum Scheitern der Revolution als Niederlage für das private Beziehungsglück Almas erweist. Bewußt bringt die Autorin die Schicksalswege aller drei Frauen unterschiedlicher sozialer Herkunft in einen engen Zusammenhang mit dem Dresdner Maiaufstand, deren Verlauf und Ende eine entsprechende Botschaft transportieren.

Rosaline erfährt von den politischen Vorgängen und Entwicklungen des Dresdner Maiaufstandes 1849 vorrangig aus zweiter und zwar männlicher Hand. Die Bedeutung der Revolution selbst, auf die sie mit Angst und Hilflosigkeit reagiert, kann sie nicht ermessen. In den Schauplatz der kämpferischen Auseinandersetzung wird sie unfreiwillig hineingezogen. Daß sie aber gerade inmitten der Barrikadenkämpfe zur Braut eines Freischärlers avanciert und damit ihr größtes persönliches Glück findet, ist, wie oben schon ausgeführt, symbolisch als Hoffnung auf eine bessere, sprich demokratischere Zukunft einer jungen Generation zu verstehen.

Laura wiederum steht mehr noch als Rosaline den politischen Ereignissen und Entwicklungen fern. Weder ihre persönliche Situation noch ihr als Recht eingeklagte Anerkennung als bürgerliche Gattin eines adligen Mannes bringt sie in einen unmittelbaren Zusammenhang mit den politischen Zielsetzungen der Revolution. Laura verkörpert gänzlich das traditionelle Frauenbild, nach dem Politik und Weiblichkeit als Widerspruch begriffen und das von ihr auch gar nicht in Frage gestellt wird. Ihre Konfrontation mit dem Dresdner Maiaufstand ist nicht politisch, sondern privat motiviert. Die Liebe ist der einzige und ausschlaggebende Impuls für die Heldin, den Kriegsschauplatz zu betreten. Die Erfüllung des persönlichen Glücks von Laura und Leonhard, obgleich nicht unmittelbar aus den Zielsetzungen der Revolution hervorgegangen, reflektiert ganz ähnlich wie bei Rosaline/Richard den Glauben an eine bessere Zukunft durch eine junge Generation, die den Keim zur Demokratisierung der sozialen Verhältnisse bereits in sich trägt.

Auffallend ist allerdings die unterschiedliche Botschaft, die Marie Norden mit der Erfüllung privaten Glücks ihrer Paarkonstellationen Laura/Leonhard und Rosaline/Richard vermittelt. Die Tatsache, daß der Anspruch der bürgerlichen Laura auf öffentliche Anerkennung als Gattin eines Adligen in Deutschland und zwar unabhängig von der Revolution oder ihrem Ausgang, wie im Roman betont wird, zur Wirksamkeit kommt, signalisiert, daß die Autorin die Verwirklichung der Gleichstellung und Rechte des Bürgertums mit dem Adelsstand, wie oben schon angesprochen, auch ohne politische Umwälzung als einen längst in Gang gesetzten Prozeß betrachtet.

Im Gegensatz dazu versteht die Autorin den mit dem Paar Rosaline/Richard repräsentierten sozialen wie rechtlichen Gleichheitsanspruch der unterprivilegierten Schichten als die eigentlich revolutionäre Neuerung, die ohne einen tiefergehenden politischen Umbruch nicht zu realisieren ist. Zwar kann die von Besitz und Bildung benachteiligte Arbeiterin einen in dieser Hinsicht ihr überlegenen Bürgerlichen heiraten. Doch mit dem Scheitern der Revolution zerbricht die Hoffnung, daß eine solche ideale Verbindung – als Ausdruck einer sozialen Demokratie – in Deutschland lebbar ist; sie kann nur als politische Utopie im fernen Amerika angesiedelt werden.

Gänzlich anders verhält es sich mit der Aussage, die Marie Norden über die Figur der Gräfin Alma von Hasburg vermittelt. Die heimliche Heldin unterscheidet sich von Rosaline sozial durch Besitz und Bildung, von Laura mehr geistig durch ihr politisches Bewußtsein. Schon vor der Revolution setzt sie sich mit gesellschaftspolitischen und frauenspezifischen Problemen auseinander. Alma wird jedoch nicht wie Rosaline und Laura durch eine sozial bedingte persönliche Situation in die politischen Konflikte einbezogen und auch nicht direkt mit dem Dresdner Aufstand konfrontiert.

Gerade aber diese Position der heimlichen Heldin, die sie als eine Außenseiterin des politischen Geschehens erscheinen läßt, birgt in sich eine stille Botschaft. Denn

Alma als Vertreterin eines fortschrittlichen Frauenbildes spielt in und für die Revolution ebensowenig eine Rolle, wie die von ihr formulierten, insbesondere frauenemanzipatorischen Forderungen zu den Zielsetzungen der demokratischen Bewegung gehörten. Deutlicher noch wird die damit verbundene politische Aussage der Autorin darin, daß sich der zwischen seiner Verehrung für Alma und seiner Zuneigung zu Rosaline zerrissene Demokrat Richard Steinau inmitten der Barrikadenkämpfe ausgerechnet für die naiv-unschuldige Arbeiterin entscheidet. Alma unterliegt so einem herkömmlichen Weiblichkeitsmodell, dessen Grenzen sie längst überschritten hat. Am Ende erfüllt sich ihr persönliches Lebensglück in bezug auf die Liebe ebensowenig wie ihre Vorstellungen von einer sinnstiftenden gesellschaftlichen Betätigung für Frauen.

Die Verknüpfung des Scheiterns der Revolution mit dem Scheitern des privaten Glücks einer progressiv gestalteten weiblichen Figur – das zeigt sich auch in einigen anderen Revolutionsromanen von Autorinnen [51] – signalisiert die verlorene Hoffnung, daß mit einer Demokratisierung Deutschlands, die bei Marie Norden vor allem sozial gedacht ist, zugleich das traditionelle Frauenbild eine Veränderung erfahren könnte, durch die geistig emanzipierte Frauen wie Alma ihren Fähigkeiten entsprechende Aufgabenbereiche ermöglicht und sie als gleichwertige Partnerin von seiten der Männer in Betracht gezogen würden. Schlimmer noch, am Ende steht die enttäuschende Erkenntnis, daß selbst eine Demokratisierung der Verhältnisse nicht gleichbedeutend ist mit einer Demokratisierung geschweige denn Revolutionierung der Geschlechterverhältnisse.

Anders als die weiblichen sind die männlichen Figuren in Marie Nordens Roman die eigentlichen Akteure im Dresdner Aufstand, der im dritten Band mit dem Titel „Kampf" zentrales Thema ist. Über Erzählkommentare, durch die Berichterstattung ebenso wie aus der Erlebnisperspektive einzelner Romanhelden zeichnet die Autorin entlang historischer Fakten detailliert ein anschauliches und teilweise schon dokumentarisches Bild der Ereignisse und Kämpfe in der sächsischen Residenz vom 3. bis zum 9. Mai 1849. Marie Norden nimmt jedoch bei ihrer gelungenen Verknüpfung von Fiktion und Historie keinen eindeutig parteiischen Standpunkt ein, sondern zeigt sich bemüht, beide Seiten – Befürworter wie Gegner der Revolution – darzustellen und objektiv zu beurteilen. In Louise Ottos „Frauen-Zeitung" heißt es in der Besprechung des Romans sogar, daß die „Darstellung des Maikampfes so objektiv und ruhig geschildert" würde, „daß man zweifeln kann, welcher Partei Marie Norden" angehöre.[52] Es ist zwar richtig, daß sie innerhalb ihrer historischen Dokumentation kaum Wertungen vornimmt und auch handlungsgeschichtlich selten kritisch Position bezieht, dennoch ist Louise Ottos Urteil nicht gänzlich zuzustimmen.

Denn Marie Norden vermittelt über ihre in das politische Geschehen eingebundenen Figuren, durch die plausible Herleitung ihrer Motive, sich an der revolutionären Erhebung zu beteiligen, ebenso wie durch die jeweilige Haltung, die diese während des Kampfes einnehmen, sehr wohl ihren eigenen Standpunkt. Zunächst einmal ist festzuhalten, daß die Autorin, obgleich sie Befürworter wie Gegner des Aufstandes beleuchtet, den Schwerpunkt ihrer Darstellung auf die Perspektive der Revolutionäre legt. Allein dadurch offenbart Marie Norden eine Parteinahme; mehr noch aber gibt sie sich durch die Art, wie sie ihre bevorzugten Helden schildert, als Sympathisantin der Freiheitskämpfer zu erkennen.

Unter den männlichen Figuren im Roman ist der Bildhauer Albert Hallensee der eigentliche Held, der als zerrissener Charakter im Laufe der privaten und politischen Geschichte den Prozeß der Selbsterkenntnis durchlebt und dann zum Ideal eines „Volkskämpfers“[53] avanciert. Aus enttäuschter Liebe wendet er sich der Politik zu, und allmählich wird die „Göttin der Freiheit“ anstelle der Geliebten „sein glühend angebetetes Idol“.[54]

Über die Reflexionen Alberts macht die Autorin deutlich, daß sie nicht nur Deutschland, sondern Europa als veraltet betrachtet, „dessen Institutionen sich überlebt haben, deren morscher Bau unhaltbar geworden ist“.[55] Und in der diskursiven Auseinandersetzung ihres Freiheitshelden mit dem im Text als Kommunisten bezeichneten Bilderhändler Wolfram Greiff wiederum zeigt sich, daß mit einer politischen Systemveränderung zugleich die Hoffnung auf die Beseitigung sozialer Ungleichheit und zumindest die Linderung bestehenden Elends mitgedacht ist.

Der gewaltsame Aufstand als Mittel zur Problemlösung wird im Roman – sowohl über den idealen Charakter Alberts als auch in Erzählkommentaren – keineswegs verherrlicht. Die Schrecken des Krieges werden, wenngleich verhalten, ebenso verurteilt, wie das Blutvergießen bedauert. Der bewaffnete Kampf erscheint vielmehr als letzte verzweifelte Möglichkeit zur Verteidigung der Reichsverfassung und legitimiert vor diesem Hintergrund die Motive der Revolutionäre, sich mit Gewalt ihren Interessen Nachdruck zu verleihen, mit deren edlen Zielsetzungen, nämlich für die „höchsten Güter der Menschheit“ einzutreten.[56]

Die Beweggründe der Romanfiguren, die auf seiten der Aufständischen kämpfen, sind es auch, die zeigen, daß Marie Norden die Revolution von 1848/49 – hier speziell den Dresdner Maiaufstand – vorrangig als eine soziale Revolution, ursächlich hervorgerufen durch existentielle Not sowie der Erfahrung sozialer Ungleichheit und Ungerechtigkeit, versteht. Von diesen Mißständen zeichnet die Autorin exemplarisch an der Proletarierfamilie Löwe ein eindrückliches Bild, deren Verelendungsprozeß nicht zuletzt wegen einer mangelnden sozialen Absicherung im staatlichen System unweigerlich in einen Teufelskreis von Krankheit hin zu Arbeits- und schließlich Obdachlosigkeit führt.

Interessant ist die an vielen Stellen des Romans durchschimmernde Skepsis, daß mit einer Aufrechterhaltung der Reichsverfassung zugleich eine Beseitigung sozialer Mißstände gesichert sei. Die Autorin scheint, wie ihre Darstellung gelegentlich vermittelt, – anders als noch in ihrem Artikel über „die Friedensfrage in Schleswig-Holstein“ – das Vertrauen in die Paulskirchenpolitik verloren zu haben. So kehrt auch der Freiheitsheld Albert Hallensee eher enttäuscht von den Verhandlungen der Frankfurter Nationalversammlung im September 1848 nach Dresden zurück und bekennt, die „utopischen Träume der Einheit und Freiheit“ ausgeträumt zu haben.[57] Daß er sich dennoch im Mai 1849 den Aufständischen anschließt, ist weniger Zeichen seines Glaubens in die Politik als seiner Treue und Liebe für das Vaterland, für das er sich, subsumiert unter dem Freiheitsbegriff, soziale Gleichheit und Gerechtigkeit erhofft. Ähnliche Motive, sich am Kampf zu beteiligen, werden Wolfram Greiff unterlegt, trotz seiner Skepsis, ob die Reichsverfassung, „wenn diese in's Werk gesetzt", dann auch tatsächlich „allen Hungrigen Brot geben, alle Nackten kleiden würde".[58]

Marie Norden spiegelt ansatzweise über ihre Handlungsgeschichte im Text die zeitgenössisch immer wieder geführte Diskussion, ob eine politische Systemveränderung die versprochene Lösung der sozialen Frage nach sich ziehen würde. Politische Fragestellungen werden in ihrem Roman aber weitgehend nicht thematisiert, und dies ist vermutlich mit ein Grund, weshalb es in Louise Ottos „Frauen-Zeitung" über die Autorin heißt, daß sie „eine viel bessere Sozialistin denn Politikerin" sei.[59] Die Bezeichnung Sozialistin meint hier nicht, daß Marie Norden eine Vertreterin einer politischen Ideologie, schon gar nicht im heutigen Sinne, sei. Vielmehr bezieht sich dieser von Louise Otto verwendete Begriff auf die fraglose Parteinahme der Autorin für die „Unterdrückten"[60] sowie auf ihre Fähigkeiten als Schriftstellerin, die aktuellen sozialen Problemfelder anschaulich und kritisch darzulegen.

Auch wenn sie sich mehr implizit als Befürworterin der Revolution zu erkennen gibt, erweist sich Marie Norden mit ihrem Roman als Anwältin der sozial Benachteiligten und als Sympathisantin des Freiheitskampfes. Die in die revolutionäre Erhebung von der Autorin eingeschriebene Hoffnung auf „Deutschlands Einheit und Größe"[61], wobei letztere weniger national als vielmehr im Sinne einer tiefgreifenden sozialpolitischen Veränderung gemeint ist, stirbt jedoch am Ende des Romans symbolisch mit deren zentralen Repräsentanten – allen voran Albert Hallensee, der geschworen hatte, „für die Freiheit zu siegen oder zu sterben"[62], und Wolfram Greiff – parallel zum Scheitern des Dresdner Maiaufstandes.

Ob oder inwieweit Marie Norden selbst aktiv in die demokratische Bewegung von 1848/49 involviert war oder Kontakte zu deren Vertreterinnen und Vertretern besaß, abgesehen von Louise Otto durch ihre Tätigkeit als Mitarbeiterin der „Frauen-Zeitung", ist ungesichert. Denn leider gibt es auch über ihre Dresdner Zeit nur wenig informatives Quellenmaterial. Nach Aussage ihrer Schwester Therese, die jedoch kaum Details, Daten und Namen nennt, verkehrte Marie Norden in ihrer Wahlheimat „mit verschiedenen hervorragenden Größen" der Literatur und Kunst.[63] Später gehörte sie zum Kreis der Gründer der Schillergesellschaft, „für welche auch sie in einigen Dingen thätig ward"[64], wobei sie besonders enge Freundschaft zur Familie des Major Serre pflegte.

Möglicherweise engagierte sich Marie Norden gemeinsam mit ihrer Schwester Therese in den Jahren 1849/50 im Dresdner „Frauen-Verein für hilfsbedürftige Familien", dessen Aufgabe es war, nach der Maierhebung in Not geratene Frauen und Kinder gefangener, geflüchteter oder gefallener Demokraten zu unterstützen.[65] Dieser Frauenverein, dem u.a. Auguste Scheibe – eine Freundin Louise Ottos – vorstand, wurde seit März 1850 polizeilich überwacht; infolgedessen kam es zu Hausdurchsuchungen und schließlich zum Verbot der Versammlungen.[66] In diesem Zusammenhang meldet die „Frauen-Zeitung" am 27. April 1850, daß man „einer hochgeachteten Familie aus Norddeutschland, einer Witwe mit zwei Töchtern", die Mitglieder des Vereins seien, angedeutet hätte, ihr keine Aufenthaltskarte mehr auszustellen, was einer Ausweisung aus Dresden gleichgekommen wäre.[67] Damit könnte durchaus die Familie Norden gemeint sein, und vielleicht hielt sich die Autorin nach einer solchen Warnung mit ihrem sozialen Vereinsengagement zurück, das zu dieser Zeit sehr wohl politisch definiert und häufig als gefährlich eingestuft wurde. Ob sich Marie Norden darüber hinaus an den revolutionären Ereignissen beteiligte oder durch Verbindungen zu Trägern der demokratischen Bewegung in Dresden, jedenfalls aus polizeilicher Sicht, auffallend in Erscheinung trat, dürfte – zumindest beim derzeitigen Forschungsstand – fast unwahrscheinlich sein. Darauf deutet hin, daß ihr Name nicht in der „Kartei politisch Verfolgter" im Sächsischen Ministerium des Inneren zu finden ist und somit keine Akte zu ihrer Person existiert, wie es etwa bei Louise Otto oder Auguste Scheibe und vielen anderen der Fall war. Das Ministerium des Inneren mit Regierungsrat Eberhardt an der Spitze operierte zu dieser Zeit mit einem äußerst effektiven und weitverzweigten polizeilichen Überwachungssystem, das selbst den geringsten Hauch eines Verdachtes auf demokratische Gesinnung, vermeintlich demagogischer Umtriebe und Aktivität bei Frauen wie Männern mißtrauisch beobachtete und einer akribischen Berichterstattung für wert hielt. Marie Norden gehörte offenbar nicht zu dieser anvisierten großen Gruppe polizeilich Überwachter, wobei jedoch nicht auszuschließen ist, daß ihr Name in der Vielzahl von Dokumenten anderer aktenkundig gewordenen Personen erwähnt wird. Ihr Roman „Dresdens Maitage" schien auch nicht zu den staatsgefährlichen Schriften zu gehören, denn er konnte 1850 ungehindert in Leipzig erscheinen.[68]

Marie Norden blieb als Schriftstellerin nach der Revolution eine Fürsprecherin der sozial Benachteiligten, vor allem aber eine Anwältin der Frauenemanzipation. Immer wieder trat sie für eine verbesserte Bildung ihrer Geschlechtsgenossinnen, für ihre Erziehung hin zur Selbständig- und Berufstätigkeit ein, sei es in ihrem 1856 erschienenen Werk „Dunkle Wege" oder in ihrem dreibändigen Roman „Agnes und Marie" von 1860.[69] Darüber hinaus widmete sie sich, wie viele andere ihrer Kolleginnen und Kollegen während der Reaktionszeit, weiterhin dem Genre des historischen Romans. Sie verfaßte aber auch Schriften, in denen sie Reiseschilderungen einfließen ließ, Sitten und Gebräuche, wie zum Beispiel in ihrem Roman „Rudolf oder die Abenteuer im Riesengebirge"[70], darstellte und zugleich kritisch die „modernen, gesellschaftlichen Zustände", so Marie Norden an Lorenz Diefenbach über dieses Werk, reflektierte.[71] Letzteres ebenso wie „Dunkle Wege" und ihr historischer Roman „Ottokar oder die Reise nach Sebastopol"[72] von 1855 fanden sogar, so Scheve, in Amerika „warme Anerkennung".[73] Verschiedene Romane wurden offenbar, wie aus den Briefen der Autorin an Lorenz Diefenbach hervorgeht, in der „Didaskalia" besprochen.[74] Am Ende ihrer Schaffensperiode beschäftigte sich Marie Norden noch einmal mit Schleswig-Holstein, nachdem die beiden Herzogtümer 1864–1866 preußisch geworden waren: 1865 erschienen ihre „See- und Landgeschichten", zwei Jahre später veröffentlichte sie ihren historischen Roman „Die Dänen hinter dem Danewerk".[75] Nach 1867 publizierte die Autorin keine weiteren Werke mehr, vielleicht, weil sie damals schon von einem sich später verschlimmernden Gelenkrheumatismus gesundheitlich beeinträchtigt war. Marie Norden starb am 3. Juli 1878 in Dresden.

Anmerkungen

1 Marie Norden: Dresdens Maitage. Ein Zeitbild. Leipzig 1850, 3 Bde.

2 Gustav Scheve: Phrenologische Frauenbilder. Dresdens Schriftstellerinnen der Gegenwart. Dresden 1865, S. 199f.

3 Eine wissenschaftliche Bearbeitung ihres Gesamtwerkes steht noch aus. Bislang gibt es nur einige wenige Aufsätze, die Marie Nordens Roman „Dresdens Maitage" in eine Einzel- bzw. vergleichende Analyse mit anderen Revolutionsromanen einbeziehen: Rachel McNicholl/Kerstin Wilhelms: Liebe, Kunst und Politik. Zur 1848er Revolution in Texten deutscher Schriftstellerinnen im 19. Jahrhundert. – In: Inge Stephan/Sigrid Weigel (Hrsg.): Die Marseillaise der Weiber. Frauen, die Französische Revolution und ihre Rezeption. Hamburg 1989, S. 104–127; Kerstin Wilhelms: Frauenbilder in Romanen deutscher Schriftstellerinnen zur 1848er Revolution. – In: Helga Grubitzsch/Maria Kublitz/Dorothea Mey/Ingeborg Singendock-Heublin (Hrsg.): Frauen – Literatur – Politik. Pfaffenweiler 1992; Marion Freund: Schriftstellerinnen und die Revolution von 1848/49. – In: 1848 und der deutsche Vormärz. FVF Jb 1997, Bielefeld 1998, S. 117–142; dies.: Revolutionierung der Geschlechtsverhältnisse? Weiblichkeit und Politik in den Romanen von Autorinnen und Autoren zu 1848/49. – In: Ariadne. Almanach des Archivs der deutschen Frauenbewegung Kassel. März 1998, H. 33, S. 45–51.

4 Neben Marie Norden behandelten folgende Autorinnen die Revolution von 1848–1849 als literarisches Sujet: Louise Aston: Revolution und Contrerevolution. Mannheim 1849, 2 Bde.; Fanny Lewald: Auf Rother Erde. Leipzip 1850; Claire von Glümer: Fata Morgana. Ein Roman aus dem Jahre 1848. Leipzig 1851; Johanna Kinkel: Hans Ibeles in London. Ein Familienbild aus dem Flüchtlingsleben. Stuttgart 1860; Louise Otto: Drei verhängnisvolle Jahre. Altona 1867.

5 In den wenigen existierenden Biographien zu Marie Norden wird 1813 als Geburtsjahr genannt. Die Überprüfung des Tönninger Taufregisters im Propstei-Archiv Garding ergab jedoch, daß Marie Norden der 22. Täufling des Kirchenjahres 1813 war, das mit dem 1. Advent 1812 begann. Die Eintragung auf S. 326 im Taufregister belegt somit ihr Geburtsdatum am 13. November 1812 und ihre Taufe am 25. Januar 1813. Für diesen Nachweis danke ich Frau Christiane Witte aus Tönning, Mitarbeiterin der Gesellschaft für Tönninger Stadtgeschichte, die auf meine Anfrage hin das Tönninger Taufregister im Propstei-Archiv durchsah und der Verfasserin, da eine Kopie nicht möglich war, eine handschriftliche Abschrift des Registers übersandte.

6 Zur Familie Wolfhagen vgl. die Chronik in dänischer Sprache: Optegnelser om slægten Wolfhagen ved H. Wolfhagen Premierlieutnant i marinen, København 1895. Von den neun Kindern starben drei Töchter und ein Sohn bereits im Säuglingsalter.

7 Ausführlich zur Familiengeschichte Wolfhagen vgl. Christiane Witte: Die Familie Wolfhagen in Tönning. – In: Gesellschaft für Tönninger Stadtgeschichte e. V. Tönning März 1999, Mitteilungsblatt 18, S. 23–38.

8 Scheve [Anm. 2], S. 196. Scheves Beitrag ist trotz einiger falscher Angaben die bislang ergiebigste und informativste biographische Quelle zu Marie Norden.

9 Ebd., S. 196.

10 Ein vollständiges Verzeichnis der selbständig erschienenen Schriften Marie Nordens ist abgedruckt in der bereits erwähnten Familienchronik in dänischer Sprache [Anm. 6], S. 21. Einen guten inhaltlichen Einblick in das Romanschaffen der Autorin gibt der Aufsatz von Christiane Witte: Friederike Marie Ernestine Wolfhagen. Eine Romanschriftstellerin des

19. Jahrhunderts. – In: Gesellschaft für Tönninger Stadtgeschichte e.V. Tönning März 2000, Mitteilungsblatt 19, S. 33–68.

11 Vgl. die Fortsetzungsartikel von Marie Norden: Die Friedensfrage in Schleswig-Holstein. – In: Europa. Chronik der gebildeten Welt, hrsg. v. F. Gustav Kühne, 2. Halbjahr, Nr 43, 19. August 1848, S. 169ff.; Nr. 44, 21. August 1848, S. 173ff.; Nr. 45, 22. August 1848, S. 177ff.; Nr. 46, 23. August 1848, S. 182ff.; sowie Das Mädchen aus dem Volke. Skizze nach dem Leben. – In: Frauen-Zeitung, Nr. 16, 4. August 1849, S. 1ff.; Nr. 17, 11. August 1849, S. 1f.; Nr. 18, 18. August 1849, S. 1f.; und Die Bestimmung der Frauen. Nr. 23, 23. September 1849, S. 1f.; Nr. 24, 30. September 1849, S. 1ff. In Nr. 24 von Louise Ottos „Frauen-Zeitung" vom 30. September 1849, S. 1, sowie in den Abschiedsworten der Nr. 52 vom 31. Dezember 1850, S. 2, wird Marie Norden ausdrücklich als Mitarbeiterin genannt. Es ist sehr wahrscheinlich, daß sie noch für weitere Zeitschriften tätig war, da dies für die meisten Schriftstellerinnen und Schriftsteller ihrer Zeit nicht zuletzt aus finanziellen Gründen üblich war. Darauf deutet auch der Brief ihrer Schwester Therese an Franz Brümmer hin, der sie um biographische Auskünfte über Marie Norden für sein Schriftstellerinnenlexikon gebeten hatte. Darin erwähnt sie, daß von kleineren „Schriften, Journal- und Zeitungsartikeln" ihrer Schwester kein Verzeichnis existiere und sie selbst darüber keine Mitteilungen machen könne. Vgl. Therese Wolfhagen an Franz Brümmer, 19. August 1879. – In: SBB PK, Handschriftenabteilung, Nachlaß Brümmer, Briefe I: Norden, Marie, ohne Seitenzählung (insgesamt vier Seiten, hier S. 3). Aus einem Brief Marie Nordens an Karl Gutzkow geht außerdem hervor, daß sie für dessen Zeitschrift „Unterhaltungen am häuslichen Herd" wenigstens zwei Beiträge, die von ihr selbst erwähnten Aufsätze „Athen und Konstantinopel" sowie „Egypten und seine Pyramiden", lieferte. Vgl. Marie Norden an Gutzkow, 14. Juni 1862. – In: Stadt- und Universitätsbibliothek Frankfurt a. M., Nachlaß Gutzkow A2 II. Eine Sichtung der zeitgenössischen Journale könnte Aufschluß über Marie Nordens journalistische Tätigkeit geben und ein weiteres Forschungsdesiderat zu dieser Autorin schließen.

12 Frauen-Zeitung, Nr. 52, 31. Dezember 1850, Bücherschau, S. 6.

13 Marie Norden: Feldblumen, Leipzig 1847; dieser Sammelband enthält die Erzählungen „Vater und Sohn"; „Der Weber von Langenbielau", „Der Flottenoffizier" und „Bad Kissingen", erstere ist allerdings weniger eine Erzählung denn ein Roman und letztere eher eine als Skizze zu bezeichnende, von persönlichen Erinnerungen und Eindrücken der Autorin geprägte Darstellung des Kurortes.

14 Norden: Das Mädchen aus dem Volke [Anm. 11], hier: Frauen-Zeitung, Nr. 16, 4. August 1849, S. 1.

15 Marie Norden: Paris und Berlin. Roman aus der neuesten Zeit. Leipzig 1849, 2 Bde. Leider ist es bislang nicht gelungen, den zweiten Band dieses Romans aufzufinden, so daß sich Aussagen darüber an dieser Stelle nur auf den ersten Teil beziehen können.

16 Vgl. hierzu Scheve [Anm. 2], S. 198f.

17 Norden: Die Bestimmung der Frauen [Anm. 11].

18 Ebd., hier: Frauen-Zeitung, Nr. 23, 23. September 1849, S. 2.

19 Ebd.

20 Zu den Bedingungen weiblichen Schreibens im Zusammenhang mit der Anonymität und Pseudonymität vgl. Susanne Kord: Sich einen Namen machen. Anonymität und weibliche Autorschaft 1700–1900. (=Ergebnisse der Frauenforschung, Bd. 41). Stuttgart/Weimar 1996.

21 Scheve [Anm. 2], S. 199.

22 Therese Wolfhagen an Franz Brümmer [Anm. 11], S. 3.

23 Frauen-Zeitung [Anm. 12].

[24] Norden: Die Friedensfrage in Schleswig-Holstein [Anm. 11].
[25] Ebd., hier: Europa, Nr. 43, 19. August 1848, 2. Halbjahr, S. 169.
[26] Ebd.
[27] Zur Reichsverfassungskampagne und dem Dresdner Maiaufstand vgl. Rolf Weber: Die Revolution in Sachsen 1848/49. Entwicklung und Analyse ihrer Triebkräfte. Berlin 1970, S. 327–348; Der Dresdner Maiaufstand von 1849. – In: Dresdner Hefte. Beiträge zur Kulturgeschichte, hrsg. v. Dresdner Geschichtsverein e.V., 13. Jg., Heft 43, 3/1995; Martina Schattkowsky (Hrsg.): Dresdner Maiaufstand und Reichsverfassung 1849. Revolutionäres Nachbeben oder demokratische politische Kultur? (=Schriften zur sächsischen Landesgeschichte, Bd. 1). Leipzig 2000.
[28] Therese Wolfhagen an Franz Brümmer [Anm. 11], S. 2.
[29] Norden [Anm. 1], Bd. I, S. 223.
[30] Ebd., Bd. III, S. 257.
[31] Ebd., Bd. I, S. 167.
[32] Ebd.
[33] Ebd., Bd. II, S. 195.
[34] Ebd., S. 196.
[35] Ebd., S. 195.
[36] Ebd., S. 196.
[37] Ebd., Bd. I, S. 171.
[38] Ebd., Bd. III, S. 99.
[39] Ebd., Bd. I, S. 181.
[40] Ebd., S. 170.
[41] Ebd.
[42] Ebd., S. 181.
[43] Ebd.
[44] Ebd., S. 182.
[45] Ebd.
[46] Ebd., Bd. II, S. 110.
[47] Ebd.
[48] Ebd., S. 116.
[49] Ebd., S. 112.
[50] Ebd., S. 113.
[51] Vgl. hierzu Anm. 4 und zur Forschungsliteratur Anm. 3.
[52] Frauen-Zeitung [Anm. 12].
[53] Norden [Anm. 1], Bd. III, S. 167.
[54] Ebd., Bd. II, 101.
[55] Ebd., Bd. II., S. 7.
[56] Ebd., Bd. III, S. 92.
[57] Ebd., Bd. I, S. 10.
[58] Ebd., Bd. III, S. 70.
[59] Frauen-Zeitung [Anm. 12].
[60] Ebd.
[61] Norden [Anm. 1], Bd. III, S. 230.
[62] Ebd., Bd. III, S. 77.
[63] Therese Wolfhagen an Franz Brümmer [Anm. 11], S. 2.
[64] Ebd., S. 3.

65 Diesen Hinweis verdanke ich Frau Christiane Witte, vgl. hierzu auch ihren Beitrag im Mitteilungsblatt der Gesellschaft für Tönninger Stadtgeschichte [Anm. 10], S. 48f.

66 Louise Ottos „Frauen-Zeitung" berichtet regelmäßig über die Aktivitäten des Dresdner Frauenvereins sowie über die polizeilichen Schikanen, unter denen er zu leiden hatte.

67 Frauen-Zeitung, Nr. 17, 27. April 1850, Briefe, S. 6.

68 Daß Marie Nordens Roman im Jahre 1850 ungehindert erscheinen konnte, kann allerdings auch damit zusammenhängen, daß die nachrevolutionäre Zensurpraxis in Sachsen erst allmählich die Zügel straffer zog. Viele Schriften wurden erst Jahre nach ihrem Erscheinen beschlagnahmt und verboten. Bezüglich Marie Nordens Revolutionsroman wurde bislang jedoch kein entsprechender zeitgenössischer Aktenvermerk gefunden.

69 Marie Norden: Dunkle Wege. Hamburg 1856, 2 Bde.; dies.: Agnes und Marie. Ein Roman aus dem englischen Leben. Nordhausen 1860, 3 Bde.

70 Marie Norden: Rudolf oder das Abenteuer im Riesengebirge. Leipzig 1853, 3 Bde.

71 Marie Norden an Lorenz Diefenbach, 17. November 1853. – In: Universitätsbibliothek Gießen, Nachlaß Diefenbach, Sign. 121733.

72 Marie Norden: Ottokar oder die Reise nach Sebastopol. Historischer Roman aus der Zeit Josefs des Zweiten. Leipzig 1855, 3 Bde.

73 Scheve [Anm. 2], S. 200.

74 Vgl. Marie Nordens an Lorenz Diefenbach, 17. November 1853, 25. November 1858 und 1. September 1859. – In: Nachlaß Diefenbach [Anm. 71].

75 Marie Norden: See- und Landgeschichten aus Schleswig-Holstein. Leipzig 1865, 2 Bde.; dies.: Die Dänen hinter dem Danewerk. Historischer Roman aus der jüngsten Vergangenheit Schleswig-Holsteins. Leipzig 1867.

Roswitha Kind (1814–1843)

„Weiblicher Sinn“ und „tief empfindendes Gemüth“ Spuren einer Dichterin[1]

Johanna Ludwig, Leipzig

Ob sie auch schied,
sie lebt in ihrem Wort
in dem Gedächtnis ihrer
Freunde fort.

Auf dem Alten Johannisfriedhof in Leipzig sind diese Worte auf einem Gedenkstein für Roswitha Kind zu lesen. Er trägt die Jahreszahl 1843 und befindet sich nicht mehr als 25 Meter entfernt vom schlichten Granitblock im neuen Lapidarium, der an Louise Otto-Peters[2] und ihren Mann August Peters[3] erinnert. Eine seltsame Fügung, hatte doch Louise Otto fast gleich nach dem Ableben von Roswitha Kind ein Gedicht zu ihrem Andenken verfaßt, das für eine Dichterin der damaligen Zeit ungewöhnlich programmatische, ja politische Aussagen enthält.

Die fünf Jahre jüngere Louise bekennt sich in diesem Gedicht zur neuen, stürmischen, „nach vorwärts“ rufenden Zeit, in der „der Romantik blauen Wunderblüthen“ durch „Freiheitshymnen“ aus der Poesie verbannt sind und „die Leier“ zum „Schwert“ im Kampf für die Freiheit geworden ist. Sie bittet die Frühverstorbene, ihr nicht zu zürnen, wenn sie den Männern gleich in den Kampf zieht und statt „stille Spinnerlieder“ die „Schlachtenlieder“ singt, da sie nicht anders könne, da die Zeit sie festhält und sie „an ihrem Altar“ ihr „Treu geschworen“ habe. Jedoch bevor sie „die Zeit zu neuen Kämpfen wecket“, nimmt sie weinend, nach „weiblich sanfter Sitte“ Abschied von einer Dichterin, die für sie „eine sanfte, weiße Rose“, „ein süßes Kind mit kindlich stillen Träumen“ war und deren „holde Märchen“ sie gern mag.[4]

Die letzten drei Zeilen ihres Gedichtes entlehnt Louise Otto Roswithas Eingangsgedicht ohne Titel, das als Vorspruch zum einzigen, ihrem Vater, Friedrich Kind, gewidmeten und 1843 kurz vor ihrem Tode erschienenen Gedichtbändchen[5] vorsteht und das unverkennbar vom Einfluß der spätromantischen Dichtung geprägt ist:

Wie bleiche Lilien aus dem Wogengrunde,
Entkeimen Frauensänge oft aus Thränen,
Von meinem Lied doch geb' ich frohe Kunde,
Aus Schmerz geboren soll man nicht es wähnen.

Als Kind schon folgt' ich manche lange Stunde
Des Vaters Klängen mit geheimem Sehnen,
Entströmten holde Märchen seinem Munde,
Mocht' gern ich lauschend an der Harfe lehnen.

Ihr Echo tönt' aus meiner Seele wieder;
Bald lehrte mir der deutsche Harfnergreis,
Was ich empfand, in schlichten Worten singen.

Und freudig weih' ich jetzt Ihm meine Lieder –
O, gäb' die Welt mir einst ein Lorberreis,
Um meines Vaters Schläfe wollt' ich's schlingen!

Als Louise Otto der verstorbenen Dichterin ihre Verse widmete, hatte sie selbst schon Abschied von der romantischen Dichtung genommen und sich der politischen zugewandt. In ihrem zweiten Roman „Kathinka", der in demselben Jahr erschienen war, spielte bereits die Frauenemanzipation eine große Rolle. Kein Wunder also, daß sie auch publizistisch vehement für ihr eigenes Geschlecht eintrat. Am bekanntesten sind aus dieser Zeit Artikel, mit denen sie die Diskussion der in den „Sächsischen Vaterlands-Blättern" von Robert Blum aufgeworfenen Frage, ob nicht auch den Frauen als Teil der Gesellschaft das Recht, ja gar die Pflicht zustehe, an Staatsangelegenheiten beteiligt zu sein, nicht nur bejahte, sondern umfassend begründete.[6]

Bis jetzt ist nicht bekannt, ob die beiden Dichterinnen sich persönlich oder nur durch ihre Gedichte begegnet sind. Der persönliche Ton des Gedichtes von Louise Otto spricht aber für ein inniges, freundschaftliches Verhältnis.

Friederike Roswitha Kind[7] kam am 7. August 1814 in Dresden zur Welt. Ihr Vater, der 1768 in Leipzig geborene Jurist Johann Friedrich Kind[8], war damals ein bekannter sächsischer Dichter und Schriftsteller, ist heute vor allem als Verfasser des Librettos für Carl Maria von Webers Oper „Der Freischütz" bekannt. Sein Vater, Johann Christoph Kind, Leipziger Stadtrichter und Vorstand der „Rathsförster", hat sich als Übersetzer der „Biographien" des griechischen Dichters Plutarch literarisch einen Namen gemacht. Seinem Willen entsprechend wurde auch Friedrich Kind, der die Thomasschule in Leipzig besucht hatte, Jurist. 1793 ließ er sich als Rechtsanwalt in Dresden nieder und erwarb später, vermittelt durch Weber, den Titel „Herzoglicher sächsischer gothaischer Hofrath". Ab 1816 lebte er nur noch den Musen. Seine in zweiter Ehe geborene Tochter erhielt den Namen Roswitha – wohl nach Hrotsvit von Gandersheim, der „ersten bekannten Dichterin Deutscher Nation". So hatte er die Nonne im Vorspruch zu seinem 1811 in Leipzig veröffentlichten Sammelband „Roswitha" bezeichnet.

Halbwüchsig porträtierte sie der als Historien- und Porträtmaler bekannte Johann Carl Rösler, dessen Gönnerin nach seiner entgültigen Übersiedlung in die Residenzstadt Dresden 1807 Elisa von der Recke war und die sich wie auch ihren Lebensgefährten Tiedge von ihm lebensgroß porträtieren ließ. Hatte gar sie Einfluß darauf, daß das Porträt der elfjährigen Roswitha entstand? Das Bild, 1896 aus dem Vermächtnis von Arthur Kind erworben, befindet sich heute im Besitz des Museums der Bildenden Künste Leipzig[9].

Der Vater erwähnt die Töchter Roswitha und Meta beiläufig in seiner biographischen Novelle „Schöpfungsgeschichte des ‚Freischütz'", dem „literarischen Testament"[10], an dem er noch zu seinem 75. Geburtstag am 4. März 1842 arbeitete. Darin vermerkt er auch, daß seine Frau Friederike – Roswithas Mutter –, die er 1796 nach dem Tod der ersten Frau als 18jährige geheiratet hatte, seine „Geheimschreiberin" war, wenn er Eile hatte.[11] Daraus erklärt sich wohl seine große Produktivität, die auch nicht selten von weiblichen Kolleginnen inspiriert wurde. So hatte der alte Friedrich Kind in einem Brief an Helmina von Chézy, Verfasserin des Librettos für Webers Oper „Euryanthe", am 22. Januar 1842 bekannt, daß es die Begeisterung für ein Theaterstück ihrer Mutter, Caroline Louise von Klencke, „Der ehrliche Schweizer", gewesen sei, was ihn überhaupt die Feder fürs Theater habe ergreifen lassen.[12]

Daß Roswitha auch Dichterin würde – war es ein Wunschtraum der Eltern? Zu wenig ist bis jetzt aus ihren Kinder- und Jugendtagen bekannt. Man kann vermuten, daß die Eltern für eine gute Bildung ihrer Tochter sorgten. Nach Angaben von Joseph Kürschner genoß die junge Roswitha, geistig „reich beanlagt", vorzüglichen Unterricht.[13] Das beweisen auch ihre Gedichte, in denen sie historische Themen wie z. B. Johann Gutenberg und die Erfindung der Buchdruckerkunst[14] aufgreift und die Nachdichtungen aus dem Französischen, wie z. B. „Volkslieder. Nach dem Französischen".[15] Darüber hinaus dürfte Roswithas Zugang zum zwischen 1815 und 1842 existierenden Liederkreis Dresdener Künstler, Musiker und Dichter von klein auf gewährleistet gewesen sein, den ihr Vater mitbegründete, und dessen Zusammenkünfte alternierend in den Wohnungen der Mitglieder stattfanden, so hin und wieder auch in Kinds Wohnung.[16] Nach 1820 war Ludwig Tieck die wichtigste Figur des Kreises, dem zu verschiedener Zeit u. a. Theodor Hell, Carl Maria von Weber, Ernst von Brunnow und Christoph August Tiedge zugehörten.[17]

Es wird berichtet, daß sich zeitweise auch „ein recht zahlreicher Damenkreis"[18] bei den literarischen Zusammenkünften einfand, darunter z. B. Therese aus dem Winkel[19] oder Helmina von Chézy.[20] Roswitha und ihre Mutter dürften da nicht gefehlt haben. Auch Louise Otto, die Ende der 1830er/Anfang der 1840er Jahre oft von Meißen nach Dresden kam, vor allem, um Theateraufführungen zu besuchen, fand Kontakt zu diesem Kreis. Sie übernachtete bei einer Freundin, die gut mit Theodor Hell bekannt war, der gemeinsam mit Friedrich Kind die „Abend-Zeitung" herausgab.[21] Mit mancher der jungen Damen, einschließlich Roswitha, verband sie die Verehrung für den alten Dresdener Dichterfürsten August Tiedge.

Zur Lieblingslektüre der jungen Louise Otto gehörte Tiedges „Urania – Über Gott, Unsterblichkeit und Freiheit". Das oft veröffentlichte Lehrgedicht war Anlaß einer Korrespondenz mit dem Verfasser, der ihr antwortete: „Wie die Stimme der Lerche im Frühling, die im jungen Saatfeld aufflattert", habe ihn ihr Brief berührt.[22] Sie dürfe ihn besuchen, und als das schüchterne Mädchen vor ihm stand, legte er ihr segnend die Hand aufs Haupt und begrüßte sie als zukünftige Dichterin. An diesen „ersten Dichtersegen" erinnerte sich Louise Otto dreißig Jahre später in ihrem Gedicht „Ein Dichtergreis".[23]

Während des Aufenthaltes bei ihrer Dresdener Freundin im Februar 1840, als sie ihren ersten Verlobten, den Advokaten und Dichter Gustav Müller, kennenlernte, besuchte die 21jährige Louise auch Tiedge, der sie „wieder wie ein Vater aufnahm".[24] Nachdem er 1841 verstorben war, faßten seine Freunde und Verehrer den Plan, im

Rahmen der Tiedge-Stiftung ein „Album“ für ihn herauszugeben. Louise Otto fragte in einem Brief vom 10. Juni 1842 aus Meißen offensichtlich an, ob ihre Mitarbeit erwünscht sei. Im Antwortbrief des mit der Redaktion beauftragten Dr. Karl Falkenstein vom 20. Juni wird versichert, „daß ein Beitrag aus Ihrer Feder dem Comitè sehr erwünscht sein wird.“ Sie solle ihn bis Ende November nach Dresden senden, „aber auch früher siehet demselben mit freudiger Dankbarkeit entgegen Ew. Hochwohlgeborenen ganz ergebenster Dr. Falkenstein K.D. Hofrath u. Oberbibliothekar.“[25]

Ganz sicher hatte auch die um fünf Jahre ältere Roswitha Zugang in Tiedges kleines Zimmer gehabt, wo alles noch „wie zu Lebzeiten Elisens“ war, und sich wie Louise „durch diese tiefpoetischen Erinnerungen“[26] begeistert. Hier hatte der „ehrwürdige Sänger in einem mit rotem Leder beschlagenen altmodischen Lehnstuhle am einfachen Schreibtische [gesessen], den nichts als ein von Elisa von der Recke zum Andenken an das so oft gemeinschaftlich besuchte Karlsbad geschenktes Schreibzeug von Kristallglas zierte“.[27] Die ungebundene Lebensweise des alten Dichterpaares Elisa von der Recke und August Tiedge jedenfalls schwebte der jungen Dichterin Louise Otto als eigenes Lebensmodell vor – sie meinte in jungen Jahren, auf eine Eheschließung verzichten zu können und in geistiger Partnerschaft mit einem Mann zu leben. Ist auch Roswitha Kinds verhältnismäßig späte Eheschließung auf solche Auffassung zurückzuführen? Daß aber Roswitha zu jenen jungen Mädchen, die „walfahrteten, um den sinnigen Dichter“ zu verehren[28], gehörte, dafür spricht ihr Gedicht:

Tiedge's Grab

In lichten Friedhofs Räumen
Da schläft ein Dichtergreis,
Der trug den grünen Lorber
Auf Locken, silberweiß.

Den Lorber hat gespendet
Das ganze deutsche Land,
Den Kranz, den hat gewunden
Der Frauen zarte Hand.

Und was der Greis gesungen,
Kein Zeitensturm verweht,
Weil's mit des Glaubens Worten
Tief in den Herzen steht. –

In lichten Friedhofs Räumen
Da grünt ein Dichtergrab,
Dort legt der müde Pilger
Zur Ruh' den Wanderstab,

Und fühlt der Seele Zweifel
Am Sängergrab vergehn,
Und träumt von ew'ger Liebe
Und träumt von Wiedersehn!
Und dankt dem Greis im Grabe,
Der in entschwundner Zeit

Das hehre Lied gesungen
Von der Unsterblichkeit.[29]

Roswitha Kinds Gedichte, die vom romantischen Geist der Dresdener Schule geprägt waren, erschienen zu ihren Lebzeiten zerstreut zuerst in der „Abend-Zeitung", worauf sicher ihr Vater Einfluß hatte, auch wenn er nach 1826 aus der Redaktion ausgeschieden war. Ab 1838 fanden sie Eingang in verschiedene Journale wie die „Zeitschrift für die elegante Welt", die Taschenbücher „Iduna", „Rosen" und „Cyanen"[30] und Alben wie „Gedenke Mein".[31] 1847 ist sie postum in der von Abraham Voß herausgegebenen Anthologie „Deutschlands Dichterinnen" mit zwei Gedichten vertreten: „Tiedge's Grab" und „Die Nacht am Meer".[32] 1894 würdigte sie Heinrich Kurz, der bedeutende Literaturhistoriker des 19. Jahrhunderts, und hob hervor, daß sich jene ihrer Gedichte auszeichnen, „in denen das ihr natürliche naive Element vorwaltet; auch ihre Balladen verdienen Anerkennung (Schloßwächters Kind)."[33]

Der Grundton ihrer liedhaften Dichtung ist traurig, meist dem Abschied von der Heimat gewidmet, so in zwei 1838 in „Gedenke Mein" veröffentlichten Gedichten: „Das Zigeunermädchen" und „Roberts Entschluß".[34] Es ist anzunehmen, daß aktuelle Ereignisse, die möglicherweise auch in Zusammenkünften des Liederkreises besprochen worden waren, die Anregung dazu gegeben haben. Hervorzuheben ist, daß die Liebe des Zigeunermädchens zu Robert diesen zu dem Entschluß führt, ihr in den Süden zu folgen und es dort schützen zu wollen.

Wie stark Roswitha Kind aktuelle Ereignisse reflektierte, zeigt das Gedicht „Die Luftschifferin".[35] Es verarbeitet Gehörtes und möglicherweise auch Erlebtes, denn in Dresden startete Wilhelmine Reichard[36] 1811 ihren dritten Ballonaufstieg, bei dem sie wegen der großen Höhe das Bewußtsein verlor.[37] Obgleich auch ihr letzter Flug 1820 mit einem Absturz geendet hatte, wagte es am 7. September 1834 eine ihrer Töchter, Minna Angelika, vom Platz am Dresdener Zwinger mit dem Vater zu einer Luftreise zu starten, die glücklich auf der Elbinsel bei Pillnitz endete.[38] Insofern sind die im Gedicht zum Ausdruck kommenden Gefühle zwischen Kühnheit und Zweifel erklärlich.

Daß Roswitha sich ebenso mit der aktuellen Literatur auseinandersetzte, etwa mit Heinrich Heine, zeigt die Glosse zu seinem, nicht ganz exakt zitierten, Vers VIII aus dem „Buch der Lieder" (HSA, I, 35), der so oft bis in unsere Tage mißverständlich interpretiert worden ist:

Glosse

Anfangs wollt ich fast verzagen,
Und ich glaubt, ich trüg es nie,
Und ich hab es doch ertragen –
Aber fragt mich nur nicht wie?

Heine

A n f a n g s w o l l t i c h f a s t v e r z a g e n,
Und kein Auge sah mich froh;
Täglich tönten meine Klagen
Seit die Theu're mir entfloh.

Und ich glaubt, ich trüg es nie,
Weitentfernt von ihr zu leben
Ach zu heitrer Melodie
Konnt ich nicht mein Lied erheben.

Und ich hab es doch ertragen
Jenes Leben ohne Glück,
Ja, ich schau nach diesen Tagen
Wie nach einem Traum zurück.

Aber fragt mich nur nicht wie?
Wie das Herz es überwunden?
Denn euch schildern könnt ich nie
Meinen Kampf in jenen Stunden![39]

1839 veröffentlicht sie ein Gedicht über eine Familie, die ihr Heimatland verläßt und in die Fremde zieht.[40] Es ist getragen von Mitgefühl und Einfühlungsvermögen, als ob sie ahnte, daß sie auch bald ihre Heimatstadt verlassen wird.

Durch die Heirat mit ihrem Vetter Alexander Gustav Kind kam Roswitha 1841 nach Leipzig, wo ihr Mann im gleichen Jahr Schutzverwandter wurde und 1845 das Bürgerrecht der Stadt erhielt. Sie fanden eine Wohnung am Thomaskirchhof 70. Der Abschied von Dresden, vom Elternhaus und das Eingewöhnen in der Messestadt dürften Roswitha nicht ganz leicht gefallen sein. Und spricht sie sich etwa Mut zu, wenn es im Gedicht „Die neue Heimath“ heißt:

Wo kann der Mond wohl reiner bliken,
Als überm nahen Kirchendach?
Er scheint durch's Fenster mir zu winken:
„Noch sind die fernen Lieben wach!“
Gewiß, es sieht in keinem Haus
So traulich als in meinem aus!
[...]
Die Rose seh' ich höher glühen,
Die Stern' in hellerm Glanze stehn,
Das Heimathweh fühl' ich entfliehen,
wo neue Heimathlüfte wehn. [...][41]

Roswitha Kind und ihr Mann gehörten in Leipzig einem Kreis fortschrittlicher Zeitgenossen an, die sich, angeregt von Robert Blum, auf Schillers freiheitliche Gedanken und auf seinen Aufenthalt 1785 in Leipzig und dem nahen Gohlis besannen und 1842 einen Schillerverein gründeten. Auf der ersten Feier rückte Robert Blum in seiner leidenschaftlichen Festrede „die Verbindung von bürgerlich-freiheitlichem Humanismus und Nationalbewußtsein in Schillers Wirken“ in den Mittelpunkt, womit es ihm gelungen sei, die um bürgerliche Freiheit und Einheit ringenden Deutschen zu Schiller hinzuführen und das Schillerfest zu einem Vaterlandsfest werden zu lassen.[42] Unter den Mitgliedern des Schillervereins fanden sich die Namen prominenter Leipziger wie Friedrich und August Brockhaus, Robert Binder, Otto Linné Erdmann, Robert Friese, Carl Herloßson, Friedrich Hofmeister, Albert Lortzing,

Carl Löwe, Ludwig Schreck, Otto Seeburg und Georg Wigand sowie Heinrich Wuttke. Ihrem Engagement ist auch die Wiederentdeckung des Schillerhäuschens in der Menckestraße zu danken, an der eine einfache Tafel mit der Inschrift „Hier dichtete Schiller das Lied an die Freude“ angebracht wurde.[43] Die „Leipziger Zeitung“ vermeldete, daß am 11. November, dem zweiten Tag der Schillerfeier des Jahres 1842, „in den schönen Sälen des Hotel de Pologne Frau Roswitha Kind auf Verlangen des Vorstandes ein von ihr verfaßtes Gedicht ‚Das Schillerhaus in Gohlis‘“[44], vortrug.

Nah des Rosenthales Eichen
Steht ein Haus, gar schlicht und klein,
Doch es schloß die niedre Hütte
Einst den größten Sänger ein.

Manches Werk schon hat vollendet
Jener edle deutsche Mann,
Tapfrer Helden kühne Thaten
Kühner noch sein Geist ersann.

Hat begrüßt in Freiheitsträumen
Manche schwüle Mitternacht,
Als ihm einst die Morgensonne,
Wie noch nie, entgegen lacht.

Freudig giebt die Nebelschleier
An die Nacht der Tag zurück,
Freudig schweift nach grünen Auen
Des erwachten Sängers Blick.

Nachtigallen flöten Lieder
Durch die maienwarme Luft,
Und die kaum erschlossnen Blüthen
Streuen süßen Balsamduft.

Und des Frühroths Purpurstrahlen
Malen lieblich Hain und Flur,
Und es schaut den edlen Sänger
Liebeträumend die Natur.

Schwelgend greift er in die Leier,
Die so wunderbar erklingt,
Weil das hohe Lied der Freude
Ihren Saiten sich entringt.

Weil zu heil'ger Einheit Bunde
Sich das Glück im Lied verschönt,
Weil in Himmelsmelodien
Schillers Weltengruß ertönt!

Schwestern, Brüder, küßt den Boden,
Wo des Sängers Fuß gewallt,
Und verehrt die schlichten Mauern,
Wo sein Schöpferwort verhallt.

Folgt des Dankes süßem Drange,
Der Euch Herz und Seel' erfüllt,
Pilgert nach der niedern Hütte,
Nach der Dichtkunst Gnadenbild.

Schaut, wie an der heilgen Stätte
Erd und Himmel sich verschönt,
Weil in Euch das Licht der Lieder
An die Freude wiedertönt.

Freude! hauchet jede Blume,
Freude! jauchzt der Lerchen Chor,
Freude! tönt's von Hain und Wiesen
Zu dem Aetherblau empor.

Ja, die Sonne grüßt hernieder,
Wenn ihr Strahl die Hütt' erhellt:
Seid umschlungen, Millionen,
diesen Kuß der ganzen Welt!

Der Schillerverein hatte in seinen Statuten, die am 24. Oktober 1842 beschlossen wurden, festgelegt, daß ihm Männer und Frauen beitreten können.[45] Roswitha Kind trug sich als 56. von 120 Mitgliedern ein, offensichtlich als einzige Frau.[46] Ein Jahr später, schon wenige Tage nach ihrem Tode, stand im Bericht über das Schillerfest dieses Jahres:

> Unter den vorgetragenen Gedichten befanden sich zwei von Roswitha Kind, [...] welche liebenswürdige Dichterin ein zu früher Tod in diesen Tagen von der Seite ihres Gatten und aus der Mitte der Bewohner unsrer Stadt riß, die ihren zarten weiblichen Sinn und ihr tief empfindendes Gemüth hoch zu schätzen wußten. Kurz vor ihrem Tode hatte sie der Vorstand des Schillervereins zum Ehrenmitgliede desselben ernannt.[47]

Mit 29 Jahren endete das Leben der Dichterin, die, wie so viele Frauen in vergangenen Jahrhunderten, im Kindbett gestorben war. Sie wurde am 6. November 1843 auf dem Alten Johannnisfriedhof zu Grabe getragen, und an diesem Tag konnte man in der „Leipziger Zeitung" lesen:

> Mit blutendem Herzen stehe ich am Sarg meiner heißgeliebten Gattin, Roswitha, geb. Kind. Sie war in jeder Hinsicht ein vortreffliches Weib, das mit einem hellen Geist ein reines Herz und stille Häuslichkeit verband. Heute früh gegen 8 Uhr berührte sie, neben der Wiege unsrer erst am 26. vor. Mts. gebornen Tochter, der Engel des Todes. Mit mir trauern alle, die sie näher kannten. Leipzig den 4. Nov. 1843. Alexander Kind, Rathsactuar und Advocat zugleich im Namen der Schwiegermutter Friederike verw. Hofräthin Kind.

Roswithas Tochter lebte nur 8 Monate und 2 Wochen und wurde am 13. Juli 1844 neben der Mutter beerdigt.[48]

Ihre Situation als Dichterin sprach Roswitha Kind in zwei Gedichten an: „An Ernst von Brunnow" und „Ein sanfter Spruch". In beiden drückt die dichtende Frau fast schüchtern Unmut darüber aus, daß sie wegen ihres Geschlechtes benachteiligt ist.

Im ersten erhebt sie den Anspruch, als Frau mit in den Chor derer einzustimmen, die einen Dichter ehren, im zweiten mahnt sie Unrecht an, daß eine Frau keinen Nutzen von der Erfindung der Druckkunst erfährt. Gedanken, die sie aber sofort wieder relativieren zu müssen glaubt. Für Roswitha war der so zurückhaltend angedeutete frauenemanzipatorische Anspruch offenbar schon eine Grenzüberschreitung, zu der sie sich keinesfalls bekennen wollte, vielleicht auch deshalb nicht, weil im Liederkreis solche Auffassungen hinsichtlich der Rolle der Frau nicht üblich waren:

Ein sanfter Spruch
(Zur vierten Säcularfeier der Erfindung der Buchdruckerkunst)

Jüngst ist mir Gutenberg erschienen, –
Im Traume nämlich, wohl zu wissen, –
Ich sah ihn, von Gestalt und Minen
Gar edel, freundlich mich begrüßen,
War's gleich ein Geist, doch sonder Zagen
Trat näher ich dem lieben Mann,
Und sprach: „Ich möcht' ein Wörtchen wagen,
Mein werther Herr, ach hör mich an:

Gar edle Kunst riefst Du in's Leben,
Und längst schon ward Dir Ruhm und Preis,
Doch höher heut Dich zu erheben,
Gebeut der Jahre Schlangenkreis;
Auch ich," – Ihr könnt Euch drauf verlassen,
Der Gutenberg verstand mich schon –

„Auch Du, mein Kind, willst drucken lassen"
Sprach er mit väterlichem Ton,
„Hab aber eigentlich erfunden
Den Druck nur für der Männer Wort,
Erhab'nes, Großes zu bekunden
Und zu verpflanzen fort und fort!"

„Ich wollte" – meint ich – „Herr nur bringen
Ein Lied, wie's aus dem Herzen spricht,
Für Recht und Freiheit mögen singen
Die Barden, aber Frauen nicht;
Doch um der Männer Werk zu ehren,
Schon manches Mädchen Kränze wob,
Und, willst Du mir mein Lied verwehren?
Denk' an den Meister *Frauenlob*!"

Der Geist schien fast für mich gewonnen,
Denn als er lächelnd von mir schied,
Sprach er, schon halb im Dunst zerronnen:
„Nun, Mädchen bringe nur Dein Lied!"[49]

Der Tenor dieses Gedichtes, das offensichtlich 1840 geschrieben wurde und den Abschluß ihres Buches bildete, läßt darauf schließen, daß sie gleich anderen Frauen lange auf die Veröffentlichung eines eigenen Gedichtbandes warten mußte; sie war immerhin schon 29 Jahre alt, als er erschien. Meinte sie versichern zu müssen, nicht für Recht und Freiheit zu singen, sondern mit ihren Liedern, die aus dem Herzen kämen, der Männer Werk zu ehren? Hier liegt der wesentliche Unterschied zu den Vorstellungen von Louise Otto, die sich das Recht genommen hat, in ihrer Dichtung, wie auch im gesamten Werk, zu sozialen und politischen Fragen der Zeit, darunter zur Frauenfrage, Stellung zu beziehen.

Anmerkungen

1 Überarbeitete und erweiterte Fassung des Artikels der Autorin: Roswitha Kind (1814-1843). Dichterin und Ehrenmitglied des Leipziger Schillervereins. – In: Leipziger Lerchen. Frauen erinnern. 1. Folge. Hrsg. v. der Louise-Otto-Peters-Gesellschaft e.V. Leipzig. Leipzig 1999, S. 15–19.

2 Zu Louise Otto-Peters vgl. den Artikel der Autorin: „... allen Bewegungen nach rückwärts entschieden entgegentreten." Briefe an die „Veilchen", in diesem Band.

3 August Peters (1817–1864), Journalist, Schriftsteller, Herausgeber einiger sächsischer Zeitungen und Zeitschriften, aktiver Teilnehmer an der Revolution 1848/49, wegen Beteiligung am Mai-Aufstand in Dresden und an den Kämpfen in Baden 1849 zu acht Jahren Zuchthaus verurteilt, umgewandelt in sechs Jahre Einzelhaft.

4 Louise Otto: An Roswitha Kind. December 1843. Ein Kranz auf ihr Grab. – In: dies.: Lieder eines deutschen Mädchens. Leipzig 1847, S. 50f.

5 Roswitha Kind geb. Kind: Gedichte. Leipzig [o.J.]. – Das Bändchen mit schönen Stahlstichen, auch darum kulturhistorisch interessant, wird in der Bibliothek des Leipziger Stadtgeschichtlichen Museums aufbewahrt, seit es vor wenigen Jahren aus dem Leipziger Schillerhäuschen ausgelagert werden mußte. Weitere Exemplare befinden sich in Hamburg und Würzburg.

6 Vgl. dazu [Anm. 2].

7 Vgl. Pataky, Bd. 1, S. 426; Friedrichs, S. 157.

8 ADB, Bd. XV, S. 742f.

9 Museum der Bildenden Künste Leipzig. Katalog der Gemälde. Bearb. v. Dietulf Sander. Hrsg. v. Herwig Guratzsch. Leipzig 1995, S. 156. – Diese Information verdanke ich Frau Marlene Kaminski von der Bibliothek des Stadtgeschichlichen Museums Leipzig.

10 Friedrich Kind: Schöpfungsgeschichte des „Freischützen". Biographische Novelle. – In: ders.: Freischütz-Buch. Leipzig 1843, S. 107f.

11 Ebd., S. 122.

12 Briefe von Carl Maria von Weber und einigen Andern an Friedrich Kind. – In: ebd., S. 261f.

13 ADB [Anm. 8], S. 743.

14 Roswitha Kind: Ein sanfter Spruch. Zur vierten Säcularfeier der Erfindung der Buchdrukkerkunst. – In: dies. [Anm. 5], S. 123ff.

15 Roswitha Kind: Volkslieder. Nach dem Französischen. – In: Gedenke Mein. Wien/Leipzig 1842, S. 270ff.

16 Vgl. Hermann Anders Krüger: Pseudoromantik. Friedrich Kind und der Dresdener Liederkreis. Ein Beitrag zur Geschichte der Romantik. Leipzig 1904.

17 Vgl. Helmina von Chézy: Unvergessenes. Denkwürdigkeiten aus dem Leben. Von ihr selbst erzählt. Leipzig 1858, 2. Th., S. 193, 249.
18 Friedrich Laun: „Liederkreis" und „Albina". – In: Dresden zwischen Wiener Kongreß und Maiaufstand. Die Elbestadt von 1815 bis 1850. Hrsg. v. Günter Jäckel. Berlin 1989, S. 182.
19 1868 verfaßte Louise Otto-Peters eine Kurzbiographie von Therese aus dem Winkel, die von einer persönlichen Bekanntschaft und einem freundschaftlichen Verhältnis zeugt. Vgl. L. O.: Therese aus dem Winkel. – In: Neue Bahnen. Organ des allgemeinen deutschen Frauenvereins. Hrsg. von Louise Otto/Auguste Schmidt. 3. Bd., 1868, Nr. 6, S. 41ff und Nr. 7, S. 49ff.
20 Wilhelm Chézy: Helmina und die Hofräte. – In: Dresden zwischen Wiener Kongreß und Maiaufstand [Anm. 18], S. 188ff.
21 Louise Otto: Musikalische Erinnerungen. – In: Deutsche Revue. Nr. 1, 1886, S. 101.
22 Auguste Schmidt/Hugo Rösch: Louise Otto-Peters, die Dichterin und Vorkämpferin für Frauenrecht. Ein Lebensbild. Leipzig 1898, S. 19.
23 Louise Otto: Ein Dichtergreis. – In: dies.: Gedichte. Leipzig 1868, S. 112.
24 Walter Loose: Luise Otto als Braut des Advokaten Gustav Müller. – In: Die Heimat. Blätter zur Pflege der Heimatliebe, der Heimatforschung und des Heimatschutzes. Monatsbeilage zum Meißner Tageblatt. Nr. 8, 1931, S. 1f.
25 Karl Falkenstein an Louise Otto, 20. Juni 1842. – In: Archiv des Deutschen Staatsbürgerinnen-Verbandes e. V., Nachlaß Louise Otto-Peters (NL LOP), I, 7/5, Nr. 4. Dieses Dokument verdanke ich Frau Dr. Irina Hundt. Ob das im Brief genannte „Album" erschien, ist noch unklar. Bereits im Todesjahr von Tiedge hatte Falkenstein bei Teubner in Leipzig: C.A. Tiedges Leben und Nachlaß. Bd. III. Tiedges poetischer Nachlaß, nebst Gedichten an denselben, herausgegeben.
26 Vgl. Neue Bahnen [Anm. 19], Nr. 1, 1874. – Louise Ottos Rückerinnerung erfolgt im Zusammenhang mit der Besprechung von Ludwig Brunners Buch „Elisa von der Recke", das 1873 bei J. Kühtmann in Bremen erschienen war, einem Verlag, der 1871 Louises Zeitroman „Deutsche Wunden", 1873 „Rom in Deutschland" und die unter neuem Titel erschienene 2. Auflage ihres 1847 veröffentlichten Romans „Römisch und Deutsch" herausbrachte.
27 Karl Falkenstein: Der ehrwürdige Sänger. – In: Dresden zwischen Wiener Kongreß und Maiaufstand [Anm. 18], S. 200.
28 Rudolf Köpke: Bekränzter Sänger. – In: ebd., S. 178.
29 Roswitha Kind: Tiedge's Grab. – In: dies. [Anm. 5], S. 65. – Das Grab von Elisa von der Recke und Christoph August Tiedge befindet sich auf dem Inneren Neustädter Friedhof in Dresden, es wurde 1995 restauriert.
30 ADB [Anm. 8], S. 743.
31 Roswitha Kind: Schloßwächters Kind. – In: Gedenke Mein [Anm. 15] 1838, S. 88–93; Dies.: Das Zigeunermädchen. Roberts Entschluß. – In: ebd., S. 175ff; Dies.: Die Auswanderer. – In: Gedenke Mein [Anm. 15] 1839, S. 206ff; Dies.: Das Taubenpaar. Die Grabeslampe. – In: ebd., 1840, S. 130–136. – Diese Angaben verdanke ich Frau Roselinde Zeitschel, Leipzig.
32 Deutschlands Dichterinnen (Von 1500 bis 1846). In chronologischer Folge hrsg. v. Abraham Voß. Düsseldorf [1847], S. 465ff.
33 Heinrich Kurz: Geschichte der neuesten deutschen Literatur von 1830 bis auf die Gegenwart. Mit ausgewählten Stücken aus den Werken der vorzüglichsten Schriftsteller. Leipzig 51894, 4. Bd., S. 60.
34 Roswitha Kind: Zigeunermädchen. Roberts Entschluß. – In: Gedenke Mein [Anm. 31].
35 Roswitha Kind: Die Luftschifferin. – In: dies. [Anm. 5], S. 84ff.
36 Vgl. dazu Heide Monjau: Wilhelmine Reichard – erste deutsche Ballonfahrerin. 1788 bis

1848. „Gleich einem Sonnenstäubchen im Weltall ...“. Eine dokumentarische Biographie. Freital 1998.

[37] Frauen in Dresden. Dokumente, Geschichten, Porträts. Red. v. Marlies Koch/Iris Schilke. Dresden 1994, S. 73.

[38] David August Taggesell: Luftreise. Jahr 1834. – In: Dresden zwischen Wiener Kongreß und Maiaufstand [Anm. 18], S. 60.

[39] Roswitha Kind. Glosse. – In: dies. [Anm. 5], S. 112f.

[40] Dies.: Die Auswanderer. – In: Gedenke Mein [Anm. 31].

[41] Roswitha Kind: Die neue Heimat, an Alexander. – In: dies. [Anm. 5], S. 1.

[42] Siegfried Schmidt: Robert Blum. Vom Leipziger Liberalen zum Märtyrer der deutschen Demokratie. Leipzig 1971, S. 55.

[43] Stadtarchiv Leipzig, Schillerverein Nr. 18.

[44] Roswitha Kind: Das Schillerhaus in Gohlis. – In: dies. [Anm. 5], S. 116ff.

[45] Stadtarchiv Leipzig, Schillerverein Nr. 16.

[46] Ebd.

[47] Leipziger Zeitung, 13. November 1843.

[48] Für die Ermittlung der Eintragungen in den Gräberbüchern und in den Meldebüchern danke ich Hannelore Rothenburg, Leipzig.

[49] Kind [Anm. 14].

Malwida von Meysenbug (1816–1903)

„Im freien Albion" – Begegnung mit Johanna Kinkel

Karin Füllner, Düsseldorf

Als Malwida von Meysenbug 35jährig am 28. Mai 1852 im Londoner Exil eintrifft, führt ihr erster Weg zum Haus der Familie Kinkel, der einzigen – so stilisiert sie es in ihren „Memoiren" – ihr bekannten Adresse in der fremden Großstadt: „Ich faßte meinen Sack und schritt, nicht ohne eine tiefe innere Erregung, dem Hause zu, in dem ich die bekannten und doch unbekannten Freunde finden sollte, die mein einziger Anhaltspunkt waren."[1]

Diese „Erregung" ist verständlich, wird sie doch ihre „liebste teuerste Freundin" und ihren „hochverehrten teuren Freund" kennenlernen, mit denen sie seit zweieinhalb Jahren in engem, intensivem Briefkontakt steht. „Ich möchte am liebsten die hart gewordenen Hände selbst ergreifen können, aber ich verzage nicht, daß nicht auch *der* Augenblick kommen wird", hat sie noch mehr als ein Jahr zuvor an Gottfried Kinkel geschrieben[2], und Johanna Kinkel beteuert sie immer wieder, wie sehr die Sehnsucht nach ihr sie verzehrt:

> Schon wieder zieht ein Bekannter nach London und ich noch immer nicht. Es ist ordentlich empörend, daß so viele Menschen hinkommen und ich nicht, die ich es doch so nötig hätte einmal da zu sein und Sie zu sehen und die langgehegte Sehnsucht endlich zu stillen.[3]

Malwida Amalie Wilhelmine Tamina Rivalier[4] wurde am 28. Oktober 1816 als neuntes von zwölf Kindern in Kassel geboren. Name und Titel werden der Familie 1825 zuerkannt, als der Vater – als Minister und persönlicher Berater der hessischen Kurfürsten – in den Adelsstand erhoben wird. Malwida erlebt von Wärterinnen und Gouvernanten, Dienern und Erziehern betreut die Kindheit einer Tochter der höheren Gesellschaft. Der Vater, „mit Geschäften überhäuft", bleibt der Erziehung fern, die Mutter, „zugleich liberal, patriotisch und philosophisch", bemüht sich um die „künstlerischen Neigungen" ihrer Kinder.[5] In der Rückerinnerung idealisiert Malwida ihre Kindheit so sehr, daß sie darin ein positives Gegenbeispiel zu der in ihren Exiljahren in England erlebten Erziehung sieht. Sie habe eine Kindheit in „geistiger und künstlerischer Mitte" erlebt: „In unserem Familienleben waren die Kinder nicht so von dem Leben der Erwachsenen ausgeschlossen, wie dies z. B. in England der Fall ist." Auch die Heuchelei, besonders die religiöse, die sie später der englischen Erziehung vorwirft, habe sie als Kind nicht gekannt: „Wir wurden niemals genötigt, unsere Frömmigkeit in Gegenwart der Diener oder fremder Personen zur Schau zu tragen, wie es in England geschieht".[6] Die „lichterfüllte Zeit der ersten Kindheit"[7] endet mit den Ereignissen der Revolution von 1830, in deren Folge der Vater seinem Fürsten ins Exil folgt und die Mutter mit den noch bei ihr lebenden Kindern 1832 nach Detmold zieht.

Hier vollzieht sich die für ihr Leben entscheidende Wende von der „Kleinstadtaristokratin" zur „Demokratin".[8] Im Sommer 1843 lernt sie den Theologiestudenten Theodor Althaus kennen, Sohn des Superintendenten, der sie in Detmold 1834 konfirmiert hat, und stilisiert ihn sogleich zum „inspirierten Propheten einer neuen Wahrheit".[9] Die Freundschaft wird schnell zur „großen einzigen Liebe", sie fühlt „eine Flamme ausbrechen", die ihr Leben „verzehren könnte".[10] Von der „reinen", „tiefsten, heiligsten Liebe"[11] ist die Rede, die Malwida von Meysenbug an Theodor Althaus bindet. Sie hat einen Gesprächspartner gefunden, mit dem sie kritisch Fragen der Religion und der gesellschaftlichen Entwicklung diskutieren kann, nicht über „Strickstrumpf und Küche"[12] sprechen muß. Sie liebt in ihm den „Demokraten", aber auch seine „Superiorität"[13], mit der er sich von den ihr bis dahin vertrauten Gesellschaftskreisen abhebt und auch sie in eine andere Sphäre zieht: „Ich fühlte, daß ich eine Individualität wurde, mit Überzeugungen und mit der Energie, sie zu bekennen."[14]

Sie entzieht sich damit nicht nur ihrer Familie sondern auch der Eingebundenheit in die für sie bis dahin gültigen Normen: „Ich hatte den Kampf der Freiheit gegen die absolute Autorität begonnen".[15] Mit großem Interesse verfolgt sie die Ereignisse der Revolution von 1848 und ist bitter enttäuscht, „nicht in die Paulskirche zu können, die, weil zu wenig Raum war, nur dem männlichen Publikum geöffnet war".[16] Als Malwida von Meysenbug im selben Jahr erfahren muß, daß Theodor Althaus ihre große Liebe nicht mehr erwidert, geht für sie ein „Stern unter"[17], aber ihre Unabhängigkeit von einer sie einengenden gesellschaftlichen Umgebung betreibt sie um so verstärkter. Mit ihrer „verratenen Liebe" alleingelassen[18], enttäuscht von der Niederschlagung der revolutionären Hoffnungen und zudem noch nach dem Tode des Vaters[19] auf der Suche nach einer ökonomischen Unabhängigkeit, tritt sie nun – sehr viel prononzierter als zuvor – für die Emanzipation der Frau ein:

> Da stieg aus der Tiefe meines Herzens ein hehres, flammendes Verlangen: das Verlangen zu leben, um der gemordeten Freiheit in den Frauen Rächer zu erziehn dadurch, daß sie fähig würden, eine Generation freier Menschen zu bilden.[20]

In dieser Situation schreibt sie ihren ersten Brief an Johanna Kinkel, deren Mann Gottfried Kinkel am 29. Juni 1849 gefangen genommen und wegen seiner Teilnahme am badischen Aufstand zu lebenslänglicher Festungshaft verurteilt worden war. Sie ist eine Trösterin, die getröstet werden möchte[21], denn „Liebe und Mitgefühl"[22], die sie Johanna Kinkel entgegenbringt, leiten sich her aus ihrer Einsamkeit und dem Bewußtsein der Fremdheit in dem ehemals vertrauten Umfeld: „Ich stehe, mit meiner Richtung ganz allein, in mitten einer edlen, aber aristokratischen Familie".[23] So selbständig sie mit diesem Schritt neue Kontakte, eine neue „Wahlverwandte" sucht, so sehr ist sie doch auch nach der Trennung Theodor Althaus verbunden, denn er war es, der ihr „mit warmer Liebe und voller Begeistrung" von seinem Universitätslehrer Gottfried Kinkel erzählt hat.[24] Trotz des tief empfundenen Verrats bleibt sie damit ihrer Liebe zu Althaus und seinem Denken unbeirrbar treu. Die „Gleichheit der Gesinnung" – der demokratischen, die sie von ihrer Familie entfernt hat – aber auch „die großen Weltschmerzen, die uns Allen gemeinsam sind", lassen sie hoffen, sowohl eine Leidensgenossin als auch eine Vertraute zu finden.[25] Es war der Wunsch, wie sie sich in ihren „Memoiren" erinnert, eine Frau kennenzulernen, „deren Genie und deren Unglück mich gleich anzogen".[26]

Von Beginn ihrer Korrespondenz an stilisiert sie Johanna Kinkel zu ihrem Idealbild der Frau, schon im ersten Brief als „hochherziges Weib", das „das Vaterland noch höher liebt als sein eigen Glück", als „rechte Mutter", die den Kindern „den Verlust des Vaters minder fühlbar macht".[27] „Wie herrlich in Johanna wirklich die Frau zu haben, die in jeder Beziehung für die Frauen der neuen Zeit ein Muster sein kann", schreibt sie – inzwischen Mitglied der Hamburger „Hochschule für das weibliche Geschlecht" – 1851 an Gottfried Kinkel.[28] Als die Familie nach der Flucht Kinkels aus dem Spandauer Zuchthaus wieder zusammengefunden hat, heißt es enthusiastisch: „Sie und Johanna sind mir bis jetzt die einzigen würdigen Vertreter der Ehe, wie die neue Zeit sie fordert".[29] Schon im Dezember 1849 hat sie an Johanna geschrieben: „es ist mir eine wahre Erquickung, wenn ich an Sie denke, daß ich nun endlich ein Paar weiß, die im Sinne der neuen Zeit verbunden sind". Die Forderungen der „neuen Zeit" definiert sie als Verantwortung einem „Höheren Dritten" gegenüber: „sich ganz und völlig lieben und doch ein Höheres Drittes noch kennen, über ihrer Liebe; die Menschheit, das Vaterland dem sie jedes Opfer bringen".[30] Bis ins Vokabular hinein gleicht diese Lobpreisung des Kinkelschen Idealpaares frappierend der Beschreibung ihrer eigenen verratenen Liebe: „Mein Freund war einer der edelsten Apostel der neuen Zeit; wir liebten in uns nur ein Höheres Drittes, das Vaterland, die Zukunft, die Menschheit."[31] So wie sie sich Gottfried Kinkel zum neuen Vorbild des Demokraten erwählt, wird Johanna Kinkel zur Projektion der Wunschvorstellungen für das eigene Ich. In ihr, der sechs Jahre älteren „liebsten Freundin", sieht sie ihren Zukunftsentwurf realisiert: sich über Konventionen hinwegsetzen, aus einengenden Verhältnissen befreien und eine ökonomische Unabhängigkeit gewinnen. Als Schriftstellerin will sie für die Emanzipation der Frauen kämpfen wie Johanna Kinkel, Erzieherin will sie sein für eine „Generation freier Menschen"[32] und sieht auch in diesem Punkt die Mutter von vier Kindern als leuchtendes Vorbild.

Ihre Erwartungshaltung im Mai 1852, als sie nach einer Hausdurchsuchung in Berlin ins englische Exil in London flieht, ist folglich pathetisch überhöht. Ihre Briefe geben keine Auskunft über diesen entscheidenden Moment der Begegnung mit der Realität ihres Ideals. Auf den letzten überlieferten Brief aus Hamburg an Gottfried Kinkel vom 22. März 1852, in dem sie noch emphatisch ihrer „Sehnsucht nach einem lebendigen Begegnen" Ausdruck verleiht[33], folgt erst im August 1852 ein sehr viel pragmatischerer kurzer Brief aus London. An Johanna Kinkel selbst, die nun geduzt und über sehr Alltägliches – Dienstmädchen und den anstehenden Umzug – unterrichtet wird, datiert der nächste überlieferte Brief vom 27. Dezember 1854.

In ihren „Memoiren" berichtet Malwida von Meysenbug im ersten Kapitel des zweiten Teils unter der Überschrift „Das Exil" über ihren ersten Eindruck von Johanna

Kinkel, nachdem sie erzähltechnisch in einer Rückblende an dieser Stelle die Phase der gegenseitigen Korrespondenz eingeflochten hat:

> Johanna Kinkel hatte nichts in ihrem Äußern von dem, was man gewöhnlich bei Frauen schön oder anmutig nennt; ihre Züge waren stark, fast männlich, ihr Teint auffallend dunkel, ihre Gestalt massiv, aber über dem allem thronten ein paar wunderbare dunkle Augen, die von einer Welt von Geist und Empfindung zeugten, und in den reichen Modulationen ihrer tiefen, vollen Stimme tönte eine Fülle des Gefühls, so daß man unmöglich beim ersten Eindruck sagen konnte: „Wie häßlich ist diese Frau!" sondern sagen mußte: „Welch eine bedeutende Frau! und welches Glück wird es sein, sie näher kennen zu lernen!"[34]

Die Beschreibung klingt etwas ernüchtert, die idealisierte Idylle entspricht nicht dem Alltag der realen Exilfamilie, in der sich Malwida von Meysenbug schnell überflüssig fühlt: „Ich wußte, wie beschränkt ihre Mittel waren und wie hart sie kämpfen mußten, um sich in diesem Land [...] eine Existenz zu gründen".[35] Noch am selben Abend bezieht sie eine eigene kleine Wohnung in London und sucht in der Folgezeit nach ökonomischer Selbständigkeit. Die Wunschprojektion ihres eigenen Ich hatte Malwida von Meysenbug in Johanna Kinkel nicht finden können. Ihr ästhetisches Empfinden verlangte wohl auch nach einer gewissen äußeren Schönheit, wie sich in vielen pejorativen und positiven Beschreibungen der Frauen, denen sie in England begegnet, zeigt. Auch ist die Parallelität der persönlichen Schicksale, wie sie Malwida von Meysenbug 1849 stilisiert, 1852 in London nicht mehr gegeben. Das Verhalten Kinkels, des hochgepriesenen Helden, scheint ihr geradezu „weiblich"[36], die bewunderte Beziehung Johannas zu ihren Kindern und zu ihrem Mann erweist sich in ihrer Alltäglichkeit als „einfaches, ernstes Leben", als „harte Arbeit um das tägliche Brot", die Aura des Einzigartigen der „neuen Zeit", auch die „heitere Poesie" der Überhöhung fehlen.[37] Die gegenseitigen Kontakte entwickeln sich dennoch sehr freundschaftlich: Kinkels laden zum Ausflug ein, vermitteln Kontakte und beraten. Sie werden treue Freunde, unterstützen sie in ihren schriftstellerischen Projekten[38] und helfen ihr in besonderer Weise nach der Trennung von Alexander Herzen. Die überschwengliche Innigkeit der idealen Liebe der Korrespondenz stellt sich jedoch real nicht ein.

Unabhängig von den Kinkels, die für sie immer ein fester Bezugspunkt im Londoner Exil bleiben, sucht Malwida von Meysenbug neue Kontakte und macht ihre eigenen Erfahrungen in der englischen Gesellschaft. Sie genießt seit dem Betreten des „freien Albion"[39] ein „angenehmes Gefühl der Freiheit"[40], sieht aber schnell, daß auch hier die Rechte der Frauen noch keineswegs verwirklicht sind: „Gegenüber der großen politischen Freiheit stand eben überall die soziale Beschränkung und die konventionelle Torheit."[41] Wenn sie auch ihrer Mutter gegenüber beteuert, daß „eine *jede* Frau hier die auf Bildung Anspruch macht, sich für Politik interessirt und darin *gründlich* Bescheid weiss"[42], so sind doch ihre Erfahrungen als Privatlehrerin in den verschiedensten Häusern Londons ganz andere: Zu „finished young ladies"[43], zu „vergnügungssüchtigen, zerstreuten, äußerlichen Geschöpfen", so schreibt sie in ihren „Memoiren"[44], werden die jungen Mädchen erzogen. Die „trostlose" Stellung der Gouvernante, die sie in vielen Familien beobachtet, scheint ihr unwürdig, da ein

Wesen, das wie ein „Übergangsgeschöpf zwischen Tier und Pflanze" behandelt wird[45], die Kinder nicht zu freien Menschen erziehen kann. Besonders verabscheut sie die religiöse Heuchelei, die von den Gouvernanten erwartet, aber auch von den Damen der Gesellschaft praktiziert wird.[46] So ist sie zwar stolz auf ihre ökonomische Unabhängigkeit, auf ihr erstes in England „selbstverdientes Geld"[47], aber ihre Ziele bleiben doch hehrer, eine sehr viel anspruchsvollere Erziehung der Frauen in der Tradition des gescheiterten Experiments der Hamburger Hochschule will sie betreiben: „Ich wünschte mir noch Leben, Kraft und Gelegenheit, um Heldenfrauen bilden zu können."[48]

Die „Heldenfrau", die sie sich nach den Enttäuschungen des Jahres 1848 „geschaffen" hat, stirbt 48jährig am 15. November 1858 nach einem Sturz aus dem Fenster.[49] Zuvor war es zwischen den beiden Freundinnen zum erstenmal zu deutlichen Meinungsverschiedenheiten gekommen. „Sonderbarerweise", erinnert sich Malwida von Meysenbug in ihren „Memoiren", habe Johanna ihr „einen Besuch" vorgeworfen, den sie „mit einer dritten Person im Hause gemacht hatte".[50] Den überlieferten Briefen nach ist zu vermuten, daß Malwida ihre englische Freundin Eugenie Bell eingeführt hat, deren Schicksal sie sehr anrührte.[51] „Sie fühlte den Trieb, wo es irgend möglich war, tätig mit einzugreifen", schreibt Carl Schurz über Malwida von Meysenbug. Ihre „Herzensgüte" war „so unerschöpflich, ihre Sympathie so warm und opferwillig", daß sie sich überschwenglich begeistern und für andere einsetzen konnte.[52] Mrs. Bells „feuriger Geist"[53], ihre Schwierigkeiten, sich von einem „nicht mehr geliebten Gatten"[54] zu trennen, ihr engagierter Kampf um die Erziehung ihres Kindes hatten Malwida schnell für sie eingenommen.[55] Johanna Kinkel jedoch reagierte mißtrauisch, Malwida von Meysenbug spricht von „jenem mißtrauischen Element [...], das das einzige war, das zuweilen die große, schöne Natur Johannas verdunkelte".[56] Ihre pathetisch überhöhte Idealfrau – so muß sie an dieser Stelle zugeben – ist real nicht vollkommen: „Es war dies das Krankhafte in ihr, der ihrer Natur mitgegebene Mangel, der sich überall, auch in den edelsten Naturen, in einer oder der andern Form findet".[57] Eine weitere Begegnung hat nicht stattgefunden. Am 16. November 1858 erhält sie von Kinkel die Mitteilung über den Tod seiner Frau:

> Ein furchtbarer, unerträglicher Schmerz ergriff mich. So also mußte auch diese große, mir tief in das innerste Leben gewachsene Liebe endigen? So jäh abgerissen, so unvermittelt alles vorbei, noch ehe ich ihr die volle unverminderte Ergebenheit, die gänzliche Vergebung jener bitteren Stunde hatte zeigen können! Es war dies sicher von allen harten Schlägen meines Lebens einer der härtesten.[58]

Freiligrath lobt Johanna Kinkel mit militärischen Bildern als „Kampfgenossen", der auf dem „Schlachtfeld" des Exils „gefallen" sei[59], Marx lästert und schreibt bissig an Lassalle: „Durch allerlei Koketterie mit ästhetischen Jüdinnen namentlich soll der süße, melodramatische Pfaffe seine Frau vermocht haben, aus dem Fenster herauszufallen und den Hals zu brechen". Freiligrath habe sich in seiner Gutmütigkeit zu einem Gedicht verleiten lassen, aber schnell eingesehen, „daß der Schmerz nur *gemacht* war und Herr Gottfried sich nie so free und easy fühlte als seit dem Tode der Gattin".[60] Gottfried Kinkel gab seit 1859 die Zeitschrift „Hermann. Deutsches Wochenblatt aus London" heraus, an der Malwida von Meysenbug engagiert mitarbeitete. Den „Rest des Lebens" – so beteuerte sie 1858 – hat sie „dem heiligen Kampf gewidmet, für den ihr Johanna Kinkel Vorbild war.[61] Sie kämpfte indes nicht an der Seite eines Ehemannes, sondern hat mit immer wieder neuem Enthusiasmus sich für viele „große" Männer zu begeistern gewußt: Auf Theodor Althaus, Gottfried Kinkel und Alexander Herzen folgten Giuseppe Mazzini, Jules Michelet, Richard Wagner, Friedrich Nietzsche, Romain Rolland und viele andere. Den Mangel an Familie und Kindern, der sie sehr wohl bedrückte, kompensierte sie durch ihr Engagement für die Kinder Alexander Herzens, insbesondere für die jüngere Tochter Olga. 1851 siedelte sie mit ihr nach Italien über, wo sie 1903 im neuen Jahrhundert 86jährig in Rom starb. Beim Tod Johanna Kinkels fühlte sie, „daß auch Deutschland hier etwas Seltenes verloren hatte" und stilisierte ihre „geliebte Freundin" wieder zur Idealfrau der frühen Briefe[62]:

> Ein leuchtendes Beispiel, daß auch das Weib eine unerschrockene Kämpferin für Wahrheit und Recht und unermüdlich tätig sein kann auf den höchsten Gebieten geistigen Schaffens, dabei aber nicht nur jede Pflicht des häuslichen Lebens als Gattin und Mutter in edelster Weise erfüllen, sondern sogar für den materiellen Unterhalt der Familie mitsorgen kann.[63]

Diesen Traum vom Frauenbild im freien Albion hat sich Malwida von Meysenbug selbst, wenn auch nicht als „Gattin und Mutter", wie es ihr erstrebenswert schien, so doch als Freundin bedeutender Männer und Pflegemutter von Olga Herzen im Laufe ihres langen Lebens mit ihrer Arbeit als Schriftstellerin und Erzieherin erfüllen können.

Anmerkungen

1 Malwida von Meysenbug: Memoiren einer Idealistin. 2 Bde. – In: dies., Gesammelte Werke, hrsg. von Berta Schleicher. Stuttgart/Berlin/Leipzig 1922 (im folgenden abgekürzt: Memoiren), Bd. 1, S. 262; vgl. auch Carl Schurz: Sturmjahre. Lebenserinnerungen 1829–1852, hrsg. v. Joachim Lindner. Berlin 1973, S. 408.

2 Malwida von Meysenbug: Briefe an Johanna und Gottfried Kinkel 1849–1885, hrsg. v. Stefania Rossi. Bonn 1982 (im folgenden abgekürzt: Briefe), S. 59 (Hamburg, 16. Februar 1851).

3 Briefe, S. 74f. (Hamburg, 11. Juli 1851).

4 Zur Meysenbug-Forschung vgl. die Auswahlbibliographie in: Malwida von Meysenbug: Ausgewählte Schriften, hrsg. v. Sabine Hering/Karl-Heinz Nickel. Königstein/Taunus 2000, S. 267–276.

5 Memoiren I, S. 7.

6 Ebd., S. 8.

7 Ebd., S. 21.

8 Vgl. Sabine Hering: Malwida von Meysenbug in Detmold – Daten einer Lebenswende. – In: Grabbe-Jahrbuch 7, 1988, S. 163.

9 Memoiren I, S. 76.

10 Ebd., S. 107.

11 Ebd., S. 111f.

[12] Ebd., S. 114.
[13] Ebd., S. 114f.
[14] Ebd., S. 116.
[15] Ebd., S. 125.
[16] Ebd., S. 145.
[17] Ebd., S. 155.
[18] Ebd., S. 173.
[19] Der Vater starb am 30. Dezember 1847.
[20] Memoiren I, S. 176.
[21] Vgl. ebd., S. 177: „Ich war fortwährend krank, den ganzen Frühling durch [...] fand ich nur Trost und Erholung bei meinen Studien; in der Korrespondenz mit einigen der bedeutendsten Männer der Revolution, die ich nie gesehn hatte, von denen ich aber Briefe bekam; bei meinen Armen, die ich noch eifriger besuchte als zuvor und bei denen ich, die Trösterin, getröstet wurde [...]."
[22] Briefe, S. 21 (Detmold, 16. Oktober 1849).
[23] Ebd., S. 20.
[24] Ebd., S. 19.
[25] Ebd.
[26] Memoiren I, S. 262. – Zur Reaktion Johanna Kinkels auf die ihr von Malwida von Meysenbug angetragene Freundschaft vgl. den Brief Johanna Kinkels an ihren Mann, den Meysenbug in ihren „Memoiren" zitiert (Memoiren II, S. 380): „Vor allem entzückte mich der Brief eines hohen Weibes, die mir ihre Freundschaft antrug und die auf einer Bildungsstufe steht, daß ich keine von den geistreichen Frauen, mit denen ich verkehre, neben sie stellen möchte [...]."
[27] Briefe, S. 21 (Detmold, 16. Oktober 1849).
[28] Ebd., S. 63 (Hamburg, 24. Februar 1851).
[29] Ebd., S. 58f. (Hamburg, 16. Februar 1851).
[30] Ebd., S. 25 (Detmold, 19. Dezember 1849).
[31] Ebd., S. 27.
[32] Vgl. [Anm. 20].
[33] Briefe, S. 88.
[34] Memoiren I, S. 265f. Vgl. die sehr ähnliche Beschreibung bei Carl Schurz [Anm. 1], S. 118: „Frau Johanna war durchaus nicht schön. Ihre mittelgroße Figur war breit und platt; Hände und Füße, wenn auch nicht besonders groß, doch unzierlich geformt; die Gesichtsfarbe dunkel; die Züge grob und ohne weiblichen Reiz. Dazu verstand sie gar nicht sich zu kleiden. Ihre Kleider waren gewöhnlich ein wenig zu kurz, so daß ihre breiten Füße, die fast immer in weißen Strümpfen steckten und mit gekreuzten Schuhbändern geschmückt waren, mehr als wünschenswert Aufmerksamkeit auf sich zogen. Aber aus ihren stahlblauen Augen strahlte eine dunkle Glut, die auf Ungewöhnliches deutete. In der Tat, der Eindruck des Unschönen verschwand sofort, wenn sie zu sprechen anfing."
[35] Memoiren I, S. 267. Vgl. auch hierzu die Erinnerungen von Carl Schurz [Anm. 1], der von der „pflichttreuen Arbeitsamkeit des Kinkelschen Ehepaares" spricht (S. 402); vgl. ebenso S. 382f. und S. 391.
[36] Memoiren I, S. 266.
[37] Ebd., S. 327.
[38] Johanna Kinkel nennt sie ihr „literarisches Gewissen". Vgl. Brief an Johanna Kinkel. – In: Briefe, S. 118 (London, Frühling 1857).

[39] Memoiren I, S. 388.
[40] Ebd., S. 260.
[41] Ebd., S. 344.
[42] Brief an die Mutter (London, 21. April 1853). – In: Meysenbug [Anm. 4], S. 38.
[43] Memoiren I, S. 338.
[44] Ebd., S. 341.
[45] Ebd.
[46] Vgl. z.B. ebd., S. 345f.
[47] Ebd., S. 298.
[48] Ebd., S. 371. – Zur Hamburger Hochschule vgl. Detlef Grumbach: Malwida von Meysenbug und die Hamburger „Hochschule für das weibliche Geschlecht". – In: Grabbe-Jahrbuch 11, 1992, S. 149–161, auch den folgenden Artikel von Inge Grolle.
[49] Zu den Reaktionen auf den Tod Johanna Kinkels vgl. Freiligrath an Marx (London, 6. Dezember 1858). – In: Freiligraths Briefwechsel mit Marx und Engels, bearb. und eingeleitet v. Manfred Häckel. Berlin 1968, Teil I, S. 108f.; Marx an Engels (London, 11. Dezember 1858). – In: Karl Marx/Friedrich Engels: Werke. Berlin 1973, Bd. 29, S. 373.
[50] Memoiren II, S. 119.
[51] Vgl. Briefe, S. 112f. (an Johanna Kinkel, London, 13. Januar 1857), S. 144 (an Johanna Kinkel, London, November – Dezember 1857) und S. 149 (Nachtrag zum Brief an Gottfried Kinkel, London, Juni 1858). Beim zweiten Brief an Johanna Kinkel, „v. fr. Hd. auf das Jahr 1858 datiert" (S. 144), liegt möglicherweise eine falsche Datierung der Herausgeberin vor.
[52] Carl Schurz [Anm. 1], S. 408.
[53] Memoiren II, S. 40.
[54] Ebd., S. 37.
[55] Im Kontext mit Eugenie Bell berichtet Meysenbug über ein – ihrem sonstigen demokratischen Grundverständnis völlig widersprechendes – Gespräch (Memoiren II, S. 117f.): „Wir, Mrs. Bell und ich, kamen bei solchen Diskussionen zu dem Schluß, daß es ein unermeßlicher Vorteil sein würde, wenn durch gesteigerte Bildung und Befähigung zu geistiger Produktion dem brutalen Zeugungstriebe eine edle, natürliche Schranke angelegt würde, und wenn weniger, aber edlere, vollkommenere Exemplare der menschlichen Gattung produziert würden. [...] daß es einzig auf die Erzeugung des Heros, des vollendeten Menschen ankommt, wie im Gestüte auf die Erzeugung der edlen Rassepferde, und nicht auf die Vermehrung der Herde."
[56] Memoiren II, S. 119.
[57] Ebd., S. 120. – Extrem negativ äußert sich Marx an Engels über Johanna Kinkel kurz nach ihrem Tod: „das war die Affektierte, Kunstdurchtriebne, wesentlich rohe Person; ihre Gemeinheit zeigte sich z.B. glaringly in dem Undank gegen Strodtmann, gegen Frau von Brüningk, nachdem sie ihr soviel Geld als möglich abgepreßt etc." Marx/Engels [Anm. 49], S. 373. Carl Schurz [Anm. 1], S. 391, spricht von dem „verdüsterten Gemüt der einsamen Frau".
[58] Memoiren II, S. 123.
[59] Ferdinand Freiligrath: „Nach Johanna Kinkels Begräbnis (20. November 1858)", zitiert in den Memoiren II, S. 128.
[60] Marx/Engels [Anm. 49], S. 577 (London, 4. Februar 1859).
[61] Briefe, S. 148 (an Gottfried Kinkel, London, 25. Juni 1858).
[62] Ebd., S. 74f. (an Johanna Kinkel, Hamburg, 11. Juli 1851).
[63] Memoiren II, S. 127.

Bertha Traun-Ronge (1818–1863)

„Das Ideal und das Leben"

INGE GROLLE, HAMBURG

> Mir ist, als sähe ich sie in ihrem unaussprechlichen Liebreiz vor mir, als fühlte ich den wunderbaren Zauber, mit dem sie mir die Seele gefangennahm. Ich kann noch heute, da mir doch die Erinnerung an sie so weh tut, sagen, sie ist die höchste Frauennatur gewesen, die mir auf meinem Lebensweg begegnet ist. Der mächtige Verstand, durch Anmuth jeder Härte beraubt, war gepaart mit der Genialität des Herzens, die sie befähigte, „zu können, was sie zu müssen eingesehen", und diese Einsicht war, daß keine Hingebung des Einzelnen zu groß und vollständig sein könne, wenn die Gesammtheit gedeihen solle.[1]

So erinnert sich eine befreundete Zeit- und Gesinnungsgenossin an Bertha Traun. Nur wenige Selbstzeugnisse von ihr sind erhalten. Ihre Biographie muß aus überlieferten Daten und Aussagen anderer rekonstruiert werden. Daraus entsteht das Bild einer Frau, die durch ihre selbstbestimmte Lebensentscheidung praktische Konsequenzen aus den Ideen der frühen Frauenbewegung zog.

Bertha Meyer wurde am 26. April 1818 in Hamburg als zweites Kind von Heinrich Christian Meyer und seiner Ehefrau Agathe geboren. Viele Geschwister folgten, von 11 lebend geborenen Kindern erreichten fünf Töchter und zwei Söhne das Erwachsenenalter.[2] Das Selbstbewußtsein der Familie gründete auf der Patriarchengestalt des Vaters. Die Geschichten seines aus dürftigen Verhältnissen erkämpften Aufstiegs zu einem der größten Unternehmer Hamburgs wurde den Kindern erzählt. Sie erfuhren, wie der Sechsjährige im Jahre 1803 mit seinen Eltern die 120 km zu Fuß von Bremerlehe nach Hamburg gezogen kam, wo sein Vater, ein Tischler, sich bessere Erwerbsmöglichkeiten erhoffte; wie die Mutter den kleinen Jungen unterwegs zum Betteln schicken wollte und er das verweigerte; wie er in Hamburg froh war, bei einem Sargmacher-Nachbarn gelegentlich in einem fertiggestellten Sarg übernachten zu dürfen, wo er vor Ratten sicher war; wie er vor der Hamburger Börse im Straßenverkauf Spazierstöcke feilbot. Die Schulbildung von Heinrich Christian Meyer blieb rudimentär, beim kurzzeitigen Besuch einer Abendschule lernte er die drei Jahre ältere Agathe Beusch kennen und lieben. Noch minderjährig heiratete er sie am 3. Juni 1816 gegen den Willen seines Vaters, trat in Bremen in eine Fischbeinfabrik ein und kehrte, als diese bald darauf Bankrott machte, nach Hamburg zurück. Hier richtete er mit vorgeschossenem Geld eine eigene Werkstatt ein. Mit technischem und kaufmännischem Geschick baute er sie zur Produktionsstätte von Spazierstöcken aus. Diesen Fertigungsbereich weitete er in verschiedene Richtungen aus. 1836 unterhielt „Stockmeyer" mit 200 Arbeitern eine der größten Fabriken in dem noch wenig industrialisierten Hamburg. Seiner eigenen Herkunft eingedenk, zeigte der Prinzipal viel Verständnis für die Bedürfnisse seiner Arbeiter. Er gründete für sie eine Privatunterstützungskasse und beteiligte sie an deren Verwaltung, in liberaler, sozialpolitischer Denkweise und kapitalistischem Kalkül seiner Zeit voraus. Als Patriot erwarb sich H. C. Meyer Ansehen in der Stadtöffentlichkeit, war Offizier der Bürgerwehr und ehrenamtlicher Armenpfleger, wurde Direktor der Eisenbahngesellschaft, Mitplaner von Sielbau und Wasserwerken, beteiligte sich am Wiederaufbau nach dem großen Brand von 1842. Es blieb nicht aus, daß dem erfolgreichen Unternehmer Neider erwuchsen, die ihm Bereicherung vorwarfen. Bei seinem Tod im Jahre 1848 hinterließ er ein stattliches Vermögen.[3]

Zur Zeit von Berthas Geburt erholte sich Hamburg gerade von der Depression der „Franzosenzeit“, für ein ökonomisches Genie wie Meyer bot sich Gelegenheit zu innovativem Handeln. Jedoch war der kometenhafte Aufstieg der Firma H. C. Meyer noch nicht abzusehen, noch gehörte die Familie zu den unvermögenden Klassen, durch eine tiefe soziale Kluft getrennt von den Vertretern der hochvermögenden Handels- und Finanzunternehmen, zu denen das Bankhaus Salomon Heine gehörte. Dort versuchte sich in jenen Jahren, 1816–1819, Salomons junger Neffe Harry Heine als „apprenti millionaire“. Er war jedoch weniger der ihm auferlegten kaufmännischen Ausbildung, als vielmehr dem Entdecken seiner poetischen Sendung zugewandt. Er flanierte in der „großen, geheimnisvollen Stadt“, verspottete sie als „verludertes Kaufmannsnest“, nahm ungeheure soziale Unterschiede wahr und zog die Parallele zu seiner eigenen, im Familienclan ganz unten plazierten Situation. Das unter der Herrschaft von „Banko“ stehende Hamburg wies ihn ebenso ab wie die angebetete Cousine, an deren Spröde sich seine Liebeslieder entzündeten.[4]

Allem Anschein nach ist Heinrich Heine nicht in den Gesichtskreis der Familie Meyer getreten. Eine ferne, allerdings nie zum Tragen gekommene Artverwandtschaft zu dem um sein Judentum ringenden Heine ließe sich allenfalls vermuten: H. C. Meyer wurde in späteren Aussagen als „wohlhabender jüdischer Fabrikant in Hamburg“ bezeichnet. Diese Version vom jüdischen Ursprung der Familie hielt sich, bis in der Zeit des Nationalsozialismus ihre „arische Abstammung“ belegt wurde. Da dieser Nachweis nicht weit zurückreichte, ist nicht auszuschließen, daß die Familie marranischen Ursprungs gewesen sein könnte. Gewisse Eigentümlichkeiten Meyers scheinen darauf hinzuweisen. Er verkehrte gerne mit Juden, jüdische Geldgeber hatten ihm den Aufbau seines Unternehmens ermöglicht; er verwandte oft scherz- und spotthaft jüdische Ausdrücke und Gesten; seinen Kindern gab er jüdische Kosenamen, Bertha war „Baba“, die eine Schwester „Gredel“, die andere „Schwarzkopf“.[5]

Berthas Kindheit stand unter freundlicheren Sternen als die ihrer Eltern. Das expandierende Unternehmen von H. C. Meyer hielt Existenzsorgen von der wachsenden Familie fern. Berthas Bruder Adolph schildert in seinen Erinnerungen das Familienparadies in dem düsteren, aber geräumigen Hamburger Bürgerhaus, das mit seiner säulengeschmückten Fassade, großen Wohnräumen, rückwärtigem Speicher und Werkstätten am Fleet der kindlichen Phantasie viel Anregung bot. Alltags sahen die Kinder ihren Vater nur kurz zu den Mahlzeiten, oft konnten sie ihn bei der

Arbeit irgendwo im Hause singen hören. Höhepunkte waren die seltenen Geselligkeiten, zu denen „Stockmeyer" seine Gäste nicht nach Rang und Namen, sondern „nach Intelligenz" aussuchte. Die Kinder genossen die Darbietungen von Männergesangvereinen, Deklamationen von Schauspielern, Vorträge, kleine Aufführungen, vor allem aber die Anwesenheit des Vaters, der sonst ganz von seinen Geschäften absorbiert war. Seine Stöcke seien ihm näher als seine Kinder, seufzte die Mutter. Sie war eine auffallend schöne, von den ständigen Schwangerschaften – insgesamt waren es 17 – früh erschöpfte Frau, ihren Kindern gegenüber eine sanfte und nachgiebige Mutter. Das strenge Regiment im Haus führte ihre Schwester, Tante Catharina Beusch, von den Kindern mehr gefürchtet als geliebt. Oberste Instanz war der Vater. Die Söhne, als künftige Erben des Betriebs, nahm er in strenge Zucht, die Töchter beugte er freundlich seinem Willen. Amalie, die Älteste, bekannte: „Ich liebte ihn wie einen Gott, dem ich selbst blinden Gehorsam nicht verweigern konnte."[6]

1833 traf ihn ein schwerer Schlag, als seine Frau bei der Geburt der Tochter Margarethe starb. Die beiden ältesten Töchter, 17 und 15 Jahre alt, traten in Verantwortung für die jüngeren Geschwister und für den Vater, der in lethargische Trauer fiel. Er faßte erst wieder Zuversicht in die Zukunft, als beide, die „mütterliche" Amalie und die „schöne" Bertha, 1835 kurz nacheinander heirateten. Amaliens Mann, Rudolph Carl Westendarp, war ein Freund der Familie, der besonders der verstorbenen Mutter verbunden gewesen war. Er führte Friedrich Traun bei Meyers ein. Dieser stand als Sekretär der Herzogin von Cambridge im Dienst der hannoverschen Regierung, war ein gebildeter Mann mit feinen Manieren. Auf Vater Meyer machte er großen Eindruck. Mit sicherem Instinkt erspürte der Geschäftsmann den Vorteil, den ihm eine familiäre Verbindung mit Traun bringen konnte. Diesem väterlichen Wunsch konnte sich die mit 16 Jahren heiratsfähige Bertha nicht entziehen. Es mag für das junge Mädchen nicht ohne Reiz gewesen sein, daß der doppelt so alte, gut aussehende, distinguierte Mann die Ehe mit ihr wünschte, sie sogar als Rettungsanker nach einer unglücklichen Liebe ansah. Allerdings gestand sie später ihrer Freundin Bertha Isler, Traun habe nicht aufgehört, dieser anderen Frau nachzutrauern. Zunächst aber war sie in jugendlichem Enthusiasmus davon erfüllt, sich mit Leib und Seele dem Ehemann aufzuopfern und ihn glücklich zu machen, so wie es ihre Mutter vorgelebt hatte.

Am 31. Juli 1835 fand die Hochzeit statt. Das junge Paar zog zunächst nach Hannover, im Jahr darauf nach Hamburg, als H.C. Meyer seinen Schwiegersohn Traun zum Associé machte. Für die Firma war Friedrich Traun ein großer Gewinn, indem er den Bildungsmangel seines Schwiegervaters kompensierte, die gesamte Korrespondenz übernahm und in seiner vornehm zurückhaltenden Art dem Chef beratend zur Seite stand.

Wie bisher blieben Geschäft und Familienleben zwei getrennte Sphären. Bertha kannte es nicht anders. Die beiden jungen Paare, Westendarp und Traun, blieben eng verbunden mit der Großfamilie. H.C. Meyer freute sich über die Geburt von Enkelinnen und Enkeln. Ihren sechs Kindern, drei Mädchen und drei Jungen, war Bertha eine liebevolle Mutter.[7]

Trauns boten das Bild einer harmonischen Familie nach dem überkommenen Muster. Aber die Zeiten hatten sich verändert. Unter den politischen Pressionen des Vormärz regte sich Kritik an der bestehenden Gesellschaftsordnung. Auch die traditionellen Geschlechterrollen blieben davon nicht unberührt. Die auf das Haus beschränkte Rolle der Gattin und Mutter befriedigte Bertha Traun nicht mehr so recht. Sie befreundete sich mit der nach Hamburg zugezogenen Emilie Wüstenfeld, verheiratet mit einem Kaufmann; ursprünglich lief diese Beziehung über die Ehemänner, deren Kontore nebeneinander lagen. Die beiden etwa gleichaltrigen Frauen fanden in ihrer Freundschaft das, was sie in ihrer Ehe vermissten: Gegenseitiges Verständnis für ihre Lage, die sie als randständig empfanden. Warum konnten Frauen nicht auch aktiv teilnehmen an der Gestaltung einer neuen Gesellschaft? Emilie Wüstenfeld, die in einer religiös bestimmten Umgebung aufgewachsen war, suchte in Hamburg zunächst Anschluß an kirchliche Kreise, war aber abgestoßen von dem pietistischen und hierarchischen Geist in dem 1832 von Amalie Sieveking gegründeten Frauenverein für Armen- und Krankenpflege. Bertha Trauns aufgeklärte, liberale Gesinnung lag ihr näher. Beide Freundinnen wollten sich gemeinnützig betätigen.

Ihre Stunde war gekommen, als 1846 H. C. Meyer einen Mann nach Hamburg einlud, dem der Ruf eines Apostels der neuen Zeit vorausging. Es war der exkommunizierte Kaplan Johannes Ronge aus Breslau. Ein Zeitgenosse beschreibt ihn so:

> Johannes Ronge war ein schöner Mann von schlankem Wuchs und etwas unter Mittelgröße, mit edel geschnittenem Kopf, bedeutender Stirn und Nase, feurigem Auge und dunklem, reichem Haar, [...] von gewinnender Liebenswürdigkeit in seinem Wesen und großer Milde und Bescheidenheit des Auftretens.[8]

In ganz Deutschland bekanntgeworden war er 1844 durch ein offenes Sendschreiben gegen die Massenwallfahrt zu dem in Trier ausgestellen Heiligen Rock. Diese Machtdemonstration der katholischen Kirche verdammte er als Rückfall in mittelalterlichen Reliquienkult, wodurch das Kirchenvolk in sklavischer Abhängigkeit von der Priesterhierarchie gehalten werde. Sein Kampfruf gegen Rom war der zündende Funke für eine religiös-politische Protestbewegung mit dem Ziel einer über den Konfessionen stehenden neuen deutschen Nationalkirche. Auf seinen Reisen durch ganz Deutschland wurde Ronge jubelnd als Reformator des 19. Jahrhunderts gefeiert. In vielen Städten gründete er sogenannte deutschkatholische Gemeinden mit demokratischer Verfassung. Männer und Frauen aus allen Schichten besaßen gleiche Mitspracherechte. An Stelle orthodoxer Formen sollten Mitmenschlichkeit und ein Christentum der tätigen Liebe praktiziert werden. In seiner theologischen Weltdeutung maß Ronge den Frauen eine Erlösungsfunktion in der Gesellschaft zu. Es gelte, die „heiligende und gewaltige Kraft des weiblichen Gemüths" zu befreien:

> Mit der Befreiung der Liebe von den zwingenden Formen der alten Zeit ist natürlich die Befreiung der heiligenden Weiblichkeit und die sittliche Gleichberechtigung der Frau verbunden, womit eine große weltgeschichtliche Revolution in den Tiefen der Menschheit und der Familie beginnt.[9]

Diese Botschaft und die charismatische Erscheinung von Johannes Ronge übten auf Bertha Traun große Faszination aus. Ihr Leben änderte sich. Sie wurde aktiv. Im Anschluß an die Gründung der deutschkatholischen Gemeinde in Hamburg im Spätherbst 1846 lud sie dreißig Frauen ihres Bekanntenkreises zu sich in die Wohnung und gründete mit ihnen nach dem Beispiel anderer Städte einen „Frauenverein zur Unterstützung der Deutschkatholiken“. Als Dissidenten-Vereinigung verfügte die Gemeinde über keinerlei feste Einkünfte. Der Frauenverein verschaffte durch Verkaufsbasare und Wohltätigkeitsveranstaltungen das Geld für die Anstellung eines Predigers, für die Miete und Ausstattung eines Gottesdienstraums. Außerdem setzten sich die Frauen für die Anerkennung der Deutschkatholiken als Religionsgemeinschaft ein, denn ausserhalb verfasster Konfessionen vorgenommene Heiraten galten als Konkubinat, dort geborene Kinder als unehelich. Der Senat ließ sich Zeit mit der Legitimierung einer möglicherweise subversiven Vereinigung. Sie erfolgte erst unter dem unmittelbaren Eindruck der Ereignisse vom März 1848.

Damit war der ursprüngliche Zweck des weiblichen Unterstützungsvereins erfüllt, er hätte sich auflösen können. Aber die Gemeinschaft von inzwischen etwa 100 Gleichgesinnten stellte sich andere, selbstbestimmte Ziele, die vorrangig eine Verbesserung weiblicher Bildung betrafen. Denn die Frauen waren zu der Überzeugung gekommen, daß sie erst dann zu gesellschaftlicher Partizipation befähigt seien, wenn ihre natürlichen Anlagen und Fähigkeiten entwickelt würden. In dieser Absicht hatten die Vereinsdamen ihre regelmäßigen Sitzungen zu einem Forum für Information und freie Meinungsäußerung gestaltet. Sie lasen zeitgenössische Texte und Gedichte vor, luden Männer zu Vorträgen über einschlägige Themen ein und übten sich in Diskussion.

Beflügelt von revolutionären Freiheitsideen waren Bertha Traun und Emilie Wüstenfeld mitbeteiligt, als christliche und jüdische Frauen im Frühjahr 1848 einen „Sozialen Verein zur Überwindung konfessioneller Gegensätze“ gründeten. Damals lebten in Hamburg jüdische Familien noch gesellschaftlich isoliert. Die bevorstehende bürgerliche Gleichstellung der Juden konnte nicht mit einem Schlag ein tiefergehendes Verständnis zwischen zwei in religiösen Sitten und Alltagsbräuchen völlig verschiedenen Bevölkerungsgruppen herstellen. Deshalb wollten die Frauen des „Sozialen Vereins“ eine Brücke bauen, indem sie sich auf Gemeinsamkeiten der freisinnigen Lebensorientierung besannen, auf Gedanken zur Emanzipation der Frau und zur freiheitlichen Kindererziehung. Bertha Traun war durch die judenfreundliche Einstellung ihres Elternhauses gut vorbereitet zur Herstellung des Kontakts mit Jüdinnen. Ihre Schwester Amalie Westendarp hatte sich mit der jüdischen Schriftstellerin Johanna Goldschmidt angefreundet und dadurch den Anstoß zur Gründung des Vereins gegeben. Die ideelle Einigung war in diesem Kreis bald erreicht, nun wollten die Frauen auch ein gemeinsames Werk beginnen. Sie kamen überein, in Hamburg Kindergärten einzurichten und den Schöpfer der Kindergärten, Friedrich Fröbel, nach Hamburg einzuladen.

Fröbels auf den ersten Blick unpolitisch erscheinendes Konzept enthielt revolutionären Sprengstoff. Denn es richtete sich auf die Bildung eines neuen, demokratisch gesinnten Menschengeschlechts. Dieses Werk müsse, so meinte Fröbel, mit der naturgemässen Erziehung von Kleinkindern beginnen. Dazu hatte er ein System entwickelt, wonach durch Singen, Bewegungsspiele und Beschäftigung mit kindgemäßem Spielmaterial die schöpferischen Kräfte des Kindes der Stufe seiner Entwicklung entsprechend geweckt werden sollten. Seiner Erfahrung nach waren Frauen am besten geeignet, an diesen „Pflanzstätten der Menschheit" als „Gärtnerinnen" zu wirken. Kindererziehung als höchste nationale Aufgabe – dieser Gedanke begeisterte Bertha Traun. Zusammen mit Emilie Wüstenfeld und drei anderen Frauen bildeten sie eine Kindergarten-Kommission, die sich mit allen anhängigen Fragen befasste. Vor allem mussten Kindergärtnerinnen angeleitet werden und dabei einen höheren Wissens- und Bildungsstand erreichen, als jungen Mädchen bislang in der Regel zustanden wurde.

Die Idee einer Verbesserung der weiblichen Bildung hatte Johannes Ronge bereits zu Beginn seiner Dissidenten-Karriere 1842 in Breslau gefasst, doch hatten dort die Mittel gefehlt. Von Bertha Traun ließ er sich über den Stand der Hamburger Frauenvereine unterrichten und überzeugte sich, daß dort bessere Voraussetzungen bestanden, um eine weibliche Bildungsanstalt zu gründen. Im Rückblick schreibt er:

> Als ich im November 1846 die Gemeinde in Hamburg bildete, fand ich die Frauen dieser Stadt sowohl infolge ihrer Begeisterung für die Reform als auch infolge der Mittel, die ihnen zu Gebote standen, besonders geeignet, die schönste Blume der religiösen Bewegung zu pflegen. Dazu kam, daß eine solche Anstalt in Hamburg als einer freien Stadt nicht so leicht von der Regierung unterdrückt werden konnte, was in fürstlichen Landen zu erwarten stand, sobald die wahre Tendenz derselben bekannt wäre.[10]

Ronge dachte an die allgemeine Veredelung des weiblichen Geschlechts, nicht primär an die Ausbildung von Kindergärtnerinnen. Dazu erbot sich nun der Leiter einer Zürcher Privatschule, Professor Karl Fröbel, ein Neffe von Friedrich Fröbel. Er beabsichtigte, seinen Entwurf „Hochschulen für Mädchen und Kindergärten als Glieder einer vollständigen Bildungsanstalt"[11] in Hamburg zu verwirklichen. Obwohl die beiden Projekte – Kindergärten und Hochschule – sich zu ergänzen schienen, kam es zu unerquicklichen Auseinandersetzungen zwischen den beiden Fröbels und ihren jeweiligen Parteigängerinnen. Während die Mehrheit der Sache Friedrich Fröbels und den Kindergärten Vorrang gab, setzte sich Bertha Traun mit aller Energie dafür ein, die Hochschule ohne Verzug zustande zu bringen. Sie wußte, welche Rolle die Hamburger Hochschule in dem weitgefassten Frauenbildungskonzept von Johannes Ronge spielen sollte. Er hatte die Vision von einer überregionalen Vereinigung aller demokratischen Frauenvereine, deren erstes, von allen gemeinsam getragenes Werk eben die Hochschule sein sollte. Zu diesem Zweck veranlasste er den Zusammenschluss der Hamburger Frauenvereine zu einem Zentralorgan, dem „Bildungsverein deutscher Frauen". In den Statuten wurde der Zweck festgelegt,

> durch humane Bildung und Erziehung das weibliche Geschlecht für seine höhere Bestimmung und zum Bewußtsein seiner Würde zu reifen, und mit freier Selbstbestimmung das geistige, wie äußere Wohl der Menschheit zu fördern.[12]

Ronges Publizität hatte zu seiner Wahl ins Frankfurter Vorparlament geführt. Die politische Komponente der religiösen Reform, ihr Bekenntnis zu demokratischen Grundsätzen, war offenbar. Nach der standrechtlichen Erschießung des führenden Deutschkatholiken Robert Blum im November 1848 und der Niederlage der Revolution radikalisierten sich Teile der Bewegung. Manche liberalen Anhänger waren irritiert, darunter auch Friedrich Traun. Ende 1848 schrieb er erregt seine Eindrücke in das Privat-Salair-Buch der Firma:

> Johannes Ronge, von dem man hoffte, daß er eine Reform der katholischen Religions-Anschauung bewirken würde, hat sich schon länger zum bloßen politischen Emmissair erniedrigt und dadurch seine schöne Sache selbst untergraben [...][13]

Besorgt beobachtet Traun die Angriffe deutschkatholischer Führer auf den preußischen König und das monarchische Prinzip. Dem zu Weihnachten angekündigten Besuch Ronges in Hamburg sieht er noch aus anderen Gründen mit Ablehnung entgegen und bezweifelt, ob sich dem Revolutionär die Türen der Häuser öffnen werden, in denen er früher gastlich empfangen wurde:

> Keiner mag sich gern den Frieden seines Hauses stören lassen, denn in der That, seine früheren Erfahrungen aus dem Beichtstuhl weiß er so gut zu nutzen, daß er eine wahrhaft dämonische Macht über alle Frauen ausübt, welche er einige Zeit näher zu beobachten Gelegenheit hatte, dies geht so weit, daß er den glänzendsten Verstand mit hohlen Phrasen dauernd zu binden im Stande ist [...] (Er) versteht (es), mit jeder, selbst der unschuldigsten seiner Freundinnen ein kleines Geheimnis zu etablieren und das ist auch das Geheimnis seiner Herrschaft – jede Frau ist dem untertan, der es versteht, mit ihr ein Geheimnis zu haben gegen die, die ihr am nächsten stehen.[14]

Traun war nicht entgangen, wie stark seine eigene Frau unter dem Bann der „dämonischen Macht" von Ronge stand; ihre Hingabe an die Ideale einer Religion der Humanität und ihre Betriebsamkeit mögen ihn beunruhigt haben, auch daß sie sich den Anschauungen ihres Ehemanns nicht mehr fraglos anschloß, sondern ein selbstbestimmtes Urteil über die Weltläufte wagte. Dennoch versagte er ihr nicht die finanzielle Unterstützung von so gemeinnützigen Plänen wie Kindergärten und einer weiblichen Hochschule.

Johannes Ronge versuchte im Juni 1849, noch einmal die revolutionäre Volksbewegung anzufachen durch einen offenen Brief an den König von Preußen, in dem er zum bewaffneten Widerstand gegen die Despoten aufrief.[15] Daraufhin wurde er steckbrieflich gesucht. Er befand sich zu dieser Zeit in Hamburg, um die Sache der Hochschule vorzubereiten. Nach der Niederschlagung des badischen Aufstands entschloß er sich zur Flucht ins Ausland und nahm am 3. August 1849 „Abschied vom Vaterlande".[16]

Die Hamburger freisinnigen Frauen ließen sich durch die zunehmend reaktionäre Stimmung nicht von ihrem Vorhaben abbringen. Anfang September 1849 reisten Bertha Traun und Emilie Wüstenfeld in die Schweiz, um im persönlichen Kontakt mit Karl Fröbel und seiner Frau die Modalitäten der Hochschulgründung zu klären. Begeistert berichteten sie ihren Hamburger Freundinnen von dem günstigen Eindruck, den sie von dem Ehepaar Fröbel gewannen. Aus der Ferne stellten die beiden Freundinnen die Weichen. Es mußten Schülerinnen unter den Verwandten und Bekannten der Deutschkatholiken geworben, Professoren wegen Mitarbeit an der Hochschule gefragt werden. Man mußte ein geeignetes Gebäude mieten und möblieren. Vor allem war die Vorfinanzierung des Projekts notwendig. Dafür rechneten die beiden Frauen auf die Zuwendung ihrer Ehemänner – nicht vergebens. Die Nichte Emilie Wüstenfelds, die sich in Berthas Abwesenheit um die Kinder kümmerte, schrieb, es sei ein wahres Glück, daß Herr Traun sich für die Hochschule einsetze; ihm sei es zu verdanken, wenn sie in Bälde entstehen könne.[17]

Am 1. Januar 1850 konnte die „Hochschule für das weibliche Geschlecht" tatsächlich ihren Betrieb eröffnen. Es war, dem Konzept der Fröbels entsprechend, nicht etwa eine Universität für Frauen, wie der Name hätte vermuten lassen, sondern eine „in die Gesellschaft erweiterte Familie", ganz auf weibliche Bildungsbedürfnisse in den Bereichen Kindererziehung, Kinder- und Krankenpflege, Hauswirtschaft, kulturelle Betätigung abgestimmt. Den Kern bildeten maximal 10 „Pensionärinnen", d.h. Internatsschülerinnen, die ein hohes Jahresgeld zu zahlen hatten. Mädchen und Frauen aus der Stadt konnten entweder das ganze Programm oder auch nur einzelne Kurse wahrnehmen. Einzige Zulassungsbedingung war ein Mindestalter von 15 Jahren. Dem Institut angeschlossen waren ein Kindergarten und eine Elementarschule als praktisches Übungsfeld für künftige Kindergärtnerinnen oder Lehrerinnen.

Rektor der Anstalt war Karl Fröbel, seine Frau stand dem Pensionat vor. Über dem Ganzen wachte ein aus Frauen und Männern gebildeter Verwaltungsrat, dem Emilie Wüstenfeld und Bertha Traun angehörten. Die Anfänge dieses ehrgeizigsten Projekts der frühen Frauenbewegung waren vielversprechend. In der Hamburger Öffentlichkeit fand es Sympathie und Unterstützung. Die Lehrer äußerten sich erstaunt über Lerneifer und Lernfähigkeit von Personen weiblichen Geschlechts. Ausserhalb Hamburgs stellte die von Louise Otto herausgegebene „Frauen-Zeitung" ihren Leserinnen die Hochschule vor.[18] Die hierin vorgenommene Beurteilung fiel unterschiedlich aus. Neben positiven Beiträgen finden sich auch kritische Stimmen, die es dem Hamburger Frauenverein als Hybris anlasten, sich zu einem „Zentralverein" aufzuwerfen und sich andere deutsche Frauen-Vereine „tributär" zu machen. In der Stunde vaterländischer Not alle Mittel und Kräfte verschrobenen Bildungsangelegenheiten zuzuwenden, statt politisch Verfolgten zu helfen, sei eine „unzeitgemäße, eine fixe, eine Hamburger Idee".[19] Die Gründung einer Frauenhochschule war spektakulär genug, um eine heftige Pressediskussion über die vordringlichen Ziele von Frauenvereinen auszulösen. Die Gründerinnen ließen keinen Zweifel daran gelten, daß ihre ideellen und materiellen Investitionen für bessere weibliche Bildung durchaus dem Gebot der Zeit entsprächen. Denn nur dadurch würden Frauen zur Mitwirkung an der Gestaltung der Zukunft befähigt. Davon überzeugt, veranlaßte Bertha Traun gegen den Willen der Familie den Eintritt ihrer jüngsten Schwester Margarethe als Pensionärin der Hochschule und übernahm die Verantwortung für das physisch und psychisch gefährdete Mädchen.

Dann aber verschwand sie plötzlich aus Hamburg. Zunächst wußte niemand den Grund außer Emilie Wüstenfeld, die sie auf ihrer Flucht begleitet hatte. Was war geschehen? Während Friedrich Traun im April 1850 zum Besuch der Messe in Leipzig war, fuhr Bertha nicht, wie abgesprochen, nach Friedrichsruh, sondern mit den beiden Jüngsten nach Mainz. Das ließ sie Traun durch ihre Schwester Amalie Westendarp mitteilen. Näheres erfuhr er aus einem langen Brief Berthas vom 30. April 1850[20], dessen Fazit: Sie werde nicht mehr zu ihm zurückkehren.

Noch eine oder zwei Generationen zuvor hatte es nicht selten auch in den besten Familien Fälle von Ehescheidung gegeben. Mit Konsolidierung der bürgerlichen Familie war die Gesetzgebung inzwischen jedoch den Maßstäben einer strengeren zivilen Moral gefolgt. Um 1850 war in Hamburg eine im gegenseitigen Einvernehmen beantragte „ehrenhafte Scheidung" nicht mehr zulässig. Es mußte die Schuld eines Ehepartners nachgewiesen werden. Als Scheidungsgrund galt außer Ehebruch nur das „bösliche Verlassen" des Partners.

Bertha Traun nahm bewußt die Schuld auf sich. Ihr Brief an Traun ist das Zeugnis einer „im bittersten Kampf müde gewordenen Seele". Hier schreibt keine sieghaft-trotzige Emanzipierte, sondern eine am Rande ihrer Kräfte angelangte Idealistin. Mit intellektuell bewältigtem, aber sie emotional überforderndem Pathos begründet sie ihren Entschluß, eine Ehe zu verlassen, deren Voraussetzungen nicht mehr übereinstimmten mit ihren neu erworbenen Erkenntnissen. Bei der Eheschließung habe sie der Wunsch des verehrten Vaters bewogen. Ihre religiöse Erziehung habe Dulden und Aufopferung des eigenen Wesens als höchste Tugend nahegelegt. Dieser „Aufopferungstheorie" zufolge habe sie sich in das „schöne Märthyrertum" gestürzt:

> Du solltest ganz glücklich durch mich werden, das konntest Du nur im Gefühl meiner Liebe. Auch wollte ich diese Liebe erringen und verdienen durch mein Leben. Ich zweifelte nicht, daß es mir gelingen werde, da ich nicht wußte, daß die Liebe keine Pflicht sein kann, sondern das Leben der Seele selber ist. […] Dieses zu erreichen war mir schon deshalb unmöglich, weil unsere Charaktere und Geistesrichtungen ganz verschieden sind.[21]

Die ersten zehn Jahre ihrer Ehe habe sie ihre Pflicht gegenüber Mann und Kindern treu erfüllt und erst allmählich die Aussichtslosigkeit ihrer Lage begriffen, aber auch dann noch ihre Verzweiflung, ja Todessehnsucht, nicht nach außen zu erkennen gegeben. Denn die Kinder sollten nicht durch Streit zwischen den Eltern belastet werden. Dann habe sich ihr Bewußtsein geändert:

> Seit drei Jahren ist aber meine Vorstellung von Gott und was damit verbunden ist, meine Lebens- und Weltanschauung eine andere geworden. Mein Gesichtskreis hat sich erweitert, und ich habe die Überzeugung gewonnen, daß ein wahrhaft religiöses Leben oder ein Leben in Gott, nur in dem Streben nach Wahrheit und Liebe und in dem Wirken für die Gesamtheit besteht […][22]

Sie empfinde keinen Widerspruch zwischen der Hingabe an die größere Gemeinschaft und der Sorgepflicht für ihre Familie. Vielmehr bringe sie um der Wahrhaftigkeit willen das große Opfer, sich von einem Teil ihrer Kinder zu trennen. Man werde ihr Leichtsinn und Pflichtvergessenheit vorwerfen und ihren Schritt verurteilen, vor ihrem eigenen Gewissen aber könne sie bestehen.

Die Scheidungsakte Traun gegen Traun verschleiert die tieferen Gründe, läßt aber doch den Standpunkt beider Ehepartner erkennen. Traun versuchte, seine Frau zu entschuldigen, weil der „den Gedanken nicht ertragen kann, daß dieselbe in einem schlimmeren Lichte erscheine als ihr wahrer Charakter es verdient“:

> Es ist nicht Frivolität, es sind die unglückseligen, verschrobenen und fanatischen Ideen, welche den bösen Geist unserer Zeit darstellen und bei denen man nicht weiß, ob das politische Element oder das religiöse das überwiegende ist. Diese Ideen sind es, deren Opfer die Beklagte geworden ist. Leider kann Kläger es sich nicht verhehlen, daß mit der Erhebung des Deutschkatholizismus in Hamburg und der Teilnahme seiner Frau an demselben der bis dahin ungestörte nicht bloß äußere Frieden seiner Ehe gewichen ist. Daß die Beklagte sich jetzt selbst täuscht durch den Gedanken, sie sei seit Beginn ihrer Ehe nicht glücklich gewesen, liegt nur allzu nahe.[23]

Berthas sensible Natur hielt der Anstrengung, sich allein gegen das Urteil aller zu behaupten, nicht stand. Sie erlitt einen nervlichen Zusammenbruch. Wie ihre Geschwister scheint sie psychisch labil gewesen zu sein – ihr Bruder Adolph und ihre Schwester Agathe hatten sich wegen Depressionen einer monatelangen Heilkur unterziehen müssen, und die jüngste Schwester Margarethe bedurfte während ihres Aufenthalts in der Hamburger Hochschule einer eigenen Pflegerin. Johannes Ronge hat später behauptet, er habe Bertha vor Wahnsinn und Tod gerettet.[24] Von Straßburg aus, wo er die erste freie Religionsgemeinde in Frankreich gegründet hatte, fuhr er, trotz der Gefahr, arretiert zu werden, im Juni 1850 mit einem Dampfer den Rhein hinunter, „um diejenige aus der Gewalt der Reaktion zu retten, mit welcher ich durch das Band der Liebe oder durch das unerforschliche Lebensgesetz verbunden war“.[25] Er brachte sie an einen sicheren Ort in Holland, „wo sie körperlich und geistig genesen konnte“.[26]

Alle Versuche Trauns, seine Frau zur Rückkehr zu bewegen, blieben erfolglos. Sein Schwager, Berthas 18jähriger Bruder Heinrich Christian Meyer, erschien bei seiner Schwester und machte ihr Vorhaltungen, wie sehr sie dem Ansehen der ganzen Familie und dem Geschäft durch ihr Verhalten schade. Er mußte unverrichteter Dinge abreisen.

Im November 1850 wurde der Prozeß vom Obergericht beendigt und die Ehe zwischen Friedrich und Bertha Traun in Abwesenheit der Schuldigen rechtsverbindlich geschieden. Von Traun hatte sie die Erlaubnis erhalten, daß drei ihrer Kinder – die beiden Mädchen Agathe und Bertha sowie der jüngste Sohn Max – bei ihr leben durften. Mit ihnen war sie Johannes Ronge am 31. Oktober 1850 in die Emigration nach London gefolgt.

Dort schlossen sie sich geflüchteten deutschen Demokraten an, die aber in Fraktionen zerstritten waren. Johannes Ronge verfolgte seine religiös-politische Mission in England weiter, er wollte die neue Religion hier in der Riesenstadt, „im Zentralpunkte der zivilisierten Völker“ sichern, von wo aus sie „schnell nach allen Erdteilen getragen“ werde.[27] Zu seiner Enttäuschung fand er jedoch wenig Anklang. Seine Hoffnung richtete sich zurück nach Hamburg, auf den Fortgang der Hochschule. Er riet dringend, sie mit der deutschkatholischen Gemeinde zu verbinden, um dem

Reformwerk einen soliden Bestand zu geben. Bertha schloß sich seiner Meinung in einem Brief an Emilie Wüstenfeld an. Diese aber fühlte sich verletzt durch den überheblichen Ton, in dem der Rat erteilt wurde und fürchtete sogar, ihre Freundschaft werde jetzt, da sie die Probleme nicht mehr unmittelbar miteinander besprechen konnten, zerbrechen. Ronge hätte in England offenbar keinen Begriff davon, wie schwierig die Lage in Deutschland geworden sei. Würde die Hochschule mit der politisch diskreditierten freireligiösen Gemeinde in Verbindung gebracht, dann bedeute dies ihren sicheren Ruin.[28]

Die Hochschule konnte sich trotz dieser Vorsicht nicht lange halten. Im Frühjahr 1852 mußte sie schließen. Einer der Gründe für ihren Schiffbruch war die Irritation der Hamburger über das Verhalten der leitenden Damen.[29] Denn auch Emilie Wüstenfeld stand vor der Scheidung, fühlte sich aber dann durch ihr Gewissen genötigt, ihre Ehe fortzusetzen. Der Fall von Bertha Traun war keineswegs singulär. Zum emanzipatorischen Programm der Reformbewegung gehörte die Vorstellung von der auf gleichen religiösen Anschauungen und Grundsätzen beruhenden freien Liebesheirat – eine Maxime von höchster sittlicher Moral und erklärtes Gegenteil von Libertinage, in den Augen der bürgerlichen Gesellschaft jedoch ein Skandal.

Bertha Traun und Johannes Ronge heirateten am 5. August 1851 in London. Im Oktober des gleichen Jahres wurde die gemeinsame Tochter Marie geboren.[30] Ronge hatte in London keine Predigerstelle mit festem Einkommen. Hilferufe nach Deutschland um Unterstützung für die Sache der europäischen Reform blieben ohne Echo. In dieser Lage reklamierte Bertha ihren Anteil an dem Vermögen, das die Geschwister von ihrem Vater geerbt hatten, auszuzahlen jedoch erst 10 Jahre nach seinem Tod, also 1858. Traun als testamentarischer Verwalter hatte Bertha regelmäßig die fälligen Zinsen überwiesen, außerdem mehrere größere Posten, so „bei ihrer Krankheit nach einem Wochenbett in ihrer neuen Ehe“. Er habe sich „vom Anfang dieses großen Unglücks an“ jeder Chicane enthalten.[31] Mit seinem Einverständnis sollte nun die Vermögensverwaltung an Berthas Bruder Adolph übertragen werden. Es gab aber ein Hindernis. Die Vollmacht für eine verheiratete Frau mußte der Ehemann als Curator maritus unterzeichnen und dabei die Gültigkeit seiner Ehe vor dem hamburgischen Consul nachweisen. Als schuldig Geschiedene hätte sich Bertha nach Hamburger Recht nicht wieder verheiraten dürfen. Sie hatte sich deshalb bei der Ziviltrauung in das Londoner Heiratsregister als Ledige (spinster) eintragen lassen. Traun war tief getroffen, als er dieses Schachzugs im Nachhinein gewahr wurde. Für seine Kinder hielt er die Sachlage und seinen Umgang mit Berthas Vermögen akribisch genau in der Familienchronik fest. Die nüchterne Schilderung endet mit einer kommentarlos zitierten Gedichtzeile, die Trauns bitter resignative Stimmung wiedergibt:

> Mumma, Mumma, schwarze Perle,
> Die ich in dem Meer des Lebens
> Aufgefischt, im Meer des Lebens
> Hab' ich wieder dich verloren!
>
> Heine[32]

In Heines phantastisch-ironischer Dichtung „Atta Troll“ findet Traun einen Ausdruck für sein Trennungsleid. Wie der Tanzbär Atta Troll trauert er um die verlorene Gattin.

An späterer Stelle der sonst knapp und sachlich familiäre Daten berichtenden Chronik nimmt Traun im Gedanken an Bertha noch einmal Zuflucht zu Dichterworten. Das von seiner Hand bis zum Jahreswechsel 1858 geführte Familienbuch schließt mit der Erinnerung an den Brief, den er in Leipzig Ostern 1850 von seiner Schwägerin Amalie erhalten hatte, in dem sie ihm die Abreise seiner früheren Frau gemeldet hatte:

> Nie werde ich den Eindruck dieses Briefes vergessen.
>
> Unendlich innig war ihr Kuß
> Und glühend ihr Umfassen.
> Sie hat unendlich mich geliebt ...
> Und endlich mich verlassen ...
>
> Alt ist das Wort, doch bleibet hoch und wahr der Sinn,
> Daß Scham und Schönheit nie zusammen Hand in Hand
> Den Weg verfolgen über der Erde grünen Pfad.
> Tief eingewurzelt wohnt in beiden alter Haß,
> Daß, wo sie immer auch des Weges sich
> Begegnen, jede der Gegnerin den Rücken kehrt.
>
> Faust II[33]

Der von Bertha beklagte Unterschied der Weltanschauung ist offenbar. In ihrem Abschiedsbrief hatte sie Trauns religiösen Indifferentismus angesprochen:

> Es ist mir klar geworden, daß die lebenden Geschlechter, und namentlich die Gebildeten, nun so arm und unbefriedigt sind, weil sie das höchste Ideal des Lebens nach der alten Religion nicht mehr glauben können und doch den sittlichen Muth nicht haben, Gott in der Welt und in dem Menschengeist als seiner höchsten Offenbarung zu erfassen. Sie sind in der Negation des Alten stehengeblieben.[34]

Als aufgeklärter Zeitgenosse hatte Traun die Emanzipationsgedanken der Freireligiösen mitgetragen und deren Aktionen finanziell kräftig unterstützt, bis sie sich in einer Richtung politisierten, die sich mit seinem Liberalismus nicht vertrug. Die „verstiegenen“ Idealisierungen der Liebe, den „geistigen Aufschwung“ seiner Frau hat er nicht mitgemacht. Er blieb Skeptiker und war eher von Heines „Negation des Alten“ angesprochen, als von Schillerschem Idealismus und Rongescher Pathetik.

Ronge hatte inzwischen in seinem Haus in Hampstead eine kleine Gemeinde von 12 Personen gegründet. Sie sollte „Vorbote der anbrechenden Reformation in England“[35] sein. Als sie auf 30 bis 40 Personen wuchs, wurde ein Saal gemietet, den Ronge dem Kultus gemäß ausgestalten ließ. Auf Reisen durch England gewann er Redner, die verwandten Richtungen angehörten, in London plante er ein Institut für die Ausbildung von „Reformatoren“. Er gründete eine Gemeindeschule und einen Kindergarten, eine Hochschule sollte folgen. Von weiterführender Bedeutung wurde vor allem der Rongesche Kindergarten, den Bertha leitete und für den sie in der

Hamburger Hochschule ausgebildete Kindergärtnerinnen anwarb. Selbständig entwickelte sie Fröbels Theorie der Spielgaben weiter und schrieb mit ihrem Mann zusammen in englischer Sprache einen Kindergartenführer.[36] Das Werk wurde von der englischen Königin wohlwollend zur Kenntnis genommen. Theodor Fontane, der damals mit seiner Familie in London lebte, schickte 1857 sein Söhnchen in die ihm empfohlene Rongesche Schule. Darüber schreibt er:

> Ein sog. Kindergarten spielt die Hauptrolle, in dem, glaube ich, viel Rad geschlagen und wenig gelernt wird. Kopfstehn ist die einzige Kopfarbeit. Ich bin nicht traurig darüber. Georg lernt bei uns vollkommen genug, und der Kindergarten wird das Gute haben, daß der Junge seine Schüchternheit verliert.[37]

Von der Idee einer freireligiösen Konföderation blieb letztlich der Kindergarten übrig, in Preußen seit 1851 als Brutstätte demokratischer Wühlarbeit verboten, von den Ronges in England eingeführt; Berthas Schwester Margarethe brachte ihn nach Amerika, andere Hamburger Hochschülerinnen nach Italien. Unter dem deutschen Namen „Kindergarten" verbreiteten sich Idee und Praxis der freiheitlichen Kleinkindpädagogik.

Die Brücke der zwischen Hamburg und London zerrissenen Familie stellten die Kinder dar. Bertha verbrachte mehrere Wochen im Jahr zusammen mit allen Kindern, auch „der kleinen Baby", in der Hamburger Landwohnung in Billwerder, einmal auch im Harz. Zu den Hamburger Freundinnen hielt sie Kontakt und berichtete dem Frauenverein über ihre Erfahrungen in der Emigration und den Stand der deutschkatholischen Sache in England. Im Sommer 1852 besuchte Emilie Wüstenfeld die Freundin in London, von der Auflösung der Hochschule und ihrer eigenen Scheidungsangelegenheit erschöpft. Die Ehe der Ronges fand sie „fabelhaft", vermerkte den günstigen Einfluß, den dieses Beispiel auf Berthas jüngere Schwester habe. Sie erlebte in London die Hochzeit der jüngsten Meyer-Tochter Margarethe mit Carl Schurz, dem späteren Innenminister der USA.

Den Mittelpunkt der Londoner Gemeinde bildete die Familie Ronge, „das Beispiel einer Familien-Religion". Ronge hebt besonders Berthas Töchter, 17 und 13 Jahre alt, hervor:

> Sie schafften, sie dachten und kämpften mit uns, und in ihren jungen Seelen entwickelten sich die humanen Ideen so schön und rein, daß sie wiederum unbewußt der Spiegel für die Mitglieder der Gemeinde wurden. Beide traten zur Gemeinde im Februar 1853 ohne unsere Aufforderung und taten alles was in ihren Kräften stand, um die Sache zu fördern.[38]

Ein Riß ging durch die schöne Gemeinschaft, als die älteste Tochter, Agathe, am 7. April 1854 nach kurzer Krankheit starb. Der herbeigerufene Vater Friedrich Traun traf sie noch in den letzten Zügen. Betäubt vom Schmerz, nahm er doch wahr, daß auch Ronge zutiefst getroffen war vom Tod des Mädchens, das er gefördert und liebgewonnen hatte. Über dem Grab reichten sich die beiden Männer die Hand zur Versöhnung. Ungeachtet ihrer verschiedenen Auffassungen von Welt und Leben wollten sie sich fortan als Freunde begegnen. Wie zum Pfand dafür blieb der Sohn

Heinrich, der mitgekommen war, für einige Zeit bei der Mutter in London, während Traun seine Tochter Bertha mit nach Hamburg nahm, wo sie, zusammen mit ihrer Freundin, bis zum Herbst blieb, um dann in Begleitung des Vaters nach London zurückzukehren. Dafür nahm Traun den kleinen Max mit. Der zeitweilige Austausch der Kinder scheint auch in Zukunft ohne harte Diskussionen verlaufen zu sein. Aber der Tod forderte noch ein weiteres Opfer. Am 16. Dezember 1857 starb in Hamburg der elfjährige Friedrich. Zu seiner Beerdigung kamen Mutter und Geschwister aus London. In Leid und Freude blieben die beiden Familienteile miteinander verbunden. Zwei Jahre später, 1859, verlobte sich Tochter Bertha mit dem Engländer John Fretwell, dessen Kaufmannskarriere Traun förderte und nach der Hochzeit 1861 in Lippstadt etablierte.

Während ihrer Aufenthalte in Hamburg stellte Bertha das von ihr entwickelte Spielmaterial vor, Papplege-Buchstaben, Schönheitsformen, gemalte Wandtafeln. In die Öffentlichkeit traute sie sich nicht. Wie sogar ihre Freundinnen über sie urteilten, geht aus einem Brief von Louise Fröbel, der Witwe von Friedrich Fröbel, hervor, die in Hamburg einen Musterkindergarten leitete. Sie schrieb 1860:

> Madame Ronge, die Schwester von Adolpf Meyer, in dessen Haus wir freitags sind, ist auch hier [...] doch zum Fest war sie nicht, sie ist hier wie eine Verbannte. Die Arme hat einen unglücklichen Schritt getan, das war die Verbindung mit Ronge und nun hat sie die Folgen und die Verwirrungen dieses Schritts durch ihr ganzes Leben zu tragen.[39]

Im Jahr 1861 erließ der preußische König Wilhelm I. eine Amnestie für alle politisch Verfolgten. Sofort kehrte Ronge mit seiner Familie nach Deutschland zurück, zunächst nach Breslau, seiner Heimat, wo seine Wirksamkeit begonnen hatte. Hier wirkte Bertha für die Kindergarten-Idee, bildete einen Frauenverein, der die nötigen Mittel besorgen sollte, und gründete eine Bildungsanstalt für Kindergärtnerinnen. Begleitet wurden ihre Bemühungen von einem Kampf mit den Behörden, in dem Bertha zu spüren bekam, daß sie auch hier beargwöhnt wurde. Ronges zogen nach Frankfurt am Main, wo die deutschkatholische Gemeinde die Zeit der Verfolgung überlebt hatte. In der Freude über das politische Tauwetter erstand ihnen aufs neue die Vision einer alle konfessionellen und nationalen Brüche überwindenden Religionsgemeinschaft im Sinne der Humanität. Doch waren die politischen Hoffnungen der Ronges ebenso trügerisch wie ihre persönlichen.

Bertha erkrankte an einem Lungenleiden. Sie wurde von der jungen Hamburger Freundin Hilda Bieling liebevoll gepflegt. Bald zeigte sich, das Berthas Leiden zum Tode führte. Am 18. April 1863 ist sie gestorben.

Die Trauerrede hielt W. Hieronymi, Prediger der deutschkatholischen Gemeinde in Mainz. Er war ein Gegner weiblicher Emanzipation und sprach nicht über Berthas Selbstbestimmung, vielmehr gab er ihrer Vita die Beispiel-Form eines idealen Gemeindegliedes:

> Alles, was die Natur geben kann, hatte sie dieser unserer Freundin gegeben, eine blühende schöne Gestalt, einen Verstand klar und rein, einen Geist, der sich selbst unter den Schmerzen einer schauervollen Krankheit noch stark erwies, eine Seele edel und gut,

> voll heiligen Strebens nach Wahrheit und Geisteslicht, ein Herz, warm schlagend für Menschenwohl.
>
> Zurückgekehrt aus der Verbannung ins theure Vaterland hoffte sie nun erst die reichen Gaben ihres Geistes verwenden zu können in dem großen Werke der Geisterlösung des Volkes, dem sie in Gemeinschaft mit ihrem Gatten ihr Leben geweihet hatte.[40]

Das freireligiöse Bekenntnis kannte keine Vertröstung auf ein personales jenseitiges Leben, sondern den ewigen Kreislauf der Schöpfung: „Die ewige Schöpferin, Natur, hat den Lebensodem, der diesen Erdenstaub beseelte, zurückgezogen an ihr unendliches Mutterherz."

Der Sarg, „Reisekleid in die Stadt der Heimat", wurde nach Hamburg überführt und dort auf dem Jacobifriedhof bestattet. 1908 erhielt die Familie Traun eine weitläufige Begräbnisstätte auf dem neuen Ohlsdorfer Friedhof. Sie ist im Prachtstil der späten Gründerzeit ausgestaltet. Noch heute liegt dort neben der mit dekorativer Eisenarbeit verzierten Grabplatte von Friedrich Traun ein schlichter Stein mit der Aufschrift: Bertha Traun geb. Meyer (1818–1863). Traun hat seine erste und einzige Frau als Tote zu sich geholt.[41] Für die bürgerliche Mitwelt war das Bündnis von Herkunft und Tradition stärker als das Streben, Ideal und Leben zu versöhnen.

Anmerkungen

1 Ursula Randt: Die Erinnerungen der Emma Isler. – In: Bulletin des Leo Baeck Instituts 75. 1986, S. 93.

2 Staatsarchiv Hamburg (StA Hbg): Doctor Heinrich Adolph Meyer. Stammbaum von Heinrich Christian Meyer und seiner Ehefrau Agathe Meyer, geb. Beusch, o. O., 1883. Ihre Kinder: Amalie Henriette Rebecka, geb. 28. September 1816, verh. 1835 mit Rudolph Carl Westendarp (1803–1870), Kaufmann und Cigarren-Fabrikant. Bertha, geb. 26. April 1818, verh. 1835 mit Christian Justus Friedrich Traun (1804-1881), in 2. Ehe 15. März 1851 (nach anderer Angabe: 5. August 1851) in London mit Johannes Ronge (1813-1887). Julie, geb. 9. Januar 1820, gest. 13. Juli 1831. Elisabeth Ernestine, geb. 24. Juni 1821, gest. 21. April 1822. Heinrich Adolph, geb. 11. September 1822, Fabrikant, verh. 1854 mit Marie Mathilde Louise Toberentz, geb. 1833, Tochter des Fabrikanten Toberentz zu Berlin. Therese Mathilde, geb. 19. Dezember 1823, verh. mit Wilhelm Heinrich Leupold (1815–1864) Kaufmann. Agathe, geb. April 1825, verh. 1847 mit Alexander Leonhardt, russ. Hofrat. Johanna Dorothea, geb. 17. August 1829, gest. 19. März 1831. Heinrich Christian, geb. 10. Januar 1832, Fabrikant, verh. 1853 mit Laura Emilie Schlüter, Tochter des Kaufmanns Schlüter. Agathe Margarethe, geb. 27. August 1823, gest. 10. März 1876, verh. 1852 in London mit Carl Schurz.

3 Die Geschichte der Firma H. C. Meyer ist gut dokumentiert und recherchiert. Vgl. Erinnerungen an H. C. Meyer. Für die Familie gesammelt von seinem Sohne Heinr. Ad. Meyer. Hamburg 1887; Victor Böhmert (Hrsg.): Erinnerungen an Dr. H. A. Meyer. Nach seinen eigenen Aufzeichnungen. Hamburg 1890; Dieter Rednack: Heinrich Christian Meyer (1791–1848) – genannt „Stockmeyer". Vom Handwerker zum Großindustriellen. Eine biedermeierliche Karriere. Hamburg 1992.

4 Vgl. Klaus Briegleb: Bei den Wassern Babels. Heinrich Heine, jüdischer Schriftsteller in der Moderne. Berlin 1997, S. 40ff, 65–72.

[5] Helmut und Marianne Hirsch: Stammte Margarethe Meyer-Schurz aus einer ursprünglich jüdischen Familie? – In: Deutsch-Jüdische Geschichte im 19. und 20. Jahrhundert. Studien zur Geistesgeschichte, hrsg. v. Ludger Heid/Joachim Knoll. Stuttgart/Bonn 1992, Bd. 15, S. 86–106.

[6] StA Hbg.: Archiv der Firma H. C. Meyer jr. Handschriftl. Aufzeichnungen von Amalie Westendarp: Meine Mutter. Agathe Margarethe Meyer geb. Beusch, geb. 1794, gest. 1833.

[7] StA Hbg. 4-151 Familie Traun. Die Kinder von Friedrich und Bertha Traun: Agathe, geb. 6. Mai 1836, gest. 7. April 1854 in London. Heinrich, geb. 8. Mai 1838. Bertha, geb. 27. Dezember 1839. Otto, geb. 19. September 1842. Friedrich, geb. 6. März 1846, gest. 16. Dezember 1857 in Hamburg. Maximilian, geb. 2. Juli 1848.

[8] Sabine Pich: Johannes Ronge und sein Nachlaß. – In: „Das Paradoxe zog mich an". Festschrift für Eckhart Pilick. Hrsg. v. der Freireligiösen Landesgemeinde Baden. Mannheim 1997, S. 76, Anm. 26. – Über die Bedeutung der deutschkatholischen Bewegung für Frauen vgl. Sylvia Paletschek: Frauen und Dissens. Frauen im Deutschkatholizismus und in den freien Gemeinden 1841–1852. [Kritische Studien zur Geschichtswissenschaft, 89]. Göttingen 1990.

[9] Johannes Ronge: Religion und Politik. Zit. nach: F. W. Graf: Die Politisierung des religiösen Bewußtseins. Stuttgart 1978, S. 351. – Mit der Bedeutung der Frauen in der Gesellschaft befasst sich Johannes Ronge in: Maria, oder Die Stellung der Frauen der alten und neuen Zeit. Eine Erwiderung auf das Rundschreiben des Papstes wegen dringender Verehrung der Maria. Hamburg 1849.

[10] Lothar W. Silberhorn (Hrsg.): Der Epilog eines Reformers. Ungedruckte Aufzeichnungen Johannes Ronges aus dem Londoner Exil. – In: Zeitschrift für Religion- und Geistesgeschichte. 6. Jg., Leiden/Köln 1954, S. 11.

[11] Karl und Johanna Fröbel: Hochschule für Mädchen und Kindergärten als Glieder einer vollständigen Bildungsanstalt, welche Erziehung und Unterricht der Schule verbindet. Nebst Briefen zu diesem Gegenstand. Als Pläne zu dem Programm der Hochschule für das weibliche Geschlecht in Hamburg. Hamburg 1849. – Über die Hamburger Hochschule vgl. Elke Kleinau: Bildung und Geschlecht. Eine Sozialgeschichte des höheren Mädchenschulwesens in Deutschland vom Vormärz bis zum Dritten Reich. Weinheim 1997, S. 60–92.

[12] StA Hbg. Familienarchive. Nachlass Emilie Wüstenfeld 4: Frauenverein zur Unterstützung der Deutsch-Katholiken 1848–1855.

[13] StA Hbg. Familie Traun 1. Familienbuch 1848/49–1943. – Eingesehen mit freundlicher Genehmigung von Herrn Hans-Heinrich Traun, Hamburg.

[14] Ebd.

[15] Silberhorn [Anm. 10], S. 4–10.

[16] Ebd, S. 12-16.

[17] StA Hbg. Familienarchive. Nachlass Emilie Wüstenfeld 5: Brief von Therese Gravenhorst an Bertha Traun in Zürich vom 11. September 1849.

[18] „Dem Reich der Freiheit werb' ich Bürgerinnen". Die Frauen-Zeitung von Louise Otto. Hrsg. und komm. v. Ute Gerhard/Elisabeth Hannover-Drück/Romina Schmitter. Frankfurt a.M. 1979, S. 226, 230, 248–252, 254, 258.

[19] Ebd, S. 252.

[20] StA Hbg. 211–5 Niedergericht B 1226: Acta in Sachen Herrn Dr. juris Carl Petersen mandanti nomine C.J.F. Traun, Kläger, contra Herrn Dr. Biesterfeld, mandanti nomine Bertha Traun geb. Meyer, Beklagten.

[21] Ebd.

[22] Ebd.
[23] Acta ... [Anm. 20]. Anlagen. Schriftsatz des Anwalts von C. F. J. Traun, Dr. Carl Petersen.
[24] Stadtarchiv Mannheim: Nachlass Ronge Nr. 225. Johannes Ronge an die Tochter Marie, 20. August 1875.
[25] Silberhorn [Anm. 10], S. 16.
[26] Stadtarchiv Mannheim: Nachlass Ronge Nr. 346.
[27] Silberhorn [Anm. 10], S. 16–20. Johannes Ronge: Reformationsbestrebungen in England.
[28] StA Hbg. Familienarchive: Nachlaß Emilie Wüstenfeld 5.
[29] Diese Meinung vertritt z. B. auch Emma Isler [Anm. 1], S. 95.
[30] Eintragung im Heiratsregister London, nach Hirsch [Anm. 5], S. 94, Anm. 33. In der Stammbaumtafel von H. C. Meyer [Anm. 2] ist als Heiratsdatum der 15. März 1851 angegeben.
[31] Familienbuch Traun [Anm. 13]. Eintragung vom 31. Dezember 1853.
[32] Ebd. – Der Vers steht in „AttaTroll", Caput V.
[33] Familienbuch Traun [Anm. 13]. Eintragung vom Jahresende 1858. – Die Stelle aus Faust II, 3. Akt, von Phorkyas gesprochen, wird von Heine zitiert in „Ludwig Marcus. Denkworte. Geschrieben zu Paris, den 22. April 1844". HSA X, 220, 225.
[34] Acta [Anm. 20], Brief vom 30. April 1850.
[35] Silberhorn [Anm. 10], S. 22: Johannes Ronge in dem Entwurf: „Bildung der Humanen Religionsgemeinde in London den 25ten Juli 1852 in meinem Hause Lower Mount Cottage, Hampstead."
[36] Stadtarchiv Mannheim: Nachlass Ronge Nr. 305. Johannes und Bertha Ronge: A Practical Guide to the English Kinder Garten (Children's garden). For the Use of Mothers, Nurses, and Infant Teachers Being an Exposition of Froebel's System of Infant Training. Accompagnied by a Great Variosity of Instructive and Amusing Games, and Industrial and Gymnastic Exercises. Also Numerous Songs, Set to Music and Arranges to the Exercises by Johannes and Bertha Ronge. London 1855.
[37] Zit. nach Ella Manz: Fröbels Schülerin Amalie Krüger und ihr Wirken in Hamburg (Masch. Schr.). Hamburg 1953, Anlagen, S. 6.
[38] Stadtarchiv Mannheim: Nachlass Ronge Nr. 346, S. 37: Mein Familien-Leben.
[39] Zit. nach Manz [Anm. 37].
[40] Nachlass Ronge [Anm. 38].
[41] Johannes Ronge heiratete 1869 in zweiter Ehe die Ungarin Erwine Krémer (1840–1920). Der 1873 geborene Sohn Hans verwaltete als Erbe das Vermächtnis seines im Alter verbittert, argwöhnisch und rechthaberisch gewordenen Vaters. Berthas Tochter Marie wurde im Hause ihres Stiefbruders, des Firmenchefs Heinrich Traun, in Hamburg erzogen. Vgl. Pich [Anm. 8], S. 70–75.

Louise Otto (1819–1895)

„[...] allen Bewegungen nach rückwärts entschieden entgegentreten"
Briefe an die „Veilchen"

Johanna Ludwig, Leipzig

Achtzehn bisher unbekannte Briefe, die die 27jährige Louise Otto[1] vom 19. Januar 1846 bis zum 26. März 1847 an den Redakteur der Zeitschrift „Veilchen, harmlose Blätter für die moderne Kritik", Theobald Bruno von Buchner[2], schrieb, wurden im Sächsischen Hauptstaatsarchiv Dresden[3] entdeckt. Die „Veilchen" erschienen ab 1. September 1846 in der Verlagsbuchhandlung von Gustav Schlüssel in Bautzen. Im ersten Quartal (bis Ende November) wurden 13 Ausgaben im Umfang von 16 Seiten veröffentlicht. Im März 1847 stellte das Blatt sein Erscheinen ein.[4]

Aus dem 14monatigen Briefwechsel sind nur die Briefe Louise Ottos überliefert, einschließlich einer Aufstellung für ihre in den ersten 9 Nummern der „Veilchen" veröffentlichten Beiträge[5] und über das Honorar dafür, worüber sie am 27. Dezember 1846 quittierte. Aus den meist wohl im Eiltempo verfaßten Briefen erfahren wir Einstellungen, Auffassungen, Hoffnungen und sogar Konzepte der Wegbereiterin der deutschen Frauenbewegung vor dem Ausbruch der Revolution von 1848. Sie geben weiteren Aufschluß über publizistisches Wirken und politische Vorstellungen von Louise Otto im Vormärz.

Sie begann den Briefwechsel, nachdem sie die Arbeit am Manuskript ihres vierten Romans „Schloß und Fabrik" abgeschlossen und es an ihren Leipziger Verleger Adolph Wienbrack geschickt hatte. Zu diesem Zeitpunkt war sie schon eine erfahrene Journalistin, die sich vor allem durch die Mitarbeit an von Carl Herlossohn[6], Ernst Keil[7] und Robert Blum[8] redigierten Zeitschriften einen Namen gemacht hatte.

Anfang 1843 war sie mit Artikeln über die beiden als Broschüre veröffentlichten, in Dresden gehaltenen Vorträge „Über die Stellung und Bildung der Frauen" von Eduard Vehse, die sie Ende 1842 begeistert gehört hatte, in Erscheinung getreten, allerdings unter dem Pseudonym „Otto Stern".[9] Im Zusammenhang mit den Vorträgen war es zu einem regen Schriftwechsel mit dem Referenten gekommen, der dazu führte, daß Vehse die junge Frau einlud, an der geplanten Damen-Akademie in Dresden Vorträge über weibliche Pädagogik, Physiologie und Psychologie zu übernehmen. Wie sie im Nachruf für den am 18. Juni 1870 Verstorbenen schrieb, nahm sie zwar an der vorbereitenden Versammlung in Dresden teil, habe es aber abgelehnt, selbst Vorträge zu halten, nicht nur, weil sie damals noch keine Rednergaben besessen habe, sondern weil sie noch zu schüchtern gewesen sei, neben Fachleuten von Ruf in Erscheinung zu treten. „Daß aber Vehse und Brendel (der spätere Redacteur der ‚Neuen Zeitschrift für Musik') es schon damals notwendig fanden, eine Dame an diese Stelle, also auf dem Katheder, neben sich zu haben, spricht mehr als alles für ihre Einsicht und die Sache selbst." Es kam zwar ein Zyklus von Vorlesungen für Damen und Herren zustande, er währte allerdings nur einen Winter.

> Ich hatte schon in jener Zusammenkunft *gegen* die Beteiligung der Herren als Publikum gekämpft, weil ich sah, daß die Vortragenden dann doch mehr die männlichen Hörer berücksichtigen würden und das Ganze den Charakter weiblichen Fortschritts total verlöre – ja sie entsetzten sich, daß ich zu opponieren wagte, nur Brendel und Vehse gaben mir recht [...]

erinnerte sie sich fast 30 Jahre später.[10]

In Robert Blums „ Sächsischen Vaterlands-Blättern" trat sie von August 1843 bis Mai 1844 von Meißen aus unter ihrem bürgerlichen Namen mit einer Artikelserie auf, in der sie sich auf dessen Fragestellung, ob die Frauen nicht auch das Recht hätten, an den Interessen des Staates mitzuwirken, dazu bekannte, daß dies sogar eine Pflicht sei.[11] Seitdem war sie mit ihm und später auch mit seiner Familie in freundschaftlichem Kontakt.

Louise Ottos Artikeln zur Frauenfrage folgten Beiträge zu allgemeinen politischen Fragen, so zur religiösen Protestbewegung im Zusammenhang mit der Ausstellung des „Heiligen Rockes" von Trier oder zur Zensur. Zu erwähnen sind auch die „Politischen Reisebriefe" über ihre im Sommer 1845 allein unternommene erste große Reise durch mehrere deutsche Teilstaaten.[12] Sie wirkte auch an der „Constitutionellen Staatsbürger-Zeitung" und dem „Leuchtthurm" mit, verfaßte Artikel für die „Jahreszeiten" in Hamburg und wurde zur Mitarbeit an anderen Zeitungen eingeladen.

Im Herbst 1845 hatte sie ihre Korrespondenzen für den „Wandelstern" als Folge der Leipziger Augustereignisse[13] stark eingeschränkt, und sich nach den ihnen folgenden verstärkten Zensurrestriktionen vorgenommen, sich erst wieder ins „Getreibe" der Journalistik zu werfen, wenn ihr Roman fertig sei. Eine Ausnahme machte sie mit dem Bericht über das Auftreten des deutsch-katholischen Predigers Johannes Ronge am 30. November 1845 in Dresden. Sie wollte damit etwas richtigstellen, was „anonyme Correspondenten" versuchten, „hämisch zu verkleinern".[14] Der oft als ihr Lehrmeister bezeichnete Ernst Keil hatte, wie am 27. August 1845 im „Wandelstern" lakonisch mitgeteilt worden war, seine Mitarbeit an dem bis dahin von ihm redigierten Blatt eingestellt. „Da der Geist des Blattes trotz allen Druckes nicht getötet werden konnte, griff man zu einem wirksameren Mittel: man erzwang den Abgang des Redakteurs".[15] Es war dies die Folge der Haltung Keils zu dem „Leipziger Gemetzel" und der damit verbundenen Zensureinschreitungen.[16] Statt des Zurückgetretenen wirkte Bruno Theobald von Buchner von Bautzen aus kurze Zeit als Redakteur an dem in Grimma bei Ferdinand Philippi[17] verlegten Blatt. In Buchner setzte Louise Otto große Hoffnung auf eine erneute gedeihliche Zusammenarbeit am „Wandelstern", wie aus den beiden ersten Briefen hervorgeht:

[Brief vom 19. Januar 1846]

> Die freundliche Art mit welcher Sie bei Besprechung meiner Novellen meiner gedachten, ermuthigt mich im Vertrauen auf Ihre Güte u. Gesinnung mich mit einer sehr aufrichtigen Frage u. Bitte an Sie zu wenden.

Ich habe nämlich große Lust wieder wie früher fleißig an den Wandelstern, da es jetzt beinah das beste Blatt ist mitzuschreiben – kann dies aber natürlich nicht thun – ohne Honorar. Ich schrieb deshalb an Philippi u. bat um Antwort habe aber (nach 4 Wochen) noch keine erhalten. Ich wende mich daher an Sie, theils um zu erfahren wie Sie es in dieser Beziehung mit ihm angefangen haben, theils um Ihre Verwendung für mich bei ihm zu bitten. – Ich muß von meiner Feder leben, bin aber in litter. Geschäftssachen sehr unerfahren u. sie sind mir zuwider – noch widerwärtiger ist es mir aber blos deshalb eine Verbindung mit einer Redact. einzugehen weil sie gut bezahlt, das könnte ich – aber ich will mich nur mit gesinnungsvollen Organen verbinden, auch wenn kein äußerer Vortheil dabei ist. Ich ersuche Sie daher um Rath u. Auskunft, ja um Ihren Beistand – es ist ein schüchternes Mädchen das in einer Geschäftsangelegenheit von dem darin erfahrnen Manne eine Hülfsleistung erwartet. Täusche ich mich in Ihnen nicht, so wird sie mein Vertrauen ehren u. ich fürchte nicht deshalb ausgelacht zu werden. Darum bitte ich freundlichst um recht baldige Antwort. Ich sende diesen Brief durch Philippi an Sie, bitte aber dann um Ihre Adresse.

Ein paar Aufsätze u. Notizen für den Wandelstern von mir folgen zugleich.

Mit größter Hochachtung
Ihre ergebene Louise Otto

[aus dem Brief vom 10. Februar 1846]

Sehr gern gehe ich auf Ihren Vorschlag ein u. gebe Ihnen im Geist den deutschen ehrlichen Handschlag zu unserm Vertrag. So Gott will bleiben wir Beide für den Wandelstern zu Schutz u. Trutz vereinigt! Ich werde jedenfalls – wie früher – eine fleißige Mitarbeiterin sein – so lange als der Wandelstern seine Tendenz nicht ändert, so lange als Sie selbst Ihrer jetzigen Gesinnung treu bleiben! Mit diesem Zusatz schloß ich auch meine frühere Verbindung mit meinem Freund E. Keil. Denn nur zu oft hat man es erleben müssen daß die besten Vertheidiger der Freiheit ihre Fahne verleugnen u. mit Solchen mag ich Nichts zu thun haben! Deshalb nehme ich auch gern Ihren Antrag mit den daran geknüpften Bedingungen an da ich zu Ihnen mehr Vertrauen habe als zu den anderen Redactionen mit denen ich in Verbindung treten konnte – u. ich meinen Namen niemals in einem gesinnungslosen Blatt sehen mag, es nenne sich wie es wolle u. biete dafür was es wolle. Sehr lieb ist es mir auch daß ich durch Ihre Güte Auseinandersetzungen mit F. Philippi überhoben werde, die ich durchaus nicht liebe. Übrigens lasse ich niemals meine liter. Thätigkeit nach dem bestimmen was sie einbringt u. habe nur Ursache darauf zu sehen daß ich *durch* sie auch *für* sie leben kann d. h. mir ein bewegteres Leben zu verschaffen als das kleinbürgerliche eines Mädchens – um die Mittel zu erlangen zu weiterer Ausbildung u. weiterem Wirken.

Ich muß gestehen, daß ich Sie für älter hielt – aber der Jugend gehört die Welt u. Gott sei Dank wenn die Jugend selbst es begreift daß auch sie der Welt gehört! Ich kann von mir sagen daß dieselben Interessen welche mich jetzt beseelen schon in mir als 9jährigem Kinde wohnten (ich schrieb 1830 mein erstes Lied das ein politisches war) würde schon früher als ich that mich öffentlich der heiligen Sache der Menschheit gewidmet haben, wenn nicht eben tausend Bedenklichkeiten einem Mädchen diesen Schritt erschwerten. Ich war 23 Jahre als ich nunmehr vor 3 Jahren diesen Schritt that – u. so lange ist es auch daß ich mit dem Wandelstern, damals Planet, in Verbindung bin – umso fröhlicher setze ich sie fort.

> Mit meinem vorigen Brief an Sie hatte ich an F. Philippi einige Artickel gesandt, die Ihnen wohl zugekommen sind? „Rückblick auf 1845", „Weibliche Bestrebungen" u. einige kürzere Notizen. Dem Beiliegenden wird bald ein Mehreres folgen [...]

Die von Louise Otto wieder angestrebte verstärkte Mitarbeit am „Wandelstern" setzte mit dem Jahresrückblick auf 1845 ein, der das Motto trug „Die Freiheit ist untheilbar".[18] Bald folgte auch die Veröffentlichung des Artikels „Weibliche Bestrebungen".[19]

Buchners Besprechung ihrer jüngsten unter dem Titel „Aus der neuen Zeit" erschienenen Novellen und Erzählungen im „Wandelstern" hatte Louise Otto in ihm einen Gesinnungsfreund erkennen lassen, schätzte er doch ein:

> Nicht bloß Liebe, dieses in der belletristischen Literatur nur zu vorherrschende Thema tritt uns in diesen Novellen entgegen, öfter, glänzender noch die Idee der *Freiheit*, der politischen, der religiösen, wie der socialen Freiheit. Die Herren einer gewissen, in diesen Blättern schon oft bezeichneten Partei werden von diesem Buche höhnend sagen: „Wie langweilig! Immer das alte Lied von der Not auf der Erde, von den Krebsschäden der Gesellschaft. Ewiger Krieg, kein liebendes Gefühl!" Ja! antworte ich darauf gewiß im Namen der wackeren Verfasserin: immer das alte Lied! Hunderttausendfach soll es Euch entgegendonnern, Euch aufzuschrecken aus Eurer Behaglichkeit, Euch zu mahnen daran, daß die Stimme des nach der Reform verlangenden Volkes sich überall Bahn bricht! Und wir wollen uns glücklich schätzen, daß auch das andere Geschlecht die Bande des Herkommens zerreißt und seine Rechte verlangt. „mich dünket, Frau und Frei / Nicht so fremd einander klingen / Diese Worte, diese Zwei!"[20]

Buchner hatte begriffen, was Louise Otto mit ihrer Literatur zum Ausdruck bringen wollte. Er war alles andere als ein erfahrener Journalist, sondern ein kaum 17jähriger Gymnasiast. In ihren noch nicht veröffentlichten Erinnerungen nach Tagebuchnotizen geht Louise Otto-Peters gegen Ende ihres Lebens auf den jungen Redakteur und ihre Mitarbeit an der von ihm redigierten Zeitschrift „Veilchen" ein und schreibt:

> Es war eine belletristische [Zeitschrift – J. L.] *damals* schon sich social-politisch nennend, weil sie nicht nur dem politischen Liberalismus huldigte. Der Herausgeber, der sich *Bruno Theobald* nannte und mich wie andere, die ungefähr auf gleichem Standpunkt standen, dazu aufgefordert, entpuppte sich mir erst, als ich schon 1/2 Jahre mitgearbeitet[21] als B.Th. Buchner, Sohn eines höheren Militärs noch nicht zwanzig Jahre alt u. Gymnasiast in Bautzen. Ich glaube, nur mir und Ludwig Wittig[22] in Dresden hatte er dies vertraut. Dieser u. ich freuten uns, daß er noch so jung und schon so kühn und gereift war, nannten ihn unter uns: unser Ziehkind und wahrten treu sein Geheimnis. Leider war es wirklich zu früh gereift. 1847 ward die Zeitschrift verboten u. B. Th. begann an der Schwindsucht langsam dahin zu siechen. Doch war er davon ahnungslos u. als 1849 die Reaction immer mehr überhand nahm schrieb er tröstend an mich: „Wir sind noch jung und können warten!" – Aber bald darauf starb er![23]

Nach dem Kirchenbuch von St. Petri, Bautzen, aus dem Jahre 1848, starb der Gymnasiast Theobald Bruno August von Buchner am 2. August 1848 im Alter von 18 Jahren 5 Monaten an einem Drüsenleiden und wurde drei Tage später auf dem Taucherfriedhof in Bautzen beerdigt. Laut Eintragungen in Kirchenbüchern des Ev.-Luth. Dompfarramtes St. Marien Zwickau wurde Theobald Bruno August von Buchner am 25. Februar 1830 in Zwickau geboren. Er hatte zwei Brüder und zwei Schwestern. Sein Vater Johann August von Buchner war „Capitain im Linien-Inf.-Rgt. Prinz Heinrich August, Ritter d. Militair St. Heinrich Ordens u. Mitglied d. Königl.Franz. Ehrenlegion." Die Mutter Wilhelmine Mathilde war eine geborene Lichtwer.[24]

Buchner war bald wieder aus der Redaktion des „Wandelsterns" ausgeschieden und trachtete danach, in Bautzen in der Schlüsselschen Verlagsbuchhandlung ein eigenes Blatt herauszubringen. Louise Otto unterstützte dieses Vorhaben wärmstens und sparte in ihren Briefen nicht mit Vorschlägen, welche Literaten zu dem Vorhaben herangezogen werden sollten und überhaupt, wie das Werk gelingen könne. Wichtigste Voraussetzung für das Bündnis war für sie die geistige Übereinstimmung mit dem jungen Mann nach dem Vorbild ihrer Beziehung zu Ernst Keil. Darüber wurde brieflich ausgiebig diskutiert und Verständigung gesucht. Dabei nahm Louise Otto oft Wertungen und Einschätzungen vor allem von Literaten verschiedener oppositioneller Vormärzgruppierungen vor. Sie teilte Buchner sehr direkt mit, daß es gut wäre, sich über diese Probleme in einem persönlichen Gespräch auszutauschen und bat in anderem Fall um Stillschweigen. So schrieb sie im Brief vom 10. März 1846:

> Im Grunde kann ich Ihnen – u. auch mir – nur Glück wünschen, daß Sie die Verbindung mit Philippi abgebrochen haben, denn ich weiß durch Freund Keil wie mit Ph. in Geschäftssachen gar nicht auszukommen ist u. er in diesen Beziehungen sein gegebenes Wort hundertmal gebrochen hat. Ich mochte nie mit ihm zu thun haben, früher habe ich umsonst für den Wandelstern gearbeitet, später hat mich Keil gut bezahlt was Ph. vielleicht gar nicht gewußt hat. Er schrieb an mich als Keil zurücktrat – u. bat in schmeichelnden, kriechenden Ausdrücken ihm meine Mitwirkung nicht zu entziehen – jedenfalls hat er geglaubt ich würde für ihn umsonst arbeiten – u. fand all' meine Artickel 3 Jahre lang vortrefflich so lange sie ihm nichts kosteten. –
>
> Unterdeß hat Keil wegen „Leuchtthurm" u. „Laterne" an mich geschrieben u. ich freue mich nun wieder mit ihm in Verbindung zu sein, an dessen Seite ich zuerst mich in die Tagesliteratur warf u. den ich als meinen treuesten Waffenbruder betrachten darf. Ich habe ihm sogleich das mir von Ihnen zurückgeschickte Manuscript zugeschickt. Für Ihre Verfügung über die andren sage ich Ihnen meinen Dank. Die Redact. der Jahreszeiten der ich früher einmal auf Verlangen einen kleinen Artickel schickte, hat mittler Weile auch an mich geschrieben u. mich um Mitwirkung gebeten. Ich werde von diesem Antrag Gebrauch machen, aber ohne mich zu binden. Gelingt es Ihnen selbst eine Zeitschrift zu begründen, so soll's an meiner Theilnahme nicht fehlen. –
>
> Was den Differenzpunkt zwischen unseren Ansichten betrift [sic!], so darf ich Ihnen versichern, daß mir Ihnen gegenüber fast keiner aufgefallen ist u. was meine Abneigung gegen den Communismus betrift so liegt dies vielleicht nur darin weil das Wort „Communismus" mit zu jenen Stichworten gehört unter denen sich fast jeder Mensch etwas andres denkt. Ich denke mit Ihnen einverstanden zu sein. Unter allen Systemen habe ich auch mir selbst ein eignes gebildet. Es läuft darauf hinaus nicht gerade den Geldverkehr u. das Privatvermögen aufzuheben, wohl aber das *Erbrecht*. Dadurch muß die Geldaristokratie unmöglich gemacht werden so wie jede Anhäufung des Capitals. Die Menschen werden dann gleiche Rechte haben u. sich als eine Familie betrachten lernen, aber eine Familie in welcher jedes Glied frei ist, frei nach Besitz streben kann wodurch er selbst im Stande ist sich das Leben zu verschönen, aber nicht für seine

Nachkommen zu sammeln – denn seine Erben sind wieder die ganze Gesellschaft welche jedem Kinde die Mittel zur Erziehung geben muß. So, das gewissermaßen jeder Mensch von vorn anfangen muß u[nd] mit jedem gleich berechtigt ist – von seinen geistigen Fähigkeiten wird es dann abhängen welche Stellung er in der Gesellschaft einnimmt. Ich will Centralisation u. Association – aber *freie* Association – nicht einen Zustand wie in unsren Spitälern od. bei den Leibeigenen wie er das Ideal mancher Communisten ist. Den Communismus welcher von Nationalität, der Familie, Religion (ich rede nicht von den positiven) Nichts wissen will – den verabscheue ich, gegen den werde ich kämpfen, weil er die gute Sache verdirbt. Vielleicht kommt eine Zeit wo die Politik – die jetzt den Communisten ein Greuel – *unnöthig* ist – aber jetzt müssen wir erst durch die Politik diese Zeit heraufführen helfen, wir müssen mit den Waffen der Politik kämpfen für die sociale Reform, wir dürfen noch nicht aufhören politisch zu sein, sonst zerstören wir ihn oder halten auf den ruhigen vernunftgemäßen Gang der Entwicklung [...]

Dem Jüngling gegenüber fühlte sich Louise Otto ganz offensichtlich in der Rolle einer Mentorin. Sie wandte sich ihm mit großer Offenheit zu, wußte abzuwägen, was möglicherweise ihr und ihrem Briefpartner schaden könnte, wenn sie es zu direkt sagte, etwa, was sie mit „Schloß und Fabrik" erlebt hatte. Denn sie war angewiesen, über den Zensurvorgang des Buches, der Mitte April begann und mit der Auslieferung des „entschärften" Buches am 10. Juli 1846 abgeschlossen war, zu schweigen.[25] Aus dieser Zeit liegen keine Briefe an Buchner vor. Der Briefwechsel wird erst am 13. Juli fortgesetzt, drei Tage nach der Erteilung der Erlaubnis für die Auslieferung des an 16 Stellen veränderten Romans „Schloß und Fabrik".[26]

Ihr Schreiben freute mich um so mehr, als es so unerwartet kam. Wie es bei uns Literaten immer geht: heute halten zwei zusammen, morgen trennen sie die Verhältnisse u. nicht anders als Fremde hören sie wieder voneinander – so dachte ich sei es auch mit uns gegangen. Ich freue mich auf Ihr Journal u. werde mich gern dabei betheiligen. Um ein unbekanntes Blatt aufzubringen, muß man nur im Anfang einige Opfer nicht scheuen – u. es gelingt schon. Ich habe dies jetzt wieder an der „Const. Staatsbürgerzeitung" gesehen, nach der Jahrelang Niemand fragte, die Ad. Rüder als ein herabgekommnes Blatt übernahm u. deren Abonnentenzahl nun kürzlich im Wachsen ist. Ich habe mir die Sache auch angelegen sein lassen u. arbeite daran mit, wenn auch gerade nicht fleißig, da es eben ein *nur* constitl. politisches Blatt ist. – Weiter habe ich jetzt kein Blatt gehabt, mit den „Hamb. Jahreszeiten" versuchte ich's, die Sache war mir aber zu weitläufig, aus Keils „Leuchtthurm" ist Nichts geworden – überhaupt habe ich jetzt so ziemlich gefeiert. Doch nein! ich habe ein Opernbuch geschrieben – u. kein kleineres als die ganzen Nibelungen die nun Niels Gade componirt. Liter. Ärgerlichkeiten wie Sie durch den Verlust Ihres Mnskripts, habe ich in Massen gehabt. Mein Roman „Schloß und Fabrik" ward in der ganzen Auflage an Ostern mit Beschlag belegt – war der Vernichtung nahe – endlich mußt ich zum 2ten u. 3ten B. 3 Lagen Cartons drucken lassen, wozu ich selbst in Schneeberg, dem Druckort war. Es ist eine lange Geschichte, aber so sehr zum Lachen als Ärgern, die ich Ihnen einmal mündlich erzählen muß. Seit *vorgestern* erst ist das Buch nun wirklich im Buchhandel! Ferner hatte mir vorher mein Verleger Wienbrack in Lpzg versprochen einen Band Gedichte zu verlegen. Ich schickte ihn kürzlich hin – u. er mag ihn nun nicht: weil er doch wieder confisciert würde u. er mit meinem Roman jetzt zu viel Ärger gehabt u.s.w. – er mochte sich Mondscheinliederchen erwartet haben u. nun kamen all meine politischen u. socialen Gedichte in eng geschloßner Phalanx – da entsetzt er sich freilich. Was nun thun? – Wienbrack meint: in der Schweiz würden meine Lieder willkommen sein, in Sachsen werde es Keiner riskiren!!!

Vor dem Hintergrund ihrer literarischen Erfahrungen gab sie Theodor Bruno von Buchner freimütig Ratschläge für die Gründung seiner Zeitschrift „Veilchen“ und empfahl ihm Mitarbeiter, die ihren geistigen Auffassungen nahestanden. In ihrem Brief vom 27. Juli 1846, zwei Tage bevor sie nach Schlesien aufbrach, heißt es:

Für Ihre „Veilchen“ habe ich eine Novellette begonnen – leider aber bin ich damit nicht vor meiner Abreise fertig geworden – es gab noch gar zu viel Andres zu beseitigen! – Das Gedicht „Weihe“ lege ich als Prolog für Ihre erste N° bei; das andere Manuscript mögen Sie aufnehmen wann Sie wollen. Dies nur im Voraus als Zeichen daß Sie auf mich zählen können. Vielleicht bleibe ich kaum 14 Tage in Schlesien u. Sie erhalten dann gleich mehr, da ich auf der Rückreise wieder nach Bautzen komme, hoffe ich Sie da zu treffen u. mit Ihnen sprechen zu können.

An Keil habe ich geschrieben – sein „Leuchtthurm“ zählt 3 Tausend Abonnenten. Leider hat er aber mit der Censur immer unendlichen Ärger. So hatte sich neulich die Ausgabe der Hefte so verzögert, daß ich dachte die Sache bestehe gar nicht mehr. Ob er nun da er selbst zwei Blätter redigirt sich uns wird widmen können bezweifle ich – ich habe ihn aber wenigstens gebeten später im Leuchtthurm auf unser Blatt aufmerksam zu machen u. sonst sich dessen anzunehmen wie er kann. – Da Sie mir schreiben daß Sie auch Eduard Mautner aufgefordert, so habe ich diesen ebenfalls eindringlich um seine Theilnahme gebeten u. daß er auch Semmig in meinem Namen zureden solle. Beide sind mir persönlich bekannt u. befreundet [...]

Die von Louise Otto gedichtete „Weihe“ für das Blatt ist überliefert, da sie 1847 dieses Gedicht in ihren ersten Gedichtband „Lieder eines deutschen Mädchens“ aufnahm.

Weihe zur Zeitschrift „Veilchen“
1846

Ihr lacht, weil wir Euch blaue Veilchen bieten
Und kindisch will Euch solch' Beginnen scheinen?
Ei, sind denn Veilchen nicht des Lenzes Blüthen,
Die fröhlich sprossen an den grünen Rainen,
Drauf unser Fuß nach Vorwärts wandeln mag
Hinaus in's Freie, Blümchen Euch zu pflücken,
Die frisch und frei begrüßen jeden Tag
Und Euer Aug' und Euer Herz erquicken?

Und sind nicht Veilchen armer Kinder Freude,
Sind sie nicht Engel ihrer Noth erschienen?
Da tragen sie des Lenzes reiche Beute,
Um kargen Lohn, um Brot sich zu verdienen!
Und wie die Blüthen, die der Lenz gesandt,
Zu Freud' und Trost sich lieblich zu entfalten,

So nehmt auch unsren Schwur als Liebespfand:
Wir wollen's mit dem a r m e n Volke halten!

Und habt Ihr jene Bilder nicht gesehen,
Wo aus dem Kelch ein Menschenantlitz steiget:
Bekannte aus den Blüthen Euch erstehen,
Ein Veilchenstrauß Euch viel Gesichter zeiget?
So haben wir zusammen uns geeinet
Um – wie es einmal ist in diesen Tagen,
Wo unverhüllte Wahrheit sträflich scheinet –
Durch Blumen was wir denken Euch zu sagen!

So malte man sonst wohl nur Dynastien,
Wir aber sind nur Dichter, jung und frei,
So sei es unsern Veilchen denn verliehen,
Daß jeder Kelch kein Bild – ein Wort nur sei!
Ein rechtes Wort, wie's Jeder just erwählt
Zu seinem Wahlspruch treu in unserm Bunde,
Der Freie nur zu seinen Jüngern zählt –:
E i n r e c h t e s W o r t z u e i n e r r e c h t e n S t u n d e ! –[27]

Von ihrer dreiwöchigen Reise nach Schlesien brachte sie „Reisebriefe" für die „Veilchen", Material für den nächsten Roman „Deutsch und Römisch" und viele Gedichte, darunter das berühmte „Weberlied" mit:

Seht auf dem Felde die Lilien an:
Die arbeiten nicht
Und die spinnen nicht –
Doch scheint ja die liebe Sonne sie an,
Doch tragen sie Kleider, schön gemacht,
Noch schöner als Salomo in seiner Pracht.

Seht auf den Bäumen die Vöglein an:
Die arbeiten nicht
Und die spinnen nicht –
Die singen nur froh zu dem Himmel hinan
Und werden ja alle, all' ernährt
Und nimmer wird ihnen das Leben erschwert!

Am Webstuhl aber da stehen wir,
Wir arbeiten früh
Und wir spinnen spät:
Doch tragen wir Lumpen, doch hungern wir –
Doch finden wir nimmer des Lebens Freud'
Und schleppen mit uns ein nie endendes Leid![28]

Wie auch später, war Louise Otto sehr mobil in der Zeit ihrer Mitarbeit an den „Veilchen". Zwar befand sich ihr Wohnsitz in Meißen, doch in fast jedem Brief gab sie Hinweise, wie die Post in ihre Hände gelangen könne, wohin Buchner sie richten sollte: nach Oederan, wo die verwitwete Schwester Antonie zu Hause war, nach

Mühlberg an der Elbe, wo der Mann ihrer anderen Schwester Franziska als Apotheker wirkte. Bei den Schwestern hatte sie offenbar immer eine ruhige Bleibe, denn große Teile ihrer Romane „Schloß und Fabrik" und „Römisch und Deutsch" wurden dort verfaßt. Sie schrieb an Buchner aus Freiberg, wo sie sich bei der Schwester Eduard Vehses aufhielt, die 1843 begeistert auf Louise Ottos Artikel in Blums „Vaterlands-Blättern" geantwortet hatte.[29] Sie weilte in Schneeberg, reiste nach Dresden, nach Bautzen, wo sie in der Frau des „Veilchen"-Verlegers Schlüssel eine entfernte Verwandte wußte.

Nachdem die „Veilchen" ab September 1846 erschienen, zeigte sich Louise Otto als kritisch-konstruktive Begleiterin des Wochenjournals, die nicht wenige Anregungen vermittelte, wie es sich durchsetzen könnte, auch welche politischen Ziele angepeilt werden sollten.

[Aus dem Brief vom 7. September 1846]

An Jäkel habe ich mit von Ihren Veilchen geschrieben, vielleicht nimmt er sich ihrer irgend an. Mit Mautner u. Semmig scheint meine Verbindung jetzt auch abgebrochen, von Keil erwart' ich einen Brief. Da er selbst 2 Blätter hat wird er sich Ihnen kaum zuwenden können – übrigens lass ich Nichts auf ihn kommen – von *allen* Literaten die ich bisher kennen lernte ist er der einzige den ich seit 3 Jahren in den verschiedensten Verhältnissen bewährt u. zu jedem Opfer für seine Gesinnung bereit gefunden! – Verlieren Sie nur den Muth nicht u. scheuen Sie keine Mühe. –

Ich habe mir durch Klinkicht (Buchh. hier) ein Exemplar der Veilchen um's mit Andern hier zu lesen bestellt – nehme aber auch ein Freiexemplar daneben an, zur weitern Verbreitung. Schicken Sie es mir auch durch Klinkicht od. wenn Sie mir selbst mit schreiben mit Post. Könnten Sie mir von der ersten N° *einige* zukommen lassen, so könnte ich sie da u. dorthin schicken wo ich Bekannte habe um vorerst die Veilchen bekannt zu machen. Das ist die Hauptsache. Wir haben es mit der Staatsbgztg auch so gemacht – die las erst kein Mensch. Wir legten sie da u. dort aus, schickten sie in andre Orte – u. die Sache gelang vortrefflich. Ich weiß wie da auch erst Viele keinen Glauben hatten, daß wir es so durchsetzen könnten. –

[Aus dem Brief vom 21. September 1846]

Für die „Veilchen" sage ich meinen Dank, von N° 3 liegt aber *kein* Exemplar bei, das senden Sie mir wohl nachträglich wenn N° 5 kommt. Ich lege jetzt nur ein paar kleine Kritiken bei. Nächstens werde ich wohl Etwas über Italien schicken – u. wenn es die Censur durchläßt! über C. Heinzens u. A. Ruges letzte Artickel. In Gedanken habe ich immer unendlichen Stoff – aber es fehlt an Zeit ihn auf's Papier zu bringen – jetzt besonders bin ich unendlich überhäuft! – Was die Haltung Ihres Blattes anbetrifft so bin ich bis jetzt zufrieden. Lassen Sie uns immer allen Bewegungen nach *rückwärts* entschieden entgegen treten, aber *nie* einer die den guten Willen hat *vorwärts* zu gehen wenn sie *auch nicht so weit, wie wir* gehen kann oder mag. Dies ist mein Grundsatz. Nur so können wir nützen. Wir müssen eben *alle* Bestrebungen nützen. Erklären wir aber den nur Constitutionellen, Liberalen, Nationalen, ja der Kunst als Kunst den Krieg so schaden wir damit der guten Sache unendlich. Denn es ist schon ein Fortschritt wenn wir nur die Massen so weit bringen wo jene sind! Einen Sprung in der Entwicklung giebt es nicht! Daher müßten wir in unseren Gedanken zu den Constitutionellen, Liberalen usw. immer sagen: Wir gehen weiter als ihr aber wir können Euch recht gut als Hilfstruppen brauchen – ihr helft unsre Sache fördern ohne daß ihr's wißt – u. danach wollen wir schreiben.

[Ohne Datum]

Keil schreibt mir: „Eure Veilchen scheinen sich in einem ganz guten Flor zu erfreuen. Man sieht der junge Redact. schreibt noch mit voller Lust u. Liebe. Sagen Sie ihm doch, er möge die literarischen Besprechungen ein wenig kürzen, dergleichen lesen höchstens noch Literaten u. diese kaufen bekanntlich keine Journale. Das Volk, immer nur das Volk, das noch an den gedruckten Buchstaben wie an's Evangelium glaubt, das lernende u. horchende Volk muß man im Auge haben – was die Literaten dazu sagen ist ganz einerlei!"

Nicht wahr, von einem Menschen wie Keil verschmähen Sie den guten Rath auch nicht? Wir haben nicht Viele die's so ehrlich meinen wie der – trotz allem was man ihm jetzt anthut bleibt er doch unerschütterlich u. schreibt mir: „Ich wanke u. weiche nicht u. sollte es mich meine ganze Existenz kosten!" – Ich schicke Ihnen eine kleine Erzählung für die Veilchen – ich will sie gar nicht als Beispiel aufstellen aber ich meine die Veilchen müssen zuweilen Ähnliches bringen um den Leserkreis herbei zu ziehen der zunächst nur Unterhaltung verlangt. „Es stehen so hübsche Geschichten darin, drum lesen wir den Leuchtthurm" hörte ich einmal Bürgersleute sagen – so ist's gut, deshalb lesen zumeist Viele u. das andere lesen sie dann mit – u. so erobert man das Volk u. verbreitet unter ihm die Ideen, die man will ohne daß es selbst erst merkt daß wir es darauf absehen.

Kürzlich war Alfred Meißner bei mir, einige Stunden das ist doch ein Poet „von Gottes Gnaden"! Unsre Veilchen gefielen ihm auch – nur mußte er lächeln als er sich wieder als „*socialer* Poet" genannt fand. „Der Himmel weiß wie ich dazu komme" sagte er zu mir: „Es hat mich Niemand verstanden als *Sie*, denn Sie sind wie ich u. wenn meiner Ziska wo ich's doch denke deutlich genug gesagt zu haben wie meine Gesinnung ist wieder kein Mensch versteht so wird es endlich Zeit daß ich's in Prosa sage was für ein *un*socialistischer Mensch ich bin. Die Freiheit u. immer nur die Freiheit aber die individuelle so gut wie die allgemeine – u. kein neues Zwangsystem!" – Dies nur Alles in Vertrauen.

Nach Empfang Ihrer Zuschrift.

Unsere Veilchen zu verbreiten ist längst mein Streben u. ich hatte auch Jäkel um seine Theilnahme gebeten u. es freut mich daß er sich nun entschlossen. – Die Jahreszeiten wo ich jetzt die Corresp. aus Sachsen schreibe haben meine Notiz über die V. nicht aufgenommen – vielleicht weil Sie dieselben darin angegriffen. In die Constitutionelle St. schickte ich dieser Tage eines ähnliches. In den Leuchtthurm will ich's thun sobald ich an Keil schreibe u. ihn selbst bitten für uns zu thun was er kann.

Nach Freiberg schrieb ich sogleich u. schickte Veilchen mit – ich hoffe dort gewiß mindestens 2 Exempl. in Gang zu bringen. – Lassen Sie doch den *Preis* des Blattes mit darauf drucken wie es die meisten Blätter thun, in den allgemeinen Anzeigen w. er übersehen, die meisten belletristischen Journale (u. dafür gilt unsers doch) sind so theuer, daß man es von den V. auch denkt – ich bin überzeugt die Abonnenten wachsen wenn gleich selbst Jedermann sieht wie billig das Blatt ist. Ich lasse mir außer dem Fr.ex. das Sie mir schicken ein Exemplar durch Klinkicht h. kommen – *hier* das Blatt weiter einzuführen ist mir allerdings noch nicht gelungen. Nächste Woche denk' ich kommt *Blum* her – kommt er zu mir bitte ich um seine Verwendung. So bald ich Zeit habe schreibe ich nach Frankenberg, Schneeberg u. Öderan wir müssen das Gebirge zu gewinnen suchen. Grüßen Sie von mir Schlüßel, sagen Sie ihm wie ich mich bemühe – wenn die andren Mitarbeiter ehrlich sind thun sie's auch – u. es muß gelingen. Mit der Constitutionellen war die Noth erst auch so – jetzt geht's trefflich, nur ein paar Monate soll er noch aushalten. Rom ward nicht in einem Tag erbaut. –

Louise Otto war zu dieser Zeit voller Hoffnung auf gesellschaftliche Veränderungen, an denen sie mitzuwirken gedachte, Suchende für „unsere Partei", eine Partei, von deren Strukturen sie keine konkreten Vorstellungen entwickelte, jedoch die Treue zu den „Prinzipien" als das Wichtigste ansah. Losungsworte waren ihr „Die Freiheit ist untheilbar" und „Alle für einen, einer für alle". Dieses „Für alle" unterschied sie in vielen Dingen von Zeitgenossen, die diesem „Alle" fremd gegenüberstanden. Übrigens trägt auch ihr wohl bekanntestes Gedicht vom Jahre 1868 den Titel „Für alle".[30]

Intensiv bemühte sich Louise Otto, die „Veilchen" am Leben zu erhalten, läßt aber in die Korrespondenz bald auch schon Überlegungen einfließen, falls die Veilchen eingehen, dann wieder beim „Wandelstern" einzusteigen.

[Aus dem Brief vom 27. Dezember 1846]

Die „Veilchen" dienen der guten Sache, der wir Beide geschworen – ist es nicht so gut mein wie Ihr Interesse Alles für dies Blatt zu thun was wir können ohne speciellen Vortheil davon zu haben. – Eben so müssen wir auch wenn es sein muß das Opfer mit dem Wandelstern bringen! Schade wäre es um die „Veilchen" wir sind damit doch immer selbstständiger – u. Schlüßel ist kein Philippi! Seien Sie die nächsten Wochen vorsichtig, vielleicht halten wir die Sache doch noch ein Weilchen hin. Das aber ist das Gerathenste daß wenn heute die Vl. unterdrückt werden, Sie gleich morgen an Philippi wegen den W. schreiben – meiner sind Sie gewiß. Wir haben die Vl. aufgebracht, die gar nichts waren, wir werden auch den W. wieder zu Ehren bringen, der jetzt wohl nur ein kümmerliches Leben fristet. Wie Rüder aber müßten Sie es machen u. sich von Philippi gleich Alles Schwarz auf Weiß geben lassen, sonst geht es nicht. Freilich als Redacteur nennen werden Sie sich wohl nicht können u. mißlich bleibt es in ein Blatt zu arbeiten wo Phs Namen an der Spitze steht – aber man muß der guten Sache Alles opfern, auch den persönlichen Groll u. Stolz – hier meine Hand: ich bin bereit.

Neulich antwortete mir mein Verleger Wienbrack, daß er „keine Gelegenheit wolle vorbeigehen lassen wo er den Veilchen könne nützlich sein." W. ist zwar kein Mann von unsrer Gesinnung aber doch einer der sein Wort hält, zugleich schrieb er daß er mir seine Verlagswerke zur Kritik schicken wolle u. machte bereits damit einen Anfang.

[Aus dem Brief vom 3. Januar 1847][31]

Es bleibt uns Nichts Andres: halten wir fest an unserem Princip: die Politik als Waffe zu brauchen für die sociale Entwicklung – u. Allem was dahin paßt öffnen Sie ihr Blatt – u. verschließen es dem was nicht dahin strebt u. taugt.

[Aus dem Brief vom 12. Januar 1847]

Man muß wenn man wirken will mehr auf Andre als Literaten hören – Heubner in Freiberg schrieb mir daß dort (auch bei ihm) die N° d. V. Anstoß erregt hätte wo gegen alles Religiöse zu Felde gezogen werde – es wären bereits einige Abonnenten zurückgetreten. So geht es im gewöhnlichen Leben –: man erregt durch etwas Anti-religiöses am Schnellsten Anstoß, wir schaden uns an Popularität u. gewinnen für unsre Sache gar Nichts. – Nehmen Sie sich auch hierin Keil u. Heinzen zum Muster der auch sagt daß Nichts dabei heraus käme den Leuten ihren Glauben nehmen zu wollen [...]

[Aus dem Brief vom 14. Februar 1847]

Zu den Veilchen kann ich weiter Nicht sagen – schriebe ich auch noch ein dutzend Briefe nach verschiednen Weltgegenden, was ich noch könnte – in 3 Wochen würde es Nichts helfen! od. haben Sie länger Frist gewonnen so schreiben Sie es mir. Das Beste wäre sie würden verboten – ich bin da ganz Ihrer u. Wittigs Meinung nur persönlich riskiren dürften Sie dabei Nichts – dies Märtyrthum kommt für uns Alle noch Zeit genug! – Sie haben wohl Semmig auch über Eingehen der V. geschrieben? u. er tritt zurück damit es heiße *er* habe sich vorher zurückgezogen u. das Blatt habe *mit* seiner Unterstützung verloren u.s.w. Wenn ich ihm zu viel thue will ich's ihn gern abbitten! – Sagen wir übrigens mit König Karl: „So sind wir eines mürrischen Mannes los der unverträglich uns nur meistern wollte!" – Was Ihre Verbindlichkeiten wegen der „Veilchen" betrift – lösen Sie dieselben erst gegen die anderen Mitarbeiter bevor Sie an mich denken – man kann diesen „Literaten" einmal nicht trauen – von wem sie keinen Vortheil haben das ist nicht ihr Freund, sie suchten Ihnen wohl gelegentlich zu schaden, lassen Sie lieber mich als sie warten.

Louise Ottos Maßstab an die Gesinnungsgenossen war hoch. Nur verhältnismäßig wenige „radicale Democraten" wie Robert Blum und Ernst Keil und natürlich der junge Buchner, Arnold Schlönbach[32], Alfred Meißner[33] und Ludwig Wittig entsprachen ihren Vorstellungen. Andere mögliche Parteigänger wie Hermann Semmig[34] schwankten in der Gunst.

Daß sie eine leidenschaftliche „Parteigängerin" war, bezeugt ihre unnachsichtige Parteinahme für Ludwig Börne, für den sie 1845 sogar mit Heinrich Heine hart ins Gericht ging, der es in „Deutschland. Ein Wintermärchen" für gut gehalten habe, „sich den Schein des Patriotismus und Liberalismus zu geben", um vergessen zu machen, „daß er einen von Deutschlands Besten, daß er Ludwig Börne [...] mit Schmutz beworfen hatte". Auch Deutschland habe er nun mit „Dreck" beworfen:

> Dreck ist das zehnte Wort in diesem neuen Buch Heines, das freilich nicht ohne Witz, nicht ohne Geist ist, in dem – blinkende Irrlichter in einem Morast – süße Lieder hüpfen, wie nie ein Poet sie schöner gesungen. Aber können uns Blumen erfreuen, die im Dünger wachsen, wenn wir vor Ekel uns diesem nicht nähern können?[35]

Dabei läßt Louise Otto in ihrer Erzählung „Johannes" einem einfachen Mädchen aus dem Volk durch ihren Freund Heine-Verse vorlesen, die darauf allerdings antwortet, Heine „verwirrt mir meinen Verstand, ich weiß nicht, ob Alles Spaß oder Ernst ist".[36] Vielleicht sollte man diese frühen Äußerungen nicht für wichtig nehmen, weil sie in der Hitze des Gefechtes fielen. Bekanntlich hat Louise Otto gerade in dieser Zeit sehr stark dem Gedanken der deutschen Einheit angehangen und den Sarkasmus Heines in Bezug auf das ihr heilige Vaterland nicht begreifen können.

Fünfundvierzig Jahre später, 1889, geht Louise Otto-Peters in ihrem Nachruf auf Fanny Lewald noch einmal auf Börne und Heine ein, um diese Zeit zu charakterisieren:

> Es war die Zeit, in welcher in allen gebildeten deutschen Kreisen Rahels und Bettinas Schriften Aufsehen machten, wo in Börne ein freiheitsflammender Publizist erstanden, wie man in Deutschland noch keinen gekannt, in Heine ein poetisches Genie voll frivoler Spottsucht und beide von Paris aus auf Deutschland wirkten, [...] weil sie eben das alte Deutschland verjüngen wollten, den Namen des „jungen Deutschlands" erwarben. Es war die Zeit, wo George Sand mit der ganzen Macht eines Genius, wie ihn Freund und Feind bewunderten, ihre zündenden Schriften schrieb und eintrat für die Rechte der Frau – zunächst für die subjektiven.[37]

Das war eine Zeit, in der der Frauenbildungsverein und der Allgemeine deutsche Frauenverein (ADF), beide maßgeblich von Louise Otto-Peters 1865 in Leipzig gegründet, schon fast 25 Jahre erfolgreich bestanden. Heines Gedichte standen oft auf dem Programm der „Abendunterhaltungen", die der Frauenbildungsverein für einfache Mädchen aus dem Volke abhielt.[38] „Die schlesischen Weber" von Heine wurden 1878 den Lesern des Vereinsorgans des ADF, „Neue Bahnen", ausdrücklich empfohlen.[39]

In verschiedenen zeitgenössischen Blättern wurde über die „Veilchen" informiert. Unter „Neues freisinniges Journal" hieß es im „Wandelstern":

> Seit dem ersten September dieses Jahres erscheint in Bautzen ein neues, entschieden freisinniges Journal, welches sich durch Frische und gediegene Reichhaltigkeit, sowie durch den ziemlich bedeutenden Kreis seiner Mitarbeiter bereits zu einem der besten Unterhaltungsblätter höherer als der blos belletristischen Tendenz emporgeschwungen hat. Vierteljährlich erschienen davon bisher 13 Nummern à 16 S. zum Preis von nur 12 Ngr.; vom neuen Jahre 1847 an wird das Blatt noch vergrößert, so daß wöchentlich ein und ein halber Bogen sehr sparsam gedruckt, zu dem im Verhältnis zu dem Gebotenen immer noch außergewöhnlich billigen Preis von 22 Ngr. pro Quartal herauskommen. Die ersten Nummern des neuen Jahres werden schon im Dezember zu beziehen sein, ebenso wie die seit dem 1. September erschienenen (jetzt 11) fortwährend durch alle Buchhandlungen zu bekommen sind. – Namentlich für die Leser des Wandelstern's dürften die Namen der Mitarbeiter: Louise Otto, B. Theobald, Hermann Semmig, wie auch: E. Jäkel, Lühe, Wittig, C. A. Schlönbach, Fr. Lubojatzky, vielleicht nicht ohne anziehenden Klang sein [...][40]

Die „Constitutionelle Staatsbürger-Zeitung" nahm einen Beitrag aus Nr. 8 der „Veilchen" sogar zum Anlaß für einen dreiseitigen Artikel, der gleich auf der ersten Seite begann. Darin wurde hervorgehoben:

> Die sociale Tendenz tritt hier [...] als eine Vermittlung der humanistischen mit den liberalen Ansichten auf und läßt es zur Zeit bei der „Association" der Arbeit bewenden. Sehr bestimmt nehmen die Redaktion und einige Mitarbeiter (unter den genannten Ludwig Wittig, Louise Otto) für „freie politische Institutionen" vor oder neben den Bestrebungen für die gesellschaftliche Reform das Wort. Andere Mitarbeiter (Weller,

Semmig) hoffen eine schönere Zukunft allein durch gesellschaftliche Umgestaltung der zusammenlebenden Menschen, also nicht Bürger, herbeizuführen [...] Wird der Kampf in dem Heerlager der Mitarbeiter harmlos, also mit dem Bewußtsein und der Anerkennung, daß beide Theile Verbesserung der menschlichen Zustände ernstlich wollen, zum Zwecke einer, je nach den überwiegenden Gründen der Wahrheit nach der einen oder anderen Seite hin zu bemerkenden, Vereinigung geführt, dann kann die Gesellschaft, das Volk, nur gewinnen; es tritt alsdann eine allgemeinere klare Einsicht ein: was man wollen, was erlangt werden soll [...][41]

Ausführlich wurden die "Veilchen" auch im „Dresdener Correspondent" gewürdigt:

Es war daher wohl ein gewagtes Unternehmen von dem Verleger [...], ein neues belletristisches Blatt [...] gründen zu wollen, und er sah auch bald genug wohl ein, daß sich sein Blatt nur halten könne, wenn es sich in dem ihm gegebenen Ganzen zum Tendenzblatte in den Novellen, Kritiken, und Gedichten sich erweitere und neue rüstige Mitarbeiter heranziehe; in dieser neuen Gestalt erschien das Blatt von Michaelis vorigen Jahres an. Nächst Tendenznovellen und Genrebildern aus Dresden (von Lubojatzky) hat es uns Zeitgedichte von Schlönbach, Louise Otto und Ludwig Wittig gebracht, die teilweise recht nett und elegant waren. Ferner lasen wir Artikel über Treumund Wanderers Buch über Dresden und die Dresdner; über die politischen Bestrebungen seit 1840, über die sächsische Presse (v. L. Wittig), über Herbarts Ideen vom Staate, über Daumer, Hafis und Feuerbach (von Dr. Semmig), und anders Interessante mehr. Ein lebendiges Feuilleton machte auf die literarischen Produkte der verschiedenen politischen und insbesondere der sozialistischen Parteien aufmerksam, und namentlich durch dies Feuilleton zeichneten sich die Veilchen immer vorteilhaft aus [...]

Die Hamburger Jahreszeiten, die Rosen, die Triersche Zeitung, das Dresdner Tageblatt, sowie Biedermanns Herold haben sich anerkennend geäußert, und noch neuerdings hat der Abgeordnete Hensel II in der Constitutionellen Staatsbürgerzeitung zu Gunsten der Veilchen gesprochen, und auch wir kommen nicht umhin, dieselben als eine beachtenswerte Erscheinung zu empfehlen, damit es in der zahlreichen Teilnahme des Publikums den Beweis für die Anerkennung seiner Bestrebungen finde.[42]

Ganz anders Friedrich Engels über die einzige Ausgabe der „Veilchen"[43], die er zu Gesicht bekommen hatte. Seine große Spottlust entlud sich in einer Anfang 1847 entstandenen Arbeit über „Die wahren Sozialisten", die aber erst 1933 veröffentlicht wurde.[44] Dabei nahm er auch Louise Ottos begeisterte Besprechung der zweiten Auflage der „Gedichte" von Alfred Meißner aufs Korn. Die überschwänglichen Sympathien Louise Ottos für den jungen Dichter, mit dem sie 1846 auch persönlich bekannt geworden war, resultierten nicht zuletzt aus dessen Gedicht „An die Frauen", in dem der junge Prager „Jetzt, da die Männer feige sünd'gen", von den Frauen erhoffte, „ein Wort der Freiheit zu verkünd'gen".[45] Schon 1845 hatte Louise Otto auf Alfred Meißners erwähntes Gedicht geantwortet: „Und jubelnd streck ich Dir die Hand entgegen / Die Schwesterhand – o habe Dank! Du hast nicht Hohn – nein, Du hast Segen, / Wenn, wo sich tausend Herzen regen, / Für Freiheit tönt des Weibes Sang."[46] Sie widmete dem 25jährigen ihren 1847 erschienenen ersten Gedichtband „Lieder eines deutschen Mädchens".[47] Auf Meißner ging auch das Gedicht „Den

Frauen" zurück, in dem sie bekannte: „Ich will mehr als Hände falten / Mit den Muth'gen will ich's halten / die nicht wehrlos sterben werden."[48]

Fürchtete Engels das mit solchen Zeilen herausgeforderte Frauenerwachen, einen neuen Frauenanspruch? Kann er eigentlich anders verstanden werden, wenn er, wohl in Anspielung auf Louise Aston, in Männerüberheblichkeit persiflierte:

> Unsre sanften Blondinen haben seine Aufforderung nicht erst abgewartet; das Publikum hat' erschrocken und mit Grausen Exempel davon gesehen, welcher erhabenen Taten Deutschlands Frauenzimmer fähig ist, sobald es erst Hosen trägt und Zigarren rauchen kann.[49]

Das wäre übrigens kein Streitpunkt mit Louise Otto, von Engels als „Fräulein Andromeda"[50] tituliert, gewesen. Sie sah in den „sogenannten Emancipierten" nicht ihre Weggefährtinnen, wirkte aber beharrlich und erfolgreich dafür, daß Frauen ihre miserable soziale Lage erkannten, sich zusammenschlossen, um für ihre Unabhängigkeit und Rechte zu kämpfen. Das erreichte seinen ersten Höhepunkt 1849 mit der Gründung der legendären „Frauen-Zeitung", die von sächsischen Staatsdienern nicht zuletzt deshalb verfolgt und verboten wurde, weil sie durch die Verbreitung frauenemanzipatorischer Gedanken die Frauen dem Umsturz geneigt machen wollte.[51] Doch vorerst arbeitete Louise Otto an von Männern geleiteten Zeitungen mit, die ihre Fähigkeiten anerkannten und ihren Standpunkt respektierten. Wie auch immer, für uns ist es Beweis, daß der spätere Mitbegründer der sozialistischen Theorie Louise Otto kannte; ob er auch ihren Roman „Schloß und Fabrik" und andere Werke wahrgenommen hat, bleibt dahingestellt.

Louise Otto dürfte Friedrich Engels zumindest durch den Bericht über die Elberfelder Versammlungen vom Februar 1845 gekannt haben, der in den „Rheinischen Jahrbüchern zur gesellschaftlichen Reform" 1845 veröffentlicht worden war und aus dem sie größere Passagen in „Schloß und Fabrik" zitiert hat.[52] Von der englischen Literaturwissenschaftlerin Carol Diethe wird sogar vermutet, daß Louise Otto auch Engels' Schrift „Die Lage der arbeitenden Klasse in England" gekannt haben könnte, die im gleichen Jahr in Leipzig erschienen war.[53]

Wie abzusehen war, wurden die „Veilchen" bald verboten. Die Zusammenarbeit von Louise Otto und Theobald Bruno von Buchner ging aber weiter, diesmal wieder im „Wandelstern". Folgerichtig schrieb Louise Otto an Buchner am 26. März 1847, ihrem 28. Geburtstag: „Zu Ihrem Vorschlag in Bezug auf den ‚Wandelstern' sage ich zu. So bald ich kann, schicke ich Ihnen Etwas." Es war wohl das Gedicht „Noch lebt der alte Muth"[54], das programmatisch auf der Titelseite des ersten Aprilheftes des „Wandelstern"[55] erschien.

Anmerkungen

1 Louise Otto, vor allem bekannt als Frauenrechtlerin, gehörte schon im Vormärz zu dem Kreis vorwiegend in Leipzig publizierender demokratischer Schriftsteller und Journalisten. (Vgl. auch den Beitrag der Autorin „‚Weiblicher Sinn' und ‚tiefempfindendes Gemüth'. Spuren einer Dichterin" in diesem Band).

[2] Theobald Bruno August von Buchner (1830–1848), Gymnasiast in Bautzen, redigierte zu dieser Zeit die Zeitschrift: Der Wandelstern. Blätter für Unterhaltung, Literatur, Kunst und Theater. Hrsg. v. Ferdinand Philippi. Verlags-Comptoir in Grimma. Außer den „Veilchen", die in der Bautzener Verlagsbuchhandlung von Gustav Schlüßel erschien, gab er auch die Taschenbücher: Jetzt. Grimma 1846 und 1847, und Libertas. Herisau 1846, heraus.

[3] Sächsisches Hauptstaatsarchiv Dresden (Lagerung), Amtsgericht Dresden, Nr. 1156a. Die Briefe sind wissenschaftlich noch nicht bearbeitet. Hier werden, unter Beibehaltung der Orthographie der Vorlage, erstmals größere Auszüge veröffentlicht. Bei der Transkription der Texte waren mir mein Mann, Wolfgang Ludwig, und Frau Prof. Dr. Gerhild Schwendler behilflich.

[4] Es war der Autorin leider nicht möglich, ein Exemplar der „Veilchen" aufzufinden. Hinweise auf die Überlieferung einer oder mehrerer Ausgaben dieses Blattes bis ins 20. Jahrhundert finden sich in: Leipziger Volkszeitung, 15. Juli 1925, im Zusammenhang mit der Versetzung des Louise-Otto-Peters-Denkmals ins Rosental und in: Karl Marx/Friedrich Engels: Historisch-kritische Gesamtausgabe. Werke/Schriften/Briefe (MEGA[1]), Moskau/Leningrad 1933, I. Abt., Bd. 6, S. 700, im Zusammenhang mit der Erstveröffentlichung von Engels' Artikel „Die wahren Sozialisten".

[5] Demzufolge erschienen in Nr. 1 das Gedicht die „Weihe" und zwei Kritiken; in Nrn. 2, 4, 6 und 8 jeweils „Reisebriefe" von ihren Erlebnissen in Schlesien; in Nr. 3 das „Weberlied"; in Nrn. 6 und 7 „Kritiken"; in Nr. 8 „Das deutsche Gespenst" und in Nr. 9 „Notizen".

[6] Carl Herlossohn (1804–1849), liberaler Schriftsteller und Journalist. Louise Otto stand mit ihm mindestens seit Mai 1843 in Verbindung, als sie ihm das Gedicht „Tscherkessenlied" für den von ihm redigierten „Komet" zum Abdruck anbot, da sie „Übereinstimmung" in den Auffassungen festgestellt habe. Vgl. Louise Otto-Peters. Ihr literarisches und publizistisches Werk. Hrsg. v. Johanna Ludwig/Rita Jorek. Leipzig 1995, S. 15.

[7] Ernst Keil (1816–1878), Redakteur und Verleger in Leipzig, redigierte zunächst die Zeitschriften „Unser Planet" und den daraus hervorgehenden „Wandelstern" [Anm. 2], ab 1846 den „Leuchtthurm". Von 1853 bis zu seinem Tode war er Herausgeber der „Gartenlaube", an der Louise Otto ebenfalls mitarbeitete.

[8] Robert Blum (1807–1848), demokratischer Politiker, Führer der radikalen Kräfte in Sachsen. Louise Otto arbeitete seit 1843 an von ihm herausgegebenen Publikationen mit.

[9] Otto Stern: Zur Frauenemanzipation. Über die gesellige Stellung und geistige Bildung der Frauen in England, Amerika, Frankreich und vornehmlich in Deutschland. Zwei Einladungsvorlesungen zu einem geschichtlichen Kursus im Winterhalbjahr 1842-1843 von Dr. Carl Eduard Vehse. Keine Kritik. – In: Unser Planet. Hrsg. v. Ernst Keil. Nrn. 27 und 35, (Februar) 1843, S. 106ff, 138.

[10] Neue Bahnen. Organ des Allgemeinen deutschen Frauenvereins. Hrsg. v. Louise Otto-Peters/Auguste Schmidt. Bd. V, Nr. 15, 1870, S. 114.

[11] Sächsische Vaterlands-Blätter, III. Jg., 1843, Nr. 134, 22. August, S. 195f, Nr. 142, 5. September, S. 633, Nrn. 187 und 188, 23. und 25. November, S. 811ff und 816f, Nr. 199 und 200, 14. und 16. Dezember, S. 861ff und 865ff; IV. Jg., 1844, Nr. 26, 15. Februar, S. 103f, Nr. 71, 4. Mai, S. 285ff.

[12] Vgl. Otto Stern, ab Nr. 34 Louise Otto: Politische Reisebriefe. – In: Der Wandelstern [Anm. 2], Nr. 33, 34 und 38 (August) 1845, S. 683ff, 708ff und 781f, Nr. 39 (September), S. 801ff.

[13] Am 12. August 1845 wurde in Leipzig auf Demonstrierende geschossen, die gegen die Anwesenheit des konservativen Prinzen Johann, der in Leipzig die Kommunalgarden inspizierte, protestierten. Dabei fanden elf Bürger den Tod.

[14] Louise Otto: Auch ein Wort über den 30. November in Dresden. – In: Der Wandelstern. [Anm. 2], Nr. 52, (Dezember) 1845, S. 1054–1058.

[15] Karl Feißkohl: Ernst Keils publizistische Wirksamkeit und Bedeutung. Stuttgart 1914, S. 24. Vgl. auch Literarische Geheimberichte. Protokolle der Metternich-Agenten. Hrsg. v. Hans Adler. Köln 1981, Bd. II. 1844–1848, S. 27.

[16] Bald nach den Leipziger Augustereignissen wurde vom sächsischen Innenministerium, das seit September 1844 vom ehemaligen Leipziger Kreisamtmann Paul von Falkenstein geleitet wurde, allen in Leipzig erscheinenden Blättern mitgeteilt: „bei etwaiger öffentlicher Besprechung jener Auftritte, ihrer Veranlassungen und Folgen, sich streng innerhalb durch die Preßgesetzgebung gesteckten Grenzen zu halten und insonderheit Verdächtigungen nach irgendeiner Seite gänzlich zu vermeiden". Sollten die Vorschriften nicht beachtet werden, so werde sofort die Einziehung der Konzession erfolgen. Vgl. Rich[ard] Walter Franke: Zensur und Preßaufsicht in Leipzig 1830-1848. Diss. Leipzig 1930, S. 131.

[17] Ferdinand Philippi: Pseud. für Karl Ferdinand Lippert (1792–1852), Journalist, Herausgeber des „Wandelstern" [Anm. 2].

[18] Der Wandelstern [Anm. 2], Nr. 2, (Januar) 1846, S. 21ff. Bereits ein Jahr vorher hatte Louise Otto, noch unter ihrem Pseudonym Otto Stern, den Jahresrückblick auf 1844 verfaßt. Ebd., Nr. 6 und 7, (Februar) 1845, S. 147.

[19] Ebd., Nr. 8, (Februar) 1846, S. 147.

[20] Ebd., Nr. 4, (Januar) 1846 S. 79.

[21] Die mit über 45jährigem Abstand niedergeschriebenen Erinnerungen sind in Bezug auf die Bekanntschaft mit Buchner nicht exakt. Schon in der Antwort auf ihren ersten Brief vom 19. Januar 1846 gab Buchner sein Alter bekannt. Vgl. Louise Otto an Buchner, 10. Februar 1846.

[22] Ernst Ludwig Wittig (geb. 1815), Journalist in Dresden, Freund Robert Blums. Vgl. Roland Zeise/Helmut Zessin: Ernst Ludwig Wittig. Polenfreund und revolutionärer Publizist. – In: Männer der Revolution von 1848. Hrsg. v. Helmut Bleiber/Walter Schmidt/Rolf Weber. Berlin 1987, Bd. II, S. 227–243; Irina Hundt: Frauentagebücher als historische, werkgenetische und biographische Quelle. Am Beispiel der unveröffentlichen Diarien von Louise Otto-Peters. – In: Frauen in der bürgerlichen Revolution von 1848/49. Hrsg. v. Johanna Ludwig/Ilse Nagelschmidt/Susanne Schötz. Schriftenreihe des Bundesministeriums für Familie, Senioren, Frauen und Jugend, 1998, S. 147, Fn. 21.

[23] Louise Otto: Aus meinen Tagebüchern. Deutscher Staatsbürgerinnen-Verband e. V., Nachlaß Louise Otto-Peters (NLOP), Sign. I,5, S. 200. Vgl. auch Irina Hundt: „Sich mit warmem Herzen an der Zeit und ihren Interessen betheiligen." Bettina von Arnim, der Fall Schlöffel und der Roman „Schloß und Fabrik" von Louise Otto-Peters. – In: Was Frauen bewegte, was Frauen bewegt. Berichte vom 5. Louise-Otto-Peters-Tag 1997. Hrsg. v. der Louise-Otto-Peters-Gesellschaft e. V. Leipzig 1998, S. 29.

[24] Die Angaben zu den Lebensdaten Buchners und seiner Familie verdanke ich Prof. Dr. Gerhild Schwendler.

[25] Louise Otto: Schloß und Fabrik. Erste vollständige Ausgabe des 1846 zensierten Romans. Hrsg. und mit einem Nachwort versehen v. Johanna Ludwig. Leipzig 1996; „Mit den Muth'gen will ich's halten". Zur 150jährigen aufregenden Geschichte des Romans „Schloß und Fabrik". Mit der 1994 wiederaufgefundenen vollständigen Zensurakte. Hrsg. v. Johanna Ludwig/Hannelore Rothenburg. Beucha 1996.

[26] Die Änderungen hatten einen Umfang von einem Wort bis zu einem ganzen Kapitel. Vgl. Otto: Schloß und Fabrik, ebd.

[27] Louise Otto: Lieder eines deutschen Mädchens. Leipzig 1847, S. 137f.

[28] Ebd., S. 129. – Das „Weberlied" wurde fast 80 Jahre später in der „Leipziger Volkszeitung" in einem kurzen, Louise Otto-Peters würdigenden Artikel zitiert: „Wir geben es hier wieder, wie es in den ‚Veilchen harmlose Blätter für die moderne Kritik' veröffentlicht wurde." Leipziger Volkszeitung [Anm. 4].

[29] NLOP [Anm. 23].

[30] Louise Otto: Gedichte. Leipzig 1868, S. 157ff.

[31] Bei dem im Original angegebenen Datum: 1. März 1847, handelt es sich offensichtlich um einen Schreibfehler der Verfasserin.

[32] Arnold Schlönbach (1817–1866), Publizist und Schriftsteller.

[33] Alfred Meißner (1822–1885), Schriftsteller aus Österreich, lebte 1846 vorübergehend in Dresden.

[34] Friedrich Hermann Semmig (1820–1897), Publizist und Schriftsteller, mit dem Louise über Jahrzehnte freundschaftlich verbunden war. Vgl. auch Hundt [Anm. 22].

[35] Ein Blick auf 1844. Zweiter Artikel. In: Der Wandelstern [Anm. 2], Nr. 6, (Februar) 1845.

[36] Louise Otto: Aus der neuen Zeit. Novellen und Erzählungen. Leipzig 1845, S. 9.

[37] Neue Bahnen [Anm. 10], Bd. XXIV, Nr. 18, 1889, S. 137.

[38] So am 23. Oktober, als neben Louise Ottos Gedicht „Keno Hasselaer" „Die Wallfahrt" von Heinrich Heine rezitiert wurde. Ebd., Bd. I, Nr. 22, 1866, S. 174.

[39] Ebd., Bd. XIII, Nr. 17, 1878, S. 130.

[40] Der Wandelstern [Anm. 2], Nr. 48, (Dezember) 1846, S. 953.

[41] Constitutionelle Staatsbürger-Zeitung, Nr. 7, 12. Januar 1847, S. 25.

[42] Dresdener Correspondent, II. Jg., Nr. 7, 22. Januar 1847, S. 26f. Für diese Quelle danke ich Esther Ludwig.

[43] Veilchen, Nr. 1, 1847.

[44] Vgl. Anm. 4.

[45] Otto [Anm. 27], S. 31.

[46] Ebd.

[47] Die Widmung lautet: „Dem Dichter Alfred Meißner widmet diese Gedichte mit herzlichem Gruß und Händedruck Louise Otto". Ebd., S. I.

[48] Ebd., S. 37.

[49] Friedrich Engels: Die wahren Sozialisten. – In: Karl Marx/Friedrich Engels: Werke (MEW), Berlin 1959, Bd. 4, S. 276.

[50] Ebd., S. 268, 270 und 284. Engels wählte zur Glossierung Sternennamen für die Dichterin und Dichter. Louise Otto bezeichnet er in diesem Kontext als Andromeda (sagenhafte griechische Königstochter, durch einen Drachen an eine Klippe gefesselt, von Perseus befreit).

[51] Vgl. Johanna Ludwig: Beleidigung und Zurücksetzung eines ganzen Geschlechts. – In: Frauen in der bürgerlichen Revolution [Anm. 22], S. 136.

[52] Versammlungen in Elberfeld. – In: Rheinische Jahrbücher zur gesellschaftlichen Reform. Hrsg unter Mitwirkung Mehrerer v. Hermann Püttmann. Darmstadt 1845, Bd. I, S. 35–97. Vgl. auch MEW, Bd. 2, S. 536–557.

[53] Carol Diethe: England und Louise Otto-Peters' „Schloß und Fabrik". Ähnlichkeiten und Kontraste. – In: Frauenaufbruch: Visionen, Ansprüche, Widerstände. Berichte vom 6. Louise-Otto-Peters-Tag 1998. LOUISEum 10. Sammlungen und Veröffentlichungen der Louise-Otto-Peters-Gesellschaft e.V. Leipzig. Leipzig 1999, S. 25.

[54] Das Lied „Noch lebt der alte Muth" schrieb Louise Otto für ihren Roman „Römisch und Deutsch", Leipzig 1847, und nahm es auch in ihre erste Gedichtsammlung „Lieder eines deutschen Mädchens", S. 86f., auf.

[55] Der Wandelstern [Anm. 2], Nr. 14, (April) 1847, S. 257f. – Unter „Zur Beachtung" teilte die Redaktion mit: „Mit dem beginnenden neuen Quartal dehnt der ‚Wandelstern' seine in letzter Zeit nothgedrungen auf das rein Unterhaltende beschränkte Tendenz wieder wie früher, und mit dem Titel angemessener, vorzugsweise auch auf das Gebiet der *Literatur* und *Kritik* aus, ohne jedoch die leichtere Unterhaltung dadurch ganz verbannen zu wollen. Die vorliegende Nummer wird den Lesern zur Genüge zeigen, wie es mit dieser neuen Veränderung gemeint ist und was sie demnach zu erwarten haben."

Helena Demuth (1820–1890)

Ein Leben im Schatten anderer
Vom Kindermädchen in Trier zur Hausdame in London

Heinrich Gemkow, Berlin

Nicht Gedichte, Dramen oder Romane, weder pädagogische noch politische Schriften, auch nicht herausragende schauspielerische, musikalische oder andere künstlerische Leistungen machten ihren Namen bekannt oder ließen ihn im öffentlichen Gedächtnis fortleben. Sie kam aus den untersten Volksschichten und verbrachte ihr Leben stets im Schatten anderer. Doch ihr selbstloses Handeln ermöglichte diesen „anderen", ein theoretisches, schriftstellerisches und politisches Werk zu schaffen, das bis in die Gegenwart fortwirkt. Die Frau, von der hier die Rede ist, war Helena Demuth, Haushälterin und bald Gesinnungsgefährtin und Vertraute im Hause von Karl Marx und Friedrich Engels.

Geboren wurde sie als fünftes Kind in einer kinderreichen Familie am Silvestertag 1820 in dem an demokratischen Traditionen reichen Städtchen St. Wendel im Saarland. Ihr Vater war Bäcker, zeitweise auch Tagelöhner und Ackerer, was auf einen winzigen Grundbesitz schließen läßt. Bereits 1826 verstarb der Vater, und Helena lernte als Halbwaise bittere Not kennen. Vermutlich kaum zehn Jahre alt, wurde sie „zum Dienen" nach Trier geschickt. Selbst noch Kind, mußte sie „für Kost und Logis" anderer Leute Kinder hüten, mußte sie putzen und aufräumen.

Ihr schweres Los besserte sich, als sie einige Jahre darauf – die näheren Umstände sind nicht überliefert – als Hausgehilfin zu der Familie des preußischen Regierungsrats Johann Ludwig von Westphalen kam. Dessen zweite Frau Caroline, geboren 1780 in Salzwedel, war bürgerlicher Herkunft, eine für ihre Zeit gebildete und gütige Frau, die wie ihr Mann liberalen Auffassungen anhing. In ihrem Hause wurde Helena nicht nur anständig behandelt, sondern erfuhr auch eine gute Erziehung. Zum Haushalt gehörten neben den Eltern, einem erwachsenen Sohn aus erster Ehe sowie einer Schwester Carolines die 1814 geborene Tochter Jenny und der 1819 geborene Sohn Edgar. Mit diesen beiden wuchs Helena auf und freundete sich an.

Im Westphalen-Hause – das Gebäude steht noch heute in der Trierer Neustraße – lernte Helena auch einen Klassenkameraden Edgars kennen: Karl Marx. Er war im Westphalen-Haus ein sehr häufiger Gast, zunächst aus Verehrung für den besonders literarisch hochgebildeten Paterfamilias, mehr und mehr dann auch aus aufkeimender Liebe zu der vier Jahre älteren Jenny. Als er 1836 zum Jurastudium nach Berlin ging, verlobten sich Jenny und Karl heimlich. Bald wurde das Verlöbnis öffentlich. Die Widerstände gegen die Verbindung waren seitens der Halbgeschwister Jennys aus ihres Vaters erster Ehe groß, nicht minder groß die Schwierigkeiten Karls, sich eine berufliche Existenz zu schaffen. Erst 1843 kam es in Bad Kreuznach, wohin die seit

1842 verwitwete Caroline von Westphalen mit Jenny und Helena zeitweise übergesiedelt war, zur Hochzeit. Helena Demuth hatte also die sieben Jahre währende konfliktreiche Verlobungszeit unmittelbar an Jennys Seite erlebt.

Als das junge Paar bald nach der Hochzeit ins freiwillige Exil nach Paris ging, Caroline von Westphalen im September 1843 wieder nach Trier zurückkehrte, blieb Helena Demuth bei ihr. Doch nicht für lange. Denn im April 1845 schickte Caroline von Westphalen – hoffentlich im Einverständnis mit der Fünfundzwanzigjährigen – Helena nach Brüssel, wohin inzwischen die junge Familie Marx – auf Betreiben der preußischen Regierung aus Frankreich ausgewiesen – hatte flüchten müssen. Helena sollte dort Jenny Marx, die durch die Pflege ihres ersten Töchterchens Jenny, erneute Schwangerschaft, Haushaltspflichten, zahlreiche Besucher und beginnende Sekretärinnendienste für ihren Mann, zudem durch ständige Ebbe in der Wirtschaftskasse überbelastet war, unterstützen. Da war Lenchen, wie sie von nun ab von ihren Freunden genannt wurde, mit ihren Erfahrungen in allen Haushaltsfragen und ihrem resoluten Organisationstalent Retterin in der Not. Sie bewältigte leichter die fortan drückenden Sorgen des täglichen Lebens, denen Jenny – aus gesicherten Verhältnissen kommend – weit weniger gewachsen war, von Karl Marx ganz zu schweigen.

Der Geldmangel war schon in den Brüsseler Jahren so stark, daß Jenny mitunter die Franc fehlten, Lenchen ihren kargen Lohn auszuzahlen. Sie erwog, ihre Hausgehilfin zur Mutter nach Trier zurückzuschicken. Doch Lenchen widersetzte sich energisch; sie blieb, auch wenn sie immer wieder einmal auf ihr Entgelt verzichten oder es stunden mußte.

Helena Demuth wechselte also in jenem Frühjahr 1845 – im damaligen Sprachgebrauch – ihre „Herrschaft“, wie sie annahm, zeitweilig, wie sich zeigen sollte, für fast ihr ganzes weiteres Leben. Es war ein völlig anderes Milieu, in das sie in Brüssel kam. Um Karl Marx und den zur selben Zeit in die belgische Hauptstadt übergesiedelten Friedrich Engels sammelte sich ein Kreis revolutionär, zumeist kommunistisch gesinnter deutscher Flüchtlinge, ergänzt durch einige Polen und Belgier. Sie lebten recht bohemienhaft, ersehnten und erstrebten den baldigen Ausbruch einer zunächst bürgerlich-demokratischen Revolution in Mitteleuropa und bemühten sich, für deren konsequente Durchführung das erst in Anfängen vorhandene Proletariat mit Klassenbewußtsein zu erfüllen und zu organisieren. Als führende theoretische Köpfe dieses Kreises arbeiteten Marx und Engels in Brüssel die Grundlagen der neuen, proletarischen Weltanschauung, ihren wissenschaftlichen Sozialismus aus. In gemeinsamem Schaffen entstand ein umfangreiches, damals aber nicht veröffentlichtes, stark polemisch gefärbtes Manuskript, später „Die Deutsche Ideologie“ betitelt. Noch Jahrzehnte danach erinnerte sich Lenchen an das Gelächter, das in jenem Jahr 1845–1846 oft nachts durch das Haus schallte, wenn die beiden Freunde bei der Niederschrift des Textes temperamentvoll diskutierten und ihrem Spott über ihre geistigen Kontrahenten freien Lauf ließen.

Lenchen, bar jeder systematischen Schulbildung, mag diesen Vorgang mit großer Hochachtung verfolgt haben, doch ihre Aufgabe und ihr Verdienst war, sich um die Sicherung der alltäglichen Existenz- und Arbeitsbedingungen der Beteiligten zu kümmern. Hinzu kam, daß sie infolge ihrer halbbäuerlichen, halbproletarischen Herkunft dem in jener Zeit postulierten Gesellschaftsziel ihres „Dienstherrn" Karl Marx, „alle Verhältnisse umzuwerfen, in denen der Mensch ein erniedrigtes, ein geknechtetes, ein verlassenes, ein verächtliches Wesen ist"[1], emotional zweifellos verbunden fühlte. So wurde Lenchen nach und nach auch eine Gesinnungsgefährtin von Karl und Jenny Marx. Von nun an teilte Helena Demuth mit der sich rasch vergrößernden Familie Marx Freuden und Leiden, Erfolge und Niederlagen, Flucht wie Exil und über zweieinhalb Jahrzehnte fast tägliche Entbehrung und Not. Die Hausgehilfin wurde mehr und mehr zur treuen Freundin, engen Vertrauten und quasi zum Mitglied der Familie Marx.

Als im Februar 1848 der Revolutionssturm Europa erfaßte, endeten die äußerlich ziemlich ruhigen Brüsseler Jahre. Auf den Spuren des vorauseilenden Karl Marx reiste Lenchen mit Jenny und deren inzwischen drei Kindern zunächst nach Paris, dann über Trier nach Köln, wo sie in der Cäcilienstraße 7 das Revolutionsjahr 1848/49 verbrachten, unweit des Redaktionssitzes der von Marx geleiteten „Neuen Rheinischen Zeitung". Hier wie schon zuvor in Brüssel und Paris lernte Helena Demuth Freunde des Ehepaars Marx kennen, von denen manche auch zu ihren Freunden oder zumindest guten Bekannten wurden, so die Dichter Georg Weerth und Ferdinand Freiligrath, der Lehrer und Publizist Wilhelm Wolff, die Lehrerin und enge Freundin Jennys Caroline (Lina) Schoeler oder der Schneidergeselle Friedrich Leßner, allen voran aber Friedrich Engels, der – ohnehin Frauen stets zugetan – Lenchen zeitlebens hochschätzte.

Marx' Ausweisung aus Preußen am 11. Mai 1849 und die schließliche Niederlage der deutschen Revolution zwangen die Familie und mit ihr Lenchen erneut zur Flucht. Während Karl Marx nach Paris vorausfuhr, legten die beiden Frauen mit den Kindern bei Jennys Mutter in Trier für einige Wochen eine Verschnaufpause ein. Dann folgten sie dem Familienvater über Aachen und Brüssel nach Paris. Doch auch von dort wurden sie wieder vertrieben. Ende August verwies die französische Regierung Marx aus Paris. Es blieb faktisch nur die Flucht nach England. Wieder eilte Marx voraus, um Quartier zu schaffen, während Lenchen der hochschwangeren Jenny half, die verbliebenen Habseligkeiten zu packen und für Mitte September die Übersiedlung nach London zu bewerkstelligen – der vierte Ortswechsel innerhalb von 1½ Jahren!

Am 19. September 1849 betrat Helena Demuth zusammen mit Jenny und deren Kindern englischen Boden. Bei der Ankunft mußte sie wie alle Passagiere ihren Namen in eine Art Fremdenliste der Hafenbehörde eintragen. Dieser Namenszug ist das einzige schriftliche Zeugnis, das von der Hand Helena Demuths überliefert ist.[2] Ausschließlich sind es Berichte, Briefe und Zeugnisse anderer, die über ihr Leben Auskunft geben.[3]

Die Millionenstadt London, die Metropole eines fremden Landes, dessen Sprache Lenchen erst mühsam erlernen mußte, wurde nun nolens volens zu ihrer neuen „Heimat", in der sie über 40 Jahre – die größere Hälfte ihres Lebens – an der Seite von Karl und Jenny Marx, später von Friedrich Engels verbringen sollte. England war zu jener Zeit das Mutterland des Kapitalismus, London die reichste Stadt des

Erdballs und zugleich mit Stadtvierteln, in denen erbärmliches Elend herrschte. In diesen Stadtteilen mußte die völlig verarmte Marx-Familie mit Lenchen Unterschlupf suchen, infolge Kündigungen und Exmittierungen immer wieder zum Quartierwechsel gezwungen. Drückende Schulden und Pfändungen, erniedrigendes Betteln um Kredit bei den Kaufleuten, schwere Krankheiten und der Tod von vier Marx-Kindern – alle Schrecken des Emigrantendaseins brachen über viele Jahre hinweg über die Familie und Lenchen herein, so sehr auch Engels durch selbstlose finanzielle Hilfe das Elend zu mildern suchte.

In dieser fast ununterbrochenen Notzeit erwies und bewährte sich Helena Demuth als unersetzbare Hilfe für Marx und die Seinen. Ihr praktischer Sinn und ihre Handfertigkeit, ihre Uneigennützigkeit und mitunter auch Pfiffigkeit halfen, auch die schlimmsten Krisen zu überwinden. Von dem französischen Arzt, Schriftsteller und Sozialistenführer Paul Lafargue, einem späteren Schwiegersohn von Marx, ist uns eine sehr farbige, für Jahrzehnte zutreffende Schildung der Rolle Lenchens im Marxschen Hause überliefert:

> [...] sie widmete sich [...] der Familie Marx mit einer solchen Hingabe, daß sie sich selbst völlig vergaß. [...] Sie war der praktische Hausgeist, der sich in den schwierigsten Lebenslagen zurechtzufinden wußte. Ihrem Ordnungssinn, ihrer Sparsamkeit, ihrem Geschick ist es zu verdanken, daß die Familie wenigstens das Allernötigste nie zu entbehren hatte. Sie verstand alles: Sie kochte und besorgte das Hauswesen, sie kleidete die Kinder an und schnitt die Kleidungsstücke zu, welche sie zusammen mit Frau Marx nähte. Sie war gleichzeitig Wirtschafterin und Majordomus des Hauses, das sie leitete. Die Kinder liebten sie wie eine Mutter, und sie besaß über diese eine mütterliche Autorität, wie sie eine mütterliche Zuneigung für sie empfand. Frau Marx betrachtete Helene wie eine intime Freundin, und Marx hegte für sie eine besondere Freundschaft; er spielte Schach mit ihr, und es geschah oft, daß er die Partie verlor. Helenes Liebe für die Familie Marx war blind; alles, was die Marxens taten, war gut und konnte nicht anders als gut sein; wer Marx kritisierte, der hatte es mit ihr zu tun. Jeden, der in den vertraulichen Umgang der Familie gezogen worden, nahm sie unter ihre mütterliche Protektion. Sie hatte sozusagen die ganze Familie Marx adoptiert.[4]

Dabei lasteten auf dieser tapferen Frau neben der alltäglichen materiellen Misere auch schwere seelische Nöte. Am 23. Juni 1851 gebar sie einen Sohn, dem sie die Vornamen Henry Frederick gab. Nie lüftete sie das Geheimnis der Vaterschaft. Erst vor einigen Jahren zugänglich gewordene Dokumente bestätigen eindeutig die Vermutung damaliger Zeitgenossen, daß Karl Marx der Vater war.[5] Um ein Ehedrama oder Schlimmeres zu verhüten, übernahm Friedrich Engels die Vaterschaft und kam vermutlich auch für das Pflegegeld auf; denn Helena Demuth gab den Jungen kurz nach der Geburt einer Familie Lewis in Pflege.

Daß Helena Demuth, eine ausgesprochen mütterliche Frau, ihr Kind weggab und bei der Familie Marx verharrte, muß aus heutiger Sicht verwundern. Was aber blieb ihr übrig? Sollte sie zu ihren Verwandten mit der „Schande“ einer unehelichen Geburt zurückkehren? Solle sie den hoffnungslosen Versuch wagen, mit einem Kleinkind eine andere Dienstbotenstelle im fremden Land zu suchen? Sollte sie die Ehe der von ihr hoch verehrten Jenny und Karl aufs Spiel setzen?

Hinzu kamen die bürgerlichen Moralauffassungen der Zeit, denen Karl und vor allem Jenny noch eng verhaftet waren – aber natürlich auch Lenchen. Jenny Marx hatte bis zu diesem Zeitpunkt bereits fünf Kinder geboren, aber sie waren in „ehrenhaften Verhältnissen" gezeugt worden. Und nun dieser Skandal in der eigenen Familie! Ohnehin wurde Marx in deutschen und englischen Blättern aufs gröbste politisch diffamiert. Und überhaupt: Ein Dienstmädchen hatte im Hause seiner „Herrschaft" kein Kind zu haben! Das war der Zeitgeist. Es muß ein tiefer seelischer Konflikt gewesen sein, den Helena Demuth offensichtlich mit sich allein ausfocht und in dem schließlich ihr Realitätssinn siegte – erleichtert durch die absolute Verdrängungspraxis von Seiten des Ehepaars Marx.

Lenchen hielt zeitlebens mit ihrem Sohn Frederick Kontakt. Gleiches galt für die Marx-Töchter, deren jüngste, Eleanor, sich nach Lenchens Tod mit Frederick eng anfreundete. Der Junge wurde Büchsenmacher, später Ingenieur und war bis zu seinem Tode 1929 sowohl in der Gewerkschaft wie in der Labour Party politisch aktiv.

Zu den Marx persönlich wie politisch nahestehenden deutschen politischen Flüchtlingen in London gehörte Wilhelm Liebknecht. Er war über Jahre hinweg fast täglicher Gast im Marx-Haus. Von ihm stammt die einzige Beschreibung von Lenchens Äußerem. Er bezeichnete die damalige Dreißigerin als „zwar keine Schönheit, aber hübsch, wohl gewachsen und mit gar anmutigen und anmutenden Zügen. An Verehrern fehlte es ihr nicht, und sie hätte wiederholt gute Partien machen können."[6]

Dieser Schilderung entspricht ein uns aus den 1850er Jahren überliefertes Foto Helenas: ein ebenmäßiges, klares und harmonisches Frauenantlitz mit reichem, dunklem, straff nach hinten gekämmtem und in Zopf und Knoten verschlungenem Haar.

Liebknecht, der von Helena Demuth viele Jahre auch mancherlei Hilfeleistung erfuhr, schrieb später über sie, vielleicht mit einer Prise humorvoller Übertreibung:

> Lenchen übte eine Art Diktatur aus – um das Verhältnis genau festzustellen, möchte ich sagen: Lenchen hatte die Diktatur im Hause, Frau Marx die Herrschaft. Und Marx fügte sich wie ein Lamm dieser Diktatur. Man hat gesagt: vor seinem Kammerdiener ist niemand ein großer Mann. Vor Lenchen war Marx es ganz gewiß nicht. Sie hätte sich für ihn geopfert, [...] aber imponieren konnte *ihr* Marx nicht. Sie kannte ihn mit seinen Launen und Schwächen, und sie wickelte ihn um den Finger.[7]

Übertrieben oder nicht – fest steht, daß Helena Demuth an der Seite von Jenny entscheidend dazu beitrug, Karl Marx die äußeren Bedingungen für seine wissenschaftliche und politische Arbeit zu schaffen.

Fünf Jahre lebte und arbeitete an Lenchens Seite auch ihre jüngere, unverheiratete Schwester Marianne im Marx-Haushalt. Sie starb am Vorweihnachtstag 1862 plötzlich an einer Herzkrankheit, tief betrauert von Helena sowie allen Mitgliedern der Marx-Familie.

Kleinere Erbschaften, die Jenny bzw. Karl Marx Ende der 1850er, Mitte der 1860er Jahre zugefallen waren, ermöglichten jeweils eine Verbesserung der Wohn- und Lebensverhältnisse, aber immer nur kurzzeitig. Erst um 1870 kam es zu einer tiefgreifenden Veränderung der sozialen Situation der Marx-Familie und damit auch Lenchens. Friedrich Engels konnte bei seinem Ausscheiden aus der Textilfirma „Ermen & Engels" in Manchester so günstige finanzielle Bedingungen erreichen, daß er fortan der Familie Marx ein beständiges auskömmliches Dasein absichern konnte, das auch Kur- und Erholungsreisen einschloß. Nach der Heirat der Marx-Tochter Laura 1868 mit Paul Lafargue und der ältesten Tochter Jenny 1872 mit dem französischen Journalisten Charles Longuet blieb nur noch die 1855 geborene Eleanor im Elternhaus. Beide Umstände erleichterten Helena Demuths Alltagsleben bedeutend, zumal Marxens 1875 noch einmal das Quartier wechselten und eine bequeme Wohung am Maitland Park bezogen.

Eleanor – wie ihre Eltern eine glühende Shakespeare-Verehrerin – sorgte für Geselligkeit und war gern der Mittelpunkt, wenn sich junge Leute zur literarischen Unterhaltung und Debatte im Hause Marx trafen. Eine Freundin Eleanors berichtete später über diese Zusammenkünfte in den 70er Jahren:

> Der Sonntag war bei Familie Marx offizieller Empfangstag, der Tag der „Offenen Tür", und gelegentlich verließ sogar Karl Marx für eine Weile sein Arbeitszimmer, um seine Gäste zu unterhalten. Gewöhnlich kam er zu den Mahlzeiten herunter [...] Er hatte einen gesunden Appetit und widmete sich genießerisch seinem Essen, das von Helene, der netten alten deutschen Köchin und Haushälterin, zubereitet war. Sie hat das Schicksal der Familie Marx bis zum Tode von Karl Marx geteilt. [...] Helene war eine ausgezeichnete Köchin – ihre Obsttörtchen sind mir bis zum heutigen Tag eine ständige „süße" Erinnerung. Sie war eine muntere, alte Frau, die goldene Ohrringe und ein Haarnetz trug und sich das Recht vorbehalten hatte, „geradeheraus ihre Meinung zu sagen", und zwar nicht zuletzt auch dem würdigen Doktor. Ihre Meinung wurde mit Hochachtung, sogar Sanftmut von der ganzen Familie entgegengenommen, mit Ausnahme von Eleanor, die sie häufig in Frage stellte.[8]

Lenchen Demuth konnte nun auch gemeinsam mit Jenny und Eleanor Marx manchen Theaterbesuch genießen und nutzte die dank Engels gebesserte finanzielle Situation der Marx-Familie, die endlich auch ihr zugute kam, um öfter ihre Verwandten im Saarland zu besuchen.

Und noch etwas brachte Freude in ihr Leben: Die Fünfzigjährige gewann eine neue Freundin. Friedrich Engels, der seine Zeit nun voll der wissenschaftlichen und politischen Arbeit widmen konnte, war mit seiner Lebensgefährtin Lydia (genannt Lizzy) Burns, einer Irin, nach London übergesiedelt und hatte ein komfortables Haus – nur 15 Minuten Fußweg vom Marx-Haus entfernt – gemietet. Konnten die beiden Männer nun fast täglich stundenlang zusammen arbeiten oder debattieren, so freundete sich Lenchen alsbald mit Lizzy – einem Arbeiterkind und selbst einst Arbeiterin – an. Beide einte eine mehr durch Gefühl und Klasseninstinkt, denn durch Erkenntnis geprägte revolutionäre, humanistische Gesinnung und ihre Zuneigung zu den Begründern der neuen Weltanschauung.

Etwa aus jener Zeit ist das einzige wenigstens mittelbare Selbstzeugnis von Helena Demuth überliefert: ein – im Zusammenhang mit einem damals in England verbreiteten Gesellschaftsspiel – ausgefüllter Fragespiegel. Auf die Frage nach ihrer Lieblingstugend hatte Lenchen geantwortet „Entschlossenheit", als ihre Haupteigenschaft „Liebe zu den Marx-Kindern" genannt, als verabscheuungswürdigstes Laster „Egoismus“ bezeichnet und als ihren Inbegriff von Unglück „Von anderen abhängig sein“. Trotz ihres spielerischen Ursprungs vermitteln diese Aussagen doch interessante Einblicke in Lenchens Gedanken- und Gefühlswelt.[9]

Seit Mitte der 1870er Jahre mußte sich Helena Demuth neben der Haushaltsführung immer stärker der Krankenpflege widmen. Das war ihr nicht neu, denn bereits seit den 1850er Jahren hatte sie sogar bei manchem operativen Eingriff an Karl Marx' periodisch wiederkehrenden Karbunkeln resolut assistiert. Nun aber war es Jenny Marx, die von einer tückischen Krankheit, vermutlich Leberkrebs, geplagt wurde und deren Kräfte zunehmend abnahmen. Im Sommer 1881 begleitete Helena Demuth Karl Marx und die schwerkranke Jenny nach Paris, an dessen Stadtrand seit 1880 das Ehepaar Longuet mit seinen vier Kindern wohnte. Es wurde Jennys Abschied von den Enkelkindern, denn am 2. Dezember 1881 verstarb sie in London, bis zur letzten Stunde von Lenchen, Eleanor und Karl Marx umhegt. Helena Demuth verlor mit Jenny ihre nahezu fünfzig Jahre lang verehrte und vertraute Freundin.

Im Sommer 1882 – Karl Marx suchte im Mittelmeerraum, in Frankreich und in der Schweiz Erholung und Genesung – besuchte Lenchen wieder die Familie Longuet – im kinderreichen Haushalt sicher eine willkommene Hilfe. Von dort nahm sie für einige Monate den nun sechsjährigen Marx-Enkel Jean (genannt Johnny) nach London mit, um die Mutter zu entlasten. Auch um die Jahreswende 1882/83 weilte der Knabe wieder längere Zeit bei ihr.

Schon beim Ableben Jennys hatte Friedrich Engels am Totenbett zu Eleanor gesagt: „*Der Mohr* [Marx' Spitzname im Familien- und Freundeskreis – H. G.] *ist auch gestorben*“. Und so war es. Der ohnehin schon stark kränkelnde Marx konnte den Verlust seiner Frau nicht verwinden, zumal Anfang 1883 auch noch seine Tochter Jenny plötzlich verstarb. Lenchen, unterstützt von Eleanor, pflegte ihn aufopferungsvoll. Engels besuchte den Todkranken täglich und berichtete der Marx-Tochter Laura Lafargue minutiös über die Bemühungen Lenchens, die Marx „gepflegt, wie keine Mutter ihr Kind pflegt“.[10] Doch alles Sorgen war umsonst. Am 14. März 1883 starb Marx. Helena war die letzte, mit der er sprach, die ihn lebend sah und ihm dann die erloschenen Augen schloß. Vier Jahrzehnte hatte sie an seiner Seite gelebt, ihn umsorgend und dadurch mit ihren Möglichkeiten sein Werk fördernd.

Wie weiter? In Lenchens Trauer um die Entschlafenen mischte sich quälende Ungewißheit hinsichtlich ihrer Zukunft. Engels schuf einen Ausweg. Seine Lebensgefährtin Lizzy war 1878 gestorben, sein Haushalt wurde von ihrer jungen Nichte Mary Ellen Burns nicht allzu glücklich verwaltet. Er bat die ihm seit 1845 vertraute Helena Demuth, zu ihm zu ziehen und die Haushaltsführung zu übernehmen. Mit Freuden sagte Lenchen zu. Ein neuer Abschnitt in ihrem Leben begann, der letzte, aber vielleicht der glücklichste, zumindest der unbeschwerteste.

Ihre erste Aufgabe, die ein reichliches Jahr beanspruchte, war, mit Engels und Eleanor den Marxschen Haushalt aufzulösen, vor allem aber, Engels bei der Sichtung, Ordnung und Übernahme der Marxschen Bibliothek und des umfangreichen literarischen Nachlasses zu helfen. Ende März 1883 fand sie „unter Mohrs Manuskripten ein großes Paket, das den größten Teil, wenn nicht den ganzen zweiten

Band vom ‚Kapital' enthielt"[11], berichtete Engels, später das von Mäusen angefressene Manuskript der „Deutschen Ideologie", und sofort begann Engels, Lenchen und Eleanor aus dieser unveröffentlichten, zum Teil sehr satirischen Gemeinschaftsarbeit von 1845 vorzulesen.

Vor allem nahm Helena Demuth – nach kurzzeitiger Rivalität mit Mary Ellen – die Zügel von Engels' Haus fest in die Hand. Sie sorgte durch einen Engels' Gewohnheiten angepaßten Tagesablauf dafür, daß diesem möglichst viele zusammenhängende, ungestörte Stunden am Schreibtisch oder für Gespräche mit den zahllosen Besuchern blieben, die seinen Rat suchten. Fast beschwörend hatte Engels wenige Monate nach Marx' Tod an Laura Lafargue geschrieben:

> Alles, was wir anstreben, ist, das Andenken an Mohr in würdiger Weise zu verewigen, und das erste wird und muß sein die Veröffentlichung seines Nachlasses. [...] Der einzige Mensch, mit dem ich über diese Sache gesprochen habe, ist Nim [Spitzname für Helena Demuth], und sie ist ganz der Meinung, die ich oben ausgedrückt habe.[12]

Mit Lenchen besprach Engels alles, was ihn bewegte, nicht zuletzt immer wieder politische Fragen. Er rühmte „ihren wunderbar taktvollen Rat in Parteisachen"[13] und übermittelte ihn mitunter Freunden wie August Bebel.

Als Hausfrau genoß es Helena Demuth, dank Engels' wohlhabender Situation nun aus dem Vollen wirtschaften zu können und Engels mit dessen Lieblingsgerichten zu verwöhnen. Schwere körperliche Arbeiten nahm ihr ein Hausmädchen ab. Abends saß sie häufig, wenn keine Gäste im Hause wahren, mit Engels beim Kartenspiel oder im Gespräch zusammen, meist mit einer Handarbeit für die von ihr geliebten Marxschen Enkelkinder beschäftigt und immer von einem Glas Pilsner Bier oder einer Flasche guten Weines beschwingt. Nicht selten konnte sie jetzt auch ihrer Freude am Theater frönen. Der öfter im Engels-Haus weilende berühmte Chemiker Carl Schorlemmer, ein Junggeselle, oder Mary Ellen waren dabei ihre Begleiter. Gemeinsam mit Engels verbrachte sie alljährlich einige Wochen der Erholung in englischen Badeorten oder in Schottland. Doch sie verreiste auch allein, so 1883, 1888 und 1890 zu den Lafargues nach Argenteuil bei Paris oder 1888 zum Besuch ihrer Verwandten im Saarland.

Es war nach einem überaus schweren Lebensweg ein glücklicher Lebensabend, den Helena Demuth in herzlicher Freundschaft mit und bei Friedrich Engels verbringen konnte – ein Lebensabend, der noch dadurch verschönt wurde, daß Lenchen in zahlreichen Gesinnungsgefährten, die Engels aufsuchten, neue Freunde gewann: so August Bebel und Paul Singer, Karl und Louise Kautsky, Eduard und Gesine Bernstein. Manche von ihnen sowie die in London wirkenden Eleanor Marx-Aveling und ihr Lebensgefährte Edward Aveling, das polnische Sozialistenpaar Stanislaw und Maria Mendelson, die russische Revolutionärin Vera Sassulitsch und andere fanden sich zu den traditionellen fröhlichen Tafelrunden am Sonntagabend im Engels-Haus ein. Bei regem Gedankenaustausch, aber auch viel Scherz und Gesang wurde festlich und ausgiebig gespeist. Lenchen saß an der großen Tafel gewöhnlich Engels gegenüber, „nur darauf bedacht", wie sich eine russische Teilnehmerin später erinnerte, „jedem neuen Gast ziemlich ‚liberale' Portionen Fleisch und Salat aufzulegen und

Wein einzuschenken."[14] Die größte Freude jedoch dürfte es für Lenchen gewesen sein, daß auch ihr Sohn im Engels-Haus gern gesehen war und schließlich in die Tafelrunde aufgenommen wurde.

Doch diese sieben Jahre fanden allzu schnell ein Ende. Hatten sich schon seit Mitte der 1880er Jahre bei Helena Demuth rheumatische und asthmatische Beschwerden zunehmend bemerkbar gemacht, so erkrankte sie im Oktober 1890 plötzlich sehr ernsthaft. Ihre Kräfte nahmen rapide ab. Am 4. November diktierte sie ihr Testament, setzte ihren Sohn als Alleinerben ein und signierte das Dokument mit drei Kreuzen. Am Nachmittag desselben Tages verstarb sie in Engels' Gegenwart.

Aus seinen Briefen geht hervor, wie tief Engels Helenas Tod erschütterte. An einen seiner engsten Kampfgefährten, Friedrich Adolph Sorge in den USA, schrieb er am 5. November:

> Mein gutes, liebes, treues Lenchen ist gestern nachmittag nach kurzer und meist schmerzloser Krankheit sanft eingeschlafen. Wir haben sieben glückliche Jahre hier im Hause zusammen verlebt. Wir waren die zwei Letzten von der alten Garde von vor 1848. Jetzt steh' ich wieder allein da. Wenn während langer Jahre Marx, und in diesen sieben Jahren ich, Ruhe zum Arbeiten fand, so war das wesentlich ihr Werk. Wie es jetzt mit mir werden wird, weiß ich nicht.[15]

Auf dem Highgate-Friedhof fand Helena Demuth am 7. November ihre letzte Ruhestätte. Bestattet wurde sie im Grabe von Karl und Jenny Marx, die dies schon frühzeitig gewünscht hatten. Friedrich Engels hielt tief erschüttert eine kurze Trauerrede. Er hob unterer anderem hervor, „daß Marx den Rat von Helena Demuth [...] in schwierigen und verwickelten Parteiangelegenheiten annahm", und fügte hinzu: „Was mich betrifft, alle Arbeit, die ich seit dem Tode von Marx zu leisten fähig war, danke ich zum großen Teil dem Sonnenschein und der Hilfe ihrer Persönlichkeit in meinem Haus."[16]

Von nah und fern trafen herzliche Beileidsbekundungen bei Engels ein. So schrieb der österreichische Sozialistenführer Victor Adler:

> Mir war eines der rührendsten, unvergeßlichen Bilder, als ich bei meinem Aufenthalte bei Dir sah, mit welcher zarten Sorgfalt Du die gute Nimm umgabst u. welche ganz einzige Freundschaft sie Dir u. allen, die Dir nahestanden, entgegenbrachte.[17]

Und Karl Kautsky begann seinen Kondolenzbrief mit dem Worten:

> Daß wir unsere Nimmi verloren haben, das ist ein harter Schlag! [...] Sie war uns allen eine zweite Mutter, und wenn mir Dein Haus ein wirkliches Heim geworden, so verdanke ich das nicht zum mindesten ihr.[18]

Wenn noch heute jahraus, jahrein tausende die Marx-Grabstätte auf dem im Norden Londons gelegenen Friedhof besuchen, ehren sie damit auch die jahrzehntelange Hausgehilfin und Freundin der Marx-Familie und Engels' und widerlegen damit in diesem Falle Bertolt Brechts bittere Aussage:

> Denn die einen sind im Dunkeln
> und die andern sind im Licht.
> Und man siehet die im Lichte
> Die im Dunkeln sieht man nicht.[19]

Anmerkungen

1 Karl Marx: Zur Kritik der Hegelschen Rechtsphilosophie. Einleitung. – In: Karl Marx/ Friedrich Engels: Werke (im Folgenden: MEW). Bd. 1, S. 385.

2 Die Quellen erlauben keinen eindeutigen Schluß, ob bzw. wieweit Helena Demuth lesen und schreiben konnte. Rechnen beherrschte sie zweifellos.

3 Vgl. Heinz Monz: Helena Demuth aus St. Wendel. – In: Heimatbuch des Landkreises St. Wendel. XIII, 1969/1970, S. 46–54; Heinrich Gemkow: Helena Demuth – „eine treue Genossin". – In: Marx-Engels-Jahrbuch 11. Berlin 1989, S. 324–348.

4 Paul Lafargue: Persönliche Erinnerungen an Karl Marx. – In: Mohr und General. Erinnerungen an Marx und Engels. Hrsg. v. Institut für Marxismus-Leninismus beim ZK der SED. Berlin 41982, S. 306f.

5 Vgl. Heinrich Gemkow/Rolf Hecker: Unbekannte Dokumente über Marx' Sohn Frederick Demuth. – In: Beiträge zur Geschichte der Arbeiterbewegung. H. 4, 1994, S. 43–59.

6 Wilhelm Liebknecht: Karl Marx zum Gedächtnis. – In: Mohr und General [Anm. 4], S. 161.

7 Ebd., S. 99.

8 Marian Comyn: Meine Erinnerungen an Karl Marx. [Schriften aus dem Karl-Marx-Haus, 5]. Trier 1970, S. 13.

9 Vgl. Gemkow [Anm. 3], S. 332.

10 Engels an Friedrich Adolph Sorge, 15. März 1883. – In: MEW, Bd. 35, S. 460.

11 Engels an Laura Lafargue, 25. März 1883. – In: Ebd., S. 465.

12 Engels an Laura Lafargue, 24. Juni 1883. – In: Ebd., Bd. 36, S. 44.

13 Engels an Friedrich Adolph Sorge, 5. November 1890. – In: Ebd., Bd. 37, S. 498.

14 Fanni Krawtschinskaja: Aus Erinnerungen. – In: Mohr und General [Anm. 4], S. 510.

15 Engels [Anm. 12].

16 The People's Press. London, Vol. I, No. 38, 22. November 1890 (Übers. aus d. Engl.)

17 Victor Adler an Engels, 10. November 1890. – In: Russisches Staatliches Archiv für Sozial- und Politikgeschichte, Moskau, F. 1, op. 5, d. 5086.

18 Karl Kautsky an Engels, 7. November 1890. – In: Ebd., F. 1, op. 5, d. 5975.

19 Bertolt Brecht: Die Dreigroschenoper. – In: ders.: Stücke. Berlin 1961, Bd. 3, S. 166.

Emilie Emma von Hallberg (1824–1862)

Der Freiheit „will ich mich mit ganzer Seele weih'n"

Erhard Kiehnbaum, Greifswald

Sie sei „als geachtete Dichterin bekannt", hieß es noch in einem „biographisch-literarischen Lexikon", das in der zweiten Hälfte des 19. Jahrhunderts erschien.[1] In der „Allgemeinen Deutschen Biographie" findet sich 1879 sogar ein kleiner Beitrag über ihr Wirken. Dort wird sie bereits in Beziehung zu Heinrich Heine gebracht und hervorgehoben, daß sie sich ihm „in Geist und Ton ihrer Dichtung" anschließe. In ihren Gedichten seien die größten Gegensätze oft dicht beieinander anzutreffen: „wilde Schmerzausbrüche neben der zartesten Wehmuth, weibliche Anmuth neben Trotz und Hohn, [...] reizvolle Poesie neben trokkener Prosa in der Auffassung."[2]

Über einhundert Jahre hat sich seitdem weder die Heine-[3] noch zum Teil die Frauenforschung mit dieser Dichterin befaßt, so daß wir bis heute noch immer kaum etwas über ihr Leben und Werk wissen. Geradezu sensationell erscheint 1980 die Entdeckung von Maria Wagner, daß sich hinter dem Pseudonym „Emma" bzw. „Emilie Emma" eine bemerkenswert moderne Dichterin, Emma von Hallberg, verbirgt.[4] Sie ist es wohl auch, die erstmals eine gültige Einschätzung eines ihrer Gedichte vornimmt, der kaum etwas hinzuzufügen ist.[5] Damit war der Grundstein dafür gelegt, daß nach und nach eine Dichterin der Vergessenheit entrissen wurde, die nicht nur eine glühende Anhängerin Heines war und in seinem Geist und Versmaß schrieb, sondern auch revolutionär gesinnt. 1981 liefert Elisabeth Friedrichs erstmals exakte biographische Angaben und korrigiert damit bislang überlieferte Daten.[6] Es folgt 1989 eine Bibliographie, in der Maria Wagner eine Kurzcharakteristik und Zusammenstellung der Veröffentlichungen von Emilie Emma von Hallberg gibt.[7] Schließlich wird 1997 in einem Sammelband zu Heines Rezeption ihre Verteidigungsschrift für den Dichter, „Heinrich Heine's Himmelfahrt," erneut abgedruckt.[8]

Christina Emilie Emma von Hallberg wurde am 18. Oktober 1824 in Köln, Eigelstein 46, geboren.[9] Sie war die zweite Tochter von Joseph Bitz gen. von Hallberg (gest. 13. Oktober 1839/Köln, Gereonstraße 28) und Maria (bzw. Margarethe) Auguste Köllner (1795/Berlin–13. August 1872/Köln, Eigelstein 24), die erst vier Jahre nach ihrer Geburt, am 1. März 1828, geheiratet haben.[10] Der Vater, geboren am 26. August 1800 in Mannheim, war ein uneheliches Kind des Grafen Constantin August von Hallberg (21. April 1766–28. Dezember 1824/Schloß Resch b. Krefeld). Neben einer älteren Schwester hatte Emilie Emma noch zwei jüngere Brüder. Beide lebten als Kaufleute in Köln.

Das Leben der Familie von Hallberg wurde von einer für damalige Verhältnisse unkonventionellen Situation überschattet, die auf Emilie Emmas Großvater zurückzuführen war. Bis 1815 mit Luise Gräfin von Lichnowsky verheiratet, während sich das Scheidungsverfahren von 1794 bis 1815 hinzog, lebte er bereits viele Jahre mit Johanna Augustine Bitz zusammen. Aus dieser Verbindung gingen zwei Söhne hervor: Emmas Vater und Johann Baptist (1804–1869). Nach dem Tode ihres Mannes, er starb im gleichen Jahr als Emilie Emma geboren wurde, stritt die Großmutter in jahrzehntelang sich hinziehenden Prozessen, zunächst allein, später mit ihren Söhnen, gegen die „rechtmäßigen" Erben ihres Lebensgefährten, um die Zahlung einer Rente duchzusetzen.[11] Es ist anzunehmen, daß die Lebenserfahrung und der Charakter dieser Frau, die mit all ihrer Kraft um ihr Recht und um das Recht ihrer Kinder und Enkel kämpfte, auf Emilie Emma einen unauslöschlichen Eindruck gemacht und ihre spätere zielstrebige Haltung stark beeinflußt haben.

Über ihre Kindheit und Jugend – auch ihre schulische Ausbildung – liegen bislang keine genaueren Angaben vor. Es gibt lediglich eine kurze Erinnerung, in der sie über eine Episode aus dem Religionsunterricht berichtet. Sie soll hier auch deshalb angeführt werden, weil aus ihr zugleich ein Stück ihrer Lebensphilosophie hervorgeht.

> In den Unterrichtsstunden saßen auf der einen Seite die Mädchen, auf der andern die Knaben, so daß sie sich anschauten und der Lehrer zwischen der ersten Reihe der Mädchen und Knaben gehn mußte. Ich saß in der ersten Reihe und mein vis-à-vis war mein bester Freund, denn er hielt mir hinter dem Rücken des Lehrers den Katechismus vor, damit ich meine Aufgabe daraus ablesen konnte, die ich nicht gelernt, und ich prügelte ihn nach der Stunde weidlich durch, denn ich war stärker als er. – Später habe ich mich oft daran erinnert und dachte, es sei Wiedervergeltung, wenn ich Prügel bekam, nachdem ich Liebesdienste erwiesen.[12]

Der frühe Tod des Vaters, er starb kurz vor Emilie Emmas fünfzehntem Geburtstag, am 13. Oktober 1839 in Köln, Gereonstraße 28, wird jedoch nicht ohne Auswirkungen auf die Familie geblieben sein. Während ihre ältere Schwester unverheiratet blieb, offenbar um den Haushalt der Mutter zu führen, heiratete Emilie Emma am 22. Mai 1844 den Privat-Sekretär, später Krahnenmeister, Johann Degenhard Wilhelm Bunteschu (1820–21. Mai 1855/Köln). Ihre Ehe blieb kinderlos.

Daß sie um diese Zeit schon als als Dichterin auftrat, erfahren wir aus den Briefen von Mathilde Franziska Anneke[13], mit der sie sich 1847 befreundete. Die demokratisch gesinnte Schriftstellerin, Journalistin und Frauenrechtlerin Mathilde bildete in Köln zusammen mit ihrem zweiten Mann Friedrich Anneke[14], dem sie nach seiner spektakulären Entlassung aus der preußischen Armee von Münster aus gefolgt war, nach dem Beispiel des „Demokratischen Vereins" in Münster einen Zirkel, der bald zum Treffpunkt der oppositionellen jungen Intellektuellen der Rheinmetropole wurde. Zu Annekes Kreis zählten die berühmten sozialkritischen Dichter Ferdinand Freiligrath, mit dem und seiner Frau Ida Mathilde besonders befreundet war, Georg Herwegh und seine emanzipierte Frau Emma, der russische Revolutionär Michail Bakunin, der Kölner Armenarzt Andreas Gottschalk[15] und der preußische Artillerieoffizier August Willich[16], die wie Anneke zu den Mitglieder des geheimen Bund der Kommunisten gehörten[17], um nur einige zu nennen.

Dazu haben sich auch Emilie Emma und ihr Mann gefunden. Am 26. August

1847 schreibt Mathilde an ihren und Annekes gemeinsamen Freund Friedrich Hammacher u.a.: „Wir haben eine interessante neue Freundin, eine Dichterin, zwei Kopf größer wie ich, Frau Emma, oder auch die schöne Emma genannt, 21 Jahr alt.“[18] Etwas ausführlicher ist Mathildes Schilderung, die sie wenige Tage später in einem Brief an ihre Mutter und Geschwister gibt:

> Seit einigen Wochen habe ich eine interessante Bekanntschaft gemacht, eine junge Dichterin, Verwandte von dem Eremiten von Gauting, Freiherrn Hallberg[19], die hier mit einem Herrn Bunteschu verheiratet ist. Eine recht liebe Frau ohne Kinder. Die Leutchen sind drei Jahre verheiratet und beide noch jung, er 26 Jahre alt, sie 21. Wir sehen uns täglich, haben zusammen wöchentlich zweimal ein ästhetisches Kränzchen von lauter Communisten. Ha! Münster bekommt ein Schaudern! Hier sind die Kommunisten sehr beliebte Leute [...].[20]

Im Brief vom 12. Februar 1848 an ihre Freundin Marianne Kitzitaff nennt Mathilde Emilie Emma erneut als begeisterte Poetin unter den Teilnehmern des „Kränzchens“:

> Unser Kreis hat sich durch angenehme Mitglieder erweitert, unser Freund Willich lebt mit uns fort u. ist nun wirklicher Baulehrling; am Montag schnallt er sein Schurzfell um. Emma fliegt in Reim und Melodie. Ihr Gesundheitszustand ist wieder hergestellt, nur scheinen ihre Hoffnungen leider geschwunden zu sein. Gottschalk ist der eifrige Prediger seiner Lehre, Hocker[21] ist der Verlobte von Emmas Freundin Elise[22]; Weiskirch[23], der treue brave Weiskirch, für welchen wir ihn ja erklärt haben, nicht wahr? Wilringhaus[24], das stille glimmende Feuerherdchen.[25]

Weitere Teilnehmer waren nachweislich Engelbert Bedorf[26], Anton Joseph Heimann[27], der in Köln stationierte Artillerieleutnant Eduard D'Huvelé[28] und natürlich der Freund der Familie Hermann Korff[29].

Daß die Eheleute Bunteschu zu den aktivsten dieses Kreises gehörten, bezeugt die Tatsache, daß sich die besonders nahestehenden Gleichgesinnten bald nicht nur bei Annekes, sondern auch bei Bunteschus mittwochs und samstags abwechselnd trafen. Darüber informiert Andreas Gottschalk Moses Heß[30], indem er schreibt: wir „kommen [...] zusammen und lesen und singen und disputieren, auch versteht sich von selbst, treiben wir Detailhandel der Propaganda“.[31] Es ging nämlich um die Propaganda der kommunistischen Ideen, die Mathilde zu dieser Zeit teilte, und man kann annehmen, daß auch Emilie Emma sich von diesen Ansichten angezogen fühlte.

Aus diesem Kreis heraus entwickelten sich weitergehende Aktivitäten, die sich nicht unerheblich auf die Ereignisse unmittelbar vor und während der Revolution 1848 in Köln auswirken sollten: Gottschalk, Anneke, Willich und Hocker organisierten Massenkundgebungen und Arbeiterbanquets, auf denen radikale Losungen und Toasts erklungen, sie gründeten und leiteten den Kölner Arbeiterverein und weitere linksdemokratische Organisationen, verfaßten Flugschriften mit den „Forderungen des Volkes“ und andere Schriften revolutionären Charakters.[32]

Es liegt nahe, daß Mathilde und Emilie Emma ihre männlichen Freunde dabei aktiv unterstützen. So bemühten sie sich in Köln, einen demokratischen Frauenverein ins Leben zu rufen. Der Kölner Korrespondent des „Bonner Wochenblattes“ berichtete darüber in seiner Zuschrift vom 15. November 1848 folgendermaßen: „Auch hier ist ein Club ‚emanzipirter Frauen' im Entstehen, deren Leitung eine[r] Frau Mathilde Anneke und einer Dame, Buntekuh oder Bunteschuh geheißen, anvertraut sein soll". Und fuhr mit einer ironischen Anspielung auf die Schriften des Arbeiterkommunisten Wilhelm Weitling fort:

> Da werden denn diese Weiber zu guter Letzt unsere Frauen emanzipieren wollen, und mit der Reitgerte in der Hand und dem Glimmstengel zwischen den Purpurlippen ihre Reorganisation der Frauenrepublik zu dociren bemüht sein [...] Bin doch gespannt auf das neue Evangelium, was diese Weiber-Apostel lehren werden![33]

Über eine Zusammenkunft dieser Gruppe von Frauen im April 1849, zu der sich auch Freiligrath und Hoffmann von Fallersleben gesellten, schrieb der Kölner Korrespondent der Hamburger Modezeitung „Jahreszeiten" in demselben Ton:

> Am Sonntag Abend (15. April) verlebte ich einige recht heitere Stunden. Ein Freund hatte mir mitgeteilt, daß sich hier einige Damen zu emancipiren gedächten, sie hielten ihre Zusammenkünfte in der Punschstube bei Kron; natürlich machte ich mich alsbald auf die Socken und fand die Frau Anneke, eine Dichterin Emma und eine noch unbekannte Große und junge Laffen, als da sind: angehende Zeitungsschreiber, Zierbengel, Pflastertreter, die sich in schwachen Witzläufen und faden Liebeserklärungen ergingen.[34]

Zur offiziellen Gründung eines demokratischen Frauenvereins ist es in Köln jedoch nicht gekommen. Möglicherweise hing das auch damit zusammen, daß Mathilde Anneke unter großen physischen und psychischen Belastungen stand: die mehrmalige Inhaftierung ihres Mannes und seiner Freunde, die letzten Monate der Schwangerschaft (sie gebar am 21. Juli 1848 den Sohn Friedrich August), Sorge um die finanzielle Existenz der Familie, Kampf um die Freilassung ihres Mannes, Umstände seines Gerichtsprozesses und damit verbundene polizeiliche Schikanen, und seit Anfang September 1848 eine vielseitige und verantwortungsvolle Aufgabe – Herausgabe einer Tageszeitung: „Neue Kölnische Zeitung für Bürger, Bauern und Soldaten", die sie mit ihrem Mann vor seiner Inhaftierung und mit Friedrich Beust[35] gemeinsam vorbereitete.

Zweifellos hat Emilie Emma sie dabei stets unterstützt. Sie war sicher dabei, als Mathilde unter den Bedingungen des Belagerungszustandes Ende September für kurze Zeit die verbotene „Neue Kölnische Zeitung" unter dem Titel „Frauen-Zeitung" weiterführte, und ebenso, als sie im Februar des nächsten Jahres den Versuch unternahm, eine eigenständige Zeitung für Frauen zu gründen.[36] Davon zeugt auch, daß in der „Neuen Kölnischen Zeitung" neben Texten von Ferdinand Freiligrath und Heinrich Heine mehrere Gedichte von Emilie Emma abgedruckt waren.[37]

In mehrfacher Hinsicht bemerkenswert ist bereits das erste Gedicht „Eine alltägliche Geschichte". Hier wird das Schicksal einer jungen Frau geschildert, die, um ihr Kind zu retten, in die Prostitution getrieben wird. Dieses Gedicht gab Mathilde im Oktober 1852 noch einmal in Amerika in ihrer „Deutschen Frauen-Zeitung. Central-Organ der Vereine zur Verbesserung der Lage der Frauen" heraus. Es kommt Maria Wagner das Verdienst zu, es 1980 erneut abgedruckt und umfassend gewürdigt zu haben.[38] In ihrer glanzvollen Einschätzung hebt sie hervor, daß es „eine soziale Ballade, ein Tendenzgedicht" ist, das zeigt, wie die Frauen durch die gesellschaftlichen und ökonomischen Verhältnisse in die Prostitution getrieben werden. Seiner Zeit weit voraus, füge es sich in Form und Inhalt in eine Reihe mit Wedekind, Brecht und Kästner ein, auch Heine-Rhythmen schwängen darin mit. In ihrem Gedicht setze die Verfasserin „einen bewußten Kontrast zum Kindesmörderinnen-Motiv des 18. Jahrhunderts" und erhöhe das Mädchen moralisch, „weil es den Kampf gegen das Schicksal aufnimmt und nicht morden will." Zugleich werde auf das kollektive Schicksal vieler Mädchen und Frauen hingewiesen.

Schließlich stellt Maria Wagner zusammenfassend fest: Dieses Gedicht „ist Rebellion gegen die der Frau aufgezwungene Rolle in moralischer, sozialer und wirtschaftlicher Hinsicht. Wir werden der Verfasserin das Verdienst zusprechen müssen, als eine der ersten ihrer Zeit die Frauenfrage dichterisch in neue Perspektiven gerückt zu haben, in andere, als sie in der Dichtung der patriarchalischen Gesellschaft bis dahin üblich waren. Nicht die verbotene Liebe, nicht die Untreue des Mannes sind Ziel der Anklage, sondern die Gesellschaft, deren scheinheilige Moral den Begriff ‚gefallenes Mädchen' schafft, ‚Angst und Noth' bewirkt, redlichen Broterwerb verhindert und das Mädchen auf die Straße treibt. Neben dem moralischen Protest tritt erstmals der Protest gegen ökonomische Zustände, denen die Frau ihres Frauseins wegen ausgesetzt ist."[39]

Das „Dirnen"-Thema wird u. a. auch in dem Gedicht „Geknickte Blüthen" aufgegriffen. Man hat jedoch den Eindruck, als wäre es vor der „Alltäglichen Geschichte" entstanden. Hier dominiert noch eine an das Mitleid appellierende Darstellung der Lebensumstände dieser Frauen, die in der „Alltäglichen Geschichte" bereits überwunden ist.

Die selbstbewußte, kühne und revolutionär gestimmte junge Frau tritt uns auch in dem Gedicht „Nach Herwegh", das ebenfalls in der „Neuen Kölnischen Zeitung" veröffentlicht wurde, entgegen:

Nach Herwegh.

Die Nachtigall war's und nicht die Lerche,
Die holde Tagverkünderin;
Noch seid Ihr halb von Schlaf befangen,
Noch ist die Nacht, die Nacht nicht hin.

Von Freiheit habt Ihr nur geträumt,
Und Euer Freiheitssonnenlicht –
Ein Nordlicht ist es kaum gewesen,
Der Morgensonne Schimmer nicht.

Noch weht der Hauch der Freiheit leise
Wol über Deutschlands Heiden hin; –
Bald, bald im heiligen Orkane
Wird wüthend er das Land durchziehn.

Den Nebel wälzt er fort und ballet
Zusammen Dunkelheit und Nacht,

Und strahlend dann und blutig flammend
Der Freiheit Sonnenlicht erwacht.

Dann schwingt die Lerche sich zum Himmel,
Bluttropfend an den Flügelein,
Und schmettert blut'ge Freiheitshymnen, -
Und blutig wird der Morgen sein.[40]

Ausgangspunkt ihres Gedichts „Herunter denn!" ist offenbar ein persönlicher Konflikt: Die Trennung von ihrem Geliebten, der ihr den Glauben genommen und dessen Liebe zum Gespött geworden war. An die Stelle der Liebe zu einem Mann tritt die rastlose Hingabe zur Freiheit:

Der Freiheit soll fortan mein Opfer Flammen,
Sie soll der einzig wahre Gott mir sein,
Ihr Tempel stürzet nimmermehr zusammen,
Ihr will ich mich mit ganzer Seele weih'n.[41]

Ein erstes dünnes Bändchen mit Gedichten von Emilie Emma von Hallberg erschien 1849 unter dem Pseudonym „Emilie Emma" in der Expedition der „Neuen Kölnischen Zeitung". Bereits der Titel ist Programm: „Schwertlilien. Zeit-Gedichte".[42] In dieser Ausgabe sind 33 Texte aus den Jahren 1847 bis 1849 vereint. Emilie Emma widmet den Band ihrer Freundin Mathilde Anneke, deren Solidarität mit anderen Frauen sie hervorhebt:

Des Weibes Elend macht Dir Schmerzen,
Des Weibes Schmach ist Deine Qual,
Madonna mit durchbohrtem Herzen -
Du weiblich hehres Ideal! –[43]

An Mathilde wenden sich auch die ersten drei Texte. Von den Gedichten seien – neben den bereits in der „Neuen Kölnischen Zeitung" veröffentlichten – zwei weitere angeführt, die die aktuellen revolutionären Ereignisse reflektieren. Das eine war unmittelbar unter dem Eindruck der französischen Februarrevolution entstanden, die sie lebhaft begrüßt:

Vive la Republique!
(29. Februar 1848.)

Erwacht, erwacht der Morgen tagt!
Es erhebet im Frankenlande
Die strahlende Sonne der Freiheit sich
Du schlafendes Deutschland ermuntere Dich
Streif ab des Schlafes Bande. -
Mein Deutschland bleibe nicht zurück,
Und rufe - vive la republique.

Erwacht, erwacht der Morgen tagt!
Schon schütteln im herrlichen Lichte
Die deutschen Eichen das stolze Haupt,

Der Freiheitsbaum hat sich frisch belaubt
Und hoffentlich trägt er auch Früchte.
Mein Deutschland bleibe nicht zurück,
Und rufe – vive la republique.

Erwacht, erwacht der Morgen tagt!
Erhebt euch begeisterte Mannen!
In kurzer Zeit ward viel vollbracht,
Verschwunden ist die Nacht, die Nacht
Auf! auf! und erwürgt die Tyrannen.
Mein Deutschland bleibe nicht zurück,
Kämpf' für deine Republik!

Erwacht, erwacht der Morgen tagt!
Streift ab die schmählichen Banden,
Der Geist der wild die Fesseln bricht,
Die Freiheit schwingt sich auf zum Licht
Es tagt in allen Landen.
Mein Deutschland bleibe nicht zurück,
Und rufe – vive la republique.

Erwacht, erwacht der Morgen tagt!
Die nächtlichen Schemen verschwinden,
Zum Kampf! – denn es ist kein eitler Wahn
Wenn auch, auf blutgetränktem Plan
Wird sich die Freiheit gründen
Mein Deutschland bleibe nicht zurück,
Und rufe – vive la republique!!![44]

Aus Anlaß der Berliner Märzereignisse entstand das zweite Gedicht:

Aufruf nach den Berliner Ereignissen

Wer hinterm Ofen nicht verdorrt,
Der wirf die leichte Feder fort,
Der nimm ein flammend Schwert zur Hand
Und ziehe rächend durch das Land.

Der ziehe fort von Ort zu Ort
Und jage die Tyrannen fort,
Erfüllend unsrer Zeit Gebot,
Sie heischet der Tyrannen Todt.

Gefloßen ist der Brüder Blut!
Bei wem gebricht es noch an Muth?
Die Früchte dieser blut'gen Saat
Ist Untergang dem Preußenstaat!

Ja Untergang dem Königthum!
Und jedem tapfren Kämpfer Ruhm
Der muthvoll sich den Todt erwirbt
Und für die deutsche Freiheit stirbt.

Und wer für sie nicht sterben kann,
Der ist ein Bube und kein Mann! –
Und Schande jeder deutschen Maid
Die einen solchen Buben freit![45]

Das Schlußgedicht des Bändchens ist eine Hymne auf den Dichter Ferdinand Freiligrath, den sie als deutschen Freiheitssänger bezeichnet, dessen Lied den Frühling heraufbeschworen habe. Angesichts dieser Texte ist nicht verwunderlich, daß diese Ausgabe in keiner zeitgenössischen Bibliographie angeführt wird.

Man kann sich leicht vorstellen, wie schwer Emilie Emma die Niederlage der Revolution und der Abschied von ihrer Freundin Mathilde Anneke fielen, die zuerst ihrem Mann nach Baden und in die Pfalz zu den letzten Revolutionskämpfen und dann in die Emigration folgte.

In den unmittelbar der Revolution folgenden Jahren gelang es ihr zunächst kaum noch, etwas zu veröffentlichen. In dem von Christian Schad in Würzburg herausgegebenen „Deutschen Musenalmanach" erschienen 1850 und 1851 einige Texte, vor allem Liebesgedichte.[46] Erst 1854 kam ein weiterer Gedichtband mit Märchen, Balladen und Liedern heraus.[47] Wie wenig sie bereit war, einmal gewonnene Erkenntnisse aufzugeben, macht auch das darin enthaltene Mathilde Anneke gewidmete Gedicht deutlich.[48] Ein Jahr später folgte ein zweiter Teil.[49] Sie werden später kontrovers eingeschätzt: Während sie in einer zeitgenössischen biographischen Notiz als „wohl die gelungensten" unter ihren Dichtungen bezeichnet werden[50], beurteilt Maria Wagner sie als „an insignificant work in the romantic manner" und nennt es „her weakest piece"[51].

Beide Einschätzungen können so nicht stehenbleiben, obwohl in vielen Texten durchaus eine romantische Sicht unverkennbar ist. In einem hohen Maße ist dies offensichtlich jedoch darauf zurückzuführen, daß die Verfasserin sich nach der Niederlage der Revolution und dem Verlust vieler Freunde dem aufkommenden Gefühl der Einsamkeit und Resignation wohl nicht anders erwehren konnte, als sich der Märchen ihrer Kinderzeit zu erinnern. Offenbar nicht zufällig ist der zweite Band ihrer Mutter Auguste von Hallberg gewidmet:

Ich meine wieder denn, ich läg' –
Ein harmlos Kind, an deinem Herzen,
Als ob du von der Stirn geküßt
Mir die Erinnrung meiner Schmerzen.

In welchem Maße sie mit der Einsamkeit zu kämpfen hatte, mag ein Vers aus ihrem Gedicht „Rückblick" verdeutlichen:

Die ich geliebt, sie haben mich verrathen,
Die fern mir standen, haben mich gehaßt –
Und Liebe suchend zog ich durch das Leben,
Doch überall war ich ein fremder Gast. (Th. I, S. 215)

Zugleich tritt uns immer wieder jene entschlossene und leidenschaftliche Frau entgegen, die sich wild gegen die bestehenden Verhältnisse auflehnt und kühn bekennt:

Zum Dulden bin ich nicht geboren!
Die Fessel, die mein Herz beengt,
So lang hab' ich an ihr gerüttelt,
Bis daß ich endlich sie gesprengt.

Nichts schlägt den kühnen Geist in Banden!
Die stolze Seele fluthet wild
Der ew'gen Freiheit stets entgegen,
Die aus dem Born Erkenntnis quillt, – [...]

Es gleicht mein Herz dem freien Strome,
Es gleicht mein Herz dem kühnen Aar,
Es bricht sich Bahn durch Fels und Klüfte,
Strebt nach der Sonne licht und klar. – (Th. I, S. 182f)

Selbstbewußt stellt sie fest:

Ich bin kein Stern – ich bin die Fackel nur,
Die Fackel in des finstern Schicksals Hand,
Womit schon oft in friedlich stiller Brust
Es angefacht den unheilvollsten Brand.

1857 konnte sie dagegen gleich drei Werke veröffentlichen. Zunächst ist da „Najade" zu nennen.[52] Bereits der erste Text, „Dem Verbannten" gewidmet, kennzeichnet ihr Anliegen: Trauer um die verlorene Liebe, Einsamkeit und Flucht in eine Märchen- und Traumwelt. Eingebettet in das Märchen von der „Najade", mit Texten, deren Melodie an Goethe und Schiller angelehnt ist, finden sich Aussagen, die sowohl ihre – insbesondere durch die entstandene gesellschaftliche Situation bedingte – Befindlichkeit, ihre Stellung als Frau und Dichterin, als auch ihren Willen, einmal gewonnene Einsichten nicht aufzugeben, deutlich machen. All dieses findet sich eher als Randbemerkung – auf wenigen Seiten eingeschoben – und als „Zwischenspiel" bezeichnet. So charakterisiert sie ihre Gesamtsituation mit folgen Zeilen:

Es will der Geist im Lebenskampf ermatten
Und nicht mehr hin durch alle Himmel fliegen,
Es will der Muth, es will die Kraft versiegen
Im Herzen mir, im müden lebenssatten. [...] (S. 79)

O Herz, wie wirst du es allein vollenden?
Nicht Einer mag ein Wort des Friedens spenden;

Doch Viele wollen dir den Kampf erschweren,
Als ob nicht g'nug der Leiden wären.

Sei stark mein Herz, du darfst nicht unterliegen,
Du mußt auch noch in diesem Kampfe siegen! (S. 80)

Ihre unverändert emanzipatorische Sicht, aber auch der Konflikt, in den sie sich gestellt sieht, wird angesprochen:

Ein Weib zu sein, kann es Trostloseres geben?
So muß ich oft das dunk'le Schicksal fragen,
Wenn die Gedanken rastlos mich umjagen,
die Phantasie'n wie Geister mich umschweben.

Doch schlimm're Gaben beut uns noch dies Leben,
Muß ich mir selber dann in Wehmut sagen:
Der Dichtung Flamme in dem Herzen tragen,
Nach Himmeln streben und am Staube kleben.

Ihr, die ihr's wagt den Dichter zu beneiden,
O, kenntet ihr die Fülle seiner Leiden,
Ihr würdet ihn aus tiefster Brust beklagen;

Doch weh' dem Wesen, dem die beiden Gaben
Als Fluch die Götter mit in's Leben gaben;
Wohl besser nie geboren, als ihn tragen. (S. 82)

Doch trotzig bekennt sie:

Und dennoch möcht' ich nicht mein Herz vertauschen
Und nimmermehr die Anderen beneiden,
An Lust und Qual kann sich die Seele weiden,
In ihnen ich bacchantisch mich berauschen;

Kann jeden Pulsschlag der Natur belauschen,
Durchfühle einer ganzen Hölle Leiden
Im Augenblick' und eines Himmels Freuden,
Hör Teufel lachen, Friedenspalmen rauschen. [...] (S. 83)

Im gleichen Jahr erschien – diesmal anonym – das Bändchen „Heinrich Heine's Himmelfahrt. Eine Geisterstimme".[53] Es ist eine leidenschaftliche Replik auf die anonym herausgegebene, von Wolfgang Müller von Königswinter verfaßte, Schmähschrift „Höllenfahrt von Heinrich Heine".[54] Sie selbst schreibt, was sie dazu trieb, diese Antwort zu verfassen: „Als ich die anonyme Schrift ‚Höllenfahrt von Heinrich Heine' las, war ich empört über die wahrhaft pöbelhaften Angriffe auf den kürzlich, nach langem Leiden entschlafenen Dichter Heinrich Heine."[55] Auch die gegen die „besten deutschen Dichter" gerichteten Schmähungen reizten sie bis aufs Blut. Sie bezeichnet deshalb die „Höllenfahrt" als „eine himmelschreiende Sünde".[56] Es sei ihre Hauptabsicht gewesen, dem Verfasser einen Denkzettel zu verpassen. Bemerkenswert ist die Verknüpfung der Verteidigung der von ihr hochverehrten demokratischen Dichter – neben Heinrich Heine auch Ferdinand Freiligrath – gegen Müllers Schmähungen mit der Abwehr seiner Versuche, die emanzipatorischen Bestrebungen solcher Frauen wie Bettina von Arnim, Ida Hahn-Hahn, Fanny Lewald oder Charlotte Birch-Pfeiffer, verächtlich zu machen. Sie stellt sich diesen Versuchen entschieden entgegen und wird damit ihrem Credo, sich „mit ganzer Seele als Kämpferin für die sozialen Rechte der Frauen" hinzugeben[57], gerecht. Auf Müllers:

Es ging auch große Rede vom Volk
Von weisen blaustrümpfigen Frauen.
Ei, meint' ich, die lassen mich vielleicht
Das Kunstwerk der Zukunft schauen. [...]

Ich dachte: das deutsche Weibervolk,
Die literarischen Katzen,
Sie halten dort einen lieblichen Tanz
Mit lieblich bewegten Fratzen. [...]

So viel ich gesehen, ich war gewiß:
Die edlen Damen in Ehren,
Sie werden das Kunstwerk der Zukunft nicht
Dem harrenden Deutschland gebären"[58]

entgegnet sie kühn:

Der Geist des Weibes entwickelte sich
Auf ganz natürlichen Wegen,
Es glaubt kein Kind mehr an Hexerei,
Wenn Euch ihr Geist überlegen.

Die deutschen Frauen haben gezeigt,
Als kühne Amazonen,
Daß besser sie oft, als mancher Mann,
Auf dem störrigen Pegasus thronen.

Die deutschen Frauen haben gezeigt
Sich frei im Denken und Handeln,
Und wie sie das Joch der Sklaverei
In blühenden Lorbeer verwandeln.

Sie haben die Fesseln des Geistes gesprengt,
Worin sie so lange geschmachtet,
Sie jauchzten der schimmernden Freiheit zu,
Eh' Ihr es träumtet und dachtet.

Ihr habt das jubelnde, schmetternde Lied
Der Freien so wenig verstanden,
Als wie den klagenden Schmerzenslaut
Der Andern, die halb noch in Banden.

Ihr dachtet, das Weib sei gut genug
Im Ehebett und in der Küche,
Und allenfalls noch im Salon, –
Das ging denn doch in die Brüche!

Ihr dachtet pfiffig, der Geist versumpft
In dieser prosaischen Sphäre,
Und leider verkrüppelt er oft stark
In der häuslichen, schlimmen Misere. [...]

Der Frauen Klugheit wurde zur List,
Ihr Witz ist Bosheit geworden,
Und ihre Thatkraft erschöpften sie nur
Ihren guten Namen zu morden.

Daß es so war und noch theilweise so ist
Gereicht Euch nimmer zu Ehren,
Denn Euch muß doch zuletzt ein Weib
Den neuen Messias gebähren. –

Du aber, Freundchen, hüte Dich wohl
Vor den weisen, blaustrümpfigen Frauen,
Sie lassen im Zauberspiegel Dich sonst
Die eigene Nichtigkeit schauen. [...]

Vor Allen aber nimm Dich in Acht
Vor den literarischen Katzen –
Sie möchten zum Dank für die Blockbergsfahrt
Dich schmählich beißen und kratzen.[59]

Es ist nicht verwunderlich, daß sofort Bemühungen einsetzten, sie mundtot zu machen. Diese Versuche reichten von persönlichen Verdächtigungen über einen Verriß in einer bekannten Literaturzeitung[60] bis zu einem Injurienprozeß vor dem „Zuchtpolizeigericht" in Trier.[61]

1857 und 1858 veröffentlichte sie noch zwei Hefte unter dem Titel „Die neue deutsche Nationalliteratur, kritisch, satyrisch vom Verfasser von Heinrich Heines Himmelfahrt". Neben dem biographisch bemerkenswerten Vorwort finden sich im ersten Heft in Verse gefaßte Charakteristiken von Heinrich Heine, Nikolaus Lenau, Friedrich von Sallet, Wolfgang Müller, Nikolaus Hocker, Alfred Meißner und Robert Prutz. In dem schon mehrfach angeführten Vorwort schreibt sie, mit kritischem Blick auf „Heinrich Heines Himmelfahrt" über ihr Anliegen:

> Ich ließ mich von meinem gerechten Unwillen hinreißen und sah erst nachträglich ein, daß ein Dichter wie Heinrich Heine, keiner Verteidigung bedarf und ich den Zweck, den ich verfolgte – nämlich gewisse Schmutzlachen und Krebsschäden unserer Literatur in ein geeignetes Licht zu stellen – auch in meiner 'neuen deutschen Nationalliteratur' hätte erreichen können.[62]

Diesem Ziel verpflichtet sind ihre Einschätzungen Lobgesang und freundschaftliche Kritik für den einen, gnadenloser Verriß für den anderen. Ihren Anspruch formulierte sie so:

In uns'rer Zeit verlangt man mehr,
Als Mondscheinpoesien
Und Liebesgewinsel, des Dichters Wort
Soll wie Funken vom Amboß sprühen [...] (S. 104)

Natürlich steht der von ihr verehrte Heinrich Heine an erster Stelle und natürlich wird es ein Lobgesang:

Er war am Himmel der Poesie
Kein Fixstern und keine Planete, –
Er glich im herrlichen Strahlenschmuck
Dem flammenden, wilden Komete. (S. 29)

Er glich der gewaltigen Aloe, die
Alle hundert Jahre erblühet. –
In deren Kelch so geheimnisvoll
Es duftet und blühet und glühet. (S. 30)

Noch einmal zieht sie auf fast zehn Seiten ins Gefecht gegen Wolfgang Müller. Ihre Kritik läßt sich wohl mit folgenden vier Zeilen am treffendsten wiedergeben:

Als Rheinischer Dichter hat er sich
Bedeutenden Ruhm erworben;
Er schreibt so harmlos – sein Dichten hat
Noch Keinem den Schlaf verdorben. (S. 66)

Er werde, so prophezeit sie, in der deutschen Literatur bald „in die Rumpelkammer verwiesen" werden. (S. 67)

Nikolaus Hocker – dem Freund aus der Zeit von 1847–1848 – nahm sie es besonders übel, daß er Müllers „Höllenfahrt" positiv besprochen hatte.[63]

Dies ist derselbe Hocker den,
– Ich weiß nicht welcher Bekannte, –
In einer guten Rezension
Den Schwanzträger Müllers nannte. (S. 67)

Über seine literarischen Fähigkeiten urteilt sie vernichtend:

Er schreibt, ich sag es sub rosa,
Die ungereimteste Poesie
Und eine gereimte Prosa. (S. 75)

Wenn Müller in der Literatur
Als Don Quixote sucht das Weite, –
So gibt als Sancho Pansa ihm
Herr Hocker das Geleite (S. 81)

Ihre Enttäuschung darüber, daß sie sich von ihm verraten fühlte, sowie die Tatsache, daß sie mit ihm endgültig gebrochen hatte, bringt sie mit den folgenden zwei Zeilen zum Ausdruck:

Drum will ich ferner erwähnen nicht,
Wie Judas auch mich verrathen. (S. 82)

Müller und Hocker stellt sie Alfred Meißner, Friedrich von Sallet und Robert Prutz gegenüber, die „ihre Fahne" nicht verraten hatten.

Obwohl Herwegh für sie „einer unsrer begeistertsten und wildesten Freiheitssänger" (S. 107) geblieben ist, zeichnet sich gerade in ihrer Sicht auf ihn ein Wandel gegenüber 1848 ab. Hier wird wohl auch am deutlichsten die Entwicklung ihrer eigenen politischen Anschauungen sichtbar. Während es früher hieß: „Und blutig wird der Morgen sein“, heißt es jetzt:

> Er schonet die prächtige Villa nicht
> Und nicht die Hütte des Armen,
> Den Gottessegen der blühenden Flur
> Vernichtet er ohne Erbarmen (S. 109)

Ihre Antwort darauf lautet – und es klingt wie ein Glaubensbekenntnis:

> Wir wollen den Tempel der Zukunft baun,
> Eh' wir den alten vernichten. –
> Zerstören kann ein Kind und ein Narr,
> Doch Verstand und Kraft nur errichten. (S. 110)

Über diese Schrift erschien eine ausführliche Besprechung von Hermann Marggraf, dem Herausgeber der „Blätter für literarische Unterhaltung“.[64] Nachdem der Verfasser dem Publikum das Pseudonym Emilie Emma enthüllt hatte, stellte er fest:

> Ob sich nun das weibliche Geschlecht zu dieser ersten deutschen Repräsentantin des Humors und der Satire aufrichtig Glück wünschen darf, müssen wir freilich dem Urtheil ihrer ‚Mitschwestern‘ überlassen; wir fühlen und erklären uns in dieser Hinsicht einigermaßen inkompetent. Aber eine Erscheinung wie diese gehört auch zu den ‚Zeichen der Zeit‘, [...] und verdient wenigstens in dieser Hinsicht einige Berücksichtigung.[65]

Da diese „Dame“ jedoch, wie er weiter schreibt, „sich auf das Gewühl des literarischen Marktes vordrängt, die Elnbogen in die Seite gestemmt und nach links und rechts Stöße versetzend“, habe sie das Recht verwirkt, „galant behandelt zu werden, welches das weibliche Geschlecht nur dann in Anspruch zu nehmen hat, wenn es als das ‚zartere‘ in seinen Schranken bleibt.“ Solcherart von Hemmungen befreit, empfiehlt er der Autorin, sie täte besser daran, „die Löcher an den Strümpfen als die Löcher der Literatur zu stopfen.“ Angesichts der „unsaubere(n) Stellen“ fühle man sich versucht „Emilie Emma für einen verkappten Matrosen oder Fuhrmann zu halten“. Schließlich rät er der Autorin wohlmeinend, „ihr Talent, von dem sich doch hier und da in einzelnen keck aufgesetzten Lichtern Spuren zeigen“ würden, „zu edlern Zwecken und in würdigerer Weise zu verwenden“. Geradezu väterlich fügt er schließlich hinzu, daß die Zeit „sicherlich nicht ausbleiben“ werde, „wo sie ihre bisherige literarische Richtung selbst verwerfen und bitter bereuen wird.“

Das zweite – 1858 erschienene – Heft ist die Fortsetzung ihrer Galerie zeitgenössischer Dichter und enthält Einschätzungen von Freiligrath, Kinkel, Hoffmann von Fallersleben, Jordan, Redwitz, Geibel, Strachwitz und Uhland.

In den folgenden Jahren erschienen nur noch einige wenige Texte von Emilie Emma – u.a. im „Illustrirten Familien-Journal“[66] und im „Deutschen Musenalmanach“.[67] Während es sich bei „Ein Röschen“ und „Einverständniß“ um klassische Liebesgedichte handelt, sind in dem Gedicht „Wohin?“[68] gesellschaftlich bedingte Einsamkeit und persönliche Perspektivlosigkeit eng miteinander verknüpft. Die Kälte des Winters ist Ausdruck für die Erstarrung in der Periode nach der Revolution von

1848/49, dagegen steht der Frühling als Sinnbild des Völkerfrühlings, der Märzrevolution. Ihr eigener Kummer wäre dann leichter zu ertragen: „Ja, wärs zur Frühlingszeit"!

Wohin?

Wohin mit meinem Kummer?
Der Winter zieht durchs Land,
Hat Wies' und Wald gekleidet
Ins weiße Schneegewand.

Der Mühlbach ist erstarret
Und Baum und Busch entlaubt,
Die Tanne schüttelt traurig
Das schneebedeckte Haupt.

Wohin mit meinem Kummer?
Ja, wärs zur Frühlingszeit –
Doch nun trägt Alles draußen
Ja selber schweres Leid.

Ihre letzte bislang bekannte Veröffentlichung erschien 1860 im „Illustrirten Familien-Journal".[69] Sie nannte das Gedicht bezeichnenderweise „Täuschung", Täuschung über ausgedachte und gebrochene Hoffnungen:

Doch Täuschung ist des Menschen Loos.
Die Rosen, die so schön ich dachte,
Die meine Sehnsucht heiß entflammt,
Daß sie mich schier verwegen machte –

Find ich vom heißen Sonnenstrahl
Verblichen und vom Sturm geknicket,
Nur eine Knospe hie und da
Noch freundlich mir entgegen blicket.

Und da ich diese brechen will
Ritzt wund ihr Dorn mir Arm und Hände –
So geht dies stets, mein Dichterherz,
Die Täuschung ist der Hoffnung Ende.

Wie aus einem Brief an Cotta hervorgeht, versuchte sie allerdings noch 1859 – obwohl vergeblich – ein weiteres Manuskript, möglicherweise ihr „Glaubensbekenntsniß", zu veröffentlichen.[70]

Über die letzten Lebensjahre von Emilie Emma von Hallberg ist kaum etwas bekannt. Wir wissen nur wenig über ihren Umgang und Freundeskreis. Gesichert ist lediglich, daß sie eine langjährige freundschaftliche Beziehung mit Carl Bansi[71] verband. Zu ihm hatte sie offenbar bereits in den vierziger Jahren Kontakt aufgenommen. In einem undatierten, wohl aus dieser Zeit stammenden Brief, der an den Rand einer Gedichtsammlung geschrieben ist, heißt es:

Auf Veranlassung meiner Freundin Elise erlaube ich mir, Ihnen, unbekannterweise, einige meiner Gedichte zur gefälligen Durchsicht zu übersenden. Sollte vielleicht eines derselben so glücklich sein, Sie zu interessieren, würden Sie mich sehr verbinden, es in einer Ihrer Mußestunden in Musik zu setzen.[72]

Bansi sammelte eifrig ihre Gedichte, so daß sich heute in seinem Nachlaß etwa 60, vorwiegend Liebesgedichte befinden.[73] Noch zu seinem Geburtstag 1857 schickte sie ihm ein Gedicht, in dem sie sich als seine Freundin bezeichnete.[74] Diese Beziehung hat sich mit Sicherheit bis 1860 – vermutlich aber bis zu ihrem Tod – erhalten. Wie aus einer Notiz von Bansi hervorgeht, besuchte er Emilie Emma am 8. Juni 1860 in Köln und erhielt von ihr das Gedicht „Gottes-Gericht".[75]

Nur aus Andeutungen läßt sich ein Schluß auf ihre Befindlichkeit ziehen. So heißt es in einem Brief an Cotta u. a.:

> Könnte ich Ihnen mit offenem Vertrauen mein trübes Leben schildern, so bin ich fest überzeugt, daß Sie mir Ihr Mitgefühl nicht versagen, und durch Uebernahme des Werkes meine Sorgen theilweise erleichtern würden, doch läßt mich ein Gefühl des Stolzes, das Sie mein verehrter Herr gewiß nicht mißverstehen werden, wünschen, daß Ihre Theilnahme mehr durch das Werk, als durch die traurige Lage der Verfasserin erregt werde.[76]

Es mag wohl ihre widerborstige Art gewesen sein, die unter Bedingungen, wo sich nicht nur Verleger sondern auch frühere Freunde an ein reaktionäres System anpaßten, das zeitweise den Sieg davongetragen hatte, zu einer Einsamkeit führte, die kaum zu ertragen war:

Mir däucht, ich steh' allein in diesem Streit,
Und eitel, nutzlos ist vielleicht mein Streben,
Dem ich mein Menschenglück zum Opfer bracht,
Dem ich geweiht mein ganzes künft'ges Leben.

Ich sehe einen wunderbaren Stern,
Wie einst des Morgenlandes Weisen, blinken,
Führt er zum Heil? ich hoffe es, doch kann
Er plötzlich mir in tiefe Nacht versinken.

Ich steh' allein im Kampf für mein Geschlecht,
Das noch die Hand belecket, die es peinigt,
Schon sehe ich, wie es nach Steinen rafft
Und mich zuerst ob meines Strebens steinigt.

Ich kenne dies Geschlecht voll Widerspruch,
Das ich beweinen, das ich lieben lernte,
Das meine Wunden selbst beneiden wird,
Wenn ich dafür den blut'gen Lorbeer ernte.

Doch sei es drum, in Eure Nacht hinaus
Streck' segnend ich die schwesterliche Rechte,
Die Euch so gern von Eurem tiefen Fall
An meine wunde Brust erheben möchte.[77]

Es ist wieder ein Brief von Mathilde Anneke, der uns – diesmal eine letzte – Nachricht von Emilie Emma gibt. Sie berichtet über einen Besuch bei Hocker in Köln:

> Dr. Nicolaus macht in Literatur und hat sich ein hübsches Haus zusammengeschrieben. Er lebt mit seiner leider kränklichen Frau Elise so weit vergnügt. Ich saß einen Abend mit ihnen beim Hasenbraten beisammen und trank Wein. Es wurde auch der Dichterin Emma Emiliens viel gedacht, und ihrer tiefen Versunkenheit am letzten Ende.[78]

Welch eine Dramatik spricht aus diesen Zeilen! Nach vielen Jahren des Exils kommt Mathilde nach Köln, um den alten Freund aus den Vierzigern zu besuchen. Sie weiß nicht, welche bitteren Erfahrungen Emilie Emma mit Hocker gemacht hatte, doch sie beobachtet genau: Er „macht in Literatur und hat sich ein hübsches Haus zusammengeschrieben". Sie, die die Gedichte ihrer Freundin mit in die „neue" Welt hinübergenommen hatte, die ihren Idealen treu geblieben war, sitzt nun mit dem Mann zusammen, der Emilie Emma tief enttäuscht und den sie deshalb als Judas bezeichnet hatte und er berichtet ihr über deren „tiefe[n] Versunkenheit am letzten Ende" – offenbar ohne einen Gedanken daran, welchen Anteil er selbst an diesem Zustand gehabt haben mag. So wird nach dem Tod Emilie Emmas das Gerücht von einer vereinsamten, möglicherweise geisteskranken oder gemütsverwirrten Frau in die Welt gesetzt.

Emilie Emma von Hallberg ist am 13. Dezember 1862 in Köln gestorben.[79]

Anmerkungen

1 Joseph Kehrein: Biographisch-literarisches Lexikon der katholischen deutschen Dichter, Volks- und Jugendschriftsteller im 19. Jahrhundert. Zürich/Stuttgart/Würzburg 1868–1871. Zit. nach Deutsches Biographisches Archiv. I. Lieferung, MF 463, Nr. 289.

2 ADB, Bd. 10, S. 416.

3 In DHA VII, 1139f. werden zwar zwei Zeilen aus ihrer „Himmelfahrt" zitiert, jedoch vorsichtig von einer „Emilie Emma von Hallberg zugeschriebene(n) Replik" gesprochen. Biographischen Angaben sind nicht zu finden.

4 Maria Wagner: Mathilde Franziska Anneke in Selbstzeugnissen und Dokumenten. Frankfurt a.M. 1980, S. 317–320, S. 424, Anm. 18.

5 Ebd., S. 318ff.

6 Friedrichs, S. 115.

7 Women Writers of Germany, Austria, and Switzerland. An annotated bio-bibliographical guide. Edited by Elke Frederiksen. Bibliographies and Indexes. – In: Women's Studies 8. 1989, S. 95.

8 Emilie Emma von Hallberg: Heinrich Heine's Himmelfahrt. Eine Geisterstimme. – In: Heinrich Heines Höllenfahrt. Nachrufe auf einen streitbaren Schriftsteller. Dokumente 1846–1858. Ausgew., hrsg. und mit einem Nachwort versehen v. Ralf Georg Bogner. Heidelberg 1997, S. 170–183.

9 Vgl. Geburtsurkunde Nr. 1573/1824. Nordrheinwestfälisches Personenstandsarchiv Rheinland.

10 Diese und die folgenden biographischen Angaben sind entweder der o.g. Geburtsurkunde bzw. der Kartei von Joseph Bayer im Historischen Archiv der Stadt Köln entnommen. – Ich habe Herrn Dr. Illner für freundliche Unterstützung zu danken.

11 Friedrichs, S. 115, wundert sich darüber, daß der Vater in Emilie Emmas Geburtsurkunde „schon mit 24 Jahren" als „Rentner" bezeichnet wird. Dabei geht sie offenbar vom heutigen Begriff aus. Im konkreten Fall bedeutet es lediglich, daß er von der Zahlung einer „Rente" lebte, die ihm aus dem Vermögen seines Vaters zugesprochen worden war.

12 [Emilie Emma von Hallberg]: Die neue deutsche Nationalliteratur, kritisch, satyrisch vom Verf. von Heinrich Heines Himmelfahrt. Trier 1857, 1. Heft, S. 7f.

13 Mathilde Franziska Anneke geb. Giesler, in erster Ehe (1836–1843) Tabouillot, (1817–1884). Vgl. Martin Henkel/Rolf Taubert: Das Weib im Conflict mit den socialen Verhältnissen. Bochum 1976; Wagner [Anm. 4]; Manfred Gebhardt: Mathilde Franziska Anneke. Madame, Soldat und Suffragette. Berlin 1988.

14 Friedrich Anneke (1818–1872). Vgl. Wilhelm Schulte: Fritz Anneke – ein Leben für die Freiheit in Deutschland und in den USA. – In: Beiträge zur Geschichte Dortmunds und der Grafschaft Mark 57, S. 5–100; Erhard Kiehnbaum: „Wäre ich auch zufällig ein Millionär geworden, meine Gesinnungen und Überzeugungen würden dadurch nicht gelitten haben ..." Friedrich Annekes Briefe an Friedrich Hammacher 1846–1859, Wuppertal 1998.

15 Andreas Gottschalk (1815–1848). Vgl. Arno Herzig: Andreas Gottschalk und der Kölner Arbeiterverein. – In: Köln und das rheinische Judentum. Festschrift Germania Judaica 1959–1984. Köln 1984, S. 177–182.

16 August von Willich (1810–1878). Vgl. Loyd D. Easton: Hegel's first American followers: the Ohio Hegelians; John B. Stallo, Peter Kaumann, Moncure Conway and August Willich with key writings. Ohio, University Press 1966.

17 Vgl. Martin Hundt: Geschichte des Bundes der Kommunisten. 1836–1852. Frankfurt a. M. u. a. 1993.

18 Mathilde Anneke an Friedrich Hammacher. 26. August 1847. – In: Kiehnbaum [Anm. 14], S. 86.

19 Gemeint ist Carl Theodor Maria Hubert Freiherr von Hallberg-Broich (1768–1862), der unter dem Pseudonym „Eremit von Gauting" Reisebeschreibungen veröffentlichte.

20 Mathilde Anneke an Mutter und Geschwister, 2. September 1847. – In: Wagner [Anm. 4], S. 39.

21 Nikolaus Anton Hocker (22. März 1822/Neumagen–21. Dezember 1900/Köln) Schriftsteller; nach kurzer Dienstzeit in der preußischen Armee Studium der Germanistik in Heidelberg. 1848 Angestellter der Rheinischen Eisenbahngesellschaft und Sekretär des „demokratisch-sozialistischen Klubs" in Köln. Später Redakteur verschiedener Zeitungen und Verwaltungsangestellter. 1847 hatte er seinen ersten Gedichtband herausgegeben.

22 Elise Brinkmann (geb. Köln), heiratete später Nikolaus Hocker.

23 Peter Robert Emil Theodor Weiskirch (9. November 1821/Bilstein-Oktober 1907/Milwaukee, Wisc.), Sohn eines Amtsarztes, später Ehemann von Johanna Giesler, einer jüngeren Schwester von Mathilde Anneke. – In seinem Brief vom 22. März 1853 an Friedrich Hammacher bezeichnet Friedrich Anneke Weiskirch als „Ex-Geliebte(n) von Emma Bunteschu". – In: Kiehnbaum [Anm. 14], S. 132. Weiskirch wanderte nach der Revolution in die Vereinigten Staaten aus.

24 Friedrich Willeringhaus (geb. 12. Oktober 1821/Schwelm), Kommis in einem Kölner Handlungshaus, seit Frühjahr 1848 stellvertr. Komiteemitglied für das Gewerbe der Kaufleute, Mitglied des Kölner Arbeitervereins. Er wird 1852 vom Berliner Polizeipräsidenten von Hinckeldey als Mitglied „der Marx-Engelsschen Kommunistenpartei" bezeichnet. Vgl. Martin Hundt: Louis Kugelmann. Eine Biographie des Arztes und Freundes von Karl Marx und Friedrich Engels. Berlin 1974, S. 20f.; Michael Knieriem: Mathilde und Fritz Anneke. – Drei

unbekannte Briefe aus dem Jahre 1848. – In: Beiträge zur Heimatkunde der Stadt Schwelm und ihrer Umgebung. Jahresgabe des Vereins für Heimatkunde Neue Folge, H. 32. Schwelm 1982, S. 85, 92.

25 Mathilde Anneke an Marianne Kitzitaff, 12. Februar 1848. – In: Knieriem [Anm. 24], S. 85.

26 Engelbert Bedorf, Barbier, später Komiteemitglied des Kölner Arbeitervereins und Mitglied des Bundes der Kommunisten.

27 Anton Joseph Heimann, Schuhmachermeister in der Lungengasse 8 (Kölner Adreß-Buch 1849, S. 233). Später war er Komiteemitglied des Kölner Arbeitervereins.

28 Victor Eduard Ludwig Heinrich D'Huvelé (geb. 19. Mai 1821/Stade), preußischer Offizier. Er gehörte der 7. Artillerie-Brigade an und war zeitweise in Köln stationiert. 1857 erhielt er als Hauptmann seinen Abschied.

29 Hermann Jakob Korff (9. September 1824/Hamm–31. Juli 1882/Chicago), preußischer Offizier. Mit Friedrich Anneke befreundet, wurde er 1847 wegen seines Umgangs „mit kommunistisch gesinnten Personen" aus der Armee entlassen. 1848 Gerant der „Neuen Rheinischen Zeitung". Nach der Niederlage der Revolution emigrierte er 1849 in die USA. 1859 soll er wegen Urkundenfälschung zu 12 Jahren Zuchthaus verurteilt worden sein. Joseph Weydemeyer an Karl Marx, 17. März 1860. – In: Manfred Häckel: Freiligraths Briefwechsel mit Marx und Engels. Berlin 1976, Bd. II, S. 200. Wie erst jetzt ermittelt werden konnte, nahm er jedoch 1861 als Oberstleutnant am amerikanischen Bürgerkrieg teil.

30 Vgl. Shlomo Na'aman: Emanzipation und Messianismus. Leben und Werk des Moses Heß. Frankfurt/New York 1982.

31 Andreas Gottschalk an Moses Heß. 5. September 1847. – In: Moses Hess. Briefwechsel. Hrsg. v. Edmund Silberner. 's-Gravenhage 1959, S. 174.

32 Vgl. Jürgen Herres: 1848/49. Revolution in Köln. Köln 1998, S. 16–19, 40ff.

33 Bonner Wochenblatt. Nr. 304, 18. November 1848. Zit. nach ebd., S. 66.

34 Jahreszeiten 1849, Sp. 564ff. Zit. nach Herres [Anm. 32], S. 66. – Hoffmann erwähnt in seinen Erinnerungen diese Zusammenkunft nicht. Über seinen Aufenthalt im April 1849 berichtet er lediglich, daß er mit Freiligrath zusammengetroffen sei und in Köln und Düsseldorf „einige frohe Tage" verlebt habe. Vgl. Heinrich Hoffmann von Fallersleben: Mein Leben. Aufzeichnungen und Erinnerungen. Hannover 1868, Bd. V, S. 73.

35 Friedrich von Beust (1817–1899). Vgl. Alfred Stern: Zur Biographie Friedrich Beusts. – In: Archiv für die Gechichte des Sozialismus und der Arbeiterbewegung, 12, 1926, S. 175–181.

36 Herres [Anm. 32], S. 67.

37 Vgl. Neue Kölnische Zeitung für Bürger, Bauern und Soldaten. 1849. Es handelt sich um die Gedichte: „Eine alltägliche Geschichte" (Nr. 42); „Barrikaden und Pallisaden" (Nr. 45); „Geknickte Blüthen" (Nr. 48); „Des Soldaten Heimkehr" (Nr. 68); „Des deutschen Rheines Braut" (Nr. 80); „Nach Herwegh" (Nr. 96); „Der greise Bettelmann" (Nr. 106); „An Ferdinand Freiligrath" (Nr. 128); „Herunter denn!" (Nr. 133). – Alle veröffentlicht in „Schwertlilien. Zeitgedichte". [Anm. 42].

38 Wagner [Anm. 4], S. 318ff.

39 Ebd., S. 320.

40 Neue Kölnische Zeitung, 1849, Nr. 96.

41 Ebd., Nr. 133.

42 Schwertlilien. Zeit-Gedichte von Emilie Emma. Köln (Neue Kölnische Zeitung) 1849.

43 Ebd., S. 6.

44 Ebd., S. 43.

45 Ebd., S. 24.

[46] Deutscher Musenalmanach. Hrsg. v. Christian Schad. Würzburg 1850, Bd. 1, S. 207–220 („Seufzer"; „Ich bin geliebt"; „Nicht weine!"; „Berglieder 1.–3."; „Neue Liebe"; „Liebeslieder 1.- 8."). Würzburg 1851, Bd. 2, S. 145–148 („Droben").

47 Emilie Emma von Hallberg: Waldmärchen, Balladen und Lieder. Trier 1854, 2 Bde., Th. I.

[48] Dies.: An Mathilde Franziska. Ebd., S. 203f.

[49] Emilie Emma von Hallberg: Waldmärchen, Balladen und Lieder. Trier 1855, Th. II.

[50] ADB, Bd. 10, S. 416.

[51] M[aria] W[agner]: Hallberg, Christine Emilie Emma von. – In: Women Writers [Anm. 7], S. 95.

[52] Emile Emma von Hallberg: Najade, Dichtung. Trier 1857.

[53] [Emilie Emma von Hallberg]: Heinrich Heine's Himmelfahrt. Eine Geisterstimme. Trier 1857, S. 59.

[54] [Wolfgang Müller von Königswinter]: Höllenfahrt von Heinrich Heine. Hannover 1856.

[55] [Emilie Emma von Hallberg]: Die neue deutsche Nationalliteratur, kritisch, satyrisch vom Verf. von Heinrich Heines Himmelfahrt. Trier 1857. 1. Heft, Vorwort, S. 15.

[56] Ebd., S. 17.

[57] Ebd., S. 18.

[58] Königswinter [Anm. 54], Caput XVIII.

[59] Hallberg [Anm. 53], Caput XI.

[60] Vgl. Blätter für literarische Unterhaltung. Nr. 16, 16. April 1857, S. 296f. Dort schreibt H[ermann] M[arggraf] u.a. in seiner „Kleine(n) humoristische(n) Bücherschau": „Dem Verfasser der erstgenannten Schrift [Heinrich Heines Höllenfahrt – E. K.] wird darin vorgeworfen: Er hat euch (den Poeten) übel mitgespielt, / Gar schmählich euch gehudelt, / Er griff in euren Dreck und hat / Sich selbst damit besudelt. / Das ist die Manier, in welcher sich heutzutage die Dichter und Schriftsteller, [...] gegenseitig zu behandeln pflegen, und es ist nicht die schlimmste Probe! Dabei machen sie aber doch darauf Anspruch, Dichter und vielleicht sogar Gentlemen zu sein. Um solche literarischen Satiren zu schreiben, dazu gehört eben Witz, noch ein mal Witz und zum dritten mal Witz, wie ihn eben Heine besaß und die Verfasser der ‚Höllenfahrt' und dieser ‚Himmelfahrt' nicht besitzen. Der Verfasser der erstern hatte aber doch bestimmte und ernste literarische Gesichtspunkte, die seinem Gegner abgehen [...]. An diesen leidigen Publicationen haben wir eine Fortsetzung der alten Xenienwirthschaft, nur, den rohern Elementen unserer Zeit entsprechend, in roherer Form."

[61] Hallberg [Anm. 53], S. 3ff.

[62] Ebd., S. 3f.

[63] Ebd., S. 81.

[64] Ein weiblicher Satyr. – In: Blätter für literarische Unterhaltung. 1857, S. 864ff.

[65] Ebd, S. 864f.

[66] Illustriertes Familienjournal: eine Wochenschrift zur Unterhaltung und Belehrung. 9. 1858, S. 186 („Ein Röschen"); Ebd., S. 225 („Einverständnis"); Ebd. 12, S. 347 („Wohin?").

[67] Deutscher Musenalmanach 9, Würzburg 1859, S. 348 („Am Allerseelenfeste").

[68] Illustriertes Familien-Journal 12, 1859, Nr. 314, S. 347.

[69] Illustriertes Familien-Journal 13, 1860, S. 380.

[70] Emilie Emma von Hallberg an Cotta, 30. November 1859. – In: DLA, Cotta-Archiv. – Eine Antwort von Cotta an E.E. von Hallberg ist im Cotta-Archiv nicht überliefert, ebenso wenig ließ sich feststellen, ob dieses Manuskript veröffentlicht wurde – zumindest ist es nicht im „Morgenblatt" publiziert worden, da sich kein Hinweis auf eine Honorarzahlung im

Register und im Redaktionsexemplar des „Morgenblatts" finden läßt. Auskunft von Herrn Dr. Bernhard Fischer.

71 Carl Bansi (14. April 1820/Minden – 2. Februar 1873), Zuckerbäcker und Promotor des Mindener Kulturlebens; veranstaltete Konzerte, literarische und wissenschaftliche Vorträge, schrieb Rezensionen für Musikzeitungen und versuchte sich als Komponist.

72 Autographensammlung Carl Bansi. Rätisches Museum Chur. Inventarnummer H 1993, 1324. Für die Überlassung von Kopien danke ich Herrn lic. phil. H. U. Baumgartner ganz herzlich. – Bedauerlicherweise ist es im Rahmen dieser Darstellung nicht möglich, diese Texte auszuwerten. Ich hoffe jedoch, daß sich bald eine Gelegenheit findet, dies nachzuholen.

73 Ebd., Inventarnummer H 1993, 1324 – H 1993, 1342.

74 Das Gedicht „An Carl Bansi zum Geburtstage" befindet sich in der Universitäts- und Landesbibliothek Bonn. Abt. Handschriften und Rara. Autographensammlung/Emilie Emma von Hallberg.

75 Autographensammlung Carl Bansi.[Anm. 72], 1326.

76 Emilie Emma von Hallberg an Cotta, 30. November 1859. [Anm. 70].

77 Hallberg [Anm. 53], S. 18f. Auszug aus ihrem unveröffentlichten „Glaubensbekenntniß".

78 Mathilde Anneke an Friedrich Anneke, 6. November 1863. – In: Wagner [Anm. 4], S. 191.

79 Sterbeurkunde. Nr. 2953/1862. Nordrhein-Westfälisches Personenstandsarchiv Rheinland.

ANHANG

Personenregister

Siglen

ADB	Allgemeine Deutsche Biographie. Leipzig 1875–1912, 56 Bde.
BBAW AA	Berlin-Brandenburgische Akademie der Wissenschaften, Akademie-Archiv
BLHA	Brandenburgisches Landeshauptarchiv, Potsdam
Brinker-Gabler	Gisela Brinker-Gabler/Karola Ludwig/Angela Wöffen (Hrsg.): Lexikon deutschsprachiger Schriftstellerinnen 1800–1945. München 1986
DHA	Heinrich Heine: Sämtliche Werke. Düsseldorfer Ausgabe. In Verbindung mit dem Heinrich-Heine-Institut hrsg. v. Manfred Windfuhr. Hamburg 1973–1997, 16 Bde.
DLA	Deutsches Literaturarchiv, Marbach a.N.
Friedrichs	Elisabeth Friedrichs: Die deutschsprachigen Schriftstellerinnen des 18. und 19. Jahrhunderts. Ein Lexikon. Stuttgart 1981
FVF Jb	Forum Vormärz Forschung Jahrbuch. Bielefeld 1995ff.
GStA PK	Geheimes Staatsarchiv – Preußischer Kulturbesitz
H	Heinrich Heine: Briefe. Erste Gesamtausgabe nach den Handschriften. Hrsg. v. Friedrich Hirth. Mainz 1950–1957, 6 Bde. (Fotomechanischer Nachdruck in zwei Bänden 1965)
HJb	Heine-Jahrbuch. Hrsg. v. Heinrich-Heine-Institut Düsseldorf. Hamburg 1963–1994, Stuttgart/Weimar 1995ff.
HSA	Heinrich Heine: Werke, Briefwechsel, Lebenszeugnisse. Säkularausgabe. hrsg. v. den Nationalen Forschungs- und Gedenkstätten der klassischen deutschen Literatur in Weimar (seit 1991 Stiftung Weimarer Klassik) und dem Centre National de la Recherche Scientifique in Paris. Berlin und Paris 1970ff.
Mende	Fritz Mende: Heinrich Heine. Chronik seines Lebens und Werkes. Berlin 1970, 1981
Pataky	Lexikon deutscher Frauen der Feder. Eine Zusammenstellung der seit dem Jahre 1840 erschienenen Werke weiblicher Autoren, nebst Biographien der lebenden und einem Verzeichnis der Pseudonyme. Hrsg. v. Sophie Pataky. Berlin 1898, 2 Bde.
SBB PK	Staatsbibliothek zu Berlin – Preußischer Kulturbesitz
SlgV	Sammlung Varnhagen, Biblioteka Jagiellonska Kraków, Oddzial rekopisow, Depositum der ehemaligen Preußischen Staatsbibliothek Berlin
StA Hbg	Staatsarchiv Hamburg
Werner	Michael Werner (Hrsg.): Begegnungen mit Heine. Berichte der Zeitgenossen. Hamburg 1973, 2 Bde.

Verzeichnis der Abbildungen

Umschlag:
Rahel Varnhagen von Ense an Heine, 28. Dezember 1830
HSA XXIV, 71/Heinrich-Heine-Institut, Düsseldorf
Taschenuhr
Heinrich-Heine-Institut, Düsseldorf

Abb. 1: Rahel Varnhagen von Ense. Stahlstich von C. E. Weber nach M. M. Daffinger, 1817

Abb. 2: Caroline de la Motte Fouqué. Ölgemälde um 1800
Bildarchiv Preußischer Kulturbesitz Berlin

Abb. 3: Lea Mendelssohn Bartholdy. Zeichnung von Wilhelm Hensel. Bleistift. 1823
Kupferstichkabinett. Staatliche Museen zu Berlin – Preußischer Kulturbesitz / Foto: Jörg P. Anders

Abb. 4: Jeanette Strauß-Wohl. Stahlstich nach einer Originalzeichnung von L'Allemand. 1832

Abb. 5: Rosa Maria Assing: Scherenschnitt

Abb. 6: Anna Milder-Hauptmann als ‚Malvina'. Ölgemälde von Wilhelm Schadow. 1818
Besitzer: Berlin, Stadmuseum Berlin / Fotografie: Stadtmuseum Berlin

Abb. 7: Wilhelmine Schröder-Devrient. Lithographie von H. Grevedon. Paris 1830

Abb. 8: Amalie Schoppe. Nach einem Titelkupfer aus dem Jahre 1833. Die Grundlage bildete ein verschollenes Ölbild vom Porträtmaler Johann Jürgen Sickert, Hamburg, das etwa 1828 entstand.

Abb. 9: Friederike Robert. Zeichnung von Wilhelm Hensel
Kupferstichkabinett. Staatliche Museen zu Berlin – Preußischer Kulturbesitz / Foto: Jörg P. Anders

Abb. 10: Adele Schopenhauer. Porträt

Abb. 11: Adele Schopenhauer: Räthsel-Alphabet in dreizehn Bildern auf zwei Kartons. Kupferstich. 1820
Stiftung Weimarer Klassik/Museen

Abb. 12: Louise Henry: Selbstbildnis. Bleistift. Stahlstich auf Karton. 1839/40
Besitzer: Berlin, Stadtmuseum Berlin / Fotografie: Stadtmuseum Berlin

Abb. 13: Charlotte Birch-Pfeiffer. Lithographie von A. Hüssener (fec.) nach Zivilporträt von Hanfstaengl (inv.). 1831
Deutsches Theatermuseum, München

Abb. 14: Kathinka Zitz-Halein um 1833

Abb. 15: Fanny Hensel. Zeichnung von Wilhelm Hensel
Kupferstichkabinett. Staatliche Museen zu Berlin – Preußischer Kulturbesitz / Foto: Jörg P. Anders

Abb. 16: Fanny Hensel: Vertonung von Heinrich Heines Gedicht „Ach! Die Augen sind es wieder" aus: Fanny Hensel: Ausgewählte Lieder für Singstimme und Klavier, hrsg. v. Annette Mauer. 1993
© Breitkopf & Härtel, Wiesbaden

Abb. 17: Charlotte Stieglitz. Berlin 1835

Abb. 18: Johanna Kinkel. Zeitgenössischer anonymer Stich

Abb. 19: Marie Norden

Abb. 20: Roswitha Kind. Jugendbildnis von Johann Carl Rösler. Öl auf Leinwand. Um 1825
Museum der bildenden Künste Leipzig / Foto: Mdbk, Gerstenberger 1998

Abb. 21: Malvida von Meysenbug. Kinderbildnis von einem unbekannten Künstler
Nationalarchiv der Richard-Wagner-Stiftung, Bayreuth

Abb. 22: Bertha Traun-Ronge. Gemälde um 1840

Abb. 23: Louise Otto. Lithographie. 1840er Jahre

Abb. 24: Helena Demuth. Photographie um 1860
Russisches Staatliches Archiv für Sozial- und Politikgeschichte, Moskau bzw. Bundesarchiv Berlin, Stiftung Archiv der Parteien und Massenorganisationen der DDR im Bundesarchiv

Beiträgerinnen und Beiträger

Cornelia Bartsch, geboren 1960 in Hamburg, Musikwissenschaftlerin und Germanistin, wissenschaftliche Assistentin und Doktorandin an der Hochschule für Künste in Berlin.

Dr. Olaf Briese, geboren 1963 in Wittenberge, wissenschaftlicher Mitarbeiter und Habilitand am Kulturwissenschaftlichen Seminar der Humboldt-Universität zu Berlin.

Barbara Bruderreck, geboren 1937 in Weimar, Dipl.-Jngeneurin und freie Autorin in Berlin.

Clara Ervedosa, M.A., geboren 1969 in Beira (Mozambik), Dozentin für Deutsche Kultur und Literatur an der Universidade de Trás-os-Montes e Alto Douro in Viva Real (Portugal), Doktorandin an der Christian-Albrecht-Universität Kiel.

Prof. Dr. Lorely French, geboren 1957 in Burlington (Vermont), Professor of German Department of World Languages and Literatures an der Pacific University in Forest Grove (Oregon).

Marion Freund, M.A., geboren 1964 in Würzburg, Germanistin, Doktorandin an der Universität Freiburg i.B., lebt in Görlitz.

Dr. Karin Füllner, geboren 1953 in Kiel, wissenschaftliche Mitarbeiterin des Heinrich-Heine-Instituts der Landeshauptstadt Düsseldorf, Lehrbeauftragte am Germanistischen Seminar der Heinrich-Heine-Universität Düsseldorf.

Dr. Nikolaus Gatter, geboren 1955 in Köln, Historiker, Übersetzer und Literaturwissenschaftler, Vorsitzender der Varnhagen Gesellschaft e.V. Hagen-Berlin, lebt in Köln.

Prof. Dr. Heinrich Gemkow, geboren 1928 in Slupsk (Polen), Historiker in Berlin.

Dr. Inge Grolle, geboren 1931 in Winterlingen, Historikerin und freie Autorin in Hamburg.

Dr. Irina Hundt, geboren 1947 in Wladiwostok (Rußland), Historikerin, wiss. Mitarbeiterin der Universität Leipzig und ehrenamtl. Archivarin des Deutschen Staatsbürgerinnen-Verbandes e.V., lebt in Potsdam.

Prof. Dr. Martha Kaarsberg Wallach, geboren in Bielsko (Polen), Professorin für deutsche Literatur und Sprache an der Central Connecticut State University in New Britain (Connecticut).

Dr. Petra Kabus, geboren 1963 in Cottbus, Literaturwissenschaftlerin und Lektorin in Berlin.

Manuella Köppe, geboren 1960 in Steinheidel-Erlabrunn, Dipl.-Philosophin, wissenschaftliche Mitarbeiterin an der Berlin-Brandenburgischen Akademie der Wissenschaften zu Berlin, Akademievorhaben Feuerbach-Gesamtausgabe.

Prof. Dr. Helga Kraft, geboren in Berlin, Professor of German and Head, Department of German an der University of Illinois at Chicago.

Erhard Kiehnbaum, geboren 1947 in Libnitz, Dipl.-Philosoph, Lehrer an der Beruflichen Schule – Technik – der Hansestadt Greifswald.

Christian Liedtke, M.A., geboren 1964 in Hamburg, Lehrbeauftragter am Germanistischen Seminar der Rheinischen Friedrich-Wilhelms Universität Bonn, lebt in Köln.

Johanna Ludwig, geboren 1937 in einem Dorf bei Greiz, Dipl.-Journalistin, Vorsitzende der Louise-Otto-Peters-Gesellschaft e.V. Leipzig seit deren Gründung 1993, lebt in Leipzig.

Dr. Waltraud Maierhofer, Dozentin an der University of Iowa, Department of German, Iowa City (Iowa).

Jutta Rebmann, geboren 1943 in Lübeck, Journalistin und Autorin in Böblingen.

Dr. h.c. Inge Rippmann, geboren 1924 in Berlin, Literaturwissenschaftlerin in Basel.

Oberstudienrat Volker Schindler, geboren 1957 in Traunstein, Lehrer an der Deutschen Schule in Moskau, Doktorand an der Ludwig-Maximilian-Universität München.

Till Gerrit Waidelich, M.A., geboren 1962 in Bremerhaven, wissenschaftlicher Mitarbeiter am DFG-Projekt zur Vorbereitung einer Gesamtausgabe des Briefwechsels der Freundeskreise um Schubert, Schober, Schwind und Kupelwieser an der Eberhard-Karl-Universität Tübingen, Doktorand an der Freien Universität Berlin.